KB043402

EAST WEST STREET

On the Origins of
'Genocide' and
'Crimes Against Humanity'

인간의 정의는 어떻게 탄생했는가

'제노사이드'와 '인도에 반하는 죄'의 기원

필립 샌즈 지음
정철승·황문주 옮김

더봄

일러두기

1. 번역에 사용한 원서는 영국 VINTAGE BOOKS에서 출판된 영문판입니다.
2. 본문 괄호 속의 작은 글씨로 된 설명과 각주는 모두 옮긴이의 역주입니다.
3. 작품에 등장하는 인명은 당사자의 국적, 지명은 당시의 지배자가 사용한 언어를 기준으로 국립국어원 외래어표기법에 따랐습니다.
4. 인명과 기관명, 지명, 작품명이 처음 나올 때는 최대한 원문을 괄호 안에 병기했습니다.

genocide

1945년경 라파엘 렘킨이 손글씨로 쓴 ‘제노사이드’와

1946년 7월 허쉬 라우터파하트가 손글씨로 쓴 ‘인도人道에 반反하는 죄’

crimes against humanity

작은 마을이 광활한 평야 한가운데 있다. 마을이 시작되는 곳에는 작은 오두막이 있고, 마을이 끝나는 곳도 같은 풍경이다. 점차 오두막집들 사이로 길이 생겨난다. 길의 하나는 북쪽에서 남쪽으로 이어지고, 다른 하나는 동쪽에서 서쪽으로 이어진다.

-요제프 로트 Joseph Roth**, 《방황하는 유대인》**The Wandering Jews**, 1927**

우리를 괴롭히는 것은 망자亡者가 아니라 다른 사람의 비밀 때문에 우리 안에 남겨진 공허감이다.

-니콜라스 아브라함 Nicolas Abraham**, 《유령에 대한 기록》**Notes on the Phantom**, 1975**

차례

독자들에게

리비우Lviv는 이 이야기에서 중요한 위치를 차지한다. 19세기 내내 이 도시는 오스트리아-헝가리 제국의 동쪽 외곽에 위치한 렘베르크Lemberg로 알려져 왔다. 제1차 세계대전 직후 이 도시는 신생 폴란드의 일부가 되어 로보프Lwów로 불리게 되었으며, 제2차 세계대전이 발발하여 소비에트가 이 도시를 점령하자 리보프Lvov가 되었다. 1941년 7월, 독일군이 전격적으로 이 도시를 점령한 후, 총독령의 갈리치아 관구Distrikt Galizien in General Government의 수도로 정하고 다시 렘베르크로 알려지게 되었다. 1944년 여름, 적군Red Army(소비에트군)이 나치 독일에 승전함으로써 이 도시는 우크라이나의 영토가 되었으며, 현재까지 사용되는 이름인 리비우로 불리게 되었다. 그렇지만 독일의 뮌헨 공항에서는 여전히 이 도시를 렘베르크로 표시한다.

이처럼 렘베르크, 리비우, 로보프, 리보프는 같은 도시이다. 주민들의 구성과 국적이 바뀔 때마다 이름이 바뀌었지만 위치와 건물들은 변함이 없다. 이 도시는 1914년부터 1945년까지 지배자가 무려 여덟 번 이상 바뀌었기 때문에 필자는 이 도시를 언급할 때마다 어떻게 부를 것인가를 결정하는 데 어려움을 느꼈다. 그래서 결국 이 책에 서술한 여러 사건이 벌어진 시점에 이 도시를 통치한 사람들이 불렀던 이름을 사용하기로 했다.(다른 도시의 명칭에도 같은 원칙을 적용했다: 가령 리비우 가까이 있는 주키에프Żółkiew는 1951년부터 1991년까지는 제1차 세계대전의 영웅이자 최초로 곡예비행을 했던 러시아 비행기 조종사를 기념하여 네스테로프Nesterov라 불리다가, 현재는 이름이 바뀌어 조브크바Zhovkva가 되었다.)

필자는 이 책 전체에서 이 도시를 렘베르크라고 지칭할까도 생각했었다. 렘베르크라는 단어가 역사에 대한 부드러운 감정을 불러일으킬 뿐 아니라 내 외할아버지의 어린 시절 도시 이름이기도 하기 때문이다. 그러나 그런 선택은 자칫 우크라이나의 영토인 이곳이 러시아와 충돌 당시 패배했던 사람들에게 피해의식을 불러일으킬 수 있는 신호를 보내는 것으로 받아들여질 수 있을 것 같았다. 20년간 불렸던 로보프라는 이름이나, 1918년 11월 격동의 며칠 동안 불렸던 리비우라는 이름도 마찬가지다. 이탈리아는 이 도시를 통치한 적이 없으나 만약 그랬다면 사자의 도시, 즉 레오폴리스Leopolis라고 불렀을 것이다.

한국어판 서문

이스트 웨스트 스트리트 East West Street의 출판을 몇 달 앞둔 2016년 봄, 나는 런던의 유명한 서점에서 열리는 한 행사의 진행을 요청받았다. 그 행사는 한국 작가 작품의 영어 번역서 출판을 기념하는 자리였다. 그 작가의 이름은 알고 있었지만 나는 그녀의 작품을 읽어보지는 못했었다. 그래서 요청을 수락할지 결정하기 전에 작가 한강의 《소년이 온다》를 먼저 읽어볼 수 있을지 물어봤다. 약간의 자료를 읽어본 적은 있지만 자세한 사항, 특히 사람들에 대한 자세한 사실은 전혀 알지 못했던 1980년 광주항쟁에 대한 이야기를 날카롭고 정교하게, 고통스럽지만 매우 용기 있게 다룬 그 책에 나는 깊은 감명을 받았다.

한 번의 깊은 독서를 통해서 내가 그동안 가르쳤던 학생들, 전통 음식, 1950년대 이후 이 나라가 국제 정치에 끼쳤던 영향 그리고 2002년 월드컵 등을 통해 낯익게 여겼던 한국에 대한 나의 느낌은 완전히 달라졌다. 그 책과 (훌륭한 번역과 더불어) 눈부시게 뛰어난 글의 어떤 면이 그런 효과를 가져다 준 것일까?

그 질문에 대한 답을 알아내기 위해 나는 즉시 지난 3년 동안《이스트 웨스트 스트리트》가 출간되는 세계 각국을 여행했던 내 경험을 돌이켜보았다. 그 여행으로 인해 나는 이 책의 핵심 주제가 어쩌면 인류에게 보편적이라고까지 할 수 있는 광범위한 공감을 얻고 있다는 사실을 깨닫게 되었다. 그것은 내가 그 가치를 몰랐거나 글로 풀어내면서 기대하지 않았던, 이야기와 이야기들이 서로 얽히면서 만들어낸 결과였다.

잔학함에 직면했을 때 나타나는 침묵의 보편성.

정체성에 대한 질문이 가지는 보편성, 우리 각자가 개인으로서의 정체성을 보다 중요하게 느끼는지, 또는 집단의 구성원으로서의 정체성을 보다 중요하게 느끼는지, 아니면 반대인지 또는 두 가지 모두인지에 대한 정도.

법의 기능에 대한 질문이 가지는 보편성, 그리고 우리가 바라는 법의 보호가 개별 인간으로서 우리들 각자의 타고난 특성을 위한 것인지 또는 우연히 우리가 어떤 집단의 구성원이 되었기 때문인지.

잔인하거나 또는 흔치 않고 특별하거나, 심지어 그것들이 비춰주는 더욱 위대한 진실을 이해할 수 있도록 해주는 인간 행위에 대한 서사를 원하는 우리의 욕구가 가지는 보편성.

그리고 더블린, 케이프타운, 멕시코시티, 뭄바이, 파리, 도쿄 또는 베를린 등 전 세계 어느 곳이든, 모든 공동체가 '제노사이드'와 '인도에 반하는 죄'의 관념과 각자 나름의 방식으로 관계가 있다는 사실도 알게 되었다.

나는 서울을 비롯해서, 정의가 외면당하거나 부당하게 실현됨으로써 갖게 된 각자의 개인적이고 예민한 상처와, 같은 의식을 가진 개인이나 집단이 있는 한국의 다른 지역은 이와 다를지 궁금하다.

그것이 한강 작가가 그처럼 대단한 아름다움과 놀라운 자제력을 기울여 집필한 글의 주제이든, '일본군 위안부들'이 전쟁 당시 다뤄졌던 방식이든, 광주의 민주화 운동이든, 난징 대학살이든 또는 바바라 데믹Barbara Demick이 《우리가 가장 행복해》Nothing to Envy를 통해 신랄하게 그 실상을 파헤친 북한의 평범한 일상에서 벌어지는 그로테스크한 인권침해이든, 나는 이 책에 썼던 이야기들을 다양한 독자들이 각기 다양한 방식으로 받아들인다는 사실을 알게 되었다.

독자들이 이 책의 내용을 어떻게 받아들일지 나는 알 수 없다. 하지만 알고 싶기는 하다. 그래서 나는 이 책이 한국에서 출판되고, 나의 책을 읽는 독자들에게서 배울 수 있는 기회를 갖게 된 것을 매우 큰 영광으로 생각한다.

런던에서

필립 샌즈

주요 인물

허쉬 라우터파하트 Hersch Lauterpacht

국제법 교수. 1897년 8월 렘베르크에서 몇 마일 떨어진 주키에프에서 태어났다. 그의 가족은 1911년 렘베르크로 이사했다. 아버지 아론과 어머니 데보라(결혼 전 성은 터켄코프Turkenkopf) 슬하의 삼남매 가운데 형 데이비드와 여동생 사비나 사이 둘째 아들로 태어났다. 그는 1923년 레이첼 슈타인버그와 비엔나에서 결혼하였으며, 아들 엘리후가 런던 크리클우드에서 태어난다.

한스 프랑크 Hans Frank

법률가이자 독일 나치 정권의 장관급 관료. 1900년 5월 카를스루에에서 태어났고, 1925년 브리깃데(결혼 전 성은 허브스트Herbst)와 결혼하여 딸 둘과 아들 셋을 낳았는데, 그중 막내아들의 이름이 니클라스이다. 그는 1942년 8월 렘베르크에서 이틀을 보내며 여러 번의 연설을 한다.

라파엘 렘킨 Rafael Lemkin

검사 출신 법률가. 1900년 6월 비알리스토크 근처의 오제리스코Ozerisko에서 태어났다. 아버지 요제프와 어머니 벨라 슬하의 삼형제 중 둘째인데, 형 엘리아스와 동생 사무엘이 있다. 그는 1921년 로보프로 이사했는데, 평생 결혼하지 않았고 아이가 없다.

레온 부흐홀츠 Leon Buchholz

필자의 외할아버지. 1904년 5월 렘베르크에서 태어났다. 그는 주류제조업자이자 나중에 여관을 경영한 아버지 핀카스와 어머니 말케(결혼 전 성은 플라쉬너Flaschner) 슬하의 4남매 중 막내로 태어났는데, 큰형인 에밀과 두 명의 누나인 구스타와 로라가 있다. 그는 1937년 레지나 리타 란데스와 비엔나에서 결혼하였는데, 1년 뒤 그곳에서 딸 루스를 낳았다. 루스가 필자의 어머니이다.

부흐홀츠 가족

*가족관계 도표와 생몰연도는 본문 및 자료를 바탕으로 편집자가 작성한 것입니다.

라우터파하트 가족

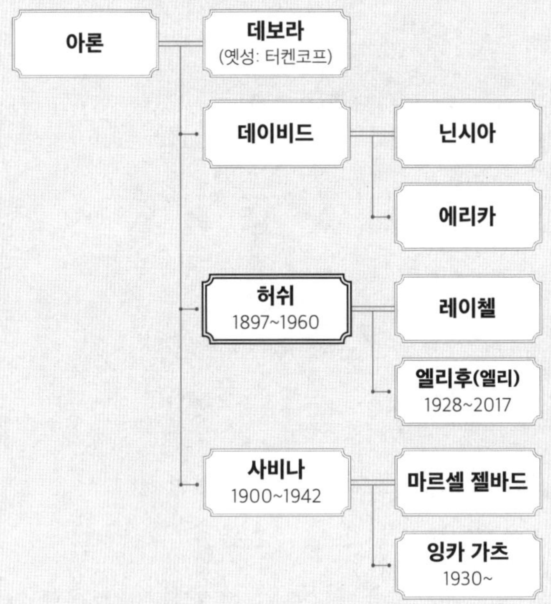

렘킨 가족

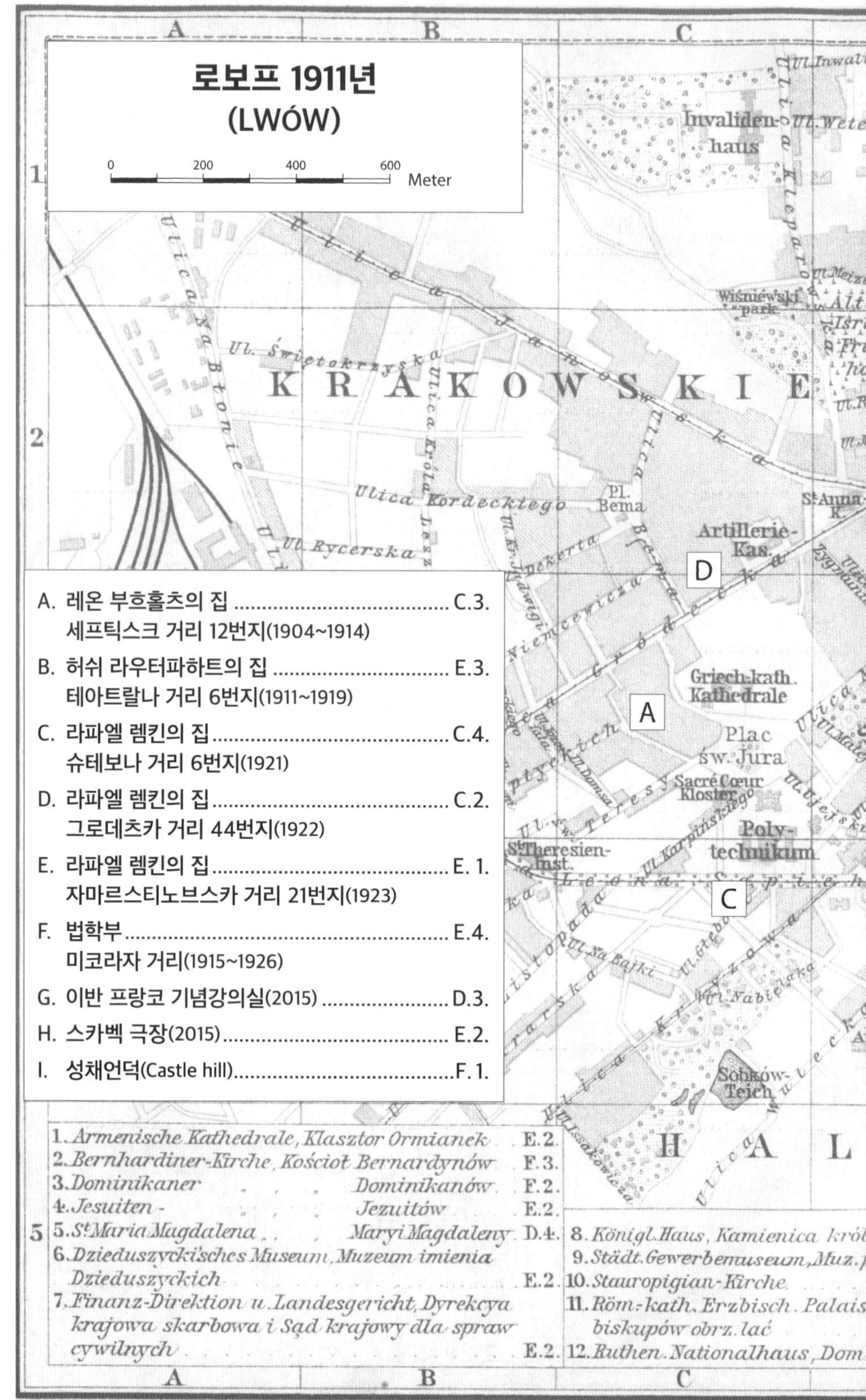

로보프 1911년
(LWÓW)
0 200 400 600 Meter
A. 레온 부흐홀츠의 집 .... C.3.
세프틱스크 거리 12번지(1904~1914)
B. 허쉬 라우터파하트의 집 .... E.3.
테아트랄나 거리 6번지(1911~1919)
C. 라파엘 렘킨의 집 .... C.4.
슈테보나 거리 6번지(1921)
D. 라파엘 렘킨의 집 .... C.2.
그로데츠카 거리 44번지(1922)
E. 라파엘 렘킨의 집 .... E. 1.
자마르스티노브스카 거리 21번지(1923)
F. 법학부 .... E.4.
미코라자 거리(1915~1926)
G. 이반 프랑코 기념강의실(2015) .... D.3.
H. 스카벡 극장(2015) .... E.2.
I. 성채언덕(Castle hill) .... F. 1.
A
B
C
1
2
5
Invaliden-haus
Ulica Klepar
Wiśniewski park
Ulica Janowska
Ul. Świętokrzyska
KRAKOWSKIE
Ulica Na Błonie
Ulica Króla
Ulica Kordeckiego
Pl. Bema
Ul. Rycerska
St. Anna-K.
Artillerie-Kas.
Griech.-kath. Kathedrale
Plac św. Jura
Sacré Cœur Kloster
Poly-technikum
St. Theresien-Inst.
Ul. Na Bajki
Ul. Nabielaka
Sobków-Teich
Ulica Wulecka
H A L
1. Armenische Kathedrale, Klasztor Ormianek . E.2.
2. Bernhardiner-Kirche, Kościoł Bernardynów . F.3.
3. Dominikaner „ „ Dominikanów . F.2.
4. Jesuiten- „ „ Jezuitów . E.2.
5. St. Maria Magdalena „ „ Maryi Magdaleny . D.4.
6. Dzieduszycki'sches Museum, Muzeum imienia Dzieduszyckich . E.2.
7. Finanz-Direktion u. Landesgericht, Dyrekcya krajowa skarbowa i Sąd krajowy dla spraw cywilnych . E.2.
8. Königl. Haus, Kamienica króle
9. Städt. Gewerbemuseum, Muz. p
10. Stauropigian-Kirche .
11. Röm.-kath. Erzbisch. Palais, biskupów obrz. łać
12. Ruthen. Nationalhaus, Dom

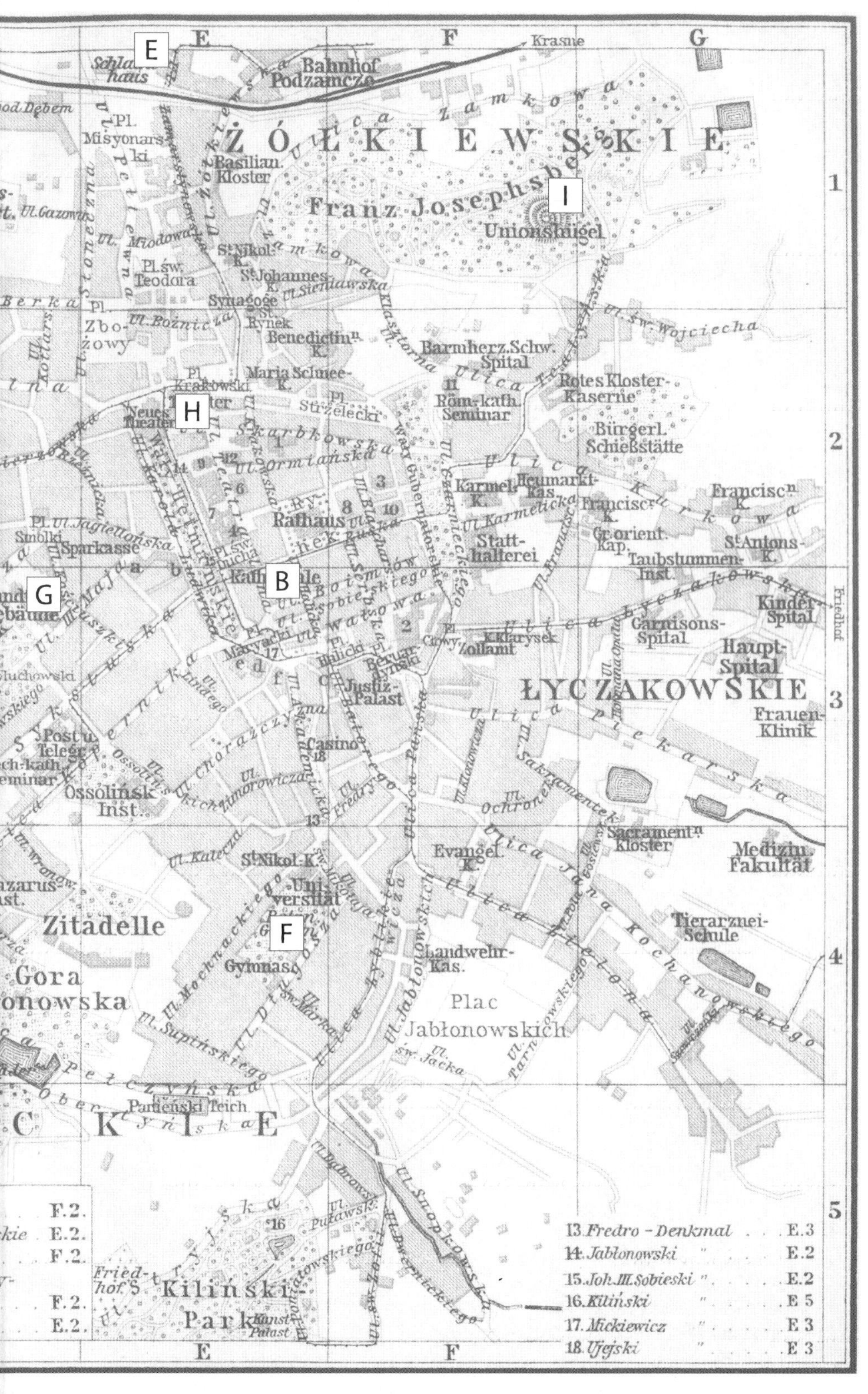

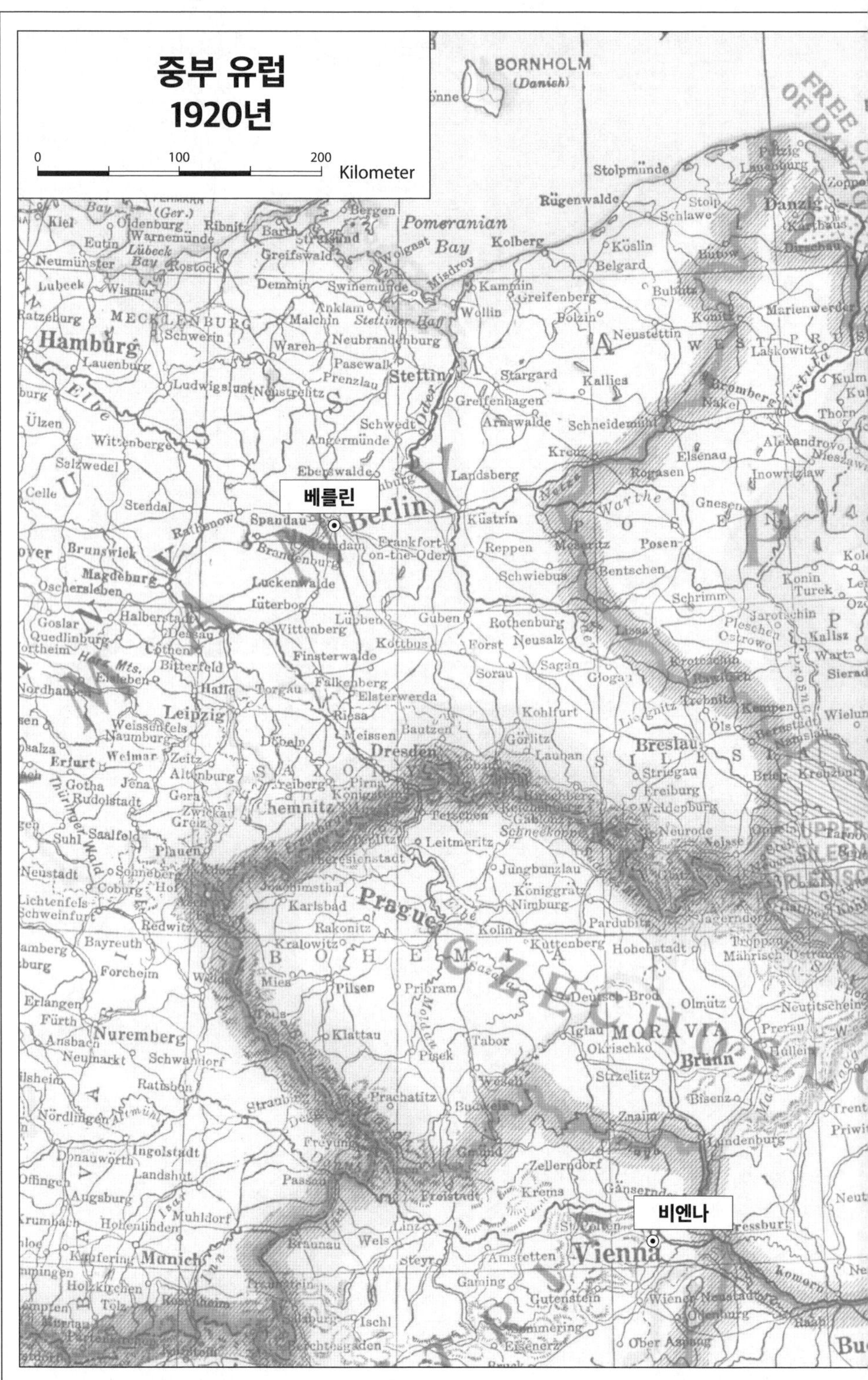
중부 유럽
1920년
0
100
200
Kilometer
베를린
비엔나
BORNHOLM
(Danish)
FREE CITY OF DANZIG
Pomeranian Bay
Stolpmünde
Rügenwalde
Danzig
Kolberg
Köslin
Belgard
Kiel
Oldenburg
Warnemünde
Lübeck Bay
Rostock
Ribnitz
Barth
Stralsund
Bergen
Greifswald
Wolgast
Neumünster
Lubeck
Wismar
Demmin
Swinemünde
Kammin
Greifenberg
Ratzeburg
MECKLENBURG
Malchin
Anklam
Stettiner Haff
Wollin
Hamburg
Schwerin
Waren
Neubrandenburg
Neustettin
Lauenburg
Pasewalk
Prenzlau
Stettin
Stargard
Kallies
Ludwigslust
Neustrelitz
Greifenhagen
Bromberg
Nakel
Vistula
Thorn
Ülzen
Wittenberge
Schwedt
Angermünde
Arnswalde
Schneidemühl
Salzwedel
Eberswalde
Landsberg
Kreuz
Elsenau
Inowrazlaw
Celle
Stendal
Küstrin
Warthe
Gnesen
Spandau
Berlin
Potsdam
Brandenburg
Frankfort on-the-Oder
Reppen
Posen
Brunswick
Magdeburg
Oschersleben
Schwiebus
Bentschen
Luckenwalde
Jüterbog
Schrimm
Konin
Turek
Goslar
Halberstadt
Quedlinburg
Lübben
Guben
Rothenburg
Jarotschin
Kalisz
Dessau
Cöthen
Wittenberg
Kottbus
Forst
Neusalz
Ostrowo
Harz Mts.
Bitterfeld
Finsterwalde
Sorau
Sagan
Glogau
Eisleben
Halle
Torgau
Falkenberg
Elsterwerda
Nordhausen
Leipzig
Riesa
Kohlfurt
Weissenfels
Naumburg
Döbeln
Meissen
Bautzen
Görlitz
Breslau
Erfurt
Weimar
Zeitz
Dresden
Lauban
Gotha
Jena
Altenburg
Freiberg
Pirna
Striegau
Rudolstadt
Gera
SAXONY
Freiburg
Waldenburg
Chemnitz
Zwickau
Greiz
Tetschen
Suhl
Saalfeld
Plauen
Leitmeritz
Neurode
Neisse
Schneekoppe
Theresienstadt
Jungbunzlau
Neustadt
Schneeberg
Hof
Coburg
Joachimsthal
Königgrätz
Nimburg
Lichtenfels
Karlsbad
Prague
Schweinfurt
Rakonitz
Pardubitz
Redwitz
Kolin
Kralowitz
Kuttenberg
Hohenstadt
Troppau
Mährisch Ostrau
Bayreuth
BOHEMIA
Forchheim
Mies
Pilsen
Pribram
Deutsch-Brod
Olmütz
CZECHOSLOVAKIA
Erlangen
Fürth
Neutitschein
Iglau
MORAVIA
Klattau
Tabor
Okrischko
Nuremberg
Ansbach
Neumarkt
Schwandorf
Pisek
Brünn
Strzelitz
Ratisbon
Bisenz
Prachatitz
Nördlingen
Znaim
Ingolstadt
Lundenburg
Donauwörth
Zellerndorf
Landshut
Passau
Krems
Augsburg
Freistadt
Gänserndorf
Muhldorf
Hohenlinden
Linz
Wels
Braunau
Pressburg
Munich
Vienna
Steyr
Amstetten
Gaming
Holzkirchen
Gutenstein
Wiener Neustadt
Tölz
Ischl
Semmering
Berchtesgaden
Eisenerz
Ober Aspang

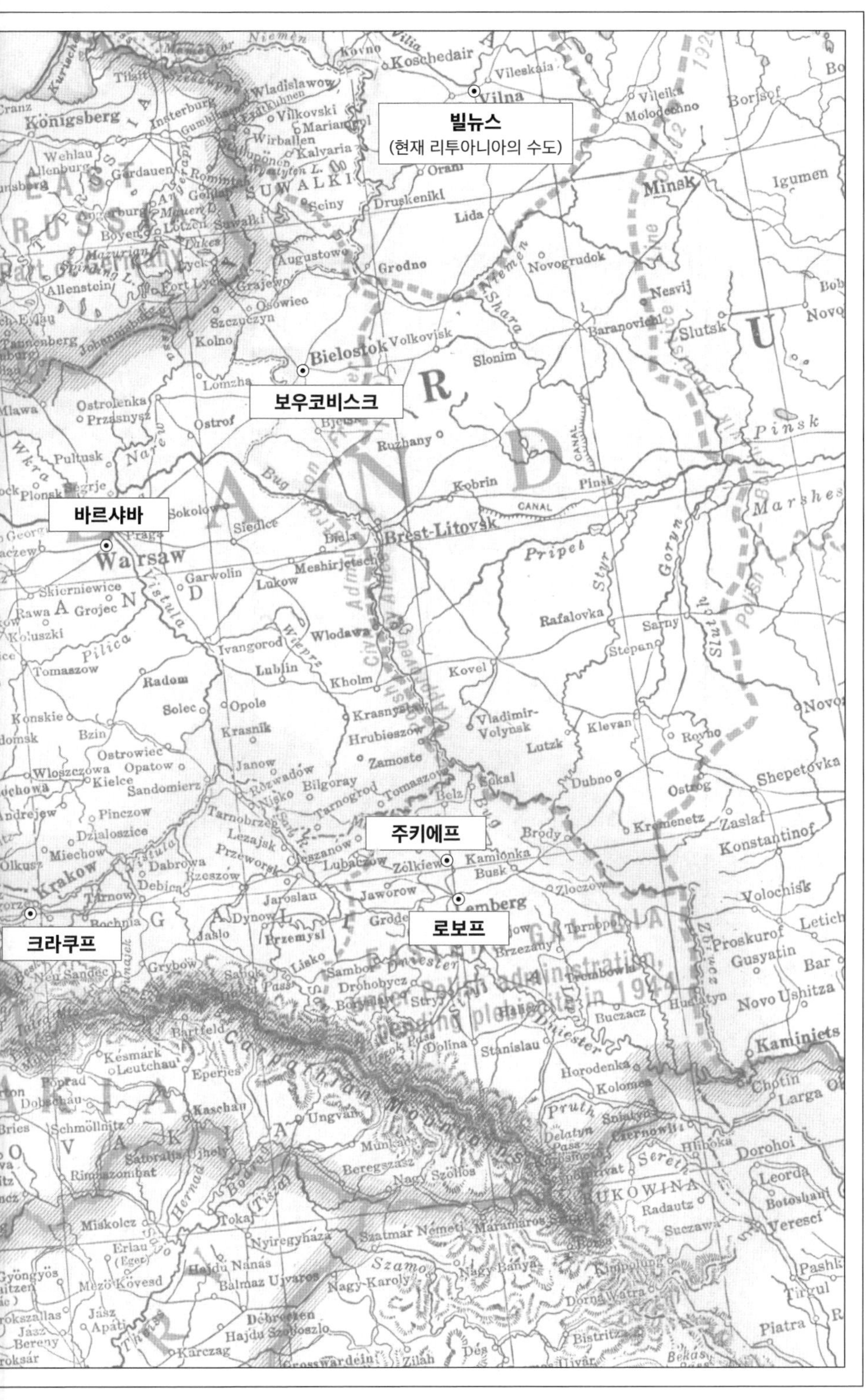
빌뉴스
(현재 리투아니아의 수도)
보우코비스크
바르샤바
주키에프
로보프
크라쿠프
Vilna
Bielostok
Warsaw
Zolkiew
Lemberg
Krakow
Königsberg
Minsk
Brest-Litovsk
Carpathian Mountains

말케와 로사를 위해

리타와 레온을 위해

애니를 위해

루스를 위해

프롤로그

초대장

1946년 10월 1일 화요일, 뉘른베르크 법원

오후 3시가 조금 넘은 시간, 피고인석 뒤의 나무문이 천천히 열리고 한스 프랑크Hans Frank가 600호 법정으로 들어섰다. 그는 회색 양복을 입고 있었는데, 그를 호송하는 우울한 표정의 교도관 두 명의 흰색 헬멧과 대조를 이뤘다. 홍조가 도는 뺨과 날렵한 작은 코, 매끄럽게 뒤로 빗어 넘긴 머리가 특징인 한스 프랑크는 아돌프 히틀러Adlof Hitler의 변호인이었으며, 후에 독일이 점령한 폴란드에서 히틀러의 대리인 역할을 했다. 그런 그가 재판으로 엄청난 타격을 입었다. 프랑크는 더 이상 그의 친구 리하르트 슈트라우스Richard Strauss가 칭송하는 호리호리한 몸매에 거만한 태도가 몸에 밴 장관이 아니었다. 법정에 들어선 그는 매우 불안정한 상태였다. 너무 긴장한 나머지 몸을 돌려 판사들에게 등이 보이도록 반대 방향으로 섰다.

사람들로 가득한 그날의 법정에는 케임브리지대학의 국제법 교수도 있었다. 안경을 쓰고 머리가 벗겨지기 시작한 허쉬 라우터파하트Hersch Lauterpacht 교수가 올빼미처럼 둥근 모양의 긴 나무 테이블 끝에 걸터앉아 있었다. 그의 옆에는 유명한 영국 검사팀이 자리하고 있었다. 검정 양복을 입고 프랑크로부터 불과 몇 미터 떨어진 자리에 앉아 있는 라우터파하트 교수는 뉘른베르크 헌장에 '인도에 반하는 죄'crimes against humanity라는 용어를 사용하자는 아이디어를 최초로 낸 사람이다. 이 용어는 폴란드에서 자행된 400만 유대인과 폴란드인에 대한 살상을 의미했다. 라우터파하트 교수는 후에 20세기 최고의 국제법 학자이며 현대 인권운동의 아버지로 인정받게 되는데, 프랑크에 대한 그의 관심은 단지 학자이기 때문만은 아니었다. 프랑크는 5년 동안 라우터파하트 교수의 부모와 형제자매, 그들의 아이들을 포함한 가족들이 살았던 렘베르크Lemberg가 속한 지역의 나치 독일 총독이었다. 1년 전 재판이 처음 열렸을 당시에는 한스 프랑크 치하에서 그의 가족들이 어떻게 되었는지 알려지지 않았다.

재판에 관심을 기울이는 또 다른 한 사람은 그날 그 자리에 없었다.

라파엘 렘킨Rafael Lemkin은 프랑스 파리의 미군병원 침상에서 라디오로 판결을 들었다. 검사 출신으로, 후에 바르샤바에서 변호사가 된 그는 1939년 전쟁이 발발하자 폴란드에서 탈출하여 최종적으로 미국에 정착했다. 미국에서 그는 전범재판을 담당하는 미국 검사팀의 일원으로 영국 검찰팀과 함께 일했다. 재판이 진행된 오랜 기간 동안 그는 항상 서류들로 가득 찬 여러 개의 가방을 들고 다녔는데, 그중에는 프랑크가 서명한 많은 법령이 포함되어 있었다. 렘킨은 이 자료들을 검토하는 과정에서 프랑크의 행동에서 일종의 패턴을 발견하였는데, 그가 저지른 범죄는 한 단어로 설명할 수 있었다. 그는 프랑크의 범죄를 '제노사이드'genocide(집단학살)라고 불렀다. 개인을 보호하는 것이 목적인 인도에 반하는 죄에 초점을 맞춘 라우터파하트 교수와는 달리 그는 집단의 보호에 좀 더 집중했다. 그는 프랑크의 재판에 제노사이드 범죄 혐의를 포함시키기 위해 혼신을 다해 노력했으나 아쉽게도 재판의 마지막 날에는 건강이 좋지 않아 참석할 수 없었다. 그 역시 프랑크에게 개인적인 관심을 갖고 있었다. 그는 리비우에서 몇 년을 살았으며, 그의 부모와 형제는 프랑크가 통치한 영토에서 자행되었다고 알려진 범죄에 휘말렸다.

"피고인 한스 프랑크!" 재판장이 이름을 불렀다. 프랑크가 크리스마스 때까지 살아 있을 수 있을 것인지, 그래서 그의 일곱 살짜리 아들에게 크리스마스에는 집에 돌아가겠다고 한 약속을 지킬 수 있을지 확인할 수 있는 순간이었다.

2014년 10월 16일 목요일, 뉘른베르크 법원

그로부터 68년 후에, 나는 아버지와 약속을 하던 꼬마였던 한스 프랑크의 아들, 니클라스Niklas와 함께 600호 법정을 방문하였다.

니클라스와 나는 법원 뒤쪽에 있는 황량하고 빈 감방 건물에서부터 우리의 방문을 시작했다. 이 건물은 지금까지 남은 네 채 가운데 하나이다. 우리는 그의 아버지가 재판이 진행된 1년 중 대부분을 보낸 곳과 똑같이 생긴 감방에 함께 앉았다. 니클라스가 마지막으로 이곳을 방문한 것은 1946년 9월이었다. 그는 말했다. "여기가 세상에서 유일하게 아버지에게 좀 더 가까이 다가갈 수 있는 곳이에요. 여기 앉아서, 개방된 화장실과 작은 테이블, 작은 침대밖에 없는 이곳에서 1년 남짓한 시간을 보냈을 아버지가 되어봅니다." 감방의 환경은 열악했다. 그리고 니클라스는 아버지의 행동을 용서할 수 없다고 생각했다. "아버지는 법률가였어요. 자신이 무슨 짓을 하는지 알고 있었습니다."

여전히 법정으로 사용되고 있는 600호 법정은 전범재판 이후 크게 달라지지 않았다. 1946년에 스물한 명의 피고인들은 감방에서 법정으로 이동하기 위해 법정으로 바로 이어지는 작은 승강기를 타야 했는데, 니클라스와 나는 이 승강기가 무척 보고 싶었다. 이 승강기는 피고인석 뒤에 그대로 남아 있었고, 그때와 똑같이 소리 없이 열리는 나무문을 통해 탑승할 수 있었다. '열리고, 닫히고, 열리고, 닫히고.' 매일 재판에 대한 보도를 하던 런던의 일간지 〈타임스〉 테니스 전문기자 R. W. 쿠퍼R. W. Cooper는 이렇게 표현했다. 니클라스는 문을 열고 작은 공간으로 들어간 후 문을 닫았다.

그는 돌아와 그의 아버지가 인도에 반하는 죄와 제노사이드 혐의로 재판을 받는 동안 앉았던 자리로 갔다. 니클라스는 자리에 앉아 몸을 앞으로 기울여 나무 난간에 기댔다. 그는 나를 바라보고 법정을 둘러보더니 한숨을 내쉬었다. 나는 종종 니클라스의 아버지가 마지막으로 승강기의 문을 열고 피고인석으로 가던 순간이 궁금했다. 하지만 1946년 10월 1일 화요일 오후에 열렸던 마지막 재판에서 녹화는 허용되지 않았다. 때문에 이 장면은 상상으로만 가능할 뿐 확인할 수는 없었다. 피고인의 인권을 보호하기 위해 그런 조치가 취해졌던 것이다.

그런 생각을 하고 있는데 니클라스가 말문을 열었다. 그는 부드럽고 단호하게 말했다. "이곳은 저와 세계를 위해 다행스런 방입니다."

니클라스와 내가 600호 법정에 함께 있게 된 이유는 몇 년 전 내가 받은 예상치 못한 초대장 때문이다. 지금은 리비우라고 알려진 도시의 대학 법학부에서 온 것이었는데, 인도에 반하는 죄와 제노사이드에 대한 내 연구를 주제로 공개 강연을 해달라는 요청이었다. 그들은 뉘른베르크 재판에 대한 나의 연구와 관련하여 내가 다루고 있는 사건들과 참여한 재판들이 현대 사회에 미치는 영향에 대해 강의해 주길 원했다.

나는 뉘른베르크 재판이 현대 국제사법재판제도 탄생의 계기가 되었다는 사실을 알게 된 후부터 오랜 동안 뉘른베르크 재판과 전설에 빠져 있었다. 나는 판사 앞에서 증언된 법의학 상의 세부 사항을 상세하게 묘사한 여러 가지 책과 회고록, 일기에 그려진 소름 끼치는 증거를 기준으로 장문의 재판 기록에서 발견할 수 있는 자세한 사실의 특이한 점에 매료되었다. 나는 이미지, 사진, 흑백 뉴스영화 스펜서 트레이시Spencer Tracy와 마를렌 디트리히Marlene Dietrich의 열정적인 사랑으로 기억되는 1961년 오스카상 수상작인 〈뉘른베르크의 재판〉Judgment at Nuremberg과 같은 영화에 강한 흥미를 느꼈다. 내가 관심을 가진 실질적인 이유는 전범재판이 내 연구에 매우 중대한 영향을 미쳤기 때문이었다. 뉘른베르크 판결은 막 싹트기 시작한 인권 운동에 강력한 힘을 실어주었다. 물론 '승자의 정의'라는 관점도 있을 수 있지만, 그 재판이 국가 지도자들을 국제사법재판소에 세우는, 과거에는 상상할 수 없었던 일을 가능하게 한 계기가 되었다는 것에는 의심의 여지가 없다.

리비우로부터의 초대에 곧바로 응했던 이유는 분명 내 저술활동보다는 법정변호사로서의 직무라는 이유가 더 컸다. 1998년 여름, 로마에서 열린 회의에서 나는 국제형사재판소 창설로 이어진 협상에 간접적으로 관여하였고, 몇 달 뒤 런던에서 피노체트 재판을 연구했다. 칠레의 전직 대통령인 피노체트는 인도에 반하는 죄와 제노사이드 혐의로 스페인 검사로부터 기소된 후 법정에서 면책권을 주장했으나 받아들여지지 않았다. 뉘른베르크 재판 이후 수십 년 간의 냉전시대 동면의 기간이 지나고 피노체트 재판을 비롯한 몇몇 재판으로 인해 국제사법재판의 문이 서서히 열리고 있었다.

과거 유고슬로비아와 르완다 사건 서류들이 런던의 내 책상 위에 도착했다. 콩고, 리비아, 아프가니스탄, 체첸공화국, 시리아, 레바논, 시에라리온, 관타나모, 이라크의 범죄 혐의와 관련된 사건 서류들이 뒤따랐다. 이 길고 슬픈 사건들의 목록이 뉘른베르크 600호 법정에 넘쳤던 선의가 실패했음을 증명하고 있다.

나는 몇몇 대량학살 사건의 연구에 관여하게 되었다. 일부는 대규모로 자행된 개인에 대한 살인으로 인도에 반하는 죄라고 주장되었고, 다른 사건은 집단의 말살로 제노사이드 혐의가 제기되었다. 인도에 반하는 범죄와 제노사이드는 각각 개인과 집단에 중점을 두는 다른 범죄로, 나란히 증가하였다. 그러나 시간이 흐르면서 많은 사람들의 눈에는 제노사이드가 더 큰 중범죄로 인식되면서 개인으로서 다수의 사람을 죽이는 것이 덜 잔인하다는 인식을 남겼다. 때때로 나는 이 두 용어의 기원과 목적이 600호 법정에서 최초로 이루어진 논쟁과 어떤 연관성이 있는지 힌트를 얻고 싶었다. 하지만 그때까지는 뉘른베르크에서 무슨 일이 있었는지 아주 깊이 탐구하지는 않았다. 비록 나는 이런 새로운 범죄가 어떻게 생겨났으며 어떻게 발전했는지 알고 있었지만 여기에 관련된 개인적인 이야기나 이런 사안에 대한 논쟁이 어떻게 한스 프랑크와 연결되는지 알지 못했다. 또한 허쉬 라우터파하트와 라파엘 렘킨이 그들의 독창적인 아이디어를 떠올리고 발전시키게 된 개인적인 상황도 알지 못했다.

리비우로부터의 초대는 내게 그 역사를 탐구할 기회를 제공했다.

나는 또 다른 이유로 이 기회를 놓치지 않았다. 내 어머니의 아버지인 레온 부흐홀츠Leon Buchholz가 거기에서 태어났다. 나는 외할아버지인 그를 오랫동안 알았다. 그는 그가 사랑하고 고향이라고 불렀던 도시인 파리에서 1997년 사망하였다. 하지만 나는 1945년 이전의 그의 삶에 대해서는 거의 아는 것이 없었다. 외할아버지가 그 시절에 대해서는 이야기하지 않으려 했기 때문이다. 외할아버지의 삶은 거의 20세기 전반에 걸쳐 있었고, 내가 외할아버지를 알게 된 때에는 가족의 규모가 점점 줄어들고 있었다. 그 정도가 전부였고 그 이상 또는 그 배경에 대해서는 아는 것이 없었다. 리비우를 향한 여정은 그 가슴 아픈 시기에 대해 배울 수 있는 보기 드문 기회였다.

일부 정보가 있었지만 외할아버지는 그의 인생 전반부에 대해서는 입을 다물었다. 흔적을 남긴 사건들, 그리고 답을 찾지 못한 질문들까지. 그 정보들은 전쟁이 끝난 후 어머니에게 매우 중요했겠지만 내게도 중요했다. 나는 왜 법을 직업으로 선택했을까? 더욱이 왜 내 가족의 알려지지 않은 사건과 연결된 종류의 법을 선택했을까? "우리를 괴롭히는 것은 망자亡者가 아니라 다른 사람의 비밀 때문에 우리 안에 남겨진 공허감이다." 정신분석학자 니콜라스 아브라함Nicolas Abraham은 손자와 조부모 간의 관계에 대해 이렇게 적었다. 리비우로부터의 초대는 우리를 괴롭히는 그런 공허감을 탐험할 기회였다. 나는 초대를 받아들였다.

지도를 보니 리비우는 유럽의 정중앙에 위치하고 있었다. 런던에서는 가기가 쉽지 않았다. 리가Riga(현재 라트비아의 수도)에서 아테네, 프라하에서 키예프Kiev(현재 우크라이나의 수도), 모스크바에서 베니스를 연결하는 가상선들의 중심점에 자리잡고 있었다. 동과 서, 남과 북을 나누는 선이 만나는 곳이었다.

여름 내내 나는 리비우에서 강연할 자료 준비에 몰두했다. 책, 지도, 사진, 뉴스, 영화, 시, 노래 등 작가 요제프 로트Joseph Roth가 '흐릿한 경계'라고 표현한 것에 관한 것은 무엇이든 찾았다. 나는 특히 외할아버지가 화려한 색채의 이 도시, 적-백, 청-황 그리고 흑-금이 살짝 섞인 폴란드, 우크라이나, 오스트리아의 영향을 받은 리비우에 살았던 20세기의 첫 몇 해에 관심이 많았다. 나는 오스트리아-헝가리 제국the Austro-Hungarian Empire에서 신화의 도시, 함께 사는 집단 간에 문화와 종교, 언어가 충돌하는 깊은 지적 전통의 땅을 만났다.

제1차 세계대전은 생활권을 무너뜨리고 제국을 파괴하고 보복을 부르며 많은 피를 흘리게 하는 폭력을 촉발시켰다. 베르사유 조약, 나치 점령과 소비에트 통치는 신속하게 교체되면서 결합되어 큰 해악을 끼쳤다. '적-백'과 '흑-금'은 퇴색되어 현대 리비우는 우크라이나 인구만 남은 '청-황'에 장악된 도시가 되었다.

1914년 9월부터 1944년 7월 사이 리비우를 통치하는 세력이 여덟 번 바뀌었다. 이는 오스트리아-헝가리 제국의 '갈리치아 로드메리아 왕국과 크라쿠프 대공국 및 아우슈비츠와 차토르 공국'Kingdom of Galicia and Lodomeria and the Grand Duchy of Krakow with the Duchies of Auschwitz and Zator이라는 긴 이름을 통해서도 알 수 있다. (그렇다, 바로 그 '아우슈비츠'이다.) 이 도시는 오스트리아에서 러시아로, 그리고 다시 오스트리아로 넘어갔다가 서부 우크라이나에서 다시 폴란드에 속하게 되었다. 그후 독일로 넘어가고 소비에트연방을 거쳐 마침내 우크라이나로 넘어가 지금까지 유지되고 있다. 레온 할아버지가 어릴 때 걸어 다녔던 갈리치아 왕국의 도로는 뉘른베르크 재판의 마지막 날, 한스 프랑크가 600호 법정에 들어서게 된 사건이 벌어지기 전까지는 폴란드인, 우크라이나인, 유대인 및 다양한 사람들이 함께 사용했다. 하지만 불과 몇 년이 지나지 않아 유대인 사회는 완전히 소멸되고 폴란드인들도 사라졌다.

리비우의 그 도로들은 20세기 혼란스러웠던 유럽의 축소판이며 문화를 갈기갈기 찢어놓은 유혈 분쟁의 중심지였다. 나는 방향은 달라지지 않

오스트리아-헝가리 제국, 갈리치아 의회

았지만 이름이 자주 바뀌던 도로들이 가득 찬 그 시절의 지도를 사랑하게 되었다. 나는 또한 오스트리아-헝가리 제국 시대의 아름다운 아르누보 유적지인 공원의 벤치 하나를 아주 잘 알게 되었다. 거기서부터 나는 세계가 움직이는 모습을 바라볼 수 있었다. 그곳은 리비우의 변화무상한 역사를 바라보기 가장 좋은 장소였다.

1914년, 벤치는 시민공원에 있었다. 그곳은 오스트리아-헝가리 제국의 가장 동쪽에 위치한 주의 갈리치아 의회Landtagsgebäude 바로 맞은편이었다.

10년 후, 벤치의 위치는 그대로였지만 다른 나라인 폴란드의 코지우스키 공원Park Kosciuszki에 있었다. 의회는 사라졌고 건물은 이제 얀 카지미에슈 대학교Jan Kazimierz University 본관으로 사용되고 있었다. 1941년 여름, 한스 프랑크 총독이 그 도시의 통치권을 획득하면서 그 벤치는 독일의 것이 되었고, 지금은 폴란드의 정체성을 지운 예전 대학교 건물 건너편 예주이텐가르텐[Jesuitengarten]에 위치해 있다.

두 번의 세계대전 사이의 기간은 훌륭한 문학 작품이 많이 발표된 시기이다. 그 가운데에서도 특히 잃어버린 것들에 대해 생각나게 하는 최고의 작품은 《나의 리비우》[Mój Lwów]이다. 1946년, 폴란드 시인 요제프 비틀린[Józef Wittlin]은 '세월과 비에 검게 변해버린, 중세 올리브 나무껍질 같이 거칠고 갈라진 리비우의 공원 벤치여, 지금은 어디에 있는가?'라고 물었다.

그 후 60년이 지나고, 내 외할아버지가 100년 전에 앉았을 벤치에 도착했을 때 나는 탐정소설 작가로도 유명한 우크라이나 시인을 기리기 위해 그의 이름을 따서 명명한 이반 프랑코 공원[Ivan Franko Park]에 있었다. 이반 프랑코의 이름은 대학 건물에도 새겨져 있다.

스페인어와 독일어로 번역된 비틀린의 목가적인 추억담은 1918년 11월 일어난 전투로 깊은 상처를 입은 이 오래된 도시와 건물, 도로를 돌아보는 내내 나를 이끌어준 안내자요 동반자였다. 중간에 잡히거나 목표가 된 폴란드 유대인 집단과 우크라이나 유대인 집단 간의 그 잔인한 갈등은 〈뉴욕타임스〉에 보도될 정도로 심각했고, 결국 미국의 우드로 윌슨[Woodrow Wilson] 대통령이 조사위원회를 구성하기에 이르렀다. 비틀린은 도시를 분열시키고 갈등 중인 두 집단 사이에서 많은 사람을 상처받게 한 폴란드인과 우크라이나인 간의 잔인한 싸움을 상기시키며 '나는 아직도 생생히 살아있는 그 기억들의 상처를 다시 건드리고 싶지 않기 때문에 1918년에 대해 이야기 하지 않겠다'라고 쓰고는 정확히 그렇게 했다. 그렇지만 우크라이나인 학교 친구가 싸움을 잠시 멈추게 하고 비틀린이 집에 가는 길에 내가 앉아 있는 벤치 근처를 지나가도록 해 주는 대목에서 일반적인 예의는 지켜지고 있었음을 알 수 있다.

비틀린은 '많은 친구들이 서로 사이가 좋지 않은 다른 민족의 아이들이었기에 종교와 의견이 달랐다. 그럼에도 내 친구들은 조화를 이뤘다'고 적었다. 이곳은 자유민주당이 유대인을 사랑하며, 사회주의자들이 보수주의자들과 탱고를 추고, 옛 루테니아인들과 친러시아인들이 우크라이나 독립주의자들과 함께 눈물을 흘리는 신화에나 나올 법한 가상의 세계이다. 비틀린은 '리비우 사람이 되는 본질'을 상기시키며 '전원에서 놀자'라고 썼다. 그는 숭고하면서 투박하고, 현명하지만 어리석으며, 시적이면서 평범한 이 도시를 다음과 같이 묘사했다. '리비우의 정취와 문화는 특별한 맛이 있다'라며 리비우는 클레파리Klepary 근교에서만 자라는 야생 체리, 체렘차czeremcha 같은 흔치 않은 과일 맛과 같다고 동경하듯 끝을 맺었다. 비틀린은 세렌다cerenda(과일 이름)를 씁쌀하면서도 달콤하다고 표현했다. "향수鄕愁는 심지어 맛을 다르게 느끼게 만들고 우리에게 오늘날 리비우의 달콤함만을 맛보라고 말하고 있다. 하지만 나는 리비우를 씁쓸하게만 기억하는 사람들을 알고 있다."

씁쓸함은 제1차 세계대전 이후 더욱 심해졌고 베르사유에서 잠시 멈췄지만 해소된 것이 아니었다. 1939년 9월, 소비에트가 백마를 타고 리비우로 밀고 들어왔을 때나 2년 후에 독일이 탱크를 몰고 이곳에 도착했을 때처럼 이 씁쓸함은 주기적으로 복수심과 함께 활활 타올랐다. 귀한 자료인 한 유대인 주민의 일기에는 '1942년 8월 초, 한스 프랑크 총독이 리비우에 도착했다. 우리는 그의 방문이 좋은 징조가 아님을 알았다'고 기록되어 있다. 그달, 히틀러가 임명한 법률가이자 당시 독일이 점령한 폴란드의 총독인 한스 프랑크가 대회당에서 연설을 하기 위해 대리석 계단을 올랐다. 리비우에 있는 유대인을 몰살한다는 발표였다.

나는 강연을 하기 위해 2010년 가을, 리비우에 도착했다. 그때까지 나는 궁금하지만 아직 언급되지 않은 사실을 파헤쳐 왔다. 뉘른베르크 재판에 인도에 반하는 죄와 제노사이드라는 기소항목을 도입한 두 남자, 허쉬 라우터파하트와 라파엘 렘킨은 비틀린이 문학작품 활동을 하던 시기에 이 도시에서 살고 있었다. 두 남자 모두 대학에 재학하며 그 시절의 씁쓸한 맛을 경험하고 있었다.

이것은 내 책상을 거쳐간 수많은 우연 중에 하나일 뿐이지만 가장 깊은 상처를 남기는 것이리라. 리비우로의 여행을 준비하며 국제법의 기원에 대해 이야기 한다니 얼마나 놀라운 일인가. 나는 리비우 자체가 그 기원에 깊이 연결되어 있다는 사실을 알게 되었다. 이것은 단순히 현대 국제사법재판 제도의 구현에 누구보다도 큰 역할을 한 두 사람이 같은 도시에 뿌리를 두고 있다는 우연 이상의 의미를 지닌다. 그만큼이나 놀라운 또 다른 사실은 첫 번째 방문 기간에 대학이나 리비우의 어떤 곳에서 만난 사람도 현대 국제사법재판 제도 확립에 있어서 리비우의 역할을 알지 못한다는 것이었다.

강연이 끝나고 이 두 학자의 삶에 대한 질문이 이어졌다. 리비우 어디에 그들이 살았는가? 대학교로 갈 때 어떤 길을 이용했는가? 그리고 누가 그들의 스승이었는가? 그들은 서로를 알거나 만났는가? 그들이 리비우를 떠난 후 어떤 일이 있었는가? 왜 오늘날 대학의 법학부 관계자들 가운데 아무도 그들에 대해 이야기하지 않는가? 왜 그들 중 한 사람은 개인의 보호를, 다른 사람은 집단의 보호를 신념으로 삼았는가? 그들은 어떻게 뉘른베르크 재판에 관여하게 되었는가? 그들의 가족은 어떻게 되었는가?

나는 라우터파하트와 렘킨에 대한 이런 질문의 답을 알지 못했다. 그러다 누군가 내가 대답할 수 있는 질문을 했다. "인도에 반하는 죄와 제노사이드의 차이점은 무엇입니까?"

"누군가 10만 명을 죽였고 그들이 우연히 같은 집단의 사람이라고 해봅시다." 나는 설명을 시작했다. "그들은 리비우에 살고 있는 유대인 또는 폴란드인입니다. 라우터파하트 교수는 체계적인 계획의 일부로 개인을 죽이는 것은 인도에 반하는 죄가 된다고 설명했습니다. 렘킨의 경우에는 해당 집단을 파괴할 목적으로 다수를 죽이는 제노사이드에 초점을 맞췄습니다. 오늘날 검찰의 입장에서는 이 둘의 차이를 의도가 있는지의 여부로 판단합니다. 제노사이드를 주장하기 위해서는 살인의 행위가 집단을 파괴하려는 의도에서 자행되었다는 것을 증명해야 합니다. 반면 인도에 반하는 죄는 그런 의도를 밝힐 필요가 없습니다." 나는 제노사이드에 개입한 사람들이 흔적이나 도움이 될 만한 서류 등을 남기지 않는 경향이 있어서 집단 전체 또는 일부를 파괴하려는 의도를 증명하기가 매우 어렵다는 점을 덧붙여 설명했다.

다른 사람이 그런 차이가 어떤 의미가 있는 것인지 물었다. 법이 당신을 보호하려는 이유가 당신이 개인이기 때문인지 아니면 당신이 우연히 소속된 집단이 말살의 대상이기 때문인지가 중요한가? 그 질문이 강의실에 여운을 남겼고 나는 강연 이후 계속해서 그 질문을 생각했다.

그날 늦은 오후가 되어 한 여학생이 나에게 다가왔다. "사람들이 없는 곳에서 사적으로 이야기를 나눌 수 있을까요?" 그 학생은 낮은 목소리로 말했다. "사적인 내용입니다." 우리는 외진 곳으로 자리를 옮겼다. 그녀는 리비우에 사는 어느 누구도 라우터파하트나 렘킨에 대해 신경 쓰지 않는다고 말했다. 왜냐하면 그들이 유대인이기 때문이라는 것이었다. 그들은 자신들의 정체성에 의해 훈련된다고 했다.

나는 그녀가 다음에 무슨 말을 할지 모르는 상태에서 대답을 한 것 같다.

그녀는 말했다. "교수님 강의가 제게는 아주 중요했다는 사실을 알았으면 합니다. 제 개인적으로는 매우 중요합니다."

나는 그녀가 무슨 말을 하는지 이해할 수 있었다. 자신의 뿌리에 관한 신호를 보내고 있다는 것을 느낄 수 있었던 것이다. 폴란드인이건 유대인이건 이는 공개적으로 이야기할 수 있는 문제가 아니었다. 개인의 정체성 문제와 집단에 대한 소속감은 리비우에서 민감한 문제였다.

"교수님께서 라우터파하트와 렘킨에 대해 관심을 가지는 것을 이해합니다." 그녀는 덧붙였다. "하지만 먼저 교수님의 외할아버지의 흔적부터 찾아야 하는 것 아닌가요? 외할아버지가 가장 중요하지 않습니까?"

Part I

레온

LEON

1

내 외할아버지, 레온에 대한 가장 오래된 기억은 외할아버지가 외할머니 리타와 함께 파리에 사시던 1960년대로 거슬러 올라간다. 할아버지와 할머니는 오래된 19세기 빌딩 3층에 있는 작은 부엌이 딸린 방 두 개짜리 아파트에 사셨다. 집이 있는 모브쥬 거리를 가다 보면 메캐한 냄새와 파리 북부역으로부터 기차 소리가 크게 들렸다.

몇 가지 기억이 난다.

분홍과 검정 타일이 깔린 욕실이 있었다. 레온은 욕실에서 많은 시간을 보냈는데 비닐 커튼 뒤에 있는 작은 공간에 혼자 앉아 계시곤 했다. 나와 나보다 더 호기심이 많은 내 동생은 이곳에 접근할 수 없었다. 가끔 레온과 리타가 쇼핑을 하러 나가면 나와 동생은 이 금지된 공간에 몰래 숨어들었다. 시간이 지나면서 우리는 더 욕심이 생겨 외할아버지가 욕실 구석에 놓고 책상으로 사용하는 나무 테이블 위에 놓인 물건을 만지곤 했는데, 테이블 위에는 불어인지 다른 외국어인지 모를 글자가 알아볼 수 없게 쓰인 종이가 어지럽게 널려 있었다(할아버지의 손글씨는 생전 처음 보는 필체였다. 거미 다리처럼 가늘고 긴 글자 모양이 페이지 전체에 걸쳐 쓰여 있었다).

책상에는 오래된 고장난 시계가 많았다. 그래서 우리는 할아버지가 시계 밀수꾼이라고 생각했다.

가끔 이상한 이름과 생김새의 할머니들이 찾아왔다. 어깨에 갈색 털이 달린 검정색 옷을 입고 하얗게 화장한 얼굴에 빨간 립스틱을 바른 마담 쉐인만의 모습이 특히 기억에 남는다. 그분은 이상한 억양으로 대부분 과거형으로 이야기했다. 그때는 그 말이 무슨 언어인지 몰랐다(나중에서야 폴란드어라는 사실을 알게 되었다).

또 하나 기억나는 것은 사진이 없다는 점이었다. 유일한 사진은 유리액자에 넣어 사용하지 않는 벽난로 위에 자랑스럽게 놓아두었던 레온과 리타의 1937년도 흑백 결혼사진이었다. 리타는 사진 속에서 웃고 있지 않았다. 외할머니를 만나고 일찍부터 눈치 챘고 잊혀지지 않는 것이 있다. 그것은 스크랩북이나 앨범도 없고 부모나 형제(오래 전에 돌아가셨다고 들었다)의 사진도 없었으며 가족에 대한 기억을 이야기하지도 않는다는 것이었다. 집 안에는 흑백텔레비전과 〈파리마치〉Paris Match 잡지가 있었다. 리타는 이 잡지를 즐겨 읽었지만 음악은 듣지 않았다.

레온과 리타는 과거, 즉 그들이 파리에 오기 전의 삶에 대해서는 내가 있는 자리에서 또는 내가 이해하는 언어로는 이야기하지 않았다. 40년도 더 지난 오늘날, 부끄럽게도 내가 레온이나 리타에게 그들의 어린 시절에 대해 일절 묻지 않았다는 사실을 깨닫게 되었다. 물론 궁금했다 하더라도 그런 말을 꺼내는 것은 허락되지 않았다.

아파트는 늘 고요했다. 혼자 동떨어져 있는 것 같은 느낌의 리타보다 레온이 편했다. 리타는 주로 내가 좋아하는 비엔나슈니첼(송아지고기 커틀렛)과 으깬 감자를 만들면서 부엌에서 시간을 보냈다. 레온은 빵 조각으로 접시에 남은 음식을 닦아 먹는 것을 좋아했다. 너무 깨끗해서 설거지가 필요

없을 정도였다.

질서와 품위 그리고 자부심이 넘쳤다. 1950년대부터 레온을 알던 가족의 친구는 할아버지를 절제의 대가로 기억했다. 항상 정장 차림에 깔끔한 용모였으며, 신중하고 절대 폐를 끼치려 하지 않았다.

레온은 내게 법조계로 진출하라고 권했다. 1983년 내가 대학을 졸업할 때, 외할아버지는 영불 법률용어사전을 선물해주셨다. "전문가가 되는 길에 도움이 되길 바란다." 외할아버지는 책 앞의 여백에 이렇게 흘려 써주셨다. 1년 뒤에 그는 파리에서 일할 영어가 가능한 국제변호사를 찾는 〈피가로〉Le Figaro 신문광고를 오린 것과 편지를 보내주었다. 할아버지는 "아들아, 이건 어떠니?"라고 하는 것 같았다. 할아버지는 나를 "내 아들"이라고 불렀다.

수년이 지난 지금에 와서야 나는 온전한 품위와 따뜻함, 그리고 웃음을 간직한 레온이 살아낸 과거 시절에 일어난 사건들의 암울함을 이해할 수 있게 되었다. 그는 너그럽고 열정적인 사람으로, 종종 예상치 못한 상황에서 폭발하는 불같은 면이 있었다. 또 평생 동안 프랑스 수상 레옹 블룸을 존경하는 사회주의자였고, 축구를 사랑했고, 철저한 유대교 신자였으나 종교란 개인의 선택이며 남에게 강요해서는 안 된다는 생각을 가지고 있었다. 물질적인 것에는 관심이 없었고 다른 사람에게 부담이 되는 것을 원치 않았다. 그에게 중요한 것은 가족, 음식, 가정 이렇게 세 가지였다.

하지만 즐거운 곳처럼 보이지 않았던 레온과 리타의 집에서 나는 행복한 기억을 많이 만들었다. 어린 아이였지만 나는 불길한 예감과 무거운 침묵, 방 전체에 퍼져 있던 긴장감을 느낄 수 있었다. 나는 1년에 한 번 정도 외할아버지 집을 방문했는데, 웃음이 없었던 것을 아직도 기억한다. 불어를 사용했지만 두 분만 따로 이야기하고 싶어 하는 주제에 대해서는 은폐와 역사의 언어, 즉 독일어를 사용하셨다. 레온은 직업이 없거나 아침 일찍

일어날 필요가 있는 일은 하지 않는 것처럼 보였다. 리타도 일하지 않았다. 그녀는 항상 집을 깨끗하게 관리했다. 거실 카펫의 모서리가 항상 반듯하게 펴져 있었다. 생활비를 어떻게 마련하는지는 미스터리였다. "우리는 레온이 전쟁 중에 시계를 밀수한 줄 알았어." 어머니의 사촌이 내게 말했다.

그 밖에 나는 무엇을 알고 있었을까?

레온이 렘베르크라는 시골에서 태어나서 어린 시절에 비엔나로 왔다는 사실을 안다. 바로 그 시기에 대해 그는 나와 이야기하지 않으려 했다. 외할아버지는 "복잡하고, 지난 일이며, 중요하지 않다"라고 말했다. 나는 외할아버지의 보호본능을 이해했고 더 이상 캐묻지 않는 게 좋겠다고 생각했다. 그의 부모와 형, 두 명의 누나에 대해서 묻는 것은 감히 범접할 수 없는 영역이었다.

그 밖에는? 외할아버지는 리타와 1937년에 비엔나에서 결혼했으며, 1년 후 독일군이 오스트리아를 합병하기 위해 비엔나에 들어온 다음 몇 주 만에 그의 딸이자 내 어머니인 루스가 태어났다. 1939년에 그는 파리로 거처를 옮겼다. 전쟁이 끝난 후, 그와 리타는 둘째 아이를 낳았다. 장 피에르라는 프랑스 이름의 아들이었다.

리타는 내가 스물다섯 살이 되던 해인 1986년에 돌아가셨다.

장 피에르는 그로부터 4년이 지난 후 내 유일한 사촌인 그의 아이들과 함께 자동차 사고로 죽었다.

레온은 1993년 뉴욕에서 있었던 내 결혼식에 참석했으며, 4년 뒤에 94세를 일기로 세상을 떠났다. 1939년 1월에 그의 어머니가 준 스카프와 함께 렘베르크를 무덤까지 가지고 갔다. 외할아버지에게 작별을 고하러 가는 길에 어머니는 이것이 비엔나로부터의 이별 선물이라고 말해주었다.

이 정도가 리비우로부터 초대를 받았을 때 내가 알고 있던 전부였다.

2

리비우로 여행을 떠나기 몇 주 전에 나는 런던 북쪽에 있는 어머니 집의 밝은 거실에서 어머니와 마주 앉았다. 우리 앞에는 두 개의 오래된 서류 가방이 놓여 있었다. 서류 가방은 레온의 사진과 서류, 신문기사들과 전보, 여권, 신분증, 편지, 메모 등으로 가득 차 있었다. 비엔나에 있었던 시절은 오래전이지만 몇몇 서류는 더 오래된 렘베르크 시절의 것들이었다. 나는 모든 자료들을 손자로서뿐 아니라 증거를 사랑하는 법정변호사로서 매우 소중하게 다루었다. 할아버지가 이것들을 보관한 이유가 분명 있었을 것이다. 이 유품들은 언어와 문맥으로 암호화된 비밀 정보를 담고 있는 것 같았다.

나는 특별히 관심이 가는 물건들을 파일로 모아 두었다. 그중에는 1904년 5월 10일 렘베르크에서 태어났다는 것을 증명하는 레온의 출생증명서가 있다. 출생증명서에는 주소도 있고 가족에 대한 정보도 있다. 레온의 아버지(나의 외증조할아버지)는 여관주인이었는데, 이름은 핀카스Pinkas이다. 요즘 이름으로는 필립 또는 필립보라고 할 수 있다. 레온의 어머니, 즉 외증조할머니의 이름은 말케Malke라고 불려진 아말리에Amalie이며, 1870년 렘베르크에서 북쪽으로 15마일쯤 떨어진 주키에프Żółkiew에서 태어났다. 그녀의 아버지, 이삭 플라쉬너Isaac Flaschner는 곡물상이었다.

다른 서류들도 파일에 포함시켰다.

낡은 폴란드 여권, 오래되고 빛바랜 밝은 갈색 표지에 흰 독수리가 그려져 있는 여권. 1923년 6월 리비우Lwow에서 레온에게 발행된 이 여권은 레온이 이 도시의 주민이었음을 알려준다. 외할아버지가 오스트리아인이라고 생각했던 나는 이 사실에 자못 놀랐다.

또 다른 여권은 어두운 회색의, 보기에도 충격적인 것이었다. 1938년 12월 비엔나에서 독일 제국Deutsches Reich에 의해 발행된 이 문서 역시 표지에 독수리가 그려져 있는데, 구부러진 십자가 형태의 금색 나치 문양이 중앙에 자리잡고 있다. 이것은 단기체류허가증Fremdenpass, 즉 레온에게 발행된 여행자용 여권이다. 그는 폴란드인으로서의 정체성을 박탈당하고 무국적자가 되었기 때문에 국적이나 그것이 제공하는 어떠한 권리도 갖지 못했다. 레온의 서류에는 비슷한 여권이 세 개 있었다. 두 번째 것은 1938년 12월, 당시 생후 6개월이던 어머니에게 발행된 것이며, 세 번째 것은 3년 후인 1941년 가을, 비엔나에서 외할머니 리타에게 발행된 것이다.

나는 더 많은 물건을 파일에 포함시켰다.

반으로 접혀 있는 얇은 노란 종이. 한 면은 백지였고 다른 면에는 이름과 주소가 연필로 또박또박 각진 필체로 '미스 E. M. 틸니, 영국 노리치'라고 적혀 있다.

검은색 머리카락, 짙은 눈썹에 살짝 짓궂어 보이는 얼굴로 격식을 차린 포즈를 취한 남자의 작은 사진이 세 장 있다. 그는 가는 세로줄 양복에 나비넥타이를 매고 가슴 주머니에 행커치프를 꽂고 있다. 사진 뒷면에는 같은 사람의 필체로 각각 1949, 1951, 1954라고 쓰여 있다. 이름은 없다.

어머니는 미스 틸니가 누구인지, 나비넥타이를 맨 이 남자가 누구인지 모른다고 말했다.

나는 더 큰 네 번째 흑백사진을 파일에 추가했다. 한 무리의 남자들 사진인데, 일부는 유니폼을 입고 나무와 커다란 하얀 꽃 사이로 행진을 하고 있다. 카메라를 보는 사람들도 있고 일부러 시선을 딴 데 두는 사람들도 있는데, 사진의 중앙 오른쪽에 키가 큰 리더처럼 보이는 사람을 나는 금방 알아보았다. 그는 녹색처럼 보이는 군복을 입었고 허리에는 딱 맞는 벨트를 하고 있다. 내가 아는 남자였다. 그리고 그의 뒤에 서 있는 내 외할아버지, 레온의 흐릿한 얼굴이 보인다. 사진 뒷면에는 레온의 필체로 '드골, 1944'라고 씌어 있다.

나는 이 서류들을 집으로 가져왔다. 내 책상 위 벽에는 1949년 사진, 나비넥타이를 맨 남자 사진과 함께 미스 틸니의 이름과 그녀의 주소가 적힌 종이가 붙어 있다. 나는 드골에 네모 표시를 했다.

3

나는 헤이그에서의 심리절차가 끝난 후 스케줄이 비는 틈을 이용하여 런던에서 리비우로 날아갔다. 심리절차는 조지아Georgia(그루지야)가 러시아를 상대로 민족에 대한 차별을 주장한 사건에 관한 것이었다. 내 고객이었던 조지아는 아브하즈(조지아의 자치공화국)와 남오세티아에 있는 조지아인들이 학대받고 있으며, 이것은 국제조약의 위반이라고 주장했다. 나는 런던에서 비엔나로 가는 첫 비행시간의 대부분을 크로아티아가 세르비아를 상대로 '제노사이드' 혐의로 제기한 다른 소송의 청원서를 검토하며 보냈다. 이 혐의는 1945년 이래 유럽에서 가장 큰 규모의 공동묘지가 만들어진 결과를 초래한 1991년 부코바르에서 벌어진 학살과 관련된 것이었다.

나는 (회의적이며 걱정이 많은) 어머니와, 어머니의 동생과 결혼했다가 사별한 (침착한) 외숙모 애니, 그리고 15살짜리 (호기심 많은) 아들과 함께 여행했다. 우리는 비엔나에서 작은 비행기를 타고 한때 철의 장막이었던 보이지 않는 선을 건너 동쪽으로 650킬로미터를 날아갔다. 비행기는 부다

페스트의 북쪽으로 카르파티아산맥과 멀리 루마니아도 보일 만큼 구름 한 점 없는 하늘을 뚫고 우크라이나의 온천 도시인 트루스카베츠에 착륙했다. 스탈린과 히틀러의 시대에 불어 닥친 테러로 한 역사학자가 그의 책에서 '피의 땅'이라 불렀던 리비우의 경치는 평평하고, 나무가 우거지고, 넓게 펼쳐진 평원 군데군데 크고 작은 집이 모여 마을을 이루고, 작은 경작지가 있으며, 사람들이 사는 지역이 섞인 빨강, 갈색, 흰색의 도시였다. 리비우가 시야에 들어오는 것을 보니 조브크바Zhovkva라는 작은 마을을 지나쳐 버린 모양이었다. 과거 소비에트의 주요 도시가 멀리 보이더니 그 도시의 중심에 있는 첨탑과 돔들이 들쭉날쭉한 나뭇잎 사이로 하나씩 갑자기 나타나고 세인트 조지 성당, 성 엘리자베스 성당, 시청, 대성당, 코르니아크트 타워와 베르나르디노 성당 등 비틀린의 가슴 깊은 곳에 소중하게 자리잡은 건물들이 나타났다. 나는 도미니크수도회 성당과 시립극장, 폴란드-리투아니아 연방이 탄생한 루블린 연합의 언덕 그리고 독일 점령기에 수천 명 희생자의 피로 물든 땅이 씻겨져 모래로 덮인 피아스코바 언덕이 무엇인지도 모른 채 쳐다보고 있었다.

비행기는 활주로를 달려 작은 건물 앞에 멈췄다. 공항 이름이 기분 좋은 스크닐리프Sknyliv였던 1923년으로 돌아간 것처럼 《땡땡》Tintin 시리즈에 나올 것 같은 장소는 아니었다. 하지만 익숙하게 비슷한 점은 있었다. 레온이 태어나던 1904년에 이 도시에 제국 기차역이 생겼고, 레온이 떠나던 1923년에는 스크닐리프 공항터미널이 생겼다. 그리고 새로운 공항터미널은 황제의 후손들이 돌아온 2010년에 만들어졌다.

예전 터미널은 세기가 바뀌는 동안에도 크게 변하지 않았다. 대리석으로 만든 홀과 커다란 나무문, 권한도 없이 큰 소리로 명령을 내리는 《오즈의 마법사》에 나올 법한 녹색 유니폼을 입고 거들먹거리는 앳된 얼굴의 경비대. 우리는 다른 승객들과 함께 맞지도 않는 녹색 모자를 쓴 엄숙한 얼굴의 출입국 직원들이 자리한 나무 칸막이로 향하는 긴 줄에 섰다.

"여기는 무슨 일로 왔습니까?" 출입국 심사 공무원이 물었다.

내가 대답했다. "강의하러 왔습니다."

그는 멍하게 쳐다보았다. 그러더니 내 대답을 한 번도 아닌 세 번을 반복했다.

"강의? 강의? 강의?"

"대학, 대학, 대학." 내가 대답했다. 그러자 활짝 웃더니 입국을 허락한다는 도장을 찍어주었다. 우리는 짙은 머리 색깔을 하고 반짝이는 검은 가죽 코트를 입고 담배를 피우는 남자들을 지나 세관을 통과했다.

택시는 우리를 태우고 비엔나 스타일의 허물어져가는 19세기 건축물들과 아름다운 우크라이나-그리스 정교회 예배당과 세인트 조지 대성당과 주요 간선도로를 지나서 오페라하우스와 아담 미츠키에비치 시인에게 바치는 인상 깊은 기념물 사이에 위치한 예전 갈리치아 의회 건물을 지나 구시가지로 향했다. 우리가 묵을 호텔은 폴란드인들은 루토프스키에고라고 하고, 독일인들은 랑게가세라고 부르는 테아트랄나 거리의 중세풍의 중심가 가까이에 위치했다. 지명을 추적하고 역사적인 의미를 계속해서 기억하기 위해 나는 현대 우크라이나 지도(2010년), 예전 폴란드 지도(1930년), 고대 오스트리아 지도(1911년)를 동시에 참고했다.

도착 후 첫 저녁 시간에 우리는 레온의 집을 찾았다. 외할아버지의 출생증명서에서 주소를 찾았는데, 1938년 리비우의 볼레스와프 추루크 Bolesław Czuruk가 영어로 번역한 것이다. 추루크 교수는 그 도시에 살았던 다른 사람들과 마찬가지로 매우 복잡한 삶을 살았다. 제2차 세계대전 전에는 대학에서 슬라브족 문학을 가르치다가 폴란드공화국을 위해 번역가 역할을 하며 독일 점령기에 수백 명의 리비우 유대인들이 가짜 서류를 발급받을 수 있도록 도왔다. 이 때문에 그는 전쟁이 끝난 후 소비에트에 의해 투옥되었다. 추루크 교수의 번역을 통해 레온이 세프틱스크 거리Szeptyckich Street 12번지에서 산파 마틸드 아기드Mathilde Agid의 손을 통해 태어났음을 알 수 있었다.

세프틱스크 거리는 오늘날 세프티츠키크 거리Sheptyts'kykh Street로 알려져 있으며, 세인트 조지 대성당과 가깝다. 그곳으로 걸어가려면 리노크 광장을 돌아 15세기 상인의 집을 감상하고, 시청과 예수회 교회(소비에트 시대에는 문을 닫고 기록보관소와 서가로 사용되었다)를 지나 갈리치아의 나치 총독인 오토 폰 베히터Otto von Wächter가 무장친위대 갈리치아 사단의 병사를 모집하던 세인트 조지 성당의 정면에 위치한 평범한 광장으로 들어서야 한다.

이 광장에서 세프틱스크 거리까지는 걸어갈 수 있을 정도로 가깝다. 1942년 11월 '살인하지 말라'Thou Shalt Not Murder라는 제목의 교서를 발표한 우크라이나-그리스 정교회의 유명한 대주교 안드레이 세프티츠스키Andrey Sheptytsky에게 경의를 표하며 그의 이름을 딴 거리다. 19세기 후반에 지어진 12번지 건물은 1층에 커다란 창문이 다섯 개 있는 2층짜리이다. 그 옆에는 벽에 스프레이 페인트로 유대인을 상징하는 커다란 '다윗의 별'Star of David이 그려진 건물이 있었다.

도시의 기록보관소에서 나는 건설 계획과 초기 승인서를 구할 수 있었다. 건물은 1878년에 지어졌고, 6채의 아파트와 4개의 공용 화장실이 있으며, 1층에는 숙박시설(아마도 레온의 아버지인 핀카스 부흐홀츠가 운영하던 곳으로 짐작된다. 다만 1913년판 도시 안내책자에는 그를 18번지의 건물에 있는 레스토랑 주인으로 기록하고 있다)이 있다.

우리는 건물 안으로 들어갔다. 1층에서 노크하자 나이 든 남자가 나왔

리비우, 세프틱스크 거리 12번지, 2012년 10월

다. 그는 독일 점령기인 1943년 그곳에서 태어난 예브겐 팀션Yevgen Tymchyshn 이라고 자신을 소개했다. 그는 유대인들은 사라졌고 아파트는 비었다고 말했다. 그의 아내가 약간 수줍어하면서도 자랑스러운 태도로 우리를 안으로 초대하여 이제는 부부의 집이 된 확장공사를 한 큰 방을 보여주었다. 우리는 홍차를 마시고 벽에 걸린 사진들을 감상하고 현대 우크라이나에서 사는 어려움을 이야기하였다. 집 뒤편 작은 부엌 뒤의 발코니에서 나와 예브겐이 함께 서 있었다. 그는 오래된 군모를 쓰고 있었다. 예브겐과 나는 미소를 지었고 햇살이 비추자 1904년 5월처럼 세인트 조지 대성당이 모습을 드러냈다.

4

레온은 이 집에서 태어났다. 가족의 뿌리는 그의 어머니인 말케가 1870년에 태어난, 주키에프라고 알려진 조브크바 근처로 이어졌다. 우리의 가이드인 알렉스 두나이Alex Dunai가 낮은 갈색 언덕과 드문드문 나무가 보이는, 오래 전 치즈와 소시지 또는 빵을 만들었던 마을이 보이는 안개 끼고 고요한 시골 풍경이 근사한 길로 차를 몰았다. 레온은 100년 전에 같은 길을 통해 가족을 만나기 위해 말과 수레 또는 기차를 타고 이동했을 것이다. 나는 렘베르크에서 주키에프까지의 노선이 포함된 토마스 쿠크 회사에서 만든 오래된 기차시간표를 훑어보았다. 이 노선은 후에 가스를 대량학살의 도구로 사용하는 첫 번째 절멸수용소Extermination camp가 건설된 벨제크Belzec로 이어진다.

나는 레온이 어린 시절에 찍은 유일한 가족사진을 발견했다. 그림이 그려진 벽을 배경으로 한 사진관에서 촬영한 사진이다. 아홉 살쯤 되어 보이는 레온이 그의 형과 두 누나 앞 부모님 사이에 앉아 있다.

모두가 매우 진지한 표정이다. 특히 검은색 수염과 독실한 유대교 복장을 갖추고 약간 놀란 표정으로 카메라를 응시하는 핀카스는 매우 심각해 보인다. 말케는 긴장한 듯 격식을 차린 모습이며, 머리를 단정하게 꾸미고 레이스가 달린 드레스와 무거운 목걸이를 한 통통한 여성이다. 책을 펼쳐 그녀의 무릎 위에 두었는데 그럴듯한 아이디어에 고개가 끄덕여졌다. 1893년에 태어난 장남 에밀은 국방색 군복 차림으로, 당시에는 몰랐겠지만 당장이라도 참전하여 죽음도 불사할 것 같은 모양새이다. 그의 옆에는 그보다 키가 1인치 크지만 네 살 어린 구스타가 우아하게 서 있다. 그의 앞에는 1899년 태어난 여동생 로라가 의자 팔걸이를 잡고 서 있다. 내 할아

부흐홀츠 가족, 렘베르크, 1913년 (왼쪽부터: 핀카스, 구스타, 에밀, 로라와 말케, 그리고 맨 앞이 레온)

버지 레온은 맨 앞쪽에 자리잡은 작은 소년의 모습으로, 세일러 유니폼을 입고 크게 뜬 눈과 튀어나온 귀가 인상적이다. 레온은 다른 사람들의 표정은 모르는 듯 혼자서 미소를 짓고 있다.

바르샤바 기록보관실에서 나는 네 아이들의 출생증명서를 보았다. 모두 같은 렘베르크 집에서 산파 마틸드 아기드에 의해 태어났다. 에밀의 출생증명서에는 핀카스가 서명하였는데, 아이의 아버지가 1862년 렘베르크의 북서쪽에 있는 작은 마을, 체스자노프[Cieszanów]에서 태어났다고 적혀 있었다. 바르샤바 기록보관실에는 1900년 렘베르크에서 결혼식을 올린 핀카스와 말케의 혼인증명서도 있었다. 네 자녀 중 유일하게 레온이 결혼 후에 태어났다.

기록보관실의 자료는 주키에프가 가족의 중심지라고 말해주고 있었다.

말케의 부모가 그곳에서 태어났고, 다섯 아이들 중 첫째이며 유일한 딸인 그녀가 그곳에서 태어났다. 나는 레온에게 네 명의 삼촌, 즉 요셀(1872년생)과 라이뷰(1875년생), 네이단(1877년생)과 아론(1879년생)이 있다는 것을 알아냈다. 모두가 결혼하여 아이를 두었다. 이로써 주키에프에는 레온의 대가족이 산다는 사실도 알게 되었다. 말케의 삼촌인 메이저 역시 자녀가 많았으며 레온은 조카가 많았다. 적게 어림잡아도 레온의 주키에프 가족인 플라쉬너가[家]는 열일곱 명이 넘었다. 동네 인구의 1퍼센트에 달했다. 레온은 이 가족들 중 누구에 대해서도 내게 이야기 한 적이 없었다. 그는 항상 혼자인 것처럼 보였다.

주키에프는 합스부르크 왕조의 통치 하에 상업, 문화 그리고 교육의 중심으로 번창했다. 말케가 살던 시절에도 이런 활동이 여전히 중요했다. 5세기 전, 유명한 폴란드 군부 지도자인 스타니스와프 주키에브스키[Stanisław Żółkiewski]가 설립한 이 도시는 아름다운 이탈리아식 정원과 16세기에 건축된 성[城]이 주류를 이루었다. 도시에서 발견되는 각종의 종교시설은 이곳의 다양한 인구 분포를 나타낸다. 도미니크와 로마 가톨릭 성당, 우크라이나-그리스 정교회와 폴란드 주키에프의 명성을 상기시켜 주는 마지막 증거이자 유대교 서적이 인쇄되었던 유일한 장소인 17세기 유대교 회당이 중심에 위치한다. 1674년, 위대한 성에는 1683년 비엔나 전투에서 터키를 무찔러 3세기 동안 계속된 오스만 제국[Ottoman Empire]과 합스부르크 신성로마제국 간의 분쟁을 끝낸 폴란드의 왕, 얀 3세 소비에스키[Jan III Sobieski]가 살았다.

레온이 폴란드인, 유대인, 우크라이나인이 섞인 어머니의 가족을 방문했을 당시 주키에프의 인구는 약 6,000명이었다. 알렉스 두나이는 1854년에 손으로 그린 특별한 동네 지도의 사본을 내게 주었다. 녹색, 크림색, 붉은색과 검정색으로 표시된 이름과 숫자들은 에곤 쉴레[Egon Schiele]의 작품 〈화가의

주키에프, 렘베르거 스트라세, 1890

아내〉The Artist's Wife를 떠오르게 한다. 디테일은 놀라웠다. 국왕의 성(1번지)을 중심으로 외곽에 있는 덜 중요한 건물(810번지) 순으로 모든 정원과 나무가 건물 번호에 따라 표시되었다.

요제프 로트Joseph Roth 역시 이와 같은 도시의 구조를 설명했다. 주변에 언덕이나 숲 또는 강이 없는 평지 중간에 조성된 이런 지역은 전형적으로 작은 오두막 몇 채로 시작하여 북쪽에서 남쪽으로 향하는 주 도로 하나와 동쪽에서 서쪽으로 향하는 주 도로 하나, 이렇게 두 개의 중심로 주변에 점차 집들이 들어서게 된다. 이어 두 주요도로 교차 지점에 시장이 생기고 어쩔 수 없이 철도역이 남북 도로의 한쪽 끝에 위치한다. 완벽하게 주키에프를 설명한 내용이다.

1879년 토지대장의 기록에서 나는 말케의 가족이 주키에프 762 구획의 40번지 집에 거주했다는 사실을 알게 되었다. 그 시대 대부분의 집들과 같이 나무로 만든 집이었고, 그녀는 거기서 태어났다. 이 집은 동-서 거리 EAST-WEST STREET의 서쪽 끝에 위치했다. 레온이 살던 시절 그 거리는 렘베르거 스트라세Lemberger strasse라고 불렸다.

우리는 1954년 만들어진 이주 상세한 지도를 기준으로 하일리게 드라이팔틱카이트Heilige Dreyfaltigkeit라고 표시된 커다란 목조교회를 지나 동쪽으로부터 동네에 들어갔다. 오른쪽으로 도미니크 수녀원을 지나자 링그플라츠라는 중앙광장이 나타났다. 성 로렌스 대성당 가까이에 스타니스와프 주키에브스키와 몇 명의 덜 중요한 쇼비에스키 왕가의 인물이 묻힌 성이 있었다. 거기서 조금 떨어진 곳에 한때 영광스러운 장소였을 바실리우스 수녀원이 있다. 추운 가을 아침의 광장과 도시는 쇠퇴하고 슬퍼보였다. 약간의 문명화로 이곳은 상처로 얼룩지고 겁에 질린 장소가 되었다.

5

1913년 1월, 레온의 누나 구스타는 렘베르크를 떠나 비엔나로 가서 주류판매상인 막스 그루버Max Gruber와 결혼을 했다. 발칸 지역의 정세가 불안했지만 핀카스는 예식에 참석하여 혼인증명서에 서명을 했다. 세르비아는 불가리아, 몬테네그로와 동맹을 맺고 러시아의 지원을 받아 오스만 제국과 전쟁을 벌였다. 1913년 런던에서 평화조약이 체결되어 새로운 국경이 생겼다. 그러나 한 달 후 불가리아는 동맹국이었던 세르비아와 그리스에 등을 돌려 제2차 발칸전쟁을 촉발시켰다. 이 전쟁은 1913년 8월까지 지속되었다. 그런데 불가리아가 세르비아에 패하면서 이 전쟁은 지역 내에서 발생하는 더 큰 대변동의 전조 역할을 하였다. 그 결과 마케도니아는 새로운 영토를 획득하여 강대국 오스트리아-헝가리 제국에 위협으로 인식되었다.

비엔나는 러시아와 슬라브족을 억제하기 위해 세르비아에 대한 예방전쟁이라는 발상을 하게 되었다. 1914년 6월 28일, 세르비아계 가브릴로 프린치프Gavrilo Princip가 프란츠 페르디난트 대공Archduke Franz Ferdinand을 사라예보에서 암살하였다. 다음 달 비엔나는 세르비아를 공격했다. 이는 독일의 벨기에, 프랑스와 룩셈부르크 공격을 촉발하였으며, 러시아는 세르비아를 지원하여 비엔나와 오스트리아-헝가리 제국 군대와 전투를 벌이고 7월 말에 이르러 갈리치아를 침략했다. 1914년 9월, 〈뉴욕타임스〉는 150만 명 이상이 참가한 전대미문의 대전투의 결과로 렘베르크와 주키에프가 러시아 세력에 의해 점령당했다고 보도했다. 신문은 '수천 명의 목숨을 앗아간 잔학 행위이며 인간 생명의 파멸, 가장 끔찍한 홀로코스트Holocaust 역사'라고 표현했다. 사망자 중 한 명이 레온의 형인 에밀로, 20세 생일이 되기 전에 전투 중 목숨을 잃었다. 슈테판 츠바이크Stefan Zweig(오스트리아 유대계 작가)는 "단 한 명이 살해된 것에 보복하기 위해 수백만, 수천만 배의 희생을 부른 인류 역사상 가장 처참한 대량 파괴, 대량 학살이 일어난 사건은 무엇일까요?"라고 물었다.

핀카스 부호홀츠는 절망에 빠졌고, 1년 전 에밀이 미국으로 이민을 가겠다고 했을 때 만류한 것에 대한 죄책감을 이기지 못하고 몇 주 후에 죽었다. 나름 노력했음에도 불구하고 핀카스가 1914년 12월 16일 렘베르크에서 사망하였다는 빈Wien(비엔나의 독일 이름)의 기록보관소 정보를 제외하고는 핀카스와 에밀의 죽음과 묘지에 대한 더 이상의 정보를 찾지 못했다. 나는 에밀이 어디에 묻혔는지 찾을 수 없었다. 비엔나의 전쟁기록보관소

Kriegsarchiv에서는 "개인 파일이 없다"는 설명만 들었을 뿐이었다. 이것이 잔학한 역사의 한 부분이다. 오스트리아-헝가리 제국이 멸망했을 때 1919년 생제르맹 조약으로 모든 갈리치아인의 기록을 다양한 승계국에 그대로 두기로 결정했으나 대부분은 유실되고 말았다.

석 달 사이에 레온은 아버지와 형을 차례로 잃었다. 10살 때 그는 가족 중에 남은 유일한 남자가 되었으며, 제1차 세계대전이 터지자 어머니와 누나 로라와 함께 서쪽에 있는 비엔나로 이주할 수밖에 없었다.

6

비엔나에 도착한 그들은 구스타와 그녀의 남편인 막스 그루버와 함께 살았다. 1914년 9월, 레온은 비엔나 20구역에 있는 게르하르두스가스의 초등학교Volksschule에 등록했다. 학교 기록부에는 그가 유대인mosaisch 출신이며, 학교 성적은 중간 정도였다고 기록되어 있었다. 같은 달인 9월, 데이지라고 알려진 레온의 조카 테레스가 구스타와 막스 사이에서 태어났다. 레온은 학교 근처에 있는 클로스터노이부르거 거리 69번지 아파트 1층에서 그루버 가족들과 함께 살았는데, 후에 막스와 구스타는 대출을 받아 이 큰 건물을 매입했다.

레온의 가족은 '동유대인Ostjuden(동유럽 출신 유대인)의 이민'으로 알려진, 갈리치아에서 비엔나로 이주한 수만 명의 이민자들 중 하나였다. 제1차 세계대전 때문에 엄청난 수의 유대인 난민이 새로운 집을 찾아 비엔나로 왔던 것이다. 요제프 로트는 북부 기차역을 '그들 모두가 도착하는 곳'이라고 하고, 그 우뚝 솟은 홀은 '고향의 냄새'로 가득 찼다고 썼다. 비엔나의 새로운 거주자들은 레오폴드슈타트와 브리기테나우 등의 유대인 구역으로 이동하였다.

1916년, 12세 때 레온은 인근 프란츠 요제프 실업학교를 졸업했다. 그는 12월 19일 발행된 학생증Schulerausweiskarte을 죽을 때까지 계속 가지고 있었다. '프란츠 요제프'라는 글씨를 지우기 위해 그어진 빛바랜 잉크 삭선은 몇 주 전 황제가 죽었음을 말해준다. 단추가 달린 어두운 색의 튜닉을 입은 작은 소년의 사진도 있다. 귀 모양이 눈에 띄는 그는 단호한 표정으로 팔짱을 끼고 있다.

수학과 물리학에 특화된 실업학교는 가족이 사는 집과 가까운 카라얀 골목 14번지에 위치해 있었다. 현재 그곳은 브리기테나우 김나지움이며, 내가 딸과 함께 방문했을 때 딸아이는 입구 근처 벽에 붙은 명판을 찾아냈다. 거기에는 이 건물의 지하실이 1938년 게슈타포Gestapo(나치 정권의 비밀경찰) 감옥으로 사용되었으며, 전쟁이 끝나고 오스트리아의 총리가 된 브루노 크라이스키Bruno Kreisky가 투옥되었던 곳이라고 표시되어 있었다. 학교의 현 교장인 마가렛 비테크Margaret Witek는 1917년과 1919년의 학급기록부를 찾아주었는데, 그 기록부에 의하면 레온은 독일어는 '만족스러운 수준', 불어는 '잘했다'고 적혀 있었다. 하지만 대체적으로 문과 과목보다는 과학 과목의 성적이 나았음을 보여주었다.

제1차 세계대전이 끝난 후 말케는 로보프로 돌아왔는데, 핀카스가 한때 레스토랑을 열었던 건물인 세프틱스크 거리 18번지의 아파트에서 살았다. 그녀는 비엔나를 떠나며 레온을 구스타의 후견인으로 남겨두었다. 구스타는 이후 두 명의 조카를 더 낳았는데, 1920년생 헤르타와 1923년생 에디뜨이다. 레온은 몇 년간 그들과 함께 지내며 어린 소녀들에게 유능한

자신의 주류상점 밖에 서 있는 막스 그루버, 비엔나 클로스터노이부르거 거리 69번지, 1937년

삼촌이 되어주었다. 하지만 내게는 그들에 대해 단 한 번도 말하지 않았다. 한편 레온의 또 다른 누나인 로라는 기중기 기사인 베른하르트 로젠블룸 Bernard Rosenblum과 결혼하였다. 시간이 흘러 말케는 로보프에서 비엔나로 다시 돌아왔다.

렘베르크와 주키에프 그리고 비엔나에서의 레온의 가족에 대한 내 지식의 공백이 점차 채워졌다. 가족이 가지고 있던 문서와 공공기록 덕분에 나는 이름과 나이, 장소 심지어 직업까지도 알 수 있었다. 세부 사항이 발견되기 시작하면서 나는 내가 알던 것보다 가족의 규모가 훨씬 컸다는 사실도 알게 되었다.

7

1923년, 레온은 전기 및 기술에 대해 공부하면서 그의 매형인 막스의 주류상점에서 그를 도우며 아버지가 밟았던 교육 과정을 따라가기를 희망했다. 나는 그의 앨범에서 선생님으로 보이는 남자의 사진을 포함해서 여러 장의 사진을 보았다. 구레나룻에 독특한 분위기를 풍기는 그는 정원에서 있고, 그의 앞에는 버너와 병, 튜브 등 증류에 필요한 각종 물건이 놓인 작은 나무 테이블이 있다. 선생님은 알코올 성분이 포함된 발효된 곡물을 갖고 시작한 것 같다. 이 액체는 그것을 분리하는 과정에서 나오는 술인 스피릿(알코올 도수가 높은 술)을 주조하기 위해 정제되었다. 이러한 행위는 비엔나에서의 삶과 반대였다.

인플레이션이 만연하고 삶이 고단한 경제적으로 어려운 시기에 많은 수의 난민이 동쪽으로부터 이주해 왔다. 게다가 반유대주의의 확산과 함께 국수주의자들이 반이민자 감정을 부추기는 형국으로 발전하자 정치권은 정부가 제대로 돌아가도록 만들기 위해 고군분투했다. 1918년 8월에 결성된 국가사회주의독일노동자당(나치)은 상대 당에 합병되었다. 그 당의 지도자는 아돌프 히틀러Adolf Hitler라는, 카리스마 있는 오스트리아인이었다.

1923년 여름, 로라와 베른하르트 로젠블룸의 결혼식 2주 후에 레온은 여권을 발급받기 위해 로보프로 돌아왔다. 비엔나에서 10년을 산 후에야 그는 자신에게 오스트리아 국적이 없었다는 사실을 발견했다. 1919년 6월 베르사유조약이 체결된 바로 그날 폴란드 소수민족보호조약the Polish Minorities Treaty이라는 이상한 조약이 체결되어 레온은 폴란드 시민으로 남게 되었다.

이 조약은 폴란드에 소수민족 보호 의무를 부담하도록 강제하였다. 현대 인권조약의 선구자격인 폴란드 소수민족보호조약이 체결된 1919년 이

전에 로보프에서 태어난 사람은 폴란드 시민으로 간주된다는 내용의 제4조가 발효되었다. 작성할 서류나 신청서도 없었다. 오직 사실관계만으로, 그리고 어떤 형식상의 요건도 없이 조약은 레온을 포함한 수만 명의 로보프와 주키에프 및 다른 도시의 시민들을 폴란드 시민이라고 선언하였다. 갑작스럽고 다소 거슬리는 이 이상한 법적 사건이 나중에 그와 내 어머니의 생명을 구했다. 내가 존재하는 것도 이 소수민족보호조약 제4조 덕분이다.

레온은 제1차 세계대전 전야에 폴란드인과 우크라이나인 그리고 유대인 간의 죽일 듯한 갈등이 촉발되기 전 오스트리아령 렘베르크를 떠났다. 그가 여권을 찾아가기 위해 렘베르크로 돌아왔을 때, 도시는 시끄러운 전차 소리와 빵집과 과일가게 등 여러 상점들, 에드워드 리들Edward Riedl과 율리어스 마이늘Julius Meinl의 찻집에서 풍기는 냄새로 꽉 찬 발전하는 폴란드 대도시였다. 도시는 소비에트인과 리투아니아인 사이의 전쟁이 끝나고 비교적 안정기로 들어서고 있었다. 1923년 6월 23일, 로보프 경찰청은 레온에게 새로운 폴란드 여권을 발행해주었다. 여권에는 진한 머리색에 안경을 쓴 레온의 사진이 붙어 있지만 금발에 푸른 눈을 가진 젊은 남자라고 설명되어 있다. 세련된 감각의 그는 어두운 색의 재킷과 흰 셔츠, 두꺼운 가로줄 무늬가 있는 눈에 띄게 현대적인 넥타이를 매고 있다. 당시 열아홉 살인 그의 직업은 학생écolier으로 등록되어 있다.

그는 여름의 마지막을 세프틱스크 거리에 사는 어머니를 비롯해 가족과 친구들과 함께 로보프에서 보냈다. 그는 주키에프에서 피우수트스키 거리의 유대교 회당의 약간 북쪽에 위치한 목조주택(수십 년이 지난 후 거리는 진흙투성이의 좁은 길이 되었고 집은 사라졌다)에 사는 라이뷰 삼촌과 다른 먼 친척들을 만났을지도 모른다. 레온은 동쪽의, 아름다운 참나무와 자작나무가 우거진 보렉Borek이라고 알려진 언덕을 지나다녔을지도 모른

레온의 폴란드 여권 사진, 1923년

다. 주키에프의 아이들은 로보프로 향하는 큰 도로를 따라 낮은 언덕 사이에 있는 넓고 평평한 언덕에서 주로 놀았다.

8월이 되어 레온은 대학교 근처 브라제로브스카 거리 14번지의 1층에 있는 오스트리아 영사관을 방문하였다. 오스트리아 정부의 마지막 요새였던 곳에 세를 든 영사관에서 그는 한 번의 오스트리아 왕복 여행을 허가하는 도장을 받았다. 법학부 근처에 위치한 체코슬로바키아 영사관에서는 경유 비자를 발행해주었다. 정신없는 시기에 레온은 도시의 거리 어딘가에서 두 명의 젊은 남자를 스치고 지나갔을지 모른다. 사회생활 초년생인 그들은 후에 뉘른베르크 재판에서 매우 중요한 역할을 담당하게 된다. 허쉬 라우터파하트는 1919년 도시를 떠나 비엔나로 유학을 갔다가 이곳에 있는 가족을 방문하기 위해 돌아왔고, 로보프대학의 국제법학부 학부장 후보로 한 발짝 다가갔을 것이다. 로보프대학 법학부의 학생인 라파엘 렘킨은 세인트 조지 대성당의 그늘이 드리워진 말케의 집 근처에서 살고 있었다. 이때는 로보프와 갈리치아에서 벌어진 여러 사건들에 의해 자극받고, 전시에 자행된 대량학살과 법의 역할에 대한 관념이 형성되어 가던 시기였다.

레온은 8월 말에 로보프를 떠났다. 열차는 10시간을 달려 크라쿠프Kraków에 도착했다. 그리고 프라하와 체코슬로바키아의 남쪽 국경에 인접한 브레클라브로 이동하였다. 1923년 8월 25일 아침, 기차는 북서역에 도착했다. 거기서부터 클로스터노이부르거 거리에 있는 구스타의 집까지는 짧은 거리였기에 걸어갔다. 레온은 이후 로보프나 주키에프로 돌아가지 않았으며, 내가 알기로는 친척들 중 누구와도 다시 만나지 못했다.

8

5년 후, 레온은 비엔나의 20번 구역 라우셔 거리 15번지에 자신의 상점을 가진 주류제조업자가 되었다. 그는 그 시절에 찍은 사진을 딱 한 장 가지고 있었는데, 경제 불황과 초인플레이션이 다시 찾아온 1928년 3월에 찍은 것이다. 레온과 그의 매형인 막스 그루버는 비엔나 주류판매업자협회의 연례 모임에 참석했다. 여성은 없었고, 나이 많은 남자들과 함께 찍은 사진에서 그는 나무판으로 만든 홀에 스물일곱 개의 유리구슬이 달린 놋쇠촛대 아래에 자리를 잡고 앉았다. 스물네 살의 가장 젊고 성격 좋아 보이는 남자가 바로 레온으로, 입가에 웃음을 머금고 있다. 불안한 시기였지만 그의 얼굴에는 그런 기미가 보이지 않는다. 레온은 조합의 회원이 되던 날인 1926년 4월 27일자 영수증을 보관하고 있었다. 8실링으로 그는 주류 판매업자협회의 회원이 되었다.

80년이 지난 후, 나는 딸과 함께 라우셔 거리 15번지를 방문했다. 우리는 완전히 클럽으로 변신한 그곳을 창문을 통해 들여다보았다. 4인조 그룹 레드 제플린의 〈천국으로 가는 계단〉Stairway to Heaven 가사가 새겨진 새로운 참나무 출입문이 설치되어 있었다. "서쪽을 바라볼 때면 느끼는 기분이 있습니다." 가사는 이렇게 이어진다. "내 영혼은 떠나고 싶어 울부짖네요."

오스트리아와 그 주변 지역에서 정치적, 경제적 불안이 계속되자 레온은 라우셔 거리 15번지에서 몇 년을 더 머물렀다. 나는 그의 앨범에서 걱정 없이 행복한 시기에 찍힌 듯한 사진을 발견했다. 고모, 삼촌, 조카, 이름을 알 수 없는 가족들과의 사진과 친구들과 도보여행을 하는 사진들이다. 레온의 가장 친한 친구인 막스 쿠퍼만Max Kupferman과 찍은 사진도 몇 장 있었다. 두 명의 말쑥한 젊은이는 주로 양복과 넥타이를 매고 웃고 있으며, 오스트리아의 언덕과 호수 등지에서 여름을 보내는 장면들이다.

이 둘은 주로 비엔나의 북쪽에 있는 레오폴드베르그와 레오폴드스키셰, 그리고 언덕 꼭대기에 있어 도시의 전경을 감상할 수 있는 교회로 단체 여행을 떠났다. 나는 그들의 발자취를 따라 그 언덕에 오르며 직접 그들의 도보 여행을 경험해 보았다. 그들은 종종 더 먼 북쪽 다뉴브강 근처 오스트리아 수도원이 있는 소도시, 클로스터노이부르거나 프레스바움의 서쪽으로 움직였다. 사진은 익숙하고 현대적이었다. 수영복을 입은 젊은 남녀가 친밀하게 팔짱을 끼고 자유롭게 시간을 보내고 있었다.

나는 트리에스테 북쪽, 보든스도르프 오시아흐 호수Lake Ossiach에서 가족들과 휴가를 보내는 사진을 발견했다. 운동을 하는 사진도 몇 장 있었다. 막스와 레온이 축구를 하거나, 오스트리아 주류업계 신문Österreichische Spirituosen zeitung에 경기가 보도될 만큼 유명한 아마추어팀, 위스키 보이스 풋볼 클럽에도 참여한 화려한 경력의 친구도 있었다.

자신의 뿌리에서 탈출한 레온의 일상적인 생활을 담은 사진도 있었다. 요제프 로트는 1, 2차 세계대전 사이의 시기에 '비엔나에 새롭게 도착한 동유럽 출신 유대인의 운명보다 가혹한 것은 없었다'고 썼다. 하지만 레온은 비엔나의 중심지인 제1구역에서 사무직으로 안전하게 자리를 잡은 오스트리아 토박이가 된 유대인들 사이에서 비교적 안정된 삶을 이어가고 있는 듯했다. 그는 사무직이며 신자유신문Neue Freie Presse을 읽는 정치적 성향이 강한 동유대인Ostenjuden이었다. 반유대주의와 민족정화民族淨化를 정치적 프로그램의 중심에 두는 것을 자신들의 정체성으로 삼는 기독교사회주의자나 독일국가주의자와는 완전히 노선이 다른 진보적 사회민주당을 지지하는 사람들 사이에서 자리를 잡은 것처럼 보였다.

9

1933년 1월 말, 파울 폰 힌덴부르크 대통령은 아돌프 히틀러를 독일의 총리로 임명한다. 레온은 당시 레오폴드슈타트 구역의 중심가인 타보르 거리 72번지에서 더 큰 상점을 운영하고 있었다. 주류 거래가 활성화되자 그는 근처 독일에서 벌어지는 상황을 두렵게 생각했음에 틀림없다. 독일 국회의사당인 라이히츠탁은 불에 타 사라지고 독일연방 선거에서 나치가 더

레온과 막스 쿠퍼만, 비엔나, 1929년

많은 표를 획득했다. 오스트리아 나치는 더 많은 지지를 받았다. 레오폴드슈타트에서 시위가 더욱 자주 일어났으며 점점 더 폭력적으로 변했다.

4개월이 지난 1933년 5월 13일 토요일, 새로운 독일 정부의 대표가 처음으로 오스트리아를 방문했다. 3발기인 독일 정부 비행기가 레온의 상점에서 멀지 않은 아스페른 비행장에 내렸다. 여기에는 새롭게 임명된 바이에른 주 법무장관이며 히틀러의 전 법률고문이자 친구인 한스 프랑크Hans Frank 박사가 이끄는 일곱 명의 나치 장관들이 타고 있었다.

프랑크가 도착하자 대규모의 지지자들이 집회를 시작했다. 그들은 나치에 대한 지지를 나타내는 무릎까지 오는 흰색 양말을 신고 있었다. 그

와중에 오스트리아 총리인 엥겔베르트 돌푸스Engelbert Dollfuss가 오스트리아 나치 집단을 비합법화 한다는 조치들을 발표하였다. 그 때문에 돌푸스는 프랑크의 방문 1년 남짓 후인 1934년 7월, 오스트리아 나치 집단에 의해 암살당했다. 그들의 리더는 변호사인 오토 폰 베히터Otto von Wächter였다. 그는 10년 후 렘베르크의 나치 총독이 되었으며, 무장친위대 갈리치아 사단Waffen-SS Galician Division을 창설한 인물이다.

이 혼란스러운 시기에 레온의 삶에 대한 정보는 거의 발견할 수 없었다. 그는 미혼이었으며, 이상한 서류에서 그의 가족에 대한 정보 한 토막을 찾을 수 있었지만 편지나 다른 서류, 정치적 또는 어떤 형태의 활동에 대한 기록은 없었다. 나중에 무작위로 앨범에 추가된 사진이 몇 장 있었다. 레온은 날짜나 장소와 같은 몇 가지 정보를 사진의 뒷면에 적었다. 나는 사진들을 최대한 연대순으로 다시 배열했다. 가장 오래된 사진은 1924년

비엔나에 도착한 한스 프랑크(차 안에 서 있는 사람), 1933년 5월

그의 친구인 막스 쿠퍼만의 사진이다. 대부분은 1930년대에 찍은 것이었으며, 1938년 이후에는 사진 수가 확 줄었다.

일부 사진은 일과 관련된 것이었다. 1930년 12월에 찍은 검은 넥타이를 맨 남자들과 그들의 아내들의 사진은 뒷장에 각각의 이름과 서명이 있다. 리아 소치, 막스 쿠퍼만, 베틀 핑크, 힐다 아이히너, 그레트 젠트너, 메츨과 로스. 다른 사진은 레온이 클로스터노이부르거 거리에 있는 매형인 막스 그루버의 주류상점 밖에서 찍은 것이다. 나머지는 가족 사진들이다. 조카인 헤르타와 에디뜨 그루버가 학교 가는 길에 아빠의 상점 밖에서 찍은 것이다. 그의 누나인 구스타가 우아한 검정 코트를 입고 비엔나 거리에서 찍은 것도 있다. 조카 데이지가 보덴스도르프에서 휴가를 보내며 '친애하는 삼촌께……'라고 보낸 편지도 있다. 검정색 옷을 입고 이마를 찡그린 말케의 사진은 세 장이다. 거리에 있는 말케, 아파트에 있는 말케, 아들과 함께 레오폴드베르그를 걷는 말케. 레온이 그의 어머니와 찍은 사진은 딱 한 장 발견했다. 1938년에 작은 나무들을 배경으로 찍은 것이다.

레온과 그의 친구들이 함께 찍은 사진이 다수 있다. 대부분 1930년대 클로스터노이부르거에서 찍은 것이다. 수영복 차림의 남녀가 웃으며 붙잡고 포즈를 취했다. 레온은 이름을 알 수 없는 여성과 함께였는데, 그들의 관계에 대해서는 어떠한 정보도 없었다.

막스. 1924년에서 1938년까지 레온과 가장 친한 친구인 그의 사진이 최소한 1년에 한 장씩 나왔다. 그는 지속적으로 등장했다. 비엔나 북쪽 크리잔도르프의 다뉴브강 강둑에 올라선 레온과 막스. 가죽 축구공을 발로 짚고 있는 레온과 막스와 젊은 여성. 바하우 계곡에서 자전거를 타고 있는 레온과 막스. 반짝이는 검정색 오토바이 앞에 서 있는 레온과 막스. 축구장 주변에서 농담을 하고 있는 레온과 막스. 서 있는 막스. 막스의 초상화.

레온과 말케, 비엔나, 1938년

웃는 막스. 미소 짓는 막스. 사진을 통해 나는 레온이 항상 우아하고 옷을 잘 입는다는 사실을 알 수 있었다. 깨끗하고 품위 있었다. 밀짚모자를 쓰고 비엔나 길거리에 있거나 양복 차림으로 기차역 또는 시장에 있었다. 내가 기억하는 말년의 그와는 달리 늘 행복해 보이는 미소를 띠고 있다.

그가 아흔이 되던 해 뉴욕에서의 내 결혼식에서 지난 세기를 뒤돌아보듯 옛날 일을 생각하면서 혼자 앉아 있던 모습이 생각난다.

레온이 총각이었던 그 시절의 마지막 사진은 거리에서 두 명의 매력적인 여성과 함께한 사진이다. 그들은 모피 코트를 입고 있었으며, 뒤쪽으로 먹구름이 피어오르고 있었다.

10

1937년의 어둠은 더욱 불길하게 커져갔다. 히틀러는 여러 가지 소수민족보호조약을 체결하고 독일을 국제법의 제약에서 자유롭게 하여 원하는 대로 소수민족을 다룰 수 있도록 하였다. 하지만 비엔나에서는 일상생활과 사랑이 여전히 이어졌다. 유럽이 전쟁으로 비틀대는 그 순간 레온은 결혼을 선택했다.

그의 신부는 레지나(리타) 란데스Regina Landes로, 결혼식은 1937년 5월 23일 레오폴드거리에 있는, 비엔나에서 가장 큰 무어 양식의 시나고그synagogue(유대교 회당)에서 진행되었다. 내 외할머니인 리타의 사진이 난데없이 나타났다. 그녀의 첫 번째 사진은 흰색 웨딩드레스를 입은 모습이었다.

나는 이 사진을 잘 알고 있다. 그녀는 풍성한 웨딩드레스를 입고 흰 꽃다발을 들고 있으며, 레온은 검정색 넥타이를 하고 있다. 두 사람 모두 이 행복한 날에 웃지 않았다. 이 사진이 파리에 있는 그들의 아파트에 유일하게 놓여 있던 것이었으며, 어릴 때 나는 이 사진을 뚫어지게 바라보곤 했다.

신부는 스물일곱 살이었다. 오스트리아 비엔나 사람으로, 16번지 구역의 하비허 골목에 살고 있는 미망인, 로사 란데스Rosa Landes의 딸이었다. 레온의 매형인 막스와 리타의 오빠인 치과의사 빌헬름Wilhelm이 증인을 섰다.

레온과 리타의 결혼식, 1937년 5월

말케는 구스타와 로라와 그들의 남편 그리고 레온의 네 조카와 함께 결혼식에 참석하였다. 리타의 가족은 엄마와 세 오빠였다: 빌헬름과 그의 아내 안토니아Antonia, 그리고 그 부부의 아들 에밀Emil; 베른하르트Bernhard와 그의 아내 펄Pearl(피니Fini라고 알려짐)과 수잔느Susanne; 그리고 율리어스Julius. 이들이 레온의 새로운 비엔나 가족이 되었다.

렘베르크와 주키에프에 있는 친척들은 비엔나까지 오지 못했지만 전보를 보냈다. 나는 두 개를 발견했다. '행운을 빈다'라고 라이뷰Liebus 삼촌이 주키에프에서 보냈고, 다른 하나는 루빈Rubin 삼촌이 로보프에서 보냈다.

레온은 새로운 부부가 안전한 중산층 사회의 일원이 되었다는 것을 확실하게 보여주는 기록인 이 축하 전보를 소중하게 간직했다. 의사, 변호사, 상점주인과 모피상인, 엔지니어와 회계사로 형성된 세계. 이로써 어제까지의 세계는 사라지기 일보직전이었다.

11

1938년 3월 12일 아침, 독일군이 오스트리아를 침공해 비엔나로 행진하면서 엄청난 규모의 군중들로부터 열광적인 환호를 받았다. 리타는 오스트리아가 위대한 독일 제3제국the Greater German Third Reich의 일부가 되던 그날 임신 5개월이었다. 오스트리아 나치당의 쿠데타에 따른 오스트리아의 합병Anschluss은 독일로부터의 오스트리아 독립에 대한 국민투표를 막기 위한 것이었다. '평화를 짓밟은 최대 규모의 범죄.' 독일 작가 프리드리히 렉Friedrich Reck은 1938년 3월 20일, 절망에 빠져 자신의 일기장에 이렇게 적었다. 이날은 '범죄자가 처벌을 받지 않고 풀려나 실제보다 더 힘이 있는 것처럼 보이게 만든' 날이었다.

사흘 뒤 히틀러가 비엔나에 도착하였고, 헬덴 광장Heldenplatz에 모인 청중들에게 연설을 하였다. 그의 옆에는 새롭게 임명된 비엔나 총독, 아르투어 자이스잉크바르트Arthur Seyss-Inquart가 있었다. 그들의 뒤에는 망명지 독일로부터 막 돌아온 오토 폰 베히터가 있었다. 며칠 만에 국민투표로 합병이 비준되었고, 오스트리아 전역에 독일법이 적용되었다. 나치에 반대하는 151명의 오스트리아인이 비엔나에서 독일 뮌헨의 다하우 강제수용소Dachau Concentration camp로 이송되었다. 유대인으로 하여금 강제로 도로바닥을 닦도록 학대하였으며, 대학 입학과 전문직 진출이 금지되었다. 몇 주 지나지 않아 유대인의 자산과 부동산, 사업 등록을 의무화하였다. 그리고 이는 레온과 매형인 막스가 운영하는 주류상점의 종말을 뜻했다.

사업체는 아무런 보상 없이 몰수되었다. 아르투어 자이스잉크바르트 총독의 새로운 정부는 '유대인 문제에 대한 해결책' 실행을 담당하는 기관인 유대인 이주 중앙본부Zentralstelle für judische Auswanderung의 운영을 아돌프 아이히만Adolf Eichmann에게 일임했다. '자발적인' 이민과 국외 추방과 함께 학대가 정책의 일부로 받아들여졌다. 자산 이전 사무소Vermögensverkehrsstelle가 유대인의 자산을 비유대인에게 이전시켰다. 또 다른 위원회는 오토 폰 베히터가 이끄는 오스트리아 신정부 공직에서 유대인을 제거하는 일을 감독했다.

많은 유대인들이 이민을 가거나 그렇게 하려고 애썼다. 레온과 그의 처남들도 마찬가지였다. 가장 먼저 베른하르트 란데스가 그의 아내와 딸을 따라 1938년 4월 비엔나를 떠났다. 빌헬름의 가족도 1038년 9월 뒤를 따랐다. 그들은 호주로의 여행비자를 발급 받았으나 런던까지 가는데 그쳤고, 거기에 머물렀다. 당시 빌헬름의 아들인 에밀은 여섯 살이었다. 그는 내게 "밤에 타보르 거리에 있었던 당신의 외조부모님의 아파트에 갔던 것을 기억해요"라고 말했다. "빌딩 바깥에서 행진하는 모습과 두려움이 느껴지는 분위기와 감정들을 기억합니다." 그는 또한 9월의 밤에 그의 가족이 서부역에서 비엔나를 떠나던 것을 기억했다. "열차 객실의 위층에서 걱정하고 우는 사람들을 내려다보았어요. 아마도 내 아버지의 어머니(로사)가 그곳에 계셨을지도 모르겠네요. 당신의 외할머니(리타)가 그곳에 있었을 수도 있고요. 많은 어른들이 울고 있었어요. 그 자리에 서서 울고 있었어요."

형제들은 어머니 로사의 비자를 받기 위해 모든 노력을 다했지만 비자는 비엔나에 도착하지 않았다. 레온의 세 조카, 즉 구스타와 막스의 세 딸들은 그곳을 빠져나오는 데 성공했다. 스물다섯 살이었던 데이지는 런던으로 유학을 갔다(그녀는 후에 팔레스타인으로 이민을 갔다). 헤르타(당시 열여덟 살)와 에디뜨(열다섯 살)는 함께 이탈리아로 갔다가 팔레스타인으로 갔다. 그들의 부모인 구스타와 막스는 비엔나에 남았다.

나는 레온이 비엔나 유대인 커뮤니티[Israelitische Kultusgemeinde Wien]에 신고한 서류를 찾아냈다. 그것은 이민을 가기 위해서는 반드시 필요한 절차였다. 그는 그 자신을 전기 및 라디오 수리공이자 '양조기술자'이며 폴란드어와 독일어를 할 수 있다고 신고했다. 그는 호주, 팔레스타인 또는 미국으로 가고자 했다(확인된 해외거주 친척은 리타의 '사촌'으로, 뉴욕 브루클린에 살고 있는 P. 바이젤바움이라는 사람이 유일했는데, 내가 기억하지 못하는 이름이었다). 레온은 또 두 명의 부양가족, (임신 중인) 리타와 말케를 대표하여 이민 허가를 신청했다.

그는 재력과 다른 자산을 신고하는 공간에 한 단어를 적었다. '없음'. 타보르 거리에 있는 상점은 재고물품들과 함께 압수되었다. 레온은 무일푼이었다.

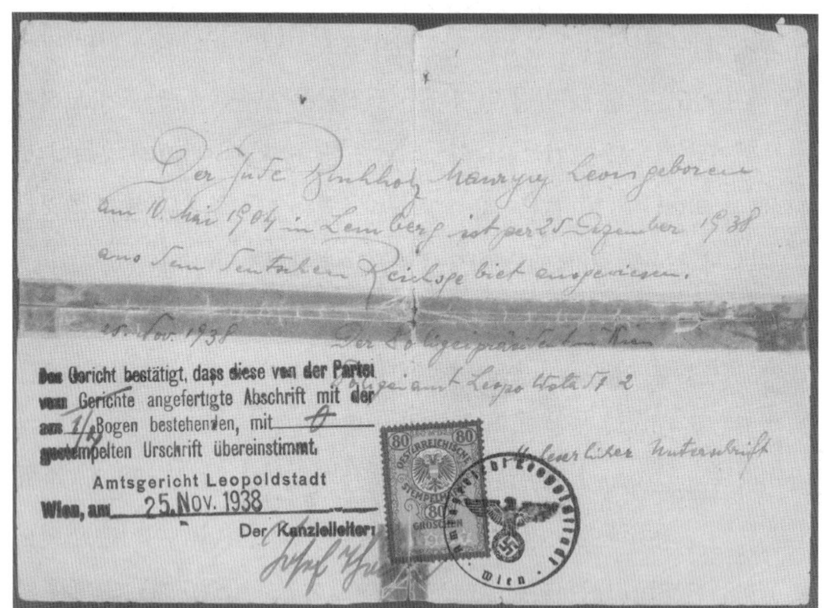

Das Gericht bestätigt, dass diese von der Partei
vom Gerichte angefertigte Abschrift mit der
am 1/1 Bogen bestehenden, mit 0
gestempelten Urschrift übereinstimmt.

Amtsgericht Leopoldstadt

Wien, am 25. Nov. 1938

Der Kanzleileiter:

레온의 독일제국 추방 명령서, 1938년 11월 25일

1938년 7월 17일, 리타는 내 어머니인 딸 루스를 낳았다. 네 달 뒤에 파리의 독일대사관에 근무하는 낮은 직급의 직원이 살해당하며 크리스탈나흐트Kristallnacht*가 촉발되었고, 유대인의 재산과 사업의 종말이 시작되었다. 11월 9일 밤, 리타와 레온이 결혼식을 올린 레오폴드 거리의 유대교 회당이 불에 탔으며 수천 명이 체포되었다. 죽거나 '사라진' 수백 명의 사람 중에 레온의 매형 두 명도 포함되었다. 막스 그루버는 11월 12일 체포되어 8

---

* '수정(水晶)의 밤'이라는 의미로, 1938년 11월 9일 나치 대원들이 독일 전역의 수만 개에 이르는 유대인 상점을 약탈하고 250여 개 시나고그(유대교 회당)에 방화를 저지른 날을 말한다. 1938년 나치는 파리 주재 독일 외교관이 유대인 차별에 항의하는 한 유대인 소년에 의해 피살된 사건을 기화로 시나고그와 유대인 상점에 대대적인 방화와 약탈을 자행, 유대인 91명을 살해하고 3만 명을 체포했다. 당시 유대인 상점의 진열대 유리창이 깨어져 파편들이 반짝거리며 거리를 가득 메웠다고 해서 '수정의 밤' 사건으로 불린다. '수정의 밤'을 시작으로 나치 대원들의 광적인 유대인 말살정책이 시작됐으나 언론과 지식인들은 당시 독일 인구의 3% 정도에 불과한 유대인들이 전체 국부의 4분의 1을 차지한다는 이유로 침묵으로 일관했다.(역자 주)

일간 감옥에 있다 풀려났다. 그는 그의 상점과 구스타와 공동으로 소유한 빌딩을 매우 싼 가격에 팔아야만 했다. 리타의 막내 오빠인 율리우스 란데스는 운이 더 안 좋았다. 그는 '수정의 밤' 사건 이후 며칠 만에 사라졌으며, 다시는 소식을 들을 수 없었다. 유일한 흔적이 1년이 지난 1939년 10월 26일 발견되었는데, 그가 크라쿠프와 렘베르크 사이의 니스코라는 동네 근처에 있는 수용소로 이송되었다는 내용의 서류였다. 70년이 지난 지금도 그는 여전히 실종된 상태이다.

레온과 리타는 올가미에 걸렸다. '수정의 밤' 이후 일주일 만에 리타는 그녀의 이름에 '사라'Sara를 추가하여 유대인 출신임을 표시하도록 강요당했고, 출생신고서와 혼인신고서도 수정해야 했다. 이유는 모르겠지만 레온이나 그들의 딸은 이런 모욕을 당하지 않았다. 11월 25일, 레온은 당국의 부름을 받았다. 비엔나 경찰청장인 오토 슈타인하우스Otto Steinhaus가 추방명령을 내린 것이다.

유대인 부흐홀츠 마우리스 레온은 1938년 12월 25일까지 독일국의 영토를 떠나야 한다.

레온은 이 명령서의 사본을 가지고 있었지만, 나는 리비우로의 이번 여행을 준비하면서 어머니가 이것을 보여주었을 때 비로소 처음 보았다. 종이는 반으로 접힌 상태로 지역의 유대인 커뮤니티 수장이 발행한 성품 증명서와 함께 보관되어 있었다. 자세히 읽으면 추방 명령이 레오폴드슈타트 지방법원에 의해 법적으로 확인되었음을 알 수 있었다.

12

레온이 비엔나를 떠나게 된 정확한 배경은 여전히 미스터리였지만 나는 그가 그의 아내와 딸과 함께 파리로 떠났다고 추정했다.

여권번호 3814가 그의 딸 루스에게 1938년 12월 23일 발행되었다. 그러므로 그녀는 아빠와 함께 떠났을 것이다. 구부러진 십자가 형태인 나치 문양이 찍힌 사진 아래 서명란에는 관리가 다음과 같이 적었다. "여권 소지자가 글자를 쓸 수 없다." 루스는 태어난 지 6개월 된 작고, 국적이 없는 아기로 규정되었다.

같은 날, 레온에게 여권번호 3816이 비엔나 경찰청장의 이름으로 발행되었다. 레온의 추방을 명령한 바로 그 사람이다. 레온은 대문자로 자랑스럽고 확실하게 'B'라고 서명했다. 서류는 그의 딸과 마찬가지로 국내와 국외의 여행을 허락하였으며, 레온을 '국적이 없다'고 명시하였다. 1934년 9월, 폴란드 외교부 장관인 요제프 벡Józef Beck이 국제연맹의회the Assembly of the League of Nations에 나와 한 연설에서 1919년에 체결된 폴란드 소수민족보호조약을 포기하겠다고 선언하면서 레온 역시 자신의 폴란드 국적을 상실했다. 1919년 국적을 얻었을 때만큼이나 갑작스러운 일이었다.

국적 상실은 한 가지 의도치 않은 이점도 있었다. 무국적 개인인 레온에게는 외국인 여권Fremdenpass이 발행되어야 하며, 여기에는 유대인을 나타내는 커다란 빨간색의 'J' 도장이 찍히지 않는다. 그래서 레온과 딸의 여권에는 빨간색 'J' 도장이 없다.

세 번째 여권은 번호 3815로, 리타의 이름으로 발행된 것이지만 분실되었다. 레온의 서류 중에 있던 리타의 이름이 적힌 여권은 다른 것보다 3년 후인 1941년 8월에 발행된 것이다. 여권번호도 다르다. 내가 들은 얘기는 리타는 그녀의 어머니인 로사를 돌보기 위해 남기로 했다는 것이다. 나는 헤어져 있던 기간이 짧았을 것으로 추정했지만 3년이나 걸렸다는 것을 확인했다. 리타는 1941년 후반에 어떻게 비엔나를 떠났을까? 1938년 9월 비엔나를 떠났던 루스의 사촌이 내게 보낸 이메일의 내용은 놀라웠다. "그 일은 미스터리다. 항상 미스터리였다." 그는 조용히 말했다. 그는 레온과 리타가 비엔나를 함께 떠나지 않았던 것을 알고 있었을까? "몰랐는데…… 그랬나?" 그는 오히려 되물었다. 그는 리타가 1941년 말까지 비엔나에 머물렀던 것을 알고 있었을까? "몰랐다."

나는 여권번호 3815가 어떻게 되었는지 찾아보려고 하였지만 실패했다. 리타에게 발행되었으나 사용되지 않아 폐기되었을 가능성이 가장 크다. 친절한 독일 연방공화국 외무부 법률가가 이 문제를 조사해 주었으나 연방 기록보관소에서는 아무것도 찾을 수 없었다. 그는 "이 파일이 독일 공공기록보관소에 보관되어 있을 가능성은 거의 없다"고 답했다.

여권번호 3814와 3816은 더욱 놀라운 사실을 알려주었다. 레온이 딸을 데려가지 않고 혼자 떠났다는 것이다. 레온의 여권에 찍힌 비엔나의 통화환전소 도장은 1939년 1월 2일이 유일하다. 그 다음은 텅 비어 있어 그가 언제 떠났는지 어떤 길로 갔는지 알 수 있는 정보가 전혀 없다.

한편 딸의 여권에는 그녀가 한참 시간이 지난 1939년 7월 22일 오스트리아를 떠나 다음날 프랑스에 입국했다는 사실을 보여주는 도장이 찍혀 있다. 그녀가 아빠와 함께 움직이지 않았기 때문에 누가 신생아를 데리고 이동했을까 하는 궁금증이 생겼다.

"네 외할머니가 어떻게 비엔나에서 빠져나갔는지 전혀 아는 바가 없다"고 루스의 사촌의 이메일에는 적혀 있었다. "네 외할아버지가 딸을 어떻게 비엔나에서 빼냈는지 또 네 외할머니가 어떻게 비엔나를 탈출했는지 나는 알지 못한다."

13

1939년 1월 말 레온이 혼자 파리에 도착했을 때 그의 나이는 서른네 살이었다. 에두아르 달라디에Édouard Daladier 수상이 이끄는 프랑스 정부는 히틀러와 협상을 하고 스페인의 프랑코 정부를 인정할 준비를 하는 등 정치적 현실에 부딪쳤지만 그래도 파리는 안전한 곳이었다. 레온은 여권 외에 독일제국으로부터의 추방을 명령하는 서류의 사본을 비롯해 그의 성품이 좋다는 사실을 증명하는 서류와 그가 1926년부터 1938년까지 비엔나에서 주류상점을 운영했다는 사실을 증명하는 서류를 들고 파리에 도착했다. 여전히 빈털터리였다.

나는 자세한 사항은 알지 못한 채 레온이 비엔나를 빠져 나와 파리로 간 여정을 자주 상상했다. 비엔나에서 우크라이나 체르노빌 원전 사고에 관한 컨퍼런스에 참석한 후 나는 충동적으로 재건된 비엔나의 서부역으로 가서 파리로 가는 편도 야간 기차표를 샀다. 기차 안에서 객실을 젊은 독일 여성과 함께 사용하였다. 우리는 가족에게 미치는 영향, 과거와 연결되어 있다는 느낌 등 전쟁이 있었던 시절의 이야기를 나누었다. 아주 사적인 여행, 이해와 기억의 순간이었다. 우리는 서로의 이름을 묻지 않았다.

파리에 도착한 나는 레온이 이곳에 도착했을 때 머물렀던 빌딩으로 갔다. 몰타 거리 11번지에 있는 4층 빌딩으로, 겨울 서커스 극장Cirque d'Hiver 뒤의 레퓌블리크 광장Place de La Republique에서 멀지 않은 곳이었다. 여기에서 그

루스, 1939년 파리에서

는 경찰청이 발행한 거부 통지문을 여러 번 받으면서도 프랑스에 남아 있기 위해 계속해서 신청을 했다. 레온은 파란색 잉크로 뒤덮인 작은 종잇조각들을 간직하고 있었다. 닷새 안에 떠나라는 명령을 받고 그는 매달 경찰청의 결정에 이의를 제기하며 1년을 보냈다. 그리고 마침내 그는 거주 허가를 받아냈다.

1939년 7월, 그의 신생아 딸이 파리에 도착했다. 그들이 어디서 살았고 어떻게 살아남았는지 나는 알지 못한다. 8월에 그는 뤈 거리 29번지에 있는 방 하나를 얻었다. 9월 1일, 독일이 폴란드를 공습했을 때 그는 이곳에 살고 있었다. 좁은 길에 있는 높고 얇은 건물이었다. 며칠 후 프랑스와 영국은 독일을 상대로 선전포고를 하고 비엔나가 적의 영토로 바뀌면서 리타와의 연락이 어려워졌다. 편지는 남아 있지 않고, 10월에 리타에게 보낸 그들의 딸 사진이 하나 있다. 레온은 사진 뒤에 '더 나은 미래를 향해 뛰는 루티[Ruthi]'라고 썼다. 그는 나머지 가족들이 영국으로 떠났는지 알지 못한 상태에서 그들에게 다정한 몇 마디를 함께 남겼다.

레온은 그의 딸을 다른 사람들에게 맡기고 프랑스 군대에 지원하여 독일과의 전투에 참전하였다. 프랑스군은 그에게 신분증을 발급해주었고, 그를 '전기기술자'라고 기재했다. 1940년 3월, 그는 프랑스 외인부대에서 갈라진 제3외국인 지원병 행진연대[RMVE]에 입대한다. 며칠 후 그는 피레네산맥과 스페인 국경 근처의 남서 해안 캠프로 부대를 옮겼다. 이곳은 지중해와 큼지막한 담수호를 나누는 길고 가느다란 모래사장이 있는 발카레스 캠프에 기반을 두고 있었다. 그가 일원으로 합류한 제7중대는 유럽 전역에서 지원한 수천 명으로 구성되어 있었다. 여기에는 스페인 공화당원, 헝가리와 체코슬로바키아와 폴란드 출신의 공산주의자와 유대인 등이 포함되었다. 테가 넓은 모자와 반바지 그리고 녹색 코트를 입은 말끔한 그의 사진이 몇 장 남아 있다.

한 달도 되지 않아 그는 전투를 하기에는 나이가 많다는 이유로 퇴역하였다. 그는 서른다섯 살이었다. 몇 주 뒤 독일 군대가 프랑스, 벨기에, 네덜란드를 침공했고, 예전에 레온이 속했던 제7중대는 23RMVE로 이름이 바뀌어 북쪽으로 보내졌으며, 프랑스 수아송[Soissons]과 욘[Yonne] 다리에서 독일과의 전투에 실제 참전하였다. 전쟁은 6월 22일 휴전협정 체결과 함께 끝났다. 연대는 해산되었다.

레온은 1940년 6월 14일 파리로 돌아왔다. 그날은 독일군이 파리에 진입해 많은 파리 시민들이 피난을 떠나기 시작한 날이었다. 몇 주가 지나지

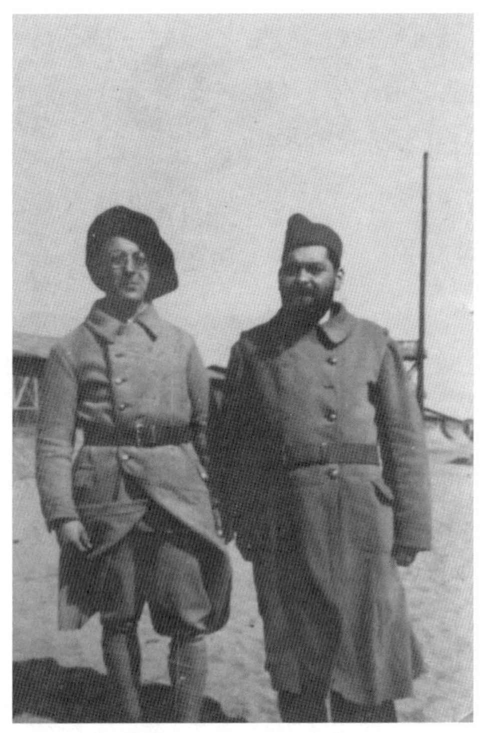

레온, 발카레스(프랑스 남서부), 1940년

않아 파리 밖의 도로는 텅 비었고, 대신 독일 군인들이 샹젤리제의 레스토랑을 차지하였다. 프랑스 수비대Gardes Françaises(프랑스판 히틀러유겐트)의 청소년들이 레옹 블룸Léon Blum과 에두아르 달라디에의 교수형을 요구하며 강력한 반유대, 반프리메이슨 주간지인 〈오 필로리〉Au Pilori(형틀이라는 뜻)를 팔러 다니는 등 '돈이 된다면 뭐든' 하는 풍조가 넘쳤다.

레온은 독일어 실력을 활용하여 성 라자르 거리 102번지의 외국어학원에서 일했다. 그의 서류 중에서 나는 어학원의 원장인 에드몬드 멜피Edmond Melfi 씨가 레온에게 강사 자격을 증명한 기록을 찾았다. 루스는 파리를 벗어나 뫼동 인근 지역에 숨겼다. 루스는 두 살이 되어 걸을 수 있었지만 말은 하지 못했고, '생명의 새벽'L'Aube de la Vie이라는 이름의 사립 보육시설에 보내졌다. 이곳이 몇 군데 숨기는 장소 중에서 첫 번째였다. 하지만 루스는 숨겨져 있었던 시절에 대한 기억을 전혀 하지 못했다. 그때부터 4년 동안 내 어머니는 조슬린 떼베Jocelync Tévé라는 가짜 이름을 가진, 아빠로부터 떨어져 숨겨진 아이였다.

14

레온은 보육원에 대한 정보를 제공하는 서류를 딱 하나 보관했다. 활짝 웃는 젊은 여성이 나오는 엽서이다. 그녀는 가는 세로줄 무늬가 있는 재킷과 흰색 셔츠를 입고 커다란 검정 나비넥타이를 맸으며 진한 색깔인 머리를 뒤로 묶었다. 예뻤다. 카드 뒤에는 몇 자가 적혀 있었다. '루스의 아버님께. 우정을 다하여 보냅니다. S. 망갱, '생명의 새벽' 보육원 이사, 뫼동(사온느와 와즈).'

뫼동에 있는 시청에서 지역 문서보관 담당자를 만나 보육시설의 파일을 찾을 수 있었다. 망갱 양은 1939년과 1944년 사이 라부아지에 거리 3번지에 있는 그녀의 구역에서 몇 명의 어린 아이들을 돌보았다. 이 시설은 도시의 중앙에 위치하며, 앞마당에 작은 정원이 있는 약간 한적한 작은 집이다. "우리는 이 보육시설에서 돌보던 아이들의 기록 중에서 루스 부호홀츠의 흔적을 찾지 못했다"고 마담 그레우일레트Greuillet가 나에게 알려왔다. 그 시대에 흔히 그랬듯이 "아마도 그녀는 다른 이름으로 지방자치단체에 신고된 모양이다"라고 덧붙였다. 그녀는 1938년 9월(첫 번째는 장 피에르 소메어Jean Pierre Sommaire였다)과 1942년 8월(마지막은 알랑 루젯Alain Rouzet이었다) 사이에 등록된 모든 아이들의 이름을 보내주었다. 스물다섯 명 가운데 여덟 명이 여자아이였다. 만약 루스가 등록되었다면 가명을 사용했을 것이다. 따라서 그녀가 기록에서 빠졌을 가능성이 더 크다.

15

파리의 동쪽으로 1,000마일 떨어진 조브크바의, 말케가 태어난 거리에 살았던 한 여성이 나에게 1939년의 또 다른 사건 하나를 말해주었다. 독일군이 들어온 1939년 9월에 열여섯 살이었고, 현재는 아흔 살인 올가Olga는 폴란드 점령에 대해 직접 경험한 이야기를 들려주었다. 그녀는 쌀쌀한 가을 날씨에 밝은 색 스카프로 단단히 목을 감싸고 배추를 끓이는 커다란 냄비 앞에 서서 이야기를 하였다.

"사실을 말해주겠어요." 올가는 말했다. "주키에프에는 약 만 명의 사람이 살았는데, 반은 유대인이고 나머지는 우크라이나인과 폴란드인이었어요. 유대인은 우리의 이웃이었죠. 우리는 그들과 친구였어요. 의사도 있었는데 존경을 받았고, 우리는 그에게 진료를 받았습니다. 시계수리공도 있었어요. 아주 정직했어요. 모두가 그랬습니다."

올가의 아버지는 유대인들과 잘 지냈다. 1919년 폴란드가 독립했을 때 올가의 아버지는 체포되었다. 올가의 어머니가 아닌 그의 첫 번째 부인이 1918년 11월에 한 달도 채 되지 않는 짧은 기간 존재했던 서부 우크라이나 인민공화국의 강력한 지지자였기 때문이다(우리는 러시아가 2014년 크림반도를 점령하기 직전에 대화를 나눴다. 러시아의 점령은 내가 우크라이나에서 만난 많은 사람들로 하여금 서구 국가들이 재점령을 할지도 모른다고 생각하게 만들었다).

"아버지가 감옥에 있을 때 이웃이었던 쥬 젤베르크Jew Gelberg가 돈과 음식을 아버지에게 가져다주었습니다. 그는 가족이 없었는데 우리 아버지는 유대인들과 사이가 좋았기 때문이었지요."

우리의 대화는 두서없이 진행되었다. 올가는 차를 마시고 끓는 배추의 상태를 확인하며 전쟁에 대한 기억을 회상했다.

"처음에는 독일군이 들어왔어요." 유대인들은 겁을 먹었다. "독일군들은 주키에프에 일주일 머물렀고 특별한 일을 하지 않고 다시 서쪽으로 떠났어요. 그 다음에 러시아인들이 도시에 들어왔죠."

올가는 소비에트인들이 도시에 들어왔을 때 학교에 있었다.

"가장 먼저 온 사람은 아주 아름다운 여자 군인이었어요. 멋진 백마를 타고 소비에트 군대를 도시로 이끌었지요. 그 뒤로 군인들이 들어왔고 대포가 뒤따랐어요."

그녀는 대포에 호기심이 생겼지만 백마를 탄 여군이 더 강한 인상을 남겼다.

"그녀는 예뻤고 아주 큰 총을 차고 있었어요."

주키에프는 18개월 동안 소비에트의 지배를 받았다. 사기업은 허용되지 않는 공산주의자가 이끄는 지방자치구가 된 것이다. 폴란드의 다른 지역은 총독 한스 프랑크가 다스리는 총독령, 즉 나치 독일이 점령했다. 이런 분할은 독-소 불가침조약에 의해 스탈린과 히틀러 사이에 합의되었다. 이 불가침조약은 렘베르크 서쪽과 주키에프 사이에 그어진 선으로 폴란드를 나누었으며, 레온의 가족은 안전한 소비에트 쪽에 있었다. 1941년 6월, 독일은 불가침조약을 깨고 바르바로사 작전Operation Barbarossa을 감행한다. 독일 군대가 아주 빠른 속도로 동쪽으로 이동하여 6월 말에는 주키에프와 렘베르크가 독일군의 통치하에 들어갔다.

독일군의 재점령은 유대인들을 두려움에 떨게 만들었다. 올가는 독일군이 되돌아온 후 다양한 규제가 실행되고 게토ghetto(유대인 거주 지역)가 만들어졌으며 시나고그(유대교 회당)가 불태워졌다고 기억했다. 그녀는 말케의 가족인 플라쉬너가家 사람들을 개인적으로 알지는 못했지만 이름은 들어본 것 같다고 말했다. 그녀는 "숙박시설을 운영하는 사람이 있었어요"라고 말하면서 갑자기 그 성을 가진 사람이 여럿이었다고 기억해냈다. "그들은 도시에 있는 게토로 들어갔어요. 모든 유대인들이 그랬습니다." 그녀는 레온의 삼촌인 라이뷰, 숙모와 조카들, 모든 친척들과 그 도시에 사는 3,500명의 유대인 모두가 그랬다고 말했다. 멀리 떨어진 파리에 있는 레온은 이런 일들에 대해 전혀 알지 못했다.

16

1941년 여름 비엔나에서 보낸 시간은 리타에게 힘든 시기였다. 레온과 그녀의 딸과 거의 3년 가까이 만나지 못했다. 그녀는 친정어머니 로사와 시어머니 말케와 함께 살았다. 레온이 가지고 있던 서류에는 리타가 딸이나 나에게 한 번도 이야기하지 않았던 그 시절에 대한 정보가 전혀 없었다. 나는 다른 방법으로 다음에 나오는 몇 가지를 찾아냈다.

9월에 비엔나에 있는 모든 유대인들에게 노란색 별을 달라는 명령이 떨어졌다. 살고 있는 지역을 허가 없이 떠날 수 없고, 유대인들의 대중교통 이용이 제한되었다. 비엔나의 기록보관소에는 더 자세한 정보가 있었다. 레온이 떠나고 리타는 다보르 거리의 아파트에서 쫓겨났다. 그녀는 말케와 함께 프란츠 호헤드링거 골목에서 살다가 오베르 도나우 거리로 옮겼다. 두 곳 모두 유대인들이 많이 사는 레오폴드슈타트 구역에 있었다. 말케는 그녀가 25년 동안 살았던 로마노 골목의 아파트에서 쫓겨나 강제로 디나이스 골목의 '집단' 아파트로 들어가야 했다. 동쪽으로의 강제이송은 1939년 10월부터 중단되었지만 1941년 여름, 비엔나의 새로운 지방장관 발두어 폰 쉬라흐의 명령에 따라 새로운 일련의 강제이송이 있을 것이라는 소문이 돌기 시작했다.

8월 14일, 리타는 1년간 독일제국의 안팎을 다닐 수 있는 외국인 여권Fremdenpass을 발급받았다. 그녀는 유대인으로 등록되어 있었지만 이 여권에는 붉은 'J' 도장이 찍혀 있지 않다. 두 달 뒤인 10월 10일, 비엔나 경찰청은 프랑스와 독일의 국경에 있는 자를란트 주의 하르가르텐 팔크를 통해 나라 밖으로 나가는 편도 여행을 허가하였다. 여행은 11월 9일에 끝날 예정이었다. 오므린 입술에 슬픈 예감이 가득한 눈을 한 리타의 여권사진은 충격적으로 슬퍼 보인다.

나는 레온의 서류에서 또 하나의 사진을 발견했다. 리타가 비엔나에서 파리로 보낸 것으로, 사진 뒷면에 그녀는 '내가 가장 사랑하는, 가장 귀한 아이에게'라고 써어 있다.

나는 등록된 유대인인 리타가 그렇게 늦게 여행허가증을 발급받았다는 사실에 놀랐다. 워싱턴에 있는 미국 홀로코스트 메모리얼 박물관 기록보관 담당자는 그녀가 외국인 여권을 받기 위해 거쳐야 했던 단계와 아돌프 아이히만이 설치한 많은 장애물을 생각할 때 발행 자체가 '거의 실현 불

Unterschrift des Inhabers
Signature du porteur
Regine Buchholz

Nr. 09438 S/40

리타의 여권, 1941년

가능한' 일이라고 했다. 그 담당자는 나에게 아이히만이 만든 '오스트리아로부터의 유대인 이주, 1938~1939'라는 이름의 큰 차트를 보여주었다. 독일의 오스트리아 강제합병 이후 무국적 유대인과 결혼했다는 이유로 오스트리아 국적을 상실한 리타와 같은 무국적자는 남들보다 더 많은 단계를 밟아야만 했다.

비엔나를 떠나기 위해 리타는 내부에 있는 누군가의 도움을 받았음에 틀림없다. 1941년 10월 파리로 떠날 아이히만 장관과 알로이스 부르너Alois Brunner 차관은 대규모 유대인 강제이주 명령을 여러 건 발표하였다. 그 달에만 5만 명 이상의 유대인이 비엔나에서 강제이주 당했다. 그중에는 레온의 누나인 로라와 그녀의 딸이자 레온의 열세 살짜리 조카인 헤르타 로젠블룸도 포함되어 있었다. 그들 모녀는 10월 23일 리츠만슈타트(루지)로 보내졌다.

리타는 강제이주를 피했다. 그녀는 11월 9일 비엔나를 떠났다. 바로 그 다음날 난민을 대상으로 독일제국 국경이 폐쇄되었다. 모든 이민이 끝났고 모든 길이 막혔다. 리타는 마지막 순간에 빠져나왔다. 그녀의 탈출은 매우 운이 좋았거나 내부 정보를 잘 아는 누군가의 도움 덕분에 가능했다. 나는 그녀가 언제 파리에 도착했는지 또는 어떻게 그곳까지 왔는지 모른다. 단기체류허가증에는 도장이나 다른 어떤 정보도 없었다. 다른 서류를 통해 1942년 초에 그녀는 파리에 있었으며 남편과 다시 만났다는 사실이 확인되었다.

말케는 이제 비엔나에 남아 있는 레온의 마지막 가족이었다. 그녀의 아이들과 손자들은 이미 비엔나를 떠났고, 그녀의 동반자는 리타의 어머니인 로사 란데스였다. 가족들의 침묵으로 확인할 수 없었던 그 시절 사건들에 대한 공백이 암울한 정보를 흑백의 이미지로 제공해주는 여러 기록보관소에 있는 다양한 서류들로 채워지고 있었다. 그렇지만 나는 무엇보다 이런 사건들이 어디에서, 어떻게 일어났는지 알고 싶었다.

17

나는 열다섯 살짜리 딸과 함께 기록보관소에서 찾은 주소지들을 방문하기 위해 비엔나로 여행을 떠났다. 학교 역사 시간에 배운 내용에 흥미를 느낀 딸아이는 '강제합병 박물관'museum of the Anschluss에 가고 싶어 했지만 그런 장소는 존재하지 않았다. 우리는 리타와 내가 가장 좋아하는 오손 웰즈의 영화를 기념하여 만든 작고, 유명하지는 않지만 상당히 훌륭한 '제3의 사나이 박물관'으로 대리만족해야 했다. 전시관에는 1938년부터 1945년까지 일어난 불행한 사건들에 대한 사진, 신문, 편지들이 가득했다. 오스트리아 강제합병 이후 독일과의 통합을 추인하기 위해 조직된 국민투표 양식 사본에는 가톨릭교회의 지지 선언이 매우 명확하게 표시되어 있었다.

나중에 우리는 비엔나의 거리들을 지나 레온이 1914년 렘베르크에서 이곳으로 와서 살았던 건물인 클로스터노이부르거 거리 69번지까지 걸었다. 한때 누나 구스타와 매형 막스의 집이었던 주류상점은 지금은 편의점이 되었다. 그 근처에 레온이 다녔던 실업학교가 있고, 카라얀 골목의 라우스셸에는 그의 첫 번째 상점이 있다. 우리는 레온과 리타가 처음으로 함께 살았던 건물이자 내 어머니가 태어난 곳인 타보르 거리로 갔다. 거리는 고상했지만 72번지 건물은 전쟁 때 파괴되어 없었다. 다음으로 우리는 렘브란트 거리 34번지에 섰다. 그곳은 말케의 마지막 비엔나 집으로, 다른 노인들과 함께 살았던 셰어하우스였다. 1942년 7월 14일 아침에 시작된 마지막 날을 쉽게 떠올릴 수 있었다. 도로는 탈출을 막기 위해 SS(나치 친위대)에 의해 봉쇄되었다. 근처의 주민들은 그날 SS 대원이 종을 흔들어대며 '모두 밖으로, 모두 밖으로'라고 외치던 모습을 떠올리며 공포에 질려 말했다. "유대인이든 아니든 그들은 거리에 나온 사람은 무조건 끌고 갔어요."

말케는 일흔두 살이었으며, 동쪽으로 떠나는데 단 하나의 가방만이 허락되었다. 벨베데레 궁전 뒤에 있는 아슈팡역까지 감시를 받으며 이동하는 동안 추방을 환영하던 구경꾼들은 그녀와 다른 강제추방자들에게 침을 뱉고 조롱하고 모욕을 가하였다. 한 가지 다행스러운 점은 말케가 혼자가 아니었다는 점이다. 리타의 어머니 로사와 함께였다. 두 연로한 여성이 작은 여행가방을 하나씩 들고, 동쪽으로 향하는 994명의 비엔나 노인들 속에 섞여 아슈팡역의 플랫폼에 서 있는 모습은 생각만 해도 가슴이 미어진다.

그들은 의자와 도시락과 간식이 제공되는 일반적인 객실이 있는 정기 운행 기차, IV/4호를 타고 이동했다. 편안한 '탈출'이라고 믿을 만했다. 꼬박 하루인 24시간의 여정 끝에 프라하 북쪽 60킬로미터 지점인 테레지엥슈타트에 도착했다. 도착하자마자 그들은 몸수색을 당했다. 아무것도 하지 않고 기다리는 처음 몇 시간은 불안하고 대단히 충격적이었다. 그런 뒤에 그들을 위한 구역으로 안내되었다. 바닥에 깔린 오래된 매트리스 몇 개를 제외하고는 아무것도 없는 방 하나였다.

로사는 몇 주 동안은 살아 있었다. 사망진단서에 따르면 그녀는 9월 16일 결장주위염으로 사망했다. 사망진단서에는 지그프리드 스트레임 박사 Dr. Siegfried Streim라는 치과의사가 서명을 하였는데, 그는 테레지엥슈타트에서 2년을 더 보내다 아우슈비츠로 추방되어 1944년 가을, 그곳에서 사망했다.

로사가 죽고 일주일 후 말케는 Bq 402를 타고 테레지엥슈타트에서 추방당했다. 그녀는 기차를 타고 바르샤바를 넘어 동쪽으로 달려 한스 프랑크가 통치하는 지역으로 들어갔다. 기차 여행은 1,000킬로미터 이상으로 늘어났으며, 24시간 동안 다른 여덟 명의 노쇠한 '열등인'Untermenschen들과 소를 운반하는 화물칸에 함께 있어야 했다. 그때 함께 이동한 1,985명의 다른 사람들 중에 지그문트 프로이트Sigmund Freud(오스트리아의 정신분석학자)의 세 자매가 있었다. 일흔여덟 살의 폴린(폴리), 여든한 살의 마리아(밋지), 여든두 살의 레지나(로사)였다.

기차는 기차역에서 2.5킬로미터 떨어진 트레블링카Treblinka라는 작은 도시의 강제수용소에 멈췄다. 그 후의 일정은 프란츠 슈탕글Franz Stangl 수용소장의 직접적인 지휘 아래 늘 하던 대로 반복되었다. 만약 말케가 살아 있었다면 프로이트 자매들과 함께 도착 후 5분 안에 열차에서 내렸을 것이다. 그들은 플랫폼에서 남성과 여성으로 나눠 줄을 서서 강제로 옷을 모두 벗어야 했다. 명령에 따르지 않으면 매를 맞았다. 유대인 노동자들은 그들이 벗은 옷을 모아 막사로 옮겼다. 그렇게 할 수 있는 사람들은 '천국으로 가는 길'Himmelfahrtstrasse을 따라 알몸 상태로 걸어서 수용소에 들어갔다. 이발사가 여자들의 머리를 밀었으며, 그 머리카락은 묶음으로 포장되어 매트리스를 만드는 데 사용되었다.

이 과정에 대한 설명을 읽으며 나는 클로드 란츠만 감독의 영화, 〈쇼아〉Shoah의 한 장면을 떠올렸다. 트레블링카 강제수용소에서 살아남은 아주 적은 수의 생존자 가운데 사람들의 머리를 잘랐던 이발사 아브라함 봄바Abraham Bomba가 인터뷰를 했다. 그는 말하고 싶지 않았지만 자신이 했던 일을 자세히 설명해달라는 요청을 받았다. 봄바는 대답을 거부했지만 란츠만은 계속 요구했다. 결국 이발사는 주저앉아 울면서 여자들의 머리를 밀었던 일을 설명했다.

"나는 죽을 사람들의 마지막 순간만 생각했어요." 란츠만은 트레블링카 수용소 방문에 대해 이렇게 썼다. "그들이 죽음의 수용소에 들어온 바로 그 순간부터." 그 순간을 언급하는 것은 금기였다. 머리를 미는 일, 발가벗고 걷는 일, 가스.

말케의 삶은 열차에서 내린 뒤 15분 만에 끝이 났다.

18

말케는 1942년 9월 23일 트레블링카 숲에서 학살당했다. 레온은 이 사실을 몇 년 동안 알지 못했다. 그녀가 죽고 6개월 후에 주키에프에 있는 라이뷰 삼촌과 플라쉬너가家 가족 전체가 모두 사망했다. 정확한 상황은 알려지지 않았지만 주키에프에 있는 유대인 가운데 살아남은 몇 안 되는 유대인 가운데 한 명인 클라라 크라머Clara Kramer의 운명에 대해 알게 되었다. 그녀는 현재 뉴저지의 엘리자베스에 살고 있다.

나는 클라라를 우연히 만났다. 스타니스와프 주키에브스키의 허물어져 가는 성城의 1층에 있는, 어두침침하고 작은 방 두 개로 이루어진 조브크바의 작은 박물관에 전시된 사진 한 장이 인연이 되었다. 박물관 벽에는 독일 점령기 초반인 1941년 여름에 찍은 서너 장의 작고 흐릿한 흑백사진이 걸려 있었다. 장갑차, 웃는 얼굴의 군인들, 불에 타는 17세기 유대교 회당 사진이다. 또 하나는 나도 걸어 들어온 도시의 입구 중 하나인 글린스케 게이트Brama Glińska 사진으로, 독일군 점령 후 얼마 되지 않아 찍은 것이다.

당당한 석조 대문의 꼭대기에는 우크라이나에 새롭게 도착한 사람들을 환영하는 세 개의 현수막이 걸려 있다.

하일 히틀러!

히틀러에게 영광을! 반데라에게 영광을!

독립 연합 우크라이나 합중국이여 영원하라!

지도자, 슈테판 반데라여 영원하라!

우크라이나가 독일을 지지했다는 증거 사진을 전시하는 결정을 내리기

주키에프, 글린스케 게이트, 1941년 7월

까지는 큐레이터의 상당한 용기가 필요했을 것이다. 나는 마침내 지방공무원으로 성의 다른 구역에서 일하고 있는 큐레이터, 루드밀라 베이블라Lyudmyla Baybula를 찾아냈다. 그녀는 내게 루다라고 불러달라고 했는데, 루다는 40대의 강인하고 매력적인 여성으로 칠흑 같은 머리와 자신감 넘치는 얼굴, 정말 아름다운 파란 눈을 가지고 있었다. 유대인이 없는 곳에서 자란 그녀는 누구도 이야기하지 않는 주제인 이 도시의 잃어버린 시간, 전쟁이 있었던 그 시기에 대한 연구에 헌신했다. 남은 극소수의 유대인 중 한 명은 그녀의 할머니의 친구로, 그녀의 어린 시절 이야기는 잃어버린 것에 관한 루다의 관심에 불을 붙였다.

루다는 정보를 모으기 시작했고, 그녀가 찾은 것 가운데 몇 가지를 박물관 벽에 걸기로 결심했다. 피클과 보르시치를 점심으로 함께 먹으며 이야기를 나누다, 그녀는 내게 《클라라의 전쟁》Clara's War이라는 책을 읽었는지 물었다. 독일 점령기에 살아남은 주키에프 출신의 어린 소녀 이야기라고 소개했다. 루다는 클라라 크라머가 폴란드인 발렌틴 베크Valentin Beck 부부와 딸이 살던 집의 마룻장 밑에 숨어서 2년을 버틴 열여덟 명의 유대인 가운데 한 명이라고 설명했다. 1944년 7월, 동쪽에서 러시아인들이 도착했을 때 그녀는 비로소 자유를 얻었다.

나는 클라라의 책을 사서 앉은 자리에서 다 읽었다. 신기하게도 열여덟 명 가운데 한 명인 게달로 라우터파하트Gedalo Lauterpacht라는 젊은 남자가 허쉬 라우터파하트의 먼 친척 중 하나였다. 더 자세히 알고 싶었던 나는 뉴저지에 있는 클라라의 집을 방문하였다. 그녀는 매우 매력적이며 활기차고 수다스러운 아흔두 살의 할머니였다. 그럼에도 건강하고 밝았으며 기억력이 좋았다. 하지만 몇 주 전에 남편이 사망하여 슬픔에 빠져 있었다.

"1930년대 주키에프는 아주 좋았지." 그녀는 큰 타워와 맨 꼭대기 4면에 발코니가 있는 멋진 시청 건물을 기억했다. "매일 정오가 되면 경찰이 트럼펫으로 쇼팽을 연주했지." 그녀는 웃으며 이야기했다. "그는 4면의 발코니를 옮겨 다니면서 트럼펫을 연주했는데, 항상 쇼팽이었어." 그녀는 멜로디 일부를 흥얼거렸지만 제목은 기억하지 못했다.

어릴 때 클라라는 렘베르크 게이트와 시립극장을 지나 학교까지 걸어 다녔다. 그녀는 로보프로 당일 여행을 가곤 했다. 그녀는 "하루에 세 번 정도 열차가 다녔지만 아무도 이용하지 않았어"라며 "버스가 매 시간 정각에 다녔기 때문에 항상 그것을 이용했지"라고 설명했다. "다른 민족 집단 간에 특별한 긴장은 없었어. 우리는 유대인이었고, 폴란드인은 폴란드인이었고, 우크라이나 사람들은 그들이 우크라이나인이라는 걸 알고 있었어. 모두가 법과 관습을 준수했고 신실했거든." 그녀는 폴란드인과 우크라이나인 친구가 있었으며, 크리스마스에는 그녀의 가족이 폴란드인 가정을 방문하여 크리스마스 트리를 감상했다. 여름이 되면 갈리치아와는 달리 아름다운 숲이 있는 폴란드의 다른 지역으로 여행을 갔다. 그곳은 유대인에게 상업거래와 여행의 자유가 적었다고 그녀는 기억했다. 그녀가 이름을 말한 것은 그때가 처음이었다.

그녀는 이스트 웨스트 스트리트[EAST-WEST STREET]에 있었던 오래된 목조 교회에 대해 애틋하게 이야기했다. "우리가 살던 집 바로 옆에 있었지." 그녀의 이웃 중 하나가 나이 든 라우터파하트가 사람이었는데, 허쉬 라우터파하트의 삼촌인 데이비드였다. 그는 매일 아침 거리에서 그들을 반겼다. 그녀는 플라쉬너가 사람인 레온의 삼촌인 라이뷰라는 이름을 기억해냈지만 얼굴은 떠올리지 못했다. 그녀는 그가 여관을 운영했느냐고 내게 물었다. 그녀는 플라쉬너가 아이들과 함께 살았던 거리를 알고 있었다. 그녀의 집과 중앙광장 사이에 있는 피우수트스키 거리라고 했다.

올가가 묘사했듯이, 독일군이 도착했다가 급하게 떠났다. "소비에트 군대가 들어와서 안심이 되었지. 우리는 독일군이 너무 무서웠어." 그들은 라디오와 1938년에 도착한 몇 명의 비엔나 난민에게서 독일에 의한 오스트리아 강제합병에 대해 들었다. 비엔나 출신 의사 로젠베르크와 그의 아내가 그들에게 배정되었다. 이들 부부는 매주 수요일마다 저녁을 먹으러 왔다. 클라라와 부모님은 처음에 그들이 이야기하는 비엔나에서의 삶을 믿지 않았다.

1941년 6월, 독일군이 돌아왔을 때 삶은 더욱 어려워졌다. 학교 친구들은 거리에서 그녀를 만나면 모른 척했고, 그녀가 다가가면 고개를 돌렸다. "나는 하얀색 완장을 차고 있었어." 그녀가 말했다. 1년 후 그들은 오래된 목조교회 맞은편 벡스의 집 마룻장 밑에 숨었다. 게달로 라우터파하트와 허쉬 라우터파하트의 친척인 멜만 부부를 포함한 열여덟 명이었다.

그녀는 1943년 3월 집 밖에서 들려오는 발자국 소리와 울부짖는 소리에 잠에서 깼던 날을 생생하게 기억했다. "주키에프에서의 마지막 날이 올 거라는 것을 알고 있었어. 새벽 3시쯤이었던 것 같아. 나는 시끄러운 소리에 잠을 깼고, 이어서 몇 발의 총성이 울렸어. 그들은 모두 숲으로 끌려갔어. 그곳은 무덤구덩이를 파는 유일한 장소였거든." 그녀는 아이들이 뛰어놀던 보렉Borek이라는 숲을 알고 있었다. "아름다운 나무가 많았지. 우리는 그곳에서 재미있게 놀았어. 이제는 그럴 수 없지만. 우리도 숨어 있는 곳에서 발각되었다면 그들과 같은 신세가 되었을 거야. 적어도 서너 번쯤 정말 끝이라고 생각한 순간이 있었지. 이 순간이 마지막이라고 생각했어."

그때가 3월 25일이었다. 주키에프에 거주하는 3,500명의 유대인들이 숲속 빈터나 모래밭으로 걸어갔다. 그들은 줄을 서서 그들이 살던 작은 도시의 중심지에서 2킬로미터를 걸어갔고, 총살됐다.

19

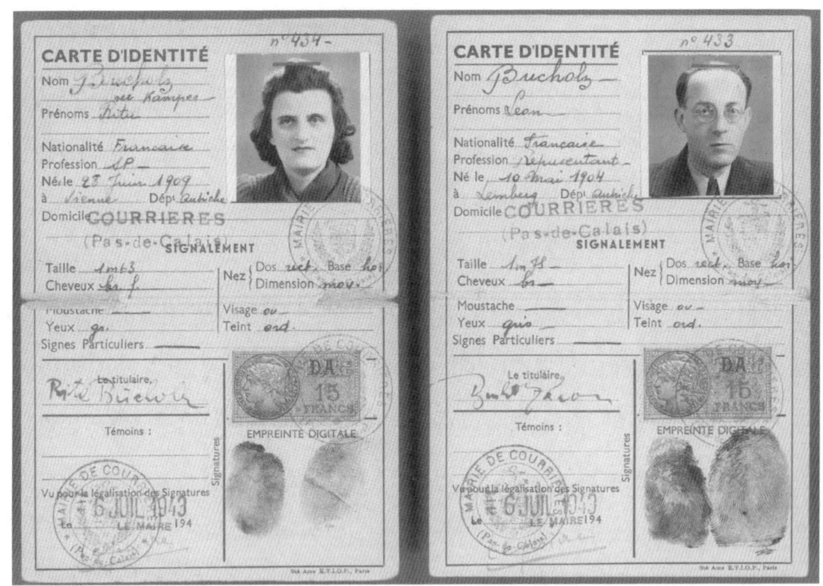

CARTE D'IDENTITÉ
n° 434 -
Nom
Prénoms
Nationalité
Profession
Né le 28 Juin 1909
à Vienne Dép^t
Domicile COURRIERES
(Pas-de-Calais)
SIGNALEMENT
Taille 1m63
Cheveux
Nez { Dos Base / Dimension
Moustache
Yeux
Visage
Teint
Signes Particuliers
Le titulaire,
Témoins :
Signatures
Vu pour la légalisation des Signatures
6 JUIL 1943
Le LE MAIRE 194
DA 15 FRANCS
EMPREINTE DIGITALE

CARTE D'IDENTITÉ
n° 433
Nom Bucholz
Prénoms Leon
Nationalité Française
Profession
Né le 10 Mai 1904
à Lemberg Dép^t
Domicile COURRIERES
(Pas-de-Calais)
SIGNALEMENT
Taille
Cheveux
Nez { Dos Base / Dimension
Moustache
Yeux
Visage
Teint
Signes Particuliers
Le titulaire,
Témoins :
Signatures
Vu pour la légalisation des Signatures
6 JUIL 1943
Le LE MAIRE 194
DA 15 FRANCS
EMPREINTE DIGITALE

레온과 리타의 신분증명서, 1943년

레온은 주키에프, 렘베르크 또는 비엔나에서 벌어지는 일을 알지 못했다. 리타는 1년째 파리에서 레온과 함께 살고 있었지만 정기적인 유대인 일제검거가 시작되면서 그들의 상황은 불안해졌다. 1년 전인 1942년 7월, 파리에 사는 1만 3,000명의 유대인이 동계경륜장Vélodrome d'Hiver에 억류되었다가 아우슈비츠로 추방되었다.

그 해 여름, 레온과 리타는 공식 서류를 입수한다. 두 개의 작은 신분증이 1943년 7월 6일, 프랑스 서북쪽에 있는 작은 마을 쿠리에르에서 발행되었다. 이 마을은 40년 전에 유럽에서 최악의 광산 사고가 발생한 곳이기도 하다. 레온이 간직한 서류에 포함되어 있던 신분증명서에는 아주 작은 사진과 오른손가락 하나와 왼손가락 하나의 지문이 찍혀 있다. 레온의 신분증은 No.433으로, 그의 출생지가 '오스트리아'의 렘베르크라고 적혀 있다.

리타의 신분증은 No.434로, 가짜임이 분명한 서명과 함께 그녀의 결혼하기 전의 성이 (란데스가 아닌) 캠퍼Kamper로 잘못 적혀 있다. 두 신분증 모두 그들의 국적을 프랑스로 나타내고 있으며(거짓말), 그들의 성을 (h가 빠진) 브흘츠Bucholz로 잘못 적어 놓았다.

신분증은 접혀 있었으며, 얇은 파란색의 질 낮은 종이였다. 나는 쿠리에르에 있는 프랑스 시청을 찾았고, 거기서 SS가 장 조레스Jean Jaurés 거리의 시청을 불태웠고 독일군의 진격에 저항하는 십여 명의 지역 주민을 처형했다는 얘기를 들었다. 지역 역사학자인 루이스 베트레미에Louis Bétrémieux 씨는 신분증이 진짜가 아닐 수 있다고 말했다. 위조 신분증임이 거의 확실하다면서, 이 도시가 프랑스 레지스탕스의 중심이어서 많은 위조 신분증이 발급되었다고 설명했다. 그래서 나는 레온이 지하생활을 했을 것으로 추측하게 되었다.

20

나는 1944년 8월, 파리가 미군에 의해 자유를 되찾기 전 어렵던 시기에 레온이 어떻게 살았는지 거의 알아내지 못했다. 독일어 강사로서의 레온의 경력은 끝났고, 유대인 기관에서 일했다. 내 어머니가 가지고 있는 서류 중에 이것에 대한 것은 전혀 없었다. 하지만 애니 외숙모(레온과 리타의 아들인 장 피에르의 부인)에게 레온이 이 시기에 대해 언급한 적이 있는지 물어보았을 때 그녀는 레온이 죽기 전에 그녀에게 주었던 한 뭉치의 서류를 꺼내 놓았다. 서류는 비닐 쇼핑백에 담겨 있었다.

이는 전혀 예상하지 못한 일이었다. 서류 뭉치에는 서툴게 인쇄된 뉴스레터, 프랑스 거주 유대인 연합[UGIF](Union Générale des Israélites de France)의 공지문 등이 포함되어 있었다. 이 단체는 나치 점령기에 유대인 사회에 도움을 주기 위해 설립되었고, 소식지인 〈빌땅〉[Bulletin]은 매주 금요일에 인쇄되었다. 레온은 1호(1942년 1월 인쇄)부터 119호(1944년 5월 인쇄)까지 거의 모든 소식지를 모아 두었다. 최대 4페이지인 이 소식지는 질 낮은 종이에 유대인 관련 기사와 광고(제4구역에 있는 레스토랑과 장례식장)와 사망통지 등이 인쇄되어 있었다. 강제이주의 횟수가 늘어나면서 소식지는 멀리 떨어진 동쪽 '강제노동수용소'에 보내는 편지나 연설 등의 세부 내용을 포함하기 시작했다.

〈빌땅〉은 명령위반에 따른 위험을 경고하는 내용과 강제 점령한 파리에서의 삶을 찍은 사진들을 게재함으로써 나치 규제의 플랫폼 역할을 하였다. 초기의 한 명령은 오후 8시부터 아침 6시까지 유대인들이 집 밖으로 나가는 것을 금지하는 내용이다(1942년 2월). 한 달 뒤 유대인의 채용을 금지하는 새로운 규정이 발표되었다. 1942년 5월부터 모든 유대인들은 가슴 왼쪽에 유대교의 상징인 다윗의 별을 달아야 했다(레온이 일했던 품격 있는 19세기 빌딩의 UGIF 본부 사무실에서 제공함). 7월에는 유대인들이 극장이나 다른 공연장에 가는 것이 금지되었다. 10월부터 유대인들은 매일 한 시간씩만 쇼핑이 가능하고 전화 소유가 금지되었으며, 지하철의 마지막 칸에만 탑승할 수 있었다. 다음해인 1943년 8월에는 특별 신분증이 발급되었다.

강제이주의 횟수가 늘어나면서 UGIF에 대한 규제도 늘어났다. 특히 UGIF의 지도부에서 외국인 유대인 직원의 해고 명령을 거부하면서 더 심해졌다. 1943년 2월, 게슈타포 사령관 클라우스 바르비[Klaus Barbie]가 본부 사무실을 급습하여 80명 이상의 직원과 회원들을 체포하였다. 한 달 뒤인 3월 17일과 18일에는 UGIF의 전 직원들이 체포되었다(《뷜땅》 61호가 그 주에 발행되었으나 레온의 수집 목록에서는 빠져 있다는 사실을 알게 되었다). 시간이 지나 여름이 되어 알로이스 부르너가 UGIF의 몇몇 리더를 체포하라는 명령을 내렸으며, 그들을 드랑시로 보냈다가 아우슈비츠로 강제이송했다.

폴란드 출신의 유대인인 레온은 특히나 큰 위협에 시달렸지만 어쨌든 체포를 피했다. 외숙모는 1943년 부르너가 체포 작전을 지휘하기 위해 테헤란 거리 19번지에 있는 사무실로 직접 내려왔을 때 있었던 상황 한 장면을 기억했다. 레온은 그를 피하기 위해 문 뒤로 숨었다.

비닐가방 안에는 또 다른 활동 증거들이 있었다. 미국 유대인 공동 분배위원회American Jewish Joint Distribution Committee, 전쟁포로와 강제이주민을 위한 국민운동Mouvement National des Prisonniers de Guerre et Déportés, 프랑스 유대인 단결과 옹호위원회Comité d'Unité et de Défense des Juifs de France에서 받은 사용하지 않은 편지지가 있었다. 그가 몸담았음에 틀림없는 이 단체들은 모두 테헤란 거리 19번지에 사무실이 있었다.

서류 가운데는 두 개의 개인 성명이 있었는데, 각각 동쪽으로 추방된 이주민들의 최후에 대한 자세한 설명이 포함되어 있었다. 하나는 1944년 4월 파리에서 만들어진 것으로, 아우슈비츠에서 "음악소리에 맞춰 아무런 이유 없이 교수형을 당했다"라는 증언을 담고 있었다. 다른 하나는 전쟁이 끝난 직후 만들어진 것으로, "우리는 비르케나우에서 더러운 일을 했으며, 아우슈비츠에서 깨끗하고 질서 있게 죽음을 맞이했다"고 적혀 있었다. 이 선언은 증거 진술로 마무리되었다. "간단히 말해, 이 젊은 남성은 해당 강제수용소에 대해 라디오와 신문에서 보도한 모든 내용을 확인해주었다."

레온은 강제수용소와 나치 점령지 폴란드 총독부 내 게토에 보냈던 소포 우편물을 보관하고 있었다. 1942년 여름, 그는 루블린 근처 피아스키Piaski 게토에 있는 여성, 리나 막스에게 소포를 보내기 위해 말제르브 대로에 있는 우체국에 스물네 번째 방문을 하였다(그해 여름 게토는 폐쇄되었으며, 리나 막스는 소수의 생존자 중에 포함되지 않았다).

나치가 점령한 폴란드의 산도미에라는 작은 마을에서 에른스트 발터 울만 박사Dr. Ernst Walter Ulman가 보낸 두 장의 엽서가 내 시선을 사로잡았다. 엽서를 보낸 에른스트 발터 울만 박사는 1941년 2월 비엔나에서 강제이주 당했다. 첫 번째 엽서는 1942년 3월에 보낸 것으로, 자신을 나이가 많은 은퇴한 비엔나의 변호사라고 소개했다. "제발 나를 도와주세요." 두 번째 엽서는 네 달 후인 7월에 테헤란 거리 19번지에 있는 레온에게 개인적으로 발송한 것이었다. 울만 박사는 소시지, 토마토 캔과 약간의 설탕을 소포로 보내준 것에 감사했다. 레온이 엽서를 받았을 때, 예의 바른 울만 박사는 사망하였다. 그 엽서가 발송된 게토는 그 달에 폐쇄되었으며, 그곳에 있던 사람들은 렘베르크에서 주키에프를 연결하는 철도선을 따라 더 먼 곳에 있는 벨제크의 강제수용소로 이송되었다.

비닐가방의 밑바닥에서 나는 작은 사각형으로 잘리고 모서리가 낡은 노란색 천 다발을 발견했다. 각각의 천 중앙에는 다윗의 검은 별과 '유대인'Juif이라는 단어가 인쇄되어 있었다. 깨끗한 상태의 마흔세 장의 별은 배포될 준비를 마쳤으나 사용되지 못한 채 해어졌다.

21

레온과 리타는 파리에서 지낸 첫 해에 딸과 떨어져 있었다. 가끔씩 만나 짧은 시간을 함께 보낸 것처럼 보이긴 했다. 몇 장의 사진이 남아 있다. 아주 작은 사각의 흑백사진은 스물네 장이 넘지 않는다. 날짜가 적혀 있지 않은 사진에 두세 실쯤으로 보이는 작은 소녀가 부모와 함께 있다. 머리에는 흰색 리본이 달려 있고, 리타가 불안한 표정으로 그녀 곁에서 맴돌고 있다. 한 장의 사진에는 내 어머니와 남동생이 함께 서 있는 모습이 있다. 다른 사진에는 어머니가 말끔하게 차려입은 부모님과 나이가 더 들어 보이는 커플과 함께 공원의 카페에 앉아 있다. 나이가 있는 커플의 여성은 상자 모양의 모자를 쓰고 있다. 세 번째 사진은 대여섯 살 된 루스와 그의 어머니가 파리에서 함께 찍은 것이다. 아마도 점령의 막바지 때였던 것 같다.

사진 속에서 리타는 한 번도 웃지 않는다.

레온과 리타는 그때 파리의 브롱니아르 거리에 살고 있었다. 근처에는 친구인 부사르Boussards 부부가 살았는데, 그들은 유대인이 아니었으며 항상 레온 부부를 지켜보았다. 후에 레온은 딸에게 부사르 씨가 거리에 나가지 말고 아파트에서 멀리 떨어져 있으라고 한 것이 검거에 대한 경고였을 거라고 말했다. 그렇지만 레온의 서류더미에는 부사르 부부에 대한 것이 전혀 없으며, 다른 곳에도 언급되지 않는다. 전쟁이 끝난 후에도 레온과 리타는 부사르 부부와 가깝게 지냈지만 내 어머니는 그들이 영국 남자인 내 아버지와 어머니의 결혼식에 오지 않겠다고 한 이후 연락처를 잃어버렸다. 그들은 영국인이 독일인보다 더 혐오스럽다고 했다. 그때가 1956년이었다. 어머니가 그 이야기를 했을 때 나는 큰 소리로 웃었지만 어머니는 전혀 웃을 일이 아니라면서 이 일로 부사르 부부와 나의 외조부모님 부부 사이의 우정은 금이 갔고, 그후 부사르 씨를 다시는 보지 못했다고 말했다. 수년이 지나고 어머니가 몽파르나스 대로에 있는 유명한 카페 '라 쿠폴'에서 부사르 부인과 차를 마실 일이 있었는데, 부사르 부인이 리타는 항상 딸보다 아들인 장 피에르를 더 사랑했다고 말했다. 내 어머니는 그날 이후 다시는 그녀를 보지 않았다.

1944년 8월 25일, 레온과 리타는 부사르 부부와 함께 파리의 독립을 축하했다. 그들은 미군을 환영하는 샹젤리제 거리의 인파에 섞여 뫼동에서 어떻게 딸을 데려올 것인지 고민하였다. 그러다 레온은 어린 GI(미국 육군병사의 속칭)들이 가득 탄 미군 트럭을 세우고 폴란드어를 아는 한 군인에게 사정을 했다.

"타세요." 그 군인이 말했다. "우리가 뫼동까지 데려다 줄게요." 1시간 후에 군인들은 레온 부부를 뫼동의 중심가에 내려주었다. "행운을 빌어요!"라고 폴란드어로 인사한 후 그들은 떠났다.

그날 밤 가족은 브롱니아르 거리 2번지 4층에 있는 방 두 개짜리 작은 아파트에서 모두 함께 잠을 잤다. 그들이 같은 지붕 밑에서 함께 잠을 잔 것은 5년 만이었다.

22

나는 레온의 서류 중에 있던 사진 한 장으로 다시 눈을 돌렸다. 내가 리비우로 떠나기 전 어머니의 거실에 있던 사진이다.

나는 그 사진을 파리의 샤를 드골 재단Fondation Charles de Gaulle에 있는 기록보관실 담당자에게 보냈다. 그는 그 사진이 1944년 11월 1일 파리 외곽 이브리쉬르센의 기념식에서 찍힌 것이라고 알려주었다. 드골은 독일 점령기

샤를 드골, 이브리 묘지, 1944년

동안 독일군에게 사살당한 외국인 레지스탕스 전사들을 추모하는 기념비 Carré des Fusillés를 방문했었다.

"콧수염이 있는 사람이 아드리앙 틱시에Adrien Tixier인데, 1944년 9월 드골에 의해 프랑스공화국 임시정부의 내무부 장관으로 임명된 사람입니다." 담당자가 그렇게 설명해주었다. "그 사람 뒤에 있는 사람이 파리 경찰청의 총수인 [샤를] 루이제Luizet이고요."(제복 정모를 쓴 사진 오른쪽 인물) 그리고 센Seine 지역의 지방장관인 마르셀 플로레Marcel Flouret이다.(흰색 스카프를 한 사진 오른쪽 인물) "플로레 뒤에 콧수염이 있는 남자가 가스통 팔레브스키Gaston Palewski입니다." 들어본 적이 있는 이름이다. 팔레브스키는 드골 내각의 장관으로, 소설가인 낸시 미트포드Nancy Mitford의 애인이었으며, 후에 그녀의 소설 《추운 기후에서의 사랑》Love in a Cold Climate에서 소브테르Sauveterre

의 가상 공작인 파브리스Fabrice로 영원히 살아났다.

이들과 레온이 무슨 연관이 있을까?

독일군에게 사살당한 외국인 레지스탕스 추모비에 매장된 사람들의 신원을 통해 한 가지 단서를 얻었다. 프랑스 레지스탕스로서 처형을 당한 사람 중 스물세 명이 프랑스 이민 노동자 의용유격대FPT-MOI·Franc-Tireurs et Partisans de la Main d'Oeuvre Immigrée의 일원인 파리에 거주하는 외국인들이었다. 여기에는 폴란드인 세 명과 이탈리아인 다섯 명, 헝가리인 세 명, 스페인인 한 명, 프랑스인 세 명, 미국인 두 명이 포함되었는데, 미국인 중 미작 마노치안Missak Manouchian이 이들 조직의 지도자였다. 유일한 여성 조직원은 루마니아인이었고, 유격대의 절반은 유대인이었다.

스물세 명의 레지스탕스들은 1943년 11월에 체포되었다. 세 달 뒤, 적색 포스터가 도시 전역과 프랑스 다른 지역에 붙었는데, '범죄집단'L'armée du crime이라는 굵은 헤드라인 아래 이들의 이름과 얼굴이 공개되었다. 이것이 바로 이 외국인들이 여성과 아이들 그리고 프랑스를 더 해치기 전에 그들을 체포할 것을 파리 시민들에게 촉구하는 바로 그 유명한 〈붉은 포스터〉L'affiche rouge이다. 포스터의 뒷면에는 '이런 행동을 지휘하는 사람은 항상 외국인이고, 행동에 나서는 사람은 실업자와 전문 범죄자들이며, 그들을 부추기는 것은 언제나 유대인들이다'라고 적혀 있었다.

몇 주가 지난 2월경, 몽블랑에서 한 명을 제외한 유격대원 전원에 대한 총살형이 집행되었다. 조직의 유일한 여성 대원 올가 반치스Olga Bancic는 총살에서 제외되었으나 오래 살아남지 못했다. 그녀 역시 몇 주 후, 그녀의 서른두 번째 생일날에 슈투트가르트에서 참수당했다. 나머지는 이브리Ivry 묘지에 묻혔는데, 레온은 드골과 함께 그들의 묘지를 방문한 것이다.

이 사건은 루이 아라공Louis Aragon의 시, 〈붉은 포스터〉에서 추모되었다.

1955년에 쓰여진 이 시는 마노치안이 아내인 멜리니에게 보내는 마지막 편지를 모티브로 하고 있는데, 후에 가수 레오 페레Léo Ferré는 이 시에서 영감을 받아 노래를 작곡한다. 레온이 이 노래를 알고 있었기 때문인지 나는 어렸을 때부터 이 노래에 익숙했다.

> **모두에게 행복을, 살아남을 사람들에게 행복을,**
> **나는 독일 사람들에 대한 원망 없이 죽는다네,**
> **고통과 불행이여, 안녕.**

드골이 묘지를 방문했을 때 레온은 수행단의 일원이었다. 그가 스물세 명을 알았을까? 포스터에 있는 한 명은 익숙하다. 폴란드 유대인인 모리스 핑거츠바이크Maurice Fingercwajg는 처형 당시 스무 살이었다. 나는 루세트Lucette라는 이름도 기억해냈다. 내 어머니의 어릴 적 친구로, 독일 점령이 끝난 후 매일 아침 어머니와 함께 학교를 갔으며, 후에 처형당한 젊은 남자의 조카인 루시엔 핑거츠바이크Lucien Fingercweig와 결혼하였다. 루세트의 남편은 후에 나에게 레온이 그 조직과 접촉했다고 말했지만 자세한 정보는 주지 못했다. "그래서 레온이 이브리 공동묘지에서의 행진을 선도했다"라고 루시엔이 덧붙였다.

23

독일군의 파리 점령이 끝났을 때 레온은 말케, 구스타 또는 로라나 렘베르크와 주키에프에 있던 가족 누구의 운명에 대해서도 알지 못했다. 신문은 강제수용소에 대해 보도했고, 트레블링카와 아우슈비츠 같은 도시 이름이 언론에 언급되기 시작했다. 레온은 분명 최악의 경우에 대비한 두려움 속에서 다행스러운 결과를 간절히 바랐을 것이다.

전쟁이 끝나자 새로운 기관이 생겨났다. 1945년 3월, 미국 유대인 공동분배위원회는 사회복지와 재건을 위한 유대인위원회Comité Juif d'Action Sociale et de Reconstruction를 설립했다. 레온은 이 위원회의 파리 사무소에서 일했다. 사무실은 루테스 호텔이었는데, 4월 30일 히틀러의 자살 소식을 들었을 때 그곳은 게슈타포의 본부였다. 일주일이 지나고 알프레드 요들 장군이 무조건 항복문서에 서명하였다. 그리고 레온은 7월에 담당부서의 책임자로 임명된다. 어느 부서인지는 명확하게 알 수 없으나 그가 보관하던 서류에서 발견한 낡은 신분증에서 그런 사실을 확인할 수 있었다. 레온은 이 기관에 대해 내게 이야기한 적이 없었는데, 단지 프랑스 레지스탕스에서 출발한 기관인데, 난민과 강제수용소 생존자들이 전후에 다시 잘 살아갈 수 있도록 도와주는 역할을 했었다고 말했다. 어머니는 그 당시 종종 브롱니아르 거리에 있는 집으로 가난한 남자나 여자를 초대하여 음식을 함께 먹고 대화를 나눴던 기억을 가지고 있다. 그중엔 자살을 시도한 사람도 여러 명 있었다고 한다.

그러던 중 레온은 한 가지 희망적인 소식을 듣는다. 그의 친구인 막스와 6년간 소식이 끊겼다가 4월에 뉴욕의 주소를 알아낸 것이다. 레온은 곧바로 친구에게 편지를 썼는데, 7월에 답장이 왔다. 답장에는 다시 연락을 하게 된 기쁨과 가족 중 누군가는 사망했을지도 모른다는 두려움이 함께 묻어났다. "내가 아는 나쁜 소식은 없다." 막스가 레온에게 썼다. "나는 희망을 버리지 않을 것이다. 너의 가족에 대해서는 어떤 소식이 있는지?" 막스가 물었다. 그는 실종된 형제들을 포함하여 소식을 찾고 있는 가족의 이름을 적었다. 편지는 애정 어린 감정과 레온과 리타에게 미국으로 오라는 권유와 함께 비자를 받도록 도와주겠다는 내용으로 마무리되었다. 1946년 1월, 레온과 리타는 파리에 있는 미국 영사관에 이민을 신청한다. 리타는 오스트리아, 레온은 폴란드 국적을 가지고 있었다.

24

이때쯤 〈르몽드〉와 다른 신문들은 주요 나치 지도자들을 재판하기 위해 연합국들이 국제재판소 구성을 고려하고 있다고 보도하였다. 추측은 사실로 구체화되었다. 재판에는 8명의 판사가 참여할 예정인데, 그중 두 명은 프랑스인이었다. 레온은 적어도 그중 파리 최고법원 판사였던 로베르 팔코Robert Falco의 이름은 들어보았을 것이다.

1945년 10월, 스물두 명의 피고인에 대한 공소장이 재판소에 제출되었다. 〈르몽드〉는 피고인들이 '제노사이드'라는 새로운 혐의로 기소되었다고 보도하였다. 신문들은 그 혐의의 의미가 무엇인지, 그 연원이 무엇인지에 대해 질문했는데, 답은 그 죄명을 처음 고안한 미국의 교수 라파엘 렘킨과의 인터뷰에서 들을 수 있었다. 그 실익에 대한 질문에 렘킨은 레온과 매우 밀접하게 관련된 장소, 즉 비엔나와 폴란드에서 벌어진 사건을 예로 들었다. "만약 미래에 어떤 나라가 그 나라의 인구 중 특정한 국적 또는 소수민족을 의도적으로 말살하려고 했을 때 어떤 가해자이든 그 나라를 떠난다면 체포될 수 있습니다." 렘킨은 프랑스 독자들에게 이렇게 설명했다.

예로 든 비엔나와 폴란드에서의 사건 때문에 레온은 소식을 알지 못하는 가족에 대해 다시 한 번 생각하게 되었을 것이다. 그의 아버지 핀카스와 그의 형 에밀은 1914년 말에 사망했지만 비엔나, 렘베르크, 주키에프에 남아 있는 사람들은 어떻게 되었을까?

1945년 당시 레온은 아무것도 몰랐지만 지금 나는 알고 있다. 레온은 그의 유년 시절 사람들과 부흐홀츠가와 플라쉬너가 등 갈리치아의 가족 모두가 학살당했다는 사실을 전혀 말하지 않았다. 전쟁이 시작되었을 때 렘베르크나 주키에프에 살고 있던 일흔 명 이상의 가족 중 생존자는 큰 귀에 항상 웃고 있던 레온이 유일했다.

레온은 그 시절 또는 그 가족들에 대해 내게 전혀 이야기하지 않았다. 리비우에서 강의를 해달라는 초대를 받아들인 덕분에 지금에서야 20세기 말까지 이어진 그의 삶에서 그가 견뎌야 했던 깊은 절망을 이해할 수 있게 되었다.

인생의 후반기에 접어든 남자는 갈리치아에서의 세월 앞에 서 있는 마지막 사람이었다. 이것이 바로 내가 어릴 때 목격한 침묵, 리타와 함께 살던 작은 아파트를 지배하던 침묵의 이유였다.

몇 가지 서류와 사진으로 나는 사라진 세계의 윤곽을 만들어볼 수 있었다. 구멍이 많았고, 개인에 대한 정보만 없는 것이 아니었다. 나는 레온의 서류 가운데 리타와 주고받았던 다정한 문구를 하나도 찾을 수 없었다. 리타는 그녀의 '소중한 아이'에게는 가슴 절절한 사랑을 전했지만 비슷한 감정을 레온과 나누었다고 하더라도 글로 남겨진 흔적은 없었다. 그건 레온도 마찬가지였다.

나는 1939년 1월, 그들이 헤어지기 전에 그들의 인생에 무엇인가 끼어든 것이 있었다는 느낌이 들었다. 왜 레온은 혼자서 비엔나를 떠났을까?

갓난아기였던 딸은 어떻게 파리에 왔을까? 왜 리타는 따라오지 않고 남았을까? 나는 서류를 뒤지며 미스 틸니의 주소와 나비넥타이를 맨 남성의 사진 세 장이 있는 종잇조각에서 단서를 찾으려 했다.

아무것도 찾을 수 없었다. 그래서 나는 이 초기의 삶과 연결되어 있는 또 다른 장소로 관심을 돌렸다. 바로 주키에프라는 작은 도시이다. 이곳은 레온의 어머니인 말케가 태어난 곳이며, 뉘른베르크 재판에서 '인도人道에 반反하는 죄罪'라는 표현을 가장 먼저 사용한 허쉬 라우터파하트가 태어난 곳이다.

Part II

라우터파하트

LAUTERPACHT

개인은 모든 법의 궁극적인 단위이다.

-허쉬 라우터파하트, 1943년

25

유럽에서 전쟁이 끝난 지 몇 주가 지난 1945년 따뜻한 여름날, 주키에프 태생이지만 지금은 영국 케임브리지에서 살고 있는 중년의 법학 교수는 점심 손님이 도착하기를 기다리고 있었다. 나는 그가 크랜머 로드Cranmer Road의 연립주택에서 바흐의 〈마태 수난곡〉이 축음기에서 울려 퍼지는 가운데 커다란 마호가니 책상에 앉아 창밖을 바라보며 연구에 몰두하고 있는 모습을 상상했다. 마흔여덟의 열정이 넘치는 허쉬 라우터파하트는 최근 트루먼 대통령이 뉘른베르크 국제전범재판에서 독일전범들을 기소할 수석검사로 임명한 미국 대법관 로버트 잭슨Robert Jackson을 기다리고 있었다.

잭슨은 라우터파하트의 '현명한 판단과 학식'이 필요한 한 가지 특정한 문제를 들고 케임브리지로 오고 있었다. 명확하게는 그는 독일 나치 지도자들이 저지른 국제범죄로 뉘른베르크 피고인들에게 부과될 혐의에 대해 소비에트와 프랑스를 설득할 필요가 있었다. 잭슨과 라우터파하트는 수년간 서로 신뢰를 쌓아온 관계였다. 그들은 여러 가지 범죄와, 검사와 판사의 역할, 증거의 취급, 언어의 문제 등을 논의할 것이었다.

그들이 논의하지 않을 한 가지 문제는 라우터파하트의 가족에 관한 것이다. 레온과 다른 수백만의 유대인들과 마찬가지로 라우터파하트는 그의 부모님과 형제들, 삼촌과 이모, 사촌과 조카 등 렘베르크와 주키에프에서 침묵 속에 사라져간 가족의 소식을 기다리고 있었다.

그는 이 문제에 대해서는 로버트 잭슨과 이야기하고 싶지 않았다.

26

라우터파하트는 1897년 8월 16일 주키에프에서 태어났다. 그의 출생증명서가 바르샤바에 있는 문서보관실에서 발견되었는데, 부모는 사업가인 아론 라우터파하트Aron Lauterpacht와 데보라 터켄코프Deborah Turkenkopf라고 기재되어 있다. 레온의 어머니와 먼 친척뻘인 여관주인 바리흐 올란데르Barich Orlander가 출생을 지켜보았다.

아론은 석유 판매업을 하며 제재소를 운영했다. 데보라는 라우터파하트의 형인 데이비드Dunek와 허쉬보다 3년 후에 태어난 여동생 사비나Sabka 등 자녀들을 돌보았다. 네 번째 아이는 유산이 되었다. 라우터파하트가家는 대가족이고 중산층이며, 교양 있고 독실한 유대인 가정이었다(데보라는 유대교 율법에 따른 식재료로 조리한 코셔Kosher 음식을 고수했고, 가발을 쓰는 전통을 따르며, 수수한 외모를 유지했다). 가족사진에는 다섯 살의 라우터파하트가 발끝을 벌리고 서서 아버지의 팔을 잡고 꼿꼿하게 서 있다.

스툴에 걸쳐 앉혀져 있는 어린 소녀, 라우터파하트의 여동생 사비나는 후에 잉카Inka라는 이름의 딸을 낳는다. 내가 잉카를 만났을 때 그녀는 아

라우터파하트 가족, 1902년 주키에프, 맨 왼쪽이 허쉬

론과 데보라를 훌륭한 조부모님이라고 회상하며, 친절하고 사랑이 많은 사람들로 근면하고 관대하면서도 아이들이 성공하기를 열망하는 부모였다고 설명했다. 잉카는 집안의 분위기가 활기찼다고 기억했다. 음악과 책으로 가득 차고 사상과 정치, 희망찬 미래에 대해 이야기를 나누던 곳이었다. 집에서는 이디시어Yiddish(유대인이 사용한 언어 중 하나)를 사용했지만 부모님은 아이들이 알아듣지 못하게 하고 싶을 땐 폴란드어를 사용했다.

주키에프 토지대장 기록에 따르면, 라우터파하트 가족은 488구역의 158번지 집에 살았다. 이 집은 내 외증조모 말케 부흐홀츠(플라쉬너)가 살던 이스트 웨스트 거리의 동쪽 끝에 위치하고 있으며, 동네의 다른 한쪽 끝이다.

주키에프의 유능하고 친절한 사학자 루드밀라Lyudmyla는 그 정확한 위치를 확인해주었다. 지금 도시의 동쪽 끝에 있는 이 도로에는 아스팔트가 깔려 있는데, 내가 리비우로부터 이곳에 올 때 지나온 곳이다.

"동상을 세우기에 아주 좋은 장소이다"라고 루드밀라가 비꼬듯 말했고, 우리는 언젠가 그런 일이 일어날 것이라고 생각했다. 이곳은 오래된 공동묘지와 가까우며, 루드밀라가 나를 데려간 오래된 목조건물인 성 삼위일체Holy Trinity 교회와도 가깝다. 낡은 갈색 지붕 외관의 교회 내부는 나무와 향료의 아늑한 냄새로 가득했다. 이곳에는 성화가 그려진 눈에 띄는 제단이 있었다. 금색 장식에 진한 빨간색과 파란색이 공존하는 따뜻하고 평안한 공간이며, 백 년 동안 변하지 않은 곳이다. 라우터파하트의 삼촌인 데이비드가 반대편에 살았는데, 집은 오래 전에 사라졌다고 루드밀라가 설명해주었다.

그녀는 우리가 방문해야 하는 근처의 다른 집을 가리켰다. 그녀가 대문을 힘차게 두드리자 환하게 웃는 둥근 얼굴의 활기찬 주인이 문을 열어주었다. 그는 들어오라고 말한 뒤 목조교회가 내려다보이는 앞쪽의 침실로 안내

주키에프
East-West Street
1854년
WINNIKI
SOPOSZYN
Żolkiew 1.Theil.
Sct. Laurentius
Sct. Lazarus
Schloss
Bräuhaus
Synagoge
플라쉬너
가족의 집
라우터파하트
가족의 집
플라쉬너 가족의 집
762
라우터파하트 가족의 집
488

한 다음 침대와 벽 사이의 작은 공간을 보여주었다. 이어 그가 무릎을 꿇고 바닥의 나무판을 비틀자 마룻바닥에 어른이 지나갈 만한 크기의 불규칙한 구멍이 나왔다. 이 깜깜한 공간에서 클라라 크라머와 열일곱 명의 유대인들이 2년 가까이 숨어 지냈다. 그중에는 라우터파하트 가족도 여럿 포함되어 있었다. 라우터파하트가 태어난 곳에서 엎어지면 코 닿을 거리였다.

27

라우터파하트는 1910년에 부모와 형제들과 함께 주키에프를 떠났다. 그가 열세 살 때, 더 나은 교육을 위해 관대한 통치자인 프란츠 요제프 1세Franz Joseph 황제의 재위 62년이 되던 해에 렘베르크로 이주했다. 그 해에 엡솜의 더비 경마에서 렘베르크와는 별다른 관련이 없는 영국 청년 알피 콕스Alfie Cox가 렘베르크라는 이름의 말과 함께 출전하여 우승했다.

아버지 아론은 렘베르크의 도시 외곽에서 제재소를 운영하고 있었다. 때문에 이미 두드러지게 똑똑한 소년인 그의 아들 허쉬 라우터파하트는 휴머니스트 김나지움Humanist Gymnasium에 입학하였다. 그는 다양한 책을 많이 읽고 자신감이 넘쳤으며, 정치적인 문제에 관심이 많고 종교적인 길을 따를 마음이 없는 학생이었다. 그의 동기들은 그를 교양 있고 의지가 강하며 불의를 보면 참지 않는 탁월한 지적 능력과 양심을 갖춘 리더로 기억했다. 사회적 불평등이 외국인 혐오증, 민족차별, 집단 정체성 및 갈등의 토대 위에서 렘베르크에 만연했다. 이러한 요소들이 어릴 때부터 그에게 영향을 미쳤다.

주키에프에서 라우터파하트는 종교적 믿음이나 정치적 신념 같은 문제가 일상생활에서 집단 간의 마찰과 분열을 야기한다는 사실을 알게 되었다. 민족주의와 제국주의 야망의 단층선 위에 세워진 렘베르크는 더욱 잔인한 이야기를 만들어냈고, 레온 역시 이 사실을 알게 되었다. 로마 가톨릭과 그리스 정교회 신자들 사이에 끼어 있는 정통파 유대교 가족으로서 라우터파하트 가족은 자신들이 창의적인 수학자와 용기 있는 법률가, 문인들과 음악가들이 마음껏 활동하고, 카페마다 과학자들로 북적이는 진보적 문명의 진원지인 거대한 도시, 훌륭한 새 철도역과 웅장한 오페라하우스가 있으며, 버팔로 빌 코디Buffalo Bill Cody가 방문할 만한 도시에 산다고 믿었다(버팔로 빌 코디가 실제로 1905년 방문하여 와일드 웨스트 쇼를 진행했다).

이곳은 또한 소리와 냄새의 도시였다. 요제프 비틀린은 "나는 리비우의 종소리를 듣는다. 종소리는 하나하나 다르게 들린다"라고 하며 "마켓 광장의 분수가 쏟아지는 소리, 봄비가 먼지를 씻어간 향기로운 나무에 스치는 바람소리를 듣는다"라고 썼다. 젊은 라우터파하트는 비틀린과 같은 카페에 자주 들렀을지 모른다. 지금은 모두 사라진, 5·3 거리(여성의 출현이 아주 드물었던)와 야기엘론스카의 코너에 있던 유로페이스카, 안드리올리 파세지의 위층에 있는 슈투카(긴 머리의 바이올리니스트 와세르만이 슈만의 꿈을 연주할 때마다 불빛을 어둡게 했던 곳), 5·3 거리와 코스치우스코 거리 사이의 르네상스(다른 카페의 웨이터들이 경쟁하듯이 밝은 색의 재킷과 화려한 타이를 매고 나타나 그곳의 웨이터들에게 식사 시중을 들도록 요구하던 곳) 등.

라우터파하트 가족이 도착하고 3년이 지나 렘베르크에 전쟁이 일어났다. 1914년 9월, 러시아군이 도시를 점령하고 니콜라스 황제는 오스트리아인들이 모두 쫓겨났다는 소식을 들으며 완전한 혼란 속에서 후퇴했다. 그때 라우터파하트는 도시에 있었다. 이 전쟁이 레온의 형인 에밀이 전사했을지도 모르는 그 대전투였다. 〈뉴욕타임스〉는 러시아 침략자들이 친절을 베풀고 교회와 길가의 작은 예배소를 존중하여 전쟁의 유혈소동 속에서도 런던처럼 평화롭고 번화한 도시로 남을 수 있도록 했다고 보도했다.

1915년 6월, 오스트리아-헝가리 제국 군대는 독일군의 도움으로 도시를 탈환하여, 오스트리아와 독일 전역에 기쁨이 터져 나오게 했다. 한 달 뒤, 라우터파하트는 대부분의 시간을 아버지의 제재소에 있는 임시 숙소에서 보냈지만 곧 오스트리아 군대에 징집되었다. 한 친구는 그가 엔진실에서 기계 소음과 전쟁의 폭음도 듣지 못하고 책에 파묻혀 불어와 영어 독학에 몰두하는 모습을 본 적이 있다고 회상했다. 라우터파하트는 아주 자세히 메모한 수첩을 남겼는데, 지금은 그의 아들이 소장하고 있다. 그 수첩에 아담 스미스의 《국부론》과 마르크스주의에 대한 논문을 포함하여 그가 읽은 전쟁과 경제, 종교, 심리학 등을 포함한 다양한 분야의 책을 기록해 놓았다. 음악이 큰 위안이 되었는데, 특히 바흐와 베토벤의 작품은 그의 일생에 걸쳐 열정과 평안을 주었다. 그는 경이로울 정도로 좋은 청각과 음악적 기억력의 소유자였다. 하지만 그의 연주 실력은 두 손가락으로 치는 〈크로이처 소나타〉 수준을 넘지 못했다.

대학 진학을 결정할 순간이 되자, 그의 부모는 그에게 형과 같은 길을 가도록 설득했다. 1915년 가을, 그는 렘베르크대학 법학과에 입학하였다.

28

라우터파하트의 생애에 대한 글에서도 그가 무엇을 공부하고 어디에 살았는지 등 대학 시절에 관해서는 많이 나오지 않는다. 그래서 나는 리비우의 공공문서보관소를 방문해보기로 했다. 폴란드어나 우크라이나어를 모르기 때문에 나는 라우터파하트가 한 세기 전에 수학했던 것과 같은 법학과의 뛰어난 학생인 이호르Ihor와 이반Ivan의 도움을 받기로 했다(크림반도 세바스토폴리의 소비에트 해군 기지에 대한 이반의 박사학위는 러시아의 크림반도 불법 점령과 시기가 일치하여 매우 시의적절한 주제임이 증명되었다). 이반은 리비우 주립 기록보관실의 구불구불한 건물로 이어지는 길로 나를 안내해주었다.

시청의 북쪽에 위치하고, 벼룩시장이 있고, 이 도시의 고뇌에 찬 10세기에 걸친 역사를 전부 말해주는 신문과 책이 가득한 야외도서관 등이 있는 무제이나 광장은 친숙했다. 내가 오스트리아-헝가리 제국 시기에 대한 자료와 폴란드 엽서, 몇 가지 유대인 및 이디시어 주제에 관해 찾아다니는 동안 내 아들은 소비에트제 뻐꾸기시계(파란색과 빨간색이 섞인 금속시계)를 사 왔다. 고급품-만약 가격을 따졌다면-은 나치가 통치한 3년 동안의 물건이었다. 나는 한 면에는 구부러진 십자가 형태의 나치 무늬가 있고, 다른 쪽엔 SS 심벌이 그려진 어두운 녹색에 독특한 모양을 한 독일군의 슈탈헬름 철모를 발견했는데, 내가 너무 가까이 가자 판매자는 손을 내저으며 물러서라고 했다.

주립 기록보관실은 바로크 양식 성당의 일부인 예전 도미니크회 수도원 가까이에 있는 허물어져가는 18세기 건물에 자리하고 있었다. 소비에트 시대에는 이 성당이 종교와 무신론의 박물관 역할을 하였다. 지금은 우크라이나-그리스 정교회이다. 스카프를 둘러쓴 러시아 할머니가 출입문을 지키고 있었다. "무슨 일이죠?" 그녀가 큰 소리로 물었다. 이반은 우리가 기록보관실에 들어갈 권한이 있다고 말하고는 멈추지 않고 계속 걸었다.

그게 요령이었다.

제멋대로 자란 장미 정원을 지나 금속 계단을 오르니 빗물에 흠뻑 젖은 카펫이 깔린 곳이 나타났다. 그곳이 기록보관실이었다. 이반과 나는 표시도 없고 불도 켜지지 않은 복도에 렘베르크 사람들이 남긴 기록이 가득 찬 1층으로 들어갔다. 서류는 벽면에 일렬로 놓여 있었다. 오스트리아-헝가리 제국 군대의 최종 퇴각, 1918년 11월. 짧은 역사의 서부 우크라이나 인민공화국의 독립 선언, 같은 날. 독일군의 소비에트 리비우 포위, 1941년 6월. 갈리치아를 자신의 총독령 영토에 포함시킨다는 한스 프랑크의 명령, 1941년 8월. 모든 렘베르크의 학교와 대학을 폐쇄한다는 명령, 1941년 9월.

복도 끝의 열람실로 들어가는 문 위에는 네온 빛이 깜빡거렸다. 여기서 기록보관실 담당자에게 우리가 찾는 책 등의 자료 목록을 건넸다. 열람실에는 수녀 한 명과 자고 있는 사람 둘을 포함하여 다섯 명이 책을 읽고 있었다. 바로 그 순간 정전이 되었다. 짧은 순간이었지만 매일 일어나는 일로서 잠시 작은 소란이 일었다. 그럼에도 불구하고 수녀는 전기가 나간 틈을 이용해 잠을 잤다. 기록보관실 담당자는 내일 10시에 다시 오라고 했다.

다음날 나무 책상에 가지런히 놓인 상당한 양의 책 더미와 엄청난 먼지, 퇴색된 가죽과 바스러진 종이 자료들이 기다리고 있었다. 1915년에서 1919년까지 법학과의 학생 명단도 있었다.

우리는 1915년 가을을 시작으로 수백 개의 수기로 작성된 양식을 훑어보았다. 페이지는 이름에 따라 알파벳 순서로 정리되어 있었으며, 폴란드인인지 유대인인지 또는 적은 수이지만 우크라이나인인지도 표시되어 있었다. 힘든 일이었다. 이름과 수강 과목, 수업 시간, 교수 이름 등이 적혀 있었다. 각각의 양식 뒷면에는 서명과 날짜가 기재되어 있었다.

친구인 이호르의 작업 덕분에 이반이 첫 번째 라우터파하트 문서를 찾

1917년의 렘베르크. 위에서 두 번째 왼쪽 사진이 법과대학, 위에서 두 번째 오른쪽 사진은 기차역, 맨 아래 오른쪽이 조지 호텔

아냈다. 러시아군이 쫓겨난 직후인 1915년 가을에 작성된 서류였다. 우리는 거의 완전한 문서 세트를 찾아냈다. 라우터파하트의 학문적 형성기인 1915년부터 1919년까지 7학기에 대한 기록이었다. 주소는 루토브스케고 거리 6번지였다. 지금의 테아트랄나 거리이며, 내가 머무는 호텔에서 매우 가까웠다. 몇 번 지나가기도 했고, 심지어 기억도 났다. 원형의 금속 프레임 중간에 대문자 'L'자가 각각 박혀 있던 깔끔한 철제 대문이 있는 집이었다. 라우터파하트? 렘베르크? 로보프? 어떤 단어일까?

나는 라우터파하트가 로마법을 시작으로 독일공법 순으로 공부했으며, 그 후 정신과 육체에 대한 과목과 낙관론과 비관론에 대한 과목을 수강했다는 것을 알게 되었다. 초기에 그를 가르쳤던 교수 가운데 한 사람만이 익숙하다. 오스발트 발저Oswald Balzer 교수로, '폴란드법과 오스트리아법의 역사'라는 눈에 띄는 과목 담당이었다. 발저 교수는 오스트리아와 갈리치아 정부를 위하여 복잡한 분쟁사건을 맡고 있던 변호사이기도 했다. 그 분쟁사건은 타트라산맥에 있는 두 호수의 소유권에 대한 19세기 분쟁으로, 내가 국경분쟁에 관한 업무를 하던 중에 우연히 알게 되었던 대단히 유명한 사건이다. 발저 교수는 실무능력도 뛰어난 사람으로 라우터파하트에게 큰 영향을 미쳤다.

1916년 9월부터 시작된 2학년은 68년간의 통치를 끝낸 프란츠 요세프 1세의 죽음과 전쟁으로 큰 영향을 받았다. 도시 전체에서 전투가 지속되면서 변화의 바람이 불었지만 수업은 계속되었다. 나는 라우터파하트가 지적 성장의 과정에서 전류의 양극처럼 계속 오갔을 양 극단적 주제들, 즉 다양한 종교적 주제(가톨릭교회법, 그리고 이스라엘의 역사와 문화)와 실용주의 및 본능주의에 대해 매일 진행된 강의에 천착했다. 1917년 4월, 그는 역사법학에 관한 국가시험에서 가장 높은 평점(우수)을 받으며 합격하였다.

그의 3학년은 오스트리아의 통치력이 더욱 약해진 1917년 9월에 시작되었다. 라우터파하트는 오스트리아형법의 권위자인 율리우스 마카레비츠Juliusz Makarewicz 교수의 형법을 첫 번째 과목으로 수강했다. 두 번째 과목은 역시 같은 교수의 교정학 수업이었고, 세 번째 과목은 마우리치 알레한드Maurycy Allerhand 교수의 소송절차였다. 내가 특별히 이 학자들의 이름을 언급하는 이유는 뒤에 다시 나올 것이기 때문이다.

대학 시절의 마지막 해인 4학년은 렘베르크, 유럽 그리고 세계가 극적인 변화를 맞이하는 때였다. 1918년 11월 제1차 세계대전은 오스트리아-헝가리 제국과 함께 종언되었고, 렘베르크에 대한 지배권도 매 주마다 뒤바뀌었다.

29

라우터파하트의 삶은 렘베르크에서 폴란드인과 우크라이나인 간의 유혈충돌을 촉발시킨 스물세 살의 '붉은 왕자' 빌헬름 대공Archduke Wilhelm이 비밀리에 내린 결정 때문에 완전히 달라졌다. 레온이 비엔나로 떠난 지 4년이 지난 1918년 11월에 빌헬름은 오스트리아-헝가리 제국 군대 중 폴란드 부대를 렘베르크에서 축출시키고, 그들을 대신하여 우크라이나 사단 중 두 연대를 배치하였다. 11월 1일, 우크라이나군은 리비우의 지배권을 획득하고 이곳을 새로운 나라인 서부 우크라이나 인민공화국의 수도로 선포한다.

폴란드와 우크라이나 민족 간의 심각한 전투가 이어졌고, 유대인은 그 사이에 끼어 패자를 선택할까 두려워하며 중립적인 입장을 취하고 있었

렘베르크 시크스투스카 거리의 바리케이드, 1918년 11월

다. 11월 11일, 폴란드가 독립을 선언한 날 독일과 연합국 간에 휴전협정이 체결된 후에도 갈등은 계속되었다. 라우터파하트가 살던 테아트랄나 거리에서 유혈사태가 벌어져 그의 집도 상당한 재산적 피해를 입었다. 라우터파하트의 학교 친구인 요제프 로트(브로디 근처에서 태어난 소설가와 동명이인)는 그날 이후의 상황을 오스트리아-헝가리 제국이 해체되면서 일어난 '파벌과 갈등의 나날'이라고 표현했다. 로트는 "유대인들을 보호하기 위해서 자발적인 유대인 민병대가 조직되었다"고 설명했다. 라우터파하트도 여기에 동참하여 밤낮으로 유대인 거리를 순찰했다.

1주일 만에 우크라이나인들이 폴란드인들에 대한 지배권을 상실하였으며 종전협정이 이루어졌다. 리비우라는 종전의 지명이 로보프로 바뀌면서 약탈과 살인이 만연했다.

나는 라우터파하트 가족이 살았던 거리 뒤에 바리케이드가 쳐져 있는 사진을 발견했다. 때 이른 눈이 내려 흐릿하게 보였다. 이 사진으로 〈뉴욕타임스〉가 다음과 같은 헤드라인으로 묘사했던 3일간의 상황을 쉽게 상상할 수 있었다. "렘베르크에서의 집단학살로 1,100여 명의 유대인이 학살당했다." 이 기사로 인해 윌슨 대통령에게 유혈사태를 중단시키라는 여론의 압박이 더욱 거세졌다.

라우터파하트는 이 같은 유혈 사건들로 인해 소수민족이 직면한 위험이 더더욱 강조됨에 따라 더욱 열심히 학업에 매진하였다. 집단 간의 충돌로 수만 명의 사람들이 고통을 겪는 잔인한 현실을 겪으면서 이제 갈리치아의 시오니스트Zionist(유대민족주의자) 학자 단체 지도자인 그는 유대인학교(김나지움)를 세우고 폴란드 학교를 거부하는 운동을 전개한다. 유대인 젊은이들은 "유대인에게 적대적인 그 어떤 계획에라도 참여했던 사람과는 같은 벤치에 앉을 수 없다"고 로트는 설명했다.

그동안 굳건했던 권위가 무너지면서 새로운 폴란드 또는 우크라이나 국가가 가시화되자 폭력적인 민족주의가 촉발되었다. 유대인들은 분열되어 여러 상이한 반응을 보였다. 민족주의를 반대하는 정통 유대교인들은 폴란드인과 우크라이나인 모두와 함께 살아가는 조용한 삶을 희망했고, 일부는 과거 오스트리아-헝가리 제국 지역의 어딘가에 독립적인 유대인 국가를 만들어야 한다고 주장했다. 또 다른 사람들은 새롭게 독립한 폴란드에서 더 큰 자치권을 원하는 한편 시오니스트들은 팔레스타인에 별도의 유대인 국가를 갖는 것이면 충분하다고 주장했다.

집단 정체성과 자치권에 대한 이런 이슈들은 민족주의의 발생과 제1차 세계대전 후 새로운 국가의 부상과 함께 법이 정치무대의 중심에 자리잡게 만들었다. 이것은 범위나 규모 면에서 새로운 발전이었다. 어떻게 하면

법으로 소수민족을 보호할 수 있을까? 어떤 언어를 써야 하는가? 특별한 학교에서 아이들을 가르칠 수 있을까? 이런 질문은 오늘날에도 전 세계에서 제기되고 있지만 그 당시에는 이런 문제를 해결하는 방식에 대한 지침을 제공할 만한 국제 규범이 없었다. 오래되었든 신생이든 간에 각각의 국가는 영토 안에서 사는 사람들을 원하는 대로 취급할 수 있는 자유가 있었다. 다수가 소수를 대하는 법에 대해서 국제법은 몇 가지 제한을 둘 뿐 개인은 권리가 없었다.

라우터파하트의 지적인 성장은 이 같은 중요한 시기와 맞물려 이루어졌다. 시오니스트 활동에 참여했음에도 불구하고 그는 민족주의를 우려했다. 렘베르크에서 살면서 강의했던 철학자 마틴 부버Martin Buber는 시오니즘이 혐오스러운 민족주의의 한 형태라고 반대하고, 팔레스타인의 유대인 국가는 불가피하게 아랍 주민을 탄압하게 될 것이라는 견해를 갖도록 지적인 영향을 미쳤다. 라우터파하트는 부버의 강의를 듣고 그의 생각에 매력을 느끼는 자신을 발견하면서 부버의 제자라고 스스로를 규정했다. 이때가 국가 권력에 대한 회의론이 처음 생겨나기 시작한 때이다.

그러는 동안에도 법학과 수업은 계속되었다. 오스트리아가 쇠퇴했지만 라우터파하트는 로만 롱샴 드베리에Roman Longchamps de Berier 교수의 오스트리아 사법 강의를 들었다. 폴란드 로보프에서 해당 법이 더 이상 적용되지 않아 강의 자체가 매우 비현실적인 분위기였지만 마카레비츠Makarewicz 교수는 오스트리아 형법 강의를 매일 진행했다. 라우터파하트는 비엔나에서 정치적으로 매우 활발하게 활동하면서 곧 새로운 폴란드 의회의 일원이 될 요제프 부젝 박사Dr. Józef Buzek가 진행하는 첫 번째 국제법 과목을 1918년 가을에 들었다. 차별이 만연하고 개별 교수들이 우크라이나 학생이나 유대인들을 수업에 참여하지 못하도록 임의로 결정할 수 있었던 대학에서 국제법 과목이 얼마나 중요치 않게 여겨졌는지를 보여주는 예다.

라우터파하트는 어쩌면 그가 읽었다고 수첩에 적은 책 가운데 하나에서 영감을 얻어 다른 곳으로 이주하는 상상을 했을지 모른다. 그 책은 〈타임〉 잡지 표지에 곧 얼굴이 실리게 될 이스라엘 장윌Israel Zangwill이 쓴 《게토 코메디》Ghetto Comedies인데, 영국화를 가볍게 찬미하는 여러 가지 이야기를 담고 있다. 〈슬픔의 모델〉The Model of Sorrows에서 장윌은 고향에서의 견딜 수 없는 상황 때문에 러시아를 떠나 영국으로 이주한 여관주인에 대해 썼다. 또 다른 이야기 〈성스러운 결혼〉Holy Wedlock은 다음과 같은 질문을 던진다. "비엔나를 보러 가지 않을래요?"

30

1919년, 비엔나는 자투리로 남은 국가의 수도이자 천 년 가까이 존재했던 군주국의 최후의 영토였다. 그곳은 허물어져가는 건물에, 전쟁이 끝나고 제대한 군인과 전쟁 포로들이 집을 찾아가느라 길을 메우고, 인플레이션이 엄청난 속도로 확산되었으며, 오스트리아 왕관이 손가락에 묻은 젤리처럼 녹아내리는 곳이었다. 작가 슈테판 츠바이크는 굶주림이 판을 치고, 황달로 눈동자가 노란 기아의 눈들로 가득 차고, 피치(복숭아)와 접착제 맛이 나는 검은 빵 조각 몇 개와 언 감자뿐이고, 오래된 유니폼과 오래된 부대자루로 만든 바지를 입은 남자들이 돌아다니고, 그리고 사기가 완전히 무너진 오스트리아 도시로 난민들이 비참하게 몰려드는 모습을 묘사했다. 하지만 그곳에서 5년간 살았던 레온과 그의 가족들에게 비엔나는 여전히 희망을 주는 곳이었다. 라우터파하트 같은 사람에게는 자유로운 문화와 문학, 음악과 카페, 모두에게 개방된 대학 등의 유혹이 강했을 것이다.

1919년 여름, 학기가 종료되어 라우터파하트는 로보프를 떠났다. 유럽의 경계가 다시 정해지고 로보프의 지배권에 대한 이슈가 여전히 불분명한 가운데 1918년 1월 미국의 윌슨 대통령은 의회 연설에서 그의 14개조 평화원칙을 발표했다. 이것은 폴란드 사람들의 새로운 국가에 대한 염원까지 고려한 오스트리아-헝가리 제국 내에 있는 여러 민족들의 자주적인 발전에 대한 그의 생각을 구체화한 것이다. 그런데 윌슨의 이러한 제안은 의도치 않은 결과를 낳았다. 현대 인권법이 로보프와 주변 지역을 달구어서 탄생한 것이다.

1919년 4월, 베르사유 협상이 마무리 단계로 넘어가면서 '폴란드 문제 해결을 위한 국제위원회'가 폴란드의 동쪽 국경을 확정하였다. 이 국경선은 영국 외무부 장관에게 경의를 표하는 의미로 이른바 '커즌 라인'Curzon Line(제1차 세계대전 후 연합국 최고회의에서 결정한 폴란드와 소비에트의 국경선)이라고 불린다. 그리고 라우터파하트는 통역사로서 준비 과정에서 작은 역할을 담당했다(그는 이에 대해 전혀 기록을 남기지 않았다). 그는 영토에 대해 알고 있었고, 어학 실력도 있었다. "그 당시 스물한 살이었던 라우터파하트는 통역사로 선발되었고, 그의 임무를 만족스럽게 수행했다"고 그의 친구가 말했다. 그 당시 그는 불어, 폴란드어와 우크라이나어를 할 수 있었으며 히브리어, 이디시어, 독일어와 이탈리아어에 대한 지식까지 있었다. 게다가 영어도 약간 할 수 있었다. 커즌 라인은 로보프 동쪽까지 이어져 로보프와 주키에프를 포함한 주변 지역까지 폴란드로 편입시켰다. 러시아의 통치를 피한 것이다.

이런 상황과 함께 폴란드 전역에서 유대인에 대한 공격이 일어나 미국을 비롯한 전 세계가 새롭게 독립한 폴란드가 독일 및 유대인 소수민족을 제대로 보호할 수 있을지 우려하였다. 베르사유의 그림자 안에서 치러야 할 대가quid pro quo가 드러났다. 폴란드는 소수민족의 권리를 보호할 수 있다면 독립을 얻게 되는 것이었다. 윌슨 대통령의 명령에 따라 하버드대 역사학자인 아치볼드 쿨리지Archibald Coolidge가 로보프와 갈리치아의 상황에 대해 보고하며 소수민족의 '삶과 자유 그리고 행복의 추구'와 같은 기본권의 보호가 필요하다고 밝혔다.

윌슨 대통령은 폴란드의 국제연맹 회원 자격을 '소수민족과 약소국민을 평등하게 취급한다'는 약속과 연계시키는 특별 협정을 제안했다. 윌슨의 의견은 프랑스의 지지를 받았다. 하지만 미국 흑인, 남부 아일랜드인, 플랑드르 지방 사람들, 카탈로니아인 등 다른 집단에게도 비슷한 권리가 주어질 것을 우려하여 영국은 그 제안에 반대했다. 영국 당국자는 새로운 국제연맹이 모든 국가의 소수민족을 보호해서는 안 된다고 항의하면서, 그렇지 않으면 '아일랜드인 같은 좀 더 심각한 문제와는 동떨어진 리버풀에 사는 중국인, 프랑스에 사는 로마 가톨릭 신자들, 캐나다에 있는 프랑스인 등을 보호하는 권리'도 주장하게 될 것이라고 말했다. 영국은 국가가 원하는 대로 국민을 취급할 권리인 주권의 침해 또는 국제기구에 의한 감시를 반대하였다. 영국은 더욱 많은 '불의와 압제'가 벌어지는 대가를 치르더라도 그 입장을 고수했다.

이것이 배경이 되어 친시오니스트와 각국의 유대인 대표단이 1919년 3월 파리에 도착하여 더 큰 자치권과 언어·문화적 권리 및 자치정부와 대표의 원칙을 요구하였다. 이 문제에 대한 논의가 시작되면서 보고서가 350킬로미터 떨어진 로보프 북쪽까지 전달되었고, 핀스크에서는 한 무리의 폴란드 군인이 서른다섯 명의 유대인 민간인을 집단학살하는 사건이 벌어졌다. 베르사유 협상이 폴란드 내 소수민족 보호에 대한 조약 초안을 마련한 가운데 이 사건은 엄청난 파장을 일으켰다. 5월 21일, 베르사유 협상에 참여한 폴란드 대표단에게 윌슨 대통령의 소수민족에 대한 '엄격한 보호' 요청이 반영된 조약의 초안이 전달되었다. 새로운 폴란드 정부는 이것을 내정에 대한 부당한 간섭이라고 보았다. 피아니스트이자 폴란드 대표단의 단장인 이그나치 파데레프스키Ignacy Paderewski는 데이비드 로이드 조지David Lloyd George 영국 수상에게 직접 편지를 써 조약 초안의 각 조항에 대해 반박하였다. 그는 폴란드 또는 다른 어느 곳에서도 '유대인 문제'를 제기하지 말라고 경고하였다. 바르샤바가 조약에 서명하지 않을 것을 우려한 로이드 조지는 양보하기로 합의하였다.

한 달 뒤, 베르사유 조약이 체결되었다. 제93조는 폴란드로 하여금 민족, 언어 또는 종교적으로 소수민족이라고 여겨지는 '주민'을 보호해야 한다는 두 번째 조약에 서명하도록 요구했다. 폴란드의 입장에서는 더욱 굴욕적인 편파적인 의무가 부과된 것이다. 연합국이 이들 소수민족을 보호할 권리를 부여받았다. 권리는 모두가 아닌 일부 집단에게 주어졌고, 전쟁에서 승리한 국가들은 자국의 소수민족에 대해서는 그와 같은 의무를 부담하지 않았다.

근본적으로 폴란드는 '작은 베르사유 조약'Little Treaty of Versailles이라 불리는 이 문서에 서명하도록 강요받았다. 제4조는 라우터파하트와 레온을 포함하여 로보프와 그 주변 지역에서 태어난 모든 사람에게 폴란드 국적을 부여했다. 폴란드는 모든 주민을 태생, 국적, 언어, 민족 또는 종교를 불문하고 보호하기 위한 조치를 취해야만 했다. 소수민족은 자기들의 학교와 종교적, 사회적 기관을 운영할 수 있으며, 언어에 대한 권리와 종교적 자유를 가질 수 있었다. 여기서 폴란드 소수민족보호조약은 더 나아갔다. 이러한 소수민족의 권리에 국제적인 관심을 갖도록 의무화하고 국제연맹의 보호를 받도록 한 것이다. 어떠한 분쟁도 헤이그에 새롭게 만들어진 상설국제사법재판소에 회부될 수 있었다.

이러한 혁신적인 의무 덕분에 폴란드의 일부 소수민족은 국제적인 보호를 받을 수 있게 되었으나 폴란드의 다수민족은 그러지 못했다. 이것이 반발을 일으켰고 작은 조약, 작은 시한폭탄, 좋은 의도의 국제입법이 의도치 않았던 결과를 낳았다. 소수민족보호조약이 체결된 후 며칠이 지나 윌슨 대통령은 폴란드 내 유대인의 상황을 조사하기 위한 위원회를 구성했다. 파데레프스키 대통령의 요청이 있었을 것으로 추측되는데, 위원회는 오스만제국 주재 미국 대사를 지낸 헨리 모겐소Henry Morgenthau가 의장을 맡았다. 새로운 폴란드 정부의 수장인 요제프 피우수트스키Józef Piłsudski 장군은 소수민족보호조약에 대해 강력하게 비판했다. 그는 "왜 폴란드의 도덕심을 신뢰하지 않는가?"라고 모겐소에게 항의하며 폴란드 내 모든 파벌들이 유대인에게 평등하게 하기로 합의하였으며, 미국의 강요에 따른 평화회의는 우리에게 평등하게 하라고 명령함으로써 우리를 모욕하고 있다고 비판했다.

1919년 8월 30일, 위원회가 로보프를 방문했다. 위원회 위원들은 불타버린 유대인 거리를 제외하고는 지난 11월 사건의 영향을 거의 받지 않고 그대로 보존된 대단히 아름답고 현대적인 모습의 도시를 보고 높이 평가하였다. 위원회는 다소 과도한 점은 있었지만 여든네 명의 사망자는 〈뉴욕타임스〉에서 보도한 천 명에 비하면 숫자가 매우 적다고 결론을 내렸다. 위원회는 또한 책임은 민간인이 아닌 군인들에게 있음을 확인하고, 따라서 일부 군인이나 지역 주민들의 폭력으로 폴란드 국가 전체를 비판하는 것은 공정하지 않다는 입장을 취했다.

떠나기에 앞서 위원회의 젊은 법률고문 아서 굿하트Arthur Goodhart는 로보프 폴리테크닉대학 총장인 피들러 박사와 함께 북쪽에 있는, 도시가 내려다보이는 큰 성채언덕Castle hill에 올랐다. 피들러 박사는 굿하트에게 유대인들이 유대인만을 위한 학교를 요구하고 있기 때문에 문제가 커지고 있다고 말했다. 요구를 들어주거나 어려움에 직면해야 했다.

31

거의 한 세기가 지난 후 나는 피들러와 굿하트가 지났던 그 길로 성채언덕의 꼭대기까지 올라가 엄청난 변화의 시점에 서 있는 도시를 내려다보았다. 1919년 당시에 라우터파하트는 "마지막 시험을 보지 못했다"면서 대학이 동부 갈리치아 유대인들에게 문을 닫아버렸기 때문이라고 불평했다. 그는 작가 이스라엘 장윌의 조언에 따라 비엔나로 갔다.

나는 그가 남긴 로보프의 집을 방문했다. 테아트랄나 거리에 있는 회색의 4층 신고전주의 건물이었다. 오늘날까지 거의 잘 보존되어 있고, 지금은 '코삭 호텔'로 사용되는 건물이다. 예전에 찍은 사진에서 이 건물은 두 개의 교회 사이에 위치하고 있었고, 뒤쪽으로는 시청의 인상적인 탑이 보였다. 로비에 있는 명판에는 건축가 이름(엔지니어 A. 필라, 1911)이 적혀 있고, 웅장한 계단과 유리 천장으로 이어진다. 1층 아파트는 발코니가 있어서 도시 전체가 한눈에 들어오는 아름다운 전경을 감상할 수 있다.

나는 이 전경을 뒤로하고 떠나는 라우터파하트를 상상했다. 그는 작가 칼 에밀 프란초스Karl Emil Franzos가 묘사한 활기찬 분위기의 거리를 통과하여 세련된 신사들과 나란히 기병대 장교들을 지나쳐서 기차역으로 갔을 것이다. 검고 교활한 얼굴에 무거운 금 귀걸이를 한 몰디바 귀족들; 두꺼운 실크 옷과 더러운 슬립 차림의 검은 눈의 여성들; 벨라루민을 입은 루테니아인 신부; 자신들의 행운을 찾아 부쿠레슈티 또는 아이시로 향하는 시들어가는 요부들. 그는 아마도 몇몇의 '교양 있는 여행자들'과 서쪽을 향해 가는 라우터파하트 자신과 같은 계몽된 폴란드 유대인을 만났을지도 모른다.

라우터파하트는 프로이트, 클림트, 말러의 도시인 비엔나의 서부역에 도착했다. 그곳은 제국의 종말로 인한 트라우마와 경제 불황을 겪고 있었다. 라우터파하트는 사회민주주의자 시장이 이끄는 도시, 갈리치아에서 넘어온 난민이 넘쳐나고 인플레이션과 가난이 만연한 '붉은 빈'Rote Wien에 도착했다. 러시아 혁명은 어떤 사람들에게는 불안을, 또 어떤 사람들에게는 희망을 선사했다. 오스트리아는 무릎을 꿇었고 제국은 해체되었다. 국가는 이제 석탄을 캐고 바나트의 곡식을 수확하는데 체코와 폴란드의 노동력에 의존했다. 독일어를 사용하는 주데텐 지방, 남부 티롤 지방, 헝가리, 체코슬로바키아와 폴란드, 슬로베니아, 크로아티아와 세르비아를 포함한 대부분의 영토를 잃었기 때문에 바다에 접근할 수도 없었다. 부코비나와 보스니아, 헤르체고비나도 사라졌다. 독일과 연합하는 것이 금지되면서 독일-오스트리아 제국Deutschösterreich이라는 국가명도 쓸 수 없게 되었다.

예속과 굴욕의 격앙된 민족주의 감정이 느껴졌다. 라우터파하트와 레온과 같은 젊은 동유럽 유대인이 갈리치아로부터 유입되면서 만만한 표적이 되었다. 라우터파하트가 도착할 즈음 5,000명의 시위대가 시청에 모여 모든 유대인을 도시에서 추방할 것을 요구하였다. 2년이 지난 1921년 3월, 오스트리아의 반유대주의운동 집회에 참가한 사람의 수는 40,000명으로 늘어났으며, 유대인이 종사할 수 있는 직업을 엄격히 제한하자는 부르크 극장의 책임자, 호프라트 밀렌코비치Hofrat Milenkovich의 요구에 박수를 보냈다.

저널리스트인 휴고 베티우어Hugo Bettauer는 유대인이 없는 도시를 상상한 소설, 《유대인이 없는 도시》Die Stadt ohne Juden를 출판하였다. 베티우어 소설 속의 한 인물은 "만약 내가 불타는 렘베르크 게토를 탈출하여 비엔나에 도착할 수 있었다면 비엔나를 떠나서 갈 수 있는 다른 곳을 찾아야 할 것이다"라고 단호하게 말한다. 소설에서 유대인이 없어지자 도시는 무너지며 그로 인해 유대인들은 다시 돌아오도록 초대받고 유대인의 추방은 실수로 판명된다. 베티우어는 그런 생각 때문에 큰 대가를 치르게 된다. 그는 1925년 젊은 국가사회주의자인 오토 로트스토크Otto Rothstock에 의해 살해되었다. 살해범은 재판을 받았으나 정신이상으로 석방되었다(그는 후에 치과의사가 된다). 민족주의 신문인 〈비엔나 모닝페이퍼〉Wiener Morgenzeitung는 베티우어 살인 사건이 대의를 위해 글을 쓰는 모든 지성인들에게 메시지를 전한다고 경고했다.

이런 사건이 비엔나에서의 라우터파하트의 삶에 영향을 미쳤다. 그는 법과대학에 등록하였는데, 그의 스승이 바로 저명한 법철학자 한스 켈젠Hans Kelsen으로서, 지그문트 프로이트의 친구이자 동료 대학교수였다. 켈젠은 학문적 삶과 실질적 작업을 연계하여 전쟁 기간 중에는 오스트리아 정부 국방장관의 법률고문으로 일했다. 그는 다른 유럽 국가들이 모델로 삼았던 오스트리아의 혁신적인 새 헌법 초안 작성을 주도하였다. 그리고 이 헌법은 시민의 요청에 따라 헌법을 해석하고 적용할 수 있는 권한을 가진 독립적인 헌법재판소 제도의 효시가 되었다.

1921년 켈젠은 헌법재판소 재판관이 되었는데, 이를 계기로 라우터파하트는 개별 시민은 양도할 수 없는 헌법상의 권리를 가지며, 이 권리를 행사하기 위해 법원에 재판을 신청할 수 있다는, 유럽의 새로운 사상을 직접 접할 수 있게 되었다. 이것은 폴란드에서처럼 소수민족의 권리를 보호하는 것과는 다른 모델이다. 라우터파하트의 사고에 영향을 미친 두 가지 개념의 핵심적인 차이점은 집단과 개인, 그리고 국가적 강제력과 국제적 강제력이다. 오스트리아에서는 법률질서의 중심에 개인이 놓여 있었다.

반대로 법은 군주를 위해 존재한다는 생각이 주를 이룬, 국제법의 동떨어진 보수적인 세계에서는 개인이 국가를 상대로 주장할 수 있는 권리가 있다는 생각은 받아들여지지 않았다. 국가는 자발적으로 권력 행사를 제한하지 않는 이상(또는 그런 규율이 소수민족 권리협정에 의거하여 폴란드에 의해 적용되는 경우를 제외하고) 반드시 원하는 대로 할 수 있어야 했다. 간단히 말해서, 국가는 국민을 대상으로 무엇이든 원하는 대로 할 수 있었다. 차별하고 고문하거나 죽일 수도 있었다. 베르사유 조약 제93조와 나의 외할아버지 레온이 1938년 폴란드 국적을 잃게 만든 폴란드 소수민족보호조약은 일부 국가의 일부 소수민족을 보호했는지는 모르지만 일반적으로 개인은 보호하지 못했다.

라우터파하트는 켈젠 교수의 눈에 들었다. 켈젠은 진정한 과학적 사고력을 가진, 렘베르크에서 온 젊은이 라우터파하트의 비범한 지적 능력을 알아보았다. 켈젠은 또한 그의 출신을 분명히 알아볼 수 있는 독일어 발음을 통해 자신의 제자가 동유럽 출신 유대인임을 알았다. 그것은 1920년대 비엔나에서는 엄청난 핸디캡이 아닐 수 없었다. 1921년 6월에 수여된 그의 학위에 '우수'가 아닌 '일반 졸업'으로 표시된 이유가 설명되는 부분이다.

라우터파하트는 국제법과 새로운 국제연맹에 대한 박사학위 논문 작성에 몰두했다. 그에게는 두 명의 지도교수가 있었는데, 유대인인 레오 스트리소어Leo Strisower 교수와 유대인이 아닌 알렉산더 홀퍼네크Alexander HoldFerneck 교수였다. 1922년 7월, 그는 '우수한' 성적으로 정치학 박사학위를 받는다. 홀퍼네크 교수를 적극적인 반유대주의자로 알고 있던 켈젠 교수는 '우수한'이라는 표현에 놀랐다(15년 후 독일과 오스트리아의 합병 이후, 홀퍼네크는 공개적으로 그리고 부당하게, 그의 동료 대학교수인 에릭 포겔린Eric Voegelin이 유대인임을 비난하여 이 탁월한 철학자를 미국으로 망명하게 만든다).

구스타프 말러Gustav Mahler가 빈 국립 오페라극장을 이끌기 위해 로마 가톨릭 세례를 받아야 했던 상황에서 라우터파하트는 민족적, 종교적 차별의 현실에 다시 한 번 직면했다. 이러한 경험은 그로 하여금 개인적 권리의 '필수불가결한 필요성'이라는 새로운 사상을 발전시키게 만들었다. 자신감이 확고한 상태에서 그는 스스로를 지적인 리더라고 생각했다. 동시대 사람들도 그를 훌륭한 리더, 정의의 열망으로 가득 찬 유머감각이 뛰어난 젊은 학자로 인식했다. 짙은 색 머리에 안경을 쓴 강한 인상의 얼굴과 강렬한 눈빛을 자랑하는 그는 자신의 세계에서 혼자 조용한 시간을 보내는 사람인 동시에 정치에 관심이 많고 유대인 학자들의 생활에 적극적으로 개입하는 사람이었다. 그는 유대인 학자단체 공동위원회의 회장이 되었으며, 1922년에는 세계 유대인 학자연맹 의장으로 선출되었다. 이때 물리학자 알버트 아인슈타인이 명예회장으로 취임했다.

이에 더해 그는 가정부를 고용하는 방식으로 유대인 학생의 기숙사 운영을 돕는 등 일상적인 활동에도 참여했다. 여기서 파울라 히틀러Paula Hitler라는 젊은 여성이 고용되는데, 그의 오빠가 급속도로 성장하는 국가사회당National Socialist Party, 즉 나치의 지도자인 것을 모르고 벌어진 일이었다. 1921년 아돌프 히틀러가 예상치 못하게 비엔나에 왔고, 그의 여동생이 표현한 대로 '하늘에서 내려온 방문자'는 아직 악명이 높지 않았다.

32

대학 행사에서 인기 있는 연사가 된 라우터파하트는 지적이며 의지가 강한 매력적인 음대 학부생인 팔레스타인 출신 레이첼 슈타인버그Rachel Steinberg를 소개받았다. 젊은 법학자였던 그는 이 여학생에게 많은 관심을 가졌다. "매우 조용하고 얌전한–손의 움직임은 그렇지 않지만–이 여학생은 동부 유럽 출신의 다른 학생들과는 매우 달랐다." 그녀는 감정을 잘 표현하지 않았지만 두 사람은 곧 서로에게 빠지게 되었다. 첫 번째 데이트에서 그녀는 이름은 모르지만 그녀의 교수가 "매우 아름답지만 연주가 쉽지는 않다"고 표현한 초기 베토벤 소나타(아마도 소나타 8번, 비창일까?)를 연주했다. 라우터파하트는 비엔나 심포니 홀에서 열리는 콘서트에 레이첼을 초대하였는데, 아마도 빌헬름 푸르트벵글러가 지휘하는 베토벤 7번 교향곡이 레퍼토리에 포함되어 있었을 것이다. 그녀는 음악뿐 아니라 조용한 데다 적절한 유머를 겸비한 예의 바르고 반듯한 태도의 동행자에게 푹 빠져들었다. 그는 옷도 잘 입었다.

라우터파하트가 그녀를 초대하여 베를린에 함께 가자고 했을 때 그녀는 선뜻 동의했다. 그들은 따로 숙박을 했고(그녀는 엑셀시어 호텔에, 그는 샬롯텐버그 구역에 있는 하숙집에 묵었다), 3주 동안 베를린에 머물렀다. 1922년 12월 17일, 민족주의자 예술비평가가 폴란드 대통령 가브리엘 나루토비츠Gabriel Narutowicz를 암살한 다음날, 라우터파하트는 그녀의 손을 잡고 그녀의 입술에 입을 맞추며 사랑을 고백했다. 그녀가 왕립음악대학에서 공부하고 싶어 하는 것을 알고 있던 그는 빨리 약혼과 결혼을 하고 런던으로 가자고 제안했다. 그가 진지한지 반신반의했던 그녀는 생각해보겠다고 대답했다.

라우터파하트와 레이첼 약혼기념사진,
베를린, 1922년 12월 18일

그는 진지했다. 다음날 아침, 그는 로보프의 부모님이 보낸 전보를 들고 엑셀시어 호텔로 왔다. 약혼 소식에 매우 기쁘다는 내용이었다. 라우터파하트는 그녀가 부모님께 아직 소식을 전하지 않았다는 사실에 당황하고 아마도 화를 냈을지도 모른다. 그러나 그녀는 청혼을 받아들였다.

한 달 뒤, 팔레스타인에 있는 레이첼의 부모 역시 결혼을 허락하였다. 라우터파하트는 베를린에서 그들에게 '가슴 깊은 곳으로부터' 감사하다고 편지를 썼다. 1923년 2월, 이 커플은 비엔나로 돌아와 3월 20일 화요일 결혼했다. 2주 후, 그들은 기차를 타고 독일까지 그리고 다시 배를 타고 영국까지 여행했다.

33

신혼부부는 1923년 4월 5일 영국 북동부 그림즈비 어항漁港에 도착했다. 라우터파하트는 폴란드 여권으로, 레이첼은 팔레스타인의 영국위임통치정부가 발행한 서류를 들고 여행하였다. 라우터파하트는 런던정치경제대학LSE에 등록했고, 레이첼은 왕립음악학교에 등록했다. 런던에서 보낸 첫 달, 그들은 리젠트 광장의 한 아파트와 칼레도니안 로드 근처 한 곳을 포함해 이곳저곳에서 지냈다. 그 당시 진보적 사회주의자인 시드니 웹과 베아트리체 웹Sidney and Beatrice Webb의 영향권 아래에 있었던 LSE는 BBC 부시 하우스 맞은편인 호튼 스트리트에 캠퍼스가 있었다.

라우터파하트의 수업은 그가 로보프대학 국제법 교수직 응모에서 떨어진 후인 10월에 시작되었다. LSE에서 그는 스코틀랜드 명문가 출신으로, 국제법 전공인 아놀드 맥네어Arnold McNair 교수 밑에서 공부하였다. 법의 이론이나 철학에는 큰 관심이 없는 실무가였던 맥네어는 라우터파하트에게 케이스와 실용주의에 중점을 두는 앵글로색슨 방식을 알려주었다. 맥네어는 그의 제자가 낯선 사람들 사이에서는 내성적이지만 탁월하게 똑똑하다고 인정하였다. 우연히 라우터파하트를 만난 사람들은 그의 진면목을 모를 수도 있지만 맥네어 교수는 그것을 간파했고, 레이첼이 기억하기로 그와 그의 아내 마조리는 훌륭하고 충실한 친구이자 열렬한 지지자가 되어주었다. 맥네어의 아이들과 손자들은 그녀를 레이첼 이모라고 불렀다.

맥네어의 실용주의적 접근은 오늘날에도 매우 중요한 자료로 인정받고 있는 협정과 전쟁에 대한 그의 연구에 나타나 있다. 그는 균형감, 절제와 자립심 그리고 훌륭한 자질을 가진 남자였다. 라우터파하트는 그가 로보프나 비엔나 사람들의 열정과는 다른 영국 사람의 특징을 가지고 있다고 생각했다.

라우터파하트가 런던에 도착했을 때 그의 영어는 너무 서툴러서 길을 물어볼 때조차 사람들이 이해하지 못할 정도였다. 런던에 오기 전에 영어를 알기는 했지만 말하는 것을 들어보지는 못했던 것이다. 맥네어는 "첫 만남에서는 거의 대화를 할 수 없었다"면서 그의 제자가 하는 영어는 '거의 이해할 수 없는' 수준이라고 기록했다. 하지만 2주 만에 맥네어는 라우터파하트의 유창한 영어 말하기 능력과 글쓰기에도 나타나는 아름다운 영어 문장에 매우 놀랐다. 매일 저녁 8시까지 다양한 강의를 들으면서 어휘력을 쌓고 귀로 소리를 이해함으로써 가능해진 일이었다. 어떤 도움이 되었는지는 분명치 않지만 저녁에는 극장에서 내내 시간을 보냈다. 그 해에 유명했던 영화인 헤럴드 로이드의 〈세이프티 라스트!〉Safety Last!와 제임스 크루즈의 대표적인 서부영화 〈포장마차〉The Covered Wagon 등은 무성영화였다.

라우터파하트의 몇몇 지인들은 그가 부드럽고 낮은 음성과 독특한 억양을 가지고 있었다고 말해주었다. 그는 자신이 어떻게 발음하는지를 수년이 지나 BBC 제3방송 프로그램, 지금으로 치면 제3라디오 방송을 녹음한 이후에 알게 되었다. 그는 방송을 듣고는 자신의 강한 대륙 악센트에 실망하며 크게 놀랐다. 그는 라디오 스위치를 끄고 위스키 한 잔을 따른 다음 다시는 녹음을 하지 않겠다고 맹세했다고 한다. 그 결과 그의 목소리 녹음은 존재하지 않는다.

34

몇 년이 되지 않아 라우터파하트는 중부 유럽에서 계속되는 소동에서 벗어나기 위해 선택한 런던에서 안정감을 느꼈다. 그와 레이첼은 런던 북서쪽 나무가 많은 교외지역인 웜 레인 103번지의 크리클우드에 있는 작은 집에서 살았다. 방문해 보니 출입문의 타일은 사라졌지만 앞문 주변의 나무 장식은 녹색으로 칠해진 채 남아 있었다. 종종 돈이 떨어지면 맥네어가 약간의 돈을 빌려주곤 했다.

1928년 여름에는 국제법협회의 영국 대표로 컨퍼런스에 참석하기 위해 바르샤바를 방문하는 일로 바빴다. 라우터파하트는 바르샤바에서 로보프로 건너가 가족을 방문하였다. 그의 형 데이비드는 법대생인 닌시아 Ninsia와 결혼하여 에리카Erica라는 어린 딸을 두었다. 그의 여동생인 사비나 역시 마르셀 젤바드Marcele Gelbard와 결혼하였다(그들의 무남독녀 잉카가 2년 뒤인 1930년 태어난다). 여행에서 그는 오랜 친구들을 만났으며, 새롭게 만난 사람들은 그가 어릴 때 주키에프와 렘베르크에서 사용했던 폴란드어를 잘한다는 사실에 놀랐다. 폴란드 재판부의 수석 요원은 그에게 어떻게 그처럼 폴란드어를 잘하는지 물었고, 그는 시니컬하게 대답했다. "당신들의 유대인 학생 숫자 제한 덕분이죠."(로보프에서 공부를 더 이상 할 수 없게 만든 금지 조항을 비꼰 것이다.)

라우터파하트는 그때까지 맥네어를 지도교수로 모시고 세 개의 박사학위를 취득했다. 그의 논문은 〈사법의 법원法源*과 국제법의 유추Private Law Sources and Analogies of International Law〉로, 눈길을 끄는 제목은 아니지만 매우 중요한 연구라 할 것이다. 이 논문은 국제법의 발전에 국내법이 미친 영향을 추

---

* '법을 생기게 하는 근거 또는 존재 형식. 흔히 법관이 재판 기준으로 적용하는 법 규범의 존재 형식으로 성문법과 불문법이 있는데, 성문법의 법원으로는 헌법·법률·명령·자치법규 등이 있고, 불문법의 법원으로는 관습법·판례법·조리條理 등이 있다. 〈역자 주〉

적한 것으로, 두 체계 사이의 연계성을 찾음으로써 국제법의 흠결된 부분을 채우고자 하였다. 그는 헌법을 통한 (국가권력의) 통제의 효력에 대한 켈젠의 믿음에 지속적으로 영향을 받았는데, 지그문트 프로이트의 사상에서도 영향을 받아 개인의 중요성과 집단과의 관계의 중요성에 집중했는지도 모른다. 라우터파하트는 많은 것 중에서 특히 이 하나의 주제에 집중했다.

그의 연구에 불을 지핀 촉매 중 하나는 베르사유 조약에 따른 최초의 국제재판소의 설립이었다. 헤이그에 위치한 상설 국제사법재판소는 국가 간 분쟁의 (평화적) 해결을 열망하며 1922년에 설립되었다. 국제사법재판소는 국제법의 여러 법원法源 중에서 조약과 문명국가들 사이에서 통용되는 일반원칙인 관습법을 주로 적용했다. 그런데, 그런 관습법은 보다 잘 완비된 국내법 체계에서 도출되어 국제법의 내용을 채우기 때문에 각국의 국내법 체계에서도 발견될 수 있다. 라우터파하트는 국내법과 국제법 사이의 이러한 연계성은 소위 '주권의 항구성과 불가양도성'을 한층 더 제한할 수 있는 원칙을 발전시킬 '혁명적인' 가능성을 제공할 것임을 깨달았다.

그의 삶을 통해 형성된 실용적이고 본능적인 성향과 렘베르크에서 받은 법학교육으로 인해 라우터파하트는 주권을 제한할 가능성을 믿었다. 이것은 작가나 평화주의자의 열망에 의해서가 아니라 정의를 실현하고 국제 진보에 기여하겠다는 철저하고 굳게 뿌리박힌 사상에 의해 실현될 수 있을 것이다.

이러한 목표를 위해 그는 덜 소외되고 덜 엘리트적이며 외부적인 영향에 보다 더 개방적인 국제법을 원했다. 국내법의 일반원칙을 국제법상의 의무를 강화하는 데 이용하자는 그의 논문은 1927년 5월에 출간되어 학계의 열화와 같은 찬사를 받았다. 그로부터 거의 1세기가 지난 오늘날에도 그것은 여전히 본질적인 중요성이 있는 연구로 인정받고 있다.

논문은 광범위한 인정을 받았고, 1928년 LSE(런던정치경제대학교)의 법학과 조교수 자리를 가져다주었다. 맥네어는 라우터파하트가 다행스럽게도 좋은 나라를 선택했다고 생각했다. 그는 의회나 언론을 통해서 다소 낙관적으로 말했다. "비록 외국인에 대한 반감이 있다고 하더라도 영국이 운동경기장이나 증권거래소를 제외하고는 외국인에 대한 반감이 심하지 않네." 이처럼 맥네어는 라우터파하트가 영국에서의 삶을 선택한 것이 우리에게도 다행스러운 일이다라고 생각했다. 하지만 맥네어는 여전히 라우터파하트의 대륙적 허세를 놀리곤 했다. 그는 왜 '규범'norms이라는 단어를 쓰는지 물으면서 일반 영국 사람들에게는 지나치게 고상한 단어라고 지적했다. 실용적인 맥네어는 라우터파하트에게 변호사 자격을 취득해서 런던의 법조계에 들어와 기득권층이 될 것을 권했다. 이것은 달성되었으나 어느 정도 수준에서 멈추었다(1954년 국제사법재판소의 영국 판사로 입후보했으나 라우터파하트는 반대에 부딪혀 실패했으며, 법무장관 라이오넬 힐드 M.P.Lionel Heald, M.P. 경이 헤이그재판소의 영국 대표는 "순수한 영국인이어야 하며, 그렇게 보여야 한다. 반면에 라우터파하트는 태생이나 이름, 교육 등 어느 면으로 보나 그 기준을 만족시킬 수 없다"는 이유로 반대했다는 사실이 후에 확인되었다).

맥네어는 그의 애제자를 "기질적으로 정치적 선동가의 기미는 없고, 대신 정의에 대한 열정을 지니고 고통에 위안을 주는 사람"이라고 묘사했다. 맥네어는 1914년부터 1922년까지 렘베르크와 비엔나에서 경험한 사건들이 그로 하여금 인권보호가 '근본적으로 필요한 문제'라는 믿음을 갖도록 했을 것이라 생각했다. 개인은 반드시 국제적(으로 보호받을) 권리를 가져야 한다는 생각은 여러 면에서 그 당시에도 그리고 지금까지도 혁신적이고 혁명적인 생각이다.

만약 라우터파하트가 로보프를 그리워했다면 그것은 가족 때문이지 장소 자체에 대한 그리움은 아닐 것이다. 그는 “지금은 집안 사정이 그리 좋지 않다”라며 경제적 어려움을 언급한 어머니의 편지 때문에 걱정하지 않을 수 없었다. 1928년, 어머니는 그해에 새로 태어난 첫 손자 엘리후 Elihu(애칭 : 엘리)를 보기 위해 처음으로 런던을 방문했다. 라우터파하트는 어머니를 반겼지만 그녀가 개성을 표현하는 방식에 심한 반감을 보였다. 어머니에게 손에 바른 매니큐어를 당장 지우라고 요구한 것이다.

그는 또한 유행하는 루이스 브룩스의 앞머리를 내린 단발을 한 어머니가 레이첼에게 자신의 방식을 강요하려고 할 때에도 강하게 반발했다. 새로운 스타일을 봤을 때 ‘강렬하다’고 했던 라우터파하트는 다시 쪽진 머리로 돌아가라고 주장했다. 이 때문에 부부는 심한 싸움을 하게 되었고, 레이첼은 남편을 떠나겠다고 선언했다. “나는 나를 괴롭히는 당신 없이 누구에게도 피해를 주지 않는 개인적인 삶을 살 수 있고, 그렇게 살 거예요.” 하지만 결국은 레이첼이 양보했다. 50년도 더 지나 내가 그녀를 만났을 때도 그녀는 여전히 쪽진 머리를 하고 있었다.

다른 사람들에게는 인정되는 개인적 권리가 어머니와 아내에게만은 인정되지 않았던 것이다.

35

5년 뒤인 1933년 1월, 라우터파하트가 크게 우려하던 히틀러가 집권하는 일이 발생했다. 〈타임스〉의 열렬한 독자였던 그는 《나의 투쟁》Mein Kampf

의 긴 발췌 기사를 읽었을 것이다. 그 책에는 히틀러가 비엔나에서 지내며 관찰한 결과 유대인 문화는 '흑사병보다 더 나쁜 정신적 전염병'이라는 내용이 있었다. 내용 중에는 '국적과 민족' 그리고 종교적 운명의 역할을 강조하며 '사람들 사이의 개인의 가치를' 명백하게 거부하는 히틀러의 유대인과 맑시즘에 대한 시각이 정리되어 있다. 히틀러는 "유대인과 싸우는 것은 신이 주신 임무를 수행하는 것이다"라고 썼다.

국가사회주의가 부상하고 있었다. 이는 로보프와 주키에프에 심각한 영향을 미쳤다. 폴란드는 독일과 불가침조약을 체결하고, 1919년에 체결된 소수민족보호조약을 폐기했다. 1935년 9월, 아리아민족의 순수성을 보호하기 위한 뉘른베르크법이 독일에서 제정되었다. 유대인과 독일인 사이의 결혼과 성적 관계가 금지되었다. 유대인은 시민권과 대부분의 권리를 박탈당했고 변호사, 의사 또는 언론인으로 취업하는 것이 금지되었다. 라우터파하트가 사는 런던 북부의 크리클우드의 상황과는 완전히 달랐다.

1935년에 라우터파하트의 부모인 아론과 데보라가 런던을 방문하여 로보프의 상황을 전했다. 무너진 경제와 심각한 차별로 그곳에서의 삶은 말할 수 없이 어려웠다. 피우수트스키 장군이 죽고 상대적인 안정기가 끝나자 가족은 테아트랄나 거리에서 5·3 거리로 이사하였다. 이와는 반대로 웜 레인에서의 삶은 편안했다. 라우터파하트는 LSE에서 법학과 부교수로 승진하였으며 명성이 날로 높아졌다. 1933년 그는 두 번째 책, 《국제사회에서의 법의 기능》The Function of Law in the International Community을 출간하였는데, 큰 호평을 받았다. 그는 이 책을 통해 자신이 가장 중요하다고 생각하는 국제법에서의 인간이라는 주제를 다시 한 번 다뤘다. 그는 또 국내 법원과 국제 재판소에서 국제법 사건들에 대한 보고서를 수집하여 선구적인 책을 출간했다. 이른바 《국제 공법 사건의 연례 요약 보고서》Annual Digest and Reports

집 현관 앞에서 촬영한 레이첼과 라우터파하트, 그리고 아들 엘리후, 1933년

of Public International Law Cases로, 오늘날은 《국제법 리포트》International Law Reports라 불린다. 그는 또한 《오펜하임 교수의 국제법》Oppenheim's International Law 제2권의 개정판new edition을 완성한다. 제2권은 전 세계 외교부 장관들이 필독하는 논문으로 민간인의 보호를 가장 우선시하는 전쟁법에 관한 부분이다. 라우터파하트는 서문에 "개인의 안녕이 모든 법의 최종 목표이다"라고 적었다. 이는 통찰력 있는 말이었고, 점점 더 주류로 성장해가는 인물의 급진적인 비전이었다.

라우터파하트는 그 당시의 중요한 이슈를 회피하지 않았다. 그는 〈독일에서의 유대인 학대〉라는 제목의 논문을 작성하여 민족과 종교에 기반한 학대를 예방하기 위한 국제연맹 차원의 조치를 제안하였다. 오늘날 이 논문을 읽으면 머뭇거리는 느낌이 들 수도 있지만 실용주의자 라우터파하트는 당시의 국제법적으로는 독일은 아리아인이 아닌 사람들을 박해할 수 있다는 것을 잘 알고 있었다. 그렇지만 그는 그 같은 박해는 국제관계를 불편하게 하기 때문에 '국제사회의 공적인 법'에 의해 금지되어야 한다고 믿었다. 그는 스페인, 아일랜드 또는 노르웨이가 정치적, 도덕적 이슈에 따라 행동해주기를 희망했다. 하지만 그들은 행동하지 않았고 논문은 눈에 띄는 영향을 끼치지 못했다.

라우터파하트를 비판하는 이들도 있었다. 독일에서 유대인들이 탈출해 오자, 국제연맹의 난민담당 책임자인 제임스 G. 맥도날드가 각국 정부의 방관적인 태도에 항의하는 의미로 사임을 결심했다. 강력한 어조의 항의 서한을 준비하기 위해 그는 라우터파하트를 지원하기 위해 런던까지 온 뉴욕시립대학의 역사학자 오스카 야노프스키에게 도움을 청했다. 그러나 만남의 결과는 좋지 않았다. 야노프스키는 라우터파하트가 "한창 상승세에 있는 영민하고 젊은 사람인지는 몰라도 대의명분을 사람들에게 잘 설명하고 설득해야 할 때 오히려 판사처럼 거들먹거리고 자만심 가득한 고압적인 사람이었다"고 썼다. 라우터파하트가 야노프스키의 대학원생 중 한 명과 함께 일하기를 거부함으로써 그가 거들먹거리고 오만에 가득 찬 편협한 사람이라는 비난이 일었다. 야노프스키는 그를 "갈리치아 지방 출신의 명예를 훼손하는 정형화된 이미지"라고 비판했다.

라우터파하트는 자신의 관점은 불도저처럼 밀어붙였지만 다른 사람들의 관점은 무시했다. 회의 내내 안절부절못하고 참을성 없는 모습을 보이던 그는 자신의 방식대로 되지 않으면 화를 냈다. 잘못을 깨달은 라우터파하트는 마지못해 야노프스키에게 사과의 편지를 보냈다. "내 연구를 자유롭게 비판하도록 내놓을 때에는 내 연구가 갈가리 찢기는 것을 각오합니다. 다른 사람들도 같은 생각을 할 거라고 잘못 생각한 모양입니다."

압력에도 불구하고, 라우터파하트는 헤이그의 국제사법재판소 법정에서 독일의 유대인에 대한 처우를 지지해달라는 소환에 거부하였다. 그런 생각은 부적절하고, 비실용적이며, 매우 위험했다. 국가가 차별을 하고 뉘른베르크 법령과 같은 조치를 취할 수 있도록 허용하는 틈새를 가진다는 국제법의 한계를 인식했다는 점에서 그는 동료들 중 가장 쉬운 사람이 아니게 되었다.

1933년, 그는 변호사 자격을 취득한다. 초창기 의뢰는 하일레 셀라시에 Haile Selassie에게서 왔다. 그는 이탈리아의 에티오피아 합병에 대한 의견을 구했다. 1936년 11월, 또 다른 의뢰가 들어왔다. 명망 있는 스위스 학자가 북부 실레지아Upper Silesia(옛 프로이센 동남부 지방)에서의 유대인 보호에 대한 법적인 의견을 요청했다. 만약 유대인들이 외교적인 보호를 받지 못한다면 최소한 자신들의 소지품을 가지고 독일을 떠날 수는 있는 것인가? 라우터파하트는 영국 정부에 영향력을 미치기 위한 법적인 의견 제공을 거부했다. 간단히 말해 스위스 학계가 원했던 목적은 달성될 수 없었다.

세계 정치의 우울함 속에서 라우터파하트는 그의 부모에게 영국으로 영구 이주하기를 권했다. 폴란드는 1919년의 소수민족보호조약을 파기하였으며, 로보프의 유대인과 다른 소수민족들은 국제법의 보호를 받지 못하게 되었다. 하지만 아론과 데보라는 그들의 고향인 로보프에 남기로 결정했다.

36

어느 화창한 가을날, 나는 라우터파하트의 아들 엘리와 케임브리지에 있는 그의 집 서재에 함께 앉아 반대편 정원의 사과나무를 보고 있었다. 엘리는 웜Walm 지역 전차노선과 전차, 그리고 그의 아버지가 LSE에 가던 길에 함께 유치원에 데려가던 일 등을 떠올리며 회상에 잠겼다. 그는 아버지가 완전히 일에 빠져 대부분의 시간을 집 뒤쪽에 있는 '조용한 방'에서 공부를 하며 보냈다고 기억했다. 라우터파하트는 아들을 억지로 재울 만큼 지나치게 열심히 일했지만, 두 사람 사이에는 친밀감과 사랑이 있었음이 분명했다. 엘리는 그의 부모가 비제의 〈카르멘〉에 맞추어 거실에서 춤을 추고 동네 공원을 산책하던 일을 기억했다. 그리고 라틴어의 어형 변화와 동사 활용을 가르쳐주던 것도. "아버지는 매우 엄하게 내게 그것들을 암송시켰습니다."

폴란드에 있는 가족에 대해서는 어땠을까? 엘리는 그 상황에 대해 희미하게 알고 있었다. "조부모님들이 두 번 방문을 하셨어요." 하지만 엘리는 아버지가 '제발 영국에 머물라고 간청하던' 1935년만 기억했다. 조부모님들은 아버지의 바람과 달리 그들의 다른 두 자녀와 함께 지내는 것을 선택했다. 어린 엘리는 수평선 너머에서 무슨 일이 일어나는지 알지 못했다. "아버지는 막 시작된 위험을 알고 있었음에 틀림없습니다. 하지만 나는 그런 느낌을 전혀 받지 못했어요."

조부모님들이 로보프에 대해 이야기했는가?

"전혀"

영향이 있었나?

"전혀 없었어요."

전쟁에 대한 두려움이 아버지의 마음을 무겁게 했느냐는 질문에 그는 말없이 짓궂은 표정을 지었다. 그는 재미있는 질문이라고 하더니, 아니라고 답했다. "아버지는 그런 감정을 겉으로 보이지 않았습니다. 어머니와는 얘기를 하셨는지 모르지만 폴란드에서 일어나고 있는 일에 대해서는 입을 다무셨어요. 우리는 렘베르크의 상황에 대해 전혀 이야기하지 않았습니다. 아버지는 다른 화제를 찾으셨어요."

그럼에도 나는 계속 물어보았다.

"글쎄요, 아주 참혹한 기간이었습니다." 엘리는 결국 수긍했다. "아버지는 반드시 일어나거나, 과거와 같은 방식은 아니더라도 뭔가 끔찍한 일이 일어날 수 있다는 걸 아셨어요."

엘리의 아버지는 방어적인 이유로 현실과 거리를 뒀다. 엘리는 "아버지는 자신의 삶과 일을 계속해서 열심히 하셨고, 부모님이 영국에 오시도록 설득하려고 노력했습니다. 불행히도 남아 있는 편지는 없지만, 종종 소식을 주고 받으셨어요. 아버지는 자신의 부모님을 보기 위해 폴란드로 돌아가지 않았습니다. 나는 아버지가 왜 현실과 거리를 두셨는지 이유를 알지 못하지만 부모님과의 관계가 그 이유 중 하나였을 겁니다. 물론 아버지는 부모님을 매우 사랑했지만 말이죠. 아버지와 어머니가 차분히 앉아서 내게 이 이야기를 해야 할지 의견을 나눴는지도 모르겠습니다."

아버지가 폴란드에서의 과거 이야기를 한 적이 있는가?

"없습니다. 가정에 대한 이야기라면 폴란드의 정통 유대교 집안에서 자랐다는 이야기 정도였어요. 아버지는 유대교의 전통적인 방식으로 노래를 부르며 유월절을 지내도록 했습니다. 나는 특히나 그걸 좋아했는데, 그 멜로디가 아직도 기억이 납니다. 하지만 그 외에는 폴란드에서의 생활에 대한 구체적인 대화를 나눈 기억이 없습니다."

전혀?

"전혀. 한 번도 없었습니다."

엘리는 잠시 침묵하다가 덧붙였다. "아버지는 항상 연구 때문에 바빴어요." 그러더니 지친 듯 가벼운 한숨을 쉬었다.

37

라우터파하트는 그의 연구가 진척됨에 따라 더욱 성공하게 된다. 1937년 후반, 주키에프 출신의 소년은 케임브리지대학교의 명망 있는 국제법 담당 교수로 선임된다. 1938년 1월, 라우터파하트는 트리니티 칼리지에서 주는 연구 장학금과 함께 새로운 직책을 수행하기 위해 킹스 크로스 역에서 열차를 타고 다녔다. LSE의 동료 켈젠으로부터 축하편지가 도착했으며, 필립 노엘베이커Philip NoelBaker 학장도 따뜻한 축하를 해주었다. 또한 독일에서 탈출한 유대인 난민의 수용을 도와준 동료 윌리엄 베버리지William Beveridge 경도 축하해주었다.

"나는 항상 당신에게 깊은 감사의 마음을 가지고 있습니다." 라우터파하트는 베버리지 경에게 보낸 답장에서 학문적 난민에 대한 도움에 감사와 큰 사랑을 표현했다.

케임브리지에서 온 소식을 듣고 로보프에 있는 가족은 자랑스럽고 행복하다는 반응을 보냈다. "나의 친애하고 사랑하는 아들아!" 데보라는 다음과 같이 썼다. "이렇게 좋은 소식을 전해주다니 말할 수 없이 고맙구나."

이 편지에는 아론이 먼 그단스크Gdańsk에서 일한다는 소식과 함께 가족의 경제적인 어려움에 대한 암시가 있었다. 데보라는 "우리는 함께 행복할 수가 없다"고 썼다.

1938년 9월, 가족은 케임브리지의 크랜머 로드 6번지에 있는 널따란 단독주택으로 이사를 했다. 맥네어 부부로부터 1,800파운드에 사들인 이 집은 전용 진입로가 있는 집들이 모여 있는 나무가 늘어선 길가에 위치했다. 집에는 거실과 식당, 식기실과 요리를 하는 부엌방이 있었다. 식사는 시간에 맞춰 제공되었다. 1시에 점심, 7시에 저녁을 먹었으며 식사가 준비되면 놋쇠 징을 울렸다. 4시 반에는 차를 마셨는데, 종종 지금도 영업 중인 유명한 동네 빵집, 피츠빌리스에서 만든 빅토리아 스펀지케이크를 먹었다.

2층에는 라우터파하트, 레이첼, 엘리를 위한 각각의 침실과 라우터파하트의 서재가 있었다. 서재에서 라우터파하트는 클래식 음악을 들으면서 커다란 가죽을 덧씌운 마호가니 책상 뒤에서 월넛으로 만든 팔걸이의자에 앉아 정원을 내다보며 연구를 했다. 정원에는 사과, 자두, 녹색자두 나무가 빽빽했다. 라우터파하트는 말린 자두를 좋아했고 수선화, 장미, 백합은 그가 가장 좋아하는 꽃이었다. 그는 정원사가 잡초를 정리하여 정원을 말끔하게 유지하는 것을 매우 중요하게 생각했으며, 평생 젖은 잔디를 밟아 감기에 걸리면 어쩌나 두려워하며 지냈다. 그래서 잔디를 지날 때면 발끝을 세우고 걸었으며 잔디에 닿는 면을 최소화했다. 엘리는 "아버지의 모습이 생생하다"고 회상했다.

라우터파하트 부부는 경제적으로 어려움은 없었지만 부자는 아니었다. 장식은 소박했으며 첫 10년 동안은 중앙난방이 없었다. 거의 유일한 사치는 90파운드에 코벤트리에서 제작한 파란색 중고 스탠더드9 승용차를 산 것이다. 라우터파하트는 느긋하게 운전하는 편은 아니었으나 속도가 시속 50마일을 넘어가면 굉장히 불안해했다.

같은 동네에 사는 이웃들은 라우터파하트의 달라진 새로운 세계를 보여준다. 바로 옆 8번지에는 은퇴한 성직자인 브루크 박사가 살았다. 건너편 4번지에는 히브리어 흠정교수이자 한때 럭비 선수였던 데이비드 윈튼 토마스가 살고 있었다. 살짝 떨어진 13번지에는 영국 불법행위법의 권위자인 퍼시 윈필드 경이 살았다(오늘날에도 사용되는 윈필드 경의《불법행위 교과서》Winfield on Tort에 대해 역사학자 사이먼 샤마는 법에 대한 일말의 흥미조차 없애버린 책이라 혹평했다).

정치학 교수인 어니스트 바커 경은 17번지에 살면서《영국과 영국 사람들》Britain and the British People에 대한 연구에 힘을 쏟았다. 고고학 권위자인 아서 B. 쿡 명예교수는 19번지에 살았다. 케임브리지대학교 스콧폴라연구소 제1학장이자 고고학 석좌교수 프랭크 데브넘(그는 젊은 시절 로버트 팔콘 스콧 박사와 함께 남극 지역에 대한 연구를 진행하였는데, 눈 속에서 축구를 하다 부상을 당해 스콧 박사의 비운의 남극 탐험대에서 빠진다)도 23번지에 사는 이웃이었다.

라우터파하트는 트리니티 칼리지와 근처의 법학부로 걸어가는 것을 좋아했다. 강의할 때면 어두운 색의 양복에 법복을 걸쳤고, 꼼꼼하고 항상 외모에 신경을 쓰는 그는 홈버그 스타일의 모자를 좋아해서 자주 썼다. 한번은 헤이그에서 스위스까지 기차로 움직이는 동안 그가 매우 아끼는 홈버그 모자가 바람 때문에 창밖으로 날아가 철로 위에 사뿐히 내려앉았다. 로잔의 분실물보관소에서 시간을 보낸 일은 레이첼에게 편지를 쓸 만큼 대단한 사건이었다. 그 모자는 결국 찾지 못했다.

레이첼은 그의 남편이 케임브리지에서 첫 번째 강의를 할 때에도 여전히 런던에 살고 있었다. 그다지 겸손하지 않았던 라우터파하트는 강의가

"상당히 훌륭했다"고 자평했다. 학생신문 〈버시티〉Varsity는 그를 숙달되고 세련된 '일급 강사'라고 보도하였다. 눈에 띄는 실수가 있다면 간혹 창밖을 응시하는 것뿐이었다. 버시티는 그의 또 다른 특징을 발견했다. "어떤 농담이 그의 입가에 늘 희미하게 미소를 짓게 하는 것일까?" 아마도 주키에프에서 태어나 케임브리지까지 입성한 그의 대단한 여정에 대한 놀라움일 것이다.

이런 목가적인 환경과는 대조적으로 멀리서 들려오는 소식들은 점점 더 불길했다. 독일은 주데텐 지방을 점령한 데 이어 체코슬로바키아를 공격했다. 라우터파하트의 마음속에 로보프와 주키에프에 대한 걱정이 점점 커져갔다.

38

1939년 9월 1일, 독일이 폴란드를 침략했다. 이틀 후인 일요일 아침, 네빌 체임벌린Neville Chamberlain 수상은 영국이 독일을 상대로 전쟁을 선포한다는 발표를 했다. 가족들은 라디오를 듣기 위해 크랜머 로드의 서재에 모였다. 등받이가 높은 의자에 앉아 있던 라우터파하트와 녹색 사각 팔걸이의자에 앉아 있던 아내와 아들은 파이 진공관 라디오를 마주하고 있었다. 엘리는 11살이었다. 그는 "인간의 고통과 관련하여 이게 무슨 뜻인지 이해하지 못했지만" 그날의 흥분은 기억하고 있었다. 그의 아버지는 침착하게 소식을 받아들였다. 집안은 전시 체제에 들어갔다. 음식을 사들이고 등화관제용 커튼이 드리워졌다. 삶은 계속되었고, 세를 사는 사람들이 들어왔다.

라우터파하트는 가르치고 글을 썼다. 마흔둘의 그는 전투에 나가기에는 너무 나이가 많았지만 국방 시민군에 지원했는데, 그곳에서는 낯선 발음의 동유럽 이름 대신 친근하게 '럼퍼스플래쉬'Lumpersplash라고 불려졌다.

독일군은 9월에 로보프와 주키에프에 입성했지만 주키에프의 올가가 내게 말해주었듯이 이내 퇴각했다. 폴란드가 독립을 상실하자 소비에트가 지배권을 가져가고 폴란드는 히틀러와 스탈린에 의해 나눠졌다. 지금의 명칭과 같은 리보프에서 보내온 편지를 보면 소비에트 통치하에서 살아가는 것이 힘들지만 위험하지는 않다고 말하고 있다.

1940년 6월, 독일군이 프랑스를 침략하였을 때 레온은 당시 갓난 아이였던 나의 어머니와 헤어졌다. 라우터파하트는 독일군이 파리를 점령하자 엘리와 레이첼을 즉각 미국으로 보내기로 결정했다. 그는 케임브리지재단에서 제안한 강의 여행을 수락하여 9월에 가족들과 커나드 화이트 스타 라인 회사Cunard White Star Line의 영국 우편선인 스키티아호Scythia를 타고 미국으로 건너갔다. 사흘 뒤, 리버풀에서 출발한 또 다른 배, 시티 오브 베나레스호City of Benares는 독일 잠수함 U-보트의 어뢰 공격을 받아 많은 어린이들을 포함하여 248명이 목숨을 잃었다. 라우터파하트는 10월 초 뉴욕에 도착하여 브롱크스 지역 허드슨 강 근처 리버데일의 아파트에 짐을 풀었다. 엘리는 명문 기숙학교인 호러스 맨Horace Mann에 입학했지만 1년 차이로 유명한 문인인 잭 케루악Jack Kerouac을 만날 기회를 놓쳤다. 라우터파하트는 강의를 시작했다.

워싱턴에서는 영국 정치학자 해럴드 라스키Harold Laski가 라우터파하트를 미국 법조계의 고위급 인사들에게 소개했다. 독일과 전쟁 중은 아니었지만 미국은 법규와 중립성에 위반되지 않는 수준에서 런던을 돕고자 했다. 라우터파하트는 영국 대사관 관리들과 시간을 보냈고, 대법관인 펠릭스 프랭크퍼터Felix Frankfurter를 만났다. 아내가 렘베르크와 관련이 있는 프랭크퍼터는 라우터파하트를 소개받은 것을 고마워했다. LSE의 교수인 라스키는 라우터파하트의 이성과 관용의 정신을 칭찬하면서, 영국이 포화 속에서 지키기 위해 싸우고 있는 가치를 미국인들이 이해할 수 있도록 나서주기를 바랐다.

라우터파하트는 2개월 동안 6,000마일에 걸쳐 미국 전역의 15개 로스쿨과 대학을 돌아다니면서 강의를 하였다. 강의의 핵심주제는 국제법에 대한 비판에 대응하는 것으로, 개인의 보호에만 그치지 않는 위기상황에서의 국제법의 중요성이었다. 그러나 집으로 보낸 편지에는 전쟁의 향방에 대한 의구심과 걱정이 가득 담겨 있었다. "케임브리지로 돌아갈 수 있을까?" 그는 레이첼에게 물었다. 엘리에게는 간단한 조언을 하였다. "최선을 다하고 겸손해라. 친구를 사귀려고 노력하고 그 우정을 유지해라."

1940년 12월, 라스키는 라우터파하트를 루즈벨트 행정부의 법무부 장관인 로버트 잭슨Robert Jackson에게 소개했다. 라우터파하트는 잭슨에게 "1월 첫째 주에 워싱턴에 있을 예정인데 찾아뵙고 인사를 드려도 될까요?"라고 편지를 보냈다. 긍정적인 답장을 받은 그는 몇 주 후에 워싱턴을 여행할 때 국무부 법률고문을 방문했고, 프랭크퍼터 대법관과도 다시 만났다.

미국을 전쟁에 끌어들이지 않고 영국을 지원할 방법을 찾고 있던 잭슨도 라우터파하트를 만날 나름의 이유가 있었다. 잭슨은 라우터파하트에게 말했다. "내가 원하는 것은…… '전쟁에 참여하지 않고 연합국들을 도와줄 수 있는 모든 방식'이라는 미국의 정책을 지킬 수 있는 '가능한 방안'입니다." 그는 전쟁 개입에 반대하는 미국의 대부분 국제법 전문가들을 신뢰하지 않았다.

라우터파하트는 돕고 싶었지만 상황이 민감하다는 사실을 알고 있었다. 그는 워싱턴의 영국 대사관으로부터 미국이 중립의 원칙을 위반하지 않으면서 영국을 도와줄 방법에 대한 법적 제안서를 작성해도 좋다는 의견을 받았다. 잭슨은 이 중 몇 가지 아이디어를 무기대여법안에 도입했다. 루즈벨트 대통령이 몇 주 후 의회 통과를 시도할 이 법안은 행정부가 영국과 중국을 지원할 수 있도록 하는 논란이 많은 입법안이었다. 라우터파하트와 잭슨 사이의 최초의 협력과 노력이 결실을 맺었다.

라우터파하트는 1941년 3월 잭슨의 연설에도 반영된 몇 가지 다른 관념도 고안해냈다. 법무장관은 보수적인 집단인 법률가들 앞에서 라우터파하트의 아이디어를 토대로 한 현대적인 접근법을 제시하였다. 잭슨은 법을 어긴 사람은 반드시 대가를 치러야 하므로 미국은 피해자들을 도와야만 한다고 설명했다. 〈뉴욕타임스〉는 잭슨의 연설을 "놀랍도록 의미 있다"고 보도하며 오래된 19세기 법의 개념과 중립성의 거부에 환호했다. 그의 아이디어가 받아들여진 것에 분명 기뻤을 라우터파하트는 잭슨이 건네는 사례금을 고사하였다. 잭슨이 연설을 하고 있을 때 라우터파하트는 이미 영국으로 돌아가는 길이었으며, 레이첼과 엘리는 뉴욕에 남았다.

39

라우터파하트는 1941년 1월 말에 케임브리지로 돌아왔다. 버뮤다와 아조레스 제도, 리스본을 거치는 세 번의 대서양 범선 여정을 통해서였다. 여행 중에 만난 사람으로는 몇 주 전 대통령 선거에서 루즈벨트에게 패배한 공화당 대통령 후보 웬델 윌키[Wendell Willkie]도 있었다. 이들은 여정의 대부분을 세계의 현황에 대해 활발한 대화를 하면서 보냈다. 윌키는 트리니티 칼리지를 방문해달라는 라우터파하트의 초대에 결국 응하지 않았다.

라우터파하트가 영국으로 돌아왔을 때 리보프로부터의 소식이 점점 뜸해졌다. "사랑하는 동생에게!" 그의 형 데이비드는 "가족 모두 비교적 잘 지내고 있고, 우리의 연로하신 부모님은 이제 나이가 스무 살 더 드신 상태"라는 내용의 편지를 보냈다. 소비에트의 검열과 감시를 생각해보면 편지에는 암호처럼 표시된 메시지가 있었다. 데이비드는 "우리가 만나서 다시 함께 할 수 있기를 바란다. 어떻게 되느냐는 너에게 달렸다"고 말했다. 가족과 다시 만나기 위해서는 라우터파하트가 준비해야 할 것이 있었다. 가족은 "그때에 함께할 수 있기를" 원했다. 그렇다면 라우터파하트가 로보프에 갈 수 있을까? 데이비드는 "우리가 소망하는 것을 알고 있지?"라며 검열 때문에 다소 퉁명스럽게 끝맺었다. "건강해라. 우리의 키스를 보낸다."

편지 때문에 걱정이 되었지만 가족을 영국에 데려오기 위해 어떤 조치를 취했는지는 기록에 남아 있지 않다. 그는 강의와 골치 아프고 마음을 산란하게 만드는 《연례 국제법리포트》와 《오펜하임 교수의 국제법》 개정판 집필에 힘을 쏟았다. 음식은 위로가 되었다. 케임브리지의 식량 재고는 제한되어 있어서 그가 가장 좋아하는, 지드먼 씨가 운영하는 크리클우드의 식품점까지 정기적으로 쇼핑을 갔다. 라우터파하트는 레이첼에게 "지드먼 씨는 은총이다"라며 어쨌든 "내가 원하는 모든 튀김기름과 다른 구하기 어려운 물건들을 구했다"고 썼다.

글쓰기 또한 그에게 위안이 되었다. 그가 LSE 시절에 알게 된 레너드 울프Leonard Woolf에게 보낸 편지에서 부인인 모더니즘 작가 버지니아 울프의 죽음에 대한 애도의 뜻을 담았다. 또 뉴욕에 있는 레이첼에게 보낸 편지에는 유고슬라비아가 독일 편이 되자 전쟁의 방향에 대해 걱정하였다. 또 그에게 변호를 의뢰했던 하일레 셀라시에Haile Selassie* 의 쾌거와 아디스아바바를 탈환할 것이라고 전망하는 내용이 담겨 있었다. 엘리에게 보낸 편지에는 영국 사람들은 "훨씬 직접적인 걱정과 불안에 싸인 삶을 살고 있다"면서, 뉴욕에서의 생활에 대해 불평하는 아들을 책망했다.

1941년 4월, 그는 메사추세츠 주의 웰슬리대학으로부터 강연 초청을 받았다. 5월, 그는 런던의 영국 왕립국제문제연구소에서 '국가법들의 현실'에 대해 강연을 하며 개인들의 고난을 다시 한 번 강조한다. 그는 국제법에 대한 긍정적인 사례를 들며 낙담과 냉소주의를 강도 높게 비판하였다. 유럽 전역에서 벌어지고 있는 '심각한 침해들'이 널리 보고되고 있다는 사실을 생각할 때 이것은 일종의 도발이었다. 그는 무법無法의 국가들이 저지르는 이와 같은 행위는 정부와 국제법 전문가들과 시민의 의지와 노력으로 강력하게 맞서야 한다고 청중들에게 말했다.

라우터파하트는 '인간의 권리와 의무'에 대해 이야기하면서 고난을 통해 더욱 힘을 얻는 목소리를 발견했다. 그의 열정은 1941년 1월 4일 아버지가 쓴 짧은 편지를 받아보고 더욱 강해졌다. "사랑하는 아들아!" 아버지는 아들에게 다정하게 썼다. "너의 편지가 우리 모두에게 엄청난 기쁨을 주었다." 그는 아들의 가족이 미국에서 안전하게 있다는 소식에 완전히 안심했다. 리보프에서는 모두가 완벽하게 건강한 상태지만 그것 이상을 기대할 수는 없었다. 그들은 최선을 희망했다. 주키에프에 있는 데이비드 삼촌으로부터 안부인사가 전해졌다. "우리의 진심 어린 인사와 키스를 보낸다." 그의 어머니도 키스를 더하였다.

---

* 에티오피아의 황제. 1892~1975. 1916년에 쿠데타를 통하여 정권을 잡고 근대화 개혁에 착수하여 1930년에 즉위하였으나 1935년에 이탈리아군의 침략으로 영국으로 망명하였다. 1941년에 돌아와 복위하였다가, 1974년에 황제 독재에 반대하는 군사 쿠데타에 의하여 폐위되었다. 〈역자 주〉

그리고는 침묵이었다. 라우터파하트는 레이첼에게 지금의 '소비에트 러시아'인 리보프의 주소를 알려주며 "우리 가족들에게 좀 더 자주 편지를 쓰라"고 독촉하였다. 라우터파하트의 가족은 여전히 5·3 거리에 살고 있었다.

40

1941년 6월, 히틀러는 독-소 불가침조약MolotovRibbentrop Pact을 파기하고 독일군에게 동진하여 소비에트가 점령한 폴란드로 진격하라고 명령한다. 일주일 안에 주키에프와 리보프는 독일의 손에 넘어가고, 라우터파하트에게 오스트리아 사법 과목을 강의했던 로만 롱샴 드베리에 교수를 포함한 학자들이 체포되었다. 그는 폴란드 지식인이라는 죄명으로 체포되어 세 아들과 함께 다음날 '리보프대학 교수 대량학살'의 일환으로 처형당했다.

라우터파하트의 조카 잉카는 그 시절의 생생한 체험담을 들려주었다. 그녀의 경험은 독일군의 주키에프 점령에 대한 클라라 크라머의 그것과 매우 유사했다. 나는 라우터파하트의 누나의 무남독녀인 잉카를 2010년 여름 파리의 에펠탑 근처에 있는 그녀의 작은 아파트에서 만났다. 그녀는 열정적이며 엄청난 에너지로 참새처럼 방 안을 돌아다녔다. 한참만에 우리는 깨끗한 흰 천으로 장식된 식탁에 앉았다. 깨끗하고 환한 햇살이 비추고 있었다. 그녀는 우아한 자기 컵에 홍차를 따라주었다. 열린 창문 밑에서 그녀는 감정 없이 조용히 이야기를 시작했다.

테이블 위에는 1938년 로보프 지도가 펼쳐져 있었다. 그녀는 그 당시

여덟 살이었다고 알려주며 그녀가 걸어 다니던 길에 있던 내 외할아버지 레온의 집을 손으로 가리켰다. 그녀는 내가 가져간 변변치 않은 서류를 보겠다고 했다. 나는 그녀에게 1890년에 레온의 아버지, 핀카스 부호홀츠에게 발행된 증명서를 보여주었다. "여기에는 1862년에 태어났다고 적혀 있네요." 그녀는 내 외할아버지를 생각나게 하는 악센트로 소리를 질렀다. 그는 "오드비Eau de Vie(알콜 도수가 높은 술인 브랜디의 일종) 제조자격 시험을 무난한 성적assez bon으로 통과했네요." 그녀는 미소를 지으며 덧붙였다. "'좋은 성적'과는 달라요."

그녀의 아버지 마르셀 젤바드는 가족의 전통에 따라 아버지를 이어 변호사가 되었다. 아버지와 할아버지 모두 금발이었다. 젤바드는 독일어로 '노란 수염'이라는 뜻으로, 오스트리아-헝가리 제국 시대에 지어진 이름이다. 잉카에게 그 시절 라우터파하트에 대한 기억은 거의 없다. 그녀가 태어나기 전에 라우터파하트가 영국으로 떠났기 때문이다. 주키에프에 대한 이야기를 하며 그녀는 말했다. "세상에! 내가 잘못 말했어요. 'Z'가 발음되지 않아서. '주키에프'Julkiev라고 해야 해요. Z를 J처럼, 부드러운 J처럼 발음해야 해요." 그러고는 한숨을 쉬었다. "잘 알고 있어요. 내 어머니, 삼촌, 외조부모님이 살던 도시이고, 전쟁 후에 내가 간 곳이에요."

우리는 1938년 로보프의 지도에서 우리의 길을 찾아냈다. 그녀는 1945년 이후 다시 돌아가지 않았지만 라우터파하트의 부모이자 그녀의 조부모인 아론과 데보라가 살았던, 그리고 테아트랄나 거리에서 이사 온 5·3 거리 64번지를 확인해주었다. 이 거리는 레온이 태어난 덜 부유한 지역인 세프틱스크 거리에서 몇 분 정도 걸어가면 닿을 수 있는 가까운 곳이다. "우리는 주로 브리스톨이나 조지에서 외식을 했어요." 그녀는 고급 호텔들을 기억했다.

"내가 아홉 살이 될 때까지 로보프를 걸어서 돌아다닐 수 있었어요. 하지만 러시아군이 들어온 후로는 상황이 바뀌어 우리가 알던 삶은 끝이 났어요."

그녀는 차를 한 모금 마시더니 또 한 모금을 더 마셨다.

"사진을 몇 장 보여드릴게요." 그녀는 침실로 이동하여 옷장에서 작은 나무 상자를 꺼내더니 그녀의 부모님 사진을 보여주었다. 여기에는 라우터파하트가 1950년대에 보낸 편지와 런던 웨스트민스트 궁전에서 삼촌과 숙모가 찍은 사진도 있었다. 사진 속의 라우터파하트는 새롭게 임명된 왕실의 고문변호사로서 왕실변호사가 쓰는 가발을 쓰고 있었다.

우리는 거실로 돌아왔다. 소비에트가 로보프를 점령하기 전인 1939년 9월까지의 삶은 좋았다. 잉카는 작은 사립학교에 다니며 차별을 모르고 자랐다. "내 부모님은 내게 그런 사실을 숨겼고, 학교에서도 그런 일에 대해 아무도 이야기하지 않았습니다." 그녀의 아버지는 존경 받는 유능한 변호사로 대부분 유대인인 좋은 친구들이 많았다. 주변에 유대인이 아닌 사람은 몇 명 없었다. 칵테일을 마시러 오는 폴란드인들과 그 뒤를 이어 저녁을 먹기 위해 나중에 오는 유대인들이 있었다. 그녀의 삶에 우크라이나인은 없었다.

소비에트 군대가 도착하면서 상황은 완전히 바뀌었다. "그들은 같은 아파트에 거주하는 것을 허락했어요. 다만 아파트 전체를 차지하지는 못하게 했습니다. 처음에는 방 2개를 사용했고, 그러다 방 하나와 부엌 그리고 화장실과 욕실을 사용할 권리를 주었죠." 그녀는 5·3 거리 258번지 또는 같은 거리에 있었던 라우터파하트와 가까운 87번지를 기억했다. 이 거리는 1918년 11월 전투 중에 바리케이드가 쳐져 있는 사진인 시크스투스카 거리와 평행을 이룬다.

잉카(오른쪽)와 레이첼(왼쪽), 라우터파하트(중앙), 1949년 런던

몹시 매력적인 그녀의 어머니는 러시아인들로부터 많은 초대를 받았다. “우리 아파트에 사는 대령이 어머니와 사랑에 빠졌어요.” 잉카는 큰 소리로 그 시절이 나쁘지 않았다고 말했다. 그러다 1941년 7월 독일군이 들어왔고 상황은 훨씬 더 나빠졌다.

“우리는 아버지가 독일어를 했기 때문에 생활은 가능했습니다. 하지만 대부분의 유대인은 그러지 못했어요. 유대인 구역에 살지 않는 이상 이웃을 떠나야 했어요. 어떤 이유 때문인지 모르겠지만 요청이 없었는데도 우리는 살던 아파트의 방에 머무는 것이 허락되었죠."

종종 며칠 만에 한 번씩 '행동명령'Aktionen이 발령되어 다윗의 별 완장을 차지 않은 유대인들을 거리에 모이게 했다. 그의 아버지는 잘 알려진 사람이라 매우 조심해야 했지만 그의 어머니를 아는 사람은 적어서 '그 물건'을 차지 않고 외출을 하곤 했다. "그 물건." 잉카는 완장을 그렇게 불렀다.

"불쾌하고 위험했습니다. 사람들은 우리를 좋아하지 않았죠. 전쟁 전에는 거리에 있는 사람들 중에 누가 유대인인지 알 수 없었지만 이제는 알 수가 있었죠."

우리는 함께 내가 가져온 몇 개의 흑백사진을 살폈다. 그중 하나는 무너져가는 유명한 17세기 주키에프 유대교 회당 사진이 박힌 엽서였다. 그녀는 이 건물을 기억할까? "기억하지 못해요."

잉카가 엽서를 얼굴 가까이 대고 자세히 살피는 동안 이상한 일이 벌어졌다. 초인종이 울렸다. 아파트 관리인이 편지 하나를 들고 서 있었다. 잉카는 편지를 쳐다보고 말했다. "당신 거랑 같은 거예요." 이상했다. 그날은 잉카를 처음으로 만난 날이었다. 그녀는 주키에프의 순교자협회Association of the Martyrs of Zółkiew에서 그녀 앞으로 보내온 편지를 내게 전해주었다. 나는 우편물을 열어 팸플릿을 꺼내 테이블에 놓았다.

앞표지에는 주키에프의 오래된 유대교 회당 사진이 있었다. 내가 지금 막 그녀에게 보여주었던, 그녀가 기억하지 못한 그 유대교 회당과 같은 것이었다. 단순한 우연, 그리고 그녀는 이제 같은 사진 두 개를 가지고 있다.

41

1941년 8월, 렘베르크와 갈리치아는 독일 총독령에 편입됐다. 한스 프랑크가 통치자가 되면서 라우터파하트는 미국으로 돌아와 웰슬리대학에서 강의를 하며 하버드대 법학도서관에 작은 연구실을 마련하기로 결정했다. 독일 점령의 영향이 충분히 이해되자 출발 날짜가 연기되었다. "당신은 로보프에 대해 잘 알고 있소." 라우터파하트는 레이첼에게 보낸 편지에서 "내 감정을 설명하기는 싫지만 내 주변 상황이 계속 악몽 같아"라고 적었다. 마치 그가 인격을 분열시킨 것처럼 삶은 계속 되었지만 두려움을 숨기기는 불가능했다. 그는 트리니티 칼리지의 동료와 협력하고 일반 사람들과 재밌게 지내는 척하는 등 사람들과의 일상적인 교류에서는 완벽하게 정상이었다. 정치적인 일에도 더 많이 관여하였다. 미국을 떠나기 전 그는 '공공의 적에 대항하여 영웅적인 전투'를 벌이는 소비에트 과학아카데미를 지지하기 위한 케임브리지 학자 명단에 이름을 올렸다.

라우터파하트는 1941년 8월 뉴욕으로 돌아와 웰슬리대학에서 가을 학기를 보냈다. 그는 하버드대를 방문하고 뉴욕에서 레이첼과 엘리와 함께 주말을 보냈다. 10월, 그는 워싱턴을 방문하여 잭슨의 후임 법무부 장관인 프란시스 비들Francis Biddle을 만난다. 그는 미국이 독일 잠수함 공격을 허가하는 내용을 두고 법적인 논쟁을 하길 원했다. 라우터파하트는 잭슨에게 서신을 보내 미국 연방대법원의 대법관으로 임명된 것을 축하하였다. 잭슨은 친밀한 내용의 답장과 함께 하바나 연설의 발췌 인쇄본을 보내주었다. 라우터파하트는 '국제적 무법상태'의 종결을 주제로 또 다른 연설 준비를 도와주겠다고 제의하였으나 그런 의사를 전달할 때인 12월 7일에 전쟁이 결정적인 전환점을 맞는다. 일본이 진주만의 미 해군을 공격하여 미국은 일본을 상대로 선전포고를 하게 된다. 그러자 며칠 지나지 않아 독일 역시 미국을 상대로 선전포고를 했다. 1942년 초 두 남자가 워싱턴에서 만났을 때는 군사적, 정치적 상황이 완전히 바뀌어 있었다.

그 무렵 폴란드, 프랑스를 포함한 9개 유럽 국가의 망명정부들이 런던의 세인트제임스 궁전에 모여 독일 테러정권의 잔학행위에 어떻게 대응할 것인지를 조율하였다. 대규모 감금과 추방, 처형과 대량학살과 같은 끔찍한 이야기들이 돌았다. 이로 인해 망명정부들은 1942년 1월, 선언문을 발표하여 잔악한 행위에 '책임이 있고, 죄가 있는' 사람들을 형법으로 처벌하겠다는 공동의 의지를 천명하였다. 가해자들은 반드시 찾아내 법정에 세우고 법의 심판을 받도록 하는 것이 전쟁의 공식적 목표가 되었다.

9개 국의 망명정부는 잔학행위와 가해자에 대한 정보를 수집하기 위해 전쟁범죄를 다루는 위원회를 설립했다. 이것이 후에 유엔 전쟁범죄위원회가 되었다. 처칠은 데이비드 막스웰 파이프[David Maxwell Fyfe] 법무차관의 지휘 아래 영국 정부 법률가들에게 독일 전쟁범죄에 대한 수사를 지시했다. 몇 달 안에 〈뉴욕타임스〉는 폴란드 망명정부가 10명의 주요 범죄자를 선정했다고 보도하였다. 목록의 첫 번째로 한스 프랑크가 이름을 올렸으며, 그 다음으로 라우터파하트가 비엔나에 있을 때 함께 공부한 오토 폰 베히터의 이름이 있었다.

이런 배경에서 잭슨은 1월 말 월도프 호텔에서 '국제 무법상태'에 대한 연설을 했다. 게스트로 참석한 라우터파하트의 도움으로 작성된 연설문은 전쟁과 잔학행위를 묘사하고 '폭력을 진압하기 위해 만들어진 최고의 수단'인 법과 법정의 필요성에 대해 역설하였다. 라우터파하트의 구상은 이제 미국 정부의 최고위 관료로부터 지지를 받고 있었다. 그와 잭슨이 몰랐던 것은 잔학행위가 테러의 수준으로 악화될 것이라는 사실이었다. 3일 전, 베를린 근처 반제[Wannsee]의 빌라에서 나치 수뇌부의 회동이 있었고, 그 자리에서 '최종적 해결'에 대한 합의가 비밀리에 이루어졌다.

라우터파하트는 뉴욕에서 몇 주를 보내며 영국대사관 직원과 함께 일하며 회의에 참석하고, 뉴욕 주지사인 허버트 리히먼Herbert Lehman을 만났다. 레이첼과 함께 영화를 보며 쉬는 시간도 가졌다. 라우터파하트 부부는 〈만찬에 온 사나이〉The Man Who Came to Dinner에 나오는 베티 데이비스에게는 크게 매료되지 않았지만, 브로드웨이 리볼리 극장에서 공연된 〈핌퍼넬 스미스〉Pimpernel Smith는 재미있게 보았다.

나는 70년이 지난 후 이 영화를 보고 그 이유를 이해할 수 있었다. 수많은 여성의 가슴을 설레게 했던 레슬리 하워드Leslie Howard(1년 뒤 그가 탄 비행기가 독일 공군의 공격으로 대서양에 추락하여 사망한다)가 분한 주인공인 낮은 목소리의 갈색 셔츠를 입은 케임브리지대 교수는 자신의 딸을 포함한 나치 테러의 희생자들을 몰래 구출해낸다. 〈뉴욕타임스〉 논평가는 "싱가포르가 함락될 위기인데도, 영국은 국민들이 전쟁에 신경 쓰지 않게 만드는 멜로드라마를 여전히 만들고 있다"고 비판했다.

42

1942년 5월, 일본이 싱가포르를 점령하고 독일이 동유럽으로 지배권을 확장시키려 할 때, 라우터파하트는 영국으로 돌아왔다. 렘베르크로부터 아무런 소식을 듣지 못한 채 라우터파하트는 앤도버의 필립스아카데미에 입학한 엘리와 레이첼에게 자주 편지를 썼다. "전쟁 소식 때문에 약간 우울하다." 그는 아내와 아들에게 이렇게 적었다. "그들은 아주 나쁜 시기를 보내고 있다."

공급량이 빠듯한 식량 사정 때문에 그의 기분은 나아질 수 없었다. "나는 집안일을 포기했다." 상점들도 더 이상 배달을 해주지 않았다. "모든 일을 스스로 해결해야 한다." 정원이 한줄기 빛이었다. 수선화의 아름다운 모습을 감상하는 것이 미국과 영국 사이 바다 어딘가를 지나다 짐을 분실한 우울함을 조금이나마 달래주는 유일한 위안이었다.

그는《오펜하임 교수의 국제법》개정판과 전쟁 초기의 사례들-여기에는 스페인 내전, 이탈리아의 아비시니아 점령 그리고 '불길한 조짐을 보이는 일반적인 특징을 지닌 독일 내 나치 정권의 입법과 관행'이 포함되었다-을 추가시킨 〈국제법 리포트〉 제9호의 발행에 전념했다. 라우터파하트는 신중하게 사례를 선택했다. 그는 독일 대법원 판결 하나를 선별했는데, 아리아인 여성과 성관계를 가져 1935년 뉘른베르크 법령 위반으로 재판에 넘겨진 한 독일계 유대인이 상고한 사건이었다. 이 사건에서 몇몇 참신한 법적 쟁점들이 제기되었다. 만약 성관계가 독일 밖에서 이루어졌다면? 대법원은 뉘른베르크 법령이 프라하에서 이루어진 성적 행위에만 적용된다고 판결했다. 경이로울 정도로 목적론적 단순함을 보여주는 판결이었다. 만약 이것이 외국에서 벌어진 행위에 대해서는 적용되지 않는다면 뉘른베르크 법령의 실효성을 약화시킬 것이다. 때문에 순수혈통의 독일 여성과 독일 국외에서 함께 사는 독일계 유대인이 뉘른베르크 법령을 위반할 목적으로 함께 국외로 나가자고 설득했다면 그 유대인은 처벌받아야 한다는 것이다. 라우터파하트는 이런 판결이 바로 국제법원의 필요성을 확인시켜 준다고 논평했다.

라우터파하트는 학자 이상으로 적극적이었다. 그는 잭슨에게 계속해서 조언했다. 라우터파하트에게 있어 잭슨은 미국의 참전을 반대하는 고립주의에 대항하는 최후의 보루이자 미국 정부와의 소통 채널인 인물이었다. 그는 미국에 있는 엘리와 레이첼에게 이른바 전쟁범죄 문제를 조사하고 점령국가 내에서 국제범죄를 저지르는 독일의 유죄를 어떻게 증명할지에 대한 새로운 프로젝트에 참여하게 되었다고 편지로 알렸다. 프로젝트는 아놀드 맥네어가 세인트제임스 궁전 선언Declaration of St. James's Palace을 실행하기 위한 '전쟁범죄위원회'Committee on War Crimes의 의장으로 선출된 1942년 6월에 시작되었다. 맥네어는 라우터파하트를 자신의 팀원으로 영입하였다. 때문에 그는 7월 초 위원회의 첫 번째 회의에 참석했다. 맥네어는 라우터파하트에게 법적 이슈에 대한 제안서를 준비해달라고 요청하였다.

위원회는 그의 접근법에 따라 일을 진행하기로 결정하였다. 이에 대해 라우터파하트는 "자부심이 넘친다"고 레이첼에게 썼다. 런던에 있는 망명정부의 법률가들이 참여하기 때문에 회의를 통해 다른 기회도 얻었다. 그는 아내에게 이런 방식으로 "동부 폴란드에 있는 소수민족을 위해 훨씬 좋은 일을 할 수 있기를 희망한다"고 썼다. 왜냐하면 종전 후 소수민족 문제의 해결책에서 폴란드 국민이 '주된 요인'이 될 것이기 때문이었다. 이 연구로 인하여 그는 국가뿐 아니라 개인의 책임과 정의를 위한 실용적인 방식에 집중하게 되었다.

그해 여름, 그에게 새로운 프로젝트가 주어졌다. 미국 유대인위원회American Jewish Committee가 그에게 후한 원고료(2,500달러에 기타 비용 포함)를 제시하며 국제인권법에 대한 책을 집필하도록 요청한 것이다. 매우 흥미롭고 새로운 주제였으므로 그는 제안을 받아들였다. 그는 '개인의 국제법적 권리장전에 관하여'(또는 그와 비슷한)를 주제로 책을 쓰겠다고 했다. 그는 7월 1일 집필을 시작하였으며, 그해 말까지 집필을 완료하기로 했다.

12월, 그는 런던에서의 강의에서 국제법에 대한 몇 가지 새로운 관념을 매우 엄숙한 분위기에서 시험 발표하였다. 그는 레이첼에게 강의가 잘 진행되었으며 "부끄럽게도 당신의 남편을 추종하는 사람들도 있었다"고 소식을 전했다. 그의 핵심 주제는 인간의 기본적 권리를 보호할 새로운 국제법의 '혁명적이고 방대한 내용'을 수용할 것을 각국 정부에 요구하는 것이었다.

43

라우터파하트는 1942년 여름 새로운 책을 집필하느라 한스 프랑크 총독이 갈리치아의 총독령 편입 1주년을 축하하기 위해 렘베르크를 방문하는 것을 알지 못했다. 라우터파하트가 국제법적 권리장전 작업을 시작하는 순간에 프랑크는 반제 회의에서 합의된 갈리치아의 최종 해결책을 실행할 준비를 하고 있었다. 이는 라우터파하트 가족에게 즉각적이며 엄청난 영향을 미쳤다.

잉카 카츠는 무슨 일이 벌어졌는지 말해주었다. 그녀는 프랑크의 방문을 기억했다. 그 사건이 만들어낸 엄청난 두려움, 그 후폭풍까지. 그녀의 할아버지 아론은 8월 16일 라우터파하트의 형 데이비드와 함께 지내던 아파트의 화장실 옷장 안에 숨어 있다가 끌려갔다.

"이틀 후인 8월 18일, 허쉬의 여동생이자 내 어머니인 사비나가 독일군에게 끌려갔어요." 잉카는 매우 차분하게 이야기했다. "어머니는 거리에서 우크라이나인과 독일군에게 연행되었어요." 그녀는 집에 혼자 남아 있다가 창밖으로 상황을 지켜보았다. 그녀의 아버지는 그들의 낡은 아파트에서 몇 집 떨어져 있는 직장에서 일을 하고 있었다. "누군가 아버지에게 가서 어머니가 끌려갔다고 말해주었어요." 잉카가 말했다. 아파트 관리인이 말해준 것이었다. "나는 무슨 일이 벌어졌는지 알았어요. 창밖으로 모든 것을 지켜보았죠."

잉카는 몇 살이었을까?

"열두 살, 결코 어린 아이가 아니었어요. 나는 1939년부터 어린아이가 아니었습니다. 나는 무슨 일이 벌어지고 있는지 알았고, 얼마나 위험한지도 그 밖의 것들도 알았어요. 나는 아버지가 길거리에서 어머니의 뒤를 쫓아 뛰어가는 것을 보았어요."

그녀는 말을 멈추고 홍차를 한 모금 마시며 우아한 창문 밖으로 파리 거리를 내다보았다. "나는 모든 것이 끝났다는 것을 알았습니다."

그녀는 위층 창문을 통해 지켜보았다. 아이의 확실한 기억력으로 매우 세심한 작은 부분들도 기억하고 있었다.

"아주 조심스럽게 지켜보았어요. 나는 용감하지 못했습니다. 용기가 있었더라면 엄마를 쫓아갔을 거예요. 하지만 무슨 일이 벌어지고 있는지 알고 있었어요. 그날, 그 장면을 생생하게 설명할 수 있습니다. 엄마가 입었던 옷, 그녀의 하이힐……."

엄마를 다시는 볼 수 없을지도 모른다는 걸 알고 있었을까?

"그때는 '만약'은 없었어요. 알고 있었습니다."

라우터파하트의 여동생은 그녀의 딸이 지켜보는 가운데 독일군에게 끌려갔다.

"아버지는 나를 생각하지 않았어요. 그거 알아요? 오히려 그 편이 좋았어요. 아버지에게는 독일군이 그가 엄청나게 사랑한 여자, 그의 아내를 끌고 간 것이 중요했어요. 그녀를 다시 데려올 것만 생각했습니다."

잉카는 그녀의 아버지가 진한 회색 양복을 입고 아내를 찾아 나선 것을 존경한다고 말했다.

그러다 아버지도 끌려갔다. 다시는 돌아오지 못했다. 잉카는 혼자 남았다.

"부모님에 관해서는 아무런 소식도 듣지 못했습니다. 수천 명을 끌고 갔어요. 그들이 어떻게 되었는지 누가 알겠습니까? 그렇지만 나는 그들에게 무슨 일이 일어날 것인지 알고 있었어요. 독일군이 빼앗아갈 것을 알고 있었기 때문에 며칠 후에 나는 아파트를 떠났고 할머니는 게토로 갔습니다. 나는 게토에서 지내는 것을 상상할 수 없었기 때문에 거부했어요. 나는 내 가정교사에게 갔습니다. 예전의 가정교사였는데, 그녀에게 친절하게 대했던 아버지 덕분에 그녀는 부모님과 가까운 사이였죠. 그녀는 유대인이 될 수도 있었지만 유대인이 아니었어요. 그녀에게 지금까지 벌어진 일을 설명하자 '이리 와서 나와 함께 지내자'고 말해주었습니다. 그녀는 단순한 가정교사가 아니었어요. 그보다 더 가까운 사이였죠. 뭐랄까? 보모라고 해야 하나? 나에게 젖을 먹여 나를 키운 사람은 엄마가 아니라 그녀였어요. 그녀가 나에게 젖을 먹였어요."

이야기를 하면서 잉카는 진한 러시안 티를 잔에 따랐다.

"나는 그곳에 갔지만 수색 때문에 오래 있지는 못했습니다. '제 꼬마 조카예요.' 가정교사는 누구냐고 물어보는 사람에게 그렇게 대답했습니다. 나는 전혀 유대인처럼 생기지 않았지만 그녀의 조카처럼 보이지도 않았죠. 사람들은 그녀를 믿지 않았고, 결국 그녀는 시골에 있는 그녀의 가족들에게 나를 보냈습니다." 잉카는 그곳에서도 오래 있지 못했다.

"다른 이유 때문에 그곳을 떠났어요. 어린 아이들을 좋아하는 남자가 있었어요. 나는 그게 뭔지 알고 있었어요. 그런 일에 대해 읽은 적이 있었고, 그런 남자들에 대한 농담을 알고 있었어요. 그래서 떠났습니다. 나는 아버지가 도와주었던 다른 사람에게 갔습니다. 1942년 말이었어요. 여전히 로보프 근처에 있었지만 유대인 게토는 아니었습니다. 나는 오래 머물지 않았어요. 그 여자는 나를 사촌 또는 조카 또는 그녀의 사촌의 딸인 척했죠. 그런데 먹히지 않았어요. 그녀의 가족은 걱정하기 시작했고 문틈으로 들리는 이야기를 듣게 되었어요. '그 아이는 가족처럼 보이지 않는다'라고 말하는 소리를 들었어요. 사실이었습니다." 그래서 잉카는 떠났다.

"너무 힘들었어요. 어디로 가야 할지 더 이상 알 수 없었죠. 나는 하루 종일 거리를 헤매다 잘 수 있는 곳에서 잠을 청했습니다. 그 시절 폴란드에는 밤이 되면 10시나 11시쯤 아파트 정문을 잠갔어요. 그래서 그 전에 아파트 건물에 들어갈 수 있으면 아주 조용하게 아무도 나를 찾지 못하는 꼭대기의 창고로 올라갔어요. 그러면 창고 옆 계단에서 잘 수 있었거든요. 밤에 누군가 올라오는 소리가 들리면 무서웠어요. 나는 무서웠고, 혼자였고, 경찰에 넘겨질까 봐 두려웠습니다."

그녀는 침착하게 말을 이었다. "그런 생활이 한두 달 계속되었어요. 가을 끝자락이었는데 어머니가 내게 귀금속과 돈을 보관해두는 곳을 알려주었었거든요. 그걸로 살았어요. 그러다 도둑에게 당했어요. 어느 날 아침, 일어나 보니 모든 것이 없어졌어요. 아무것도 남지 않았어요."

혼자였고 절망적이었던 열두 살 여자 아이는 두 달 동안 그녀를 돌봐주겠다는 아버지의 고객이었던 나이 많은 할머니를 만났다.

"사람들이 수군거리기 시작했고 또다시 할머니와 이별해야 했습니다. 할머니는 가톨릭 신자였기에 나에게 수녀원에 들어가는 게 어떻겠느냐고 했어요. 우리는 함께 수녀원에 갔는데, 수녀님이 좋다고 하면서 여기 머무르라고 허락했어요."

수녀원은 도시의 끝자락에 위치해 있었다.

"이름은 기억나지 않아요. 아주 작은, 알려지지 않은 곳이었어요. 예수회 수녀가 열두 명 있었습니다." 잉카는 이상한 결말에 도달하듯 작은 목소리로 속삭이듯 말을 이었다. "수녀들은 내가 그곳에 머물기 위해서는 한 가지 조건이 있다고 말했어요. 내 가족이 이것을 절대 알아서는 안 된다는 것이었는데……." 잉카는 일생동안 지켜온 비밀을 이야기하는 순간, 잠깐 불편한 기색을 비쳤다.

"꼭 세례를 받아야 한다고 했어요. 선택의 여지가 없었어요. 그때는 지금만큼 신실하지 않았던 것이 다행인지도 모르겠어요. 내가 지나치게 종교를 지키는 집안에서 자라지 않았던 것이 행운이었죠."

70년이 지나도록 그녀는 불편한 감정을 가지고 있었다. 자신이 살기 위해 민족을 배반하고 타협했다는 생각.

44

한 번도 만난 적 없었던 조카에게 무슨 일이 있는지 알지 못했던 라우터파하트는 술을 끊고 살을 빼기로 결심한다. 의사가 지시한 것이 아니라 그저 합리적인 예방책이었다. 그는 시민군 활동을 계속하고 권리장전에 무슨 내용을 넣을까 고민하며 스스로에게 그렇게 말했다. 그는 아버지가 8월 16일 끌려간 사실을 알지 못했다. 바로 그날 그는 런던의 전쟁범죄위원회에 제안서를 보내 전쟁범죄로부터의 보호에 대한 국제적 실천이 미흡하다고 지적했다.

동쪽으로부터 약간의 소식과 소문이 들렸다. 9월에 영국 신문 〈타임스〉에 폴란드에서 자행되는 나치의 잔악한 행위에 대한 기사가 실렸다. 이 기사로 케임브리지의 유대인 동료들과 강한 연대감을 느낀 라우터파하트는 레이첼에게 보낸 편지에 다음과 같이 썼다. "어젯밤에 폴란드 유대인들의 고통에 연대하는 감정을 표현하기 위해 독일 난민을 위한 유대교 회당에 다녀왔다." 그는 렘베르크에 대한 상황은 전혀 알지 못한 채 그곳의 데이비드 앞으로 식료품 소포를 보냈다.

가족으로부터 소식을 듣지 못한 지 벌써 18개월이 흐르고 있었다. 위안을 찾기 힘들었다. 그는 음악을 들었지만 감상에 빠졌고 과거의 기억이 되살아났다.

"일요일 저녁 6시이고 나는 하루 종일 단식했다." 12월 어느 날, 그는 폴란드에서 살해당한 유대인을 위해 단식과 기도를 하고 "그들과 함께하고 싶은 생각이 든다"고 레이첼에게 썼다.

로보프는 영원히 그의 마음속에 있었다. "내가 사랑하는 사람들이 그곳에 있고, 그들이 살아 있을지 모른다. 그곳의 상황이 너무 끔찍해서 거기 있는 가족들이 차라리 죽음을 선택하는 것이 나을 것이라는 생각마저 든다. 나는 하루 종일 그들을 생각한다."

45

다음 해에 전쟁의 상황이 바뀌었다. 레이첼은 1943년 여름 케임브리지로 돌아왔고 엘리만 미국에 남았다. 라우터파하트는 연구와 바흐 감상과 정원을 내다보며 많은 시간을 보냈다. 그는 나뭇잎 색깔이 변하는 것을 보며 로보프 어딘가에 갇혀 있을 가족들이 소식을 보내지 않는 것을 걱정하였다. 겨울이 다가오자 녹색자두나무 열매가 떨어지고 잔디를 덜 자주 깎았다. 라우터파하트는 긍정적인 변화에 집중했다. 9월, 이탈리아가 항복했다. 라우터파하드는 '기쁨의 날'이라며 환호했다. 그는 수년 만에 처음으로 "악마가 무너지는 것을 목격하니 살아 있는 것이 기쁘다"고 썼다. 진보세력 승리의 가시적인 신호가 보이기 시작했다.

그는 인간의 권리에 대해 떠오르는 관념을 시험적으로 제시해보기 위해 여러 번의 강연을 진행하였다. 프로젝트는 예상보다 오랜 시간이 걸렸다. 가장 어려운 문제는 새로운 법질서의 중심에 개인을 위치시킬 실질적인 방법을 찾는 일이었다. 런던에서 강의하고 케임브리지에서 또 다른 강의를 진행했다. 강의 중에 그는 국제법적 권리장전의 초안을 엄숙하게 읽었다. 강의를 듣던 어떤 사람은 이를 '역사적인 순간'이라고 표현하였다. 라우터파하트의 사상은 점차 발전하였다. "권리장전이 효율적인 것이 되려면 국가당국뿐만 아니라 국제기관에 의해서도 집행 가능해야 한다." 이것은 국제법원 창설의 필요성을 불러일으켰다. 그는 엘리에게 그의 근무 환경에 대해 간단하게 설명했다. "창문이 열린 서재에 바흐의 〈마태 수난곡〉의 선율이 울려 퍼지면 아이디어를 떠올릴 분위기가 만들어진다."

독일군은 이제 유럽 전역에 걸쳐 후퇴하고 있었다. 전쟁범죄위원회의 업무는 라우터파하트의 구상이 1년 전 연합국 정부가 창설한 유엔 전쟁범죄위원회의 작업에 포함되자 더욱 긴급한 사안이 되었다. 국제적 상황이 위원회의 미국 위원들과 그의 예전 LSE 동료이며 지금은 영국 정부의 관료인 필립 노엘베이커와의 계약을 갱신하게 해주어 더 한층 권한과 영향력을 갖게 되었다.

1944년 3월, 그는 재판에서 최선의 판결을 이끌어내는데 영향을 미치기를 희망하며 '가장 중요한 원고'를 완성했다. 그는 잔학행위 수사와 관련하여 세계유대인의회World Jewish Congress를 지원했다. 뉴욕에서 돌아온 레이첼에게 세계유대인의회가 '독일이 유대인을 상대로 저지른 끔찍한 전쟁범죄'를 수사하기 위한 특별위원회를 구성하기를 원한다고 말했다. 하지만 그의 목적은 집단이나 소수민족의 보호가 아닌 〈폴란드 소수민족보호조약〉이 이루지 못한 목표인 개인의 보호였다. 그렇다고 집단의 상황을 무시할 수는 없었지만 그는 "유대인이 독일군 범죄의 가장 큰 희생양이기 때문에, 반유대인 잔학행위가 특별수사와 보고서의 목적이 되는 것이 적절하다"고 설명했다.

이런 문제를 생각하는 사람은 라우터파하트뿐만이 아니었다. 11월, 라파엘 렘킨이라는 폴란드 검사가 쓴 또 다른 책이 미국에서 출판되었다. 《추축국*의 유럽 점령지 통치》Axis Rule in Occupied Europe라는 제목의 이 연구는 집단의 보호라는 목적 하에 라우터파하트와는 다른 접근법을 적용하였다. 라파엘 렘킨은 이 연구에서 집단을 파괴하는 새로운 범죄인 '제노사이드'라는 용어를 등장시켰다. 라우터파하트는 〈케임브리지 법학저널〉The Cambridge Law Journal에 실린 렘킨의 책에 대한 논평에서 자신은 렘킨의 사상을 크게 지지하지 않는다는 의견을 비쳤다.

렘킨의 책은 흥미롭고 견고한 관찰과 함께 독일법과 판결에 대한 유익한 설문을 실행하고 또 제공하고 있었다. 그러나 라우터파하트는 특히 그

* 제2차 세계대전 당시 미국, 영국, 소비에트 등의 연합국과 싸웠던 나라들이 형성한 국제동맹을 가리키는 말로, 히틀러의 나치 독일과 무솔리니의 파시스트 이탈리아가 1936년에 맺은 우호 협정이 기초가 되었다. 무솔리니는 두 나라가 유럽과 세계의 국제 관계에 큰 변화를 일으킬 추축樞軸(중심축)이 될 것이라고 선언하였고, 여기에서 추축국Axis Powers이라는 말이 비롯되었다.

가 '제노사이드'라고 칭한 국가와 민족의 물리적인 파괴를 뜻하는 새로운 단어에 대해서 거리를 두고 미지근한 논조를 유지했다. 라우터파하트는 이 책이 "학문적으로는 역사적인 기록일 수 있다"고 결론을 내렸지만 이 책이 "법에 기여한다고 정확하게 이야기할 수는 없다"고 했다. 그는 카네기 국제평화재단에 이 책의 출판을 언급했지만 작가의 이름은 이야기하지 않았다. 논평은 새로운 용어와 그 실용성에 대해 회의적이었다. 그것이 뜻하는 바는 분명했다. 라우터파하트는 집단의 보호가 개인의 보호를 저해할 것을 우려했다. "집단의 보호가 법의 우선 목적이 되어서는 안 된다."

나는 이것을 엘리에게 이야기했다. 그는 그의 아버지가 렘킨의 이름을 언급하지 않은 것이 '학문적 평가를 구분하는 것' 이상이 아니라고 생각했다. 엘리는 "아버지는 렘킨을 만난 적이 없고 나도 그가 집에 왔었다고 들은 적이 없어요"라고 말했다. 나는 엘리가 약간 주저한다고 느꼈고, 그래서 한 번 더 물어보았다.

"아버지가 렘킨에 대해 많은 생각을 하지 않았는지 기억이 희미하네요." 엘리가 덧붙였다. "아버지는 스스로를 사상가가 아닌 편집자로 생각했어요." 라우터파하트는 제노사이드의 개념에 대해 그리 열광하지 않았다. "그는 아마도 실무적으로도 지지 받지 않는 제노사이드와 같은 개인적인 개념이 국제법 분야에 침범하는 것에 분개했을지도 모릅니다. 아버지는 이것이 비실용적이고 비현실적인 접근이라고 느꼈을 수 있어요. 그는 실용적이었고 늘 지나치지 않으려고 항상 조심했습니다."

'개인적인 개념'이라니? 가족의 상황에 대한 표현이라 그런 것인지 내가 물었다.

"아버지는 제노사이드가 지나치게 많이 나간 개념이라고 생각했을 수 있습니다."

비실용적이기 때문에 너무 많이 나갔다는 말인가?

"바로 그 점입니다. 아버지는 매우 실용적인 사람이고, 그는 판사가 모든 문제를 해결할 수 없다는 것을 알았기 때문에 판사들이 특정 이슈를 잘 다룰 수 있을지 우려했어요."

엘리의 아버지는 집단의 역할이 부각되면 개인의 중요성이 약해질 것을 우려했을까?

"네, 그것이 요인이었을 겁니다." 엘리가 대답했다. 그는 내게 《오펜하임 교수의 국제법》 7번째 개정판을 보여주었다. 종전 후에 출간된 것으로, 제노사이드를 매우 무시하고 있었다. 라우터파하트는 이 개념이 "빈틈과 인위성과 발생 가능한 위험으로 가득차 있다"면서, 개인적인 인권보호의 후퇴를 가져올 것이라고 적었다.

1944년 말 라우터파하트는 개인의 인권에 대한 책의 교정본을 넘겼다. 그때 레온은 새롭게 자유를 되찾은 파리에서 아내와 딸과 재회하였고, 엘리가 케임브리지로 돌아오면서 또 다른 가족도 재회의 기쁨을 맛보았다.

46

1945년 2월, 처칠과 루즈벨트 그리고 스탈린이 크리미아반도 얄타에서 만나 몇 가지 중요한 결정을 내린다. 유럽은 분리될 것이었다. 리보프는 몇 달 전에 소비에트군에 의해 해방되었으며, 미국이 원하는 폴란드가 아닌 소비에트가 통치하는 우크라이나에 포함될 것이다. 독일 지도자들은 범죄자로 다루어지며 기소될 것이다.

세 달 후에 유럽에서의 전투가 끝났다. 5월 2일, 루즈벨트가 사망하고 새로운 대통령에 취임한 해리 트루먼이 로버트 잭슨을 주요 독일 전범재판 검사팀의 수장으로 임명하였다. 몇 주가 지난 6월 26일, 샌프란시스코에서 유엔UN 헌장이 체결되어 각국 정부는 기본적인 인권에 대한 새로운 의무를 도입하고 인간의 존엄과 가치를 존중하기로 합의하였다.

6월, 컬럼비아대학 출판부는 라우터파하트의 국제인권장전에 대한 책을 출판했다. 새로운 국제법 질서에 대한 그의 희망을 반영하여 그는 개인의 보호를 국제 법질서의 중심에 두기 위해 "인간의 권리에 왕관을 씌우겠다"는 처칠의 약속을 환기시켰다. 라우터파하트는 서문에서 "국가의 전지전능한 능력을 종식시키는 것"을 자신의 목적으로 천명하였다. 반응은 '설득력 있고', '꿰뚫어보는', '숨 막히는', '아이디어가 가득한', '실용적이며 현실적인' 법적 이론과 정치적 지식의 결합 등 크게 긍정적이었다. 하지만 '인종차별주의와 절멸수용소'는 더 이상 국내법에 의해서만 독점적으로 규율되는 문제여서는 안 된다는 그의 희망에 대한 비판도 있었다. 라우터파하트의 사상은 위험할 뿐 아니라 사라진 지 오래된 17세기 점성술을 다시 들먹이는 것과 다름없고, 그는 "미래의 비전이 아닌 과거의 메아리다"라는 비판을 받았다.

위의 책을 통해 제시된 (국제권리장전의) 법령 초안은 '국제법의 근본적인 혁신'으로 표현되었다. 국제법학회의 상당한 노력과 H. G. 웰스의 사상 그리고 전쟁기간 중의 다양한 국제 위원회 활동을 모아 라우터파하트가 기초한 법안은 시민권(신체 및 행동의 자유, 종교의 자유, 표현의 자유, 집회 및 결사의 자유, 사생활의 자유, 평등권 등)에 관한 9개 조항들이 포함되었다. 그러나 고문이나 여성에 대한 차별 금지와 같은 중요한 몇 가지는 별다른 설명 없이 빠졌다. 또한 나중에 깨닫게 된 사실이지만, 남아프리카의 유색 인종의 상황과 미국 일부 주에서의 대다수 흑인 인구가 실제로 참정권을 행사하지 못하는 골치 아픈 문제에 대한 라우터파하트의 접근도 마찬가지로 실망스러웠다. 그는 현실의 정치적 필요성을 인식해서 이 두 국가가 국제법적 권리장전에 참여하도록 하기 위해 위 문제들을 간과한 것이었다. 나머지 5개 조항을 통해 정치적 권리(선거권, 자치권, 소수자보호 등등)와 제한적이긴 하지만 취약계층을 위한 일자리, 교육 및 공공지원 등과 관련된 경제적, 사회적 권리를 규정하였다. 그러나 라우터파하트는 사회주의 진영인 동구권으로부터의 정치적 열풍과 영국 내 정치적 상황을 고려해 재산권 문제에 대해서는 침묵했다.

유엔 헌장과 위 책에 제시된 사상을 배경으로 라우터파하트는 전범재판 발상과 잭슨의 수석검사 임명을 환영했다. 잭슨은 그에게 도움을 요청하였다. 두 남자는 독일 수뇌부에 대한 재판을 담당할 최초의 국제 형사법원을 창설하기 위한 합의문 초안 작업이 시작될 무렵인 7월 1일 런던에서 만났다. 하지만 렘베르크가 독일의 지배에서 해방되고 1년이 지난 그때까지도 그는 가족의 운명에 대한 어떤 소식도 듣지 못했다.

7월 말, 어느 따뜻한 일요일 아침, 잭슨은 메이페어의 클라리지 호텔을 떠나 라우터파하트를 만나기 위해 케임브리지로 차를 타고 갔다. 잭슨은 연합국 4대 열강(미국, 영국, 프랑스, 소비에트)들에 의해 제기되는 문제점, 특히 피고인들에 대한 공소제기 과정에서 직면한 문제를 해결하는 데 학자의 도움을 구하고자 했다. 지금까지 이런 사례가 없었고, 소비에트와 프랑스 사이에는 완강하고 좁히기 쉽지 않은 의견의 차이가 있었다.

연합국 4대 열강은 일부 사항에 대해 합의하였다. 재판은 국가가 아닌 개인에 대해 재판 관할권을 행사하며, 피고인은 주권을 이유로 재판을 거부하는 것이 허용되지 않고, 각 나라가 판사 2명(주판사와 대체판사)씩 도합 여덟 명의 판사를 임명하고 검사를 한 명씩 지명하기로 했다.

그러나 형사소송절차에 대해서는 이견이 남았다. 프랑스식 소송절차에 따라 독일 피고인들을 판사가 수사할 것인가 아니면 영미식 소송절차에 따라 검사가 수사할 것인가? 모든 어려움 중에서 가장 심각한 관심사였던 문제는 피고인들에게 적용되는 범죄혐의의 내용이었다. 의견의 차이는 새로운 국제재판소에 적용될 규정인 국제군사재판소 헌장 제6조 초안의 문구에 집중되었다.

소비에트는 침략행위, 침략을 위해 민간인을 대상으로 한 잔학행위, 전쟁법 위반행위 등 세 가지 혐의를 원했다. 미국은 세 가지 혐의 외에 불법전쟁 도발과 SS 또는 게슈타포 대원들의 범죄 등 두 가지를 추가로 원했다. 잭슨은 프랑스가 소비에트를 지지할 것을 우려하여 차이를 좁히는 데 라우터파하트의 도움을 청했다. 잭슨은 히틀러의 개인 사무실을 방문하고, 영국 보수당이 프랑스와 소비에트의 입장에 동조하는 노동당에 패배했다는 소식과 함께 독일에서 막 돌아왔다. 그는 새로운 영국 정부가 소비에트를 지지할까 봐 걱정했다. 7월 28일 토요일, 런던으로 돌아오는 길에 그는 새로운 영국 정부가 재판에 대한 제안을 승인했다는 소식을 들었다. 잭슨이 우려하던 대로 프랑스 역시 재판을 승인하였던 터였다.

다음 날 잭슨은 케임브리지로 차를 타고 가는 내내 이 문제에 골몰했다. 그는 아들인 빌, 두 명의 비서 그리고 변호사 한 명과 동행했다. 그는 점심을 먹기 위해 라우터파하트를 그랜트체스터에 있는 아름답고 고풍스러운 전원주택으로 데려갔다가 크랜머 로드로 돌아왔다. 따뜻한 여름날, 그들은 테니스 코트처럼 부드럽고 깔끔하게 잔디를 다듬은 정원에 앉았다. 달콤한 냄새가 정원 전체에 물들고 라우터파하트는 손님들이 잔디를 유심히 살펴보는 모습에 기뻐했다. 둘이 이야기를 하는 동안 어린 아이는 정원 근처를 돌아다녔으며 레이첼은 차와 커피를 대접했다. 피츠빌리스에서 산 빅토리아 스펀지케이크를 대접했는지는 기록되어 있지 않다.

잭슨은 고민거리를 털어놓았다. 프랑스와 영국이 소비에트의 방식을 일방적으로 지지하고 있기 때문에 문제는 어떻게 하면 이견을 가장 적절하게 조절한 해결책을 마련하느냐 하는 것이었다. 라우터파하트는 합의를 이끌어내기 위해 협의안에 적절한 표제를 삽입하는 방법을 제안하였다. 이렇게 하면 진보적 방식으로 법을 발전시키는 데 도움이 될지도 몰랐다.

라우터파하트는 '침략행위'라는 단어 대신 '전쟁범죄'라는 용어를 쓰는 것을 제안하며 전쟁법 위반은 전쟁범죄라고 하는 것이 더 적절하다고 조언했다. 표제는 일반 대중이 어떤 행위로 기소가 이루어지는지 더욱 쉽게 이해할 수 있도록 도와줄 것이며 지지를 확보하기에 유용하며 소송 절차에 합법성을 더해줄 것이다. 잭슨은 라우터파하트의 표제에 대한 아이디어에 긍정적인 반응을 보였다.

라우터파하트는 추가로 아이디어를 제공했다. 러시아와 미국이 이견을 보이고 있는, 아직 밝히지는 않았으나 그가 개인적으로 관심이 있는 민간인에 대한 잔학행위를 해결하기 위해 국제법에 새로운 용어를 도입하는 것이 어떻겠느냐는 아이디어였다. 그는 한발 더 나아갔다. 개별 민간인에 대한 잔학행위를 '인도에 반하는 죄'라고 칭하는 것이 어떨까?

공식 버전은 1915년 영국과 미국이 아르메니아에 대한 터키의 행동을 비난할 때 사용되었지만 선언은 법적인 효력이 없었다. 이 용어는 또한 유엔 전쟁범죄위원회에서도 사용되었지만 역시 법적인 효력은 없었다. 잭슨은 이 아이디어도 마음에 들었다. 실용적이며 매력적이고 전향적인 방법이라고 생각했다. 그는 생각해보겠다고 대답했다.

후에 수행단이 케임브리지대학교 트리니티 칼리지를 방문하였다. 그들은 위대한 건축가 크리스토퍼 렌이 설계한 도서관을 걷고, 외부인들은 출입이 금지된 정원을 둘러보았다. 잭슨은 특히 나무들에 감탄했다. 잭슨팀의 법률가들 중 한 명인 캐서린 파이트Katherine Fite는 트리니티 칼리지 뒤편에 있는 캠 강의 풍경과 강을 가로지르는 작은 다리를 매우 좋아하였다. 그녀는 어머니에게 쓴 편지에서 "영국에서 본 가장 아름다운 풍경"이라고 했다.

47

7월 31일, 런던으로 돌아온 잭슨은 법령 초안의 개정본을 회람시켰다. 그는 라우터파하트의 표제 아이디어를 받아들여 범죄의 새로운 정의를 포함시켰다. 이것이 '인도에 반하는 죄'가 언급된 최초의 인쇄된 버전의 자료이다. "독일과 독일 이외 지역의 유대인과 다른 소수민족에 대한 학대 등을 해결하겠다는 점을 명확하게 하기 위해 우리는 이 용어를 포함해야 한다." 잭슨은 연합국에게 이렇게 설명하며 "전쟁 전후에 자행된 모든 행위에 대해"라고 밝혔다.

이 같은 용어는 국제법의 보호 범위를 확장할 것이었다. 이 용어의 사용으로 전쟁 시작 전에 독일 국민 중 유대인과 다른 소수민족에 대해 독일이 자행한 행위 또한 재판의 대상이 되었다. 여기에는 1938년 11월 레온이 독일제국Reich에서 추방당한 일과 1939년 9월 이전 수백만의 사람들에게 자행된 조치 등이 포함된다. 더 이상 국가는 자국의 국민들을 마음대로 취급할 수 없게 된 것이다.

8월 2일, 연합국 4대 열강은 합의를 위한 최종적인 노력을 경주하기 위해 만났다. 깃 세우기를 좋아하고, 영국 공직자 중 가장 잘 생겼다는 평가를 받는, 확고한 의지를 가진 신임 영국 법무장관 하틀리 쇼크로스 경Sir Hartley Shawcross이 업무 연속성을 감안하여 그의 전임자인 데이비드 막스웰 파이프와 함께 참석했다. 라우터파하트의 표제가 들어간 제6조 초안에 대한 논의는 논쟁의 여지가 많았기 때문에 마지막으로 미뤄졌다. 소비에트의 이오나 니키첸코Iona Nikitchenko 장군은 표제에 강하게 반대했다. 복잡하기 때문에 빼야 한다는 것이었다. 그의 부관인 A. N. 트레이닌A. N. Trainin은 이론적 관점에서는 표제를 환영하지만 표제의 모호함을 문제 삼으며 삭제해야 한다고 하였다. 잭슨은 "이름을 밝힐 수 없지만, 저명한 국제법 학자에 의해 제안된 표제는 편리하고, 대중이 각각의 범죄가 지니는 차이를 이해하는데 도움이 될 것이며, 대중의 지지는 중요하다"는 이유를 내세우며 그들의 의견에 반대했다.

치열한 논쟁 끝에 소비에트가 마침내 개인의 보호를 목적으로 '인도에 반하는 죄'가 국제법의 일부가 되는 것을 허용하기로 동의하였다. 1주일 후인 8월 8일, 최종 법안이 채택되고 서명 후 공개되었다. 역사적인 날이었다. 헌장의 제6조 ⓒ항에 의해 재판을 담당할 판사들은 인도에 반하는 죄를 범한 범죄자들을 단죄할 권리를 갖게 되었다. 인도에 반하는 죄는 다음의 사항을 포함했다.

> 전쟁 전과 전쟁 동안 민간인에게 자행된 살인, 말살, 노예화, 추방 및 기타 비인도적인 행위; 또는 행위가 자행된 국가의 법 위반과는 관련 없이 재판소의 관할권 내에서 범죄의 실행 또는 범죄와 관련되어 정치, 민족 또는 종교적 이유로 자행된 학대 행위

[원문] *murder, extermination, enslavement, deportation, and other inhumane acts committed against any civilian population, before or during the war; or persecutions on political, racial or religious grounds in execution of or in connection with any crime within the jurisdiction of the Tribunal, whether or not in violation of the domestic law of the country where perpetrated.*

이 문장은 매우 주의를 기울여 읽을 필요가 있다. 특히 두 번째 줄 끝 부분에 외롭게 자리잡은 세미콜론(;)을 주목해야 한다. 이것이 문제를 일으킬 것이기 때문이다. 라우터파하트는 문장이 지나치게 광범위하다고 생각했지만 세미콜론이 전쟁 전에 일어난 행위에 대한 사법권을 법원에 줄 것이라고 우려하지는 않았다. "협정의 제6조 ⓒ항-인도에 반하는 죄-은 분명 혁신이다." 그는 영국 외무부에 전했다. 나아가 이것은 "중대한 의미의 국제입법 가운데 하나를 제공하는 진보한 혁신이다." 이것은 국제법이 '국가 간의 법일 뿐 아니라 인류의 법'이라는 사실을 확인해주었다. 국제법을 위반하는 사람들에게 면책은 없다. 지도자도 예외가 없으며 '세계인의 분노한 양심'이 반영된 것이다.

쇼크로스는 맥네어의 전쟁범죄위원회를 대체하는 새로운 영국 전쟁범죄집행부British War Crimes Executive에 라우터파하트를 영입하였다. 쇼크로스는 그에게 재판 준비를 돕고 영국의 논거를 작성해 줄 수 있는지 물었다. 라우터파하트는 영입에 응했다. 며칠 뒤, 라우터파하트는 잭슨으로부터 케임브리지에서의 환대와 범죄에 대한 제안서를 공들여 작성해준 것에 대한 감사의 편지를 받았다. 잭슨은 그의 모든 제안을 세심하게 살피지는 않았으나 "모든 제안이 주제에 대한 우리의 생각을 명확하게 하는데 도움이 되었다. 내가 종종 런던으로 가서 당신과 다시 만날 것이다"라며 미래의 협력을 암시했다.

헌장의 제6조는 실무적인 면이나 학술적인 측면에서는 의미가 컸다. 하지만 라우터파하트 개인적으로는 감사할 게 없었다. 4년이 지났지만 렘베르크와 주키에프에서는 전혀 소식이 없었다. "아버지는 말이 거의 없으시다." 레이첼이 엘리에게 말했다. "감정을 표현하시는 법이 없다."

48

헌장이 채택되고 며칠이 지나 누군가 제6조 ⓒ항, 즉 '인도에 반하는 죄'의 정의에서 약간의 불일치한 점이 있는 것을 발견했다. 세미콜론이 문제였다. 세미콜론 때문에 러시아어 버전과 영어, 프랑스어 문장 사이에 차이가 발생한 것이었다. 영어와 프랑스어 버전을 러시아어 버전에 맞춘 수정안이 신속하게 합의되었다. 10월 6일 세미콜론을 없애고 쉼표(,)를 넣었다.

결과는 엄청난 파장을 몰고 올 수도 있었다. 세미콜론은 전쟁이 시작된 1939년 이전에 벌어진 인도에 반하는 죄도 재판의 사법권이 영향을 미치는 것으로 보이게 할 수 있다. 하지만 쉼표로 바꾸면 전쟁 전의 사건은 재판의 사법권 밖의 문제가 된다. 인도에 반하는 죄가 반드시 전쟁과 관련되어야 한다면 전쟁 전에 벌어진 행동에 대해서는 처벌이 따르지 않는다. 이것을 의도한 것인지 또는 이런 효과를 가지게 될 것인지는 판사들이 결정할 문제이다.

세미콜론이 사라지고 며칠이 지나 쇼크로스는 또 다른 문제에 대해 라우터파하트에게 불평했다. 개별 피고인의 특정 혐의의 용어에 대한 문제였다. 연합국 4대 열강은 쇼크로스가 전혀 마음에 들어 하지 않은 공소장으로 '매우 큰 어려움'을 겪고 있었다. "여기에 포함된 몇 가지 혐의는 내 생각에 역사의 시험 또는 어떠한 본격적인 법적 검토를 통과하지 못할 것으로 보인다." 쇼크로스는 아마도 공소장에 등장한 새로운 단어, '제노사이드'를 가리킨 것 같다. 이 단어는 미국의 강력한 주장에 따라 후반부에 포함되었으며, 영국은 강하게 반대하였다. 라우터파하트는 넣지 않으려 했을 것이다. "이 불만족스러운 문서로 최선의 결과를 만들어야 한다." 쇼크로스는 라우터파하트에게 말했다.

재판은 뉘른베르크 법원에서 1945년 11월에 열리기로 결정되었다. 연합국은 24명의 주요 피고인을 선정하였다. 헤르만 괴링Hermann Göring(히틀러 정권의 2인자), 알베르트 슈페어Albert Speer(군비 및 전시 생산부 장관), 마르틴 보어만Martin Bormann(히틀러 총통의 개인비서) 등이 포함되었다. 라우터파하트는 일곱 번째 이름에 특히 관심이 갔다. 한스 프랑크Hans Frank, 렘베르크와 주키에프가 포함된 폴란드를 통치하던 총독.

쇼크로스는 라우터파하트에게 "재판이 시작되고 며칠 머물러 줄 수 있다면 우리에게 큰 도움이 되겠다"라고 제안했다. "보수는 지급되지 않지만 비용은 제공하겠다."

라우터파하트는 다시 한 번 초대를 수락했다.

Part III

노리치의 미스 틸니

MISS TILNEY OF NORWICH

49

"미스 틸니Miss Tilney가 누구인가요?" 내가 어머니에게 물었다.

"몰라." 어머니는 시큰둥하게 대답했다.

그러더니 "1939년 여름에 나를 비엔나에서 파리로 데려다 준 여성인 거 같아"라며 더 이상의 정보는 없다고 잘라 말했다. 파리에 온 후 몇 년이 지난 다음 레온이 어머니께 이렇게 말해주었다. "중요하지 않아."

보아하니 미스 틸니는 한 살밖에 되지 않은 루스를 엄마인 리타에게서 건네받은 여성인 듯하다. 아기는 오스트리아 빈 서부역에서 넘겨졌다. 서로 작별 인사를 나눴고, 미스 틸니와 갓난아기는 파리행 기차에 탑승했다. 아기의 엄마에게는 상상 이상으로 고통스러운 순간이었으리라. 파리 동부역에 도착하자 갓난아기는 레온에게 전달되었다. 미스 틸니는 종잇조각에 연필로 자신의 이름과 주소를 적었다. 안녕Au revoir. 그들은 두 번 다시 만나지 않았다.

"그녀가 어머니 목숨을 구했나요?"

어머니가 고개를 끄덕였다.

"그녀가 누군지 궁금하거나 보고 싶거나 더 알아보거나 고맙다는 인사를 전하고 싶지 않으세요?"

"아니."

"그녀가 왜 어머니를 데려다 주셨는지 알고 싶지 않으세요?"

"아니."

50

돌을 맞고 사흘 후 부모도 없이, 어머니가 독일이 점령한 비엔나를 떠난 방식은 이상했다. 나는 어머니가 기억을 되살리고 싶어 하지 않는 이유를 이해할 수 있었다.

자세한 사항을 아는 사람 중에 살아 있는 사람은 아무도 없었고 내가 찾아낼 수 있었던 서류는 몇 가지 단서만 제공할 뿐이었다. 흐릿한 도장 세 개와 나치 문양이 몇 개 찍힌, 1938년 12월에 내 어머니 이름으로 발행된 여권을 발견했다.

도장 하나는 1939년 5월 4일에 갓난아기에게 귀국할 권리와 함께 오스트리아 바깥으로 편도여행을 허용하는 것이었다. 또한 취리히 동쪽 스위스 국경에 있는 오스트리아 펠트키르히에서 두 달 반이 지난 7월 22일에 찍힌 출국 도장이 있다. 다음날인 7월 23일에는 프랑스에서 '앙트레'Entrée 라고 표시된 입국 도장이 찍혔다. 여권 겉표지에 나치 문양이 찍혔으나 새빨간 'J'는 보이지 않았다. 갓난아기는 유대인으로 구분되지 않았다.

리타는 비엔나에 남았다. 어머니는 항상 리타가 선택할 수 있었다면 왜 하나밖에 없는 아이와 함께 파리로 오지 않고 남았는지 궁금해 하며 괴로워했다. 필요에 의한 것인가 아니면 선택이었나? 필요에 의한 것이라는 쪽으로 기울었다.

여권 이외에 유일한 단서는 레온의 서류더미에서 참을성 있게 기다린 누렇게 변한 종잇조각이었다. 한 면이 2인치가 채 되지 않는 사각형의 종이는 반으로 접혀 한쪽에 연필로 또박또박 몇 개의 단어가 써져 있었다. '미스 E. M. 틸니, 영국 노리치 블루벨 로드 메누카[Menuka].' 이름과 주소만 있을 뿐 내용은 없었다.

2년 동안 누런 종잇조각은 내 책상 위에 꽂혀 있었다. 종종 나는 이것을 바라보며 어디서 그것이 씌어졌는지, 누가 썼는지, 그리고 만약 그녀가 진짜로 했다면 미스 틸니가 왜 그처럼 위험한 여행을 한 것인지 궁금해 했다. 그 정보는 정말 중요한 것임에 틀림없었다. 왜냐하면 레온이 죽을 때까지 그 종이를 보관했기 때문이다. 60년 동안.

노리치 주소는 노포크 브로즈에서 케임브리지를 지나 런던의 북동쪽으로 100마일쯤 떨어진 곳에 위치해 있다. 나는 영어의 중산층이라는 뜻인 메누카라는 이름의 집을 찾는 데 실패했다.

나는 20세기 초 노리치의 인구조사기록과 전화번호부로 찾기 시작했다. 그 결과 E. M. 틸니라는 이름의 여성이 다섯 명이나 된다는 사실에 놀랐다. 두 명은 나이를 기준으로 제외할 수 있었다. 에드나 M. 틸니는 비엔나로 여행하기에는 너무 어린 나이이고(1924년생), 에디스 M. 틸니는 너무 나이가 많았다(1866년생). 세 명이 남았다.

1. E. M. 틸니[E. M. Tilney] 1915년생, 근처 블로필드 출신
2. 엘시 M. 틸니[Elsie M. Tilney], 1893년생, 전국 인구조사기록에 따르면 1901년

일곱 살이었고, 그녀의 부모와 함께 노리치 글로세스터 스트리트 95번지에 거주

3. 에디트 M. V. 틸니Edith M. V. Tilney, 생년월일 미상, 1940년 힐 씨Mr. Hill와 결혼

전화번호부에는 블로필드의 E. M. 틸니가 있었다. 만약 같은 사람이라면 그녀는 이제 아흔이 되었을 것이다. 나는 며칠 동안 그 번호로 전화를 한 끝에 마침내 아름다운 노포크 억양의 데스몬드 틸니와 통화할 수 있었다.

“엘시 언니는 3년 전에 죽었어요.” 그녀는 슬프게 말했다.

“엘시 언니가 1939년 비엔나로 여행을 했나요?”

“오, 모르겠네요. 그런 이야기는 들어본 적이 없어요.”

돌려서 물어본 것이었다. 이틀이 지나 나는 다시 전화를 했고, 전쟁 전에는 언니가 해외여행을 한 적이 없다는 대답에 낙담하였다.

나는 1893년생 엘시 M. 틸니로 대상을 바꿨다. 1901년 전국 인구조사 기록에 따르면 그녀는 약간 떨어진 지역의 집에서 부모님인 알버트(기차역 직원)와 한나, 그리고 네 명의 형제자매와 함께 살았다. 이름과 생년월일로 인터넷에서 두 가지 추가적인 단서를 찾을 수 있었다. 1960년 1월 1일, 같은 이름과 나이의 여성이 남아프리카 더반에서 출발한 (유니언 캐슬 라인의) 상선商船인 스털링 캐슬 호를 타고 사우샘프턴(영국 남쪽 해안에 있는 항구도시) 부두에서 내렸다. 배의 승객목록에는 미스 틸니–중간 이름은 마우드Maud–가 바수틀란드에서 돌아오는 ‘선교사’로 적혀 있었다. 그로부터 14년이 지나 1974년 10월 같은 이름과 나이의 여성이 플로리다 데이드 카운티에서 사망하였다.

그녀의 사망에 대한 정보에서 우편번호를 찾았다. 6달러를 지불하고

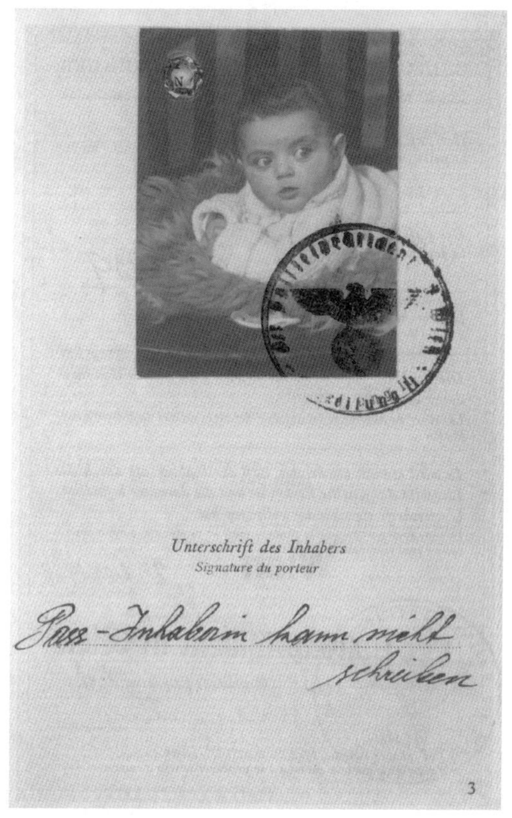

루스의 여권사진

다섯 자리 우편번호와 도시 정보를 얻었다. 33134, 마이애미. 틸니라는 이름과 우편번호로 그 지역에 몇 명의 틸니가 더 있다는 사실을 밝혀냈는데, 그중 두 명은 1974년에 사망하였다. 한 명은 프레드릭으로, 1901년 전국 인구조사 기록에 따르면 엘시 마우드 틸니의 남동생이다. 마이애미 전화번호부에서 나는 동일한 우편번호 지역에 사는 틸니를 몇 명 더 발견했다. 며칠이 지나 처음으로 저메인 틸니Germaine Tilney에게 연락을 하였다.

51

"네, 엘시 틸니를 알아요." 저메인 틸니는 활기찬 음성으로 내게 말했다. 엘시는 고인이 된 그녀의 남편의 고모, 즉 그녀의 시아버지인 프레드릭 틸니Frederick Tilney 박사의 누나였다. 그녀는 40년 전에 사망하였다. 그래서 저메인은 1960년대 중반 처음으로 만난 시고모 엘시가 '품위 있는 여성'이라는 것 이외에 크게 기억나는 것이 없었다. 그녀는 복음주의 기독교인으로, 선교사로서의 일에 매우 헌신적이었으며, 플로리다에서 은퇴하여 그녀의 동생인 프레드Fred와 함께 지냈다. "그녀는 매우 조용하고 외출이 적었으며 예의 바른 여성이었습니다." 그녀는 가끔 일요일에 있는 가족식사 자리에 함께했다.

저메인은 사진이 없었고, 노리치에 있는 전도사 알버트Albert와 잘 알려지지 않은 장소로의 미션을 제외하고는 미스 틸니의 젊은 시절에 대해 거의 기억하지 못했다. "아마 그녀는 북아프리카에서 시간을 보냈을 거예요." 저메인은 기억을 더듬었지만 전쟁 중의 정보나 비엔나로의 여행에 대해서는 알지 못했다. 저메인은 독일 태생이었으므로 전쟁에 대한 주제에는 약간 민감했다. 저메인은 설명했다. "아주 초반에 내 남편 로버트Robert가 가족을 모아놓고 전쟁에 대해 절대 언급하지 말자고 이야기한 적이 있었어요." 전쟁 중에 그녀의 시아버지 프레드릭과 그의 아내 노라Nora는 마이애미에 주둔하는 영국 군인들을 집에 머물게 했다.

저메인은 내게 미스 틸니의 동생 프레드릭에 대해 얼마나 아느냐고 물었다.

"전혀 모릅니다." 나는 대답했다. 그녀는 프레드릭이 흥미로운 인생을 살았다고 했다. "1920년대 미국으로 와서 유명한 보디빌더가 되었는데, 친구인 찰스 아틀라스를 알게 되었어요." 저메인은 프레드의 자서전, 《일흔셋에도 젊게 그리고 그 후에도!》Young at 73 and Beyond!를 알려주었다. 나는 자서전 한 권(나중에 어머니의 일흔세 번째 생신에 선물로 드렸다)과 프레드의 사진 한 장을 입수했다. 책에서 그는 노리치에서의 거칠고 힘들고 가난했던 어린 시절을 묘사했다. 고압적인 아버지(전도사로서도 마찬가지)와 찰스 아틀라스Charles Atlas와의 오랜 동업 관계와 우정.

저메인은 그녀의 조카 존John을 나에게 소개시켜 주었다. 존과의 전화 통화는 의도적이었는지 아니면 깨끗하지 않았던 통화품질에 따른 사고 때문인지는 몰라도 여하튼 짧게 끝났다. 그럼에도 불구하고 한 가지 아주 훌륭한 단서를 얻게 되었다.

"엘시 틸니는 독일 사람들을 싫어했어요." 존은 갑자기 뜬금없이 말했다. "그녀는 그냥 그들을 미워했죠." 전쟁 중에 무슨 일이 있었던 걸까? 그는 자세한 것을 알지 못했다.

희미한 인생의 궤적이 드러났다. 미스 틸니는 전도사 가정 출신으로 남아프리카로 선교를 갔고, 독일인을 싫어하고 노년을 마이애미 코코넛 농장에서 보냈다. 나는 아프리카 선교기록보관실을 샅샅이 뒤졌으며(예상보다 즐겁고 매력적인 일이었다), 여기에서 위트워터스란드대학교 도서관의 기록보관실로 이어지는 단서를 얻었다. 그곳에서 나는 전쟁 후 미스 틸니의 남아프리카 선교 관련 서류를 발견했다. 서류 중에 손으로 쓴 편지 몇 개가 있었다.

나는 그 편지와 종잇조각에 있는 필적을 비교했다. 똑같았다. 선교사와 블루벨 로드의 E. M. 틸니는 같은 사람이었다. 편지에는 강한 의지가 드러났고, 포르투갈과 그 전에 프랑스에서 지냈다는 정보가 담겨 있었다. 그래서 나는 프랑스어 기록보관실로 관심을 돌렸고, 거기서 1942년 2월에 한 프랑스 장교가 프론슈타라그(독일제국 밖의 전선포로수용소) 121호의 소장인 오토 란트호이저Otto Landhäuser에게 쓴 편지 한 통을 발견하였다. 나는 그곳이 유명한 온천도시인 비텔Vitel에 있는 독일 강제수용소라는 사실을 알게 되었다. 그 편지에는 수용소 내에 스물여덟 명의 여성 포로가 있다는 내용이 있었으며, 독일은 영국군에게 잡혀 있는 포로들과 이곳의 여성 포로를 교환하기를 원했다. 포로 가운데에는 '1893년생, 영국 여권 소지자, 비텔에서 독일군에 의해 억류 중'인 엘시 M. 틸니가 있었다.

저메인은 남동생인 전도사 알버트 틸니Albert Tilney를 언급했다. 이로 인해 또 다른 조사가 가능해졌다. 알버트는 알고 보니 옥스포드대 우스터 칼리지의 선임연구원이었던 로버트 고벳Robert Govett이 설립한 노리치의 서리 채플Surrey Chapel과 관련이 있었다. 고벳은 성경의 합리적인 결론을 추구하는 데 두려움을 느끼지 않는 논리, 종교개혁 이후 프로테스탄티즘의 일반적인 교리를 거부하는 독립교회주의, 누구나 이해할 수 있는 직접적이고 분명한 언어를 적용하는 평이함에 자극을 받아 성경에 충실하고자 하는 열정 때문에 채플을 설립했다. 나는 1954년에 인쇄된 채플 설립 100주년 기념 팸플릿을 얻었는데, 1903년 설립된 선교단 정보가 있었다. 모든 선교사들의 이름이 나열되어 있었는데, 그중에는 1920년 노리치를 떠나 알제리로 선교활동을 나간 한 사람과 흐릿한 흑백사진이 있었다. 사진에는 이마를 가로질러 머리카락을 넘긴 강인한 얼굴의 젊은 여성이 결의에 찬 표정을 하고 단순하고 교양 있는 드레스 차림으로 찍혀 있다. 나는 미스 엘시 틸니를 바라보았다. 조사를 시작한 지 2년 만의 일이었다.

52

서리 채플은 톰 채프만Tom Chapman 목사의 지도 아래 노리치의 중심에서 주요 커뮤니티로 번창하고 있었다. 나는 톰 채프만 목사에게 이메일을 보냈다. 그는 1시간도 되지 않아 답장을 보내 "흥미로운 조사"에 매우 관심을 보이며 "같은 엘시 틸니 이기를!" 희망하였다. 그는 내 이메일을 채플의 기록관리 담당자인 로자문데 코들링 박사Dr. Rosamunde Codling에게 전달하였다. 다음날 아침 나는 코들링 박사에게서 이메일을 받았는데, 그녀는 미스 틸니와 내가 찾는 여성이 동일 인물임을 "거의 확신한다"고 했다.

코들링 박사는 미스 틸니와 그녀의 전도사 동생인 알버트를 연결시켰다(그녀는 그의 소책자 가운데 하나, 〈믿는 사람들과 그들의 심판〉Believers and Their Judgement에 나를 소개했다. 그 책자는 몇 년 전에 노리치 홀 로드 66번지, A. J. 틸니 씨로부터 묶음당 6펜스, 100명당 3/6은 '우편료 무료'로 제공되었었다). 미스 틸니에 대한 또 다른 참고자료들이 채플의 뉴스레터에서도 발견되었다. 코들링 박사는 그녀가 모더니즘을 용감하게 반대한 사람이라고 설명하였다. 그녀의 임무 범위가 간단하게 적혀 있었다. "유대인."

몇 주 후에 나는 노리치로 첫 번째 여행을 떠났다. 내가 지금 소개하는 이야기를 (서리 채플 관련자 중에서) 처음으로 들은 코들링 박사는 '구원된 유대인'의 자손이 연락을 해왔다는 것에 기뻐하며 매우 적극적으로 도와주려 하였다. 나는 목사와 코들링 박사의 따뜻한 환대를 받았다. 코들링 박사와 함께 미팅에 참석한 에릭Eric이라는 예전 신자는 미스 틸니를 부드럽고 달콤한 목소리의 예쁜 젊은 여성으로 기억했다. 그는 이런 외모가 약간 불리하게 작용했다고 했다. "선교사와 예쁘다는 것을 잘 연결시키지 않잖아요?" 그는 그녀가 결혼한 적이 있었는지 궁금하다는 이야기도 덧붙였다(결혼에 대한 기록은 없다). 에릭은 주일학교에서 아이들이 잘 알지 못하던 아프리카에 대해 이야기하던 미스 틸니를 기억했다. "대영제국 지도는 있었지만 아프리카 문화나 사람들 또는 이슬람에 대해서는 거의 알지 못했어요." 에릭이 설명했다. "아프리카에 대한 정보는 모두 그녀에게서 들었죠. 그녀가 가져온 사진이나 그녀가 그린 그림들." 그녀는 특히 알제리에 대해 열정적이었다. 그때는 1930년대 중반이었다.

코들링 박사는 노리치 공공문서보관소에 있는 서리 채플 기록보관실로 나를 안내했다. 그곳에서 우리는 오후 내내 엄청난 양의 서류를 뒤지며 미스 틸니에 대한 흔적을 찾기 위해 노력했다. 찾는 것은 어렵지 않았다. 그녀는 편지를 자주 쓰는 사람이었으며, 여러 가지 복음 잡지에 짧은 글을 기고했고, 분명하고 날카로운 관찰자였다. 유럽이 파시즘과 반유대주의를 받아들이자 그녀는 다른 길을 선택했다. 기록보관실 자료는 레온이 파리에 도착한 1939년 봄에 그녀가 파리에 살았었다고 명확하게 증명해주었다.

그녀는 열 살이던 1903년 2월부터 서리 채플에 다니기 시작했고, 1920년 알제리와 튀니지로 선교활동을 가면서 교회를 떠나 그곳에서 10년 이상을 보냈다. 1927년 11월, 그녀는 튀니지의 메디테라니언 해변에 있는 소도시 나뷜에 자리를 잡고 마담 가마티Madame Gamati와 함께 일했다. 그녀는 유대인 가정을 방문하여 유대인들을 하나님께 인도하고 구원받게 하려 할 때 그들이 보내준 엄청난 환대에 관해 썼다(성공적이었는지는 적혀 있지 않다). 가끔씩 그녀는 집으로 돌아갔다. 1929년 여름에는 본머스에서 열린 북아프리카 여름 선교대회에 참석하였다. 누군가 찍은 단체사진에서 그녀는 갓난아기를 안고 있었다. 몇 안 되는 그녀의 사진 중 하나였다.

1930년대에 그녀는 확실히 자리잡은 마일드메이 미션에 합류하여 유대인의 복지를 위한 활동에 집중한다. 서리 채플에서 준비한 작별인사는 채플의 신조로 시작한다. "유대인을 먼저." 그녀는 서리 채플의 목사 데이비드 팬톤David Panton이 자신이 편집장으로 있는 〈새벽〉에 쓴 글에 큰 영향을 받아 그와 가깝게 지냈다. 그녀는 '유대인과의 전투를 통해 나는 주님의 일을 하고 있다'는 제목의 히틀러 연설에 대한 〈타임스〉의 1933년 7월 25일자 기사(크리클우드의 라우터파하트가 읽었을 가능성이 높은 기사) 이후 팬톤이 쓴 글을 본 것이 틀림없다. 팬톤은 히틀러의 반유대주의적 분노를 비이성적이며 제정신이 아닌, 전혀 종교에 기반하지 않은 순전히 민족적, 광신적 증오라고 비판하였다. 팬톤은 히틀러의 시각은 개별 유대인의 성격이나 행동과는 완전히 별개의 것이라고 썼다. 이 글은 튀니지 제르바섬에 살고 있던 미스 틸니에게 자극을 주었을 것이다. 1년 후인 1934년 봄, 그녀는 프랑스의 유대인들 사이에서 일하는 데 헌신하기 위해 프랑스로 옮겨왔다.

1935년 10월, 미스 틸니는 파리에 정착했다. 채플의 '선교사 메모'에서는 심각한 사고를 간발의 차이로 피하는 내용이 또 다른 저널인 〈신뢰와 노역〉에 실렸음을 보도하였다. 파리의 붐비는 큰 도로를 지나던 미스 틸니가 인도에서 내려오려는 찰나 한 신사가 그녀를 끌어 당겨 자동차에 부딪치는 상황을 가까스로 피했다. 특히나 흥미롭고 재미있는 사실은 목숨을 구해준 신사가 유대인이었다는 것이다!

1936년, 그녀는 파리의 북아프리카 미션 하우스로 이사했다. 불어와 아랍어에 능통했던 그녀는 파리의 모스크mosque(회교 사원)를 방문했다고 보고하였다. 그녀가 보기에 건물은 전혀 매력적이지 않았다. 왜냐하면 복음을 부정하는 교리였기 때문이었다. 그러나 그곳에는 훌륭한 쿠스쿠스couscous(파스타의 일종으로 북아프리카 전통요리)가 있었고, 조용히 기도하는 사람과 지켜보는 사람을 위한 기회도 제공했다(그녀는 튀니지 출신의 '천성적으로 쾌활한 성격의' 웨이터에게 누가복음을 암송해주는 기쁨을 즐겼다). 그녀는 보고서에 모스크의 인테리어, 꽃이 보여주는 이국적인 아름다움, 햇빛 쏟아지는 마당에 있는 나뭇잎과 분수에 대해 썼지만 모든 것이 우리 주님을 부인하는 것으로 보여 슬프고 슬픈 감정을 담았다.

1936년과 1937년은 파리와 남부 튀니지의 가베스에서의 생활로 나누어진다. 가베스에서 그녀는 장티푸스 발생에 대응하느라 대부분의 시간을 보냈다. 그녀는 격리된 아라비아 사람들과 시간을 보냈다. "친애하는 연로한 유대인"들을 돌보면서 여전히 긍정적인 부분을 볼 수 있었다. 왜냐하면 장티푸스의 유행으로 많은 유대인과 이슬람교도들이 문을 열고 그녀가 마태복음을 열정적으로 읽으며 어린 유대인 남자아이를 관찰할 수 있게 해주었기 때문이다. 파리에서 그녀는 14구에 있는 애비뉴avenue(큰길) 뒤 메인에 있는 침례교 교회에서 일했다. "나는 독일 유대인 난민의 고통을 돕고 직접 목격할 수 있는 은총을 받았다." 그는 노리치에 있는 친구에게 이처럼 썼다.

1937년 9월, 그녀는 파리로 돌아와 미국 유대인 선교위원회American Board of Missions to the Jews의 파리 대표인 앙드레 프랑클André Frankl 집사(1895년생, 헝가리 랍비인 프랑클의 손자로, 유대교에서 개종하고 1914년 레온의 형인 에밀과 같이 오스트리아-헝가리 제국 군대 일원으로 동부전선 전투에 참전하였다)와 함께 침례교 교회에서 독일 및 오스트리아 유대인들을 인터뷰하였다. 미스 틸니는 침례교 교회의 목사인 무슈 빈센트Monsieur Vincent가 "그의 교회와 그의 마음을 유대인들에게 개방했다"고 보고했다. 그녀는 회의에서 유대인을 대신하여 발언하고 난민들과 함께 일했으며 어떤 도움이 가능할지 결정하기 위해 인터뷰를 지원하였다. 1939년 1월, 레온이 파리에 도착했을 때 그녀는 여전히 침례교 교회에서 일하고 있었으며, 아마도 아이의 탈출을 위해 도움의 손길을 찾는 레온과 그 교회에서 만났을 것으로 생각된다. 미스 틸니의 활동은 종종 〈신뢰와 노역〉에 보도되었다. 여기에는 폴란드 로보프대학의 유대인 학생들이 반유대주의 폭도들에게 공격을 당하는 등 렘베르크의 참혹한 상황도 함께 보고되었다.

애비뉴 뒤 메인에 있는 침례교 교회는 난민지원 서비스의 도움을 받는 지식인, 학자, 의사들을 포함하여 오스트리아, 독일에서 온 난민들의 중심지였다. 교회는 레온과 같은 수백 명의 난민을 위해 무료급식소를 열었다. 독일, 오스트리아, 체코슬로바키아 출신의 유대인 난민이 교회에 많이 모이는 금요일 저녁 모임은 특히 감동적이었다. 70년이 지나 나는 침례교 교회에서 지금의 목사인 리차드 겔린Richard Gelin과 함께 오후 시간을 보냈다. 그는 장래의 위험에서 유대인을 구하기를 바라면서 실행한 수많은 유대인 대상의 세례 의식에 대한 정보를 포함한 기록보관실의 자료를 공유했다. 기록보관실에는 유대인 난민과 그들의 아이들에게 제공한 교회의 여러 가지 활동에 대한 정보가 많았으며, 헨리 빈센트Henri Vincent의 용감한 활동을 소개하는 몇 권의 책도 있었다. 나는 레온이나 미스 틸니에 대한 자료는 찾지 못했지만 몇 장의 사진을 통해 본 오스트리아, 독일에서 온 유대인 난민의 모습에서 강렬한 인상을 받았다. 한 무리의 사람들이 교회의 복도에 앉아 있는, 받아들여지기를 기다리는 어려움에 처한 사람들의 사진이었다. 나는 레온이 파리에서 무일푼으로 조용하게, 가족도 없이 혼자서 이 방에 앉아 있는 모습을 상상했다.

1939년 7월 15일, 〈신뢰와 노역〉은 미스 틸니가 파리에서 일하고 있다고 보도하였다. 1주일 후, 위험을 감수하고 그녀는 어린 아이를 데려오기 위해 비엔나의 서부역으로 갔다. 그녀는 첫 돌이 막 지난 갓난아기를 자신의 손에 믿고 맡기는 리타를 만났다. 나는 어머니로부터 리타와 함께 레온

엘시 틸니, 1920년

의 누나인 로라도 11살 된 헤르타를 데리고 역으로 나왔었다는 이야기를 들었다. 헤르타도 미스 틸니와 함께 파리로 갈 예정이었다. 마지막 순간에 로라는 헤르타를 보내지 않기로 했다. 헤어지는 고통이 너무 컸기 때문이다. 결정은 이해가 되지만 결과는 참담했다. 2년 후인 1941년 10월, 어린 헤르타는 어머니와 함께 리츠만슈타트에 있는 게토로 강제이주되었다. 몇 달이 지나지 않아 헤르타와 로라는 학살당했다.

미스 틸니는 아이 하나만 데리고 기차를 타고 파리로 이동했다. 파리 동부역에서 그녀는 레온을 만났다. 나는 레온이 어떻게 감사를 표시했는지 또는 그가 미스 틸니를 다시 만나기는 했는지 알지 못한다. 그녀는 이름과 주소를 종이쪽지에 적어 레온에게 주었고, 그들은 각자 파리의 다른 방향으로 떠났다.

53

나는 이 시점에서 미스 틸니에 대한 조사를 마칠 수도 있었지만 다음이 궁금했다. 왜 그녀는 그런 역할을 했을까? 그녀의 연민 어린 행동의 동기는 무엇일까? 그녀는 한 달 뒤 전쟁이 시작되었을 때 파리에 머물며 북아프리카 선교회에서 일했고, 프랑스에 계속 머물게 해주는 프랑스 신분증 취득을 원했다. 그녀의 업무 범위는 그녀가 가깝게 지내는 유대인 피보호자들을 돌보는 매우 위험한 일이었다. 그녀는 르 아브르와 다른 프랑스 항구를 자주 방문하여 그녀의 피보호자들이 미국으로 떠날 때 안전한 작별을 고했다. 1940년 6월, 독일군이 파리를 점령했다.

그녀는 외부와의 연락 없이 몇 달 동안 파리에 갇혀 지냈다. 그녀의 침묵은 친구들을 걱정하게 했고, 〈신뢰와 노역〉 독자들은 그녀와 그 어느 때보다도 비통한 운명의 사람들을 위해 기도하기 위해 모였다. 채플은 총 10파운드의 성금을 모아 보냈지만 도착하는 데만 1년이 넘게 걸려 그녀는 미국 대사관의 지원에 의지해 지냈다. 1940년 9월, 그녀는 마침내 그동안 잘 지내지 못했지만 지금은 나아져 햇살을 즐기며 빛은 늘고 "가족과 친구, 특히 서리 로드를 계속해서 생각한다"고 썼다.

서리 채플의 멤버들은 너무 걱정이 되어 처칠 행정부의 외무부 장관인 로드 할리팍스Lord Halifax에게 연락을 취했지만 성과는 없었다. 기록에서는 간접적으로 '외무장관이 모두와 그 밖의 사람들에게 찬사를 보냈지만 그게 다였다'라고 나와 있다. 그 다음에는 더한 침묵이 이어졌다. 프랑스에 있는 외국인 적들은 억류되었고, 1941년 초 미스 틸니는 다른 수백 명의 영국 여성과 함께 브장송에 있는 군 생활관으로 보내졌다. 5월에 그녀는 프랑스 동부 온천도시인 비텔의 프론슈타라그 121호로 이송되어 그랜드 호텔(지금은 클럽 메드의 일부)에 억류되었고, 그곳에서 4년을 보냈다.

1942년 2월, 영국과 독일은 포로 교환에 합의하였으나 아무 성과도 내지 못했다. 서리 채플은 미스 틸니의 치과 치료를 위해 2파운드를 송금했다. 1943년 초 그녀가 영양실조에 시달린다는 걱정스러운 보고서가 도착한다. 그녀의 편지는 짧았다. "평화의 날을 염원하며." 격리 3년차에는 불길한 일이 벌어졌다. 비텔에 있는 2,500명의 적성국가 국민이 3미터 높이의 꼭대기에 가시철사가 감긴 담장으로 격리된 강제수용소의 열 개 호텔에 감금되었다. 대부분은 영국, 캐나다, 미국 출신 여성이었다. 그러다 1943년 4월, 400명의 유대인 남녀와 아이들이 도착했다. 그들은 바르샤바 게토에 있다가 남아메리카 여권을 가지고 있다는 이유로 이송되었다. 그들은 살인과 대량학살에 대한 믿을 수 없는 이야기를 들려주었다. 본부 사무실에 근무하면서 기록과 공문서 등을 관리하던 미스 틸니는 수용소 책임자인 란트호이저 소장이 알로이스 부르너와 아돌프 아이히만으로부터 비텔에 억류 중인 모든 바르샤바 유대인을 동쪽으로 보내기 위해 한 곳에 모으라는 명령을 받았다는 사실을 알았다. 그들이 위조된 여권을 가지고 있기 때문이라고 했다.

1944년 1월, 란트호이저 소장은 바르샤바 유대인들을 호텔 프로비던스에서 떨어진 호텔 뷰 사이트로 이동시켰다. 이 조치로 수용소 안에 큰 소동이 일었다. 3월에 169명의 바르샤바 유대인들이 처음으로 아우슈비츠로 향하는 제72호 기차에 탑승하여 이동하였다. 이들 중에는 시인 이삭 가츠넬손Isaac Katznelson도 포함되어 있었는데, 그가 병에 담아 수용소에 숨겨두었던 마지막 작품들이 훗날 발견되었다. 그 시편들 중 하나인 〈학살된 유대인의 노래〉The Song of the Slaughtered Jewish People는 널리 알려졌다.

저항도 있었다. 일부 바르샤바 유대인들은 호텔 고층에서 뛰어내리거나 독약을 먹고 자살했다. 다른 이들은 탈출을 시도했다. 그중에는 사샤 크라베크Sasha Krawec라는 젊은 폴란드인이 있었는데, 그는 영어 선생님인 미스 틸니에게 도움을 청했다. 나는 이 사실을 또 다른 피억류자(런던에 있는 내 이웃의 종고모이다)였던 소피카 스킵비스Sofica Skipwith가 쓴 책, 《공주의 자서전》The Autobiography of a Princess에서 알게 되었다. 이 책은 아우슈비츠로 이동하기 바로 전 사라진 사샤 크라베크에 대한 이야기이다. "우리는 사샤에게 아주 친절하게 대해주던 독일 점령지의 사령부에서 일하는 중년의 미스 틸니가 이 사건에서 모종의 역할을 했으리라고 생각했습니다."

소피카 스킵비스의 추측은 옳았다. 미스 틸니가 1944년 9월 18일 미군이 도착할 때까지 사샤 크라베크를 숨겨주었다. "수용소가 해방되고서야 그가 미스 틸니의 집 화장실에서 숨어 지냈다는 사실이 밝혀졌다"고 소피카는 썼다. 한 피격리자는 미스 틸니의 남동생 알버트에게 그의 누나가 "항상 자신을 가장 나중에 생각했고, 스스로 엄청난 위험을 감수하고 모두의 여권을 구했다"며, 죽음의 수용소로 보내질 운명의 한 젊은 유대인을 16주 동안이나 숨겨주었다고 이야기했다. 그녀는 무명의 피억류인으로 인해 독일군에게 넘겨졌으나 다행히도 소녀를 숨겼다는 혐의로 범죄사실을 부인할 수 있었다. 또 다른 피억류자는 알버트에게 사샤 크라베크를 구한 일은 전쟁 중에 감행한 엄청나게 용감한 행위 중 하나라며 자신은 좋은 일을 하는데 그녀만큼 용감하고 열심히 일하며 자신을 아끼지 않는 사람은 본 적이 없다고 말했다. 미스 틸니는 "내가 만나본 사람 중에서 가장 용감한 사람 중의 한 명입니다."

해방 후에 그녀는 비텔의 수용소를 마지막으로 떠난 사람 중 하나였다. 그녀는 미국 육군 제6군에서 일했으며(그녀가 양심 있고 능력이 있으며 창의적이고 충성심이 있는 곳이라고 생각했던) 미국 육군 제7군 휴양시설 가운데 하나인 에르미타주 호텔에서 비서 겸 지배인으로 근무했다. 그녀는 그 후 억류되었던 사람들의 소지품 몇 가지를 가지고 파리로 와서 애비뉴 뒤 메인의 침례교 교회로 다시 돌아갔다. 후에 미스 틸니는 남아프리카에서 선교활동을 하기 위해 프랑스를 떠나 1950년대 대부분을 그곳에서 보냈다. 은퇴 후에 그녀는 플로리다로 와서 코코넛 농장을 경영하는 그녀의 동생 프레드 가까이 머문다. 다채로운 인물인 프레드는 후에 마이애미 법원의 판사로부터 바이비온ViBelon이라는 맥주 양조용 이스트와 야채 향을 섞은 가짜 '보디빌딩 액체'를 판매하는 것은 우편물 사기죄에 해당하므로 중지하라는 명령을 받았다. "그들은 틸니 박사, 미스터 아틀라스와 엘시와 코코넛 농장에서 함께 시간을 보냈을 거예요." 저메인 틸니가 설명했다.

미스 틸니는 1974년 사망했다. 그녀의 자료가 파기되어 어디에 묻혔는지 알려지지 않은 상황에서 나는 〈마이애미 헤럴드〉의 부고 담당기자에게 연락했다. 몇 가지 질문이 오간 끝에 그녀는 미스 틸니가 화장되었고, 뼛가루는 플로리다 남쪽의 대서양 해변에 있는 비스케인 베이에 뿌려졌다고 알려주었다.

그녀가 비엔나 또는 비텔에 대해 이야기한 적이 있었는지에 대한 기록은 없다. 서리 채플에도, 플로리다에도.

54

소피카가 언급한 피억류자 중 몇 명은 아직 살아 있다. 그중에서 나는 90세의 예술가 슐라 트로만Shula Troman을 찾아냈다. 1944년까지 비텔에서 3

년간 억류되었던 그녀는 대서양이 바라보이는 브르타뉴Brittany(프랑스 북서부의 반도)의 플로밀리오라는 작은 동네에 살고 있었다. 우리는 파리의 마레 지구 쉐 마리안느 로지에 거리에 있는, 그녀가 가장 좋아하는 레스토랑에서 만났다. 그녀는 밝은 빨강색 옷을 입고 아름다운 미소를 지으며 대단히 활기차게 약속 장소에 도착했다. 슐라에 대한 내 첫인상은 엄청난 흠모의 감정이었으며, 마지막까지 같은 감정을 느꼈다.

슐라가 비텔에서 억류된 것은 사무 착오에 의한 것이었다. 작은 프랑스 마을에 살고 있었던 그녀는 프랑스 신분증을 신청했고, 직원은 그녀의 출생증명서에서 그녀가 영국령 팔레스타인(그녀의 아버지가 1923년 바르샤바에서 이곳으로 이주했다)에서 태어났다는 것을 확인했다. 슐라는 그가 그녀의 국적을 영국이라고 적었을 때 수정하지 않았다. 후에 그녀는 노란색 별을 달아야 하는 유대인이었는데, 영국 국적으로 잘못 기재되었기 때문에 그녀가 파리에서 독일군에게 체포되었을 때 목숨을 구할 수 있었다.

결국 1941년 봄에 그녀는 비텔의 그랜드호텔 6층으로 보내졌다. "뜰이 보이는 예쁜 큰 방과 화장실이 있는 스위트룸이었어요." 그녀는 조용하면서도 명랑하게 설명했다. 1943년 바르샤바 게토의 유대인들이 도착하여 믿을 수 없는 이야기를 할 때처럼 어려운 시기가 있었지만 수용소에서의 삶은 지나치게 암울하지는 않았다. 그녀는 멋지고 젊은 영국 남자 몰리 트로만Morley Troman에게 미술 수업을 받았다. 그녀는 그와 사랑에 빠졌고, 나중에 결혼했다. 그녀는 소피카 스킵비스와 그녀의 가장 친한 친구 페레로프 '로페' 브리어레이Penelope 'Lopey' Brierley와 함께 문학과 정치 그룹에 참여했다.

그녀는 내게 그녀의 친구 로페의 사진을 보여주었다. 로페는 사진 뒤에 샤를 빌드라크Charles Vildrac의 시 구절인 '죽음과 공통점이 없는 삶'Une vie sans rien de commun avec la mort을 적어 넣었다.

가끔씩 그들은 저녁에 〈동양의 노래〉와 같은 악의 없고 장난스러운 쇼를 열었으며, 미스 틸니도 참석했다. "정말 대단했어요." 슐라가 눈을 반짝이며 회상했다. "맨 앞자리에는 고위급 관료들이 자리했고, 란트호이저 소장이 정중앙에 앉고 게슈타포 요원들이 VIP로 참석을 했어요. 우리가 가사를 알려주지 않아서 그들은 우리가 무슨 노래를 부르는지 몰랐죠. 그들은 특히 '이스라엘 사람들에게 긴 생명을', '이스라엘은 영원히 살리라!'라는 가사의 노래를 정말 좋아했어요. 우리는 히브리어로 노래를 불렀고, 그들은 이해하지 못했거든요. 첫 번째 열 전체가 일어나 박수를 치면서 환호하고 다시 불러달라고 요청했어요. 정말 대단했어요."

그녀는 웃었다. "우리는 아주 크게 불렀어요. 그들은 박수를 열렬히 쳤고요. 진짜 재밌었던 것은 나중에 그들이 가사를 알게 된 것인데, 우리는 다시는 쇼를 하지 못했어요!"

슐라는 제1차 세계대전 때 영국의 전쟁포로였으며, 수용소 소장이었던 호텔 관리인에게 애착을 보였다. "그는 기독교인이건 유대인이건 영국 태생의 피억류자들을 좋아했어요." 슐라는 설명했다. "풀려난 후에 그는 우리에게 자신의 명함을 주며 놀러오라고 초대했죠."

그런데 초기에 그녀는 아주 이상한 영국 독신녀를 알게 되었는데, 그녀는 그 독신녀의 이름을 "미이쓰 티일니"Mees Teel-nay라고 발음했다. "미스 틸니는 사령부에서 피억류자들의 서류와 파일을 관리했어요. 나는 그녀가 의심스러웠기 때문에 두려워했어요." 그녀는 나이보다 젊어보였고, 회색 머리카락에 아주 말랐고, 혼자 있기를 좋아하며, 신앙심이 깊은 내성적인 여성이었다. 그녀는 소심하고 긴장하고 혼란스러워했다. 슐라는 이 영국 여성이 정보원일지 모른다고 생각했다. 또 다른 걱정도 있었다. 그녀는 자신의 유대인 배경을 비밀로 하고 싶어 했다.

슐라(오른쪽)와 로페 브리어레이, 1943년 비텔

미스 틸니와의 관계는 1941년 여름 예기치 않게 바뀌었다. "내가 복도를 걷고 있을 때 미스 틸니가 가까이 오는 것이 보였어요. 나는 그녀가 사령부에서 일하는 것을 알고 있었기 때문에 긴장했고, 그녀와 가까이하고 싶지 않았죠. 그녀가 내게 가까이 다가올수록 나는 점점 더 긴장했어요. 그러다 매우 이상한 일이 벌어졌습니다. 그녀가 내 근처에 오더니 무릎을 꿇었고, 좀 더 가까이 다가와 내 손을 잡더니 손에 키스를 했어요. 나는 크게 놀랐고, 어떻게 할지, 뭐라고 말해야 할지 아무 생각이 없었습니다. 그

때 미스 틸니가 '난 네가 세상을 구원할 사람들 중 하나라는 것을 알고 있어. 너는 선택받은 사람 중 하나야'라고 말했어요."

슐라는 식탁 건너 나를 바라보았다. "이게 얼마나 무서운 느낌인지 이해하겠어요?" 그녀는 물었다. 그녀는 계속 말을 이어나갔다. "나는 내가 유대인이며 진짜 영국인이 아니라는 비밀을 아무도 몰랐으면 했어요. 그러니 그녀의 말이 얼마나 끔찍했는지, 그게 무슨 뜻인지 상상이 되나요?" 그녀는 자신이 추방이 가능한 무국적자로 재분류될까 봐 걱정했다. "그랬더니 미스 틸니가 말했어요. '걱정하지 마, 내가 널 돌봐줄게. 가능한 모든 수단을 동원해 너를 보호해 줄거야.' 아주 이상한 일이었어요. 다른 사람들은 유대인을 매우 위험하게 봤지만 미스 틸니는 특별하게 여겼어요."

슐라는 잠시 말을 멈췄다 다시 이었다. "그녀는 그 시대의 다른 사람들과는 완전 반대 방향의 사람이었어요."

미스 틸니는 이 젊은 여성을 보호하기 위해 눈을 떼지 않았다. 해방 후 슐라는 미스 틸니가 어떻게 사샤 크라베크를 구했는지 알게 되었다. "우리는 자유롭게 수용소 마당에 나와 영국이 통치하는 일종의 무인지대에 있다는 사실에 놀라고 있었어요. 내 친구 라빗Rabit–매들린 슈타인버그Madeleine Steinberg–은 유대인을 다른 호텔로 옮겼다가 아우슈비츠로 향하는 열차에 태웠을 때 완전히 정신이 나갔어요. 우리는 사샤가 잡혀갔다고 생각했습니다. 그러다 갑자기 6개월 뒤에 새하얀 얼굴로 완전히 탈진한, 반쯤 넋이 나간 얼굴로 어찌할 바를 모르고 마당에 서 있는 그를 봤어요. 그는 마치 약을 먹은 실성한 사람 같았지만 살아 있었어요. 미스 틸니가 살렸지요. 그리고 우리는 그녀가 그를 어떻게 살렸는지 들었습니다. 미스 틸니는 그에게 다른 수송차량이 있으면 신호를 보내라고 했고, 그가 신호를 보내자 그녀는 그를 불러 여자 옷을 입혔어요."

슐라는 다시 침묵하다 조용히 덧붙였다. “그게 미스 틸니가 한 일입니다.” 그녀는 눈물을 훔쳤다. “놀라운 여성Une femme remarquable.” 나는 그 말을 겨우 알아들을 수 있었다.

55

서리 채플의 로자문데 코들링 박사는 미스 틸니를 기억하는 또 다른 신도와 만나게 해주었다. 그레이스 웨덜리Grace Wetherley는 80대 후반의 여성으로, 변호사를 신뢰하지 않기 때문에 처음에는 나와의 만남을 거부했다. 그녀는 생각을 바꾸었고 우리는 일요일 아침 예배가 끝난 후에 만났다. 그녀의 인상은 사람들 사이에서도 눈에 띌 정도로 강했고 눈은 총명했으며 밝았다. 그녀의 머리카락은 아름다운 새하얀 색이었다. 그렇다. 그녀는 1930년대 초반 북아프리카에서 돌아온 후 주일학교에서 만난 미스 틸니를 기억했다.

“나는 그녀의 동생 알버트를 별로 좋아하지 않았지만 그에 대한 기억이 더 많아요.” 그레이스가 날카롭게 말했다. “남동생은 누나와 성격이 달랐죠. 약간 변덕스러웠어요.” 그녀는 잠시 기억을 떠올리더니 다시 말을 이었다. “1935년에 나는 미스 틸니 옆에 앉혀졌어요.” 그레이스는 흥분한 목소리로 정확하게 말했다. “그녀는 두려움이 전혀 없었고, 아이들에게 헌신했어요. 그게 그녀에게 동기를 부여했죠.” 그레이스는 잠시 말을 멈췄다. “그게 우리 모두에게 동기를 부여했어요.” 그녀의 얼굴에 미소가 번졌다. “내가 십대가 되자 나는 그녀를 우상화했던 것 같아요. 제대로 된 세상이 아니었지만 나는 그 여성에 대한 존경심으로 가득했어요. 그녀에게는 두려움이 없었어요."

그레이스는 미스 틸니의 활동에 대해 신도들이 하는 이야기들, 루머들을 알고 있었다. "신도들은 그녀가 유대인 아기들의 목숨을 구했다고 말했어요." 그녀는 자세한 내용은 알지 못했다. 아기들 중에 채플에 나타난 아이는 한 명도 없었다. "전쟁 중이었고, 그녀는 외국에 있었고, 유대인을 없앨 계획이 있었어요. 그녀는 두려움이 없었고, 이 불쌍한 아이들을 보고는 목숨을 구한 것이죠. 그녀는 자신의 목숨을 거는 엄청난 일을 한 겁니다."

우리는 앉은 채 잠시 사색에 잠겼다. "이제 당신이 우리를 만나러 왔네요." 그레이스는 미소를 띠며 다시 입을 열었다. "단순히 죽어가는 유대인 아이들이었기 때문이 아니었던 것 같아요." 그녀는 덧붙였다. "평소처럼 히틀러가 완전히 잘못 이해하고 있는 문제 때문이었어요. 미스 틸니의 동기는 인간에 대한 연민이었습니다. 무엇보다도 기독교인은 어려움에 처한 사람을 도와야 합니다." 그녀는 그 시간, 그녀 자신의 노력을 생각했다. "내가 직면했던 어려움은 무엇이었을까요?" 그녀는 큰 소리로 묻고 스스로 답했다. "별것 없었어요. 나는 게슈타포에 의해 끌려갈 일이 없었거든요. 하지만 그녀는 모든 것을 잃을 뿐이었습니다. 그녀는 언제든 자신의 목숨마저 잃을 상황이었습니다."

그레이스는 미스 틸니가 억류되었다는 것을 알았다. "그녀가 왜 계속했는지 모르겠어요. 하지만 히틀러가 죽이려고 하는 생명을 살리려고 하는 골치 아픈 존재였죠." 그녀는 "살아서 탈출한 운이 좋은 여성" 미스 틸니를 안다는 사실을 자랑스럽게 생각했다. 그녀는 다음과 같이 말하며 우리의 대화를 끝냈다. "그녀는 인정이 많고 똑똑하며 자애로웠어요." 침묵. "그리고 완벽한 골칫덩어리였죠."

그레이스는 내가 그녀의 신도들을 찾아왔다는 사실에 기뻐했다.

"우리를 찾아오다니 얼마나 좋은지, 당신이 마침내 상황을 모두 이해하게 되었으니 얼마나 다행인가요."

56

내가 어머니께 물었다. "미스 틸니의 동기가 무엇이었는지 궁금하지 않으세요?" 어머니가 대답했다. "그런다고 뭐가 달라지니?" 하지만 나는 미스 틸니가 유대인 갓난아기의 목숨을 구하기 위해 비엔나로 가거나 자신을 위험에 노출시키며 사샤 크라베크를 숨겨주는 일을 왜 했는지 알고 싶었다.

그레이스 웨덜리와 다른 사람들에게서 얻은 단서가 있었다. 그래서 나는 서리 채플의 로자문데 코들링 박사에게 다시 한 번 도움을 청했다. 그녀는 약간 주저하며 일부 정보를 가지고 돌아왔다.

"이것은 좀 민감해요." 그렇게 말했지만 그녀는 상당히 구체적인 문서 형태로 답을 가지고 왔다. "이것은 미스 틸니의 유대인에 대한, 하나님에 대한 큰 사랑에 관한 것입니다." 나는 계속하시라고 말했다. "미스 틸니는 '로마인들에게 보내는 바오로의 편지'의 글자 그대로의 해석에서 자극을 받은 것으로 보입니다."

로자문데는 유명한 서간 중에서 해당 문구를 내게 보여주었다. 분명 나의 어머니 그리고 더 확장하자면 내가 감사를 표해야 하는 부분이었다. 우리는 함께 로마서 1장 16절을 읽었다. "내가 복음을 부끄러워하지 아니하

노니, 이 복음은 모든 믿는 자에게 구원을 주시는 하나님의 능력이 됨이라. 첫째는 유대인에게요 그리고 헬라인에게로다."

그녀는 내게 또 다른 구절을 보여주었다. 로마서 10장 1절: "형제들아, 내 마음에 원하는 바와 하나님께 구하는 바는 이스라엘을 위함이니 곧 그들로 하여금 구원을 받게 함이라."

로자문데는 이 성경말씀 때문에 미스 틸니가 그리스도를 위해 유대인을 구하고자 했다고 믿었다. 나는 그녀가 주저했던 이유를 이해할 것 같았다. 미스 틸니가 종교적 이데올로기 때문에 그런 일을 했다고 한다면 내가 불쾌하게 생각할까 우려했을 것이다. 하지만 그녀가 그런 걱정을 할 필요는 없었다.

톰 채프만은 이러한 추리에 전적으로 동의했다. 그녀는 미스 틸니가 인간에 대한 애정과 '유대인에게 먼저'라는 구호에서도 나타나듯이 서리 채플의 다른 신자들과 마찬가지로 강력한 신앙의 힘 때문에 그런 일들을 했다고 믿었다. 그의 전임자였던 데이비드 팬톤은 유대인에 대한 깊은 연민과 하나님의 목적을 달성하기 위해 필요한 그들의 역할을 가리키는 로마서의 내용에 글자 그대로의 해석을 적용하였다. 톰은 이것이 나치의 신조와 완전히 반대된다고 생각했다.

"바오로가 이야기 한 것은……." 톰은 설명을 이어나갔다. "유대인들에게 연민을 보이고 친절을 베풂으로써 기독교인으로서 하나님에 대한 너의 믿음을 증거하라는 것입니다."

미스 틸니는 갓난아기가 기독교인이 될 수 있다는 희망을 가지고 비엔나로 향했을까? 질문이 좀 이상했다. "그녀는 유대인들에 대한 기쁜 마음을 가지고 있었으며, 고통을 당하는 사람들에게 선을 행하려는 소망이 있었어요." 톰은 계속해서 말했다. "이런 생각에 신학적 세심함이 더해진 것이죠." 그렇다면 연민과 신학적 믿음의 조합인가?

그렇다. 하지만 가장 기본적인 동기는 연민이었다. 거기에 신학적인 요소가 가미된 것이다. "그녀는 독일과 오스트리아에서 자행되는 유대인 박해에 대해 알고 있었고, 그녀의 입장은 독일에 만연한 반유대주의에 강하게 반대하는 것이었어요."

나는 로마인들에게 보낸 바오로의 편지가 논란이 많다는 것을 알고 있다. 이유는 단지 이것이 동성애와 교회에서의 여성의 권리를 다루고 있기 때문만은 아니다. 모든 유대인이 개종할 때까지, 모든 유대인이 하나님을 받아들일 때까지 하나님의 재림은 이루어지지 않는다는 예언 역시 큰 의미가 있다는 것을 나는 알고 있다. 이것은 미스 틸니에게 큰 어려움이었다. 그녀가 믿는 기독교 교리는 구원은 한 명씩 이루어지는 것으로 각각의 유대인은 개별적으로 결정을 내려야 한다는 뜻이다. 다수가 아닌 하나씩. 그래서 종교개혁에 따라 마틴 루터와 가톨릭교회가 분리된 결과 미스 틸니는 할 일이 너무 많았다. 그래서 개인의 양심, 집단의 부정을 강조하는 성경의 해석에 집중했다.

"이것이 현대사회에서 개인이라는 우리의 개념이 시작된 부분입니다." 이론 중심의 지식을 이용한 설명, 현대 인권의 기원과 개인에 대한 존중.

톰 채프만처럼 나 역시 미스 틸니가 이념 이상의 무언가에 의해 동기부여가 되었을 것이라고 이해했다. 그녀의 글, 파리로 가기로 한 결정, 아랍어와 불어를 한다는 사실. 이 모든 것이 이념 이상의 것을 가리키고 있다. 모스크를 방문한 것에 대한 글에서 그녀는 특정한 개인에 대한 아름다움과 사랑스러움을 발견했다. 그녀는 이념적이며 그녀가 믿는 것에 대해 확신이 있었지만 그런 문제들이 삶의 미묘한 차이와 다양성, 그녀와 같은 방식으로 생각하지 않는 개인들을 외면하게 하지는 못했다. 그녀는 그들과 함께 시간을 보내고 싶어 했다.

미스 틸니는 선교사 일을 하며 이념적인 지도자라기보다는 연민이 많은 사람이었다. 그녀는 사람들을 그냥 숨겨주는 것이 아니라 사람들을 잘 숨기기 위해 큰 모험을 하였다. "사람들은 무언가를 열정적으로 믿을 때에만 영웅처럼 용감한 행동을 할 수 있다." 한 친구는 내가 이 이야기를 해주었을 때 이렇게 말했다. "추상적인 원칙은 영웅적인 일을 하기에는 충분하지 않다. 무언가 감정적이고 강력한 의욕이 뒤따라야 한다."

Part IV

렘킨

LEMKIN

[A]국적, 종교, 민족에 대한 공격은 국제범죄로 취급되어야 한다.

–라파엘 렘킨, 1944년

57

따뜻한 봄날의 뉴욕. 켄터키 루이빌에서 온 학생인 낸시 라비니아 애컬리Nancy Lavinia Ackerly가 컬럼비아대학 캠퍼스 근처 리버사이드파크 잔디밭에 앉아 있었다. 때는 1959년이었고, 낸시는 인도 친구와 평범한 피크닉을 즐기고 있었다. 세련된 양복에 넥타이를 맨 나이든 남성이 천천히 그들 가까이 다가왔다. 낸시는 그 남자의 따뜻한 눈을 보았다. 진한 중부유럽 악센트로 그가 말했다. "나는 사랑한다는 말을 20가지 언어로 알고 있어요. 얘기해볼까요?"

"그러세요." 낸시가 대답했다. 그와 함께 앉아 이런 저런 이야기를 나누다 낸시는 그가 제노사이드 조약Genocide Convention을 작성한 사람이라는 사실을 알게 되었다. 그의 이름은 라파엘 렘킨이며, 폴란드 태생이었다.

낸시와 렘킨은 서로 친한 사이가 되었다. 그녀는 웨스트 112번 거리에 있는 그의 집을 방문했다. 책과 서류가 가득 찬 방 하나에 소파가 놓여 있을 뿐 전화나 화장실도 없었다. 그는 궁핍하고 병들었지만 낸시는 그것을 몰랐다. 그들이 친구가 되고 몇 달이 지나 그는 낸시에게 자신의 회고록 작업을 도와줄 수 있는지 물었다. 그녀가 글을 다듬는 일을 기꺼이 도와주었을까? 여름 내내 그들은 렘킨이 《완전히 비공식적인》Totally Unofficial이라는 제목을 붙인 원고 작업에 매달렸다.

출판사를 구하지 못한 이 원고는 컬럼비아대학에서 남쪽으로 수십 블록 떨어진 뉴욕 공공도서관에 보관하게 되었다. 오랜 시간이 지난 후, 한 인정 많은 미국인 학자가 이 책의 원고를 언급하며 내게 사본을 보내주었다. 사본이 내가 있는 런던에 도착했고, 나는 흥미진진하게 꼼꼼히 읽었다. 차이점이 곧 드러났고, 나는 렘킨이 수기로 적은 내용을 타이핑하여 완성된 원고를 즐겁게 읽었다. 특히 한 구절이 흥미로웠다. 렘킨이 리보프에서 공부하던 시절의 이야기로, 이름을 밝히지 않은 교수와의 대화였다(다른 버전에서는 한 명 이상의 교수가 등장한다). 시간이 한참 흐른 뒤에 알게 된 사실을 보충하여 썼음에 틀림없다. 그래도 그 구절은 내 관심을 끌었고, 결국 렘킨과 라우터파하트가 같은 법대에서, 같은 교수 밑에서 공부했다는 사실을 알게 되었다.

58

"나는 ……에서 태어났다. [그리고] 14년 동안은 보우코비스크Wołkowysk에서 14마일 떨어진 오제리스코Ozerisko라는 농장에서 살았다." 렘킨은 그의 회고록에 이렇게 썼다. 1900년 6월 비아위스토크Białystok에서 멀지 않은 숲의 산림 개간과 함께 인생이 시작되었다. 이곳은 렘베르크 북쪽에서 수백 마일 떨어진 곳으로, 1세기 이전인 1795년 러시아가 폴란드로부터 합병한 영토 안에 있었다. 이 영토는 백러시아White Rus 또는 리투아니아Litva라고 알려져 있다. 북쪽으로는 동프로이센, 남쪽으로는 우크라이나, 동쪽에는 러시아 그리고 서쪽으로는 현대 폴란드가 위치한다. 지금은 벨라루스의 아지아리스카Azyaryska인 오제리스코는 너무 작아서 거의 표시가 되어 있지 않았다.

이곳이 벨라Bella와 요제프Josef의 세 아들 가운데 둘째인 렘킨이 태어난 곳이다. 첫째와 셋째는 각각 엘리아스Elias와 사무엘Samuel이다. 그의 아버지는 폴란드인과 러시아인이 오랜 기간 싸워왔으며 유대인은 중간에 끼어 있던 그 지역의 땅을 일구는 소작농이었다. 생활은 항상 궁핍했다. 렘킨의 아버지는 세 아들이 한 침대에서 한 이불을 덮고 잤다고 표현했다. 오른쪽에서 자는 녀석이 이불을 끌어당기면 중간에서 자는 아이만 확실히 이불을 덮을 수 있었다.

렘킨은 다른 두 가족과 함께 살았는데, 아이들은 '유쾌한 갱gang'을 조직하여 놀았다. 렘킨은 시골에서 수탉과 다른 동물들, 리아브치크Riabczyk라는 이름의 큰 개와 멋진 백마, 클로버와 호밀 밭을 갈 때 들리던 낫의 금속성 속삭임 등과 함께하는 목가적인 유년기였다고 기억했다. 흑빵, 생양파, 감자 푸딩 등 음식은 많았다. 그는 흰 자작나무가 빽빽한 큰 호수 근처의 농장에서 일을 도왔다. 형제들과 함께 자작나무로 작은 배를 만들어 해적과 바이킹 놀이를 했다. 종종 유대인의 농장 소유를 금지하는 규정의 위반을 단속하기 위해 방문하는 관리들로 인해 평화로운 일상이 방해를 받았다. 요제프 렘킨은 콧수염을 기르고 제복을 입고 반짝이는 검정색 부츠를 신고 큰 말 위에 발을 벌리고 앉아 있는 경찰관에게 뇌물을 주어 단속을 피했다. 어린 렘킨은 그 경찰에게서 처음으로 두려움을 느꼈다.

6살에 시작한 성경공부를 통해 렘킨은 사람들 사이에 정의를 설파하고 국가 간에 평화를 도모하는 예언자들에 대해 알게 되었다. 그는 조부모

벨라루스 아지아리스카, 2012년

가 하숙집을 운영하는 옆 동네에서 학교를 졸업했고, 책을 아주 많이 읽는 어머니 벨라에게서 이반 크릴로프Ivan Krylov의 정의와 실망에 대한 우화를 들었다. 죽을 때까지 그는 황새를 초대해 납작한 접시에 음식을 대접한 여우의 이야기를 인용했다. 황새는 여우를 초대해 입구가 좁은 병에 음식을 대접하는 것으로 복수한다. 불의는 이득이 되지 않는다. 그것이 어린 시절의 우화에서 배운 교훈이다.

벨라는 종종 렘킨에게 단순한 멜로디의 노래를 불러주었다. 폭력을 거부하는 〈사랑의 승리〉라는 시를 지은 19세기 러시아의 로맨틱 작가 세멘 나드손Semyon Nadson의 시를 중심으로 만든 것이리라. "악마가 어떻게 인류를 억압하는지 보아라." 나드손은 그래서 세계를 향해 "고문과 피에 진저리가 난다"고 적었다. 나드손의 작품은 후에 세르게이 라흐마니노프Sergei Rachmaninoff에게 영감을 준다. 세르게이 라흐마니노프는 렘킨이 태어나던 해에 나드손의 다른 시 〈멜로디야〉Melodiya에서 영감을 받아 피아노와 테너가 더 나은 인류의 가능성에 대한 희망을 노래하는 작품 21, No.9을 작곡하였다.

내 부탁으로 벨라루스에 있는 동료가 민스크에서 차로 세 시간을 달려 아지아리스카까지 왔다. 그는 거기서 여러 채의 목조주택을 발견하였는데, 집집마다 노부인들이 살고 있었다. 그들 중 여든다섯 살의 어르신은 미소를 보이며 자신은 렘킨을 기억하기에는 너무 어리다고 말했다. 그녀는 황폐한 유대인 묘지로 그를 데려다주었다. 그녀는 이곳이 도움이 될지도 모르겠다고 말했다.

작은 마을 근처에서 내 친구는 벨라루스 귀족인 스케르문트 가문The Skirmunts의 출신지인 미제르츠Mižeryčy 마을을 우연히 발견했다. 이 가문은 특히 옛날 불어와 폴란드어로 된 책을 많이 소장한 것으로 유명하다. "아마 그래서 렘킨의 어머니가 매우 다양한 외국어를 할 수 있었는지 모른다"고 내 친구가 말했다.

그때의 생활이 순전히 목가적이지만은 않았다. 렘킨은 유대인에 대한 집단학살과 폭도들의 난동에 대해 들었다. 1906년, 렘킨이 여섯 살이었을 때 비아위스토크에서 100명의 유대인이 한 사건으로 떼죽음을 당했다. 남쪽으로 수천 마일 떨어진 곳에서 벌어진 잔학행위를 묘사한 비알리크Bialik의 시, 〈대량학살의 도시〉In the City of Slaughter의 '배를 가르고 깃털을 채우는' 등의 생생한 묘사에 영향을 받은 듯 렘킨은 배가 갈리고 베개 깃털로 채워지는 상상을 했다. 렘킨은 비알리크의 작품을 알고 있었다. 첫 번째로 출판된 그의 책(1926년)은 시인에 의해 히브리어에서 폴란드어로 번역된 중편소설로, 《노아와 마린카》Noach i Marynka라는 제목이었다. 나는 유대인 소년과 우크라이나 소녀의 사랑 이야기, 민족 간의 갈등을 그린-영어제목은《담장 뒤에서》

Behind the Fence — 이 책을 예루살렘대학 도서관에서 찾아보았다.

1910년, 렘킨은 오제리스코를 떠나 보우코비스크 근처의 다른 농장으로 이사한다. 아이들을 더 나은 환경에서 교육받게 하기 위한 부모의 결정이었으며, 렘킨을 도시 학교에 입학시키기 위해서였다. 그곳에서 그는 톨스토이를 흠모하게 되었고(그는 "어떤 생각을 믿는 것은 그것을 실천하는 것을 의미한다"는 말을 즐겨했다), 고대 로마와 사랑을 다룬 헨리크 시앤키에비치의 쿠오 바디스Quo Vadis의 애독자가 되었다. 그는 낸시 애컬리Nancy Ackerly의 소설을 읽으면서 로마인들이 기독교도들을 호랑이에게 던질 때 왜 경찰이 막지 않았는지 어머니에게 물었었다고 한다. 렘킨은 그의 회고록에서 이와 비슷한 문제들을 다루었다. 예를 들면 1911년 키예프kiev에서 벌어졌다고 주장되는 유대인 '인신공희'ritual killing(인간을 신에게 제물로 바치는 일)와 같은 사건이나, 그와 다른 유대인 친구들이 학교에서 종교적인 이유로 조롱을 당하는 사건들 같은 것이다.

59

1915년 제1차 세계대전이 보우코비스크까지 번졌다. 미완성일 뿐 아니라 내 생각에는 창의적인 윤색에서 완전히 자유롭지 못한 그의 회고록에서 렘킨은 독일군이 도착하자 가족농장이 파괴되었고, 1918년 그들이 떠났을 때에도 마찬가지였다고 적었다. 다만 벨라의 책은 그대로 두었다. 경이로운 언어적 재능을 가진 똑똑한 학생인 그는 비아위스토크 김나지움에 다녔다. 전쟁이 끝나면서 보우코비스크는 폴란드의 일부가 되었으며, 렘킨은 라우터파하트와 레온과 마찬가지로 폴란드 국적을 취득했다.

렘킨, 비아위스토크, 1917년

제1차 세계대전이 끝나면서 렘킨의 가족에게 또 다른 비극이 찾아왔다. 1918년 7월, 전 세계적으로 유행한 인플루엔자가 보우코비스크에서도 번졌고, 많은 사망자 가운데 렘킨의 남동생 사무엘도 포함되었다. 그가 열여덟이 되던 해 즈음이었다.

그때부터 렘킨은 집단의 파괴에 대해 생각하기 시작했다고 고백했다. 한 가지 핵심 포인트는 뉴스에 나왔던 1915년 여름에 있었던 아르메니아인 대량학살이었다. "120만 명 이상의 아르메니아인이 살해당했으며, 이유는 단지 그들이 기독교인이기 때문이었다"라고 그는 덧붙였다. 오스만 제국 주재 미국 대사인 헨리 모겐소는 1918년의 로보프 학살에 대한 보고서를 준비하면서 아르메니아인 대량학살을 '역사상 최대의 범죄'라고 표현했다. 러시아인들에게 이 사건은 '기독교 문명에 반하는 범죄'이며, 프랑스에서 사용했다가 이슬람교의 민감성을 감안하여 수정한 용어는 '인류 문명에 반하는 범죄'이다. "국가가 살해당했으며 범죄를 자행한 사람들은 풀려났다." 렘킨은 이렇게 적으며 오스만 제국의 장관인 탈랏 파샤Talaat Pasha를 가장 잔인한 범죄자라고 규정했다.

60

제1차 세계대전이 끝난 이후의 시기에 대한 렘킨의 이야기는 가볍게 넘어간다. 로보프에서 공부한 이야기와 다른 사람들이 말하는 그에 관한 다양한 이야기를 더해도 렘킨이 철학을 공부했다는 정도일 뿐 자세한 내용은 없다. 나는 두 명의 우크라이나인 조력자인 이반과 이호르의 도움으로 리비우의 기록보관실로 돌아가 뭔가 발견할 만한 것이 있는지 찾았으나 빈손으로 돌아왔다. 렘킨의 삶에 대한 이야기가 틀린 것일 수도 있을까? 그는 공상가였을까? 여름 내내 우리는 빈손이었다. 그러다 내가 대학의 졸업앨범에서 1926년 여름 렘킨에게 법학박사 학위를 수여했다는 자료를 우연히 발견하게 되었다. 지도교수는 율리우스 마카레비츠 박사Dr. Juliusz Makarewicz로, 라우터파하트에게 형법을 가르쳤던 교수이다. 뉘른베르크 재판과 국제법에 '제노사이드'와 '인도에 반하는 죄'를 도입한 이 두 사람이 같은 스승에게서 배웠다니! 호기심을 자극했고 심지어 놀랍기까지 했다.

우리는 다시 시립 기록보관실에 가서 자료를 찾기 시작했다. 이반은 1918년부터 1928년까지 법대 학생들과 관련된 책을 모두 체계적으로 검토하기 시작했다. 힘든 작업이었다. 어느 가을 날, 이반은 한 권당 수백 명의 학생 기록이 들어 있는 서른두 권의 책이 쌓여 있는 테이블로 나를 데려갔다.

렘킨의 기록을 찾기 위해 우리는 수천 페이지를 뒤졌다. 대부분은 수년 동안 펼쳐본 적이 없었으며, 최근 기록을 확인한 사람이 표시를 위해 작은 종이를 끼워 넣은 책이 몇 권 있었다. 몇 시간이 지나고 우리는 1923~1924년 자료 H에서 M까지 학과별 카탈로그를 발견했다. 이반은 책을 펼쳤고 환호했다. 'R. 렘킨'이라는 서명을 발견한 것이다.

자신 있게 갈겨 쓴 검정색 글씨가 렘킨이 로보프에서 공부했다는 사실을 확인해주었다. 이반과 나는 서로 껴안았다. 분홍색 블라우스를 입은 나이 많은 여성이 미소를 지었다. 그는 1923년에 서명, 생년월일(1900년 6월 24일)과 태어난 장소(베즈보드네Bezwodne), 부모의 이름(요제프와 벨라), 그들의 고향(보우코비스크), 로보프의 주소와 해당 학년도에 수강한 수업 목록을 적어놓았다.

우리는 곧 1921년 10월 입학 때부터 1926년 졸업 때까지 모든 학교 기록을 완성하였다. 1924년 졸업증서에는 그가 들었던 모든 과목이 적혀 있었으며, 1926년 학위수여증은 5월 20일에 박사학위를 취득했음을 확인해주었다. 서류에는 새로운 정보도 있었다. 고등학교 졸업장은 1919년 6월 30일 비알리스토크 김나지움에서 취득했고, 3개월 뒤에 크라쿠프의 야기에우어대학교 법학부에 입학하였고, 1921년 10월 12일 로보프대학교 법학부로 전입했다.

하지만 1920년 여름부터 1년이 그의 인생에서 통째로 사라졌다. 렘킨은 그의 회고록을 비롯한 어디에서도 크라쿠프를 언급하지 않았다. 거기서 그는 법사학Legal History과 다양한 폴란드 주제에 대해 공부했지만 형법이나 국제법은 공부하지 않았다. 한 폴란드 학자는 렘킨이 폴란드-소비에트 전쟁에 참전했다고 주장했고, 렘킨 자신도 1920년에 피우수트스키 장군이 볼셰비키 세력을 폴란드 동부에서 몰아낼 때 부상을 당해 고생했다고 고백했다. 하지만 이런 이야기는 그의 회고록에 나오지 않는다. 폴란드 역사학자 마렉 코르나트Marek Kornat는 렘킨이 1919년 폴란드 군대에서 복무한 기록이 사실이 아닌 것으로 밝혀져(그는 병사는 아니었고 군 법무관의 조수 역할을 했다) 야기에우어대학에서 퇴학당했다고 내게 알려주었다(자유로운 로보프에 비해 '매우 보수적인 대학'이라고 코르나트 교수는 설명했다).

61

렘킨은 그의 회고록에서 "나는 로보프에서 법학부에 입학했다"고 썼다. 그는 몇 가지 세부 정보를 적었지만 새롭게 발견된 대학의 기록이 있었던 나는 그가 수강한 과목과 그가 살았던 곳의 주소를 알고 있었다.

그는 라우터파하트가 떠나고 2년 후에 도착하여 1921년부터 1926년까지 5년 동안 로보프대학에서 머물렀다. 1921년 9월을 시작으로 8학기 동안 그는 교회법, 폴란드 사법제도, 로마법 등을 포함한 다양한 주제의 45개 과목을 들었으며, 수업은 라우터파하트를 가르친 교수와 같은 경우가 많았다. 첫 해에 폴란드가 러시아와의 긴 전쟁을 끝내고 마침내 새로운 국경선을 확정하면서 그는 도시의 서쪽인 슈테보나 거리 6번지(지금의 힐리보카 거리)에 살았다. 1919년 라우터파하트가 살았던 오리지널 커즌 라인의 동쪽으로 150마일 정도 떨어진 곳에 위치한 이 새로운 국경선 때문에 400만 명의 우크라이나 사람들이 폴란드의 통치를 받게 되었다.

내가 방문했을 때 렘킨이 살던 4층 빌딩의 정면은 장식이 화려했다. 문의 상부에는 돌에 새겨진 젊은 여성상이 있었으며, 각각의 창문 위에는 꽃이 예쁘게 새겨져 있었다. 그것은 마치 반대편 공터를 차지하고 있는 번잡한 꽃시장을 비추는 거울 같았다. 이곳은 피들러 박사Dr. Fiedler가 총장으로 있는 렘베르크 폴리테크닉대학과 가깝다. 피들러 박사는 우드로 윌슨 대통령 밑에서 일하는 젊은 법률가 아서 굿하트에게 앞으로 닥칠 문제에 대해 경고하기 위해 1919년 (캐슬 힐로도 알려진) 비소키 자모크Vysoky Zamok의 정상까지 함께 올랐었다.

그 다음 해에 렘킨은, 라우터파하트에게 오스트리아 형법을 가르친 율리우스 마카레비츠 박사에게서 폴란드 형법을 공부했다. 다른 과목으로는

리비우 자마르스티니브스카 21번지, 2013

(알레한드 교수의) 국제상법, (롱샴 드베리에 교수의) 재산법이 있는데, 이 두 교수는 1941년 독일군이 침략하자 얼마 되지 않아 목숨을 잃는다. 렘킨이 그 해에 살았던 곳은 그로데츠카 거리 44번지(지금의 호로도츠카 거리)였다. 오페라하우스로 이어지는 큰길에 죽 늘어선 팔라디오 양식의 건물이었다. 이 건물은 세인트 조지 대성당의 그늘이 길게 드리워지는 위치에 있었다. 또한 이곳은 내 외할아버지 레온이 태어난 세프틱스크 거리의 집에서 아주 가깝다.

1923년 가을부터 시작되는 렘킨의 3학년 수업은 마카레비츠Makarewicz 교수가 가르치는 두 과목을 포함하여 형법에 전념하였다. 그는 또한 라우터파하트가 지원했다가 낙선한 의장의 자리에 앉은 루드윅 에를리흐Ludwik Ehrlich가 가르치는 국제법 과목을 처음으로 수강했다. 렘킨은 기찻길의 안쪽에 위치한, 가난한 노동자들이 주로 거주하는 지역으로 이사했다. 이곳에 도착하려면 다리의 아치 아래를 건너야 하는데, 이곳은 20년 후에 독일이 점령한 렘베르크의 유대인 게토로 가는 입구가 된다. 오늘날 자마르스티노브스카 거리 21번지(지금은 자마르스티니브스카 거리)는 그곳에 세 들어 살던, 관심과 보호가 필요했던 사람들에 대한 어둡고 우울한 느낌을 그대로 가지고 있다.

렘킨이 곤궁한 시기에 살았던 곳이었으므로 새로운 집도 예전에 비해 덜 웅장해 보였다.

62

그의 회고록에서 렘킨은 이런 장소나 또는 로보프에서의 그의 삶에 대해 전혀 언급하지 않았다. 그가 이야기한 것은 그가 공부를 시작하기 석 달 전인 1921년 6월 베를린에서 진행된 '아주 생생하고 세상을 깜짝 놀라게 했던' 재판이었다. 피고인은 독일 수도에서 전 오스만 제국 정부의 장관인 탈랏 파샤Talaat Pasha를 암살한 젊은 아르메니아인 소호몬 텔리리안Soghomon Tehlirian이었다. 법정은 사람들로 발 디딜 틈이 없었다(젊은 독일 법대생 로베르트 켐프너가 방청석에 앉아 있었는데, 그는 25년 후에 뉘른베르크에서 렘킨을 돕게 된다). 재판은 에리히 렘베르크Dr. Erich Lehmberg 판사가 담당하였다. 춤과 만돌린 수업을 받던 학생인 까무잡잡하고 핏기가 없는 작은 얼굴의 텔리리안은 그의 가족과 고향인 에르주룸의 아르메니아인들을 죽인 것에 복수하기 위해 탈랏 파샤를 죽였다고 주장했다.

텔리리안의 변호사는 집단 정체성 카드를 꺼내 피고인이 '인내심이 많은 아르메니아 대가족'을 위해 복수한 것에 불과하다고 주장했다. 그의 유명한 증인은 1915년에 터키인들을 아르메니아인 학살에 연루시킨 예순두 살의 독일 개신교 선교사 요하네스 렙시우스Johannes Lepsius였다. 렘베르크 판사는 배심원들에게 만약 텔리리안이 '내면의 혼돈' 때문에 자유의지 없이 행동했다면 석방하라고 요청한다. 배심원은 한 시간도 걸리지 않아 '무죄' 결론을 내렸으며, 이는 엄청난 소동을 낳았다.

재판은 언론을 통해 광범위하게 보도되었으며, 강의실에서 토론의 소재로 사용되었다.

"나는 이 문제를 중요하게 논의했다." 렘킨은 그의 회고록에 이렇게 적었다. 그는 교수의 신분에 대해서는 알리지 않았으나 터키가 어떠한 처벌도 받지 않고 자국 내 그 많은 아르메니아인들을 학대한 것을 허용하는 법의 공정성에 대한 우려를 표명했다. 렘킨은 텔리리안이 전 세계의 도덕적 질서를 확립하고자 스스로 인류의 양심을 대변하는 변호인 역할을 했어야 했는지 의구심을 가졌다. 하지만 렘킨을 더 괴롭힌 것은 무고한 아르메니아인들을 살해했음에도 처벌할 수 없다는 것이었다.

만년에 그는 교수들과의 대화를 자주 떠올렸다. 텔리리안은 옳은 일을 했다고 렘킨은 이야기했다. 한 교수가 물었다. 주권은 어떤가? 국가가 원하는 대로 국민을 다룰 수 있는 권리 아닌가? 엄밀히 말해 그 교수는 옳았다. 그 당시의 국제법에서는 국가가 원하는 대로 하도록 허용했다. 놀랍게도 그것을 금지할 조약이 없었다. 터키가 그런 짓을 하지 못하도록, 자국민을 죽이지 못하도록 막을 조약이 없었다. 주권은 완전하고 절대적인 통치권을 의미했다.

렘킨은 주권이란 외교정책 또는 학교나 도로를 세우거나 사람들에게 복지를 제공하는 등 다른 것들을 위해 존재한다고 응수했다. 국가가 '수백 명의 무고한 사람들을 죽일 권한'을 갖는다는 것이 아니다. 만약 주권이 그런 것이라면 그런 행위를 방지하는 법이 필요하다. 렘킨은 그 교수와의 대화에서 구체적인 내용은 확인할 수 없지만 큰 깨달음의 순간을 맞이한다.

"아르메니아인들이 대학살의 책임을 물어 터키인을 체포하려고 노력한 적이 있습니까?"

"터키인을 체포할 수 있는 법이 없네." 교수가 대답했다.

"그렇게 많은 사람을 죽였는데도 말입니까?" 렘킨이 반문했다.

"자, 닭 몇 마리를 가지고 있는 남자의 케이스를 예로 들어보세." 교수가 대꾸했다. "그가 닭들을 죽였네. 그게 어때서? 자네와는 상관없는 일이야. 자네가 간섭하면 월권이야."

"아르메니아인들은 닭이 아닙니다." 렘킨이 날카롭게 응수했다.

교수는 젊은이의 반론을 무시하고 말했다. "국가의 내부 상황에 간섭하면 자네는 그 국가의 주권을 침해하는 것이야."

"그래서 텔리리안이 한 사람을 죽인 것은 범죄이고, 백만 명의 목숨을 뺏은 사람은 죄가 없다는 겁니까?" 렘킨이 물었다.

"자네가 국제법에 대해 알고 있다면……." 교수는 어깨를 으쓱했다. 렘킨은 젊었기에 흥분했다.

대화의 내용이 정확한가? 렘킨은 그의 인생에 걸쳐 이 대화로 돌아왔고, 텔리리안 재판이 그의 인생을 바꿨다고 설명했다. 〈뉴욕 리뷰 오브 북스〉New York Review of Books의 편집장인 밥 실버스Bob Silvers는 1949년 예일대학교 법과대학 수업에서 렘킨으로부터 같은 내용의 이야기를 들은 것을 기억했다(실버스는 그의 스승을 외롭고, 의욕에 넘치고, 복잡하며 감정적이고, 고독하고, 감정표현이 과장된 사람으로, 특별히 매력적이지는 않았지만 사람들을 매료시키려고 노력하는 스타일이라고 말했다). 렘킨은 그 이야기를 극작가, 외교관, 언론인에게 이야기했다. 나는 이 특정한 대화를 나눈 무명의 교수가 누구인지 궁금했다. 한 가지 명백한 단서가 있다. 매우 공개적인 환경의 강의실에서 교수에게 도전을 할 만큼 렘킨과 교수는 아주 잘 아는 사이였을 것이다.

63

나는 리비우대학교의 역사학과 학과장이며, 대학의 과거에 대해 모든 것을 알고 있다고 알려져 있는 로만 슈스트Roman Shust 교수를 방문했다. 우리는 유럽인권재판소가 렘킨이 열심히 연구한 이슈인 터키의 아르메니아인 학살 사건이 발생한 1915년에는 고안되지 않았던 용어인 '제노사이드'로 단죄할 수 없다는 판결을 다시 재판하는 바로 그날 만났다.

슈스트 학과장은 지금은 대학의 일부가 된 오래된 오스트리아-헝가리 제국의회 건물의 작은 사무실에 앉아 있었다. 풍성한 회색 머리털과 친절한 미소를 띤 큰 체구의 남자. 그는 의자에 편하게 앉아 멀리 런던의 학자가 그의 도시에서 벌어진 오래된 이야기에 관심을 두는 것을 즐겁게 받아들이고 있었다. 그는 렘킨에 대해서는 들어봤지만 라우터파하트는 몰랐고, 이반과 내가 발견한 기록관리실 자료에 대해 큰 관심을 보였다.

"1941년 나치가 이곳에 왔을 때 유대인을 찾아내기 위해 학생 기록을 뒤졌다는 것을 알고 계십니까?" 슈스트 학과장은 재미있어 했다. 그는 렘킨이 그의 국적란에 '모자이크'Mosaic(모세를 가리키는 말로, 유대인임을 뜻한다)

라고 쓴 것을 손으로 가리켰다. 학생들은 자신의 기록을 없애기 위해 기록 보관실로 왔다. 렘킨과 라우터파하트를 모두 가르친 알레한드와 다른 교수들도 마찬가지였다.

"알레한드 교수님이 어떻게 됐는지 아세요?" 학과장이 물었다. 나는 고개를 끄덕거렸다.

"바로 여기, 이 도시의 중심인 야노브스카 강제수용소에서 살해당했어요"라고 그가 말했다. 그는 계속해서 "독일 경찰이 유대인 남자를 죽이자, 알레한드 교수는 경찰의 주의를 끌려고 그에게 다가가 간단한 질문을 했어요. '당신은 영혼이 없나요?' 그러자 경찰은 알레한드를 향해 돌아서서 총을 꺼내더니 그 자리에서 쏴 죽였지요. 이 이야기는 다른 포로의 회고록에 있습니다." 설명을 마친 그는 한숨을 내쉬었다.

"우리는 렘킨과 대화를 나눈 교수를 찾을 수 있도록 당신을 도울 겁니다." 그는 1920년대 교수들은 지금과 마찬가지로 매우 다양한 정치적 견해를 가지고 있었다고 설명했다. "어떤 사람들은 유대인이나 우크라이나인 학생을 강의실에 절대 받지 않았어요. 유대인을 강의실 뒤에 앉게 해준 교수도 있었고요." 슈스트 학과장은 렘킨의 서류를 응시했다. "성적이 안 좋군요." 그는 아마도 국적 때문이었을 것이라 말했다. 독일 민족민주당을 지지할 가능성이 높은 일부 교수들은 국적을 이유로 '부정적인 태도'라고 평가했을 것이다. 민족민주당의 당수 로만 드모프스키Roman Dmowski는 극단적인 민족주의자로, 소수민족에 대해 부정적인 감정을 가지고 있었다고 설명했다. 나는 1919년 8월, 로보프에서 헨리 모겐소와 드모프스키가 나눈 대화를 생각했다. "폴란드는 폴란드인만을 위한 것이다." 미국 외교관은 드모프스키가 "반유대주의는 종교적인 것이 아니라 정치적인 것"이라는 설명과 함께 이렇게 말하는 것을 기록했다. 드모프스키는 폴란드인이 아닌 유대인에 대해서도 정치적이든 다른 무엇이든 어떠한 편견도 갖고 있지 않다고 주장했다.

학과장은 1918년 11월, 그가 말하는 '유대인 제거'로 대화의 주제를 옮겼다. 학생들은 일부 교수들로부터, 특히 오스트리아 출신에 비해 덜 관대한 젊은 교수들의 '부정적인 시각'에 노출됐다. "렘킨이 이곳에 있을 때 로보프는 다양한 언어와 다양한 문화가 공존하는 사회였어요. 인구의 1/3이 유대인이었죠." 학과장은 항상 이 점을 기억하라고 이야기했다.

우리는 함께 1912년에 촬영한 렘베르크 교수들의 사진을 감상했다.

학과장은 가운데에 있는 수염이 가장 긴 율리우스 마카레비츠 교수에게 주목했다. 학과장은 렘킨이 길게 인용했던 대화의 상대인 무명의 교수가 그일 가능성이 크다고 말했다. 왜냐하면 그가 라우터파하트와 렘킨에게 형법을 가르쳤기 때문이다. 그가 간단한 전화통화를 한 후 몇 분이 지나자 한 사람이 방으로 들어왔다. 조야 바란Zoya Baran이라는 부교수는 자칭 '마카레비츠' 전문가였다. 세련되고 권위적이며 호기심이 많은 그녀는 자신이 최근 우크리아나인 마카레비츠에 대해 썼던 긴 글을 요약했다.

그녀 역시 마카레비츠가 바로 그 무명의 교수인지 '확실히' 말할 수는 없었다. 바란 교수는 '가능성'이 있다고 했다. "마카레비츠는 유대인으로 태어났지만 가톨릭 세례를 받았습니다. 그는 국가의 소수민족에 대해 연구서를 출판했으며, 그것이 그가 지지하는 카데치아Chadecja(민주주의)로 알려진 폴란드 기독민주당Polish Christian Democratic Party의 이념적 기반이 되었습니다."

유대인이나 우크라이나인과 같은 소수민족에 대한 그의 시각은 어떠했나?

Wydział prawa i administracyi: 1) E. Till. 2) A. Doliński. 3) I. Lyskowski. 4) M. Chlamtacz. 5) A. Halban. 6) W. Abraham.
7) St. Grabski. 8) O. Balzer. 9) St. Starzyński. 10) St. Głąbiński. 11) J. Buzek. 12) P. Dąbkowski.
13) P. Stebelski. 14) G Roszkowski. 15) J. Makarewicz. 16) A. Janowicz. 17) A. Balasits. 18) K. Stefko.

1921년 당시 렘베르크대학 법대 교수진: 맨 아랫줄에서 하나 위 중앙에 수염을 길게 기른 이가 율리우스 마카레비츠 교수

"지배할 의도가 없는 국가의 소수민족은 용인되었습니다." 그녀는 직설적으로 말했다. "슬라브 소수민족? 미움을 받았죠. 유대인? 이민을 보냈습니다." 그녀는 경멸하듯 허공으로 손을 흔들었다.

마카레비츠는 국가의 소수민족이 위험하다고 믿었다면서 그녀는 덧붙였다. "특히 특정 지역에 소수민족 인구수가 제일 많을 때, 그리고 국경지역에 살 때 더욱 위험하다고 생각했습니다." 로보프는 국경도시로 취급되었으므로 마카레비츠는 로보프에 거주하는 유대인과 우크라이나인들이 새롭게 독립한 폴란드에 특히나 위험한 존재라고 생각했다. 그녀는 또 다른 의견을 제시했다. 마카레비츠가 '우익정치'를 폈다는 것이다. 그는 1919년 폴란드 소수민족보호조약을 혐오했다. 왜냐하면 이것이 폴란드인들을 역차별했기 때문이었다. 소수민족은 만약 그들의 권리가 침해당하면 국제연맹에 호소할 수 있었지만 폴란드 사람들은 그럴 수 없었다.

마카레비츠는 민족주의자였으며 생존자였다. 1945년 KGB(소비에트 국가보안위원회)가 그를 체포하여 시베리아로 추방하였다. 폴란드 교수단의 중재로 풀려난 후 그는 소비에트가 통치하는 리보프로 돌아와 계속해서 법대 교수로 재직했다. 그는 1955년에 사망했다.

"라우터파하트와 렘킨이 공부한 강의실을 보시겠어요?" 학과장이 물었다. 나는 물론, 매우 보고 싶다고 답했다.

64

다음날 아침, 나는 20세기 우크라이나의 가장 위대한 역사학자 미카일로 흐루셰프스키Mykhailo Hrushevsky의 동상銅像 그늘이 드리워진 프로스팩트 쉐프첸카Prospekt Shevchenka에서 조야Zoya를 만났다. 우리는 1930년대 학자들이 모여 복잡한 수학 문제를 풀었던 스코틀랜드 카페가 자리잡았던 건물 가까이에 서 있었다. 그녀는 로만Roman이라는 박사과정의 학생과 동행하였다. 로만은 흐루셰프스코호 거리 4번지(이전에는 에스뷔 미콜라쟈 거리)의 오래된 법대 건물의 N13교실에서 1915년부터 1923년까지 마카레비츠 교수가 가르쳤던 수업의 목록을 발견했다. 아주 조금만 걸으면 크림색의 1층과 황토색의 위층으로 구성된 19세기 오스트리아-헝가리 제국 스타일의 3층 건물이 나온다. 바깥쪽 벽에는 이 문을 지나다닌 몇 명의 유명인 이름이 기록되어 있는데, 라우터파하트나 렘킨 또는 다른 법률가의 이름은 없었다.

천장에 매달려 있는 유리전구가 어두운 내부를 밝히고, 부서진 강의실

예전 법대 건물, 흐루셰프스코호 거리 4번지, 2012년

과 벽을 따라 갈라지고 벗겨진 페인트가 보일 정도였다. 법대 학생들이 춥고 갈등이 넘치는 길거리에서 이런 질서와 규율의 사원으로 피신을 했을 것이라는 상상을 하기는 어렵지 않다. 이제 이곳은 생물학과 교수들의 연구실로 쓰이는데, 생물학과 학과장은 우리를 환영하며 위층에 있는 동물학박물관을 둘러볼 수 있게 해 주었다. 박물관의 놀라운 수집품들은 오스트리아-헝가리 제국 시대로 거슬러 올라가며, 5개의 전시실은 진짜 죽은 동물처럼 보이는 가공품으로 가득 차 있었다. 나비와 나방, 무서운 아귀로도 알려져 있는 잔인한 이빨이 있는 붉은 아귀 등을 포함한 물고기도 있었다. 도마뱀과 파충류, 기묘하고 크기가 작은 포유류의 골격 표본이 뒤를 이었다. 박제된 펠리칸이 창밖으로 도시를 내려다보고 있으며, 희귀한 원숭이가 벽을 기어오르고, 세상의 모든 다양한 털과 색, 크기와 모양이 다

른 동물들이 천장에 달려 있거나 유리관에 앉아 있었다. 수천 개의 알이 속屬별로, 크기별로, 지역별로 나뉘어져 꼼꼼하게 정리되어 있었다. 독수리가 강하하고 있었으며, 순백색의 부엉이가 지켜보고 있었다. 우리는 파푸아뉴기니에서 잡힌 정교한 아름다움과 색을 자랑하는 19세기 극락조 슐리글리아 윌스니Schlegelia wilsonii를 바라보며 감탄을 연발했다.

"오스트리아인들은 이 새에 영감을 받아 그들의 모자를 디자인했습니다." 학과장이 설명했다. 검정색과 노란색 털이 섞인 작은 새는 머리에 두 가닥의 나선형 털이 나 있었다. 하나는 왼쪽으로 꼬였고, 나머지는 오른쪽으로 꼬였다. 이런 어울리지 않은 공간에서 문득 리비우에는 과거 그곳에 살았다가 지금은 사라진 폴란드인과 유대인, 아르메니아인들에게 헌정하는 박물관이 없다는 사실이 생각났다. 그들에게는 사라진 사람들이 썼던 모자를 생각나게 하는 놀라운 동물학적 수집품이 있을 뿐이었다.

우리의 다음 행선지는 우크라이나 작가인 이반 프랑코Ivan Franko 기념강의실이었다. 그곳은 20세기 초반의 모습으로 보존되어 있었다. 프랑코는 우크라이나 작가이자 정치가로, 1916년 렘베르크에서 지독한 가난으로 사망하였다. 지금은 슈스트 학과장의 사무실과 이 기념강의실 건너편 거리에 커다란 그의 동상이 서 있다. 우리는 노크를 하고 들어갔다. 학생들은 우리를 쳐다봤으며, 수업이 중단되었다. 학생들은 안마당이 내려다보이는 강의실 나무책상에 라우터파하트와 렘킨처럼 줄을 맞춰 앉아 있었다. 밝은 햇빛이 강의실 전체에 들어오고 천장에 매달려 있는 8개의 놋쇠 전등이 빛을 뿜었다. 강의실은 고상하고 단순하며 밝고 공기가 잘 통하는 배움의 공간이었고, 조용한 질서의 공간이자 체제와 서열이 있는 곳이었다.

바로 이 교실은 아니더라도 이런 강의실에서 라우터파하트와 렘킨이 법에 대해 배웠다. 1918년 가을, 이 건물에서 마카레비츠는 오스트리아-

리비우대학교 동물학박물관, 2011년

헝가리 제국 형법에 대한 마지막 강의를 했다. 11월, 폭력이 도시를 뒤덮자 라우터파하트는 바리케이드를 그대로 두고 강의실에 앉았고, 오스트리아-헝가리 제국에서 폴란드로의 세력 이전은 한 달 기준이었던 것이 일주일 만에 우크라이나로, 그러다 다시 폴란드로 넘어갔다. 도시의 지배권이 넘어갔지만 마카레비츠는 더 이상 존재하지 않는 제국의 형법을 계속해서 가르쳤다.

4년 뒤에 렘킨이 동일한 나무 벤치에 앉았을 때 마카레비츠는 폴란드 형법을 가르치고 있었다. 시간은 바뀌었을지 모른다. 라우터파하트가 들은 마카레비츠의 수업은 아침 10시에 시작했으며 렘킨의 수업은 오후 5시였다. 그러나 N13 교실은 변함이 없었다. 요제프 로트의 중편소설인《황제의 흉상》The Bust of the Emperor에 나오는 늙은 갈리치아의 총독, 몰스틴 백작

Count Morstin이 생각난다. 그는 프란츠 요제프 황제Emperor Franz Joseph가 붕어하고 수년 후에 석조 흉상이 생기기 전까지 매일 황제를 위해 제사를 지냈다. "나의 옛집, 왕국은 그 자체만으로도 훌륭한 대저택이었다." 몰스틴은 그렇게 자위했지만 이제 그 대저택은 "갈라지고 쪼개진 조각이 되었다."

도시의 지배권이 한 나라에서 다른 나라로 옮겨가도 마카레비츠는 지루한 일을 계속했다. 국가가 바뀌고 정부가 바뀌고 학생이 바뀌고 법이 바뀌었지만 N13 교실은 그대로였다. 그로부터 오랜 시간이 흘러 소비에트법이 적용되는 시기에도, 한스 프랑크의 독일법이 적용되던 시기에도, 다시 소비에트법이 적용되던 시기에도 마카레비츠는 새로운 현실에 맞춰 자신의 수업을 조정했다. 매 수업 후 이 대단한 생존자는 법대 건물을 떠나 대학 도서관을 지나 드라호마노바Drahomanova 거리까지 걸어 언덕을 올라 58번지에 그가 직접 지은 집으로 갔다. 그는 집에 들어가서야 비로소 세계와 차단될 수 있었다.

65

렘킨은 1926년에 대학을 졸업했다. 그 시기쯤에 그는 비알리크Bialik의 중편소설을 번역하고, 러시아 형법과 소비에트 형법에 대한 원고 집필을 완료했다. 율리우스 마카레비츠 교수는 서문을 써주었다. 피우수트스키 장군이 주도한 쿠데타로 민주적으로 선출된 정부가 전복되고 경제적으로, 정치적으로 가혹한 시기였다. 렘킨은 대안을 믿었지만 드모프스키의 반유대 민족민주당은 실망스러웠다.

쿠데타 2주 후, 또 다른 정치적 살인이 렘킨의 주의를 끌었다. 이번에는 집에서 더 가까운 곳에서였다. 희생자는 짧게 존재하다 사라진 1918년 서부 우크라이나 인민공화국West Ukrainian People's Republic의 반볼셰비키주의자 대통령 시몬 페틀리우라Symon Petliura 장군으로, 파리의 리신 거리에서 총을 맞고 사망하였다. 더 안 좋은 사실은 암살범이 사무엘 슈바츠바드Samuel Schwartzbard라는 유대인 시계공으로, 페틀리우라의 명령에 의한 소행이라고 전해지는 러시아에서의 유대인 학살에 대해 보복을 하고자 했다는 것이다. 슈바츠바드의 재판은 6년 전 렘킨이 주의 깊게 지켜보았던 텔리리안 사건 이후 다시 한 번 언론의 관심을 끌었다. 유명한 작가인 이스라엘 쟁윌이 검사측 증인으로, 막심 고리키Maxim Gorky가 변호인의 증인으로 참석하였다. 그러나 가장 중요한 증인은 1919년 2월 페틀리우라의 군인들이 군악대가 연주하는 동안 집단학살을 자행한 것을 목격했다고 증언한 우크라이나 적십자 소속 간호사인 하이아 그린베르크Haia Greenberg였다.

배심원단은 한 시간도 되지 않은 평결 끝에 슈바츠바드가 무죄라고 결정했다. 이유는 범행이 사전에 계획되지 않았다는 것이었다. 〈뉴욕타임스〉는 400명의 방청객이 파리의 법정을 채웠으며, 그들은 '중부 및 동부 유럽 출신의 흰 수염이 있는 유대인들, 단발머리의 신여성들 그리고 슬라브족 특징을 지닌 우크라이나인들'이었는데, 프랑스에 대한 환호와 함께 평결을 받아들였다고 보도했다. 렘킨은 만족했다. "그들은 슈바츠바드에게 무죄를 선고할 수도 유죄를 선고할 수도 없었다." 그는 부모를 포함해 무고한 수만 명의 신도들의 죽음에 대한 복수를 처벌할 수 없었다고 썼다. 마찬가지로 법정 또한 인류의 도덕적 기준을 지키기 위해 법을 손에 쥐는 것을 용납하지 않았다. 렘킨의 시각에서 가장 기발한 결론은 슈바츠바드가 미쳤다고 결론내리고 그를 풀어주는 것이었다.

렘킨은 바르샤바에서 이 재판을 지켜보았다. 그는 로보프의 남동부에서 60마일 떨어진 브르제자니Brzezany에서 법원 서기와 공판담당 검사로 근무한 후 바르샤바의 항소법원에서 사무관으로 일하고 있었다. 마카레비츠 교수의 지도 아래, 두 번의 재판은 그의 사고력에 촉매작용을 했다. 점차적으로 그러나 분명하게 그는 집단을 보호하는 국제법을 마련하기 위해 무언가를 해야 한다는 생각이 무르익게 되었다고 썼다. 바르샤바 법정에서의 그의 법조계 경력이 추종자와 영향력을 만들어내기 위해 썼던 여러 권의 책과 함께 발판이 되어 주었다. 학위 역시 지지를 이끌어내는데 도움이 되었다.

히틀러가 권력을 잡을 무렵, 렘킨은 검사로 6년째 근무하고 있었다. 보우코비스크 출신 농장 소년이 폴란드의 최고 법조인, 정치인, 판사들과 관계를 맺고 그 관계를 공고히 하고 있었다. 그는 소비에트 형사법, 이탈리아의 파시스트 형법, 그리고 분석적이기보다는 기술적으로 설명하는 폴란드의 혁명적인 사면법에 대한 책을 출판했다. 그는 폴란드 대법관이자 후에 렘킨이 교수로 재직하기도 한 바르샤바의 자유폴란드대학Free Polish University in Warsaw의 설립자인 에밀 스타니스와프 라파포트Emil Stanisław Rappaport를 새로운 멘토로 모신다.

한편 그는 적극적으로 회의에 참여하여 유럽의 학자들과 네트워크를 형성하면서 국제연맹의 형법 발전 노력에 동참한다. 1933년 봄, 그는 10월에 마드리드에서 회의가 열릴 것을 예상하고 '잔학행위'Barbarism와 '반달리즘'Vandalism(문화유산이나 예술품 등을 파괴하거나 훼손하는 행위)을 금지하는 새로운 국제규정을 만들 것을 제안하는 팸플릿을 작성한다. 그는 유대인과 다른 소수민족에 대한 공격이 히틀러의 그늘 아래 점점 늘어나는 상황에서 이런 작업이 그 무엇보다도 필요하다고 믿었다. 그는 나태한 독일제국

의회가 히틀러에게 독재 권력을 부여하기 위해 새로운 수권법을 실행함으로써 히틀러의 저서 《나의 투쟁》이 '말살의 청사진'이 될 것을 두려워했다.

현실적인 이상주의자였던 렘킨은 적절한 형법이 실제로 잔학행위를 금지할 수 있다고 믿었다. 그의 생각에는 소수민족보호조약이 적절치 않았다. 따라서 그는 사람들의 삶을 보호하고, 잔학행위–집단학살–를 예방하고, 반달리즘–문화유산에 대한 공격–을 예방할 수 있는 새로운 규정을 상상했다. 그런 생각은 완전히 새로운 것은 아닌데, 가장 심각한 범죄를 저지른 범인은 전 세계적으로 어느 국가의 법원에서도 재판해야 한다는 '보편적 사법권'(60년 후, 고문행위에 보편적 사법권이 적용되어 칠레의 전 대통령 피노체트가 체포된다) 관념을 주창한 루마니아의 학자 베스파시안 V. 펠라Vespasian V. Pella의 견해를 기반으로 하였다. 렘킨은 보편적 사법권이 적용될 수 있는 범죄 목록(해적행위, 노예제도, 여성과 아동 인신매매와 마약 거래 등)에 대해서는 루마니아 학자의 공을 인정하였으나 펠라의 초기 연구–공동의 위험을 초래할 수 있는 잔학행위 또는 반달리즘–를 인용하지는 않았다.

렘킨의 팸플릿은 파리의 수플로가街에 운영 중인 국제연맹의 공식 출판사 페돈에서 출판되었다. 렘킨은 마드리드 회의에 폴란드 대표로 참석할 것을 기대하였으나 그가 여행을 준비하는 중에 에밀 라파포트가 전화를 하여 문제가 생겼다고 알려주었다. 법무부 장관이 그의 참석을 반대했다는 것이다. 드모프스키의 민족민주당과 관련이 있는 일간신문 〈가제타 바르샤브스카〉Gazeta Warszawska의 입김 때문이었다. 렘킨은 마드리드로 가지 못하지만 그의 팸플릿에 대한 논의가 이루어져 관념의 변화가 생기기를 희망했다. 마드리드 컨퍼런스의 공식 기록에서는 팸플릿을 참석자에게 나누어주었지만 논의되었다는 증거는 없다.

회의가 끝나고 며칠이 지나 독일이 국제연맹을 탈퇴한다는 발표를 하자 〈가제타 바르샤브스카〉는 '렘킨 검사'를 개인적으로 공격하기 시작했다. "렘킨이 이 프로젝트를 발표하고자 했던 의도를 추측하는 것은 어렵지 않다." 신문은 10월 25일, "그가 일부 국가에서 자행하는 잔학행위와 반달리즘에 가장 많이 노출된 위험한 민족집단에 속해 있다는 점을 고려하면"이라고 언급하며 비판했다. 신문은 대표단 중 한 명인 렘킨이 "이런 종류의 프로젝트를 기획한 사람이라는 것이 폴란드에게 있어 진정 영광스러운지 의심스럽다"고 보도했다.

1년이 채 지나지 않아 폴란드는 독일과 불가침조약을 체결하고 1919년 소수민족보호조약을 파기했다. 외무부 장관 벡[Beck]은 국제연맹에 폴란드가 소수민족을 박해하지 않았다면서 다른 국가와 동등한 취급을 원한다고 밝혔다. 만약 다른 국가들이 자국의 소수민족을 보호할 의무가 없다면 폴란드 역시 그런 의무가 없어야 한다는 것이다. 〈뉴욕타임스〉는 '독일 제국으로 가는 길'이라고 보도하였고, 렘킨은 검사직을 그만두었다.

66

상법 분야 변호사로 전직한 렘킨은 바르샤바 에루졸림스케 에비뉴에 사무실을 열었다. 그는 변호사로 승승장구하여 작은 집을 한 채 장만하고 예술작품을 수집하고 도시 중심에서 가까운 크레디토바 거리 6번지라는 현대적인 동네의 아파트로 이사하여 자택 겸 변호사 사무실을 운영했다(2008년 '뛰어난 폴란드 법률전문가이자 국제적인 명성의 학자'를 기념하는 명판이 달렸을 때 이 건물에는 소수당인 신파시스트 정당NPO(Narodowe Odrodzenie Polski)의 사무실이 있었다).

렘킨은 여러 건의 유명한 정치적 살인(1934년 유고슬로비아 알렉산더 1세의 암살이 처음으로 영화화 된다. 그의 아들 피터 황태자는 케임브리지대학에서 라우터파하트로부터 수업을 받았을 수도 있다)이 증가하는 시점에 법의 개혁과 테러리즘에 대한 자신의 관심을 반영하여 1년에 한 권씩 책을 출판하려고 노력했다. 렘킨의 인맥은 점차 넓어졌고 그에게 매력적인 제안을 하기 위해 멀리서 찾아오는 손님들도 있었다. 노스캐롤라이나의 듀크대학교 말콤 맥더못Malcolm McDermott 교수는 바르샤바로 찾아와 렘킨의 책을 영어로 번역하고 듀크대에서 가르칠 수 있는 기회를 제안했다. 하지만 어머니가 폴란드에 같이 머물기를 원했기 때문에 렘킨은 제안을 거절했다.

벨라는 바르샤바에 자주 찾아오는 사람 중 하나였다. 1938년 여름, 그녀의 아들이 폐렴에 걸렸을 때도 바르샤바에서 아들을 간호하였다. 보우코비스크로 돌아가는 길에 그녀는 그의 손자 사울에게 라파엘 삼촌의 아파트와 화려한 현대적인 삶, 바르샤바의 지식계급 내에서의 그의 명성, 그의 유명한 친구들에 대해 이야기해주었다. 그녀는 어린 손자에게 렘킨이 '잔학행위'와 '반달리즘'에 대한 캠페인을 벌이는 동안 주요 인사들이 그에게 관심을 보였다고 말했다. 사울에 의하면 일부 귀를 기울이는 사람도 있었지만 그의 삼촌은 강력한 반대에 부딪혔다. 그의 관념은 낡은 것이라는 평가를 받았고, 히틀러는 증오를 정치적 목적으로만 사용할 뿐 정말 유대인을 말살할 의도가 있는 것은 아니라는 것이었다. 그는 자신의 '환상적인 예측'을 자제해야 했다.

1938년 3월, 독일은 오스트리아를 병합했다. 6개월 후에 영국 수상 네빌 체임벌린Neville Chamberlain이 쥬데텐 지방을 체코슬로바키아에서 독일로 양도하라는 히틀러의 주장을 받아들였을 때 렘킨은 런던으로 출장을 갔다. 9월 23일 금요일, 렘킨은 항소법원 판사 허버트 듀 파크Herbert du Parcq와 폴 몰의 리폼 클럽에서 저녁을 먹었다. 이때 재무장관 존 사이먼John Simon이 합석을 했다. 사이먼은 체임벌린과 히틀러의 만남에 대해 이야기하고 나서, 영국은 전쟁 준비가 되어 있지 않기 때문에 협상을 해야 했다고 설명했다.

일주일 뒤, 체임벌린은 히틀러와의 또 다른 회담 후 다우닝가 10번지의 유명한 검은색 문 밖에 서 있었다. "우리 시대를 위한 평화!" 그는 그렇게 선언했다. 영국 사람들은 그들의 침대에서 평안히 잠을 청할 수 있게 되었다. 그러나 1년 만에 독일은 폴란드를 침략했다. 150만 독일군은 SS와 게슈타포와 함께 폴란드를 침공했고, 독일 공군은 바르샤바, 크라쿠프 그리고 로보프와 주키에프를 포함한 폴란드 동쪽 도시에 폭탄을 투하하여 공포를 조성했다. 렘킨은 5일 동안 바르샤바에 머물다 독일군이 도시 가까이로 진격하자 9월 6일 그곳을 떠났다.

그는 비행기 공습이 뜸할 때를 틈타 습지가 많은 플레시아를 통해 로보프 북쪽의 보우코비스크로 갔다. 렘킨은 서쪽의 독일군과 동쪽으로부터 다가오는 소비에트 군인들 사이에 갇혀 있었다. 스탈린과 히틀러의 외무장관인 몰로토프Molotov와 리벤트로프Ribbentrop 간의 협정으로 나라가 둘로 갈라지면서 폴란드의 독립은 사라졌다. 영국과 프랑스가 전쟁에 참여하였고, 렘킨은 계속해서 북쪽으로 갔다. 도시인 차림에 비싼 테의 안경을 썼던 그는 소비에트 군인들이 그를 폴란드 지식인, 대도시에 사는 사람으로 생각할까 봐 두려워했다. 결국 그는 소비에트 군인들에게 붙잡혔지만 현란한 언변으로 간신히 위험에서 벗어날 수 있었다.

볼니야에 도착한 그는 두브노라는 작은 마을에서 유대인 제빵사 가족의 집에 머물렀다. 제빵사가 물었다. "유대인들은 왜 나치에게서 탈출하고 싫어 하나요?" 렘킨은 《나의 투쟁》의 내용과 유대인을 파리처럼 말살하려는 의도에 대해 이야기해주었다. 제빵사는 농담으로 받아들였다. 그는 히틀러의 자서전에 대해 전혀 몰랐고, 그런 말이 사실이라고 믿을 수 없다고 했다. "유대인들과 거래를 해야 할 텐데 히틀러가 어떻게 유대인을 말살할 수 있습니까? 전쟁 중에도 사람들은 살아야 해요."

이것은 여타의 전쟁과 다르다고 렘킨은 말했다. 이 전쟁은 민족 전체를 파괴하려는 것이며, 그 대신 독일인들로 대체하려는 전쟁이다. 제빵사는 믿지 않았다. 그는 제1차 세계대전 때 3년 동안 독일 통치 하에서 살았었다. 좋지는 않았지만 "어쨌든 우리는 살아 남았어요." 제빵사의 아들인 밝은 얼굴에 열정적이며 어딘가 불안해 보이는 20대 청년은 그 말에 동의하지 않았다. "나는 아버지와 이 동네 주민들의 이런 태도를 이해할 수 없어요."

렘킨은 제빵사 가족과 2주를 보냈다. 10월 26일, 한스 프랑크가 서쪽 새로운 국경까지 독일이 점령한 폴란드의 총독으로 지명되었다. 주키에프, 로보프, 보우코비스크는 소비에트가 통치했다. 렘킨은 소비에트 편에 속한 보우코비스크로 가는 기차에 올랐다. 겁에 질린 여행자들로 발 디딜 틈이 없었다. 기차는 통행금지 시간에 도착했고, 렘킨은 체포를 피하기 위해 역의 화장실에 숨어 밤을 보냈다. 아침 일찍 그는 주요 도로를 피해 코치우시코가 15번지에 있는 그의 동생 엘리아스의 집으로 걸어갔다. 그는 창문을 조심스레 두드리며 창문 가까이 입을 대고 작은 소리로 불렀다. "라파엘! 라파엘!"

벨라는 렘킨이 결코 잊지 못할 기쁨을 표현했다. 그는 침대에 누워 익숙한 오래된 담요를 덮고 폴란드에 불어 닥친 재난을 걱정하며 잠이 들었다. 팬케이크 냄새에 잠이 깬 그는 사워크림과 함께 정신없이 먹어치웠다. 벨라와 요제프는 보우코비스크는 안전하다고 생각했다. 그들은 렘킨과 함께 떠나고 싶어 하지 않았다. 이제 은퇴하여 더는 자본가가 아니라고 요제프가 말했다. 엘리아스는 월급쟁이일 뿐이고, 그는 가게 소유권을 포기했고, 소비에트 정부는 그들을 건드리지 않았다. 렘킨만이 요제프의 동생인 이시도르가 사는 미국으로 떠날 것이었다.

벨라 역시 렘킨이 떠나야 한다고 하면서 한 가지 걱정을 털어놓았다. "왜 결혼을 하지 않는 거니?" 이것은 민감한 주제였다. 몇 년이 지나고 렘킨은 낸시 애컬리에게 자신은 일에 너무 몰입한 나머지 결혼생활을 할 시간과 돈이 없다고 둘러댔다. 그에게 관심을 보인 여성이 몇 명 있었던 것 같았지만 내가 찾은 렘킨과 관련한 자료에서 여성과 특별히 가까운 관계를 가졌다는 흔적이 전혀 발견되지 않는다는 점은 놀라웠다. 벨라는 계속해서 그의 아들에게 결혼은 보호의 목적이라고 설득하며 외롭고 사랑이 없는 남자는 어머니의 도움이 끝나고 나면 여성이 필요하다고 주장했다. 렘킨은 여지를 주지 않았다. 벨라가 결혼 이야기를 꺼낼 때마다 괴테의 서사시, 〈헤르만과 도르테아〉Hermann and Dorothea의 구절을 떠올렸다. 당신 인생에서 밤이 더욱 아름다운 시간이 되도록 아내를 맞으시오Take a wife so that the night might become the more beautiful part of your life. 나는 그 시를 읽어보았지만 렘킨의 독신주의 성향을 설명하는 실마리나 시의 관련성을 이해할 수 없었다. 렘킨은 벨라의 뒷머리에 손을 올리고 머리카락을 쓸어내리고는 양쪽 눈에 입을 맞추는 등 어머니의 노력에 다정하게 화답했다. 하지만 약속을 하지는 않았다. "어머니 말이 맞아요." 이것이 앞으로 유목민으로의 삶이 더욱 윤택해질 것이라는 희망과 함께 끌어낼 수 있는 대답의 전부였다.

그는 밤이 되어 보우코비스크를 떠났다. 헤어짐의 여운은 오래 남았다. 간단한 입맞춤, 눈맞춤, 침묵, 이게 마지막은 아니라는 희망.

67

그해 가을 렘킨의 조카 사울은 보우코비스크에 있었다. 약간의 노력 끝에 나는 몬트리올에 살고 있는 사울을 찾아냈다. 그는 이민자들로 북적이던 지역에 있는 건물 1층의 작은 아파트에서 살고 있었다. 그의 모습은 충격적이었다. 지적인 얼굴이었지만 눈은 슬퍼보였고, 헝클어진 회색 수염은 19세기 톨스토이 소설 속의 인물을 생각나게 했다. 세월은 이 온화하고 학식 있는 남자에게 그리 너그럽지 않았다.

여든이 훨씬 넘은 그는 책으로 둘러싸여 어수선한 소파에 앉아 있었다. 그는 얼마 전에 세상을 떠난 여자 친구를 애도하고 있었고, 안구 질환과 한쪽 신장만으로 살아가는 삶의 의미(1953년에 한 쪽을 잃었는데 자세한 내용은 이야기하지 않았다)와 함께 그 이야기를 진짜 하고 싶어 했다. 그렇다. 그는 1939년 '유명한 폴란드 영웅의 이름을 딴' 거리에 살던 열두 살의 가을, 라파엘 삼촌이 방문했던 일을 기억하고 있었다. 라파엘이 떠났을 때 그들은 서로를 다시는 볼 수 없을지도 모른다는 것을 알고 있었다.

1938년까지 사울과 그의 부모는 벨라와 요제프와 함께 보우코비스크에 있는 집에서 살았다. 그러다 렘킨이 부모님께 5천 즐로티(약 1천 달러) 상당의 집을 사 드렸다. 그 시절에는 큰돈이었다고 사울이 말했다. 렘킨은 잘나가는 변호사였음에 틀림없다. 사울의 조부모님들은 보우코비스크에서 훌륭한 농부였다. 두 분 중에 벨라가 더 문학적이었다. 항상 손에서 책을 놓지 않았다. 요제프는 정치와 이디시어 신문과 시너고그의 삶에 관심이 많았다. "라파엘은 신앙심이 있는 사람은 아니었어요." 그는 주저 없이 말했다.

그의 삼촌은 1년에 두 번, 명절 즈음에 방문했다. 유월절에 벨라는 사울을 붐비는 상점으로 보내 삼촌의 방문에 대비해 물건을 잔뜩 사오게 했다. 그는 겸손한 투로 '교수님이자 변호사님'의 방문은 항상 큰 행사였으며, 으레 정치적 논쟁과 '약간의 마찰'이 가족 간에 발생하곤 했다고 설명했다. 1939년 4월에 있었던 방문에서 렘킨은 흔치 않은 프랑스 신문을 가지고 나타났다. 프랑코를 달래기 위해 페탱 장군을 마드리드 대사로 임명한 기사에 대해 의견이 갈렸다. "삼촌은 페탱이나 프랑코를 싫어했어요."

사울은 렘킨이 폴란드에서 아주 유명하다고 생각했다. 사울은 바르샤바를 방문하거나 상류사회의 친구를 만난 적은 없지만 '삼촌은 유명한 거리에 있는 커다란 건물에서 화려한 삶을 산다'고 생각했다. 나는 렘킨의 회고록에 나와 있는, 그가 십대 청소년 때 빌뉴스vilnius(현재 리투아니아공화국의 수도. 옛 이름은 빌나vilna)를 방문하여 갈색 교복을 입은 소녀와 산비탈을 걸었던 일화를 언급하며 사울에게 삼촌의 연애사에 대해 물었다. 렘킨은 그녀에게 입을 맞추고 싶어 했지만 "내 안에 있는 이해할 수 없는 무언가가 본능을 억눌렀다"라고 썼다. 표현이 애매했다.

사울은 왜 삼촌이 결혼을 하지 않았는지 모른다고 말했다. 그리고 "내 생각에 기회는 있었을 것 같은데"라고 덧붙였다. 하지만 여성 친구에 대한 이야기는 전혀 없었다. 사울은 에드워드 8세와 마담 심슨이 비엔나에 있었을 때 삼촌으로부터 들었던 사건을 기억했다. 하지만 여성 친구라고? 사울은 아는 바가 없었다. "여자 친구가 있기는 했을 거예요." 하지만 그가 기억하는 정보는 없었다. "삼촌이 왜 결혼을 하지 않았는지는 모릅니다."

소비에트 정부는 가족이 살던 집의 소유권은 빼앗아갔지만 그대로 살게는 해주었다. 정부 관리가 집으로 들어왔고, 사울은 러시아어를 사용하는 학교를 다녔다. "1939년 10월, 삼촌이 바르샤바에서 탈출하여 집으로 왔을 때 이야기했어요. 러시아 사람들과 독일인들이 함께 뭉쳤다는 것은 상황이 아주 나빠질 것이라는 뜻이라고요. 나는 그렇게 들었고, 삼촌이 했던 말을 그렇게 기억합니다."

사울에게서 애절한 기운이 느껴졌다.

그에게 벨라와 요제프의 사진이 있을까? "없이요."

그의 삼촌 사진은? "없습니다."

그 시절의 가족 중 누구의 사진이 있을까? 그는 "없어요"라고 슬프게 말했다. "남은 것이 없어요."

68

렘킨은 보우코비스크에서 그가 소녀와 키스를 할 뻔했던, 소비에트가 점령했던 빌뉴스까지 기차를 타고 갔다. 기차에는 폴란드 난민과 암시장 물건들, 비자, 여권과 렘킨이 마음으로 자유의 상징이라고 생각하는 미국의 '국수'(달러)가 가득했다. 그는 탁월한 범죄학자 브로니슬라프 프레블레프스키Bronisław Wróblewski를 포함하여 국제연맹 시절에 안면이 있던 사람들을 만났다. 그는 프레블레프스키에게 '잔학행위'와 '반달리즘'에 대한 노력이 실패로 돌아갔지만 다시 시도할 것이라고 말했다.

벨라와 요제프는 그들의 아들 렘킨과 함께 보낸 시간이 얼마나 행복했는지 편지를 써 보냈다. 그 편지에는 익숙한 말투, 풀 죽은 낙관론, 걱정 등이 드러났다. 편지에는 렘킨의 친구 벤자민 톰키에부치가 벨라가 만든 작은 케이크를 선물로 들고 빌뉴스로 가는 길이라는 소식도 포함되어 있었다. 톰키에부치의 깊은 비관론은 렘킨의 밝은 기질과 대비되었다. 렘킨은 어려운 상황은 기회와 도전을 함께 제공한다고 생각했다. 넉넉한 변호사 수입, 멋진 가구와 교외의 집 등과 함께한 바르샤바에서의 편안한 생활은 끝났다. 그는 위신과 가짜 명망의 연출에 지나치게 익숙해져 있었다. 그런 시절은 사라졌지만 슬퍼하지 않았다.

렘킨은 빌뉴스로 가는 길에 이렇게 썼다. 10월 25일, 그는 노르웨이 또는 스웨덴으로 가기 위한 임시 비자를 신청했다. "기적처럼 가까스로 살아남을 수 있었습니다." 그는 불어로 말했다. 그에게 있어 탈출하는 방법을 찾는 것은 생사가 걸린 일이었다. "평생 감사할 겁니다." 그는 필요한 것은 비자뿐이라고 강조하며 내 경제상황은 나쁘지 않다고 덧붙였다(그의 발신인 주소는 빌뉴스의 라트비아 영사관으로 되어 있었다). 스웨덴 비자를 발급받기 위해 전 스웨덴 법무장관인 칼 슐리터Karl Schlyter에게 편지를 보냈다. 벨기에로 가는 것을 문의해보기 위해 벨기에 외교관인 카르톤 드 비아르트 백작Count Carton de Wiart에게도 편지를 보냈으며, 듀크대학에서 가르칠 기회를 요청하기 위해 노스캐롤라이나의 맥더못 교수에게 편지를 보내기도 하였다. 그는 또한 페돈출판사를 운영하는 모녀에게도 편지를 보내 그가 살아 있으며 잘 지낸다는 소식을 전했다. 만약 독일이 바르샤바에 도착하기 전에 그 출판사가 원고를 받았다면 국제 계약에 대한 새 책이 간행될 수 있었을까? 삶은 계속되었다.

그는 빌뉴스에서 발트해 해안, 스웨덴으로 가는 방향인 서쪽으로 향했다. 카우나스에서 그는 지인에게 무언가 확실한 것, 희망을 찾아 헤매는 유령 같은 난민의 삶이 고통스러웠다고 말했다. 그는 인생에서 피하고 싶은 세 가지를 모두 겪었다고 했다: "안경을 쓰는 일, 머리숱이 줄어드는 일, 난민이 되는 일." 또 다른 지인, 은퇴한 판사인 잘카우스카스 박사Dr. Zalkauskas는 그에게 폴란드가 어떻게 3주 만에 사라질 수 있는지 물었다. 그런 일이 일어나기도 한다고 렘킨은 냉정하게 대답했다(렘킨은 수년 후에 그 판사를 시카고에서 다시 만났는데, 모리슨 호텔의 엘리베이터 기사가 되어 있었다).

페돈출판사로부터 편지가 왔다. 그의 새로운 책의 페이지 조판 교정쇄와 1933년에 작성된 잔학행위와 반달리즘 팸플릿의 발췌 인쇄본도 함께 돌아왔다. 교정쇄는 수정되어 파리로 돌아왔으며 몇 달 뒤 책이 출판되었다. 렘킨은 스웨덴 비자와 함께 카우나스를 떠났다. 라트비아의 수도 리가에서 잠깐 멈췄을 때 그는《러시아와 폴란드 유대인의 역사》History of the Jews in Russia and Poland의 저자이자 역사학자인 사이먼 위젠탈 두브노프Simon Wiesenthal Dubnow와 차를 마셨다. "태풍 전야의 소강상태입니다." 두브노프는 렘킨에게 경고했다. 히틀러가 곧 라트비아에 들이닥칠 것이다.

69

렘킨은 1940년 이른 봄 스웨덴에 도착했다. 스톡홀름은 중립이었으며 자유로웠다. 그는 노스캐롤라이나로부터의 초청을 기대하면서 집주인인 이벨슈타인 부부와 즐거운 시간을 보냈다. 벨기에에서 배로 미국으로 갈 수 있는 방법은 사라졌다. 독일이 1940년 4월 덴마크와 노르웨이를 점령했다. 다음 달에 프랑스가 쓰러지고 벨기에와 네덜란드 그리고 리투아니아, 라트비아, 에스토니아가 넘어갔다. 그가 만났던 또는 곧 만날 예정이었던 친구들이 나치의 지배를 받았다. 사이먼 위젠탈 두브노프의 비관론은 근거 있는 것으로 밝혀졌다. 그는 렘킨이 리가Riga를 떠난 2년 후 그의 집 가까운 곳에서 살해되었다.

스톡홀롬에서의 몇 주로 예상했던 기다림은 순식간에 몇 달이 되었다. 칼 슐리터는 렘킨에게 대학에서 강의할 것을 제안했고, 그는 스웨덴어 집중 코스를 들었다. 1940년 9월이 되자 그는 외환 통제에 대해 스웨덴어로 강의할 수 있을 정도로 언어에 능숙해졌으며, 새로 배운 언어로 책을 쓸 수준이 되었다. 벨라와 요제프로부터의 편지가 흔치 않은 행복한 순간을 선사하였지만 동시에 그들이 소비에트 통치 하에서 잘 지내는지 걱정도 되었다.

지치지 않고 의욕에 넘치며 나태함을 모르는 렘킨은 더 큰 계획을 찾았다. '흰 들판에 검정 거미가 있는 핏빛처럼 붉은 색의 천'이 유럽 대륙 전체로 뻗어나가는 유럽 지도가 새로운 발상을 제공했다. 렘킨의 타고난 호기심은 독일 점령에 정면으로 맞섰다. 독일 나치의 법률이 정확하게 어떻게 실행되었는가? 답은 법률 제정의 세부사항에서 찾을 수 있을 것이라 믿은 렘킨은 우표를 수집하듯 나치 법령과 조례를 모으기 시작했다. 변호사로서 그는 공식적인 문서는 명료하게 드러나지 않는 숨은 목적이 있다는 것을 잘 알고 있었다. 그래서 한 가지의 문서는 문서들의 집합보다 드러나는 것이 적을 수 있다는 것을 알고 있었다. 집합이 낱개의 다발보다 훨씬 가치가 있다.

그는 스톡홀롬 중앙도서관에서 자료를 모으고 번역하고 분석하고 독일인의 행동 패턴을 눈여겨보았다. 독일인들은 여러 가지 결정을 서면으로 하는 등 질서정연하게 행동했다. 그리고 문서로 더 큰 계획에 대한 단서를 남긴다. 때문에 그것은 독일이 저지른 범죄에 대한 '반박할 수 없는 증거'로 이어질 수 있다.

그는 다른 사람들에게 도움을 청했다. 한 곳은 바르샤바에 사무소가 있는 무명의 스웨덴 회사로, 예전에 렘킨이 변호사로서 서비스를 제공한 회사였다. 도움을 요청하기 위해 스톡홀름에 있는 본사를 방문한 그는 회사의 유럽 지사에서 그 나라를 점령한 독일이 출판한 공식 관보 사본을 모았다가 스톡홀름의 본사로 보내는지 물었다. 그의 지인은 그렇다고 대답했다.

법령과 조례, 포고문 등 다양한 문서들이 유럽 전역에서 도착했다. 렘킨은 하나하나 읽으며 메모를 하고 주석을 달고 번역했다. 그에 더해 베를린에서 작성한 문서를 보관하고 있는 스톡홀름 중앙도서관에서 찾은 자료를 더하니 자료들은 산더미처럼 쌓였다.

렘킨이 법령에 관한 그의 연구를 계속하는 동안 그는 공통의 주제, 즉 '집중된 음모'의 요소를 발견했다. 그가 알지 못했던 라우터파하트의 개인의 보호에 대한 노력과 병행하여 렘킨의 연구는 독일이 점령한 모든 국가의 파괴를 궁극적인 목표로 하고 있다고 규정하였다. 일부 문서는 히틀러가 서명하여 히틀러의 《나의 투쟁》에서 천명한 레벤스라움Lebensraum(생활권), 즉 독일인이 사는 새로운 삶의 공간을 창조한다는 발상을 실행하였다.

폴란드에서 공포된 법령은 렘킨이 바르샤바를 떠난 다음 달인 10월 8일에 히틀러가 서명하였다. 독일이 점령한 폴란드는 '동부편입지역'Eingegliederte Ostgebiete이라는 새로운 이름으로 독일제국에 흡수된다. 이처럼 빼앗은 토지와 주민을 '독일화' 할 수 있었음에도 불구하고, 독일은 의도적으로 폴란드 국민을 머리나 뇌가 없는 상태로 만들었다. 지식인들은 제거되었으며, 주민들은 노예노동자로 재편성되었다. 또 다른 법령이 10월 26일 새롭게 임명된 총독인 한스 프랑크에 의해 서명되었다. 그는 신이 나서 그의 영토 내에서 곧 '정치적인 선동가, 수상한 거래자들, 유대인 착취자들'이 없어지게 될 것이라고 선언했다. 프랑크는 '결정적인 조치'가 취해질 것이라고 발표했다. 1941년 8월 1일에 서명한, 갈리치아와 렘베르크를 총독령에 포함시키는 내용이 포함된 세 번째 법령의 사본이 컬럼비아대학의 문서보관실에 있는 렘킨의 서류들 속에 남아 있다.

렘킨은 일정한 패턴을 가지는 '결정적인 조치'를 계속 추적했다. 첫 번째 조치는 '국적박탈'로, 유대인과 국가 간의 연결고리를 단절시켜 개인을 무국적자로 만듦으로써 법의 보호를 제한하는 것이다. 그 다음에는 '비인간화'로, 목표한 민족의 기본적인 법적 권리를 박탈하는 것이다. 두 단계의 패턴은 유럽 전역에 적용되었다. 세 번째 조치는 '정신적, 문화적으로' 완전히 파괴하는 것이다. 렘킨은 1941년 초부터 점진적인 단계로 진행된 유대인의 완전한 말살을 위한 법령을 가려냈다. 개별적으로 각각의 법령은 악의가 없어 보이지만 함께 적용되고 국경을 초월하여 실행되면 큰 목적이 드러났다. 개별 유대인은 의무적으로 등록해야 하고 쉽게 구별할 수 있는 표시인 독특한 다윗의 별 무늬 배지를 달아야 하며, 지정된 지역인 게토로 이주해야 한다. 렘킨은 바르샤바 게토 설립에 대한 법령(1940년 10월)을 찾았다. 이어 허가 없이 게토를 벗어나는 사람은 사형에 처할 수 있다는 내용이 들어 있는 크라쿠프 게토(1941년 3월) 관련 법령을 찾아냈다. "왜 사형일까?" 렘킨은 물었다. 어차피 닥쳐올 일을 빨리 서두르기 위해서?

자산 몰수로 대상집단은 궁핍해지고, 배급에 의존하게 되었다. 탄수화물과 단백질 배급을 제한하는 법령으로 대상집단의 사람들은 살아 있는 송장이 되어갔다. 정신은 망가지고 개개인은 자신의 목숨에 무관심해졌으며 강제노역으로 많은 사람이 죽었다. 살아남은 사람들에게는 그들이 처형의 시간을 기다리는 동안 추가적으로 인간성에 대한 말살과 분해 조치가 가해졌다.

자료에 깊이 몰입해 있을 때 렘킨은 노스캐롤라이나의 맥더못 교수로부터 교수 자리와 비자를 제공하겠다는 제안이 담긴 편지를 받았다.

70

렘킨은 미국이라는 먼 곳으로 가면 부모님을 돌보지 못할 수도 있다는 걱정에 가슴이 찢어졌다. 하지만 이번에는 벨라와 요제프 모두 그에게 가야 한다고 권했다. 게다가 미국으로 가는 여정 또한 쉽지 않았다. 대서양 길은 전쟁으로 막혔고, 스톡홀롬에서 소비에트연방Soviet Union을 통한 이동도 제한될 것이라는 소문이 돌았다. 렘킨은 먼 길을 돌더라도 즉시 떠나기로 결정했다. 모스크바로 가서 소비에트연방을 통과하고 일본으로 간 다음 태평양을 건너 시애틀로 갔다가 미국 내에서 열차를 타기로 했다.

그는 개인 소지품은 줄이고 그 대신 법령들과 메모가 가득한 큰 가죽 가방 몇 개를 들고 여정에 올랐다. 비자는 발급받았고, 이벨슈타인 부부가 그를 위해 환송 만찬을 마련해주었다. 저녁 테이블은 빨간색과 하얀색의 폴란드 국기로 장식되었다. 그에게는 잊지 못할 추억이 되었다.

라트비아에 잠깐 머물며 보우코비스크를 전체적으로 둘러본 후 그는 모스크바에 도착했다. 추운 로비와 커다란 침실이 있는 구식 호텔에 체크인한 후 그는 거리를 걸으며 붉은 광장과 크렘린궁 그리고 시인 나드손Nadson의 책과 어머니의 부드러운 목소리를 생각나게 하는 성 바실리 성당의 뾰족한 지붕을 감상했다. 그는 허름한 차림의 무뚝뚝한 표정을 한 사람들 틈에서 혼자 저녁을 먹었다.

다음날 아침 그는 벌레에 잔뜩 물린 채 일어났다. 그가 지지하지 않았던 1917년 혁명은 벼룩을 없애는 일에 실패했기 때문이다. 그는 야로슬라브스키 기차역에서 출발하여 세계에서 가장 긴 기차여행을 시작했다. 열흘에 걸쳐 블라디보스토크로 가는, 동쪽으로 총 3,600마일을 달리는 여정이었다. 폴란드인 부부와 어린 아이들과 함께 객실을 같이 써야 했다. 기차는 작고 음울한 소비에트 마을과 우울한 회색 눈 풍경을 지나 달렸고 천천히 흐르는 시간 속에 종종 음식을 파는 카트가 지나가는 것이 전부였다. 렘킨은 러시아인으로 보이는 사람이 맞은편 빈자리에 불쑥 들어와 앉자 그의 어린 시절 언어로 대화할 때까지 기다렸다. 사교성 강한 그는 러시아인들이 음식을 먹을 때 가장 쉽게 사람들과 친해진다는 사실을 알았다.

닷새가 지나고 기차는 노보시비르스크 역에 도착했다. 소비에트연방을 가로 질러 반쯤 온 것이다. 파리의 북부역과 런던의 빅토리아역 못지않게 붐볐다. 그로부터 이틀 후, 눈부신 태양과 깊고 푸른 물과 산맥이 몽골 북쪽의 바이칼 호수로 이어졌다. 렘킨은 순수하고 엄청난 규모의 장관을 감상했다. 이틀이 더 지나고 그들은 러시아어와 이디시어로 이름이 적혀 있는 작은 역에 정차했다. 그는 소수민족 정치위원 이오시프 스탈린Joseph Stalin이 1928년에 만든 유대인 자치주에 도착한 것이다. 렘킨이 다리를 뻗으려 일어섰을 때, 허름한 차림의 두 남자가 《비로비잔의 목소리》The Voice of Birobidzhan를 읽고 있었다. 렘킨은 '뿌리가 잘리고 갈 곳을 잃은 한 줌의 사람들'이라고 생각했다. 70년이 지난 후에도 상황은 여전히 어렵지만 적어도 그들은 존재하고 있다.

48시간 후에 기차는 '아름다움에 대한 관심은 거의 없는' 도시, 블라디보스토크에 도착했다. 렘킨은 볼품없는 호텔에서 하룻밤을 자고 바다 건너 1,000킬로미터 떨어진 일본열도 서해의 항구, 후쿠이현 쓰루가敦賀로 향하는 배를 탔다. 여독으로 매우 피곤하고 예민한 가운데 렘킨은 한 승객을 알아보았다. 유명한 폴란드 은행가이자 한때 대단히 부유했던 가문 출신의 상원의원이었다. 부스스하고 단정하지 못한 모습에 콧물을 흘리는 그는 마치 요제프 로트의 《라데츠키행진곡》에 나오는 한 인물과 비슷했다. 그는 자신의 코에서 떨어지는 '맑은 콧물'을 알아차리지 못했다.

배는 1941년 4월 초에 쓰루가에 도착했다. 렘킨이 스톡홀름을 떠난 지 두 달 후이며, 벨라와 요제프와 마지막 포옹을 나눈 지 1년 반이 지난 후였다. 렘킨은 젊은 커플과 친구가 되어 그들과 함께 일본의 역사적 수도인 교토까지 함께 여행했다. 렘킨은 건축물과 기모노, 큰 부처상 건너편 광장에 있는 오래된 벚꽃나무 등을 감상했다. 그들은 극장에 가서, 한마디도 이해할 수 없었지만, 오직 '얼굴과 몸의 떨림으로만 표현하는, 고문과 고통의 느낌'을 감상하였다. 공연은 개성을 표현하기 위해 각각 독특한 패턴의 기모노를 입은 게이샤들이 엄숙하게 차를 제공하는 의식으로 시작하였다. 의식의 아름다움에 비해 녹차는 렘킨의 입맛에 너무 썼다. 그는 게이샤의 거처를 방문했는데, 그곳에 있는 거의 모든 남자가 기혼자라는 사실에 놀랐다.

요코하마에서 그는 자신이 입을 기모노를 사고 호텔 테라스에 앉아 항구의 불빛을 바라보며 보우코비스크를 생각했다. 다음날 그는 현대식 여객선인 헤이안 마루[Heian Maru]호에 탑승하여 미국으로의 마지막 여정을 시작했다. 렘킨은 그제야 긴장이 풀렸다. 여행 가방은 안전하게 가지고 있었고, 독일 법령자료는 여객선 창고에 보관했다. 여행 중간에 그는 일본 기독교 지도자이자 1년 전 헌병에 체포되었을 때 언론의 큰 관심을 받았던 토요히코 카가와[Toyohiko Kagawa]와 친구가 되었다. 카가와의 죄목은 일본이 중국인들을 학대한 것에 대해 사과했다는 것이었다. 당시 그는 전쟁에 대해 반대론을 펴기 위해 미국으로 가는 길이었다. 두 남자는 함께 세계정세를 불안하게 바라보았다.

71

헤이안 마루호는 안전상의 문제로 벤쿠버에서 잠깐 정박한 후, 시애틀을 향해 마지막 기지개를 폈다. 4월 18일 금요일, 배는 눈이 덮인 항구에 들어섰다. 렘킨은 바르샤바가 폭격을 당한 그날처럼 맑고 푸른 하늘이 보이는 갑판 위에 서 있었다. 여행 가방을 내리고 승객들은 줄을 서서 친절한 세관 직원의 질문을 기다리고 있었다. 직원은 렘킨의 여행 가방을 보더니 폴란드 사람(렘킨)을 쳐다보았다. "유럽은 어떤가요? 아주 나쁘죠?" 렘킨은 고개를 끄덕였다. 세관직원은 여행 가방을 열었다가 많은 종이 더미에 놀랐지만 질문은 하지 않았다. "저도 유럽에서 혼자 왔어요. 어머니가 여전히 샤논에 사시죠." 그는 그렇게 말하며 렘킨의 어깨에 손을 올렸다. "좋습니다. 들어오세요!"

렘킨은 시애틀에서 하루를 보내고 시카고로 가는 밤기차를 탔다. 그는 천장이 유리로 되어 있는 관람기차를 탔다. 새로운 경험이었다. 그는 지평선이 천변만화하는 동안 유리 천장의 관람기차에 앉아 바이에른 풍의 마을인 레번워스를 지나 로키산맥을 넘었고, 글레이셔 국립공원을 통과해 몬태나 주의 평원을 건너 노스타코다 주 동부의 도시 파고Fargo로 접근했다. 겁에 질린 유럽인들이나 이국적인 일본인들과 비교하면 미국인들은 여유로워 보였다. 시카고에서 그는 비즈니스 지역인 루프를 방문했다. 마치 '거대한 산업 고래의 배 속'에 들어와 있는 것 같았다. 대화를 시도했으나 실패했다. "내 오른쪽에 있는 사람은 매우 큰 소리로 '휴!' 하고 한숨만 쉬고 있었고, 왼쪽에 있는 사람은 내게 전혀 관심조차 두지 않고 그의 코를 수프에 박고 있었다." 밤기차를 타고 그는 꿈에 그리던 애팔래치아산맥에 갔다. 마치 천국에 온 것 같았다. 버지니아 린치버그에서 잠깐 멈춘 동안 렘킨은 놀랍게도 기차역 화장실 두 개의 출입문 가운데 하나에는 '백인용', 또 하나에는 '유색인용'이라고 표시된 것을 보았다.

그는 흑인 짐꾼에게 유색 인종은 특별한 화장실을 써야 하느냐고 물었다. 바르샤바에서는 그가 기억하기로 도시 전체를 통틀어 흑인은 유명한 나이트클럽의 무용수 한 명뿐이었고 별도의 화장실을 쓸 필요가 없었다. 짐꾼은 그 질문에 깜짝 놀랐다.

기차는 4월 21일 더럼 역에 도착했다. 따뜻한 봄날, 담배 냄새와 사람의 땀 냄새가 대기 중에 가득했다. 렘킨은 기다리고 있던 맥더멋을 발견했다. 5년이 지났지만 대화는 끊어졌던 곳에서부터 바로 다시 이어졌다. 여정에 대한 얘기, 기사, 정부, 상업, 소수민족. 맥더멋은 렘킨의 짐과 그 내용물에 어안이 벙벙했다. 마침내 캠퍼스에 도착한 렘킨은 눈물을 흘렸다. 그가 감정을 드러내기는 처음이었다. 유럽의 대학과는 너무나 달리 의심이나 불만이 없는, 방금 깎은 잔디의 신선한 냄새가 가득하고 단추를 푼 흰색 셔츠 차림의 남학생들과 가벼운 여름 드레스를 입은 여학생들. 그들은 책을 들고 모두가 웃고 있었다. 한가로운 전원의 자유로움이 다시 느껴졌다.

쉴 시간이 없었다. 대학 총장이 그에게 만찬 연설을 부탁하며 그가 떠나온 세계에 대해 이야기를 해달라고 요청했기 때문이었다. 렘킨은 히틀러라는 사람이 영토를 확장하고 소수민족을 말살하는 먼 나라 이야기를 했다. 그는 앞자리에 앉은, 반짝이는 눈과 미소가 아름다운 나이 많은 여성에게 집중하며 역사, 아르메니아인, 박해에 대해 이야기했다. "만약 여기에서 100마일 떨어진 곳에서 여성과 아이들, 노인들이 살해당하고 있다면 달려가 도와주시겠습니까?" 그는 그녀를 바라보며 물었다. 질문은 우레와 같은 예상치 못한 박수갈채를 일으켰다.

학기가 끝났기 때문에 강의를 할 기회는 없었다. 그는 자신의 연구실 방문을 항상 열어놓고 방문객들을 언제나 환영했다. 폴란드에서 온, 머리를 네모 모양으로 자른 공손한 인물이 궁금했던 동료 교수, 학생들, 도서관 사서들이 다녀갔다. 그는 수업을 참관하며 케이스와 논쟁, 의견의 차이에 집중하는 미국 로스쿨과 법과 관행을 중시하는 유럽식 전통 사이의 차이점을 발견하고 놀랐다. 미국 학생들은 남의 의견에 도전을 하도록 독려 받으며 누군가 숟가락으로 떠먹여주기를 기대하지 않았다. 교수가 학생의 의견에 귀 기울인다는 것은 얼마나 멋진 일인가? 렘킨은 렘베르크와 너무 다르다고 생각했다.

렘킨은 독일 법령 연구에 도움을 주었던 H. 클로드 토락H. Claude Thorack 학장의 친절에 감사했다. 친구가 된 교수들이 그랬듯이 도서관 직원들도 그에게 도움을 주었다. 모두 고향과는 연결고리가 없었다. 타디어스 브라이슨Thaddeus Bryson 판사는 그에게 자신의 이름이 미국의 독립을 위해 싸운 폴란드 영웅, 타데우스 코치우스코Tadeusz Kościuszko 장군의 이름을 딴 것이라고 말해주었다. 렘킨은 놀랍다고 대답하며 보우코비스크에 사는 자신의 동생 엘리아스는 바로 그 영웅을 기념하여 명명한 거리에 살고 있다고 화답했다.

72

라우터파하트가 강의 투어를 하던 시점에 대학측은 노스캐롤라이나 지역 전체에 걸친 연설 일정을 잡았다. 렘킨은 멋진 하얀 양복을 입고, 하얀 구두와 양말 그리고 색깔이 살짝 들어간 실크 넥타이를 맸다. 내가 어떤 사진에서 발견한 이런 세련된 모습으로 그는 캠퍼스에서 유명한 인물이 되었으며, 노스캐롤라이나 주를 두루 여행하였다. 그는 유럽에 대해 주의 깊게 감동적으로 말하였다. 연설을 할 때면 강한 중부 유럽 악센트에 그런 열정이 묻어났다.

맥더멋은 렘킨을 워싱턴으로 초청하여 국제연맹 시절의 동료들과 다시 만나게 해주었고, 그의 연구를 지지하는 사람들의 모임을 만들었다. 그는 워싱턴이 마음에 들었다. 16번 거리의 차분한 고상함, 매사추세츠 에비뉴의 화려함, 워싱턴 기념비의 단순함, 허세나 가식이 없는 것도 좋았다. 그는 폴란드 대사관과 의회 도서관을 방문했다. 거기서 그는 4년 전 헤이그에서 열린 회의에서 알게 된 법률도서관 사서 존 벤스John Vance를 만났다. 호리호리하고 친절한 사서는 콧수염과 짧은 구레나룻을 길렀으며 세상의 모든 근심을 수용할 것 같은 목소리를 가지고 있었다. 벤스는 렘킨에게 의회 도서관의 자료와 그의 지인들을 만날 수 있게 해주었다. 게다가 미국 육군 법무감실의 전쟁계획국 국장인 선임 법무관 아치볼드 킹Archibald King 대령을 소개해 주었다.

렘킨은 잔학행위와 반달리즘에 대한 자신의 아이디어를 킹 대령에게 이야기했고, 그는 인내심 있게 듣더니 독일 법률가들은 분명 전쟁법을 존중할 것이라는 그의 의견을 밝혔다. 렘킨은 독일에서 실행된 조치들을 점령지에 대한 증거 문서들과 함께 설명했다. 킹은 그것들을 보여달라고 요청했다. 렘킨은 독일이 일으킨 전쟁은 국제법을 위반한 '일반인을 대상'으로 한 것이라고 설명했다. 독일이 공식적으로 헤이그 조약을 거부했나? "공식적으로는 아닙니다." 렘킨이 대답했다. "하지만 비공식적으로 거부했습니다." 그는 킹 대령에게 히틀러의 수석 이론가인 알프레드 로젠베르크Alfred Rosenberg에 대해 이야기했지만 킹은 그에 대해 들어본 적이 없었다.

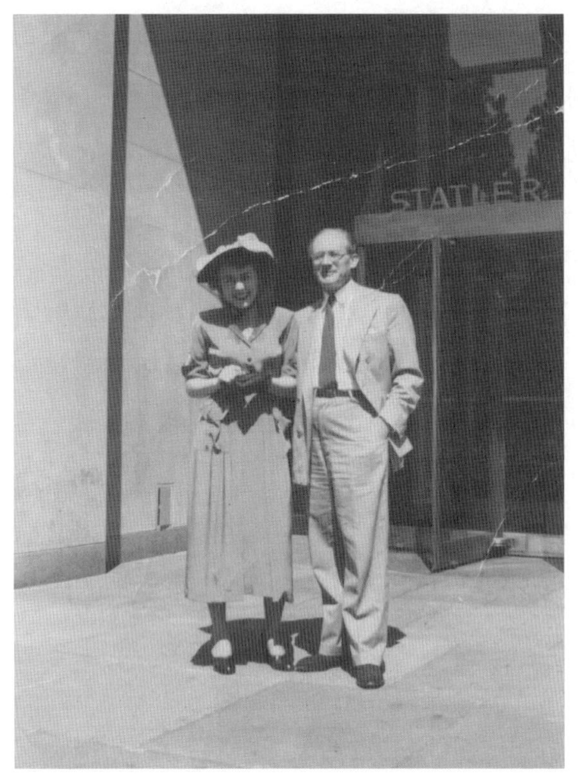

흰색 정장을 입은 렘킨, 워싱턴 DC, 날짜 미상

렘킨은 독일이 천 년 동안 이어져 온 유럽의 인구 구조를 바꾸려 한다고 설명한 다음 '특정 국가와 특정 민족'을 말살하려고 한다고 덧붙였다. 킹은 몹시 놀랐고 문제를 살펴보겠다고 했다.

73

노스캐롤라이나로 돌아온 렘킨이 계속 법령 연구를 하는 동안 벨라와 요제프에게서 편지가 도착했다. 배달이 오래 걸려 너덜너덜해진 봉투에는 '1941년 5월 25일'이라는 날짜가 적혀 있었다. 요제프는 렘킨에게 편지를 보내주어 고맙다며 감자 수확기가 끝나서 집에서 시간을 보낼 수 있으니 훨씬 좋아졌다고 적었다. "지금은 모자란 것이 없다." 그는 미국에 있는 몇 사람의 이름과 주소를 적어 보냈으며, 벨라는 모두가 아주 잘 지내고 있으며 필요한 모든 것이 있다고 다시 한 번 렘킨을 안심시켰다. 살아 있다는 메시지였다. 벨라는 더 자주 편지를 보내달라며 "건강하고 행복하거라"라고 마무리했다.

며칠이 지난 6월 24일, 렘킨이 라디오로 음악을 듣고 있는데 갑자기 프로그램이 중단되었다. "독일군이 동부 폴란드를 침략했다." 독일은 스탈린과의 협정을 위반하고 리보프, 주키에프, 보우코비스크, 그리고 그 너머까지 동쪽으로 군대를 보냈다. 렘킨은 그후 무슨 일이 일어날지 알고 있었다.

"소식 들은 것이 있나요?" 그가 로스쿨 입구로 들어서는데 누군가가 물었다. "바르바로사 작전에 대해서요?" 그날뿐 아니라 그후로 한동안 그는 안타깝게 생각한다는 말을 많이 들었다. 침울하고 말이 없는 동료들과 학생들은 뉴스가 뜻하는 바를 알고 있었다. 불길한 예감에 휩싸였지만 그는 계속해서 연구에 몰두했다. "고개를 들고 강해져야 해." 맥더멋은 그에게 용기를 북돋아주었다.

독일군은 SS와 함께 동진하며 프랑크 총독의 왕국을 넓혀나갔다. 주키에프는 1주일 안에 함락되었고, 하루이틀 만에 리보프 또한 점령당했으며, 로만 롱샹 드베리에 교수가 그의 세 아들과 함께 살해당했다. 같은 날 더 북쪽인 보우코비스크도 독일군에게 점령당했다. 이제 렘킨의 가족은 그가 잘 아는 독일 법령의 적용을 받게 되었다.

그날 또 다른 발표가 있었다. 1919년 소수민족보호조약 체결을 반대했던 피아니스트이자 현대 폴란드의 건국자인 이그나치 얀 파데레프스키Ignacy Jan Paderewski가 콘서트 투어 중 뉴욕에서 사망했다는 것이다(그는 알링턴 국립묘지에 묻혔고, 그의 유해는 반세기가 지나서야 바르샤바의 세인트 존스 대성당으로 옮겨졌다). 병으로 쓰러지기 얼마 전, 파데레프스키는 선과 악 그리고 하나와 다수의 역할의 차이에 대해 상기시키는 대중 연설을 하였다. "불필요한 고통과 목적 없는 파괴를 피하기 위해 개인 뿐만 아니라 개인이 모인 집단도 이 길을 계속 가는 것이 중요합니다."

미국에 도착한 지 5개월이 지난 9월, 렘킨은 듀크대학에서 그의 첫 번째 수업을 진행했다. 같은 달, 그는 인디애나폴리스에서 열린 미국 변호사협회 연례 컨퍼런스에 참석해 전체주의적 통제에 대해 강의를 하고, 독일의 잔학행위를 비난하는 존 벤스의 결의서에 자신의 이름을 더했다. 미국 연방대법관 로버트 잭슨Robert Jackson은 '국제적 무법상태의 과제'The Challenge of International Lawlessness라는 제목으로 만찬 연설을 했다. 이 연설은 렘킨이 곧 알게 될 연구자인 라우터파하트의 사상과 맥락을 같이 했다. 그러나 렘킨은 로보프대학의 학생이었던 또 다른 학자가 잭슨의 연설문 작성에 일정 역할을 했다는 사실을 알지 못했다.

"독일은 협정의 의무를 깨고 전쟁을 일으켰습니다." 잭슨은 참석자들에게 이렇게 말하며, 미국이 호전적인 상대를 동등하게 대우할 의무가 없다고 선언했다. 그는 "자주적인 국가들이 준수하고 국제사회의 평화를 보호하도록 만들어진 법의 지배가 있습니다"는 희망의 말로 연설을 마무리했다. 연설은 렘킨에게 큰 울림을 주었음에 틀림없다.

74

더럼Durham(미국 노스캐롤라이나 주의 중북부에 있는 도시)에 도착하고 1년 후 렘킨은 노스캐롤라이나 변호사협회 연례 총회에서 연설을 했다. 영국 판사 노만 버킷Norman Birkett이 연단에서 그와 함께했다. 그 총회의 전체 보고서를 찾는 데는 시간이 좀 걸렸지만 나는 결국 찾아냈다.

로스쿨 학장인 토락이 그가 폴란드로부터 탈출했다는 간단한 설명과 함께 렘킨을 소개했다. 학장은 폴란드 사람인 렘킨이 그의 고향집이 독일군에게 점유당했다는 사실을 최근에 알았으며, 그가 소장하고 있던 아름다운 그림들 중 제작 시기가 중세로 거슬러 올라가는 게 분명한 작품 한 점이 약탈되어 베를린으로 보내졌다고 설명했다. 학장은 렘킨의 약력을 짧게 읽었다. "렘킨 박사의 대학은 아주 오래 전인 1661년에 설립되었으며, '리보프대학'이라고 불리고, 철자는 L-v-o-v입니다." 누구든 더 나은 발음을 제안할 수 있는 사람은 그날 밤 행사가 끝난 후 토락 학장과 렘킨을 만날 수 있도록 초대되었다.

렘킨은 〈유럽의 피점령 국가들의 법률과 법률가〉라는 주제로 연설을 하였다. 그는 나치 법령이 의도하는 유럽에서의 삶, 사법부의 힘을 약화시키는 조치들, 투옥된 법률가들과 국제법 위반 등 암울한 상황에 대해 이야기했다. 그는 그의 부모를 비롯해 수백만의 폴란드인들의 운명을 쥐고 있는 한스 프랑크를 언급했다. 프랑크가 독일이 점령한 폴란드 시민들의 권리를 보호할 것인가? 렘킨이 스스로 답했다. 그는 한스 프랑크가 법은 '독일을 위해서 유용하고 필요한 것' 이상 아무것도 아니라고 한, 1939년 12월 독일 법학회에 제출한 문서를 제시했다. 렘킨은 이 문서의 내용은 깊은 혐오감을 불러일으키고 국제법을 냉소적으로 부정하는 것이라고 선언하였다. "프랑크의 신념은 개인을 국가보다 후순위에 두는 것일 뿐 아니라, 세계를 독일보다 후순위에 두도록 하는 것입니다."

렘킨은 또한 그 자리에서 1933년 10월 마드리드 회의에서의 그의 역할을 상기시키며 잔학행위와 반달리즘에 대한 자신의 사상을 다시 한 번 피력하였다. 당시 총회 의장은 그에게 독일에 대해 이야기해서는 안 된다고 주의를 줬지만 렘킨은 이를 무시했다. (새로운 법의 필요성에 대한) 이 제안을 읽었을 때, 독일 대법원장과 베를린대학 총장인 콜라우슈[Kohlrausch] 교수 등으로 구성된 독일 대표단은 회의장을 나갔다.

이 이야기는 나를 놀라게 했다. 마드리드 회의에 대한 공식 기록에서 콜라우슈 교수와 독일 대법원장(라우터파하트가 그해 초에 판결에 대해 보고했던, 독일인과 유대인의 성관계를 금지하는 독일제국의 규정이 독일 밖에서의 행위에도 적용된다는 판결을 내린 재판을 주재한 판사인 에르빈 붐케[Erwin Bumke]) 등이 참석했다는 사실을 확인한 것이다. 렘킨의 동료인 베스파시안 펠라와 슐리터 판사는 마드리드에 있었고, 폴란드 대표단을 이끈 사람은 라파포트 판사였다. 그러나 렘킨은 참석자 명단에 없었다.

당시 그는 마드리드에 없었고 제안서를 읽지도 않았으며, 두 독일인이 회의장을 나가는 것을 지켜본 사실도 없었다. 그것은 꾸며낸 이야기였다. 중대한 영향을 미치지는 않았지만 그럼에도 불구하고 꾸며낸 이야기인 것만은 사실이다.

75

렘킨의 법령 연구에 대한 소문이 퍼지면서 그는 워싱턴의 경제전쟁위원회Board of Economic Warfare로부터 자문역을 제안받았다. 1942년 봄의 일이며, 경제전쟁위원회의 역할은 진주만 기습과 미국의 참전 준비를 조율하는 것이었다.

부통령 헨리 월리스Henry Wallace가 이끄는 경제전쟁위원회는 렘킨에게 미국 정계의 최고위급 인사들과 직접 접촉할 수 있는 기회를 제공했다.

그는 전쟁 준비에 몰두하고 있는, 군복을 입은 사람들로 가득한 활기찬 도시, 워싱턴으로 급히 떠났다. 경제전쟁위원회에서의 일은 어려웠다. 독일이 점령한 유럽에서 무슨 일이 벌어지고 있는지 또는 독일의 목표가 정확히 어떤 것인지 아무도 모르는 것 같았다. 동료들은 렘킨이 공유하려는 정보에 대해 크게 관심이 없었다. 그들의 업무에 필요한 것만 흡수하고 외롭고 약간 감성적인 폴란드인의 걱정에는 관심이 없었다. 그의 우려는 이론적이며, 환상적인 것이라고 생각했다. "나치가 정말 이 계획을 실행하기 시작했나요?" 한 동료가 물었다. 모두가 제1차 세계대전 때 독일이 자행한 잔학행위에 대한 이야기를 들었지만 대부분은 사실이 아닌 것으로 드러났다. 왜 지금의 상황은 다른가?

낙담한 렘킨은 칵테일파티를 즐겼다. 그는 주로 가까운 사람들 몇 명하고만 어울렸는데, 여기에는 연방검찰청 차장검사인 노만 리텔Norman Littell의 아내인 캐서린 리텔Katherine Littell(그가 만난 부인들 중 상당수는 기록보관실의 문건에서 중요한 인물들이다)도 있었다. 리텔 부부는 렘킨을 그들과 가까운 사이인 월리스 부통령에게 소개해주었다(노먼 리텔은 그의 일기에 부통령이 랄프 렘킨이 수집한 나치 법령에 대단한 관심을 보였다고 적었다). 렘킨은 뉴욕의 메디슨 스퀘어 가든에서 있을 부통령의 연설 작업을 도와달라는 요청을 받았다(초안에는 만약 미국이 유색인종이 자국의 대통령으로 선출되는 것을 받아들인다면 미국만이 진정한 민주주의라고 주장하고 있다. 이 표현은 리텔의 제안으로 삭제되었다. 리텔은 월리스에게 만약 대통령에 출마한다면 그 표현이 내내 그를 따라다닐 것이라고 경고했다).

렘킨은 월리스를 법령 연구에 참여시키려는 희망을 가지고 미국 상원 의사당의 큰 사무실에서 그를 만났다. 그러나 부통령은 오하이오 옥수수 농장에 더 관심이 많다는 결론을 내리게 되었다. "우리는 전 세계 농부들에게 빚이 있어요." 월리스는 렘킨에게 그들이 집중해야 하는 것은 농부들이라고 말했다. 렘킨은 월리스의 논리에 감명 받지 못했으며 부통령의 '외로운 꿈'을 이해하지 못했다. 때문에 그는 리텔 부부의 독려를 등에 업고 더 높은 루즈벨트 대통령을 목표로 삼기로 결심했다. 그것이 적어도 렘킨의 설명이었다.

그는 제안서를 준비했지만 너무 길었다. 루즈벨트 대통령이 읽기를 원한다면 한 페이지로 줄이라는 이야기를 들었다. 어떻게 잔학한 행위를 그렇게 짧게 설명할 수 있을까? 그는 그의 접근을 수정하여 루즈벨트에게 다른 아이디어를 제안하기로 했다. 그는 불법 대량학살은 범죄이며, '범죄 중의 범죄'라고 썼다. 렘킨은 전쟁의 목표물이 되고 있는 집단을 보호할 수 있는 조약과 히틀러에게 분명한 경고를 할 것을 제안했다. 메모는 전달되었고, 수주가 지난 후 부정적인 답신이 돌아왔다. 대통령은 위험은 인식하지만 지금은 행동할 때가 아니라고 했다는 것이다. 렘킨은 참고 기다리라는 회신을 받았다. 경고는 할 것이지만 아직은 아니다.

보우코비스크에서는 아무런 소식도 없었고 렘킨은 자신의 장례식에 온 조문객처럼 우울하기만 했다. 그러나 그는 다시 한 번 스스로를 추스르고 정치인들은 잊어버리기로 마음을 먹었다. 그는 책을 써서 미국인들에게 직접 호소하기로 결심했다.

76

스톡홀롬과 미국 의회 도서관, 유럽 전역의 친구들로부터 자료가 계속해서 노스캐롤라이나에 도착했다. 자료는 독일의 잔학행위에 대한 상세한 정보(식량배급과 집단에 따라 개인별로 칼로리를 배정하는 등)와 대량학살과 강제이주 등의 루머도 밝혀주었다. 수집한 법령으로 더 큰 틀인 학살 시스템의 일부를 확인할 수 있었다. 렘킨은 수집된 자료를 이용하여 미국 버지니아 주 중부에 있는 샬로츠빌의 군사정부학교에서 강의를 했다. 학생들은 깊은 인상을 받았다.

책을 출판하겠다고 생각한 것은 해당 자료들을 좀 더 광범위하게 퍼트리기 위한 목적이었다. "나는 미주리 주 출신이에요. 내게 보여줘 봐요." 렘킨은 이런 식의 반응을 희망했다. 낙관적이었다. 그는 객관적이고 학문적인 방식으로 변론과 증거를 통해 미국인들을 설득하고 싶었다. 그는 워싱턴에 있는 카네기 국제평화기금에 제안서를 보냈고, 조지 핀치George Finch는 제안서에 긍정적인 답변을 보내왔다. 렘킨은 원고를 완성하라는 답신을 받았는데, 카네기재단이 자료를 출판 가능한 형태로 만들기로 했다. 그들은 200페이지 분량에 사례비(500달러)와 약간의 비용에 합의했다. '세인트 제임스 궁전 선언'에 이어 전쟁범죄가 국제회의 안건에 오른 상황에서 타이밍은 완벽했다. 1942년 10월, 루즈벨트 대통령은 독일 점령국가들에서 자행되는 '야만적인 범죄'에 대해 언급하며 가해자들을 법정으로 소환할 것이라고 말했다. 그는 '전범들'은 결국 항복하게 될 것이고, 책임이 있는 개인에게는 모든 증거를 동원하여 책임을 물을 것이며, 유엔 전쟁범죄조사위원회가 설립될 것이라고 발표했다.

렘킨은 이런 노력을 지원할 중요한 원본 자료를 가지고 있었다. 그는 경제전쟁위원회에 법령 자료 등을 공개하겠다고 동의하였으나 한 가지 조건을 주장했다. 자료의 출처를 반드시 밝혀야 한다는 것이었다. 모든 서류의 첫 번째 페이지에는 라파엘 렘킨이 스톡홀름과 듀크대학의 교수, 그리고 경제전쟁위원회의 자문으로 재직하는 동안 수집하였다는 짧은 언급이 있어야 했다.

렘킨은 기분이 좋아졌지만 가족에 대한 걱정과 건강 문제로 여전히 힘들어 했다. 마흔두 살인 그는 위험할 정도로 혈압이 높았고, 그럼에도 불구하고 유럽에서의 대량학살에 대한 더 많은 정보가 워싱턴에 도착할수록 쉬엄쉬엄 하라는 의사의 조언을 무시하였다. 12월에 추방중인 폴란드 외무부 장관이 〈독일이 점령한 폴란드에서의 유대인 대량 살육〉이라는 제목으로 소논문을 발표했다. 이것은 바르샤바에서 폴란드 레지스탕스와 일한 얀 카르스키(로보프대 법대 졸업생 중 한 명)의 자료를 기반으로 작성되었다.

렘킨은 약간 쉬기는 했지만 1년 내내 원고 집필에 매달렸다. 1943년 4월, 그는 리텔 부부와 함께 워싱턴에서 있었던 제퍼슨기념관 헌정식에 참석했다. 그 행사에서 그들은 배우 에드워드 G. 로빈슨Edward G. Robinson과 폴 무니Paul Muni와 이야기를 나눴다. 환호하는 관중들 사이로 검은색 망토를 두른 루즈벨트 대통령이 렘킨에게서 몇 걸음 떨어진 곳에 도착했다. 엘리너 루즈벨트Eleanor Roosevelt가 가까이에 있었다. 리텔은 그의 일기에 이렇게 적었다. "랄프는 최고의 감명을 받았다. 이전에는 대통령을 본 적이 없었기 때문에 렘킨은 루즈벨트의 범상치 않은 영적인 특성에 충격을 받았다." 렘킨은 리텔 부부에게 말했다. "당신들은 정말 운이 좋군요. 국가에 이같이 확실한 정신적 리더십을 갖춘 사람이 둘이나 있다니."

렘킨은 11월에 원고를 완성했다. 일부 자료를 생략했음에도 불구하고 원고는 카네기 재단과 약속한 분량을 훌쩍 넘긴 700페이지 이상이었다. 핀치는 분량에 짜증이 났다. 그들은 제목을《추축국의 유럽 점령지 통치》로 결정했다. 그러나 미주리 주 또는 다른 어느 곳에서도 베스트셀러가 될 것 같지 않은 제목이었다. 렘킨은 서문에서 앵글로색슨 세계의 모든 품위 있는 남성과 여성이 객관적인 정보와 증거를 기본으로 독일이 특정 집단을 대상으로 자행하고 있는 잔학행위에 대해 알게 되기를 희망한다고 썼다. 그가 중점을 둔 것은 '유대인, 폴란드인, 슬로베니아인과 러시아인'에 대한 취급이었지만 적어도 한 집단, 즉 동성애자들에 대해서는 언급하지 않았다. 그는 나치가 아닌 '독일인들'의 비행에 대해 적으며 국가사회주의자들에 대해서만 예를 들었고, 독일 사람들은 계획된 대로 자유롭게 받아들였으며 대량학살에 자율적으로 참여하고 실행 과정에서 큰 이득을 얻었다고 적었다. 렘킨은 집단을 고발하려는 강력한 의지로 독일인들을 한 집단으로 지목함에 있어 주저하지 않았다. 렘킨은 도움을 주었던 친구에게 감사를 표하지 않았으며, 1943년 11월 15일 원고를 완성했다.

《추축국의 유럽 점령지 통치》는 가벼운 읽을거리가 아니었다. 점령지에서의 삶의 순간, 순간을 다루는 이 책은 3부로 나눠져 있다. 1장부터 8장까지는 '독일의 점령 기술'에 대해 다루며 행정적인 문제, 법과 법원의 역할 그리고 재정, 노동, 자산과 같은 다양한 문제들을 다루고 있다. '유대인의 법적 신분'을 다루는 짧은 장도 있다.

제9장에서 렘킨은 '잔학행위'와 '반달리즘'을 버리고 새로운 단어를 만들어내는데, 그리스 단어 'genos'(종족 또는 민족)와 라틴어인 'cide'(살인)를

결합한 단어이다.

그는 이 장의 표제를 '제노사이드'Genocide로 정했다.

컬럼비아대학의 문서보관소에서 나는 그의 연구 논문의 일부를 발견하였다. 그중 노란색 줄이 쳐진 종이 한 장에 렘킨이 연필로 낙서한 것이 있었다. 여기에 그는 '제노사이드'라는 단어를 스물다섯 번 이상 적고 지웠으며, '말살'Extermination, '문화'Cultural, '신체'Physical와 같은 다른 단어들도 보였다. 그는 '메테노사이드'metenocide와 같은 다른 가능성도 생각해 보았다.

페이지 중간에 지운 단어들 사이에 숨어 있는, 또 다른 단어가 줄이 그어져 지워진 채로 화살표처럼 선으로 표시되어 있는 것이 있다. 그 단어는 '프랑크'인 것 같다.

제노사이드는 직접적으로 개인을 대상으로 하지만 개인의 자질이 아니라 국가적 집단의 일원으로서 당하는 행위와 관련된다고 렘킨은 9장에 적었다. "새로운 관념은 새로운 용어를 필요로 한다." 어떤 과정을 통해 그가 그런 선택을 했는지는 명확하지 않다. 1년 전 그는 독일 단어 'Völkermord'(민족학살)를 직역한 폴란드 단어 'ludobójstwo'를 이용하여 런던에 있는 폴란드 망명정부에 제안을 했다. 해당 독일어 단어는 시인 플라텐August Graf von Platen이 1831년에 사용했으며, 그후 프리드리히 니체Friedrich Nietzsche가 《비극의 탄생》The Birth of Tragedy(1872년)에서 사용하였다. 그는 설명도 없이 '제노사이드'라는 단어를 집어넣었다. 선택한 단어는 점령한 영토를 생물학적으로 영구히 바꾸려는 독일의 원대한 계획에 반대하는 결과를 이끌어냈다. 국가와 민족집단의 말살은 지식계급을 살해하고 문화를 파괴하고 자산을 이전해야 했다. 전체 점령지에서 기아 또는 다른 형태의 집단학살의 방법으로 인구를 완전히 없애야 했다. 렘킨은 사건을 해결하는 검사처럼 예를 들어가며 파괴의 단계를 설명했다.

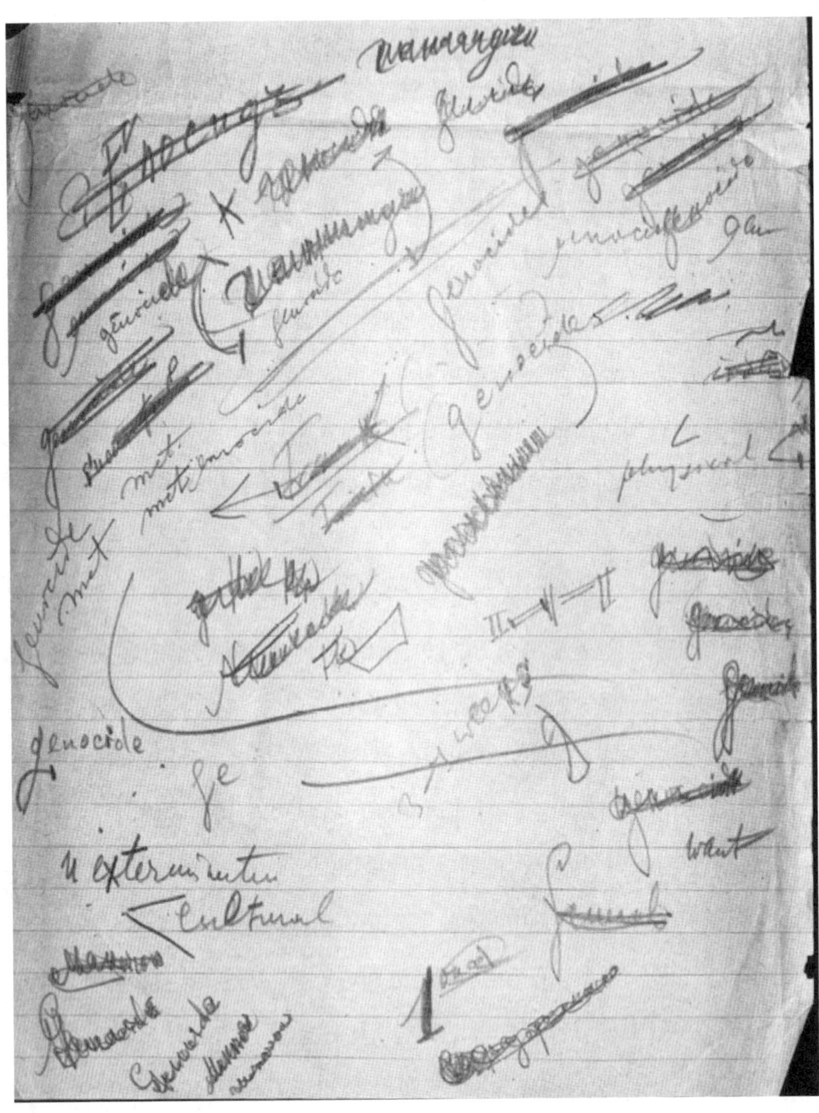

렘킨의 낙서, 1945년

책의 두 번째 부분에서는 A(알바니아)에서 Y(유고슬라비아)까지 독일이 점령한 17개 국가에서 실행된 조치들을 설명했다. 각 나라별로 유대인, 폴란드인 그리고 집시를 포함하여 각 집단이 박해당한 단계를 자세히 설명했다.

장애인들도 잠깐 언급되었다. 그는 앞서 진행한 연구를 다듬었다. 일단 국가가 점령당하면 대상 집단에게는 특정한 신분이 부여되며, 해당 집단에 속하는 개인은 자신을 표시해야 했다. 예를 들어 유대인의 경우에는 최소 10센티미터 넓이의 다윗의 별 모양이 그려진 완장을 차는 식이다. 활동에 제약이 가해지고 자산 몰수와 자유로운 이동 및 대중교통의 이용이 금지된다. 그 다음 게토가 만들어지고 집단은 그곳으로 강제이주를 당하며, 이탈할 경우 죽는다는 위협을 받는다. 그 다음에는 점령된 영토에서 중앙의 지정된 지역-한스 프랑크의 총독령-으로 대량 수송이 이루어진다. 그곳은 청산 지역으로, 우선 식량배급을 급격히 줄여 기아에 시달리게 하고 게토에서 총살을 하거나 다른 방식으로 죽인다. 렘킨은 이동 수단을 알고 있었다. 바로 '알 수 없는 목적지로 가는 특별기차'를 사용하는 것이다. 그는 약 200만 명의 사람들이 이미 학살당했다고 추정했다.

증거에 근거한 분석은 자세하고 독창적이었다. 책의 마지막 단락에는 증거로 사용된 400페이지 분량의 독일 법령이 영어로 번역되어 있다. 여기에 사망 기록에 대한 이해하기 쉽고 반박할 수 없는 명백한 세부 정보와 법률 문서들이 포함되어 있다. 많은 문서는 폴란드에서 작성된 것으로, 프랑크의 최초 성명서를 포함하여 그가 서명한 것들이다. "총독부 설립과 함께 폴란드 영토는 안전하게 독일의 관심영역으로 편입되었다"고 프랑크는 공포했다. 렘킨은 모든 면에서 그가 믿는 바와 반대의 의견을 가지고 있는 또 다른 법률가 프랑크를 목표로 하고 있는 것처럼 보였다.

신체적으로, 그리고 정신적으로도 탈진한 렘킨은 현실적인 시각을 유지했다. 현존하는 규칙은 정확하지 않았다. 새로운 무언가가 필요했다. 새로운 단어는 집단을 말살로부터 보호하고 가해자들을 세계의 법정 앞에 세워 죗값을 치르게 하려는 새로운 관념에서 나왔다. 국가는 더 이상 자국의 국민을 자의적으로 취급할 수 없을 것이다.

77

렘킨은 1944년 첫 몇 달을 워싱턴에서 글을 쓰고 자문을 제공하며 조지타운대 로스쿨에서 강의를 들으며 스스로를 발전시키면서 보냈다(그는 헌법보다는 형법을 더 잘했다. 헌법에서 그는 우울하게도 D를 받았다). 그해 여름, 책이 출판되기를 기다리며 그는 전쟁의 중요한 국면 전환으로 기분이 들떴다. 빠르게 서쪽으로 움직이던 붉은 군대는 7월 말 렘베르크와 주키에프, 보우코비스크를 탈환했다. 도중에 군대는 잔인한 잔학행위 현장을 발견했다. 8월, 붉은 군대 잡지에 글을 쓰던 러시아 저널리스트 바실리 그로스만Vasily Grossman은 그들이 발견한 참상을 〈트레블링카의 지옥〉The Hell of Treblinka이라는 제목의 글에 담았다. 어떻게 이런 일이 있을 수 있나? 그로스만은 물었다. "사건이 일어난 본질적인 문제는 무엇인가? 유전, 성장, 환경 또는 외부 조건에 따른 것인가? 역사적인 이유 또는 독일 지도자들의 범행인가?"

이러한 보도와 의문이 미국에 영향을 미쳤다. 얀 카르스키의 경고에 의해 그리고 그보다 더 넓게는 아니지만 렘킨의 경고에 의해 반향을 일으켰다. 루즈벨트 대통령은 1918년 11월 렘베르크에서 일어난 유대인 집단학살–라우터파하트로 하여금 이를 피해 영국으로 향하게 만든 사건–에 대한 보고서를 작성했던 모겐소의 아들인 헨리 모겐소 주니어에게 보고서 작성을 요청했다. 아버지와는 달리 아들 모겐소는 독일이 점령한 유럽에서 유대인의 완전한 말살을 방지하는 즉각적인 조치를 취해야 한다고 촉구하는 사람들의 의견에 동조했다. "조치를 취하지 않으면 행정부는 책임을 감당해야 할 것이다." 〈뉴욕타임스〉는 로보프 야노브스카 강제수용소의 학살을 집중 조명한 것을 포함하여 폴란드 내 죽음의 수용소에 대한 첫 번째 기사를 실었다. 몇 달 전에 루즈벨트 대통령이 설립한 전쟁난민위원회The War Refugee Board도 〈아우슈비츠와 비르케나우의 독일 절멸수용소〉The German Extermination Camps of Auschwitz and Birkenau라는 제목으로 더욱 자세한 보고서를 발표했다.

이런 유리한 환경에서 1944년 11월, 마침내 렘킨의 책이 출판되었다. 12월 3일 〈워싱턴포스트〉에 첫 번째 서평이 실리고, 그 다음 달 〈뉴욕타임스〉는 1면을 이 책에 대한 긍정적인 논평으로 채웠다. 〈뉴욕타임스〉의 퓰리처상 수상자이자 전 베를린 특파원인 오토 톨리슈Otto Tolischus는 '가장 가치 있는 지침'이라고 평하며, 이 책이 겉으로 보이는 건조한 법률 만능주의에 비해 더 많은 독자에게 노출될 가치가 충분하다고 흥분했다. 하지만 그는 독일에 대한 렘킨의 장황한 비판과 독일 민족의 '선천적인 잔인함에서 비롯된 군국주의'가 반영된 끔찍한 행동이라는 주장에 대해서는 심각한 우려를 제기했다. 그는 렘킨이 다른 민족을 비판함으로써 일부 집단을 보호하려고 한다고 비판하며 "대부분의 독일 사람들이 자유선거를 통해 히틀러에게 권력을 부여했다"는 주장을 반박했다.

일반적으로 비평가들은 우호적이었지만 모두가 집단에 중점을 두는 것을 좋아하지는 않았다. 문서보관실에서 나는 오스트리아 학자이자 난민이었던 레오폴드 쾨르Leopold Kohr(주목할 만한 인물인 그는 제자 중 한 명인 E. F. 슈마허E. F. Schumacher에 의해 더욱 유명해진 '작은 것이 아름답다'는 관념을 처음으로 만들어낸 사람이다)가 보낸 매우 분노에 찬 편지를 발견했다. 편지에는 쾨르가 공개하지 않기로 결정한 그의 서평이 첨부되어 있었다. 쾨르는 초안에서 《추축국의 유럽 점령지 통치》는 '엄청난 가치가 있다'면서도 '위험하다'고 적었다. 렘킨은 사실을 선별하여 사용하였으며, 그의 공격은 독일인이 아닌 나치를 향해야 한다는 것이다(쾨르는 렘킨 박사는 국가사회주의를 한 번도 온전히 정확하게 언급하지 않는다고 불평하며, 제노사이드 장에서 언급하지만 한 번에 그친다고 적었다).

쾨르는 렘킨이 일부 사실만 보여주고 자신의 예상을 확인하는 사실에만 집중했기 때문에 이 책이 학문적이라기보다는 정치적 저널리즘처럼 느껴진다고 불평했다. 이것은 '프로이센 방식의 역사서술'이었다. 하지만 가장 신랄한 비판은 가장 흥미롭지만 심각하게 결함이 있는 9장에 대한 것이었다. 집단을 국제법과 보호의 가장 주된 수혜자로 정함으로써 렘킨은 반유대주의와 반독일주의로 이어지는 '생물학적 사고방식'을 채택하여 덫에 빠지고 말았다고 했다. 쾨르는 렘킨에게 개인보다 집단의 의무에 집중한 것은 틀렸다고 지적하며 관심을 기울일 주요 대상으로서 집단이 아닌 '개인'을 선택하는 접근법을 택했어야 한다고 조언했다. 그가 채택한 접근법은 "비록 늘 히틀러로 끝나지는 않더라도 히틀러에게로 이끈다"고 했다.

이 혹독한 비판은 개인적으로 전해졌다. 쾨르는 친구를 공격하는 것이 유쾌하지 않다고 썼으나 그의 우려가 영국 케임브리지에서 공감대를 형성할 것이라는 사실은 모르고 있었다. 그곳에서는 라우터파하트가 개인의 권리에 중점을 둔 책을 마무리하고 있었다.

78

《추축국의 유럽 점령지 통치》가 출판되고 6개월 뒤에 유럽에서의 전쟁이 끝났다. 루즈벨트는 죽었고, 보우코비스크는 다시 소비에트가 통치했다. 렘킨은 그의 가족 소식을 듣지 못한 채 독일 수뇌부를 전쟁범죄 재판에 세우겠다는 트루먼 대통령의 의지를 실현시키는 일에 몰두했다. 이 일은 로버트 잭슨이 수석검사로서 진행하고 있었다.

렘킨은 5월 4일 한스 프랑크가 독일 바이에른 주에서 미군에 의해 체포되었을 때쯤 잭슨에게 연락했다. 그는 잭슨에게 그의 책이 대법원 도서관에 비치되어 있으며, 〈제노사이드: 현대 범죄〉(렘킨이 국제적인 시각을 가진 폴란드인이라는 설명과 함께)라는 그의 글을 함께 보냈다고 소개했다. 이 글은 어떤 나치든 해외에 발을 내딛는 자는 잡힐 것이라는 목적을 가진 그의 마드리드 소논문에서 책으로 이어지는 렘킨의 끈질긴 노력의 발자취를 따라갔다.

잭슨은 그 글을 읽고 교정 표시를 했다. 그는 렘킨이 바르바로사 작전에 깊이 관여했던 육군 원수 게르트 폰 룬트슈테트Gerd von Rundstedt에게서 인용한 문구를 강조했다. 동쪽으로 향하던 폰 룬트슈테트는 독일이 1918년 저지른 가장 심각한 실수 중 하나가 적국의 국민들을 살려둔 것이라며 주민 중 1/3은 조직적으로 굶겨 죽였어야 했다고 말했다. 렘킨은 이 말 하나로 룬트슈테트 육군 원수에게 범죄 혐의를 적용할 수 있다고 주장했다.

5월 6일, 〈워싱턴포스트〉는 렘킨의 책을 인용한 사설을 실었다. 그때까지 대법원 도서관에서 1년 이상 있었던 《추축국의 유럽 점령지 통치》는 1946년 10월 반납될 일정으로 대출되어 잭슨의 책상 위에 놓였다. 잭슨은 렘킨이 자문역으로 일하는 경제전쟁위원회의 법률가를 포함하여 재판을 위해 대규모 팀을 만들면서 렘킨에게 이 책을 집필해 준 것에 대해 감사를 표했다. 잭슨팀의 수석법률가는 서부철도시스템의 상냥하며 명석한 법률 고문인 시드니 알더맨Sidney Alderman이었는데, 그는 주말 내내 렘킨의 책에 파묻혀 지냈다.

5월 14일, 잭슨팀은 계획표를 완성하였다. 여기에는 각 개인을 '소수인종 차별'로 기소하는데 필요한 증거가 요약되어 있었지만 '제노사이드'에 대한 언급은 없었다. 이틀 뒤 잭슨은 계획표 초안을 가지고 대법원에 있는 그의 법무팀을 만났고, 개인적으로 가능한 기소조항 목록에 '제노사이드'를 추가하였다. 잭슨이 런던 회의 대표단에 보낸 세부적인 보고서에는 '소수민족 및 피점령지역 인구의 말살'이라고 표현한 '제노사이드'가 포함된 리스트가 적시되어 있었다.

렘킨은 잭슨팀에 기용되기 위해 열심히 일했다. 5월 18일 금요일, 그는 듀크대학의 알더맨에게 소개되었다. 알더맨은 (그가 독일인이라고 오해한) 렘킨에게《추축국의 유럽 점령지 통치》는 포괄적이며, 매우 흥미롭고, 잭슨팀의 '기본 문서'로 쓰일 수 있을 것이라고 말했다. '제노사이드'가 재판에서 어떻게 쓰일 수 있을지를 논의하다 알더맨은 렘킨이 그 단어와 그 단어의 정의定義를 만들어낸 사람이라는 사실에 대해 매우 자부심이 강하다는 것을 알게 되었다. 그달 말에 렘킨은 법무부 회의에 참석하였다. 이것은 피고인에 대한 증거 수집에 있어 중앙정보국CIA의 전신인 전략사무국OSS이 담당할 역할을 생각할 때 논란이 될 만한 일이었다. 팀의 일원인, 잭슨의 서른여섯 살 된 아들 빌은 증거수집에 참여하였으며, 렘킨과 처음으로 만났다(빌 잭슨은 렘킨과 라우터파하트 모두와 일한 몇 안 되는 사람 중 하나로, 몇 주 후 '인도에 반하는 죄'가 뉘른베르크 인물들의 기소조항으로 논의된 크랜머 로드의 회의장에 참석했다). 빌은 열정적이며 어느 정도 학자적인 면모는 있지만 팀에서 준비 중인 재판에 대해서는 전혀 현실 감각이 없어 보이는 렘킨에게 그다지 감명을 받지 못했다. 그럼에도 불구하고 젊은 잭슨과 알더맨은 렘킨이 OSS에만 집중한다면 팀에 합류할 만큼 충분한 지식을 가지고 있다고 생각했음이 분명하다.

5월 28일, 렘킨은 잭슨팀의 공식 일원으로 전쟁범죄국에서 업무를 시작한다. 하지만 곧 실망하게 되는데, 이유는 그의 아이디어가 묵살되었기 때문이다. 그는 독일의 잔학행위에 대해 잘 알고 있다는 사실을 인정받았지만 문제는 그의 스타일과 기질이었다. 잭슨팀의 일부 사람들은 그가 팀을 이루는 데 서툰 사람이라고 생각했고, 또 다른 사람들은 그가 재판을 어떻게 끌고 갈지 감각이 없어서 검사로서 자질이 부족하다고 생각했다. 렘킨이 적합하지 않다는 결론을 내린 알더맨은 팀의 또 다른 법률가인 텔포드 테일러Telford Taylor에게 렘킨을 주요 스텝에서 제외하자고 제안했다.

그들은 핵심 멤버에서는 그를 제외하기로 하고 지원 업무, 즉 재판 준비에 필요한 '백과사전'의 역할을 맡기기로 합의했다. 이로써 '난민 중 최고'로 평가되고, 그의 자료에 크게 의지하고 있었음에도 불구하고 렘킨은 들러리로 전락했다. 7월, 잭슨팀이 런던으로 떠날 때 렘킨은 제외되었다. 그는 실망한 채 워싱턴에 남아 '후방 태스크 포스'와 독일인들을 기소할 범죄에 대한 아이디어를 구상했다.

79

인터넷에서 나는 저자 서명이 있는 《추축국의 유럽 점령지 통치》의 초판을 발견했다. 하지만 판매자는 내게 책이 팔렸다고 알려주었다. 그러나 내가 렘킨이 따로 적은 글에 관심이 있다고 하자 그는 나를 구매자에게 소개해주었다. 며칠 후에 워싱턴 DC의 법무부 법률가로부터 친절한 메모가 도착했다. 도망자 나치를 쫓는 전설적인 추적자 엘리 로젠바움Eli Rosenbaum이 다음의 글이 적힌 사진을 보내주었다. '로버트 M. 캠프너 박사님Dr. Robert M. Kempner께 찬사를 보내며, R. 렘킨, 워싱턴 DC, 1945년 6월 5일.'

이름이 익숙했다. 캠프너, 전쟁범죄국에서 렘킨과 함께 일한 동료였다. 젊은 법대생이었던 그는 베를린 법정의 방청석에 앉아 텔리리안의 재판을 지켜보며 1921년 여름 한때를 함께 보냈다. 그는 히틀러에 대한 사법 절차에 관여했다는 이유로 1933년 독일 제국에서 추방당했고, 워싱턴에서 렘킨과의 친분 때문에 렘킨에게 영감을 주었던 재판과 직접적인 연관을 맺게 되었다. 6월 5일이라는 날짜도 두드러졌다. 이날은 연합국이 베를린에 모여 독일을 분할하고 주요 나치 지도자들을 처벌하기로 합의한 날이다. 그들은 "모든 전범을 공정하고 신속하게 단죄한다"고 합의함으로써 얄타에서 석 달 전에 체결한 조약을 실행했다.

잭슨팀은 7월에 영국, 프랑스, 소비에트의 검사팀과 모여 뉘른베르크 헌장에 포함될 범죄 목록을 작성했다. 8월 8일, 합의를 도출하고 서명하였다. 6항의 범죄 목록에는 라우터파하트의 제안으로 인도에 반하는 죄가 포함되었으나 제노사이드는 제외되었다. 렘킨은 크게 실망하고 영국이 기만적인 행동을 했을 것으로 의심했다. "그들이 어떤지 잘 알지 않나?" 밥 실버스는 10년 후 예일대학의 강의실에 있던 영국 학생에 대해 이야기하며 렘킨의 기억을 상기시켰다.

제노사이드는 뉘른베르크 헌장에서 빠졌고, 렘킨은 6항의 범죄 목록에 피고인들에 대한 구체적인 혐의가 보강되어야 한다는 것을 알고 있었다. 이것이 제노사이드 협의를 도입할 수 있는 추가 기회를 제공했다. 나는 그가 어떻게 런던으로 호출되어 잭슨팀에서 공소장 작성에 참여했는지 정확하게 확인하지는 못했다. 하지만 잭슨 사무실의 운영책임자인 머레이 버네이스Murray Bernays 대령이 바람을 잡아서 렘킨의 백과사전에 가까운 지식이 유용하리라 생각한 것 같다. 버네이스는 렘킨이 독일이 점령한 폴란드에서 벌어진 범죄의 처벌에 도움을 줄 수 있다고 믿는 몇 안 되는 렘킨의 지지자중 한 명이었다.

버네이스의 의견에 반대하는 사람들이 있었다. OSS의 수석고문인 제임스 도노반James Donovan 사령관이 그중 한 명이다. 그는 잭슨팀의 핵심 멤버들에게 비밀리에 서신을 보내 렘킨의 연구는 부정확하고 더 나은 폴란드 학자가 있다고 주장했다. 도노반은 렘킨이 지나치게 열정적이며, 이 같은 복잡한 법적 문제에는 적절치 않은 감정적인 접근법을 사용한다고 생각했다. 그는 또한 렘킨이 성격적인 문제가 있다며 그의 견해는 지지하지만 궁극적으로 널리 받아들여지지는 못할 것이라고 했다. 버네이스 대령은 폴란드인들에 대한 책임감을 가질 것을 제안하고는 렘킨이 런던에 도착한 얼마 후 워싱턴으로 돌아갔다. 아무도 렘킨과 함께 일하기를 원치 않았지만 어쨌든 그는 런던에 머물렀다. 하지만 어디로 튈지 모르는 사람으로 여겨져서 거의 누구의 감독도 받지 않았고 자신의 사무실이나 전화도 없었다.

80

런던에서 렘킨은 누구든 그의 말에 귀를 기울이는 사람에게는 적극적이었는데, 이것이 결국 그가 실패한 원인으로 판명되었다. 그는 관리할 수 없는 인물이고, 승인받지 않은 개인적인 관심사를 위해 자주 자리를 비운다는 불만이 쌓여갔다. 그가 유엔 전쟁범죄위원회 위원들을 대상으로 비공식 세션을 열고 세계 유대인공동체World Zionist Organization와 관련이 있는 유명인사와 비공식적 회동을 한다는 루머가 돌았다. 불만은 워싱턴에 있던 도노반 사령관의 귀에까지 들어갔는데, 렘킨이 자기 멋대로 행동하면서 다른 사람의 연구를 가로챈다는 이야기도 들렸다. 결정타는 렘킨이 언론에 개인적으로 브리핑을 하고, 유엔 전쟁범죄위원회 위원들이 렘킨의 책 《추축국의 유럽 점령지 통치》를 아직 받지 못했다고 잭슨의 직원에게 불평하여 당황하게 만든 일이었다.

도노반은 "렘킨이 빨리 런던을 떠나게 할수록 좋다"라고 텔포드 테일러에게 말했다. 그러나 렘킨은 변화를 만들어내기에 충분할 만큼 오래 버텼다. 빌 잭슨은 후에 끈질긴 '골칫거리' 렘킨은 9월과 10월 공소장 초안 작업을 하는 동안 어떻게든 버텼다고 회상했다. 그는 잭슨팀의 다른 멤버들이 강하게 반대하고 백인과 흑인이 다른 화장실을 사용해야만 하는 국가의 정치인들로부터 압박을 받으면서도 결국 시드니 알더맨을 제노사이드에 동의하는 동지로 만들었다. 영국인들 역시 제노사이드를 범죄 목록에 넣는 것을 강하게 반대했다. 반대에 앞장 선 사람은 하틀리 쇼크로스와 가까운 왕실 고문변호사인 검은 눈썹의 제프리 돌링 '카키' 로버츠Geoffrey Dorling 'Khaki' Roberts였다. 미국인들은 로버츠를 좋아했다. 그가 옥스포드대학에서 럭비선수로 뛰었다는 사실을 부러워했지만 그를 그다지 대단한 법률가로 여기지는 않았다.

카키 로버츠의 반대는 오히려 렘킨에게 도움이 되었을지도 모른다. 알더맨은 필요성과 근거를 받아들여 '제노사이드'가 공소장의 초안에 포함되도록 했다. 영국은 이 단어가 중요한 법률적 문서에 담기에는 지나치게 화려하고, 이상하다며 더욱 심하게 반대했다. 알더맨은 동료에게 "옥스포드대학을 졸업한 변호사는 이 단어가 무슨 뜻인지 이해하지 못했다"고 말했다. 렘킨은 문제의 단어를 빼려는 영국의 시도가 실패했다는 사실에 크게 기뻐했다.

10월 6일, 연합국 4대 열강은 네 가지 기소조항이 들어있는 공소장에 합의했다. 마지막은 인도에 반하는 죄였다. 렘킨이 바라던 대로 제노사이드가 첫 번째 죄목에 포함되지는 않았지만 세 번째 전쟁범죄에 포함되었다. 전쟁범죄에는 점령한 영토에서의 민간인 학대와 살해, 그리고 피고인이 고의적이며 체계적인 제노사이드를 자행했다는 혐의가 포함되었다.

렘킨의 괴상한 고집이 결실을 맺었다. 이것이 국제적 법률문서에 '제노사이드'라는 용어가 언급되고 렘킨의 책에서 직접적으로 인용한 정의가 쓰인 첫 번째 케이스이다. 제노사이드는 다음을 뜻한다.

> 특정 민족과 계급의 사람들 그리고 국가, 민족 또는 종교집단, 특히 유대인, 폴란드인, 집시 및 다른 집단을 파괴하기 위한 목적으로 특정 점령 지역의 민간인을 대상으로 한 민족과 종교 집단의 말살.

집단의 절멸은 뉘른베르크 재판에 회부될 것이다. 렘킨이 승리하는 순간이었다. 수년간 자료 무더기를 끌고 세계를 돌아다닌 노력이 마침내 보상 받는 순간이었다. 3일 전에 공소장은 합의되었고, 미군 군의관 스탠리 보겔Stanley Vogel 대위는 렘킨에게 평범한 감기의 일종인 비인두염을 진단했다. 이것은 렘킨을 워싱턴으로 돌려보낼 완벽한 핑계거리가 되었다. 한편 그 순간 라우터파하트는 케임브리지에서 뉘른베르크로 반대 방향의 여정을 준비하고 있었다. 10월 18일, 공소장이 재판부에 제출되는 순간 렘킨은 진이 빠졌지만 만족한 상태로 미국으로 돌아왔다. 그는 후에 "나는 런던에 가서 뉘른베르크에서 나치 전범들에게 제노사이드 혐의를 씌우는 데 성공했다"라고 적었다. "나는 뉘른베르크 재판의 공소장에 제노사이드를 포함시켰다."

인도에 반하는 죄와 제노사이드 모두 재판에서 심리되었다.

Part V

나비넥타이를 맨 남자

THE MAN IN A BOW TIE

81

나는 내 외할아버지의 서류 중에서 1949년에 찍은, 가장자리가 낡아서 닳은 작은 흑백사진을 발견했다. 이 사진에는 중년의 남성이 카메라를 뚫어지게 쳐다보고 있었다. 희미한 미소를 입가에 머금은 그는 가느다란 세로 줄무늬가 있는 양복의 가슴 주머니에 흰 행커치프를 깔끔하게 접어 넣고 흰 셔츠를 입고 있었다. 물방울무늬에 나비넥타이가 개구쟁이 같은 느낌을 주기도 했다.

2년 동안 그 사진의 복사본이 미스 틸니의 사진과 경쟁하며 내 책상 위에 꽂혀 있었다. 미스 틸니의 행적에 대한 궁금증은 이제 풀렸다. 그러나 그를 매일 바라볼 때마다 나는 놀림당하는 기분이 들어 좌절했다. "당신이 실력이 있다면 내가 누군지 알아낼 수 있을 것이다." 그는 이렇게 말하는 것 같았다. 종종 갑자기 생각이 나서 도전에 맞서 할 수 있는 노력을 다 했지만 매번 노력은 허사가 되었고, 이름조차 알아내지 못했다. 나는 사진을 꼼꼼하게 살피며 인터넷에서 얼굴을 찾아보려고 했다. 그러나 찾을 수 없었다.

나는 사진 뒷면에 있는 시간과 사소한 정보를 다시 살펴보았다. '비엔나로부터 따뜻한 안부를 보낸다. 1949년 9월.'Herzlichste Grüsse aus Wien, September 1949 서명이 확실히 있었지만 알아볼 수는 없었다.

나는 이 단어들, 작은 붉은색 도장, 사진을 찍은 사진관의 이름과 주소 등에서 무엇이든 발견해내려고 애썼다. 'F. 킨슐사진관, 비엔나 VI, 마리아 힐퍼 거리 53번지.' 거리는 여전히 존재했지만 사진관은 오래 전에 사라졌다. 나는 몇 시간 동안 서명을 해독하려고 애썼지만 실패했다. 같은 남자의 다른 사진 두 장도 찬찬히 살펴보았다. '런던, 1951년 8월 8일.' 날짜의 사진은 같은 크기에 킨슐사진관 표시가 날인되어 있었지만 파란색이었다. 바로 그 여름날 그는 비스듬한 줄무늬가 있는 일반 넥타이에 가슴 주머니에 행커치프를 꽂았다. 그는 살짝 사시인가?

세 번째 사진은 다른 것보다 큰 엽서 크기이다. 사진관 표시나 서명은 없다. 그는 다이아몬드 무늬가 있는 어두운 색 넥타이에 행커치프를 가슴에 꽂았다. 사진 뒷면에 손으로 적은 내용은 '비엔나-런던, 1954년 10월'Wien-London, Oktober 1954이었다. 그는 살짝 체중이 늘었으며 얼굴에 이중턱이 보였다. 그는 사시였다. 파란색 잉크로 그는 '할아버지를 기억하며'Zur freundlichen Erinnerung an einen Grossvater라고 적었다. 할아버지가 돌아가셨나? 그가 할아버지가 되었나?

내가 처음으로 어머니께 이 남자에 대해 물었을 때 어머니는 이 남자를 모른다고 했다. 나는 계속 물었다. 어머니도 외할아버지인 레온에게 이 남자가 누구인지 물어본 적이 있었다고 했다. "레온은 중요하지 않다고 말씀하셨어. 그게 전부야." 그래서 궁금한 점이 있었지만 그냥 그대로 두었다고 했다.

그렇다면 레온은 이 남자를 알고 있었다는 얘기이고, 이 남자의 사진을 두 장 더 보관하고 있었다. 하나는 1951년 8월에 찍은 것이고, 다른 하

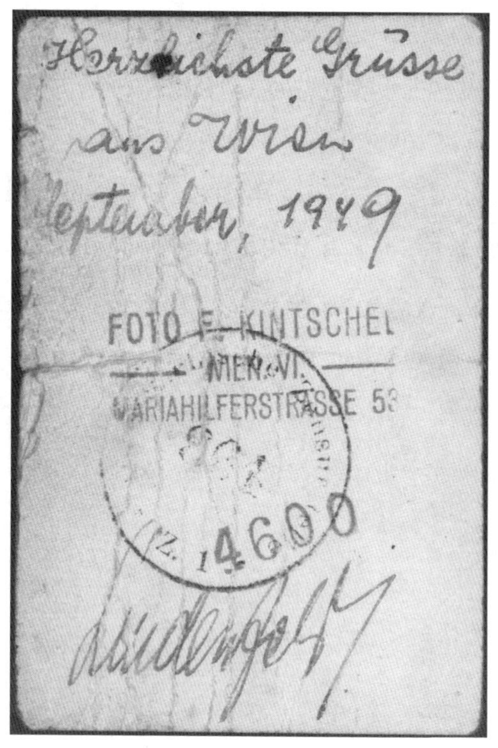

비엔나로부터의 따뜻한 안부, 1949년 9월

나는 1954년 10월에 찍은 것이다. 이 남자가 중요하지 않다면 왜 레온은 이 남자의 사진을 세 장이나 보관하고 있었을까?

사실 어머니가 나중에 말씀하시길, 이 사진들은 리타가 1986년에 돌아가셨을 때 그녀가 보관하던 서류들 중에서 나왔다고 했다. 어머니가 그 사진을 레온의 서류로 옮겼고 그런 채로 10년간 보관한 것이다. 내가 좀 더 조르자 어머니는 어린 시절 모호하지만, 잠깐이나마 실제로 겪었던 기억을 이야기해 주었다. 전쟁이 끝나고 파리의 브롱니아르 거리 아파트에 이 남자가 방문했던 것 같다. 레온과 리타 사이에 말다툼이 벌어졌다. 목소리가 커졌고 서로 화를 내다가 화해를 했다. "부모님은 그런 식으로 자주 싸우셨어." 크게 화를 내고 서로 잊어버리는 식이었다.

정보가 천천히 넓게 번져갔다. 나비넥타이를 맨 남자는 1939년 1월 레온이 비엔나를 혼자 떠난 것과 연관이 있을지 모른다. 일반적인 정황-독일군의 점령, 독일 제국으로부터의 추방-은 분명하지만 아내와 어린 아이를 두고 혼자 떠나기로 한 레온의 결정은 쉽게 설명이 되지 않는다. 아마도 이 나비넥타이를 맨 남성이 레온이 떠난 후 비엔나에서의 리타의 삶과 어떤 식으로든 연관이 있을지도 모른다. 그가 나치일지도 모른다. 리타는 남편과 아이와 헤어져 3년을 지낸 후 1941년 10월 아이히만이 국경을 폐쇄하기 하루 전에 비엔나에서 도망쳤다.

82

아무런 진전 없이 시간이 흘러갔다. 나는 세 장의 사진을 한쪽에 몰아 놓고 포기할 준비를 했다. 나는 렘베르크, 로보프, 리보프, 리비우, 라우터파하트, 렘킨에 집중했다. 그러다 갑자기 나는 뜻밖의 행운을 만났다.

리비우를 처음 방문한 직후, 나는 런던의 클래식음악 공연장인 위그모어 홀에서 열린 지인의 90세 생일파티에 참석했다. 밀레인 코스만Milein Cosman은 이번 파티의 주인공으로, 작은 체구의 탁월한 화가이며 박학다식하고 마음이 따스한 분이며, 저명한 음악가 한스 켈러Hans Keller의 미망인이었다. 그녀와 남편은 각각 난민으로 전쟁 전에 영국에 도착했다. 그녀는 독일에서, 남편은 오스트리아에서 왔다. 1950년대 그들은 햄스테드 히스Hampstead Heath와 가까운 런던 북부의 윌로우 로드에 있는 작은 집으로 이사했고, 40년 후에 나와 내 아내가 그 집을 사서 지금까지 살고 있다(소피카스킵비스의 조카가 사는 집인 윌로우 코티지의 건너편이다).

한스 켈러는 BBC 제3라디오방송프로그램에서 일을 하였는데, 이를 통해 그와 밀레인은 20세기 많은 훌륭한 음악가와 지휘자들을 만날 수 있었다. 그들은 프르트벵글러Furtwängler(절대 나치가 아니라고 밀레인이 힘주어 내게 말했다)와 카라얀Karajan(그녀는 그에 대해 '나치 동조자이며 기회주의자'라는 분명한 시각을 가지고 있었다)을 알았다. 1947년, 그녀는 리하르트 슈트라우스Richard Strauss가 죽기 직전에 그를 그렸다. 그 초상화는 100명이 넘는 친구들과 가족들이 그녀의 생일을 축하하기 위해 모인 자리에서 다른 작품과 함께 위그모어 홀에 걸렸다.

밀레인은 작고한 남편의 친척인 잉게 트로트Inge Trott를 나에게 소개해주었다. 그녀는 아흔한 살이었는데 매우 예리하고 지적일 뿐 아니라 사랑스럽고 짓궂었다. 그녀는 비엔나에서 태어났고, 1938년 열일곱 살 때 런던에 왔다. 전쟁이 끝나고 그녀는 킹스 칼리지 런던KCL에서 모리스 윌킨스Maurice Wilkins 교수의 실험실 조교로 취직하였다. 모리스 윌킨스 교수는 훗날 프란시스 크릭Francis Crick 및 제임스 왓슨James Watson과 함께 노벨상을 공동수상하는데, 잉게는 케임브리지에 있는 정자 샘플을 이들에게 전달하는 역할을 하였다. 잉게는 DNA의 비밀을 푸는데 중요한 자료를 전달하는 역할을 했던 것에 대해 매우 자랑스러워하였다.

우리의 대화는 비엔나, 오스트리아인들의 성격, 독일의 오스트리아 강제합병으로 이어졌다. 그녀는 독일군이 오스트리아에 들어오던 날을 기억했다. 퍼레이드, 굴욕, 회색 군복의 독일군에 의해 가족의 집이 징발당한 일. 나는 나비넥타이를 맨 남자의 사진, 손글씨, 알아볼 수 없는 서명에 대해 이야기했다.

"나한테 복사본을 보내 봐요." 잉게는 말했다. "내가 서명을 읽을 수 있나 볼게요." 그녀는 옛날 독일어일 수도 있어서 당신은 읽을 수 없을 거라고 덧붙였다.

"우편으로 보내겠습니다."

"아니에요." 잉게는 단호하게 말했다. "스캔해서 이메일로 보내요. 그게 빨라요."

그날 밤 나는 그녀가 말한 대로 했고, 다음날 답장이 왔다. "사진 뒤에 있는 글자들을 서명만 빼고 다 읽을 수 있어요. 서명이 거꾸로 왔네요. 다시 스캔하세요. 이번에는 제대로."

83

하루가 지나고 전화가 울렸다.

"이름은 린덴펠트Lindenfeld." 잉게는 잠시 불분명한 듯 뜸을 들이다 확신한 듯 말했다. "어쩌면 s가 붙은 린덴펠츠Lindenfels일 수도 있지만 내 생각에는 아닌 것 같아요."

그녀는 L씨에게 불평했다. "난 사람들이 왜 일부러 서명을 못 알아보게 하는지 정말 이해할 수가 없어요."

그 순간이 이상하게 극적으로 느껴졌다. 탐색을 시작할 이름과 새로운 주소가 발견되었다. 나는 1949년에 비엔나에 살았던 모든 린덴펠트(또는 린덴펠츠) 성을 가진 사람들을 확인할 수 있었고, 1939년에 그곳에 있었던 사람들의 이름과 교차 확인cross-check을 할 수 있는데, 이는 간단했다. 그 시절의 전화번호부를 이용할 생각이었다. 비엔나대학의 박사과정 학생이 초반 조사를 도와주었으며, 그 후에는 비엔나 출신의 비엔나인 계보 전문가인 사설탐정 카티야마리아 클라데크 부인Frau Katja-Maria Chladek의 도움을 받았다. 그녀는 쾌활하고 정중했으며 환상적일 정도로 능률적으로 일했다.

법학을 전공하는 학생이 1939년의 비엔나 전화번호부를 찾았다. 린덴펠츠는 없었고, 열 명의 린덴펠트가 있었다. 그중 아홉 명은 고전시대 스타일의 전형적인 이름을 가진 남자들이었다. 벨라, 에밀, 어윈, 커트, 막스, 멘델, 루돌프 그리고 지그프리드.

다음 임무는 이름을 교차 대조하기 위해 1949년도 전화번호부를 찾는 일이었다. 이 일은 더 힘들었지만 결국 사설탐정 클라데크 부인이 한 권을 발견했다고 알려왔다. 1939년에 비엔나에 살던 열 명의 린덴펠트는 1949년이 되자 한 명으로 줄었다. 그의 이름은 에밀이었는데, 클라데크 부인은 자기 생각에는 유대인 이름이 아닌 것 같다고 말했다. 그녀는 뭔가 잘못된 것 같다고 했다.

에밀 린덴펠트는 비엔나의 6번 구역 굼펜도르퍼 거리 87번지에 살았는데, 이곳은 마리아힐퍼 거리의 F. 킨슐사진관에서 가까우며, 사진을 찍은 스튜디오까지는 걸어서 10분 거리라고 클라데크 부인이 설명했다. 전화번호부에는 그가 공무원이라고 기재되어 있는데, 그의 이름은 1969년에 사라졌다. 클라데크 부인이 말했다. “내 생각에 그는 1968년 또는 1969년에 죽은 것 같습니다.”

그녀는 비엔나시청 도서관에서 조사를 계속했고, 에밀 린덴펠트가 1949년 이후 20년 동안 같은 주소에서 살았다는 사실을 알아냈다. “그가 우리가 찾던 사람일 가능성이 큰 것 같습니다.” 그녀는 희망에 부풀어 신이 났지만 그렇다고 나비넥타이를 맨 사람이 에밀 린덴펠트라는 의미는 아니었다. 다음 단계는 그의 사망 일자를 찾는 일이었다. 이 정보로 클라데크 부인은 그의 가족에 대한 세부 정보 또는 사진이 포함된 유산 장부를 입수할 수 있을 것이라고 생각했다. 그녀에게 조사를 계속 진행하라고 할 것인가? 나는 계속하기로 했다.

나는 그녀와의 활기차고 열정적인 대화를 좋아했다. 대화를 나누고 몇 주가 지나 그녀는 새로운 정보를 담은 이메일을 보내왔다. 그녀의 말대로라면 몇 가지는 매우 놀라운 새로운 정보였다. 에밀 린덴펠트는 1896년 2월 2일 폴란드의 코피친스에서 태어난 상인이었다. 기록에는 폴란드는 줄로 지워지고 대신 'USSR'이라고 쓰여 있었다. 그는 1969년 6월 5일에 비엔나에서 사망했다.

"자, 이제 아주 놀라운 소식을 전할게요."

클라데크 부인은 린덴펠트 씨의 사망 시 개인적인 상황을 기록한 서류인 사망기록부를 열람했다. "이름이 에밀이라고 써져 있었지만 다시 지웠어요." 그녀는 말했다. 그 자리에 모르는 사람인 멘델이라는 이름이 적혀 있었다. 이름이 바뀌는 일은 매우 예외적인 경우로, 그녀도 일을 하면서 경험하기가 흔치 않았다고 했다. 그녀의 해석은? 그는 유대인이지만 그 사실은 공개되지 않았다는 것. 클라데크 부인은 그가 '비밀 유대인'이라고 생각했다.

사망기록부에는 다른 정보도 포함되어 있기 때문에 클라데크 부인은 그것도 입수해야 한다고 생각했다. 바로 린덴펠트의 유산 장부estate file였다. 클라데크 부인은 장부를 입수했고 이는 정말 유용했다. "그의 어머니는 사라 린덴펠트Sara Lindenfeld로, 마지막 주소지는 영국 런던입니다." 클라데크 부인이 적었다. 그 사실은 아마도 1951년과 1954년 사진의 뒷면에 런던이 적혀 있는 이유가 될 수도 있을 것이다. 아마도 어머니를 방문한 모양이다.

클라데크 부인은 다른 정보도 가지고 있었다. 1939년 전쟁이 일어났을 때 에밀 린덴펠트는 리디아 슈투름Lydia Sturm이라는 유대인 여성과 결혼한 상태였다. 그들 사이에는 엘리스라는 이름의 딸이 하나 있었다. 1939년 어느 날, 린덴펠트의 아내 리디아와 그의 딸 엘리스가 비엔나를 떠나 런던으로 간다. 이것은 바로 리타의 삶과 완벽하게 평행을 이룬다. 1939년 말, 에밀과 리타는 비엔나에서 혼자 살고 있었으며, 그들의 아이들과 배우자는 떠났고, 그들은 전쟁과 나치와 외로움을 견디고 있었다.

클라데크 부인은 추가 정보를 알려주었다. 에밀 린덴펠트가 죽었을 때 그의 딸 엘리스Alice는 뉴욕 플러싱에 살고 있었으며, 알프레드 세일러Alfred Seiler와 결혼하였다. 알프레드와 엘리스 사이에는 두 아이가 있었는데, 1950년대에 태어난 산드라Sandra와 하워드Howard이다. 연결고리가 이어지기 시작했다. 1952년 산드라의 출생이 할아버지가 된다는 것을 언급한 1954년 사진을 설명해주었다.

나는 에밀 린덴펠트의 사진이 필요했지만 클라데크 부인은 장부에는 사진이 없다고 말했다. 하지만 나에게는 그의 손자들 이름이라는 다른 단서가 있었다. 그래서 탐색은 뉴욕으로 방향을 바꾸었다.

84

나는 뉴욕의 플러싱에서 엘리스 세일러를 찾지 못했다. 플러싱이나 뉴욕의 어디에도 손자인 산드라와 하워드 세일러에 대한 정보는 없었다.

페이스북으로 탐색을 진척시킬 수 있었다. 수억 명의 페이스북 사용자 가운데 플로리다에 사는 하워드 세일러Howard Seiler가 있었다. 단서는 그가 플러싱에서 고등학교를 다녔다는 것이었다. 페이스북 사진에는 클라데크 부인이 알려준 생년월일과 일치하는 50대 초반의 남성이 있었다. 하워드의 페이스북 친구들 가운데 성이 '가핑켈'인 '산드라'가 있었다.

나는 하워드에게 메시지를 보냈다. 답장이 오지 않았다. 그래서 나는 산드라 세일러 가핑켈Sandra Seiler Garfinkel을 찾았고, 플러싱에서 멀지 않은 롱아일랜드 매세피쿼의 주소를 발견했다. 전화번호는 공개되지 않았지만 약간의 돈을 지불하자 10자리의 번호를 알아낼 수 있었다. 어느 여름날 저녁 런던에서 나는 떨리는 마음으로 전화를 걸었다.

강한 뉴욕 악센트의 여성이 전화를 받았다. 나는 그녀에게 비엔나에 있던 에밀 린덴펠트의 손녀 산드라 세일러를 찾고 있다고 설명했다. 긴 침묵에 이어 그녀가 말했다. "저예요." 침묵이 더 이어졌다. "정말 이상하군요. 뭘 원하세요?"

나는 그녀에게 나의 외할머니가 전쟁 전에 비엔나에서 그녀의 할아버지를 알았을지 모르겠다고 간단하게 이야기하였다. "내 할아버지는 에밀 린덴펠트예요. 그는 비엔나에 살았습니다." 산드라가 말했다. 그녀는 의심스러워했지만 적대적이지도 호의적이지도 않았다. 그녀는 가족에 대한 역사를 짧게 알려 주었다.

"에밀은 내 할머니인 리디아와 결혼했어요. 1938년 3월 나치가 비엔나를 점령했고, 전쟁이 일어나기 전에 리디아는 그녀의 딸이자 내 어머니인 엘리스와 비엔나를 떠났어요. 엘리스는 14살이었습니다. 그들은 런던으로 갔고 할머니는 가정부로 일했어요. 전쟁 후에 엘리스와 리디아는 미국으로 갔지만 에밀은 비엔나에 남았어요. 우리는 할아버지가 결핵에 걸렸기 때문에 미국으로 올 수 없었다고 들었어요. 1958년 할머니 리디아가 돌아가셨고 에밀은 미국에 왔어요. 내가 여섯 살 때였습니다. 그는 6주 동안 미국에 있으면서 내게 독일어를 가르쳐주고 떠났습니다. 그것이 내가 유일하게 할아버지를 만난 기간이었어요."

그녀는 에밀의 사진을 가지고 있을까? "네, 물론이에요." 아마 인터넷에도 한 장 있을 거라고 그녀는 덧붙였다. 그녀의 어머니는 1986년에 사망했지만 그의 아버지는 꽤 최근까지 살아계셨다. "아버지는 자신의 전쟁 경험에 대한 책을 쓰셨어요. 사진과 함께 인터넷에 있습니다." 그녀는 자세한 정보를 알려주었고, 우리가 이야기하는 동안 나는 그녀의 아버지가 쓴 책을 인터넷에서 찾아보았다. 곧바로 활기찬 제목의 책이 검색되었다. 《히틀러의 죽음의 수용소에서 스탈린의 굴라그까지》From Hitler's Death Camps to Stalin's Gulags. 내용 보기가 가능했고 우리가 대화를 나누는 사이 나는 얼른 내용을 살폈다. 책은 200페이지가 채 되지 않게 짧았다. 나는 빠르게 스크롤을 아래로 내려 사진을 확인했다. 125페이지에 익숙한 얼굴이 컴퓨터 화면에 나타났다. 어두운 양복에 하얀 행커치프를 가슴 주머니에 꽂고 어두운 색상의 넥타이를 맨 남자. 사진 아래에 '에밀'이라는 이름이 적혀 있었다. 다음 페이지에는 에밀의 아내 리디아와 에밀의 손자, 손녀인 산드라와 하워드의 사진이 있었다.

나는 산드라에게 미리 말을 하지 않은 것에 대해 사과했다. 에밀의 사진 세 장이 내 할아버지의 서류더미에 수십 년 동안 같이 있었고, 지난 몇 년간 나는 그 남자가 누구인지 찾고 있었다고 했다. 산드라는 이해했다. 그녀는 이해심이 많았다. 그녀는 나에게 아버지의 회고록에 있는 사진 주변에 쓰여 있는 것을 읽어줄 수 있는지 물었다. 그녀는 아버지가 돌아가신 후에 출판된 책을 아직 읽지 못했다고 했다.

나는 문장을 소리 내어 읽었다. "에밀 린덴펠트-좀머슈타인Emil Lindenfeld-Sommerstein은 알프레드의 아버지의 어린 시절 친구였다. 그는 쥬데텐 지방의 에게른도르프에서 테이블보와 테이블커버 등을 만드는 '포자멘트리' 공장을 소유한 남자의 딸인 리디아 슈투름Lydia Sturm과 결혼하였다. 결혼으로 엘리스라는 딸 하나를 얻었으며, 1939년 '유명한 아동 소개疏開열차'에 태워 영국으로 보낸다. 가정부로 일할 수 있는 허가증을 얻은 리디아가 곧 뒤따른다." 한 문장이 아내와 딸이 떠난 후 비엔나에서의 에밀의 삶을 짐작하게 했다. "에밀은 비유대인 친척과 친구들과 함께 마치 'U-보트'처럼 숨어서 나치 점령기 동안 비엔나에서 살아남았다. 엘리스의 부모는 다시 합치지 않았으며, 아버지는 계속해서 비엔나에서 살았다."

에밀 린덴펠트는 리타처럼 비엔나에 혼자 남았으며 '비유대인 친척과 함께' 숨어 지냈다. 이것으로 그가 완전히 유대인은 아니었거나 유대인이 아닌 사람으로 비엔나에 머물렀을지 모른다는 추측이 가능하다. 전쟁 후에 파리에서 다시 만난 레온과 리타와는 달리 에밀과 리디아는 헤어졌다.

에밀의 사위가 쓴 이 이야기를 읽으며 나는 내 어머니의 기억을 떠올렸다. 에밀 린덴펠트라는 남자가 전쟁이 끝나고 파리에 있는 리타와 레온을 찾아온다. 그가 떠났을 때 어머니의 부모님은 말다툼을 한다. 명백한 추론-물론 아닐 수도 있지만-은 리타와 에밀이 서로 사랑하는 사이여서 전쟁이 끝나고 에밀이 그녀에게 비엔나로 돌아가자고 설득하기 위해 왔다는 것이다. 나는 그 당시에는 산드라에게 아무 이야기도 하지 않았지만 좀 더 친해지고 나서는 이런 생각을 나눴다.

나는 산드라에게 내 전화를 받아줘서 고맙다고 말했다. 그녀는 내게 내 책상 위 벽에 꽂혀 있는 그녀의 할아버지 사진 복사본을 보내달라고 요청했고, 나는 그렇게 했다. 며칠이 지나고 그녀는 내게 편지를 보냈다. 전화

통화를 하고 그녀는 에밀이 죽은 후 비엔나에서 뉴욕으로 보내진 그의 서류들을 뒤졌다. 그녀는 앨범을 발견했고, 일부 사진은 전쟁 전의 것들도 있었다. 만약 내 외할아버지가 에밀의 사진을 가지고 있다면 에밀 또한 레온과 리타의 사진을 가지고 있지 않을까?

"당신 외할아버지 사진을 보내주세요." 산드라가 제안했다. 나는 레온과 리타의 나치 시절 여권 사진을 보냈다. 리타의 사진은 1941년 무렵에 찍은 것으로 슬퍼 보이는 사진이었다. 나는 오랫동안 슬퍼 보이는 이유가 남편과 아이와 헤어졌기 때문이라고 생각했다. 지금은 다른 이유, 에밀과 관련된 이유가 아닌가 하고 생각하기 시작했다.

85

다음날 산드라로부터 여러 통의 이메일이 왔다. 그녀는 에밀의 앨범을 살피다 리타의 사진을 여러 장 발견했고, 레온의 사진은 한 장뿐이었다고 적었다(1950년대 파리 거리에서 리타와 내 어머니와 레온이 함께 찍은 사진, 내 어머니도 그녀의 앨범에 가지고 있던 것과 같은 사진이다).

나는 두려움을 느끼며 산드라의 이메일을 열었다. 사진들이 그 시기의 침묵에 대해 설명해줄 수 있을지 모른다. 흑백사진 여덟 장이었으며, 세월의 흐름을 보여주듯 흐릿한 모습들이었다. 산드라가 보내준 리타의 사진은 한 번도 본 적이 없는 것들이었다. 하나, 하나가 예상 밖이었다.

첫 번째는 스튜디오에서 찍은 주변이 흐릿한 증명사진이었다. 그녀는 내가 예전에 본 적이 없는 우아한 얼굴로 웃고 있었다. 그녀는 아름다웠다.

그녀는 세심하게 화장을 했으며 강렬한 색의 립스틱을 발랐다.

다음 사진은 더 놀라운 것이었다. 촬영 날짜는 적혀 있지 않았지만 리타와 레온의 어머니 말케의 사진으로, 내 외증조모의 마지막 사진임에 틀림없다. 사진은 익숙했다. 말케는 고상했고 레온처럼 길고 경사진 눈꺼풀을 가지고 있었다. 그녀는 단순한 단추가 달린 어두운 색의 셔츠를 입고 흰 머리를 뒤로 빗어 넘겼다. 그녀의 얼굴은 앞으로 무엇이 다가올지 알기 전의 위엄과 평온함을 지니고 있었다.

하지만 내가 절반만 알아본 사진에는 뭔가 이상한 점이 있었다. 그러다 나는 그것을 본 적이 있다는 것을 기억해 냈다. 말케가 있는 반쪽을 보았었다. 내 어머니가 그 반쪽 사진을 가지고 있었다. 웃고 있는 리타는 없었다. 이제 온전한 사진을 보니 원래 사진에서는 말케 혼자가 아니었다는 것을 알 수 있었다.

세 번째 사진은 늦봄이나 초여름에 정원에 있는 접이식 의자에서 리타가 편안하게 있는 모습이었다. 네 번째 사진은 그녀가 줄무늬 점퍼와 정장 구두를 신고 정원에 혼자 서 있는 모습이었다. 아마도 같은 정원인 것 같았다.

마지막 메일에는 4장이 함께 왔다. 이 사진도 조용한 정원에서 같은 날에 찍은 것 같았다. 나뭇잎과 수풀이 매우 싱그럽고 활기찼다. 봄인 것 같다. 사람들은 평화롭고 여유롭게 보였다. 사진 하나에서 리타는 벤치에 혼자 앉아 있었으며, 세 명의 여자와 에밀 린덴펠트는 그녀의 뒤쪽 잔디 위에 누워 있었다. 그들은 미소를 짓고 웃으며 이야기하고 있었다. 모두가 카메라를 보고 있었으며 무명의 사진사는 편안하게 사진을 찍었다.

다음 사진은 리타가 모자를 쓰고 같은 벤치에 앉아 있는 것이었다. 세 번째 사진은 벤치에 앉아 있는 모르는 여성의 것으로, 내가 알기로 나치에

리타와 말케, 비엔나, 1938년

동조하는 표시인 '하얀색 양말'을 신고 있었다.

전후 사정으로 모든 것을 알 수 있었고, 양말은 불길한 느낌을 주었다.

마지막 사진은 리타가 두 남자 사이에 서 있는 것이었다. 나는 그녀의 오른쪽에 있는 사람은 몰랐지만 왼쪽은 에밀이었다. 무릎까지 오는 가죽 바지에 흰색 스타킹을 신고 있었고, 그의 팔은 리타의 팔이 감싸고 있었다. 그녀는 미소 짓고 있었고 우아했으며 평화로웠고 내가 본 중에 가장 아름다웠다(나중에 나는 이 사진을 숙모에게 보여주었는데 같은 반응을 보였다). 에밀은 그의 손을 주머니에 넣고 서 있었다. 그는 짓궂은 분위기에 머리를 뒤로 젖혀 마치 예상치 못하게 걸린 것 같은 어색한 미소를 짓고 있었다.

리타는 어두운 색의 꽃무늬 드레스를 입고 있었다. 가까이에서 보았는데, 사진이 선명하지 않았지만 그녀는 오른손에 결혼반지를 끼고 있었다.

리타와 에밀(오른쪽)과 무명의 남자, 비엔나

오늘날 내가 끼고 있는 것과 같은 것 같다.

사진은 언제 찍은 것일까? 아마도 그들의 순진한 모습은 리타와 레온이 결혼하기 전인 1937년 전에 찍은 것일지도 모른다. 아니면 레온이 비엔나를 떠나 파리로 갔던 1939년 1월 이후에 찍은 것일지도. 나는 리타가 딸과 남편도 없이 어머니를 돌보며 혼자 비엔나에 남겨져 있던 시기를 종종 상상했다. 우리가 알기로는 어머니를 돌보는 것이 남겨진 이유였다. 어둡고 상상할 수 없는 불행한 시기. 하지만 사진들은 전쟁이 시작되고 비엔나의 유대인들이 고문대나 게토 또는 집단학살의 갈림길 위에 서 있던 시기와는 일치하지 않는 평온한 이미지를 전해주었다.

4장의 사진에 날짜가 있는가? 산드라는 앨범에 끼워져 있었다고 말했다. 그녀는 사진을 뺄 수는 있겠지만 망가질까 봐 걱정이 되었다고 했다. 그녀는 다음에 뉴욕에 오시면 한번 들르라고 말했다.

"앨범에서 사진을 같이 빼 봐요."

86

몇 주가 지나고 나는 맨해튼의 팬역Penn Station에서 롱아일랜드 해변의 매서피쿼로 가는 기차를 타고 가서 에밀 린덴펠트의 손녀인 산드라 세일러의 집에서 하루를 보냈다.

팬역에서 롱아일랜드까지는 기차로 한 시간이 채 걸리지 않았다. 산드라는 기차역에서 금발에 검은색 선글라스를 쓰고 차 안에 앉아 기다리고 있었다. 그녀는 바닷가 근처 해산물 식당에서 점심을 대접해주었다. 점심을 먹고 우리는 차로 그녀의 집에 가서 그녀의 남편과 딸을 만났다. 에밀의 앨범이 검사 받을 준비를 하고 있었다. 그녀는 리타의 사진이 들어 있는 부분을 펼쳤다. 우리는 날짜를 알고 싶었다.

사진은 작았고, 산드라가 말한 대로 앨범 페이지 안에 완전히 딱 붙어 있었다. 마치 사진을 앨범 페이지에 붙인 것 같았다. 우리는 조심스럽게 가능한 한 사진을 망가뜨리지 않으려고 노력하며 떼어냈다. 나는 사진이 리타와 레온이 결혼하기 전인 1930년 중반 이전에 찍힌 것이기를 희망했다. 그래야 상황이 간단해진다.

말케와 리타가 함께 찍은 사진을 포함한 첫 번째 네 장의 사진을 페이지에서 떼어냈는데, 날짜는 없었다. 다음으로 산드라가 '정원의 사중주'라 부르는 두 번째 세트는 뒷부분이 망가지지 않게 하려면 더욱 주의를 기울여야 했다. 나는 네 장의 사진을 한 장씩 떼어냈다.

사진에는 비엔나 4구역에 있는 사진관, 포토쿠츠에라FotoKutschera의 표시가 찍혀 있었다. 뒤에는 겨우 알아볼 수 있는 연필 표시가 오른쪽 귀퉁이 위쪽에 있었는데, '1941'이라는 네 숫자였다.

몇 주 후에 나는 에밀 린덴펠트가 1941년에 살았던 주소를 알아냈다. 유대인 구역 밖의 비엔나 중심가, 번화한 지역이었다. 주소는 브람스광장 4번지였다. 19세기 후반에 만들어진 비트겐슈타인 가문 소유의 웅장한 건물에서 몇 집 떨어진 곳이었다.

나는 그곳에 직접 가 보았다. 4번지 건물 옆에는 네 장의 사진에서 보았던 것과 같은 큰 정원과 벤치, 잔디가 있었다. 이곳이 리타와 에밀이 1941년 사진을 찍은 그곳일까? 나는 그들이 얼마나 여유로워 보였는지 매우 가까운 사이인 것 같은 분위기를 사진을 통해 느꼈다.

에밀 린덴펠트와 리타는 1941년 바로 이 정원에 함께 있었다. 몇 월이었는지는 알 수 없지만 리타가 11월에 떠났고 정원 사진이 봄날의 분위기를 풍겼으므로 나는 1941년 4월로 추측한다. 리타는 에밀과 함께하기 위해 비엔나에 남았던 것인가? 그것을 알아내는 것은 불가능하고, 또 중요한 문제가 아닐지도 모른다. 아무튼 그녀는 11월에 비엔나를 떠났다.

레온은 1939년 1월 혼자서 급하게 떠났다. 몇 달이 지나고 그는 미스 틸니의 도움으로 딸을 만났다. 레온이 왜 그의 딸을 두고 왔고 나중에 딸을 데려왔는지 나는 알 수 없다. 하지만 새로운 사진은 레온이 혼자 떠난 것이 에밀 린덴펠트와 어떤 관련이 있다는 추측을 가능하게 했다.

Part VI

한스 프랑크

FRANK

공동체는 개인의 이기주의적인, 개인주의 및
자유주의적 원자화 경향보다 우선한다.

– 한스 프랑크, 1935년

87

히틀러가 자살하고 며칠이 지난 1945년 5월, 라우터파하트가 영국 법률가들과 함께 전쟁범죄 조사에 매진하고, 렘킨이 로버트 잭슨 검사팀에 들어가기 위해 로비를 하는 동안 한스 프랑크 총독은 미국인들이 도착하길 기다리고 있었다. 그는 자신의 총독 관저에서 기다렸는데, 지금은 노이하우스 암 슐리어제라는 바이에른의 작은 도시의 오래된 카페 베르크프리덴이 그 자리를 차지하고 있다. 그는 운전기사 샴퍼Herr Schamper를 포함해 단 세 명밖에 남지 않은 부하들과 함께 있었다. 독일이 점령한 폴란드에서 잔인한 통치를 펼친 프랑크는 뮌헨에서 남쪽으로 35마일 떨어진 가족들의 집 근처로 돌아왔다.

프랑크가 기다리는 동안 연합국은 프랑크를 포함한 주요 나치 지도자들을 기소할 준비를 하고 있었다. 프랑크는 히틀러의 변호사였으며, 국가사회주의의 주요 법률가 중 하나로 독재자에 대한 애정과 국가공동체라는 관념을 가장 우선시하는 이데올로기에 자극받아 개인과 집단의 권리에 반하는 행동을 하였다. 5년 동안 그는 나치가 점령한 폴란드에서 아내와 정부情婦, 다섯 명의 아이들과 함께 왕처럼 지냈다. 서른여덟 권의 자세한 내용을 담은 일기(집무일지)와 레오나르도 다빈치의 유명한 초상화를 포함하여 여러 점의 미술 작품도 함께 발견되었다. 그가 슐리어제에 있는 집에 두었던 다빈치의 〈담비를 안고 있는 여인〉The Lady with an Ermine은 현재는 한 기도실에 보관되어 있다.

5월 4일 금요일, 미군 지프가 멈춰 섰다. 월터 스테인Walter Stein 중위가 차에서 뛰어 내려 건물로 다가오더니 앞문으로 들어와 물었다. "누가 한스 프랑크인가?"

88

한스 프랑크는 1900년 5월 23일 블랙 포레스트 근처의 카를스루에에서 개신교 신자인 아버지와 가톨릭 신자인 어머니 사이에서 태어났다. 라우터파하트나 렘킨처럼 그는 3남매 중 둘째였다. 가족은 곧 뮌헨으로 이사를 가고 프랑크는 그곳에서 학교를 다녔다. 1916년 6월 그의 형인 칼Karl이 예상치 못한 병으로 사망한다. 부모가 이혼한 후 그는 프라하에서 어머니와 1년을 보냈지만 대부분은 뮌헨에서 아버지와 함께 살았다. 그의 아버지는 변호사였는데, 고객에게 사기범죄를 저질러서 자격을 박탈당하였다.

제1차 세계대전이 끝나고 프랑크는 독일군에 징집된 후 민간 우익 민병대에서 활동했다. 그는 반공산주의, 반유대주의 보수단체인 툴레협회Thule Society에 가입하였으며, 베르사유 조약에 대한 강한 혐오감을 표출하기 위해 회의에 참가할 기회를 얻었다. 1920년 1월, 뮌헨의 마테저 맥줏집에서 프랑크는 국가사회주의독일노동자당NSDAP(나치)의 전신인 독일노동자당DAP

의 초기 당원 중 한 명으로서 아돌프 히틀러의 연설을 들었다. 다음 달에 그는 NSDAP의 정치적 프로그램의 성명서를 발표하는 자리인 유명한 맥줏집 호프브로이하우스Hofbräuhaus에서 히틀러를 만나는데, 프랑크는 결국 나치당인 NSDAP에 입당한다.

1923년, 학생이었던 그는 SA라고 알려진 돌격대Sturmabteilung에 입대한다. 같은 해에 그는 바이마르 정부를 전복시키려는 히틀러의 쿠데타 시도를 열정적으로 지지하며 뮌헨 중심가로의 행진에 참여하여 뮌헨의 동쪽에 있는 박물관 다리에 기관총 포좌를 설치한다. 그런데 쿠데타 실패와 히틀러가 체포된 사건은 프랑크로 하여금 민족주의와 정치에 대한 관심에 불을 지폈다. 그는 법적인 책임을 두려워한 나머지 이탈리아로 도망쳤다. 2년이 지난 1925년, 그는 뮌헨 거리에서 히틀러를 다시 만난다. 미래에 벌어질 끔찍한 일들의 불길한 조짐이었다.

킬Kiel 대학에서 법학을 전공하고 1924년에 졸업한 그는 개업 변호사로 일하며 뮌헨공과대학교 법학부에서 학생들을 가르쳤다. 강인하고 기회주의적이지만 지적이거나 야심가는 아니었던 그는 1927년 10월 베를린 재판에서 나치 피고인들을 변호할 변호사를 찾는다는 〈푈키셔 베오바흐터〉Völkischer Beobachter 신문의 광고를 본 순간 인생의 전환점을 맞는다. 프랑크는 지원했고 합격하여 마침내 고위급 정치 재판의 세계에 발을 들여놓았다.

그는 나치의 법률 전문가 중 한 사람이 되어 수십 건의 재판에서 나치 정당을 변호한다. 가장 화제가 되었던 재판 중 하나는 1930년 9월 라이프치히에서 열린 반역죄 재판으로, 3명의 군 장성들이 독일국방군Reichswehr 내에 나치 감방을 만든 혐의로 기소된 사건이었다. 세 명의 피고인을 변호하면서 그는 히틀러를 증인으로 세웠다. 프랑크의 도움으로 히틀러는 법정을 미디어 전략의 장소로 활용하였다. 그 자리에서 그는 합법적 수단으로 정치

권력을 얻으려 할 뿐이라는 주장, 즉 사실상 〈합법성의 선서〉Legalittseid를 공개적으로 공약했다. 프랑크의 스타일은 유연했지만 히틀러는 변호사나 법적인 사무에 많은 시간을 할애하지 않았다. 그럼에도 불구하고 언론의 관심은 이 두 사람 사이의 관계를 더욱 견고하게 만들어주었다.

그때부터 프랑크는 순풍에 돛단 듯 승승장구했다. 그는 독일 제국의회Reichsta의 의원으로 선출되었고, 1925년 5살 연상의 바이에른 주 의회 비서인 브리깃데 헵스트Brigitte Herbst와 결혼한다. 그가 진정 사랑했던 연인은 뮌헨 은행가의 딸 릴리 바이더트Lilly Weidert(후에 그라우Grau)였으나 릴리 집안이 프랑크를 반대하여 둘 사이의 관계는 끝나고 말았다. 브리깃데는 형언할 수는 없지만 의지가 강한 여인으로 프랑크와의 사이에서 두 명의 자녀를 낳고 이후에 세 명을 더 낳는다. 다섯 남매 가운데 막내가 1939년에 태어난 니클라스Niklas이다.

히틀러가 독일 전역으로 세력을 넓혀가면서 프랑크는 지도자와의 관계를 최대한 이용하여 자신을 법률 이론가로 자리매김하였다. 1931년 그는 〈유대인의 퇴폐법학〉jurisprudence of decadence이라는 긴 글을 잡지에 발표하였는데, 그것은 독일인들로 하여금 옳고 그름을 분별하지 못하도록 만드는 법에 대한 접근법이었다. 이제 '내부자'가 된 그는 1933년 4월, 히틀러가 독일 제국의 수상으로 선출된 후 바이에른 주의 법무장관이 되었다.

89

4개월 후, 히틀러는 정권을 잡았다. 그리고 5월 13일 토요일 아침, 한스 프랑크는 정부 전용 3발기tri-motored를 타고 비엔나 동부의 에스펀 비행장으로 날아갔다. 레오폴드슈타트에 있는 레온의 주류상점과 멀지 않은 곳이다. 신문은 비행기 문이 열리고 환한 얼굴의 프랑크가 인솔하는 일곱 명의 독일 장관들이 오스트리아 영토에 발을 내딛는 것을 새로운 나치 정부 대표단의 첫 번째 방문이라고 기사화 하였다. 두세 달 전에 독일 국회의사당이 화재로 전소된 후 연방의회선거(최대 득표율로 나치가 승리하였다)가 치러졌다. 그 결과 히틀러 정권은 헌법에서 벗어난 새로운 법을 통과시킬 수 있게 되었다. 이런 변화들은 작은 체구의 엥겔베르트 돌푸스Engelbert Dollfuss 총리를 포함한 많은 오스트리아 사람들의 우려를 샀다.

프랑크는 히틀러의 고문변호사로 일하며 그와 가까운 관계라고 알려져 있었다. 1933년 전에 히틀러가 여러 번 법정에 모습을 보인 것이 크게 보도되었으며, 적어도 한 번은 히틀러와 검은색 법복을 입은 프랑크가 나란히 법정을 나서는 사진이 언론에 실렸다.

이런 이미지는 프랑크에게 도움이 되었다. 국가사회주의당에 대한 충성스러운 봉사는 그를 널리 알려진 -그러나 두려운- 인물로 만들었다. 법무장관으로 임명된 지 수주일 만에 그는 바이에른의 법률제도를 개혁하는 많은 조치를 승인하였다. 이런 조치들은 구체적으로 유대인을 대상으로 한 것으로, 법정 출입을 금지하고 모든 유대인 판사와 검사를 없애는 것이었다. 이런 조치에 프랑크가 직접 개입하고 그가 히틀러와 가깝다는 점 때문에 오스트리아에서는 그의 방문이 환영받지 못했고, 돌푸스 총리는 비우호적인 행동을 통해 반대했다. 프랑크는 도착 직후 오스트리아가 독일의 새로운 방향에 함께하지 않는다면 폭력적인 간섭이 있을 수 있다고 위협하는 내용의 연설을 통해 오스트리아의 반감을 더욱 키웠다.

반대로 2,000명의 지지자들은 에스펀 비행장에 모여 프랑크를 환영하

히틀러와 한스 프랑크, 독일 법정 밖에서, 1928년

였다. 그들은 〈도이칠란드 위버 알레스〉Deutschland über Alles(세계에 군림하는 독일)와 나치의 당가인 〈호르스트 바셀의 노래〉Horst Wessel Song를 불렀다. 프랑크가 이끄는 방문단은 비엔나 브라운하우스로 향했고, 길가의 시민들은 지지하는 정당에 따라 열렬히 환호하거나 휘파람을 불며 야유를 보냈다. 많은 프랑크의 지지자들은 나치의 강령을 지지하는 표시인 흰 양말을 신었다. 저녁이 되어 프랑크는 수많은 지지자들 사이에서 터키로부터의 비엔나 독립(폴란드의 왕인 얀 3세 소비에스키의 승리를 기념하여 주키에프에 성을 건설했는데, 나는 그 벽에서 용기 있는 우크라이나 큐레이터가 전시한 사진을 발견했다) 250주년을 기념하는 연설을 하였다. 프랑크는 히틀러에게 개인적인 환영인사를 전했다. 히틀러는 그의 부모님 묘소를 방문하기 위해 곧 방문단에 합류할 것이었다.

나중에 프랑크는 개인적으로 언론인들을 만났다. 〈뉴욕타임스〉 특파원은 20명의 집단을 마치 2만 명처럼 대하는 바이에른 장관의 스타일을 언급했다. 그는 계속해서 언성을 높였고, 그와 히틀러에 대한 부정적인 시각에 반대한다고 고함을 질렀으며, 만약 오스트리아가 독일과 한 방향으로 가지 않는다면 '어떠한 수단이든 강구할 것'이라고 위협했다고 보도하였다.

프랑크는 비엔나에서 그라츠까지 순회하였는데, 그라츠에서 그는 자신을 모독하는 것은 히틀러를 모독하는 것이라고 연설하고 잘츠부르크로 이동했다. 그의 방문은 오스트리아에서 소동을 일으켰고, 돌푸스 정부는 그를 환영하지 않는다고 선언했다. 이 방문은 전 세계에 보도되었기에 런던의 라우터파하트와 바르샤바의 렘킨도 소식을 들었을 가능성이 높다. 뉴스는 오스트리아의 상황을 주시하는 렘베르크와 주키에프의 시민들에게도 전해졌다.

프랑크가 떠나고 일주일 후에 돌푸스 총리는 그의 국민을 안심시키는 연설을 했다. 그의 연설은 번역되어 미국에 전해졌다. 오스트리아는 유대인에 대한 강제력을 발동하려는 독일에 동조하지 않을 것이다. 이 나라는 '모든 국민은 동등한 권리를 가진다'는 현대적 개념에서 영감을 받았다. 그는 모든 개인에게 인권을 부여하는 라우터파하트의 스승인 한스 켈젠이 만든 오스트리아 헌법을 참고로 들었다.

프랑크의 방문은 나치에 동조하는 많은 오스트리아인들에게 영향을 끼쳤다. 1년 뒤 돌푸스는 나치 동조자 집단에 의해 암살당한다. 그들의 리더는 서른세 살의 오토 폰 베히터Otto von Wächter로, 라우터파하트와 비엔나 대학을 함께 다닌 학급 친구였다. 그후 그는 독일로 도망쳤다.

90

1935년은 프랑크에게 좋은 해였다. 그는 바이에른 주 슐리어제 인근 쇼베르호프에 큰 집을 샀다. 나는 80년 후, 그 집이 철거되기 직전에 그곳을 직접 방문하였는데, 프랑크의 명패와 이니셜이 여전히 그의 사무실에 붙어 있었다. 그는 유대인의 시민권을 박탈하고 독일인과 유대인 사이의 성적 관계를 금지하는 반유대법인 뉘른베르크 법령이 제정되도록 지원했다. 8월에는 크롤 오페라하우스(의사당 화재 이후 의사당으로 쓰임)에서 열리는, 자신이 2, 3년 전에 설립한 독일 법률학회와 11차 국제 형법형무회의 합동 총회를 주재했다.

프랑크는 독일 법률가들에게 학문적이며 이데올로기적인 비전을 제시할 아카데미를 세웠다. 의장으로서 그는 '국제 형사 정책'을 주제로 선정하여 회의에서 기조연설을 하였는데, 형법의 미래 방향에 대한 생각을 발표할 기회로 삼았다. 그는 국제범죄의 새로운 목록과 국제형사재판소 설치를 주장하는 렘킨과 그의 동조자들에게 반박을 가했다. 뛰어난 웅변가인 프랑크는 (히틀러처럼) 아주 이상할 정도로 높은 톤으로 연설을 했지만 그 때문에 더욱 흥분과 긴장감 그리고 박력을 느끼게 하여 청중을 사로잡았다.

프랑크의 연설은 라우터파하트나 렘킨이 청중으로 듣지는 않았지만 이 두 사람이 크게 관심을 두고 있는 이슈에 집중했다. 잔학성과 반달리즘에 대한 글을 쓴 루마니아 교수 베스파시안 펠라Vespasian Pella는 연설회에 참석했다. 렘킨의 멘토이자 국제 형법형무회의 조직위원회 위원인 에밀 라파포트는 참석하지 못했다. 프랑크는 보편적 관할권에 강하게 반대했다. 이것이 국제 형법을 강화하는 것이 아니라 파괴한다는 이유를 들었다. 볼셰비즘과 국가사회주의의 차이를 해결할 법이나 국제기관은 없으며, '동일한 도덕적 원칙'을 공유하는 국가를 위한 공동의 정책은 없다. 그는 렘킨의 동료인 앙리 돈디유 드 바브르Henri Donnedieu de Vabres 교수가 청중 가운데 없음에도 불구하고 직접 이름을 호명하며 그의 견해를 공격했다. 몇 주 전에 프랑크는 돈디유를 초청하여 아카데미에서 국제범죄와 '침략전쟁'에 대해 연설을 해달라고 요청했었다.

프랑크는 돈디유의 사상을 무시했다. 왜냐하면 그의 사상에 따르면 초국가조직을 만들어야 하기 때문이다. 그렇다면 '국제형사재판소'를 만들자는 그 프랑스 남자의 주장은 어떤가? 근거 없는 믿음이다. 세계법? 몽상이다. 국제범죄의 목록을 확장한다고? 어림도 없는 소리다. 하지만 프랑크가 좋아했던 한 가지 생각은 독일을 반대하는 전 세계 유대인들의 '보이콧'boycott을 범죄화하는 것이었다.

프랑크가 원한 것은 무엇인가? '다른 나라의 국내 문제에 대한 불간섭 원칙'은 독일에 대한 비난을 유효하게 방어할 수 있기에 프랑크가 지지하는 좋은 생각이었다. 재판의 독립성도 지지했지만 일정 수준까지였다. 그는 국가공동체의 비전을 보호하는 가치를 기반으로 한 강력한 정부와 공동체 이념에 의해 형성된 법률 제도를 원했고, 그것이 다른 모든 것보다 앞서야 했다. 새로운 독일에서 개인의 권리는 없었다. 그래서 그는 '개인의 이기주의적인, 개인주의 및 자유주의적 원자화 경향'에 대한 완전한 반대를 천명했다(작가 프리드리히 레크는 프랑크가 표현한 아이디어와 비슷한 것을 도스토예프스키의 《악령》The Possessed을 인용하여 자신의 일기에 '완전한 평등, 절대복종, 개인성의 완전한 상실'이라 적었다).

프랑크는 세계가 배워야 할 히틀러의 형사정책에 대한 새로운 접근법을 포함하여 1933년 이후 긍정적인 모든 변화를 목록으로 정리했다. 혁신에는 '우생보호정책', '위험한 도덕범죄자의 거세'와 국가와 민족공동체를 위협하는 사람에 대한 '예방적 구금' 등이 포함되었다. 아이를 갖지 말아야 하는 사람은 불임수술을 받았으며(그는 이것을 제거의 자연적인 과정이라 표현했다), 바람직하지 않은 사람들은 강제이송되었고, '부적합한 민족과의 혼혈'을 피하는 새로운 민족법을 제정하였다. 그는 전 세계 여러 나라에서 온 청중들에게 유대인이나 집시Gypsy(유랑 민족)를 직접적으로 언급하지는 않았지만 참석한 사람들은 모두 그가 누구를 말하는지 알 수 있었다. 그는 그해 초에 독일제국의 형법전(그가 초안 작성을 지원한)에서 모든 동성애 행동을 범죄로 규정한 동성애 이슈에 대해서는 입을 다물었지만, 새로운 독일은 혈통적으로 완전무결해야 한다면서 건강한 몸에 침투한 병균을 없애는 것처럼 독일이 범죄자를 제거하는 것은 허용했다. 그 비유는 프랑크와 돈디유가 지난 2월 함께 식사를 했던 반유대주의 신문인 〈슈튀머〉Der Stürmer의 편집자인 율리우스 슈트라이허Julius Streicher의 글에서 따온 것이다.

프랑크의 가장 높은 톤의 목소리는 쉽게 상상할 수 있다. "국가사회주의는 인간성의 그릇된 원칙을 폐기할 것이다." 그는 귀가 찢어지게 큰 소리로 주장했다. 모든 지나치게 인도적인 행동에 맞서 적절한 처벌을 준비 중이며, 공동체에 대한 충성의 의무를 위반한 것을 속죄하도록 할 것이다. 나치는 '항구적인 범죄와의 전쟁'을 벌이고 있었다.

청중의 반응은 엇갈렸다. 463명의 대표단 중 대부분을 차지한 독일인은 크게 환호했다. 나머지는 미온적이었다. 후에 노동당 의원이 되는(그리고 가나가 독립된 후 최초의 법무장관이 되는) 젊은 영국 변호사, 제프리 빙Geoffrey Bing은 프랑크의 무시무시한 제안에 환호하는 외교관, 범죄학자, 사회개혁가를 보고 느낀 공포를 글로 썼다. 빙은 분명한 경고를 보냈다. "독일을 지배하는 새로운 종류의 법률가들, 보복과 협박을 서슴지 않는 광신적인 선동가인 프랑크 박사와 같은 사람들을 조심하라."

91

4년 뒤에 독일이 폴란드로 진격해 소비에트와 함께 분할 점령하였을 때 프랑크는 히틀러와의 사적인 만남을 위해 실레지아로 호출되었다. 대중 여론에 따라 프랑크는 독일이 점령한 폴란드의 총독으로, 점령된 폴란드 영토의 총독령으로 알려진 지역에서 히틀러를 대리하는 인물로 지명되었다. 그는 북쪽으로는 바르샤바와 서쪽으로는 크라쿠프를 아우르는 영토에 있는 1,150만 인구를 통치하게 된 것이다. 그는 1939년 10월 25일 총독 직을 수락하였다. 히틀러의 칙령에는 프랑크가 히틀러에게 개인적으로 보고한다고 명시되었으며 -렘킨이 지적한 포인트- 전체 행정부는 '총독이 지휘한다'고 규정되었다. 프랑크는 이제 자의적으로 전권을 행사할 수 있는 지위에 올랐고, 그의 아내 브리깃데는 '왕비'가 되었다.

초기의 인터뷰에서 프랑크는 폴란드는 이제 '식민지'이고 폴란드 국민들은 '위대한 독일제국의 노예'(베를린의 법률가들은 점령지를 통치하는 국제법이 적용되지 않는 방법을 찾았다. 총독령은 실질적으로 독일의 영역이므로 독일법이 적용되며 국제법의 제한을 받지 않을 것이다)라고 말하며, 과거 폴란드 왕들이 머물렀던 크라쿠프의 바벨성Wawel Castle을 총독 관저와 총독부 관청으로 삼음으로써 폴란드에 참을 수 없는 굴욕을 주었다. 브리깃데와 몇 달 전에 뮌헨에서 태어난 막내 니클라스를 포함한 다섯 자녀들은 나중에 그곳에서 프랑크와 함께 시간을 보냈다. 비엔나에서 막 폴란드로 온 오토 폰 베히터가 크라쿠프의 통치자가 되었으며, 프랑크를 대행할 수 있는 다섯 명 중 한 명이 되었다.

프랑크는 국왕처럼 굴었다. 폴란드 국민들은 그의 완전한 지배를 받는 대상이라고 했다. 폴란드는 국민이 권리를 가지는 입헌국이 아니며 소수자들에 대한 보호는 없었다. 바르샤바는 짧은 전쟁으로 완전히 파괴되었지만 프랑크는 재건하지 않기로 결정했다. 대신 그는 수많은 법령을 공포하였는데, 그중 다수는 렘킨이 전 세계를 다니면서 들고 다녔던 가방에 들어간 것이었다. 프랑크의 명령은 넓은 영토와 야생동물(보호대상)에서 유대인(비보호대상)까지 많은 것을 대상으로 했다. 12월 1일부터 12살 이상의 모든 유대인은 실내 및 실외복 모두 오른쪽 소매에 푸른색 다윗의 별이 그려진 넓이가 최소 10센티미터 이상인 흰 띠를 매야 했다. 게다가 국가의 돈을 아끼기 위해 유대인들은 흰 띠를 각자 만들어야만 했다.

그의 통치가 시작될 때부터 프랑크는 매일의 활동과 성과를 기록하는 일기를 적었다. 크라쿠프를 떠날 때 적어도 서른여덟 권의 일기가 발견되었으며, 두 명의 남성 비서가 매일 타이핑한 커다란 인쇄용지 11,000 페이지가 있었다. 가장 초기의 기록을 보면 폴란드는 새롭게 획득한 독일제국의 식민지에서 '모든 유대인이 떠나는' 친위대SS 총사령관 히믈러Himmler의 바람을 실현시키는 장소가 될 것이라 확신하며 정권이 취하는 조치가 영원하리라고 적고 있다. 폴란드인들은 무자비하게 다뤄질 것이었다. 11월 11

나치가 점령한
폴란드총독부 영역
1943년
0
100
200
km
트레블링카
Weichsel
Modlin
바르샤바
Brest-Litowsk
Litzmannstadt
Weichsel
Radom
Lublin
Kowel
마즈다네크
Bug
Kielce
Weichsel
San
벨제크
크라쿠프
주키에프
아우슈비츠
렘베르크
Dniester
Czernowitz
Miskolc
Samos
Theis
Theis

일 폴란드 독립기념일 행사와 관련하여 프랑크는 어떠한 기념포스터의 전시도 금지하는 포고령을 공포하고, 이를 위반하면 사형에 처한다고 발표했다. 프랑크는 생사에 대한 완벽한 결정권을 가졌으며, 1935년 베를린 회의에서 밝힌 생각, 즉 그의 총독령에서 '국민의 공동체'가 유일한 법적 기준이고 그러므로 개인은 주권자인 총통의 생각에 예속된다는 것을 실행하려고 하였다.

92

1940년 10월, 프랑크는 베를린으로 가서 히틀러의 개인 아파트에서 식사를 함께하며 자신이 통치하는 지역의 장래에 대해 논의하였다. 다른 손님으로는 새로운 독일제국의 비엔나 총독으로 임명된 발두어 폰 쉬라흐Baldur von Schirach와 히틀러의 개인비서 마르틴 보어만Martin Bormann이 동석했다. 프랑크는 총독령에서 이루어낸 진전에 대해 개인적으로 설명하였다. 보어만의 기록은 초기의 성공에 대해 적고 있다. "총독 프랑크 박사는 히틀러 총통에게 총독령에서 임기 중에 진행한 활동들이 매우 성공적이라고 보고했다. 바르샤바와 다른 도시에 있는 유대인들은 이제 게토에 가두어졌으며, 크라쿠프는 곧 유대인이 없는 도시가 될 것이었다."

프랑크의 노력은 칭찬받았다. 그렇다면 리타와 말케처럼 독일이나 오스트리아에 남아 있는 유대인들은 어떻게 할 것인가? 네 명의 남자들은 프랑크의 역할과 그의 총독정부가 특히 유대인들을 동쪽으로 '수송'하는 데 협력하는 일에 대해 논의했다. 프랑크는 처음에는 우려를 표하다가 곧 받아들였다.

> 히틀러 총통의 다른 쪽 옆에 앉아 있던 발두어 폰 쉬라흐는 비엔나에 여전히 50,000명의 유대인이 남아 있다면서, 프랑크 박사가 이들을 인수하기를 원한다는 뜻을 밝혔다. 당원인 프랑크 박사는 그것이 불가능하다고 말했다. 그러자 가울라이터 코흐Gauleiter Koch는 그 역시 지금까지 지체나우 지역District of Ziechenau으로부터 폴란드인 또는 유대인을 이송하지 않았다고 지적하며 이 유대인과 폴란드인들을 이제 총독령에서 받아들여야 한다고 말했다.

프랑크는 무시당했다. 비엔나의 유대인을 그의 통치지역으로 보내야 한다는 것으로 결론이 났다. 프랑크는 그의 지역 내 인구가 새로운 유대인의 유입으로 엄청나게 늘어날 것이라고 생각하며 크라쿠프로 돌아왔다. 그는 요구받은 대로 실행할 것이었다.

93

프랑크의 통치영역은 곧 확장되었다. 1941년 6월 바르바로사 작전으로 소비에트를 공격한 독일군은 소비에트가 통치하던 폴란드 영토(그리고 과거 오스트리아-헝가리 제국의 갈리치아 지방)로 밀려들었고, 결국 8월 1일자로 총독령에 편입시켰다. 프랑크는 칼 라쉬가 총독으로 있는 갈리치아 관구의 수도가 된 렘베르크의 통치권을 가졌다. 프랑크는 자신의 권한을 이용하여 몇 명의 지식인들이 크라쿠프에 구금되는 것을 풀어주었으나 라우터파하트와 렘킨의 스승인 롱샴 드베리에는 포함되지 않았다. 그를 위한 자비는 없었다.

영토가 확장되자 새로운 문제가 생겼다. 독일군이 유대인이 많은 동쪽을 침공함으로써 프랑크는 총독령 전역에 걸쳐 250만이나 되는 유대인을 관리해야 하게 되었다. 게다가 유대인 '혼혈'을 포함시킨다면 숫자는 350만 명으로 늘어날 것이었다. 프랑크는 친위대 총사령관 히믈러와 앞날에 대해 고민했는데, 두 남자가 항상 의견의 일치를 보지는 않는다고 하더라도 수용을 잘하는 프랑크는 결국 문제를 만들지 않는 쪽을 선택했다. 히믈러가 결정하고 프랑크가 따랐다.

12월, 프랑크는 바벨성에서 열린 내각회의에서 유대인의 장래에 대한 회의가 베를린에서 개최될 것이라는 사실을 통보했다. SS 최고위급 지도자 라인하르트 하이드리히Reinhard Heydrich의 지시로 베를린 반제에서 열리는 회의에서 대대적인 유대인 이주가 선언될 것이었다. 국무장관인 요제프 뷜러 박사Dr. Josef Bühler가 자신을 대신해 참석할 것이라며 그는 내각에 모든 동정심을 없애라는 경고를 하고 '이주'라는 용어의 뜻에 대해 의문을 품지 말라고 했다. "우리는 유대인을 발견하면 어디서든 가능한 한 말살시켜야 한다." 그는 독일제국을 유지하려면 그래야 한다고 설명했다. 충실하게 적어 내려간 이 일기를 읽으며 나는 그의 비서들이 이 같은 지시를 글로 기록하는 것이 현명한 일인지 의문을 품어본 적은 없는지 궁금했다.

반제 회의는 1942년 1월, 라우터파하트가 로버트 잭슨과 뉴욕의 월도르프 아스토리아에서 저녁을 먹고 렘킨이 노스캐롤라이나 더럼의 작은 대학 사무실에서 자신의 가방 속에 있던 프랑크의 법령들을 쏟아내던 때에 열렸다. 회의록은 아돌프 아이히만에 의해 작성되었는데, '강제이주'라고 언급된 방법은 '합법적인 방법으로 유대인을 독일인이 사는 공간에서 몰아내는 것'이라는 합의내용을 기록하고 있다. 유대인의 명단이 완성되었다. 총 1,100만 명으로, 20퍼센트가 프랑크의 통치를 받고 있었다. "유럽 서쪽에서부터 동쪽으로 샅샅이 조사할 것입니다." 뵐러는 베를린에서 돌아오는 길에 프랑크에게 말했다. 오스트리아에서 강제이주 당한 유대인–겨우 43,700명이 남아 있다–은 '경유 게토'에 보내졌다가 동쪽, 즉 프랑크의 총독령 지역으로 보내질 것이었다. 오스트리아나 독일에 살고 있는 노인들은 우선 테레지엥슈타트의 노인 게토에 보내졌다. 내 증조모들인 말케 부흐홀츠와 로사 란데스도 그들 중 하나였다.

유용한 역할을 하고 싶었던 프랑크는 하이드리히 및 다른 반제 회의 참석자들에 대한 지도자의 지지를 설명한 뵐러에게 그의 열의를 전했다. 뵐러는 회의에서 만약 이 문제의 최종적 해결이 총독령에서 시작된다면 총독령 입장에서는 기쁜 일일 것이라 말하였다. 총독령에는 좋은 교통수단과 많은 노동력 등 다양한 장점이 있었다. 그러므로 유대인을 신속하게 제거할 수 있을 것이다. 총독부의 행정기관들은 모든 필요한 지원을 제공할 것이다. 뵐러는 반제 회의에서의 발표를 위와 같은 제안과 함께 마무리했다.

대충 해석하더라도, 아이히만의 회의록에는 명백한 요구가 기록되어 있다. "유대인 문제를 최대한 빨리 해결하고 시작하는 영광을 누리자."

94

뵐러는 크라쿠프로 돌아와 프랑크에게 총독령의 전적인 지원 제안이

프랑크(중앙)가 바벨성에서 만찬을 주재하고 있다. 날짜 미상

큰 감사와 함께 수용되었다고 보고하였다. 동시에 이탈리아 신문 〈코리에레 델라 세라〉Corriere della Sera 기자인 쿠르치오 말라파르테Curzio Malaparte가 프랑크와의 인터뷰를 위해 크라쿠프에 도착했다. 이탈리아를 좋아했고 (개인적으로 친구인) 무솔리니를 생각해서 프랑크는 말라파르테와 고위급 관료들을 부인과 함께 바벨성에 초대하여 만찬을 베풀었다. 초대 손님 중에는 크라쿠프의 통치자인 오토 폰 베히터와 최근 반제 회의에서 돌아온 요제프 뷜러 등이 포함되었다.

말라파르테는 세세한 것, 즉 몸에 딱 맞는 회색 군복과 빨간색 팔 밴드와 나치 문양 등에 깊은 인상을 받았다. 고급 와인과 함께 만찬을 주재하는 프랑크는 뷜러와 가까운 상석의 높은 의자에 등을 꼿꼿이 세우고 앉아 있었다. 그 때문인지 그의 검고 반짝이는 머리와 아이보리 색의 이마, 두껍고 무거운 눈꺼풀과 함께 큰 눈이 유난히 돋보였다. 반면 뷜러는 붉은색 뺨과 땀이 흐르는 관자놀이, 프랑크와는 달리 번들거리는 눈을 가지고 있었다. 프랑크가 질문을 할 때마다 뷜러가 "네! 네!" 라고 큰 소리로 가장 먼저 대답했다.

말라파르테는 뷜러가 최근에 베를린의 반제 회의에서 돌아온 것을 알고 있었을까? 뷜러가 합의된 조치, 즉 '유럽의 유대인 문제에 대한 완벽한 해결책'에 대해 하이드리히와 이야기한 것을 알고 있었을까? 그 이탈리아인은 1942년 3월 22일 발행된 〈코리에레 델라 세라〉 신문 기사에서 이런 문제에 대해서는 보도하지 않았다. 그는 유대인들에 대해서는 재산몰수로 어려움이 많다는 정도만 간단하게 언급하고 프랑크에 대한 엄청난 칭찬으로 일관했다. 이탈리아 기자는 "그는 대단한 위상, 강인함, 민첩함을 갖춘 지도자이며, 예민한 입과 날씬한 매부리코, 큰 눈과 대머리의 가능성이 보이는 반짝이는 넓은 이마를 가졌다"고 적었다.

이탈리아어를 유창하게 구사하는 프랑크는 '야기에우워 왕조와 소비에스키 국왕의 왕좌에 앉아 있는' 지도자로 자신을 표현한 기사에 크게 기뻤을 것이다. 위대한 폴란드의 전통인 충성과 기사도가 살아나고 있다.

프랑크는 "내 한 가지 야망은……"이라고 입을 열더니 "폴란드 국민들을 유럽 문명의 영광까지 끌어올리는 것입니다"라고 밝혔다. 만찬 후에 그들은 프랑크의 개인 아파트로 자리를 옮겼다. 그들은 깊숙한 비엔나식 소파와 부드러운 가죽을 씌운 커다란 안락의자에 편하게 앉아 이야기를 나누고 담배를 피우고 술을 마셨다. 파란색 제복을 입은 두 명의 시종이 방을 드나들며 커피와 술과 디저트를 대접했다. 모든 것이 풍족했다. 녹색과 금색 그림이 그려진 베니스 테이블에 오래된 프랑스 브랜디와 여러 박스의 하바나 시거, 껍질을 깎은 과일이 담긴 은색 접시, 베델 초콜릿이 차려져 있었다.

프랑크는 말라파르테를 특이한 더블 로지아loggia(발코니)가 있는 개인서재로 초대했다. 하나는 밖으로 이어져 도시 전체가 보이고, 다른 하나는 성 안쪽의 르네상스식 계단을 지나 앞마당으로 이어졌다. 서재 중앙에는 촛불에 반짝이는 커다란 마호가니 테이블이 있었다. 70년이 지난 후 내가 그 방을 방문했을 때 그것은 사라진 지 오래였다.

"여기에서 나는 폴란드의 장래에 대해 생각합니다." 프랑크는 말라파르테에게 말했다.

두 남자는 밖으로 통하는 회랑을 걸으며 아래에 펼쳐진 도시를 감상했다.

"이것은 독일 도시입니다." 프랑크가 팔을 들어 흰 눈에 눈이 부셔 반쯤 보이지 않는 바벨성의 그림자를 가리키며 말했다. 말라파르테는 바벨성 저 아래에서 개 짖는 소리, 요제프 피우수트스키Józef Piłsudski 장군의 무덤을 지키는 군인들에 대해 썼다.

그날 밤은 말라파르테의 눈에서 눈물이 날 정도로 살을 에듯이 추웠다. 그들은 서재에서 나와 브리깃데 프랑크에게 갔다. 그녀는 말라파르테에게 다가와서 손으로 그의 팔을 부드럽게 끌었다. "이쪽으로 오시죠." 그녀는 말했다. "남편의 비밀을 보여드릴게요." 그들은 서재 한쪽 끝에 있는 문을 통해 작은 방으로 들어갔다. 아무것도 없는 흰 벽의 방이었다. 프랑크만의 '독수리 둥지'. 브리깃데는 플라이엘 피아노와 피아노 의자만 있는 이 텅 빈 공간이 생각과 결정의 장소라고 설명했다.

브리깃데 프랑크 부인은 피아노를 열어 건반을 두드렸다. 말라파르테는 그녀의 남편이 역겹다고 한 그녀의 뚱뚱한 손가락을 보았다.

그녀는 말라파르테에게 말했다. "중요한 결정을 내리기 전이나 아주 피곤하고 우울할 때, 가끔은 아주 중요한 회의 중간에 남편은 이 방안에 스스로를 가두고 피아노 앞에 앉아 슈만, 브람스, 쇼팽 또는 베토벤으로부터 휴식과 영감을 찾아요."

말라파르테는 침묵했다. "그는 참 특별한 사람이에요. 그렇지 않나요?" 브리깃데가 속삭이듯 말했다. 자부심과 애정이 그녀의 냉혹하고 욕심 많은 얼굴에 스쳤다. "그는 예술가예요. 순수하고 섬세한 영혼을 가진 위대한 예술가." 그녀는 덧붙였다. "그와 같은 예술가만이 폴란드를 통치할 수 있어요."

프랑크는 그날 밤 크라쿠프에서 연주하지 않았다. 말라파르테는 며칠이 지난 다음 프랑크 총독이 러시아 전선에서의 차질과 그가 통치하는 지역의 인사 교체에 관해 히믈러와 논의하기 위해 바르샤바를 방문했을 때 그의 연주를 들을 수 있었다. 히믈러와 프랑크는 크라쿠프 지방장관인 오토 폰 베히터를 남쪽으로 180마일 떨어진 렘베르크로 보내 갈리치아 관구의 지방장관으로 임명할 것에 합의했다. 그는 비리혐의를 받고 있으며, 브리깃데 프랑크 부인과 불륜 관계이고, 갓난아기인 니클라스 프랑크의 실제 아버지라는 루머가 돌고 있는 칼 라쉬Karl Lasch를 대신하게 될 것이었다.

95

니클라스와 내가 처음으로 만났을 때 우리는 엘베 강이 내려다보이는 함부르크의 제이콥 호텔 테라스에 앉아 있었다. 때는 초봄이었고 하루 종일 법정에서 심리가 진행된 후 –함부르크는 국제해양법재판소가 위치한 곳이다– 우리는 향기로운 나무 아래 리슬링Riesling(포도주) 한 병과 독일 치즈가 한가득 담긴 접시를 앞에 두고 있었다.

니클라스는 수염을 기른 연약한 얼굴의 일흔셋 노인으로, 어린 시절 그의 사진과 닮았다. 그는 친절하고 온화한 학자의 분위기를 풍겼고 성품이 곧고 주관이 뚜렷해 보였다. 니클라스는 말라파르테가 바벨성을 방문했던 1942년 봄에 세 살이었기 때문에 말라파르테를 기억하지는 못했다. 하지만 그가 자신의 아버지에 대해 어떻게 썼는지는 알고 있었다. 나는 이 사실을 우리의 만남에 촉매가 된, 니클라스가 1980년대에 쓴 책을 통해서 알았다. 수년 동안 잡지 〈슈테른〉Stern에서 저널리스트로 일했던 그는 1987년 《아버지》Der Vater라는 책을 출판하여 자신의 아버지에 대한 무자비하고 용서할 수 없는 공격을 가했다. 이 책은 고위급 나치 자녀들에게 부모를 존경하라(너무 많은 것을 털어 놓지 말라)는 금기를 깨뜨리는 것이었다. 니클라스는 번역과 일부 누락된 내용 때문에 만족스럽지 않다고 말했지만, 영문 요약본이 《독일제국의 그늘에서》In the Shadow of the Reich라는 제목으로 출판되었다. 나는 인터넷에서 10페니의 배송료를 지불하고 책을 구해 주말 동안 읽었다. 후에 나는 번역자인 웨슬리언대학교 독어독문학과 명예교수인 아서 웬싱어Arthur Wensinger를 찾았고, 그가 나에게 니클라스를 소개해주었다. 또 하나의 이상한 인연은 니클라스 프랑크의 자서전 번역자가 전쟁 중에 앤도버의 필립스아카데미에서 수학했으며, 그때 동기 중 한 명이 엘리 라우터파하트라는 것이다.

니클라스와 나는 몇 주 후에 함부르크에서 만났다. 나는 처음부터 그가 좋았다. 유머 감각이 넘치면서도 신랄하게 말할 줄 아는 너그러운 사람이었다. 그는 크라쿠프와 바르샤바에서의 어린 시절, 바벨성에서의 삶, 한스 프랑크와 같은 아버지를 두었기에 직면했던 어려움들에 대해 이야기하였다. 1990년대 초, 그는 기자 신분으로 바르샤바에 가서 폴란드의 새 대

니클라스 프랑크와 부모님, 바벨성, 1941년

통령으로 막 선출된 레흐 바웬사Lech Walesa를 인터뷰하였다. 그들은 말라파르테가 프랑크의 피아노 연주를 지켜봤던 벨베데레 궁전의 바로 그 방에서 만났다.

"나는 테이블 주변을 뛰어다니고 아버지는 반대쪽에 계셨던 모습을 기억해요. 내 소원은 그저 아버지가 안아주셨으면 하는 것이었어요. 아버지는 내가 가족이 아닌 것처럼 계속해서 '모르는 아이'fremdi라고 불렀고, 그래서 울었어요. '넌 우리 가족이 아니야'라고 말씀하셔서 울었죠." 그 말에 내가 혼란스러워하는 것을 알았는지 니클라스가 보충 설명을 했다.

"나중에야 알게 된 사실인데, 아버지는 내가 아버지의 아들이 아닌 그의 가장 친한 친구이자 갈리치아의 지방장관인 칼 라쉬의 아들이라고 생각하셨어요. 그는 아주 잠깐 동안 어머니의 애인이었어요." 니클라스는 결국 어머니의 편지와 일기를 통해 무슨 일이 있었는지 알게 되었다. "어머니는 정말 쓰는 걸 좋아하셨어요." 그는 설명했다. "라쉬가 총살당했을 때 아버지와 나눈 대화를 포함하여 모든 대화를 적었어요." 칼 라쉬는 부정부패 혐의로 1942년 봄 갈리치아 지방장관 자리에서 해임되고 처형당했거나 자살했다. 그의 자리는 오토 폰 베히터에 의해 승계되었다.

그러나 브리깃데 프랑크의 편지는 한스 프랑크가 니클라스의 아버지라는 사실을 분명히 했다. 진실은 수년 후, 니클라스가 바벨성에서 지내는 동안 프랑크의 개인비서였던 헬레네 빈터Helene Winter, née Kraffczyk를 만났을 때 확인되었다. "내가 그녀의 집으로 다가갔을 때 커튼이 살짝 움직이는 걸 봤어요. 나중에 내가 물었어요. '빈터 부인, 제가 라쉬 씨랑 닮았나요?'" 빈터 부인의 얼굴이 창백해졌다. 사실이었다. 그녀도 니클라스가 프랑크와 라쉬 중 누구를 닮았는지 궁금해 했고, 프랑크를 닮았다고 밝혔다.

"그녀는 내 아버지를 사랑했어요. 그와 사랑에 빠졌었죠." 니클라스는 잠시 멈췄다가 내가 예상했던 대로 노골적으로 악의에 찬 목소리로 말했다. "그녀는 아버지의 마지막 정부였어요. 아주 좋은 여자였죠."

아버지와 가족에 대한 니클라스의 감정은 시간이 지나도 따뜻해지지 않았다. 한스 프랑크의 여동생인 릴리는 가족관계를 이용했다. "그녀는 플라스조프 강제수용소에 가는 걸 좋아했어요." 니클라스는 그들이 사는 크라쿠프 근처에 있는 곳이라고 설명했다. 크라쿠프 게토가 철거되고 수천 명의 유대인들이 아우슈비츠와 플라스조프로 갔습니다. 릴리 고모는 플라스조프에 가서 말했다. "내가 총독의 여동생이다. 값이 나가는 물건이 있거든 내게 바쳐라. 내가 너희들의 목숨을 살릴 수 있을지도 모른다." 그가 어떻게 그런 걸 알았을까? 내가 물었다. "내 어머니의 편지를 통해서요." 그가 대답했다.

니클라스는 브리깃데 프랑크가 1933년까지는 유대인들과 좋은 관계를 유지했다고 했다. 나치의 점령 이후에도 브리깃데는 유대인들과 거래하며 모피와 싸구려 보석과 같은, 그녀의 새로운 지위 때문에 필요한 것들을 사고팔았다. "권력을 잡은 후에도 그녀는 처음 몇 달 동안은 계속해서 유대인들과 거래했습니다." 그것이 니클라스의 아버지를 화나게 만들었다. "그렇게 하면 안 돼." 아버지는 그렇게 말했을 것이다. "내가 법무장관인데 당신이 유대인과 거래를 하다니! 물건을 모조리 가져다 버리겠어."

니클라스와 아버지의 관계는 어땠을까? 니클라스는 아버지가 애정을 표현했던 단 한 번의 기억을 떠올렸다. 바벨성에 있는 아버지의 목욕탕에서 있었던 일이다.

"아버지 옆에 서 있었어요. 아버지는 면도 중이셨는데 갑자기 비누 거품을 제 코에 묻혔어요." 니클라스는 생각에 잠기더니 덧붙였다. "이게 유일하게 기억하는 아버지와 개인적으로 가까웠던 순간이에요."

나중에 니클라스와 나는 바벨성을 방문하여 프랑크의 개인 거실과 욕실을 돌아보았다. 우리는 거울 앞에 나란히 섰고, 니클라스는 아버지가 허리를 숙여 비누거품을 자신의 코에 묻히는 모습을 흉내냈다.

"그대로네요." 니클라스가 아버지의 침실 옆에 있는 목욕물을 받는 욕조를 보며 말했다. 우리는 문 위의 16세기 상인방[上引枋] 돌에 새겨진 글을 읽었다. "어려운 시기에 용기를[tendit in ardua virtus]!"

96

말라파르테는 이번에는 바르샤바 브륄 궁전에서 프랑크와 저녁을 먹었다. 브륄 궁전은 1919년 방문하여 폴란드의 새로운 수상 이그나치 파데레프스키Ignacy Paderewski가 쇼팽의 전주곡을 연주하는 것을 들은 곳이다. 이번에 말라파르테는 궁전의 개인방 중 하나에 비치된 소파에 앉아 파데레프스키의 유령 같은 얼굴을 떠올리며 눈물을 쏟았다. 사반세기 동안 얼마나 많은 변화가 있었던가! 프랑크는 지금 피아노에 앉아 머리를 숙이고 창백한 이마에 땀을 흘리고 있다. 말라파르테는 그의 거친 숨소리를 듣고 입술을 깨무는 모습을 보며 총독의 '자랑스러운' 존재가 내뿜는 고통스러운 표현을 지켜보고 있다. 프랑크는 눈을 감았고, 입술은 감정적으로 떨렸다. '병자로군.' 말라파르테는 생각했다. 지금 이 순간, 쇼팽 전주곡의 순수하고 선동적인 곡조가 독일인의 손에서 꽃을 피우고 있다. 말라파르테는 수치와 반발심을 느꼈다고 주장했다.

이 이야기는 말라파르테가 1942년 〈코리에레 델라 세라〉에 기고한 글에는 포함되지 않았다. 대신 프랑크의 운이 다한 1944년 출판한 그의 소설《망가진 세계》Kaputt에 들어가 있다. 사실일 수도 있고 아닐 수도 있는 이 번 버전에서 말라파르테는 무릎에 뜨개질용 털실 덩어리를 놓고 남편 가까이에 앉아 있는 브리깃데 프랑크를 관찰했다.

"아, 그는 천사처럼 연주해요!" 그 폴란드의 왕비가 속삭였다. 음악이 멈췄다. 프랑크가 그들에게 왔다. 브리깃데는 털실 덩어리를 치우고 남편의 곁에 서서 그의 손에 입을 맞췄다. 말라파르테는 브리깃데 부인이 숭배의 표시로 무릎을 꿇을 것이라 생각했지만 대신 그녀는 프랑크의 손을 들어 올리고 손님들 쪽으로 돌아섰다.

"보세요!" 그녀는 의기양양하게 말했다. "천사의 손이 어떻게 생겼는지 보세요!"

말라파르테는 작고 섬세하며 하얀, 아내의 손과는 사뭇 다른 프랑크의 손을 보았다.

"나는 그 손에서 한 방울의 피도 보이지 않아서 놀라고 다행이라 생각했다." 그는 이런 생각을 지면에 적는 것이 안전해진 때에야 그의 책 여러 페이지에 이렇게 썼다.

말라파르테는 프랑크의 바르샤바 집인 벨베데레 궁전에서 열린 오찬에 참석했다. 1936년 양키스타디움에서 열린 권투 경기에서 12회에 조 루이스Joe Louis를 KO 시킨 독일 권투선수 막스 슈멜링Max Schmeling의 승리를 기념하는 자리였다. 그 자리에서 프랑크는 마음을 털어놓고 싶어 했다.

"내 친애하는 말라파르테Mein lieber Malaparte!" 말라파르테의 소설에서는 프랑크에 대해 다음의 문장으로 시작한다. "독일 사람들은 가증스러운 중상모략의 희생자들입니다. 우리는 살인종족이 아니오……. 정직하고 공정한 사람으로서 당신의 의무는 진실을 말하는 것입니다. 당신은 떳떳하게 폴란드에 있는 독일인들은 훌륭하며 평화롭고 활동적인 사람들이라고 말할 수 있을 것입니다. 폴란드는 바로 정직한 독일인의 집입니다."

유대인들은 어떤가? 말라파르테가 물었다.

"생각을 해보시오!" 바르샤바 지방장관인 루드비히 피셔Ludwig Fischer가 소리를 질렀다. "150만 명의 유대인들이 전쟁 전에 30만 명이 살던 공간에서 살고 있습니다."

"유대인들은 그렇게 사는 것을 좋아해요." 프랑크의 수석대변인인 에밀 가스너Emil Gassner가 웃으며 소리쳤다.

"우리가 그들에게 다르게 살라고 강제할 수는 없습니다." 프랑크는 설명했다.

"그것은 국제법을 위반하는 것이죠." 말라파르테는 미소를 지으며 말했다.

프랑크는 유대인이 거주하고 있는 바르샤바의 공간이 약간 좁기는 하지만 유대인들이 살고 있는 쓰레기 같은 그곳이 그들의 자연 서식지라고 단정했다.

"그들은 쥐처럼 죽는다고 알려져 있습니다." 그는 그렇게 말하고는 표현이 오해를 불러올 수 있다고 생각했는지 "사실을 그대로 말한 것입니다"라고 다시 덧붙였다.

대화는 아이들에 대한 것으로 바뀌었다.

"바르샤바 게토의 아동 사망률은 어떻게 됩니까?" 피셔 지방장관이 물었다.

"54퍼센트." 프랑크가 정확한 수치를 이야기하며 끼어들었다. 유대인들은 퇴화되었다. 독일인들과는 달리 아이들을 돌보는 방법도 모른다. 폴란드 밖에서는 여전히 이곳을 나쁘게 생각하며 이 문제는 해결되어야 한다.

"만약 영국이나 미국 신문을 신뢰한다면 독일인들이 폴란드에서 아침부터 밤까지 유대인을 죽이기만 한다고 생각할 겁니다." 그는 계속 말을 이어나갔다. "그럼에도 불구하고 당신은 한 달 이상 폴란드에 있으면서 유대인의 머리카락 한 올이라도 다치게 하는 것을 목격했다고 말할 수 없을 것입니다."

말라파르테는 프랑크가 진한 붉은색의 '터키의 피'Türkischblut(터키 와인)가 담긴 보헤미안 크리스탈 잔을 들어 올렸을 때 어떻게 응대했는지 기사에는 싣지 않았다.

"친애하는 말라파르테 씨, 겁내지 말고 마셔도 됩니다. 이것은 유대인의 피가 아니에요. 건배!"

이야기는 근처의 바르샤바 게토에 대한 것으로 바뀌었다.

"게토 안에서 그들은 완전한 자유를 누립니다." 프랑크가 설명했다. "나는 아무도 박해하지 않아요."

그는 어느 누구도 죽이지 않았다고 했다.

"유대인을 죽이는 것은 독일 방식이 아닙니다." 그런 행동은 시간과 힘을 낭비할 뿐이다. "우리는 그들을 폴란드로 추방하고 게토에 가둡니다. 그 안에서 그들은 자유롭게 뭐든 할 수 있어요. 폴란드 게토 안에서 그들은 자유로운 공화국에서 지내듯 삽니다."

그러더니 프랑크는 아이디어를 냈다.

"말라파르테 씨, 게토에 가 본 적이 있나요?"

97

나는 이탈리아어로 된 《망가진 세계》 초판을 샀다. 영문 번역본이 말라파르테가 바르샤바 게토를 방문하는 이야기가 들어 있는 원문을 그대로 따랐다는 것이 분명했다. 쿠르치오 말라파르테의 말을 그대로 믿을 수는 없지만 게토를 방문한 것은 이야기할 가치가 충분했다. 말라파르테는 벨베데레 궁전에서 출발하여 베히터 부인과 프랑크 총독과 첫 번째 차에 탔다. 그 뒤로 프랑크 부인과 막스 슈멜링이 따랐으며, 나머지 손님들은 다른 두 차에 나눠 타고 있었다. '금지된 도시'로 들어가는 출입문, 독일인들이 게토 주변으로 쌓아놓은 빨간 벽돌 벽 앞에 차가 멈췄고, 그들은 차에서 내렸다.

"이 벽이 보이나요?" 프랑크가 나에게 물었다. "당신이 보기에도 영국과 미국 신문에서 보도하듯 기관총으로 장식된 끔찍한 콘크리트 벽 같습니까?" 그는 이렇게 말하며 미소를 지었다. "불쌍한 유대인들은 폐가 약해요. 이 벽은 바람으로부터 그들을 보호해줍니다."

"그리고 여전히," 프랑크는 말을 이으며 크게 웃었다. "게토를 나가면 사형을 당하지만 유대인들은 원하는 대로 들어왔다 나갔다 합니다."

"담장을 넘어서요?"

"오, 아니오." 프랑크가 대답했다. "그들은 밤이면 담장 아래 파 놓은 쥐구멍으로 나갔다가 낮에는 흙과 나뭇잎으로 덮어 놓습니다. 그들은 이 구멍을 통해 도시로 나가 음식과 옷 등을 사죠. 가끔 쥐 한마리가 덫에 걸리기도 합니다. 여덟 살이나 아홉 살을 넘지 않은 아이들이죠. 아이들은 진정한 스포츠 정신으로 목숨을 걸어요. 이것도 일종의 크리켓이거든요. 그렇지 않나?"

"아이들이 목숨을 건다고요?" 나는 소리를 질렀다.

"기본적으로." 프랑크가 대답했다. "걸 수 있는 다른 게 없죠."

"그런데 당신은 이걸 크리켓이라고 부릅니까?"

"물론이에요. 모든 게임에는 나름의 규칙이 있습니다."

베히터 부인이 다음 말을 이었다. "남편이 크라쿠프에 아름다운 곡선과 우아한 흉벽이 있는 동양식 디자인의 벽을 세웠어요. 크라쿠프의 유대인들은 절대 그것에 대해 불평하지 않았습니다. 유대인 스타일의 우아한 벽이거든요."

그들은 얼어붙은 눈 위에 발자국을 찍으며 모두 웃어댔다.

"조용!" 어깨에 총을 대고 우리에게서 몇 피트 떨어진 곳에서 무릎을 꿇고 눈 더미에 몸을 숨기고 있던 장병이 소리를 질렀다. 또 다른 군인이 그의 뒤에서 무릎을 꿇고 갑자기 발포한 동료의 어깨 너머로 전방을 주시했다. 총알은 벽에 난 구멍 가장자리에 맞았다. "놓쳤다!" 군인이 탄창에 다른 탄약을 넣으며 무심하게 말했다.

프랑크는 두 군인에게 다가가 무엇에 사격을 했는지 물었다.

"쥐입니다." 그들은 이렇게 대답하고 큰 소리로 웃었다.

"쥐라고? 아하 그렇군!" 프랑크가 무릎을 꿇고 군인의 어깨 너머로 바라보며 말했다.

우리도 역시 가까이 갔고 여성들은 쥐새끼에 대한 이야기를 들을 때마다 치마를 무릎까지 올리며 깔깔거렸다.

"어디에 있나요? 쥐가 어디에 있어요?" 브리깃데 프랑크 부인이 물었다.

"쥐덫에 있지." 프랑크가 웃으며 대답했다.

"조심하십시오!" 군인이 총을 겨누며 말했다. 검은색 곱슬머리가 여러 개의 구멍에서 나왔다가 담장 밑으로 들어갔다. 그러더니 두 손이 나와 눈 위에 놓였다.

아이였다.

또 총을 쐈지만 몇 인치 차이로 비껴갔다. 아이의 머리는 사라졌다.

"나에게 총을 주게." 프랑크가 조급한 목소리로 말했다. "자네는 총을 쏠 줄 모르는군." 그는 군인의 손에서 총을 빼앗았다. 조용히 눈이 내렸다.

이것은 아내와 친구들 그리고 경우에 따라서는 아이들을 동반하는 사교 행사로서의 게토 방문 장면이었다. 나는 비텔의 엘시 틸니의 방에서 6개월 동안 숨어 지냈던 젊은 남자 사샤 크라베크가 도망친 쥐 중 하나라고 생각한다. 나는 니클라스에게 바르샤바 게토 방문에 대한 말라파르테의 이야기를 물었다. 프랑크가 유대인에게 총을 겨눌 수 있었을까?

그의 어머니 역시 《망가진 세계》를 읽었다. "나는 어머니가 소파에 앉아 말라파르테의 책을 보며 엄청 화를 내던 모습을 기억해요. 그는 아버지가 긴 손가락을 가졌다고 썼어요. 정말 길었어요. 아니면 그가 엄마의 손가

붉은 옷을 입은 소녀

락에 대해서도 썼나요?"

"당신 아버지의 손가락이오." 나는 말했다. 말라파르테는 브리깃데의 손가락이 뚱뚱하다고 묘사했다. 니클라스는 고개를 끄덕이더니 이가 다 보이게 활짝 웃었다. "어머니가 화가 나서 여기저기 돌아다니셨어요. '사실이 아니야.' 엄마가 말씀하셨죠. '거짓말, 말도 안 되는 거짓말이야.'"

게토 방문이 정말 있었나?

"우리는 모두 게토에 방문했어요." 니클라스가 조용히 말했다. 그는 아마도 베히터가 지은 것 중의 하나였을 크라쿠프 게토 방문을 기억했다. "형인 노만은 바르샤바 게토를, 누나인 시그리드는 크라쿠프 게토를 방문했어요. 나는 어머니와 함께 크라쿠프 게토에 갔습니다." 나중에 그는 '크라쿠프'라는 제목으로 그의 아버지가 보관하고 있던 가족 비디오의 한 장면을 보여주었다. 가족이 나오는 장면과 업무를 보는 프랑크의 이미지 중간에 몇 가지 게토 장면이 들어가 있었다. 한 장면에서 카메라가 빨간 드레스를 입은 한 소녀에게 잠깐 머물렀다.

그녀는 카메라를 응시하며 웃고 있었다. 아름답고 희망이 가득한 그녀의 미소는 오랫동안 내 기억에 남았다. 스티븐 스필버그 감독의 영화 〈쉰들러 리스트〉Schindler's List에도 사용되었던 빨간 드레스다. 같은 게토, 같은 드레스. 허구이면서 사실이다. 스필버그 감독이 이 비디오를 본 것일까? 니클라스는 이것은 공개되지 않았다고 했는데 그냥 단순한 우연인 걸까?

나는 니클라스에게 그의 아버지와 말라파르테가 함께 바르샤바 게토를 방문했는지 물었다. "그럴 수도 있어요." 니클라스가 말했다. "나는 아버지가 개인적으로 유대인을 죽였을 거라고는 믿지 않아요. 어머니도 분명 믿지 않고요."

하지만 가족 안에서도 이 중요한 문제에 대해 다른 의견이 나왔다. 지금은 사망한 니클라스의 형 노만은 다르게 기억했다.

"노만은 샴퍼와 함께 게토에 방문했어요." 니클라스는 아버지의 개인 운전기사를 언급했다. "그는 내게 아버지가 군인에게서 총을 뺏는 것을 충분히 상상할 수 있다고 말했어요."

98

1942년 여름, 프랑크는 고위급 중에서 적들이 생겼고, 그래서 스스로를 지킬 필요가 있었다. 6월과 7월에 그는 법률상의 문제, 법치주의와 그 중요성에 대해 네 번의 중요한 연설을 하였다. 유대인 말살 계획을 주도하며 독일군 주둔 폴란드 영토에서의 권력 행사와 관련하여 공공연하게 갈등을 빚고 있던 SS 총사령관 히믈러에 직접적으로 대항하여 그는 적절한 법정과 독립적인 판사가 있는 법치주의를 인정하는 사법제도가 있어야 한다고 강조했다. 그는 베를린, 비엔나, 하이델베르그, 뮌헨의 수요 대학에서 강연을 하며 독일제국의 정의가 침해당하고 있다고 걱정하는 고위 판사들로부터의 압력에 대응했다. 프랑크는 독일제국이 법치국가이기를 원했다.

"법률의 정신은 전쟁이 다른 모든 것보다 우선한다는 것을 항상 인정할 것이다." 그는 6월 9일 베를린의 청중에게 이렇게 말했다. 그럼에도 불구하고 전쟁 중에도 법적 보장이 있었다. 왜냐하면 사람들에게는 '정의감'이 있었기 때문이다. 폴란드에서 그가 감독하는 행태를 볼 때 그에게는 놀랄 만큼 아이러니한 면이 있었다. 그는 한편으로는 '권위주의적 통치'를 하면서 다른 한편으로는 '사법적 독립'이라는 두 가지 다른 주제를 중심으로 형성된 정의에 대한 자신만의 생각을 가지고 있었다. '법은 권위주의적이어야 하고 반드시 독립적 판사에 의해 실행되어야 한다.'

네 번의 연설은 히틀러에 대해 불만을 토로하는 히믈러에게는 잘 받아들여지지 않았다. 아마도 프랑크는 단어 선택에 있어 좀 더 신중했어야 했는지도 모른다. 연설에 반대하는 강력한 반응이 나오기까지 오래 걸리지 않았다. 첫 번째로 그는 게슈타포로부터 질문을 받았다. 그 결과 쇼베르호프를 방문했을 때에는 그는 자신의 역할을 모두 뺏겼으며 변호사 자격도 박탈당했다는 사실을 알게 되었다.

"브리깃데, 총통께서 나를 버리셨어." 그는 아내에게 말했다. 니클라스에 따르면 브리깃데는 남편이 직위를 유지했다는 것만으로도 안도했다고 한다.

니클라스는 의심하지만 만약 프랑크가 독일제국의 방향에 대해 진정으로 걱정했다면 그것들은 그의 인생의 다른 문제에 비하면 아무것도 아니었다. 정치는 다른 중요한 문제들 다음이었다. 프랑크가 결혼하고 싶어 했던 젊은 시절의 연인 릴리 그라우가 갑자기 다시 나타났다. 그녀는 프랑크에게 편지를 보내서 그녀의 외동아들이 러시아 전선에서 실종되었다고 밝혔다. 그가 도와줄 수 있었을까? 그 요청은 강력한 반응과 폭발적인 욕구를 이끌어냈다. 그는 바이에른 주의 배드 아이블링에 있는 그녀의 집을 방문했다. 두 사람은 20년 만에 처음으로 만났다.

"재회하자마자 우리는 통제할 수 없는 불길에 휩싸였다." 그는 그의 일기에 이렇게 적었다. "우리는 다시 한 번 만났고 서로에게 너무나 열정적이어서 되돌아갈 수 없었다." 일주일 후에 그들은 뮌헨에서 만났고 프랑크는 크라쿠프에서 벗어나 그녀와 하루 밤낮을 온전히 보낼 수 있는 충분한 시간을 마련했다. "서로에게 불을 붙이고 이제 서로 더 이상 참을 수 없는 두 인간의 엄숙하고도 완전히 달라진 재회"라고 적었다. 나는 이 문장을 처음 읽었을 때 소리내 웃지 않을 수 없었다.

프랑크는 브리깃데와의 사랑 없는 결혼에서 자신을 해방시키고 릴리와 함께하기로 결심했다. 뮌헨에서의 불길처럼 뜨거운 재회가 있은 지 1주일 후에 프랑크는 자신을 브리깃데로부터 자유롭게 하기 위해 가장 독창적이며 끔찍한 계획을 세운다. 자신의 이혼을 위해 반제 회의에서의 결정을 상기시킨 것이다. 말케 부호홀츠가 트레블링카로 갈 준비를 하고, 라우터파하트가 렘베르크에서 소집당하고, 렘킨이 보우코비스크 게토 밖으로 이동할 때 한스 프랑크는 그의 아내에게 그가 '가장 소름끼치는 일'인 범죄행위에 깊이 연루되었다고 말하면서 그녀가 스스로를 보호하기 위해서 그로부터 멀어져야 한다고 말했다. 그는 최종적 해결이라고 알려진 비밀스럽고 끔찍한 일을 그녀에게 자세히 설명했다. 이 공포가 프랑크에게는 참기 힘든 욕심 많은 아내와의 일상에서 벗어나 개인의 행복으로 향하는 길을 열어줄 것이었다. 아내가 총독인 자신과 연관되는 일을 막기 위해 그는 그녀에게 가장 큰 희생인 이혼을 해 줄 의향이 있으며, 그래서 그녀는 최종적 해결로 더럽혀지는 것을 피할 수 있을 것이었다. 대량학살이 릴리와 행복하게 살 수 있는 길을 제공할 것이다.

히틀러나 히믈러가 네 번의 연설에서 제시한 프랑크의 생각을 그다지 수용할 생각이 없었던 것과 마찬가지로 브리깃데도 미끼를 물지 않았다. 폴란드의 왕비는 경비병이 있는 성에서 누리는 풍족한 삶을 즐겼고, 그것을 포기할 준비가 되어 있지 않았다. 그녀는 위험을 감수하고서라도 대가를 치르는 편을 선호했다. 견디기로 했다. "나는 이혼녀가 되느니 독일제국 장관의 미망인이 되는 게 낫다!" 그녀는 친구에게 그렇게 말했다. 니클라스는 그녀의 일기에 분명하게 쓰여 있는 자세한 내용을 알려주었다. "한스는 가장 소름끼치는 일을 내게 말해주었다." 브리깃데는 이 일은 공개적으로 이야기하면 안 된다고 썼다. 언젠가 그녀는 이 일을 이야기할 수도 있는데 "자세한 사항은 나중에 반드시 사적으로."

며칠이 지나 프랑크는 방향을 바꿨다. 그는 브리깃데를 바벨성의 음악실로 불러 그녀에게 칼 라쉬가 자살했다고 말해주었다. 그녀는 남편의 반응에 놀랐다. 그녀는 "그는 이혼이 더 이상 필요치 않다고 선언했다"고 기록했다. 그날 저녁은 사이가 좋았고 방향의 전환은 전혀 이해할 수 없는 것이었다.

롤러코스터 같은 여름은 끝나지 않았다. 2주 후에 프랑크는 불행하다면서 그 이유를 브리깃데의 탓으로 돌리며 관계를 끝내자고 요청하였다. 그녀는 "누군가 그에게 내가 좋은 국가사회주의자가 아니라고 말했다고 한다. 그는 그들이 이혼을 조언한 것처럼 말했다"고 썼다.

브리깃데 프랑크가 아돌프 히틀러에게 보낸 가족사진, 1942년

다음날 모든 것이 다시 좋아졌다. 프랑크는 그녀에게 그가 초래한 고통을 보상하는 보석을 사다주었다. 하지만 한 달 만에 그는 다시 방향을 바꾸어 즉각적인 이혼을 요구했다.

"우리 사이에 육체적인 것은 아무것도 남아 있지 않다." 그는 브리깃데에게 말했다. 그는 릴리의 보살핌이 필요했다(그리고 분명히 게르트루드Gertrud라는 이름의 또 따른 여성의 보살핌도).

브리깃데는 이 모든 어려운 시기에 존경스러울 만큼 침착함을 유지했다. 아마도 그녀가 프랑크를 완벽하게 통제할 수 있었기 때문이리라. 니클라스에 따르면, 그녀는 히틀러에게 편지를 보내 이혼을 막을 수 있도록 중재해 달라고 호소했다. 그녀는 총통에게 세 아들과 두 딸을 엄마가 보호하는 나치 가정의 진정한 모범을 나타내는 행복한 가족의 사진을 보냈다.

사진은 분명 도움이 되었다. 히틀러가 개입하여 프랑크의 이혼을 막았다. 브리깃데 프랑크는 남편을 꽉 잡고 있었다. "아버지는 총통을 우리 가족보다 사랑했어요." 니클라스가 한번은 이렇게 이야기 한 적이 있었다.

99

이것은 프랑크 자신을 심하게 흔들었던 커다란 혼란이었다. 그는 1942년 여름 렘베르크로 출장을 가고 있었다. 그는 갈리치아 지방을 통치하고 있었지만 그의 아내나 자신의 감정 그리고 육체적인 충동은 다스리지 못했다.

그날은 렘베르크가 새로이 독일이 점령한 갈리치아 주의 수도로 총독령에 편입된 것을 기념하는 날이었다. 그는 타르노플과 남쪽으로 경사진 초트키프와 잘리스치키 그리고 동쪽 코시브와 야렘체까지 사흘에 걸친 시찰을 끝내고 7월 31일 금요일 아침에 도착하였다. 북동쪽으로의 짧은 여정의 마지막 장소는 '사자의 도시'City of Lions였다. 프랑크는 습격에 대한 지속적인 소문에 대비하여 기갑장비를 갖춘 차와 기차를 이용해 이동했다. 폴란드 신문 〈가제타 르보브스카〉Gazeta Lwowska는 그가 나타나면 새로운 국민들이 '행복하여 얼굴에 빛이 났고' 많은 그의 국민들은 감사를 표했다며,

아이들은 꽃을 전하고 여성들은 장미 꽃다발과 빵 바구니, 소금과 과일을 전달했다고 보도했다.

렘베르크는 이제 완전히 독일의 통치를 받고 있었다. 프랑크의 주요 임무는 시민들을 몇 주 전에 라쉬를 대신하여 지방장관 자리에 오른 오토 폰 베히터의 확실한 통치 아래 두는 것이었다. 프랑크는 소비에트 축출에 이어 이 도시를 위한 계획이 있었다. 히믈러와 주요 정책에서 차이점이 있었던 프랑크는 모든 주요 의사결정에 완전히 관여하기를 원했다. 감독 권한과 책임이 늘어날수록 그는 완전한 리더로 인식되었다. 여기까지 그는 크라쿠프의 당 지도부에게 설명했던 행정의 통일이라는 원칙을 적용하였다. 이 권력의 피라미드 꼭대기에 있는 그는 자신을 '광신자'라고 표현했다. "SS와 경찰의 고위 지휘관들은 내 수하에 있으며, 경찰은 정부의 일부이고 지역의 SS와 경찰 지휘관들은 총독의 수하이다." 프랑크는 최정상에 있었고 베히터는 한 단계 아래였다.

요점은 간단하다. 총독령 내에서 프랑크는 모든 것을 알고 모든 행동에 책임을 지는 것으로 간주되었다. 그는 보안경찰[Schutz Dienst] 및 SD의 특별행동대를 포함하여 모든 활동에 대한 보고를 받았다. 그는 모든 핵심 문서에 참조 수신인이었다. 모든 것을 알고 있기 때문에, 그는 책임지는 일 없이 권력이 영원할 거라 믿으며 모든 일을 관장했다.

그가 탄 기차는 라우터파하트와 렘킨이 떠났던 렘베르크의 기차역에서 멈췄다. 그가 갈리치아의 지방장관인 오토 폰 베히터와 만났을 때는 오전 9시였다. 오토 폰 베히터는 프랑크와 비교하면 키가 크고 금발에 군인다운 자세를 갖춘 나무랄 데 없이 잘 생긴 나치였다. 교회 종이 울렸다. 군악대가 연주를 하였다. 두 남자는 기차역에서 시청까지 독일제국의 깃발

렘베르크 오페라하우스를 방문한 프랑크, 1942년 8월

이 장식된 도로를 따라 레온의 첫 번째 집과 라우터파하트가 살던 곳에서 가까운 렘킨의 기숙사를 지나 이동했다. 학생들이 오페른 스트라세(오페로바 거리)에 줄지어 서서 프랑크가 아돌프 히틀러 광장이라 이름을 바꾼 오페라하우스 앞의 대광장에 들어설 때까지 작은 깃발을 흔들었다.

그날 밤, 프랑크는 새로이 단장한 '예술의 성지', 스카벡 극장의 개관을 선언했다. 그는 자리에 모인 고관대작들 앞에 자랑스럽게 서서 무명의 오스트리아인으로 사라질 뻔한 잘 알려지지 않은 지휘자 프리츠 바이들리히Fritz Weidlich와 베토벤Beethoven을 그들에게 소개하였다. 프랑크는 헤르베르트 폰 카라얀이 지휘하거나 1937년 2월 어느 아름다운 저녁 그가 베를린의 필하모닉 홀에서 총통과 함께했던 기억을 되살리게 해주는 푸르트벵글러를 원했다. 그에게 베를린 콘서트는 이루 형용할 수 없는 감정의 순간을 선사했는데, '젊음과 힘, 희망, 감사함의 황홀함에 떨게' 만들었다고 일기에 적었다.

그날 저녁 그는 똑같은 열정으로 오케스트라 사이에 서서 연설을 하였다. "우리 독일인들은 아편이나 영국인들이 사용한 것과 비슷한 도구를 이용하여 다른 나라에 들어가지 않습니다." 그는 선언했다. "우리는 예술과 문화를 다른 나라에 전파합니다." 그리고 불멸의 독일민족의 국가를 상징하는 음악을 전파한다. 그들은 베토벤의 레오노레 서곡 제3번 작품번호 72로 시작하는 바이들리히와 함께하였으며, 다음으로 9번 교향곡에 리비우 오페라합창단이 목소리를 더했다.

100

다음날인 8월 1일 토요일 아침, 프랑크는 오페라하우스와 예전 갈리치아 의회의 그레이트 홀에서 열린 갈리치아 관구의 총독령 편입 기념일 행사에 참석했다. 70년이 지나 대학에서 나를 초대하여 그 기념식에 대한 강의를 해달라고 했을 때 나는 같은 방의 프랑크 사진 앞에 서서 그가 군부에서 시민정부로, 이제 베히터의 통치를 받게 된 것을 기념하는 연설을 하듯 강의를 하였다.

프랑크가 연설을 할 때 대학 건물은 붉은색과 흰색, 검정색 깃발로 장식되었다. 그레이트 홀로 들어가기 위해 프랑크는 계단을 올라 무대의 중앙에 있는 자리로 걸어갔다. 그는 자신이 소개되자 나치 문양에 날개를 편 채 앉아 있는 독수리 아래의 나뭇잎으로 장식된 강단으로 움직였다. 홀은 사람들로 가득했고, 도시에 문명이 돌아왔음을 선언한 연설에 〈가제타 르보브스카〉는 환호했다. “유럽형 사회질서가 렘베르크로 돌아왔다.” 프랑크는 크라쿠프 지방장관으로 2년을 보내고 렘베르크로 부임한 베히터의 ‘위대한 리더십’에 감사를 표했다. “나는 당신에게 총통 각하와 독일제국을 대표하여 감사를 표하기 위해 이 자리에 섰습니다.”

프랑크는 오른쪽 높은 무대에 앉아 있는 베히터에게 말했다. 프랑크는 참석한 당 간부들에게 갈리치아는 태곳적부터 내려온 유대인 세계의 원천이기 때문에 히틀러의 반유대주의를 정당화해준다고 설명했다. 렘베르크와 인근에 대한 통치 덕분에 그는 유대인 문제의 핵심을 해결할 수 있다고 했다.

“우리는 총통 각하가 갈리치아 지역이라는 선물을 주신 것에 감사합니다. 나는 지금 유대인에 대해 이야기하는 것이 아닙니다.” 그는 다시 한 번 크게 소리를 질렀다. “그렇습니다. 우리 주변에 아직 일부 유대인이 있지만 그들을 처리할 것입니다.” 그가 청중의 주의를 집중시키는 훌륭한 연설가임에는 의심의 여지가 없다.

“그런데,” 그는 극적인 효과를 위해 잠시 말을 멈추었다 오토 폰 베히터에게 말했다. “오늘은 근처에 유대인 쓰레기가 한 명도 보이지 않습니다. 무슨 일이지요? 사람들은 한때 수십만 명의 평발의 미개인들이 들끓었다고 하는데 내가 도착한 뒤로 한 명도 보지 못했습니다.” 청중은 기립하여 박수를 쳤다. 프랑크는 자신이 던진 질문에 대한 답을 알고 있었다. 렘베르크 게토의 입구는 더 이상 그가 연설하는 장소에서 몇 백 미터 떨어진 가까운 곳이 아니었다. 그것은 이미 알고 있는 사실이었다. 왜냐하면 그의 행정부가 1년 전부터 ‘유대인 재정착’Umsiedlung der Juden을 준비했기 때문이다. 지도에는 7개의 구역이 표시되어 있고, 모든 유대인은 그 안에 가두었다. 그리고 허가 없이 게토 밖으로 발을 내딛으면 사형에 처하는 명령을 발표했다.

그레이트 홀에서 연설하는 프랑크, 1942년 8월 1일

그는 게토에 누가 있는지 정확히 알지는 못했지만, 청중을 자극하는 법은 확실히 알고 있었다.

"그들을 나쁘게 대했었다고 말하지 마세요." 그는 말했다. 사람들은 그들에게 정말로 화가 났는가? 프랑크는 청중에게 유대인 문제를 해결하는 중이라고 말했다. 유대인은 더 이상 독일로 여행을 오지 못한다. 메시지는 분명했고 그의 말은 '활기찬 박수갈채'를 받았다.

그날 저녁 늦게 그는 오토 폰 베히터의 아내인 샤롯데 폰 베히터 부인과 시간을 보냈다. 그녀의 일기를 보면 그녀는 그날 많은 시간을 프랑크와 함께 보냈다.

> 프랑크가 9시에 아침을 먹으러 왔으며 오토와 함께 바로 떠났다.
>
> [나도] 갔어야 했는데 가지 않았다. 나는 미스 위클Miss Wickl과 집에 있었다. 나중에 나는 깊이 잠을 잤다. 매우 피곤했다. 4시에…… [나는] 다시 체스를 두고 싶어 하는 프랑크에게 [보내졌다]. 내가 두 번 이겼다. 그래서 그는 화가 난 채로 잠을 자러 갔다. 그리고는 다시 왔다가 그는 즉시 차를 몰고 멀리 갔다.

일기에는 프랑크 총독의 주의 깊은 감독 하에 그녀의 남편이 실행해야 했던 결정들이나 곧 실행될 결정, 또는 그날의 다른 일에 대한 언급은 없었다.

101

프랑크의 방문 일주일 후에 렘베르크에서 대규모의 '인간 사냥'이 벌어졌다. 8월 10일 월요일 아침 일찍 '위대한 작전'Grosse Aktion – 독일 나치가 진행한 유대인 말살 비밀작전–이 시작되어 게토의 안팎에 남아 있던 많은 유대인들을 잡아들였고, 그들을 학교 운동장에 모은 후에 시내의 야노브스카 수용소로 데려갔다. 렘베르크 지방장관인 베히터는 8월 16일 아내에게 쓴 편지에 "렘베르크에서 할 일이 많다"며 한 문장에서는 '유대인을 대상으로 한 위대한 작전'이라고 언급했고, 다른 문장에서는 '위대한 열정으로 하는 탁구 경기'라고 언급했다. 8월 17일, 하인리히 히믈러가 렘베르크에 도착하여 베히터와 북서쪽으로 50마일 떨어진 벨제크Bełzec에 말살수용소 건설 책임을 맡고 있는 오딜로 글로보츠니크Odilo Globocnik와 상의를 하였다. 그는 베히터의 관사에서 저녁을 먹으며 렘베르크와 주키에프를 포함한 주변 지역 유대인의 장래에 대한 대화를 나눴다. 2주 만에 50,000명의 유대인이 기차에 실려 벨제크로 이송되었다.

위대한 작전에 따라 옮겨진 수천 명의 사람 중에는 라우터파하트의 가족도 포함되어 있었다. 그의 어린 조카 잉카는 창문을 통해 그녀의 어머니가 잡혀가던 모습을 지켜보았다. 수년이 지난 후에도 엄마가 입었던 드레스와 하이힐이 사진처럼 기억났다. 라우터파하트의 부모와 나머지 가족들 또한 끌려갔다. 여기서 나의 외할아버지의 렘베르크 가족들이 집단학살을 당했을 가능성이 높다. 그중에는 라이뷰 삼촌과 숙모 그리고 아이들이 포함된다. 남은 것은 1937년에 레온과 리타의 결혼식에 보내온 축하전보뿐이었다.

이런 사건들이 벌어지자 〈크라카우어 신문〉Krakauer Zeitung은 프랑크 총독부의 '진정한 승리'를 선언했던 프랑크의 또 다른 연설을 보도한다. 프랑크는 렘베르크와 크라쿠프 또는 그가 통치하는 다른 도시나 마을에서 "이제 유대인은 찾아보기 어렵다"고 선언했다.

102

니클라스 프랑크는 렘베르크에 대한 내 관심을 알고 갈리치아 관구의 지방장관이며 1919년 비엔나대학에서 라우터파하트와 동급생이었던 오토 폰 베히터의 아들을 안다고 이야기했다. 니클라스는 호르스트가 아버지의 책임 문제에 대해 자신과는 다른 태도였다고 설명했다.

니클라스는 호르스트 폰 베히터로부터 그가 살고 있는 비엔나에서 북쪽으로 한 시간 가량 떨어진 거리에 있는 아름다운 17세기 성인 하겐베르크 성Schloss Hagenberg으로 그를 만나러 와도 좋다는 허락을 간신히 받을 수 있었다. 폐쇄된 안뜰을 둘러싼 바로크 양식의 성은 찬란했던 과거를 보여주는 4층 높이의 철저하게 외부와 차단된 석조 구조물이었다. 호르스트와 그의 아내인 재클린은 그중에서 가구가 드문드문 놓인 방 몇 개를 사용하고 있었다. 나는 원만하고 부드러운 성격의 호르스트가 마음에 들었는데, 그는 분홍색 셔츠에 샌들 차림으로 안경을 끼고 있었다. 머리는 회색이었으며, 사진 속 그의 아버지의 함박웃음처럼 시원스런 미소를 짓는, 전체적으로 균형이 잘 잡힌 인상이었다. 그는 활발하고 친절했으며 많지 않은 상속재산으로 25년 전에 매수한 성의 빛바랜 영광에 갇혀 사는 것 같았다. 중앙난방이 없어서 한겨울의 혹독한 추위는 바로크 양식으로 장식된 빛바랜 벽난로 아래 장작불로 간신히 견디고 있었다.

첨탑 모양의 지붕을 받치고 있는 서까래 아래의 방에서 호르스트는 그의 가족사 중의 '국가사회주의자 부분'인 아버지의 서재를 그대로 유지하고 있었다. 그는 내게 둘러보라고 허락해주었다. 나는 책이 빽빽하게 꽂힌 책꽂이에서 아무거나 한 권을 뽑았다. 첫 번째 페이지에는 작고 깔끔하게 손으로 쓴 독일어 헌정사가 있다. "SS 분대장 오토 폰 베히터 박사에게, 당

아돌프 히틀러와 하인리히 호프만 그리고 무명의 남자, 1932년
(오토 폰 베히터의 앨범에서)

신의 생일에 행운을 빌며." 잉크가 약간 번진 진한 파란색의 서명은 절대 용서할 수 없는 이름이었다. "H. 히믈러, 1944년 7월 8일."

서명에서 받은 충격은 책의 내용을 보고 더욱 커졌다. 그 책은 박물관 전시물이 아니라 그동안의 역할에 대해 감사의 표시로 호르스트 집안에 내려오는 가보였다. 이것은 호르스트 집안과 독일 나치 지도부와의 직접적인 관계를 보여주는 것이었다. 나중에 다시 방문했을 때 나는 호르스트의 부모님이 연애할 때 어머니가 아버지에게 선물로 준《나의 투쟁》을 발견했다. 호르스트는 눈에 띄게 기뻐하며 "그게 여기 있었는지 몰랐네요"라고 말했다.

바르샤바 게토 거리의 모습, 1940년(오토 폰 베히터의 앨범에서)

그가 서재로 사용하는 방에서 호르스트는 가족 앨범을 몇 개 가지고 왔다. 아이들과 조부모가 스키 여행을 가고, 배를 타고 생일파티를 하는 등 일반적인 가족의 생활을 보여주는 사진들은 매우 편안하게 보였다. 하지만 이런 보통의 사진 중간, 중간에 다른 사진들도 보였다. 1931년 8월, 불명의 남자가 벽에 나치 문양을 새기는 사진, '괴벨스 박사'라고 쓰인 사진 속 남자가 나치식 경례를 하는 군인들이 있는 건물을 나오는 날짜가 없는 사진, 'A. H.'라는 글자만 있을 뿐 날짜는 없는 세 남자가 지붕이 덮인 철도 조차장railway yard에서 대화하는 사진. 나는 이 사진을 자세히 들여다보았다. 중앙에 있는 사람은 히틀러였고, 그 옆에는 히틀러에게 에바 브라운Eva Braun을 소개해 준 사진작가 하인리히 호프만Heinrich Hoffmann이었다. 세 번째 남자는 알아보지 못했다. 호르스트는 "아마 발두어 폰 쉬라흐일 수 있어요. 제 아버지가 아닙니다"라고 말했으나, 나는 그렇게 생각하지 않았다.

나는 페이지를 넘겼다. 1938년 가을, 비엔나. 베히터가 군복을 입고 호프부르크 궁전의 그의 책상에서 근심 어린 얼굴로 서류를 검토하고 있다. 페이지에 1938년 11월 9일이라고 날짜가 적혀 있었다. 몇 시간 후에 크리스탈나흐트(수정의 밤)가 시작되었다.

다른 페이지. 1939년 말 또는 1940년 초 폴란드, 불에 타버린 건물과 난민들의 사진. 페이지 중앙의 작은 사각형 사진에는 불안해하는 사람들이 보인다. 그들은 아마도 게토에 있는 듯하다. 말라파르테의 이야기에 따르면, 베히터의 아내인 샬롯은 크라쿠프 게토의 벽이 '우아한 곡선과 세련된 총구멍이 있는 흉벽'으로 동양의 디자인을 갖추었다며 감탄했고, 유대인들에게 편안한 장소를 제공한다고 했었다(사진은 시장으로 이어지는 작은 길에 가까운 노볼리피에 거리 35번지 근처의 바르샤바 게토에서 찍힌 것으로 밝혀졌다).

모여 있는 사람들 중에는 추위에 대비해 두꺼운 옷을 입은 어린 소년과 소녀가 포함되어 있었다. 특히 하얀 완장을 차고 머릿수건을 한 나이 많은 여성이 내 눈길을 끌었다. 완장은 바로 유대인이라는 표시였다. 그녀의 뒤로 몇 피트 떨어진 사진의 중앙에는 한 소녀가 사진작가를 응시하고 있다. 아마 말라파르테의 게토 방문 기사에 나오는 것처럼 베히터의 부인 샬롯이 게토를 방문했을 때 찍은 사진일 것이다. 그녀는 건축가 요제프 호프만Josef Hoffmann의 비엔나 공방에서 공부했으며, 선line에 대한 조예가 있었다.

이 가족 앨범에는 눈에 띄는 다른 사진이 많았다. 베히터 가족과 한스 프랑크, 베히터가 그의 무장친위대 갈리치아 사단과 함께 있는 사진, 베히터가 렘베르크에서 히믈러와 찍은 사진. 그들은 오토 폰 베히터를 독일의 위대한 작전의 중심에 두었으며, 대규모로 이루어진 국제적인 범죄를 개인의 업적으로 만들었다. 호르스트는 인정하고 싶어 하지 않았지만 그 결과는 피할 수 없었다.

호르스트는 니클라스와 같은 해인 1939년에 태어났다. 다만 가족과 대부분 떨어져 있었기 때문에 아버지에 대한 기억이 많지 않았다. 전쟁범죄를 일으킨 정치 지도자로 폴란드 망명정부에 의해 기소된 아버지에 대한 태도도 니클라스와는 달랐다. 호르스트는 오토로부터 물려받은 것에 대한 평가를 받아들이기 힘들어 했다.

"제 아버지에 대한 좋은 점을 찾아야 합니다." 그는 우리와의 대화 중에 이렇게 말했다. 그는 불리한 상황과 객관적 사실에도 불구하고 아버지의 명예를 회복시키려는 사명을 가지고 있었다. 우리의 대화는 점점 편안해졌다. "제 아버지는 좋은 분이셨어요. 자유주의자로서 최선을 다하셨죠." 호르스트는 마음 깊은 곳에서부터 믿음을 끌어내며 말을 이었다. "다른 사람들은 분명 더 나빴을 겁니다."

그는 내게 많은 주석이 달린 자세한 아버지의 일대기 기록을 주었다. 잘 연구해보겠다. "물론 그래야죠." 호르스트는 재빨리 대답하고는 덧붙였다. "그리고 다시 오세요."

103

유대인에 대한 학살이 이루어지고 있는 동안에도 자신의 결혼생활만 걱정하던 프랑크는 또 다른 번득이는 아이디어를 실행할 기회를 찾았다.

그는 유명한 베데커출판사를 초청해 여행객 유치를 위해 총독령 여행 가이드를 제작하기로 한다. 1942년 10월, 프랑크는 짧은 소개의 글을 쓰는데 나는 베를린의 오래된 책 판매점에서 한 권을 구해 그 내용을 읽었다. 친숙한 빨간색 표지에 프랑크의 통치권이 미치는 지역의 외곽선이 밝은 파란색으로 뚜렷하게 표시된 커다란 지도가 포함되어 있었다.

그 국경 안에서 렘베르크는 동쪽에, 크라쿠프는 서쪽에, 바르샤바는 북쪽에 위치해 있다. 통치권이 미치는 지역 안에는 트레블링카, 벨제크, 마이다네크, 소비부르 수용소가 있었다.

프랑크는 소개 글에서 "독일제국 밖 동유럽에 나갔다가 프랑크 통치하의 총독령에 들어오는 사람들은 한눈에 고향(서유럽 독일) 같다는 인상을 강하게 느낄 수 있고, 독일제국 내 서부에서 제국 밖 동부 유럽으로 여행을 가는 방문객들은 프랑크의 총독령에서 동유럽 세계로부터의 첫 인사를 받는다"고 적었다.

칼 베데커Karl Baedeker는 베데커컬렉션에 새롭고 즐거운 여행 가이드를 추가할 수 있도록 영감을 불어넣어준 프랑크에게 감사하는 짧은 글을 개인적으로 추가했다. 준비과정은 오스카 슈타인하일Oskar Steinheil이 감독하였는데, 그는 1942년 가을 총독령의 지원을 받아 해당 지역을 여행하였다. 슈타인하일은 자동차와 기차로 여행을 하고 돌아다니면서 판단은 하지 않고 둘러보기만 했을까? 베데커는 이 책을 통해 지난 3년 반 동안의 어려운 전쟁 기간에도 프랑크가 이루어낸 조직화와 건설공사의 엄청난 결과물을 체감할 수 있을 것이라고 했다.

여행자는 큰 발전, 겉모습이 달라진 도시들, 독일 문화와 건축물들을 감상할 수 있었던 것에 감명을 받았을 것이다. 지역별 지도를 보면 도시계획은 독일화라는 이름으로 현대화되었고, 지명은 독일어로 바뀌었다. 이 모든 것은 프랑크의 포고령에 따른 것이었다. 당시 총독부는 142,000㎢(과거 폴란드 영토의 37%)에 달하는 영토와 1,800만 인구(폴란드인 72%, 우크라이나인(루테니아인) 17%, 독일인 0.7%)를 통치하고 있었다. 100만 명이 넘는 유대인들이 제거되었다(많은 마을과 도시에서 '유대인 없음'free of Jews이라는 표현이 사용되었다). 주의 깊은 독자라면 그 여행 가이드에 바르샤바에는 40만 명의 유대인이 있다는 참고 설명 등을 포함한 오류들을 지적할 수 있을 것이다. 그들은 모두 사라져버렸기 때문이다.

렘베르크에 대한 내용은 모두 8페이지(그리고 지도 2장)인데, 주키에프는 7세기 게르만식 유산이 볼만한 가치가 있는 마을이라면서도 겨우 1페이지에 불과하다. 링 광장Ringplatz은 '독일의 특징'을 가지고 있으며 바로크 양식의 도미니크회 교회(1677년 재건축)에는 독일 화가의 작품들이 걸려 있다. 독일 관광객들은 근처에 독일인들의 주거지역이 있어 안심할 수 있다. 주키에프에 있는 종교시설 가운데 가이드에 언급되지 않은 유일한 것은 1941년 화재로 폐허가 된 17세기 유대교 회당뿐이다. 또한 주키에프의 유대인이나 책이 출판될 당시 그들이 거주했던 게토에 대해서도 언급되어 있지 않다. 6개월의 출판 기간 동안 대부분의 유대인들이 학살되었다.

가이드에는 주키에프 주변의 '나무가 울창하게 우거진' 지역이 어떻게 사용되었는지에 대한 정보나 프랑크 통치 지역 주변에 건설된 많은 강제수용소에 대한 정보는 전혀 담겨 있지 않다. 편집인은 벨제크 기차역에서 갈리치아의 다른 지역으로 갈 수 있는 연결선이나 바르샤바와 크라쿠프를 이어주는 주요 도로인 라이히 거리 391번지에 위치한 작은 마을 아우슈비츠에 대해서는 짧게 언급하고 만다.

104

베데커출판사의 여행 가이드북 출판과 동시에 〈뉴욕타임스〉에는 '폴란드, 40만 명의 죽음에 대한 책임을 묻기 위해 10명을 기소하다'라는 제목의 기사가 실렸다. "'사악한 10명'이라고 표현된 이 사람들은 총독령의 지도자들로, 폴란드 임시정부에 의해 전쟁범죄 피의자로 기소되었다. 그 선두에 총독이 있다."

이것은 프랑크를 뜻하는 것으로, 그의 범죄에는 20만 명의 폴란드인 학살과 수만 명의 강제이주 그리고 게토의 설치가 포함되었다. 오토 폰 베히터는 일곱 번째였다. 다만 베히터는 크라쿠프 지방장관 'J. Waechter'로 잘못 적혀 있었다(그는 1942년 3월 렘베르크로 오면서 크라쿠프 지방장관 자리에서 물러났다). 베히터가 전문적으로 저지른 범죄의 내용은 '폴란드 지식인들에 대한 학살'로 설명되었다.

나는 이 기사의 사본을 호르스트 폰 베히터에게 보내주었다. 그는 폴란드에서의 아버지의 활동을 언급한 것을 보면 무엇이든 보내달라고 부탁했었다. 그의 첫 번째 반응은 오류의 지적이었다. 기사는 프랑크의 부하들을 모두 똑같은 범죄자로 취급하고 있다면서 호르스트는 폴란드인들이 그랬던 것처럼 항의하였다. 그는 니클라스를 빼고 사진작가와 함께 함부르크로 나를 다시 초대하였다. 우리는 1942년 8월, 렘베르크에서 있었던 사건들에 대해 이야기하였다. 1942년 초에 렘베르크 게토에서 베히터를 보았다고 주장하는 나치 추적자인 사이먼 위젠탈Simon Wiesenthal은 자신의 어머니가 가족과 헤어지고 1942년 8월 15일 죽음을 맞게 된 일은 베히터에게 '개인적인 책임'이 있다고 주장하였다. 호르스트는 그의 아버지가 문제의 그날 렘베르크에 있지 않았다면서 회의적인 반응을 보였다. 나중에 나는 위젠탈이 베히터를 렘베르크 게토에서 보았다고 주장한 날 다음날인 8월 16일에 프랑크와 베히터가 함께 바벨성에서 촬영한 사진을 발견했다.

이 사건들은 한참 후 멀리 떨어진 곳까지 영향을 미쳤다. 나는 호르스트에게 2007년 미국 연방판사가 판결한, 미시간에 거주하는 존 켈리몬John Kalymon의 미국시민권을 박탈한 사건에 대해 이야기했다. 판사는 켈리몬이 1942년 8월, '위대한 작전' 과정에서 우크라이나인 보조 경찰로 근무하며 유대인 학살에 직접적으로 관여했다고 판결하였다. 판결은 독일 학자인 디이터 폴Dieter Pohl 교수가 작성한 전문가 보고서에 기반하고 있으며, 폴 교수는 보고서에서 베히터를 몇 번 언급하였다. 이 보고서를 통해 나는 워싱턴 미국 법무부의 다른 서류를 찾을 수 있었고, 이 중 3가지에서 1942년 사건에 베히터가 직접적으로 연루된 것을 확인할 수 있었다. 호르스트의 요청에 따라 나는 이 서류들을 그에게 보여주었다.

첫 번째는 1942년 1월 렘베르크에서 열린 회의 때 베히터가 도착하기 바로 전에 작성된 메모로, '렘베르크로부터 유대인의 추방'이라는 제목의 문서였다. 이 메모에는 벨제크로의 편도 여행과 3월에는 가스실로 데려갔다는 내용이 포함되어 있다. 서류에는 단어의 뉘앙스와 진실을 고려하여 '가능하면 재이주라는 단어는 피한다'고 표시되어 있었다. 베히터는 유대인들의 운명을 알고 있었음에 틀림없다.

두 번째 문서는 1942년 3월 베히터가 서명한 명령이다. 갈리치아 전역에 걸쳐 유대인의 채용을 금지할 목적으로 첫 번째 게토 운영이 시작되기 이틀 전에 선포되었으며(3월15일), 벨제크로의 이주 다음날인 4월 1일에 발효되었다. 명령은 대부분의 유대인 근로자들이 비유대인 사회에 접근할 수 없도록 단절시켰다. 이것이 바로 렘킨이 말한 제노사이드로 진행하기

크라쿠프의 바벨성, 1942년 8월 16일: 프랑크(맨 앞)과 베히터(왼쪽에서 네 번째)

위해 필요한 전 단계 조치이다.

이 두 문서가 유대인들에게 피해를 주는 것이었다면 세 번째 문서는 유대인들을 말살시키는 것이었다. 이것은 하인리히 히믈러가 베를린의 독일제국 내무부 장관 빌헬름 슈트카르트Wilhelm Stuckart 박사에게 보낸 짧은 보고서로, 8월 25일에 위대한 작전이 시작되었다는 내용이다. 히믈러는 슈트카르트에게 전했다. "나는 최근 렘베르크에 있었습니다. 그 지역 지방장관인 무장친위대(SS) 여단장 베히터 박사와 매우 분명한 대화를 나눴습니다. 나는 그에게 비엔나로 가고 싶은지 물었습니다. 왜냐하면 나는 그것이 실수라고 생각했기 때문이었는데, 사실 내가 이미 답을 잘 알고 있는 그 질문을 해서는 안 되었습니다. 베히터는 비엔나에 가고 싶어 하지 않았습니다."

전근의 가능성과 다양한 경력 상의 선택지, 빠져나가는 길, 비엔나로의 귀환 등 솔직한 대화였다. 베히터는 거부했다. 그는 남기를 선택했다. 비엔나로 가게 되면 자신의 경력은 끝날 것이었다. 호르스트가 내게 보여준 그의 아버지가 어머니에게 8월 16일 보낸 편지에서도 명확히 드러났듯이 베히터는 위대한 작진에 대해 완전히 알고 있으면서도 그렇게 선택했다. 문서는 "추수, 노동자 제공(이제 이 구역에서만 25만 명에 달함!) 그리고 유대인을 대상으로 한 위대한 작전(대량 검거) 등 리비우에서 해야 할 일들이 많다"고 적혀 있다.

히믈러는 자신의 추가적인 생각을 적으며 그 시기의 편지를 마무리하고 있다. "이제 우리의 대화 이후 베히터가 갈리치아의 지방장관으로서 총독부 내에서 어떻게 처신할 것인지를 지켜보는 일만 남았습니다."

베히터의 처신은 히믈러를 완전히 만족시켰다. 왜냐하면 그는 직분에 충실했고, 2년 더 렘베르크에 머물렀기 때문이다. 민간인 지방장관으로서 그는 1942년 8월의 위대한 작전에서 역할을 담당했다.

히믈러의 편지는 애매하거나 감추는 구석이 없었다. 내가 그것을 호르스트에게 보여주었을 때 그는 아무런 말없이 한동안 그것을 응시했다. 만약 그의 아버지가 지금 그 앞에 서 있다면 그는 무슨 말을 했을까?

"난 정말 모르겠어요." 호르스트가 말했다. "너무 어렵군요. 아마도 아버지에게 아무것도 묻지 않았을 겁니다."

적막한 방 안에 침묵이 흘렀다. 잠시 후 호르스트는 아버지의 결백을 주장하며 증거를 제시했다. 그의 아버지는 상황에 압도되었고, 명령 및 그 긴급성으로 인한 불가피함과 다소의 재앙적 요소 때문에 어쩔 수 없었다는 것이다. 나는 호르스트에게 그가 수행했던 업무들 중 그 무엇도 불가피했던 것은 없었다고 말하였다. 베히터는 그곳에서 떠날 수 있었기 때문이다.

내 말이 또 한 번 긴 침묵으로 이어지며 눈 내리는 소리와 장작 타는 소리만이 공간을 채웠다. 그 문서를 읽고도 호르스트가 아버지를 원망하지 않을 수 있을까? 그것은 아버지에 대한 사랑일까? 아니면 다른 무엇일까?

"나는 아버지를 사랑했다고 말할 수 없어요." 호르스트는 말했다. "나는 할아버지를 사랑했습니다." 그는 그의 침대 위에 걸려 있는 나이든 군인의 초상화를 바라보았다.

"나는 어쨌든 아버지에 대한 책임이 있어요. 실제로 무슨 일이 일어났는지 확인하고 진실을 말하며 그를 위해 할 수 있는 일을 하는 것."

그는 큰 소리로 말했다. "뭔가 긍정적인 부분을 찾아야 합니다."

그는 어쨌든 자신의 아버지와 그 당시 제도 사이에, 그리고 아버지 개인과 그가 리더 역할을 했던 집단 사이에 분명한 차이를 두었다.

"전체적인 제도 자체가 범죄였고, 아버지는 그 일부였다는 것을 압니다. 하지만 아버지가 범죄자라고는 생각하지 않아요. 아버지는 범죄자처럼 행동하지 않았어요."

그의 아버지가 렘베르크에서, 그리고 그의 총독부가 감독했던 살인적인 작전에서 빠져나올 수 있었을까?

"그 제도에서 떠날 수 있는 가능성은 없었어요." 호르스트는 나지막이 말했다. 하지만 미국 법무부 문서는 다르게 기록하고 있다. 호르스트가 그 중요한 부분을 회피할 방법을 간신히 찾아냈는데, 그것은 이 사건을 '불편한' 또는 '비극적인'이라고만 묘사하는 것이었다.

호르스트의 반응을 이해하기는 힘들었지만 나는 화가 나기보다는 슬펐다. 비난을 피함으로써 자신의 아버지가 저지른 나쁜 짓이 사라지는 것일까?

"아닙니다." 친절하고 따뜻하며 말수가 많은 호르스트였지만 아무 말도

하지 않았고 아버지를 비난하지도 않았다. 이것은 프랑크의 총독부, SS, 히믈러의 잘못이다. 집단에 있는 모든 사람들에게 책임이 있다. 그러나, 오토 폰 베히터는 아니다. 그러다 마침내 그가 말했다. "아버지가 완전히 그 제도에 속해 있었다는 당신의 의견에는 동의합니다."

잠시 정적이 흘렀다.

"간접적으로 그는 렘베르크에서 벌어진 모든 일에 책임이 있습니다."

간접적으로?

호르스트는 오랫동안 침묵했다. 그의 눈가가 젖어들었다. 그가 우는 것인지 궁금해졌다.

105

프랑크는 〈뉴욕타임스〉에 의해 전범으로 지목된 것을 자랑스러워했다. 1943년 초, 그는 공식 회의에서 "1등이 되는 영예를 안았다"고 발표했다. 이 표현은 아무런 부끄러움도 없이 그의 일기에 기록되어 있다. 독일인들이 전쟁에 등을 돌리게 된 순간에도 그는 그가 폴란드인과 유대인에 대하여 저지른 조치들과 발언들에 대한 적절한 처벌 없이 여전히 독일 제3제국이 수천 년간 지속될 것이라 믿었다. "그들은 반드시 사라져야 합니다." 그는 내각에 이렇게 말했다. "그러므로 나는 유대인이 사라질 것이라 기대하며 유대인 문제에 접근할 것입니다."

"사라지다." 이 표현은 박수갈채를 이끌어냈고, 그로 하여금 한 단계 더 나아가게 했다. 왜냐하면 그는 언제 멈춰야 할지를 몰랐기 때문이다. 그들은 어디서 발견되든 사라질 것이며, 기회가 있을 때마다 계속할 것이다. 이런 방식으로 독일제국의 단합과 무결성이 지속될 것이다. 그의 정부가 정확하게 어떻게 일을 진행시켰을까? "350만 유대인을 모두 총살할 수는 없다. 우리는 그들을 독살할 수도 없다." 그는 설명을 이어갔다. "하지만 어쨌든 필요한 조치를 취하거나 또는 성공적으로 말살시킬 수 있는 방법을 찾을 것이다." 이 표현 역시 그의 일기에 기록되어 있다.

8월 2일, 프랑크는 바벨성에서 환영회를 개최했다. 그 기회에 당의 간부들이 그간의 진행상황을 돌아볼 수 있었다. 러시아 전선에서는 어려움이 있었지만 다른 곳에서는 좋은 진전이 있었다. 3월에 크라쿠프 게토는 SS 소위 아몬 괴트Amon Göth(후에 영화 〈쉰들러 리스트〉에서 랄프 파인즈가 그의 역할을 한다)의 효율적인 지휘 덕분에 1주일 안에 비워질 것이다. 그 이유는 프랑크가 크라쿠프 게토를 바벨성에서 더 이상 보고 싶어 하지 않기 때문이었다. 5월에 바르샤바 게토에서 일어난 반란이 진압되었고 유대교회당을 파괴하는 최종 조치가 취해졌다. 이 조치는 친위대 중장 위르겐 스투루프Jürgen Stroop에 의해 진행되었고, 그는 세부사항에 대한 보고서를 자랑스럽게 히믈러에게 제출했다. 이로 인해 바르샤바 인구가 백만 명 줄었으며, 프랑크는 게토를 완전히 없애면 인구가 더 많이 줄어들 것이라는 희망을 갖게 되었다.

하지만 전쟁의 국면이 전환되었다. 이탈리아에서 무솔리니가 축출된 후 이탈리아 왕의 명령으로 체포되고, 폴란드 지식인들은 점점 더 공개적으로 가까이 있는 아우슈비츠와 마이다네크 수용소에서의 잔학행위에 대해 비판했다. 프랑크는 1940년 소비에트에 의해 학살당한 폴란드 지식인들과 함께 키틴 숲의 대규모 묘지에 묻힌 수천 명의 폴란드 정부 공무원들의 시신 수습을 계기로 독일인과 폴란드인 간의 관계가 나아지기를 기대했다.

그러나 실제로는 그렇지 않았다. 폴란드 여론은 키틴 숲의 학살을 '독일 강제수용소에서의 집단 학살'과 비교하거나 또는 경악스러운 사건이라고 언급한 '집단 처벌 과정에서 남자, 여자, 심지어 아이들과 노인들을 총살한 것'과 비교했다.

바벨성의 일당들은 은신처를 제공했다. 8월 어느 맑은 날, 프랑크의 일기에는 새로운 전투에 대한 기록이 사무적이고 명확한 표현으로 기록되어 있다. "한편으로는 나치 문양을, 다른 한편으로는 유대인들을." 그는 그의 영토에서의 진전 상황을 기록했다. "350만 명의 유대인으로 시작하여 이제 근로자가 일부밖에 남지 않은 회사들만 남았다." 나머지에게는 무슨 일이 있었을까? "다른 모든 사람들은 우리 표현으로 이민을 갔다." 프랑크는 그의 역할과 책임을 알고 있었다. "우리는 모두 그 자체로 공범자들이다." 그는 무심하게 포기한 듯 기록했다.

그와 히틀러 그리고 히믈러의 관계는 개선된 것처럼 보였다. 총통이 새로운 자리를 제안했기 때문이다. 국제법 연구소장 자리였다. 그의 총독 자리는 그대로 유지된 채 그는 일과 친구들이 있었고, 휴전은 그의 결혼생활을 끔찍하게 만들었다. 릴리 그라우는 멀지 않은 곳에 있었고, 프랑크는 리하르트 슈트라우스Richard Strauss의 운전기사가 징집되지 않도록 개입하였으며, 그후 리하르트 슈트라우스는 그를 위해 새로운 음악을 작곡했다.

> 누가 방으로 들어오는가? 매우 호리호리하며 자부심이 느껴진다.
>
> 보라! 우리의 친구, 우리의 장관 프랑크다.

가사는 입수할 수 있었으나 악보를 찾는 데는 실패했다. 나는 없어졌다는 말을 들었다. 그 말의 평판을 생각할 때 의심의 여지가 없었다.

프랑크는 음악과 예술품을 가까이 하고 즐기며 감상했다. 총독으로서 그는 '보호'라는 명목으로 유명한 폴란드의 예술작품을 몰수할 수 있도록 하는 법령에 서명하여 중요한 폴란드 예술작품들이 유출되지 못하도록 하는 관리정책을 폈다. 이 작품들은 독일의 예술적인 유산이 되었다. 간단했다. 렘베르크에 있는 루보미르스키Lubomirski 수집품에서 가져오거나 개인적으로 괴링Göring에게서 받은 알브레히트 뒤러Albrecht Dürer의 스케치 작품 서른한 점 등 일부 작품들이 독일로 보내졌다. 다른 작품들은 프랑크의 개인침실에 걸린 것을 포함하여 바벨성에 걸렸다. 그는 첫 6개월 동안 예술작품 보호를 위해 약탈한 모든 주요 작품 목록을 담은 정교한 카탈로그를 만들었다. 그 카탈로그에는 아주 정교하고 가치가 높은 아이템들이 다양하게 포함되어 있었다. 독일, 이탈리아, 네덜란드, 프랑스, 스페인 예술가들의 그림; 삽화가 들어있는 책; 인도와 페르시아의 미니어처와 목판화; 프랑크의 명령으로 해체되어 독일로 보내진 크라쿠프의 성 마리아 성당에 설치된 유명한 바이트 슈토스의 15세기 제단 위의 그림; 금과 은의 수공예작품, 앤티크 크리스탈 유리잔과 자기; 테피스트리와 골동품 무기들; 희귀 동전과 메달. 모두가 크라쿠프와 바르샤바 박물관에서 약탈한 것이며, 대성당과 수도원, 대학, 도서관, 개인 소장품 중에서 빼어온 것이었다.

프랑크는 그중에서도 최고인 몇몇 작품을 개인 서재에 걸었다. 가족 모두가 그의 취향을 좋아하지는 않았다. 니클라스는 아버지 사무실에 들어가는 경우가 적었지만 특히나 '머리에 붕대를 감고 있는 여성이 그려진 보기 싫은 그림'을 기억했다. 그녀의 머리카락은 가르마가 확실히 부드럽게 잘 빗겨진 모양이었다. 프랑크는 그의 아들에게 그 그림을 예로 들어 설명하곤 했다. "이렇게 머리를 빗어야 해." 그는 '작은 하얀 동물'을 팔에 안고 있는 여성의 그림을 가리키며 동물을 보지 말고 빈 공간을 보라고 했다.

니클라스는 "가르마를 똑같이 타라"는 이야기를 들었다. 그 그림은 15세기에 레오나르도 다빈치가 그린 것으로, 세실리아 갈레라니Cecilia Gallerani의 초상화인 〈담비를 안고 있는 여인〉The Lady with an Ermine이었다. 그는 1944년 여름에 그 그림을 마지막으로 보았다.

106

니클라스가 세실리아 갈레라니에 얽힌 이야기를 해 주었을 때는 런던 내셔널갤러리에서 레오나르도 다빈치 특별전이 열리고 있었다. 그리고 어느 흐린 12월 아침에 나는 그 작품을 처음 보았다. 그녀는 루도비코 스포르차Ludovico Sforza 밀라노 공작의 애첩으로, 그의 아들을 낳은 절세의 미인이었다. 그녀는 1490년쯤 초상화를 그리기 위해 순수함의 상징인 흰 족제비를 안고 자리에 앉았다. 이 그림은 1800년에 러시아의 지배를 받던 폴란드의 차르토리스카Czartoryska 공주가 소장하였고, 1876년부터 크라쿠프의 차르토리스키 미술관Czartoryski Museum에 전시되었다. 프랑크가 이 그림을 몰수하기 전까지 이 작품은 63년 동안(제1차 세계대전 중 드레스덴으로 잠깐 옮긴 것을 제외하고) 그곳에 머물렀다. 아름다운 미인과 그림의 상징성에 넋을 잃은 그는 이 작품을 5년 동안 개인 서재에 두었다.

니클라스는 두려움과 미소로 그 그림을 기억했다. 어린 소년인 그는 아버지가 그림 속의 세실리아와 같이 머리를 정리하라고 하는 데 반발했고 쥐처럼 생긴 생물을 두려워했다. 그와 그의 형 노만은 이 그림이 각각 다른 방에 있던 것으로 기억했다. 목욕탕에서 면도 크림으로 장난치던 것과 같

레오나르도 다빈치의 <담비를 안고 있는 여인>(세실리아 갈레라니의 초상), 한스 프랑크 소장, 1944년 사진

은, 그가 기억하는 몇 안 되는 선명한 기억 중의 하나였다.

내가 처음으로 바벨성을 방문했을 때 큐레이터들은 세실리아 갈레라니를 되돌려주기 위해 준비하고 있었다. 프랑크의 개인 서재를 둘러본 후 사진 디렉터는 나를 그의 사무실로 안내해 빛바랜 벨벳으로 장정된 커다란 상자를 보여주었다. 겉면에 '크라쿠프의 성城'이라는 제목이 붙어 있었고, 안감은 고급 붉은색 크러시트 벨벳이었다. "나치가 떠날 때까지 이것은 금기였어요. 우리는 지하에서 이걸 찾았습니다."

안에는 행복한 메시지가 인쇄된 커다란 카드가 있었다. "독일제국 총독이자 장관인 프랑크 박사에게, 1944년 5월 23일 생일을 축하하며. 감사의 마음을 담아 총독부 법무실에서 드림." 카드에는 소비에트가 접근하는 순간에도 질 좋은 흑백사진 여러 장을 주문한 충실한 부하 8명의 서명이 있었다. 사진은 바벨성의 화려한 건축물과 예술품을 촬영한 것이었다. 이들 중에 나치 시대의 이미지인 '빨강색, 흰색, 검정색' 액자에 담긴 〈담비를 안고 있는 여인〉의 흑백사진이 있었다.

107

나는 세실리아 갈레라니가 반환되는 시기에 니클라스와 함께 바벨성을 방문했다. 미술관 책임자와 그림 주인들은 미술관이 문을 열기 전인 아침 일찍 우리끼리만 그림을 감상할 시간을 허락했다. 니클라스가 그 그림 앞에 마지막으로 서 있었던 그때로부터 70년이 지났다. 그는 지금 다시 한 번 그림 앞에 섰다. 그림의 힘 때문에 그가 작게 느껴졌다.

그날 저녁 니클라스와 나는 크라쿠프 옛 시가지의 한 식당에서 저녁식사를 했다. 우리는 집필과 문장, 시간과 책임 문제에 대해 이야기를 나눴다. 식사가 끝나갈 무렵 세 사람이 옆 테이블에서 일어났다. 그들 중 나이 많은 여성이 말했다. "의도치 않게 말씀하시는 것을 들었어요. 당신의 책이 재미있을 것 같군요." 몇 마디 대화를 나눈 뒤 그들은 우리와 합석했다. 어머니와 딸, 그리고 사위였다. 어머니는 학식이 높고 조용하며 기품있는 브라질인 화학 교수였다. 그녀는 1939년에 10살짜리 유대인 소녀로 그녀가 태어난 땅을 억지로 떠나야 했다. 돌아오는 것은 쉽지 않았다. 우리의 대화를 얼마나 많이 들은 걸까? 나는 궁금했다. 그리 많은 내용은 아닌 것 같

'세실리아 갈레라니의 초상'을 보고 있는 니클라스 프랑크, 2014년

았다.

그 딸은 전쟁 후에 브라질에서 태어났다. 그녀는 그녀의 어머니보다 강경한 태도를 지녔다. 그녀는 "크라쿠프는 좋은 곳이에요. 하지만 독일인들이 한 일은 절대로 잊을 수 없어요. 독일인과는 이야기하고 싶지 않아요."

니클라스와 나는 서로를 쳐다봤다.

그 어머니가 니클라스를 쳐다보더니 물었다. "이스라엘 출신의 유대인인가요?"

니클라스는 즉각 대답했다. "완전히 반대입니다. 저는 독일인이에요. 저는 폴란드의 총독인 한스 프랑크의 아들입니다."

아주 잠깐 침묵이 흘렀다.

그러고는 니클라스가 일어나서 급하게 레스토랑 밖으로 나갔다.

그날 저녁 늦게 나는 그를 찾았다.

"그들은 그렇게 강경한 생각을 가질 권리가 충분히 있어요." 그는 말했다. "나는 독일인들이 그들, 그 어머니와 그들의 가족에게 저지른 잘못을 생각하면 공포심을 느낍니다."

나는 그를 위로했다.

108

1944년은 니클라스의 아버지에게 어려움이 많은 해였다. 크라쿠프에서 렘베르크까지 기차로 이동하던 경우를 포함해서 그의 목숨을 노리는 사건이 여러 번 있었다. 여름에는 연합국이 파리를 독립시켰다. 독일군은 서쪽과 동쪽에서 퇴각하여 유럽 대륙의 중앙부로 모여들었다.

동쪽으로부터 들려오는 소식과 적군Red Army(소비에트군)의 진격은 특히나 걱정스러웠다. 그럼에도 프랑크는 그의 영토 안에 남아 있는, 채 십만 명이 되지 않는 유대인들에게 신경을 집중할 시간을 냈다. 그는 크라쿠프에서 열린 나치당 당원들과의 회의에서 남은 유대인 문제를 반드시 해결해야 한다고 강조했다. "그 민족은 반드시 박멸시켜야 한다."

이른 봄에 있었던 연설 후 이틀이 지나 소비에트는 총독령의 영토 안으로 진입하여 크라쿠프와 바벨성에 빠르게 접근했다. 5월, 프랑크는 자신의 마흔네 번째 생일을 축하받았다. 신뢰하는 동료들이 선물을 주고 〈담비를 안고 있는 여인〉을 촬영한 사진작가를 포함하여 50명의 사진작가가 사진을 찍어주었다.

7월 11일, 폴란드 레지스탕스가 크라쿠프 지역의 독일경찰 수장을 상대로 대담한 암살을 시도하였다. 프랑크는 폴란드인 수감자들을 사형시키는 방식으로 복수하였다. 7월 27일, 렘베르크가 소비에트에 의해 점령되었다. 베히터가 유고슬로비아로 도망가면서 라우터파하트의 조카인 잉카 젤바드가 다시 한 번 길거리를 자유롭게 걸어 다닐 수 있게 되었다. 주키에프 또한 해방되어 클라라 크라머가 2년 가까이 지내던 지하실에서 벗어날 수 있었다. 8월 1일, 바르샤바에서 봉기가 시작되었다. 도망갈 생각이 없었던 프랑크는 유례없이 가혹한 새로운 조치를 취했다.

9월, 프랑크는 그의 영토에 위치한 강제수용소에 신경을 쏟았다. 그의 일기에는 마이다네크 수용소에 대해 요제프 뷜러와 나눈 대화 내용이 기록되어 있다. 죽음의 강제수용소에 대한 최초의 언급이었다. 소비에트는 두 달 앞서 수용소를 해방시킨 후 남아 있는 1,500명 수감자들의 공포에 질린 모습과 자신들이 발견한 참상을 다큐멘터리 필름으로 만들었다.

109

소비에트가 크라쿠프로 진격해오자, 프랑크는 떠날 때 세실리아 갈레라니의 초상화를 가져가기로 결심했다. 1945년 초, 총소리가 들릴 만큼 소비에트가 동쪽으로부터 크라쿠프 가까이 다가오자 프랑크는 부하들에게 〈담비를 안고 있는 여인〉을 바이에른 주로 가져갈 수 있도록 준비시켰다.

이 최후의 몇 주 동안 프랑크는 미진한 부분들을 마무리하였다. 그는 〈정의에 관하여〉On Justice라는 제목과 〈오케스트라 지휘자〉The Orchestra

Conductor라는 제목의 에세이를 마무리하였다. 그는 마지막으로 오페라하우스를 방문하여 〈오르페우스와 에우리디케〉Orpheus and Eurydice 공연을 관람했다. 그는 〈유대인이 없는 도시〉The City Without Jews의 영화 버전에서 주인공을 맡은 유명한 오스트리아 배우 한스 모저Hans Moser가 열연한 〈7년의 불운〉Seven Years of Bad Luck을 포함하여 몇 편의 영화를 보았다. 그때만 해도 전망이 밝았다. 다만 프랑크는 한스 모저가 그의 유대인 아내 블랑카 히르쉴러Blanca Hirschler와의 이혼을 거부했다는 사실은 잊고 있었다.

1945년 1월 17일로 출발 날짜가 정해졌다. 크라쿠프는 하늘이 새파랗고 구름 한 점 없는 햇살이 충만한 도시였다. 프랑크는 오후 1시 25분에 그의 개인 운전기사 샴퍼가 모는 검정색 벤츠 승용차(번호판 EAST 23)를 타고 최측근 부하들과 서른여덟 권의 일기장을 싣고 바벨성을 떠나 바이에른 주로 향했다. 〈담비를 안고 있는 여인〉도 그들과 함께했다. 프랑크는 후에 '내가 없는 동안 약탈당하지 않도록' 보호를 목적으로 한 행동이었다고 주장하였다.

호송대는 북서쪽 오펠린으로 갔다가 슐로스 자이사우(시후브)에 도착하여 프랑크의 오래된 지인인 리히트호펜 백작Count von Richthofen과 며칠을 보냈다. 크라쿠프에서 약탈한 대부분의 예술작품은 이미 크라쿠프를 떠났다. 브리깃데와 니클라스를 포함한 아이들은 쇼베르호프로 돌아갔다. 바벨성을 떠난 지 나흘 만에 프랑크와 1939년 10월부터 프랑크의 일기를 매일 충성스럽게 기록했던 속기사 모어Mohr와 폰 펜스케von Fenske는 바벨성에서 가져온 대부분의 공식문서를 파기했다. 하지만 일기는 손상되지 않았고 성과의 증거로 보존되었다.

프랑크는 또 다른 친구인 노벨상 수상작가 게르하르트 하웁트만Gerhart Hauptmann을 만나기 위해 남동쪽 아그네텐도르프(지금의 야그니아트쿠브)로 향했다. 나치 사상에 동조하는 작가 친구와 차를 마신 후 프랑크는 바트 아이블링으로 이동하여 사랑하는 릴리 그라우를 만났다. 바트 아이블링에서 프랑크의 가족이 기다리고 있는 노이하우스 암 슐리어제까지는 짧은 여정이었다.

2월 2일, 프랑크는 임시총독부 총독관저를 세우고 권력의 환상을 그대로 유지했다. 그는 카페 베르크프리덴이 있던 자리인 요제프탈러 거리 12번지에 사무실을 열고 그곳에서 12주를 보냈다. 종종 그는 쇼베르호프에 있는 브리깃데와 아이들을 보러 갔지만 동시에 바트 아이블링에 있는 릴리와도 시간을 보냈다(니클라스에 따르면 프랑크의 사진이 그녀가 사망한 후 수년이 지나 그녀의 침대 옆에서 발견되었다고 한다). 4월, 루즈벨트 대통령이 사망하고 해리 트루먼 부통령이 자리를 승계한다. 3주 후, 독일은 라디오를 통해 히틀러 총통의 사망을 알렸다.

그것은 전쟁과 나치 독일제국의 종언이었다. 5월 2일 수요일, 프랑크는 미군 탱크가 슐리어제를 향해 들어오는 것을 목격했다. 이틀 후인 5월 4일 금요일, 그는 브리깃데에게 50,000 제국 마르크에 달하는 돈다발을 마지막 선물로 보낸다. 프랑크가 아내에게 마지막 인사를 할 때 함께 있었던 니클라스의 형 노만은 두 사람이 입맞춤을 하거나 서로에게 애정 어린 말을 하지 않은 채 이별했다고 밝혔다. 프랑크는 그의 권력이 쇠퇴하자 더욱 브리깃데를 두려워하게 되었다. 니클라스는 브리깃데가 1942년 여름, 이혼을 거부하면서 남편으로 하여금 권력을 이용하여 이득을 취하도록 그를 독려하는 역할을 했다고 믿었다. "만약 내 어머니가 '한스, 개입하지 말아요. 명령이에요'라고 했다면 그는 그렇게 했었을 것이다." 이것은 핑계가 아니라 해명이었다.

니클라스는 아버지가 어머니를 잔인하게 대했음에도 불구하고 브리깃데가 남편을 꽉 쥐고 있었던 이유를 알고 있었다. "아버지는 본인이 동성애자라는 사실을 비밀로 하기 위해 일부러 (어머니에게) 잔인하게 대했어요." 니클라스는 내게 말했다. 그는 어떻게 알았을까? 그의 아버지가 보낸 편지와 어머니의 일기를 통해서였다. "젊은 시절 한 남자와의 관계에서 벗어나기 위해 한스는 매번 필사적으로 발버둥치는 것 같다." 브리깃데의 폭로였다. 이탈리아에서 보낸 시간을 뜻하는 것이다. 이 사람은 1935년 독일제국 형법 제175조 a항의 도입을 환영하며 동성애금지를 확대한 프랑크와 같은 인물이다. 프랑크의 이 같은 행동은 정상적인 국가공동체에 반하는 기질의 표현이었다. 그는 유대인이 소멸하지 않는다면 가차없이 처벌될 것이라고 선언하였다. 니클라스는 말했다. "나는 아버지가 게이였다고 생각합니다."

프랑크와 브리깃데 사이의 작별인사 이후, 전 총독은 임시 총독관저로 향했다. 그는 오래된 카페의 앞쪽 방에 앉아 그의 부관, 운전기사, 비서를 기다렸다. 이 셋은 마지막까지 프랑크에게 충성했다. 그들은 커피를 마셨다. 문 밖에 미군 지프가 섰다. 엔진이 꺼졌다. 미국 육군 제7군[軍]의 월터 스테인 중위가 몸을 숙여 주변을 살피며 카페로 들어와 안을 살피더니 누가 한스 프랑크인지 물었다.

"나요."

독일제국의 장관이자 독일 점령 폴란드의 전 총독이 대답했다.

"함께 갑시다. 당신을 체포합니다."

스테인은 프랑크를 지프의 뒷자리에 앉혔다. 그와 함께 38권의 다이어리를 앞좌석에 싣고 지프는 떠났다. 어떤 시점에 스테인은 어떤 필름들을 가져가기 위해 요제프탈러 거리로 돌아왔는데, 그 필름들은 수십 년 동안 스테인 가족이 보관하고 있다가 니클라스에게 돌려줬다. 니클라스는 개와 함께 즐거운 시간을 보내는 프랑크, 지나가는 기차, 크라쿠프 게토, 붉은

색 드레스를 입은 소녀 등이 찍힌 필름을 내게 보여주었다.

〈담비를 안은 여인〉은 요제프탈러 거리에 남아 있다가 몇 주 후에 렘브란트 부부가 가져갔다. 또 다른 그림인 라파엘로의 〈젊은 남자의 초상〉Portrait of a Young Man은 사라졌는데, 그것은 전 세계에서 사라진 그림들 중 가장 유명한 그림이다. 니클라스는 브리깃데가 이 그림을 동네 농부에게 주고 대신 계란과 우유를 받았을지도 모른다고 추측했다.

"아마도 바이에른 주 어느 집 벽난로 위에 걸려 있을지도 모르지요." 니클라스는 눈을 반짝이며 말했다.

110

그해 6월, 프랑크의 이름이 독일 수뇌부의 형사재판 피고인 명단에 포함되었다. 폴란드 망명정부가 지지하는 로버트 잭슨에 의해 '바르사뱌의 도살자'라고 알려진 프랑크가 피고인 명단에 포함된 것이다. 프랑크는 미에스바크 근처의 교도소로 이송되어 다하우를 해방시킨 미군들에 의해 호되게 두들겨 맞았다. 그는 두 번의 자살 시도를 하였는데, 첫 번째는 왼쪽 손목을 그었고 두 번째는 녹슨 못을 삼켰다. 하지만 실패했고 룩셈부르크의 온천 도시인 몬도르프-레스-베인스로 이송되어 다른 나치 지도자들과 함께 당시 수감시설로 징발되었던 팔레스 호텔에 수감되었다. 그는 그곳에서 신문訊問을 받았다.

당시 미국 육군성에서 휴직 중이던 존 케네스 갤브레이스John Kenneth Galbraith라는 경제학자가 팔레스 호텔을 방문했다. 그는 굉장히 육감적인 여

배우 도로시 라무어Dorothy Lamour의 비타민 B 캡슐 광고가 실려 있는 〈라이프〉 잡지에 '팔레스 호텔'에 대한 기사를 기고했다. 갤브레이스는 베란다에서 서성거리거나 밖의 풍경을 바라보며 대부분의 시간을 보내던 프랑크 일행에게서 큰 감명을 받지 못했다. 갤브레이스는 개별 수감자들의 특성을 관찰하여 기고하였다. 그는 친나치 신문인 〈슈튀르머〉Der Stürmer를 창간한 율리우스 슈트라이허Julius Streicher는 걷다가 갑자기 멈춰 철창 쪽으로 몸을 돌려 '몸에 힘을 주고 팔을 들어 나치 경례'를 하는 버릇이 있고, 히틀러의 독일노동당전선의 당수였던 로버트 레이Robert Ley는 네덜란드 이민 농장에서 만들어 먹던 빵처럼 생겼으며, 헤르만 괴링은 '별로 똑똑하지 않은 사기꾼' 같은 인상을 풍겼다고 기술하였다.

이렇게 독특한 동료들 사이에서 단정치 못한 모습의 정신 나간 한스 프랑크는 울거나 기도를 하며 시간을 보냈다. 8월 초, 그는 미군 장교와 인터뷰를 하였다. 그는 복잡한 심경과 함께 앞으로 다가올 회계 관련 문제에서 어떻게든 자신을 제외시키려는 노력을 드러냈다. 초기 수감 기간 동안 프랑크는 그가 담당한 역할을 세탁하려고 노력했다. 크라쿠프에서의 역할은 "믿을 수 없을 만큼 어려웠다"고 그는 신문자에게 말했다. '특별한 권한'이 SS에게 부여되었고 '모든 끔찍한 잔학행위'를 자행한 것은 그들이다. "내가 아니라 그들이 폴란드 레지스탕스 활동과 유대인에 대한 행위를 하였다." 프랑크는 무심코 사실들을 알고 있음을 종종 드러내었음에도 불구하고 자신은 '최악을 피하기 위해 지속적으로 싸웠다'고 주장하였다. 그는 말을 하는 도중에 종종 흐느꼈다.

프랑크는 자신은 정치적으로 전혀 적극적이지 않았고, 초반의 그의 역할은 법적인 문제(마치 변론하듯이)에 한정되었으며, 독일 전역의 대학에서 4가지 중요한 연설을 한 1942년 이후 히틀러와 멀어졌다고 주장했다. 그는 폴란드를 통치했음에도 그곳에 강제수용소가 있다는 사실을 몰랐다고 부인했다. 그는 소비에트가 폴란드를 탈환한 뒤 신문을 통해 그 사실을 알았다고 주장했다.

아우슈비츠?

"그곳은 나의 통치지역 밖이었다. 일기가 나의 무죄를 밝힐 것이다. 그런 이유로 일기를 보관하고 있다. 만약 잭슨이 내 일기를 손에 넣는다면 나는 폴란드의 법과 정의를 위해 싸우는 전사로서 법정에 설 수 있을 것이다."

누구의 책임인가?

"독일 지도자들. 그리고 SS. 히믈러와 보어만 '일당'."

독일 국민들은?

"아니다."

폴란드인들은?

"용감하고 선량한 사람들이다."

그가 독일로 가져간 그림들은?

"폴란드 국민을 위해 보존하려고 했다."

당신은 책임의식을 느끼는가?

"그렇다, 나는 히틀러를 죽일 용기가 없었기 때문에 '양심의 가책'을 느낀다."

집단의 책임일 뿐 개인의 책임은 아니라고?

"그렇다."

총통은 그를 두려워했다고 신문자에게 말했다. 왜냐하면 그가 마태Matthew의 열정을 가진 사람이기 때문이라고 하였다. 프랑크는 열정과 위안, 용서와 자비에 관한 요한 세바스찬 바흐Johann Sebastian Bach의 작품에 등장하는 중심인물을 언급한 일이 여러 번 있었는데, 이것이 그중에서 첫 번째였다. 이 같은 그의 표현은 프랑크가 매우 교양 있고 다양한 분야의 책을 읽으며 클래식에도 조예가 깊고 주류 작가나 작곡가들과 친분이 있는 사람이라는 점을 상기시켜 주었다.

1945년 8월 12일, 그는 뉘른베르크법원의 법정 뒤에 있는 14호 감방으로 이송되었다. 그달 말에 검찰은 국제군사재판소International Military Tribunal 법정에 세우려고 하는 스물네 명의 '전범들', 즉 피고인들의 명단을 발표했다.

며칠이 지나고 그는 스무 살의 미군 통역과 함께 추가 신문을 받았다. 현재 하와이에 살고 있는 (통역을 맡았던) 지그프리드 람러Siegfried Ramler는 신문 내용은 잘 기억하지 못하지만 프랑크는 확실히 기억하고 있었다. 지그프리드는 "오, 맞아요. 프랑크의 눈빛은 마치 꿰뚫을 듯이 강렬했는데, 나와 눈이 마주칠 때도 그랬어요"라고 말했다. 그는 프랑크를 '흥미롭고 인상적'이었으며, 자신의 생각을 분명하게 설명하고, '명료한 정신'의 교양 있는 사람이었는데, 집단적 책임은 몰라도 개인적으로는 죄가 없다는 환상에 사로잡힌 사람으로 기억했다. "그는 제정신으로 그런 행동을 저지른 것입니다." 지그프리드는 덧붙였다. "내가 보기에 그는 자신이 잘못했다는 사실을 알고 있었습니다."

10월 18일, 렘킨이 공소장 작성을 마치고 워싱턴으로 돌아간 직후 프랑크는 공식적으로 기소되었다. 프랑크의 처지는 1935년 여름 국제형사재판소를 설치해야 한다는 주장에 반대하던 그때로부터 10년 만에 완전히 달라졌다. 그가 법정에 서야 한다는 것은 엄연한 현실이었으며, 여덟 명의 판사 가운데 한 명은 다름 아닌 1935년에 독일법학회에서 연설하고 그와 식사를 함께한 팔자 콧수염을 가진 앙리 돈디유 드 바브르 교수였다.

이 두 남자의 인연은 소비에트를 괴롭혔다. 소비에트는 프랑크가 10월 말 뉘른베르크법원 뒤쪽의 빈 감옥에서 가톨릭교회로부터 세례를 받았다는 사실에 아무런 관심이 없었다. 그는 그렇게 해서라도 독일이 점령한 폴란드에서 벌어진 인도에 반하는 죄와 제노사이드를 포함하여 기소된 범죄 혐의들에 맞서 저항하려고 했던 것이다.

프랑크와 라우터파하트, 렘킨의 인생이 접점을 이루는 순간은 전범재판소에서 공소장의 단어들로 공식화되었다.

Part VII

혼자 서 있는 아이

THE CHILD WHO STANDS ALONE

1. Wien am 6. Feber 1939

Diese Niederschrift ist
seitens eines gutgesinn-
ten Freundes für die Fa-
milie Buchholz ange-
sichts einer überstande-
nen Gefahr, ihrer zum
Erlöschen bedrohte jün-
ge Liebesche, verfasst wor-
den.
Da dieselbe nunmehr glück-
licherweise, der vollstän-
digen Genesung entgegen
geht, eben in Form eines
Glückwunsches gedacht ist
zum Andenken gewidmet.

Steiner

111

1945년 10월, 〈르몽드〉가 프랑크의 가톨릭 개종에 대해 보도할 때 레온은 라스파일 대로의 뤼테티아 호텔에서 근무하고 있었다. 과거 게슈타포가 주둔했던 이 호텔은 유대인 사회행동 및 재건위원회Comité Juif d'Action Sociale et de Reconstruction를 비롯해 많은 구호단체의 본부로 사용되고 있었고, 레온은 서비스 부장이었다. 매일 업무가 끝나면 그는 브루니야 거리의 난민용 작은 아파트 4층으로 돌아와 리타와 딸과 함께 지냈다.

비엔나나 렘베르크 또는 주키에프에서는 아무 소식도 없었다. 그곳에서 무슨 일이 있었는지에 대해 더 자세히 알려질수록 그는 비엔나에 계신 어머니와 폴란드에 있는 누나와 가족이 최악의 상황을 겪었을까 봐 두려웠다. 7월, 그의 딸이 일곱 번째 생일을 맞았다. 루스로서는 이번이 부모와 함께 보내는 첫 번째 생일이었다. 내 어머니는 격변과 걱정 말고는 그 시절에 대한 별다른 기억이 없었다. 평온한 시기가 아니었다. 나는 내가 발견한 사실 모두를 어머니께 말씀드렸다. 레온이 떠날 때의 상황, 미스 틸니의 비엔나까지의 여정, 리타와 에밀 린덴펠트와의 관계, 1941년 11월 리타가 비엔나를 떠난 직후 비엔나가 폐쇄된 상황.

그녀는 그제야 다른 서류들에 대해 말해주었는데, 그 서류는 다른 것들과 별도로 보관하고 있었다. 내게는 새로운 서류로, 레온이 비엔나를 떠나 파리로 온 직후 그에게 보내진 손편지였다. 1939년 2월 6일에 파리에서 수령한 이 편지는 그가 비엔나에 남기고 떠난 삶에 대해 다른 시각을 제공해주었다.

20페이지에 달하는 우아한 필체의 문서에는 레온 슈타이너Leon Steiner라는 남자의 서명이 있었다. 그는 스스로를 '영혼의 의사'Seelenarzt라고 불렀는데, 편지에 '정신-필적학자'Psycho- graphologist라고 서명한 것처럼 그는 정신과 의사였다. 나는 이 이름을 가진 사람 중에 의사 자격을 갖춘 사람의 기록이나 어떤 흔적도 찾지 못했다.

편지는 옛날 독일 글자로 적혀 있었다. 다시 잉게 트로트Inge Trott의 도움을 받아 완벽한 영어 번역을 했고, 독일어를 하는 친구의 감수를 받았다. 첫 번째 글귀는 왜 이 편지가 별도로 보관되었는지 그 이유를 설명해주었다.

슈타이너씨는 간단한 서문을 적었다.

> 이 편지는 젊은 부부의 결혼관계를 위협할 수 있는 위험과 관련하여 부흐홀츠 가족의 친구로서 선의를 갖고 작성되었다. 다행히도 이 결혼관계는 이제 완벽히 회복될 것으로 예상되는데, 나는 이를 축하하고 기념하기 위해 이 편지를 작성하여 보낸다.

그리고는 본문이 이어졌다. "친애하는 부흐홀츠씨," 그는 이렇게 시작했다.

필자는 결혼관계를 회복시키기 위해 그가 경주한 노력을 설명하며 "영

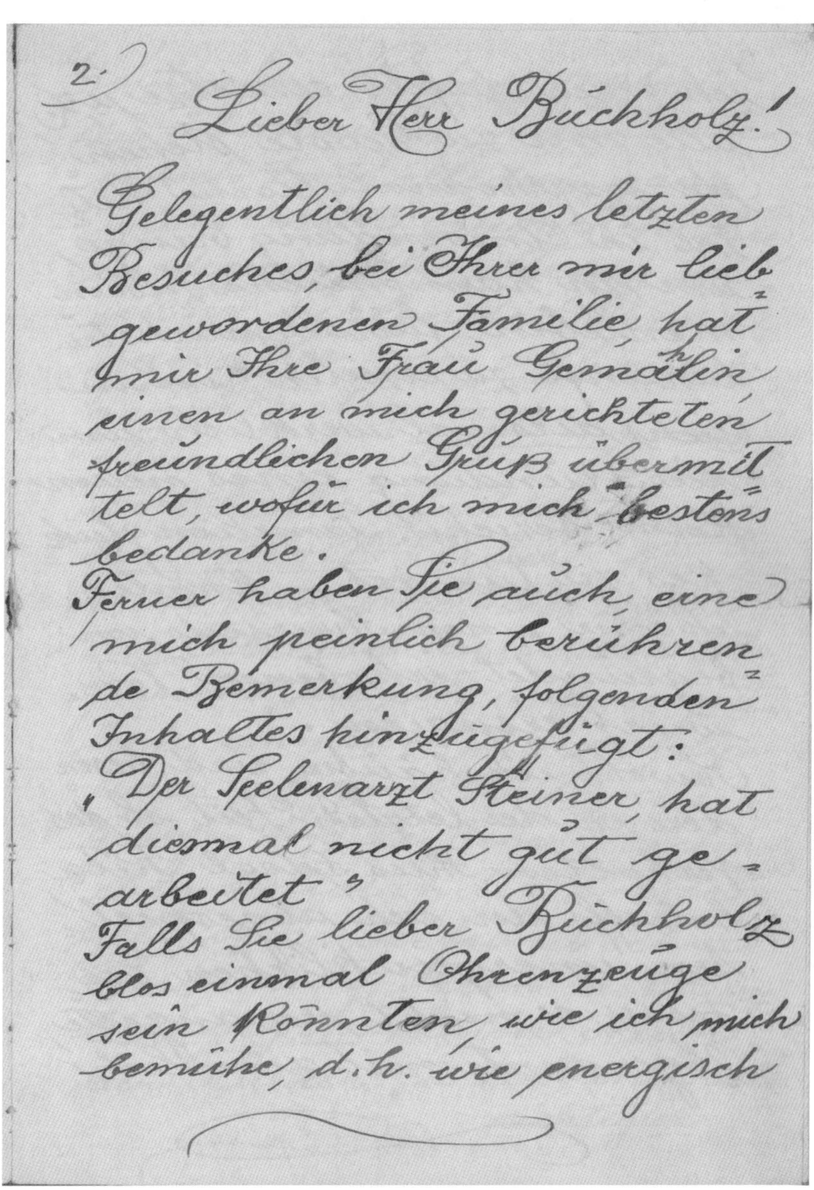

2.)
Lieber Herr Buchholz!
Gelegentlich meines letzten Besuches, bei Ihrer mir lieb gewordenen Familie, hat mir Ihre Frau Gemahlin einen an mich gerichteten freundlichen Gruß übermittelt, wofür ich mich bestens bedanke.
Ferner haben Sie auch, eine mich peinlich berühren de Bemerkung, folgenden Inhaltes hinzugefügt:
„Der Seelenarzt Steiner, hat diesmal nicht gut gearbeitet"
Falls Sie lieber Buchholz blos einmal Ohrenzeuge sein könnten, wie ich mich bemühe, d.h. wie energisch

레온 슈타이너가 레온 부흐홀츠에게 보낸 편지, 1939년 2월 6일

혼의 의사인 슈타이너가 그의 역할을 충분히 하지 않았다"는 레온의 비판에 대해 강하게 응수했다. 슈타이너는 레온의 정당화할 수 없는 발언 없이도 잘할 수 있었을 것이라고 설명했다. 레온이 엄청난 비난을 쏟아 부은 리타의 행동에 대해서도 슈타이너는 레온이 며칠 일찍 성공적으로 비엔나를 떠난 후 심리 치료를 시작할 수 있었다고 덧붙였다. 슈타이너는 오해 때문에 레온이 완전히 분노와 적대감에 휩싸였고, 최근에 일군 가정을 영원히 떠날 확실한 의도를 가지고 비엔나를 떠났다고 추측하였다. 떠나기로 한 결정은 신혼의 '불화'와 '통탄할 만한 갈등' 때문에 내려진 것이었다. 이것은 리타의 '과도함'(설명은 없음)과 '단점'(자세한 내용은 없음)의 결과였다.

편지를 통해 당시 레온과 리타 사이에 큰 갈등이 있었다는 사실을 확인할 수 있었다. 하지만 그럼에도 불구하고 갈등의 본질은 밝혀지지 않았다. 이러한 배경에서 슈타이너는 가능한 모든 심리 분석 방법을 그 상황에 적용하였으며 '정리되지 않은 일'이 없도록 노력했다고 설명했다. 그 역시 레온과 마찬가지로 리타를 크게 비난하였는데('그녀는 솔직히 비난받아 마땅하다!'), 결국 그의 노력은 성공으로 이어졌다고 썼다. 레온의 비난에도 불구하고 리타가 결국 그녀의 단점을 인정했고, 그것이 완전한 회복으로 가는 문을 열어주었다.

슈타이너는 가정의 '만연된 나쁜 상황'을 고려하면 이 정도까지 오기에도 상당한 어려움이 있었다고 덧붙였다. 그는 "양측이 모두 인정한 바와 같이 상처를 줄 수 있는 외부적이고 잠재적인 영향 때문에 통탄할 만한 갈등이 만들어졌고, 적대적인 관계로 이어질 수 있었던 불화의 상황이 만들어졌다"고 설명했다.

슈타이너는 성공의 여부는 아내와 '홀로 서 있는 사랑스러운 아이'에 대한 레온의 소위 '깊은 사랑'을 그가 얼마나 드러내느냐에 달려있다고 했다. 혼자 서 있는 아이란 그 당시 태어난 지 몇 달밖에 되지 않은 내 어머니를 뜻하는 것 같다. 슈타이너는 레온이 '매우 완전히' 사랑하는 두 사람을 그리워할 것이라 예상하였다. 슈타이너는 레온이 최근 보낸 편지의 한 문장에 나타난 "다시 살아난 사랑의 감정을 감지하고 리타는 당신의 존재를 그리워할 것이다"라고 말했다. 이런 애정 어린 표현으로 가득한 편지로 슈타이너는 '마찬가지로 다시 살아난 사랑으로 가득한' 리타에게 미래의 행복한 결혼생활을 위해 준비시키려고 하였다. 슈타이너는 레온의 '신에 대한 강한 믿음'이 두 사람이 새로운 세계에서도 겪게 될 장애물을 극복할 수 있도록 도와주시길 희망한다는 말과 함께 긍정적으로 마무리하였다. 슈타이너는 가족 외에 비엔나에서의 삶, 독일의 점령, 새로운 법에 대해서는 아무 말도 하지 않았다.

112

무엇인가 '통탄할 만한 갈등'이 생겼고, 그래서 레온이 떠났다. 그것이 무엇이었는지 이 이상하고 복잡한 변명조의 편지에는 나타나지 않는다. 슈타이너의 아부하는 표현들은 암호 같고 모호해서 해석이 필요하다. 잉게트로트는 나에게 편지의 의미에 대한 그녀의 의견이 궁금한지 물었다. 그렇다. 나는 궁금했다. 그녀는 편지에 '혼자 서 있는 아이'의 아버지가 누구인가 하는 질문을 포함하고 있는 것 같다는 의견을 밝혔다. 잉게는 '혼자 서 있는 아이'라는 표현이 이상하다고 말했다. 단어의 선택이 그녀로 하여금 생각을 하게 만들었다는 것이다. 왜냐하면 그 시대에 그런 본질에 대한 정보-아이의 아버지가 다를 수도 있다는-는 노골적으로 터놓고 말할 수 있는 문제가 아니었기 때문이다.

나는 영문 번역을 다듬어준 독일인 이웃에게 편지를 보였다. 그녀 또한 잉게의 의견에 동의하며 '혼자 서 있는 아이'라는 표현이 교묘하고 확실히 애매하다고 했다. 그러나 그녀는 이것이 꼭 아버지가 누구냐의 문제를 뜻한다는 생각에는 동의하지 않았다. 내 아들의 학교에서 독일어를 가르치는 독일인 선생님께도 이 편지를 읽어보시게 했다. 그는 잉게보다는 내 이웃의 의견이 설득력이 있다면서도 자신의 해석은 말해주지 않았다.

또 다른 이웃이면서 최근 독일어 작품으로 괴테상을 수상한 소설가는 또 다른 의견을 제시했다. "진짜 이상하다." 그는 우리 집 앞문에 붙여 놓은 편지에 손으로 이렇게 적었다. 영혼의 의사라는 용어는 '비난'이나 아마도 '스스로를 비꼬는' 표현일 수 있다. 편지의 스타일로 보아 그는 슈타이너씨가 '반지성적이거나 아니면 그냥 암울하거나 복잡한 글을 쓰는 사람'일 가능성이 크다고 했다. 글을 쓴 사람이 일종의 앙심을 품은 듯한 자부심을 이용하여 진정 하고 싶었던 말이 불분명하다는 것이다. "나는 정신과 의사가 부흐홀츠씨에게 대체적으로 강요하고 있다는 느낌이 든다. 우리가 아니라 부흐홀츠씨에게 무엇을 강요하는 것일까?" 이 이웃은 편지를 독일어 전문가에게 보일 것을 제안했다. 나는 두 사람을 찾아냈고, 누구를 선택할지 결정할 수 없어서 두 사람 모두에게 편지를 보냈다.

첫 번째 전문가는 편지가 문법의 오류, 불완전한 문자, 여러 번의 구두점 실수 등이 있다며 '이상하다'고 했다. 그는 슈타이너가 '언어적 결함'이 있는 것 같다면서 한 단계 더 나아가 구체적인 추측까지 했다. "뇌의 왼쪽이 손상된 사람에게서 나타나는 언어 장애인 베르니케 실어증을 약하게 앓고 있는 환자가 쓴 것 같은 문장이다. 아니면 슈타이너 씨가 단순히 엄청난 압박을 느낀 나머지 글을 쓰는 것을 힘들어 하는 사람이거나. 어쨌든 그 당시 비엔나 상황이 매우 어렵긴 했다. 그래서 커다란 실타래처럼 얽힌 복잡한 생각들을 잇달아 '공격적으로' 종이에 쏟아낸 것 같다. 나는 아이의 출생에 대한 암시는 느끼지 못했다." 이 전문가는 '아이의 아버지가 가정을 떠난 동안의 가족의 어려움'과는 관련이 없다는 결론을 내렸다.

두 번째 전문가는 슈타이너에게 약간 너그러웠다. 처음에 그는 아내와 아이에 대한 언급이 두 개의 페르소나를 가진 한 사람이라고 생각했다. 그래서 그는 그의 아내에게 이 편지를 보여주었는데, 아내는 그 의견에 동의하지 않았다(언어학자는 아내가 숨겨진 의미를 이해하는 데 있어 더 많은 경험이 있다고 설명했다). 언어학자의 아내는 잉게 트로트의 본능적 느낌에 동의했다. '혼자 서 있는 아이'라는 표현이 의도적으로 의미를 숨기고 있으며, 그 의미가 아버지가 '알려지지 않은' 사람일 수 있고, 슈타이너가 단순히 자기 스스로 이를 밝히고 싶지 않았다는 의미일 수도 있었다.

나는 이러한 의견들을 듣고 결론을 내리지 못했다. 독일어 전문가들은 레온이 엄청난 압박과 갈등 상황에서 비엔나를 떠났다는 힌트는 제공했지만 그 이상은 없었다. 이것들은 아이의 아버지가 누구인지에 관한 질문에 의해 발생했을 (또는 발생하지 않았을) 수도 있다.

레온이 내 생물학적 외할아버지가 아닐 수도 있다는 생각은 한 번도 해보지 않았다. 가장 가능성이 낮은 일 같았다. 한편으로는 이것에 전혀 신경 쓰지 않았다. 레온은 내 외할아버지처럼 행동했고 그렇게 느껴졌기 때문이다. 생물학적으로 어떤 상황일지라도 그는 나의 외할아버지였다. 하지만 다른 사람들에게는, 특히 내 어머니에게는 동의하기 어려운 일이었을 것이다. 이것은 의도치 않게 예민한 문제였다.

113

나는 다음엔 무엇을 해야 할지 고민하며 이 문제에 대해 몇 주 동안 곰곰이 생각했다. 그 와중에 롱아일랜드의 산드라 세일러로부터 이메일이 왔다. 그녀 역시 1941년 정원에서 리타와 할아버지인 에밀 린덴펠트가 함께 찍은 사진을 보며 할아버지에 대한 생각을 많이 했다고 했다. 그녀는 친구와 이야기를 나눴고 한 가지 생각이 떠올랐다.

"두 사람 사이에 뭔가 있는 게 분명하다." 그녀는 이메일에 이렇게 적었다. 리타와 마찬가지로 에밀 린덴펠트도 그의 아내와 딸이 1939년 비엔나를 떠난 후에도 비엔나에 남기로 결정했다. 두 사람은 아이와 배우자 없이 혼자였다. 3년이 흐르고 리타가 떠났다. 전쟁이 끝나고 에밀은 혼자였다. 그는 리타를 찾아 나섰다.

산드라는 "나는 하루 종일 그 생각에 매달려 있다"고 썼다.

몇 달 전에 산드라의 거실에 앉아 에밀의 앨범에서 사진을 떼어낼 때 우리는 DNA 검사 가능성을 이야기했다. "확실히 하기 위해서." 그러나 그건 불손한 아이디어 같다는 생각에 고려하지 않았다. 하지만 계속 떠올랐다.

산드라와 나는 계속해서 이메일을 교환했고, DNA 검사 이야기가 다시 나왔다. 나는 가능성을 시험해보고 싶었다. 나는 그녀에게 말했다. 과정은 꽤 복잡했다. 두 사람의 할아버지가 동일인인지를 확인하는 일은 간단한 작업이 아니었다. 두 사람의 할머니가 같은지를 알아보는 것은 훨씬 간단하다. 할아버지가 같은지를 알아보는 것은 기술적인 면에서 더 복잡한 문제였다.

나는 레스터대학교의 유전학과 학자를 소개받았다. 공동묘지의 유해 발굴 전문가였다. 그녀는 내게 이런 문제에 특화된 전문 회사를 소개해주었다. 서로 성이 다른 두 사람–산드라와 나–의 할아버지가 같을 가능성을 평가하는 테스트가 있었다. DNA의 일부(센티모건이라고 알려진 단위)가 같은지를 비교하는 방식이었다. 테스트는 두 사람 또는 그 이상 개인 간의 같은 DNA 부분이 여러 개 필요했으며, 각 부분의 사이즈와 같은 DNA 부분(또는 덩어리)의 전체 사이즈 등이 필요했다. 이러한 센티모건과 덩어리에서 두 사람이 유전적으로 관련이 있는지 추정할 수 있다. 테스트는 확실한 것이 아니라 추정, 즉 가능성을 측정하는 것이었다. 필요한 것은 침을 묻힌 면봉이 전부였다.

어느 정도 생각을 한 후 산드라 세일러와 나는 진행하기로 합의했다. 회사에서 도구가 도착했다. 비용을 지불하면 기구를 받게 되며 면봉으로 입 안을 훑은 다음 침이 묻은 면봉을 비닐봉지에 넣고 밀봉하여 미국에 우편으로 발송한 후 결과를 기다리면 되었다. 산드라는 나보다 더 용감했다. "어제 저녁에 꼼꼼하게 입안을 훑은 다음 오늘 우편으로 보냈다"고 그녀는 활기차게 이메일에 적었다.

나는 정말 알고 싶은지 확실하지 않아 면봉으로 입안을 훑을 때까지 두 달이나 걸렸다. 결국 나는 면봉을 입에 넣고 훑은 다음 우편을 보내고 기다렸다.

한 달이 지났다.

114

산드라에게서 이메일이 왔다. DNA 검사 결과를 인터넷에서 확인할 수 있다고 했다. 나는 사이트에 들어갔지만 정보가 너무 복잡해서 무슨 뜻인지 이해할 수 없었다. 그래서 회사에 도움을 요청하는 이메일을 보냈다. 내 담당자인 맥스는 즉각 답변을 보내 결과를 하나하나 설명해주었다.

맥스는 내가 "77%는 유대인 혈통이며, 23%는 유럽 혈통"이라고 설명해주었다. 이 숫자의 오차범위는 25%로 큰 편이다. 아슈케나지 유대인(독일과 프랑스를 중심으로 중부 유럽 및 동부 유럽에 퍼져 살았던 유대인)과 유럽인들 간의 역사적인 혼혈 때문이다. 맥스는 '유대인은 종교뿐만 아니라 다른 많은 것들(문화, 언어 등…)도 공유하는 일반적인 유전적 배경을 가진 사람들'이라는 통념에 비추어 보면 이 자료를 '흥미롭게' 생각하는 사람들이 있을 수도 있겠다고 했다. 나는 맥스의 분석에 별다른 의견을 제시하지 않았다. 그의 분석은 정체성 및 개인과 집단에 대한 모든 종류의 이슈를 끌어내며 내게 충격을 안겼다.

맥스는 결론을 말했다. 그는 내가 '매우 멀리' 산드라와 관련이 있을 수 있지만 오히려 맥스와 보다 가까운 관계에 있다고 했다. 이 두 경우 모두 연결고리는 한 사람의 조상, '수 세대 전'의 한 개인이다. 산드라와 내가 같은 할아버지의 자손일 가능성은 '제로'였다.

다행이었다. 나는 결론에 대해 절대 의심하지 않았다고 생각한다. 나는 나 자신에게 그렇게 말했다.

레온은 비엔나를 혼자 떠났다. 이유는 아마도 딸아이의 아버지에 대한 의심 때문이거나 그와 리타가 잘 지내지 못해서, 그가 추방당했기 때문에, 나치가 지겹거나 두려워서, 또는 떠날 수 있었기 때문에, 아니면 린덴펠트 때문에, 또는 다른 무엇……. 추측되는 이유는 무수히 많지만 그가 '혼자서 있는 아이'의 아버지라는 사실만은 의심의 여지가 없었다.

그러나 다른 불확실성이 있다. 레온은 혼자서 떠났다. 몇 달 뒤에 엘시 틸니가 비엔나로 가서 갓난아기를 데려간다. 리타는 이를 허락하고 혼자가 된다. 그들은 1937년에 결혼했고 아이는 1년 뒤에 생겼으며 결혼생활 중에 '불화, 부부관계에 통탄할 갈등'이 생겼다. 그들은 '영혼의 의사'를 찾아갔다. 뭔가 다른 일이 일어나고 있었고, 나는 아직도 그게 무엇인지 모른다.

Part VIII

뉘른베르크

NUREMBERG

115

나는 뉘른베르크법원의 600호 법정을 처음 방문했을 때 나무 패널이 주는 친밀함과 따뜻함에 충격을 받았다. 법정은 이상하게 익숙했다. 내가 예상하던 잔인한 공간이 아니었으며, 그렇게 크지도 않았다. 나는 피고인석 바로 뒤에 있는 나무 출입문을 알아보았지만 처음에는 그렇게 관심을 두지 않았다.

지금 나는 니클라스 프랑크와 함께 다시 찾아와 나무 문을 지나왔다. 니클라스가 법정을 둘러보는 동안 나는 한때 긴 법대法臺가 놓여 있었던 뒤편의 창문 아래에 서 있었다. 피고인들이 앉아 있던 두 줄의 나무 벤치 뒤의 왼쪽 벽 주변, 증인석 뒤쪽에 커다란 흰 스크린이 걸려 있는 벽을 따라 법정을 바깥쪽으로 돌아보니 승전한 연합국의 4대 열강 국기 네 개는 사라진 지 오래였다.

니클라스는 문을 밀어 열고 법정 안으로 걸어 들어간 후 문을 닫았다. 잠깐의 시간이 흐르고 문이 다시 열리더니 그가 나와 자신의 아버지가 1년 가까이 앉아 있었던 장소를 천천히 둘러보았다. 이 방에서 검사는 자신의 행동을 정당화하고 목숨을 구하기 위해 애쓰는 피고인들을 대상으로 유죄 판결을 얻어내기 위해 갖은 노력을 다했다. 변호인들은 잘 알려져 있지 않은 사실들을 밝혀내기 위해 다투었고, 이에 대해 증인이 증언하였으며 판사들은 경청했다. 피고인들은 때로는 신문 사항에 대하여 진술하지 않았다. 엄청난 양의 문서와 사진, 동영상들이 증거로 제시되고 검토되었다. 소란도 있었고, 눈물과 드라마, 그리고 지루함도 있었다. 이렇게 보면 이곳은 일반적인 법정이지만 현실에서는 이곳과 같은 곳은 없었다. 한 국가의 지도자들이 두 가지 새로운 죄목, 즉 '인도에 반하는 죄'와 '제노사이드' 혐의로 국제법정에서 재판을 받은 것은 인류 역사상 최초였다.

116

재판의 첫 날인 1945년 11월 20일 이른 아침, 한스 프랑크는 법정 뒤 교도소의 개방된 화장실이 딸린 작은 감방에서 깨어났다. 9시쯤 그는 하얀 헬멧을 쓴 교도관의 호위를 받으며 통로를 따라 법정까지 이어지는 작은 승강기 앞에 도착했다. 그는 나무 출입문을 밀어서 열고 법정 안으로 들어가 피고인석 첫 번째 줄의 의자에 앉았다. 헤르만 괴링을 포함한 5명의 피고인들 중에 그는 히틀러의 주요 민족 이론가인 알프레드 로젠베르크Alfred Rosenberg 옆에 앉았다. 검사는 국적에 따라 나뉘어 프랑크의 오른쪽 네 개의 긴 나무 테이블에 앉았다. 군복을 입은 러시아 검사들이 피고인들 가장 가까이에 앉았으며, 다음으로 프랑스, 영국 순이었다. 미국 검사들은 가장 멀리 앉았다. 검사석의 뒤편에는 기자들이 자리해서 시끄럽게 떠들었다. 그들 위 2층 방청석에는 운이 좋은 몇몇 방청객이 앉아 있었다. 프랑크의 맞은편 여성 속기사 자리 뒤에 판사석이 빈 채로 자리하고 있었다.

프랑크는 회색 양복을 입고 눈에 띄는 선글라스를 끼고 있었다. 그는 자살시도가 실패하여 생긴 상처를 가리기 위해 장갑을 낀 왼쪽 손을 숨겼다. 그는 침착했고 감정을 드러내 보이지 않았다. 14명의 다른 피고인들이 프랑크를 따라 법정으로 들어와 그의 왼쪽과 피고인석 나무의자 두 번째 줄에 앉았다. 과거 프랑크의 대리인이었으며 네덜란드의 독일제국 판무관이던 아르투어 자이스잉크바르트가 프랑크의 바로 뒤에 앉았다. 피고인 3명은 출석하지 않았다. 로버트 레이Robert Ley는 자살했고, 에른스트 칼텐부르너Ernst Kaltenbrunner는 몸이 좋지 않았으며, 마르틴 보어만Martin Bormann은 아직 체포되지 않았다.

라우터파하트는 그날 아침 법정에서 피고인들을 지켜봤지만 렘킨은 워싱턴으로 돌아갔다. 두 남자 모두 아직까지 가족들에게 무슨 일이 일어났는지 몰랐으며, 가족들은 폴란드 어디선가 행방불명된 상태였다. 두 남자는 또한 가족들의 운명과 관련해 프랑크가 어떤 역할을 했는지에 대해 아무런 정보가 없었다.

10시 정각이 되자 법정경위 한 명이 판사석(법대)과 가까운 다른 문을 통해 법정에 들어왔다. "지금부터 재판을 시작하겠습니다." 이 말은 6개의 오버헤드 마이크와 또 다른 신기한 볼거리인 어색한 헤드폰을 통해 독일어, 러시아어, 불어로 통역되었다. 프랑크의 맞은편 왼쪽의 육중한 나무 출입문이 열렸다. 이어 8명의 나이 든 남성들이 들어섰다. 여섯 명은 검정 가운을, 두 소비에트 판사는 군복을 입고 법대로 향했다.

프랑크는 베를린에서 마지막으로 함께한 지 10년이 지났지만 판사 중 한 명을 알고 있었다. 프랑스 판사 앙리 돈디유 드 바브르였다.

이 법정의 재판장을 맡은 영국 대법관 제프리 로렌스 경Sir Geoffrey Lawrence

이 판사석 가운데에 앉았다. 대머리에다 찰스 디킨스의 소설에 나오는 인물처럼 생긴 그는 몇 주 전에 영국 총리인 클레멘트 애틀리Clement Attlee에 의해 임명되었다. 나머지 일곱 명 판사들의 선택으로 제프리 로렌스 경이 이 재판을 주재하게 되었는데, 그 외의 다른 판사들은 만장일치의 동의를 얻지 못했기 때문이었다. 그와 그의 아내인 마조리는 도시 외곽의 슈틸러 거리 15번지에 입주하였는데, 이 대저택은 한때 유대인 장난감 생산업자의 소유였다가 후에 SS의 식당으로 사용되었다.

연합국 4대 열강은 각각 2명의 판사를 지명할 권한이 있었고, 피고인들은 각각의 판사에 대한 사소한 정보라도 얻기 위해 애썼다. 피고인의 입장에서 보면 왼쪽 끝에 전 소비에트 외교관인 알렉산더 볼치코프Alexander Volchkov 중령이 앉아 있었고, 그 옆은 강경파 군법무관이면서 한때 스탈린의 여론조작용 재판에서 판사를 역임한 음침한 얼굴의 이오나 니키첸코Iona Nikitchenko 소장이었다. 그 다음은 프랑크에게 약간의 희망을 줄 수도 있는 두 명의 영국 판사가 앉아 있었다. 노먼 버킷Norman Birkett-1942년 봄 듀크대학에서 렘킨과 강의 연단을 함께 사용했던 사람-은 감리교 전도사였다가 국회의원이 되었다가 판사가 되었다. 그 오른쪽은 제프리 로렌스 경이 앉았으며, 그는 성공한 법정변호사였다. 그 다음에는 로버트 잭슨의 후임으로 루즈벨트 내각의 법무장관을 지낸 선임 미국 판사 프란시스 비들Francis Biddle이 앉았다. 그는 한때 라우터파하트와 함께 일했다. 다음은 버지니아 리치몬드 출신의 판사 존 파커John Parker로, 여전히 대법관으로 지명받기 위한 노력이 실패한 것에 분노하고 있었다. 프랑스 판사들이 오른쪽 끝에 앉았다. 소르본대학의 형법 교수인 앙리 돈디유 드 바브르와 1940년 말에 유대인이라는 이유로 법무부에서 해직됐던 현 파리 상고법원 판사인 로베르 팔코Robert Falco였다. 판사 뒤에는 승리했음을 상기시키는 4개의 연합국 국기가 걸려 있었다. 독일 국기는 없었다.

로렌스 재판장이 재판을 개시했다. 그는 "본 재판은 세계 법률 역사상 유례가 없는 재판입니다"라고 말문을 열며 공소장을 읽기 전에 간단한 소개를 했다. 품행이 바른 프랑크와 다른 피고인들은 공손하게 듣고 있었다. 4개 연합국의 검사들은 각각의 공소사실을 하나씩 낭독하였다. 미국 검사들이 첫 번째 공소사실인 국제범죄를 공모했다는 점을 낭독하였다. 바통은 영국 검사들에게 넘겨져 둥근 얼굴의 데이비드 막스웰 파이프 경Sir David Maxwell Fyfe이 두 번째 공소사실인 평화에 반하는 범죄에 관해 낭독하였다.

세 번째 공소사실은 프랑스 검사들에게 할당된 '제노사이드' 혐의를 포함한 전쟁범죄였다. 프랑크는 이 용어에 어리둥절했을 것이며, 어떻게 이 용어가 여기까지 와서 피에르 무니Pierre Mounier 검사가 이 법정에서 사용하게 되었을까 궁금했을 것이다. 네 번째인 마지막 공소사실은 소비에트 검사가 낭독한 '인도에 반하는 죄'였다. 프랑크에게는 또다시 어리둥절한 새로운 죄목으로, 이 공개 법정에서 처음으로 사용되는 용어였다.

공소사실이 모두 낭독된 다음에 검사들은 피고인들이 저지른 끔찍한 공소사실, 살인과 다른 경악할 행위에 대해 길게 설명했다. 유대인과 폴란드인에 대한 잔학행위에 대해 설명하기 위해 소비에트 검사팀은 리비우에서 자행된 잔학행위를 예로 들었다. 1942년 8월의 행위도 언급했다. 프랑크는 개인적으로 잘 알고 있는 내용이었고, 라우터파하트는 상상으로만 가능했던 일이었다. 소비에트 검사는 날짜와 숫자에 있어 놀랍도록 정확했다. 그는 판사들에게 1941년 9월 7일과 1943년 7월 6일 사이에 독일인들이 렘베르크 중심의 야노브스카 강제수용소에서 8,000명 이상의 아이들을 죽였다고 말했다. 공판기록을 읽으며 나는 프랑크가 8월 1일 대학의 강당에서 했던 연설이나 베히터 부인과 함께 두었다가 패한 체스 경기를 기억하는지 궁금해졌다. 뉴스영화를 보면 프랑크는 어떤 반응도 보이지 않았다.

첫날 재판은 길었다. 일반적인 사실을 밝히고 검사들은 각각의 피고인들의 행위로 초점을 옮겼다. 첫 번째는 헤르만 괴링이며 다음은 요아힘 폰 리벤트로프Joachim von Ribbentrop, 루돌프 헤스Rudolf Höss, 에른스트 칼텐부르너Ernst Kaltenbrunner, 알프레드 로젠베르크Alfred Rosenberg 그리고 한스 프랑크였다. 그의 역할은 렘킨의 제노사이드를 지지했던 인물인 미국 검사 시드니 알더만Sidney Alderman에 의해 요약되었다. 그가 프랑크의 역할을 압축하는 데는 한두 문장이면 충분했다. 이미 세부 정보가 프랑크의 변호인인 알프레드 사이들 박사Dr. Alfred Seidl와 공유되었으므로 전 총독은 무슨 이야기를 할지 알고 있었을 것이다. 알더만은 1939년까지 프랑크가 했던 역할을 설명하고, 그후에 히틀러 총통에 의해 총독으로 임명되었다고 설명했다. 그는 히틀러에게 개인적인 영향을 끼친 것으로 알려져 있으며, 전쟁범죄와 인도에 반하는 죄를 "명령하고, 지휘하였으며, 참여했다." 폴란드와 렘베르크에서 행해진 사건들이 재판의 핵심이었다.

117

라우터파하트는 부모님을 만나러 팔레스타인에 간 레이첼에게 편지를 써 '만감이 교차한', 그가 절대 잊지 못할, 하지만 거의 입에 올리지 않는 날의 이야기를 전했다. "주권국가가 피고인석에 앉아 있는 것을 지켜보는 것은 역사상 처음 있는, 절대 잊을 수 없는 경험이었다."

라우터파하트는 소비에트 검사들이 렘베르크에서의 살상에 대해 설명하는 것을 듣는 동안 가족의 생사에 대해 완전히 비관적인 생각을 하게 되었다. 언론은 그가 하틀리 쇼크로스 경Sir Hartley Shawcross이 이끄는 팀에서 중요한 역할을 담당한다며 그의 존재를 보도하였다. "영국의 젊은 검사팀은 케임브리지대학의 라우터파하트 교수로 인해 강력하게 보강되었다." 〈타임스〉는 이렇게 보도하며 그를 '국제법 분야의 탁월한 권위자'로 표현했다. 그는 재판 하루 전에 케임브리지에서 뉘른베르크로 왔는데, 현재도 여전히 아름다운 고급 바가 있는 그랜드 호텔에 짐을 풀었다. 그는 출입증(No.146)을 발급받아 재판소 건물과 주변을 출입할 수 있었다(이 출입증을 보유한 사람은 보안구역과 법정에 들어갈 수 있었다).

소비에트 검사들이 인도에 반하는 죄에 대해 설명할 때 개인의 보호가 중요한 문제로 부각되었다. 라우터파하트는 그가 비현실적인 개념으로 개인의 보호의 중요성을 퇴색시킬까 우려하여 인정하지 않았던 제노사이드를 언급하는 것을 들었다. 그는 '제노사이드'에 대한 집중이 잠재해 있던 민족 중심주의의 본능을 강화할까 봐, 혹시 하나의 집단을 다른 집단에 맞서게 하면서 '우리' 그리고 '그들'이라는 의미를 강화할까 봐 걱정하였다.

프랑크를 포함한 피고인들은 아주 근접해 있어서 강렬한 인상을 남겼다. "내 책상은 피고인들로부터 15야드 정도 떨어져 있었다." 그는 그래서 가까이에서 관찰할 수 있었다고 레이첼에게 설명했다. 피고인들의 공소사실이 공개적으로 선언될 때 그들의 표정을 보는 것은 '아주 큰 만족'을 주었다. 하지만 그는 재판 첫날 묘사된 끔찍한 사실, 1942년 여름에 렘베르크에서 벌어진 일에 대해서는 전혀 이야기하지 않았다. 라우터파하트가 특별히 프랑크를 주목했을까? 또 프랑크는 라우터파하트를 주목했을까? 나는 엘리에게 아버지가 방청석, 영국 검사들, 또는 다른 곳 중에서 어디에 앉았었는지 아느냐고 물었다. 엘리는 모른다고 답했다. 그는 "아버지는

뉘른베르크 법원의 영국 검사팀. 1945년 12월, 〈일러스트레이티드 런던 뉴스〉(앞줄 왼쪽부터 라우터파하트, 파이프, 쇼크로스, 카키 로버츠, 페트릭 딘)

그것에 대해 내게 말씀하시지 않았어요. 법정에 있는 아버지 사진도 없습니다"라고 설명했다. 남은 것은 〈일러스트레이티드 런던 뉴스〉Illustrated London News에 실린 법정 밖에 있는 영국 검사팀의 사진뿐이었다.

양복을 입은 웃음기 없는 12명의 남자들. 쇼크로스가 가운데에 앉아 다리를 꼬고 손은 무릎에 올린 채 있다. 그의 오른쪽에 사진기자를 바라보며 침울한 표정을 짓는 데이비드 막스웰 파이프가 있으며, 그 다음에 첫 번째 줄의 맨 앞에 라우터파하트가 팔짱을 끼고 카메라를 바라보고 있었다. 그는 자신만만하고 심지어 만족스러운 표정이었다.

나는 라우터파하트가 600호 법정에서 어디에 앉았을까 궁금했다. 따뜻한 9월 오후, 나는 런던 서부 교외의 게티 이미지기록보관실에 틀어박혔

뉘른베르크, 1945년 11월 20일. 쇼크로스(카메라 응시하는 이)가 법정으로 입장하고 있으며, 라우터파하트가 뒤따르고 있다.

다. 그곳에서 지금은 없어진 신문사인 〈픽처 포스트〉Picture Post에서 돈을 받고 개인적으로 촬영한 것을 포함해 많은 재판 사진을 찾았다. 〈픽처 포스트〉는 몇 명의 사진기자들을 재판소에 파견했었다. 밀착 인화지–"독일 사진사가 찍은 겁니다." 기록관리자가 역설적인 미소를 지으며 설명했다–와 많은 음화가 있었다. 사진은 손상되기 쉬운 사각형의 얇은 유리판 위에 찍혀 있어서 특별한 장비(뷰어)가 있어야 볼 수 있었다. 보호용 반투명 종이 봉투에서 유리판을 하나씩 떼어내고 뷰어에 올린 다음 초점을 맞춰야 볼 수 있는데, 시간이 많이 걸리는 작업이었다. 오후 내내 수백 장의 작은 봉투와 유리판이 내 손을 거쳐 갔고, 이런 노동집약적 작업을 하면서 라우터파하트를 찾았다. 많은 시간이 지나고 나는 재판을 시작하는 날 진한 색

1945년 11월 20일, 뉘른베르크 법원

양복에 흰 셔츠와 익숙한 둥근 테의 안경을 쓰고 불안한 표정으로 재판장으로 들어가는 그를 발견했다. 그의 앞에는 하틀리 쇼크로스가 있었는데, 그는 무시하는 듯한 태도로 카메라를 쳐다보고 있었다. 두 사람 모두 피고인을 만나기 직전이었다.

나는 수많은 유리판 속에 있는 작은 얼굴들 중에서 라우터파하트의 다른 사진을 찾으려 애썼다. 그날 법정에는 너무나 많은 사람이 있었고, 작업은 마치 화가 브뤼헐Bruegel의 그림에서 익숙한 얼굴을 찾는 것과 같았다. 결국 나는 프랑크에게서 멀지 않은 거리에 있는 그를 찾아냈다.

사진은 재판 첫날에 법정의 위층에서 아래를 향해 촬영된 것이었다. 피고인들은 아래층 오른쪽 코너에 있었다. 그중 가장 눈에 띄는 인물은 헤르만 괴링으로, 유난히 밝은 색의 양복을 입고 몸을 앞으로 숙이고 있었다. 피고인석인 나무의자에는 괴링의 왼쪽으로 다섯 명의 피고인들이 앉아 있었는데, 문이 열리면서 이미지가 가려지기 직전에 나는 프랑크의 반쯤 숙인 머리를 볼 수 있었다. 그는 프랑크의 무릎에 있는 뭔가를 보는 것 같은 알프레드 로젠베르크 옆에 앉아 있었다.

나는 다섯 개의 나무책상이 찍힌 사진을 찾았는데, 각각의 책상에는 9개 또는 10개의 자리가 있었다. 영국 검사팀은 왼쪽에서 두 번째 책상에 앉아 있었다. 데이비드 맥스웰 파이프는 발언대 앞에서 판사에게 발언하고 있는 소비에트 검사 왼쪽에 앉아 있었으며, 맨 왼쪽의 판사는 사진에서 보이지 않았다. 라우터파하트는 같은 책상의 끝에 보였다. 두 손을 턱 밑에 대고 강한 관심을 보이며 생각에 잠긴 듯했다. 피고인 쪽을 보는 그는 프랑크로부터 책상과 의자 몇 개를 사이에 두고 앉아 있었다.

프랑크는 그날 분명 심란했을 것이다. 브리깃데는 프랑크가 말케 부흐홀츠 등 15,000명 이상의 비엔나 출신 유대인을 테레지엔슈타트로 추방하는 일을 감독했던 비엔나의 전직 지방장관 알프레드 로젠베르크와 발두어 폰 쉬라흐에게 이야기를 했다고 적었다. 그녀는 남편에게 니클라스와 다른 아이들이 거리로 내몰려 빵을 구걸한다고 말했다.

"이보게, 로젠베르크. 이런 파괴와 비참함이 꼭 필요했을까?" 프랑크가 물었다. "이 모든 민족정책의 의미는 무엇이지?"

발두어 폰 쉬라흐는 로젠베르크가 자신의 민족정책이 대량학살과 전쟁으로 이어질 것이라 생각하지 못했다고 말하는 것을 들었다. "나는 단지 평화적인 해결책을 찾았을 뿐입니다."

118

재판 이틀째 날, 프랑크는 라우터파하트가 있는 자리에서 자신은 무죄라고 주장했다. 하긴 다른 피고인과 마찬가지로 그도 '무죄'와 '유죄', 둘 중 한 가지를 주장할 수 있었다. 프랑크 전에 발언한 다섯 명의 피고인들 모두가 '무죄'를 주장했다.

"한스 프랑크." 로렌스 재판장이 카랑카랑한 목소리로 독일 법률가에게 일어서라고 명령했다. 그날 법정에 있었던 미국의 전쟁 전문기자, 마사 겔혼Martha Gellhorn은 프랑크의 작고 천박한 얼굴, 분홍색 뺨과 작고 날렵한 코와 검은색의 윤기 나는 머리카락에 충격을 받았다. 그녀는 프랑크가 환자와 같은 분위기, 텅 빈 레스토랑의 웨이터처럼 경련을 일으킬 듯 미친 루돌프 헤스와 비교하면 매우 침착했다고 전했다.

프랑크의 선글라스는 사람들이 그의 눈을 볼 수 없도록 만들었고, 그의 감정에 대해서도 비슷한 효과를 가져왔다. 그는 두 가지 선택의 장단점을 비교하고 서른여덟 권의 일기를 검찰에 제공할 수 있는 기회를 생각해 볼 충분한 시간을 가졌을 것이다. 만약 그가 다른 피고인들과 자신을 차별화하기 위해 아주 조금, 어느 정도의 책임감을 표현할 생각이있다면 그는 그것을 드러내지 않았을 것이다.

"나는 무죄를 주장합니다." 그는 일어서서 분명하게 말한 다음 피고인석에 다시 앉았다. 나는 바로 앞에 앉아 있는 변호인들이 쳐다보는 가운데, 그가 장갑을 낀 왼손으로 피고인석 철제 난간을 짚고 타이트하게 단추를 채운 재킷을 입고서 똑바로 서서 긍지가 가득한 단호한 표정으로 전면에 있는 판사들을 바라보는 사진을 발견했다.

피고인 중 '유죄'를 인정한 사람은 아무도 없었다. 그들은 전체적으로 태도가 좋았지만 괴링이 한 가지 소란을 일으켰다. 그가 갑자기 일어나 재판부에게 뭐라고 말을 하려고 했는데, 로렌스 재판장이 즉각적이고 단호하게 제지했다. "앉으시오. 아무 말도 하지 마시오." 괴링은 저항하지 않았고, 이는 주도권이 이동했다는 사실을 분명하게 보여주는 순간이었다. 이어 재판장은 미국 수석검사 로버트 잭슨에게 검사측이 사건에 대하여 진술하라고 말했다.

그후 한 시간 동안, 잭슨은 그를 전 세계적으로 유명하게 만든 용어를 말한다. 라우터파하트는 그가 존경하는 동료의 바로 뒤에 앉아 잭슨이 종이와 펜을 가지런히 놓아둔 나무 발언대로 몇 발자국 걸어가는 것을 지켜보았다. 변호인단 뒤의 피고인석에서 프랑크는 미국 검사측 핵심인물의 모습을 강렬한 눈빛으로 응시하였다.

"세계 평화를 위협하는 범죄에 대한 역사상 최초의 재판을 시작하는 영광은 엄청난 책임감을 동반합니다." 잭슨은 단어 하나, 하나의 중요성을

"나는 무죄를 주장합니다." 한스 프랑크, 1945년 11월 21일

강조하며 매우 조심스럽게 단어를 선택했다. 그는 승리자의 자비와 패배자의 책임, 비난받고 처벌되어야 할 계획적이고 사악하고 파괴적인 잘못에 대해 이야기했다. 시민들은 자신들의 존재가 무시되는 것을 더 이상 참지 않을 것이며, 이런 일은 반복되어서는 안 된다. "승리에 도취되고 부상에 고통 받는 위대한 4개국이 복수를 선택하지 않고 자발적으로 생포한 적을 법의 심판대 앞에 세운 것은 권력은 이성[Reason]에 따른다는 사실을 증명하는 가장 확실한 증거입니다."

침착하게 연설을 하는 잭슨은 그 긴 시간 중에 법정 안에서 느껴지는 특별히 강렬한 순간을 놓치지 않고 더욱 강하게 밀어붙이며 앞으로 전개할 실질적인 방법을 제안했다. 그렇다. 그는 이 재판이 '새롭고 실험적'이라고 인정하며 '가장 위협적인 존재에 대항할 수 있는 국제법을 활용할 수 있도록' 만들어졌다고 강조했다. 하지만 재판은 명확하지 않은 법 이론을 증명하기 위한 것이 아니라 현실적이어야 하며, '소수의 사람들에 의한 하찮은 범죄의 처벌'을 위한 것도 분명 아니라고 강조했다. 피고인들은 엄청난 권력을 소유했고, 그것을 사용하여 '전 세계를 대상으로 악마 같은 짓을 한 사람들'이었다.

잭슨은 피고인들에 대해 이야기했다. 완전함을 향한 게르만족 특유의 열정, 그들의 행동을 글로 기록하는 성향, 소수민족과 유대인에 대한 취급과 인정사정없이 많은 인간을 죽인 대량학살, 인도에 반하는 죄의 자행. 이것들은 1941년 뉴욕에서 라우터파하트와 나누었던 생각이며, 그리고 다시 4년 뒤에 크랜머 로드의 정원에서 했던 이야기이다. 이 연설은 1941년 9월 라우터파하트가 인디애나폴리스에서 주장했던 주제들이다. 그때 렘킨은 라우터파하트가 국제적 무법에 대항하여 '법의 지배'를 요청하던 것을 들었다.

잭슨은 한스 프랑크라는 인물을 지목했다. 프랑크는 자신의 이름이 언급될 때 의외로 활기를 띠는 것 같았다. "법률가로서 나는 부끄러움을 느끼며 말합니다." 그리고 뉘른베르크 법령의 작성을 도와준 한 사람으로서 잭슨은 프랑크의 일기를 소개했다. 개인적인 사색의 내용과 대중연설 등이 들어 있는 이 일기는 이번 재판 과정에서 핵심적인 역할을 할 것이라는 조짐을 일찍부터 보였다. "나는 모든 벼룩과 유대인을 1년 안에 없앨 수는 없다." 프랑크가 1940년에 한 말이었다. 1년 후, 그는 백만 명 이상의 폴란드인을 독일제국으로 보냈다고 자랑스럽게 말했다. 그리고 1944년 소비에트가 크라쿠프에 접근하던 때에도 프랑크는 유대인들을 '제거되어야 할 민족'이라고 선언하며 지속적으로 조치를 취했다. 일기는 금맥과 같았다. 만약 프랑크가 그의 말이 어떻게 사용될지에 대한 예상을 했었다면 그는 이것을 보여주지 않았을 것이다.

이 같이 풍부한 증거 덕분에 잭슨은 그의 검찰측 진술을 간단한 답변서와 함께 마칠 수 있었다. 재판은 법의 규율을 국가지도자들에게 반영하기 위한 노력이고, 그 유용성은 새로운 국제연합이 평화와 법치를 향한 길을 제시하듯 법의 부재상태를 종식시킬 수 있는 재판의 역량에 의해 평가된다. 하지만 잭슨은 진정한 피해자는 연합국이 아니라 문명 그 자체라고 했다. 왜냐하면 피고인들은 독일 국민을 매우 비참하고 불쌍한 상태로 전락시켰고, 모든 대륙을 미움과 폭력으로 혼란스럽게 만들었으며, 국제법이 인간의 도덕성보다 훨씬 뒤떨어진 것으로 인식되도록 했기 때문이었다. "판사들은 '국제법이 평화의 편임을 분명히 해야 한다. 그래야 모든 나라에서 선의의 남성과 여성이 법 아래에서 누군가의 허가 없이 살아가는 것이 허용될 것이다." 라우터파하트는 그의 말 속에서 전지전능한 영국 군주가 법의 제약을 굴복시키려 했던 1689년 영국에서의 사건을 떠올리게 하는 러디어드 키플링Rudyard Kipling의 시, 〈오래된 문제〉The Old Issue에서 표현의 일부를 가져왔다는 것을 알아차렸다.

잭슨이 검찰측 진술을 하는 동안 라우터파하트는 전혀 감정을 내비치지 않았다. 그는 현실적이고, 침착하고, 냉정하며, 인내심이 강했다. 잭슨의 발언은 훌륭했고 역사적이었다. 라우터파하트는 레이첼에게 '위대한 개인의 승리'라고 말했을 것이다. 그는 그들이 자행한 잔학행위 이야기를 들을 수밖에 없는 프랑크와 다른 피고인들의 얼굴을 보면서 만족을 느꼈다. 잭슨이 진술을 마치자 라우터파하트는 그에게로 다가가 악수를 하며 '긴 1분' 동안 교감을 지속했다. 그는 잭슨의 발언에서 한 가지 눈에 띄는, 삭제된 부분이 있었음을 알았다. 지난 5월 렘킨의 주장을 지지했음에도 불구하고, 10월 최종 공소장을 작성할 때 잭슨은 '제노사이드'라는 단어를 사용하지 않았다.

119

라우터파하트는 재판 사흘째에 뉘른베르크를 떠나 케임브리지의 강의실로 돌아왔다. 그는 정부 관련 업무 때문에 런던으로 돌아와야 했던 쇼크로스와 함께 움직였다. 쇼크로스는 영국 검사측의 모두진술을 위해 12월 4일에 돌아와야 했다. 쇼크로스는 그를 대행하는 막스웰 파이프가 첫 번째 영국 검사측 발언자가 되는 것을 원치 않았다.

집으로 돌아가는 라우터파하트의 여정은 악천후 때문에 시간이 오래 걸렸다. 작은 비행기가 크로이든 공항에 착륙했을 때 라우터파하트는 몸이 좋지 않았다. 평소에도 불면증에 시달리던 그는 밤이 되면 법정에서 들었던 자세한 이야기들이 생각나 훨씬 힘든 시간을 보냈다. 프랑크의 일기에 적혀 있던 이야기, 로보프에 있는 가족에 대한 걱정과 두려움, 가족들을 영국으로 이주하도록 설득하는 데 실패했다는 자책감. 이런 개인적인 고민이 구성도 나쁘고 법적 기반도 약한 쇼크로스의 모두진술이 실망스러울 수도 있다는 우려 때문에 더욱 심해졌다.

라우터파하트는 잭슨의 인상적인 모두진술로 영국팀은 더 잘해야 한다고 레이첼에게 그리고 쇼크로스에게 이야기하였다. 하지만 진술 원고 초안의 대부분을 직접 작성한 쇼크로스에게는 쉬운 일이 아니었다. 쇼크로스는 그에게 초안을 수정해달라고 요청했으며, 이것은 거부할 수 있는 요청이 아니었다. 라우터파하트는 휴식을 취하라는 주치의의 조언을 무시하고 일주일 내내 그 일에 매달렸다. 자신의 아이디어인 개인의 보호와 인도에 반하는 죄를 알릴 수 있는 기회였다. 그는 손글씨로 초안을 작성하여 그의 충성스러운 비서인 라이온스 부인에게 넘겨 타이핑을 부탁했다. 타이핑한 최종 원고는 30페이지가 넘었으며, 케임브리지에서부터 기차로 런던의 리버풀 스트리트 역까지 배달되어 최종적으로 쇼크로스 사무실 직원에게 전해졌다.

엘리는 그의 아버지가 직접 자필로 작성한 초안 원본을 가지고 있었다. 나는 쇼크로스가 그에게 의뢰한 연설의 주요 주제인 독일의 호전성을 다루는 방식을 읽을 수 있었다. 순서는 좋았다. 그는 그 다음으로 자신이 더욱 큰 열정을 가지고 있는 주제에 대해 논했다. 바로 개인의 권리 문제였다. 그가 다듬은 연설문은 불과 몇 달 전에 발표된 〈국제인권장전〉An International Bill of the Rights of Man을 소개하는 데 더 많은 공을 들이고 있었다. 그의 사상의 핵심은 한 문장으로 요약된다. "국제사회는 과거에 인류의 도덕적 관념에 충격을 주기 위해 계산된 방식으로 국가에 의해 짓밟힌 인권을 국민을 대표하여 중재할 권리를 주장했고 성공적으로 행사해왔다."

이런 표현은 연합국이 군사력을 사용하여 인권을 보호할 권리가 있다는 판결을 내리도록 법정에 촉구하는 것이었다. 그 당시 이런 논리는 논쟁의 여지가 있었으며, 지금까지도 종종 '인도적인 간섭'이라고 일컬어지는 행위로 여전히 논란의 여지가 있다. 사실 라우터파하트의 자필 초안을 처음 보았을 때부터 미국 대통령 오바마와 영국 총리 데이비드 캐머런이 수십만 명의 인권을 보호하기 위해 시리아에 군사력을 투입하는 것이 법적으로 정당하다는 내용으로 미국 의회와 영국 의회를 각각 설득한 일이 생각났다. 두 정상의 논리는 −성공하지 못했으나− 라우터파하트가 설명한 관념에 기반한 것으로, 인도에 반하는 죄의 개념을 반영하여 지나치게 악랄한 행위에 대해서는 제3자가 보호를 목적으로 개입할 권리가 있다는 주장이었다. 라우터파하트는 자신이 이미 존재하는 잘 구성된 규정을 발전시킨 것뿐이라고 주장했다. 그 논리−1945년을 기준으로는 상당히 야심찼던−는 학술적 이론이 아닌 현실적 선택지로 만들어졌다.

라우터파하트의 초안은 나치 또는 독일인들을 집단으로 보거나 유대인이나 폴란드인 또는 다른 어떤 집단에 가한 범죄에 대해서는 언급하지 않았다. 라우터파하트는 피해자이든 가해자이든 모두 법적인 면에서의 집단 정체성과는 거리를 두었다. 왜 이런 접근법을 택했을까? 그는 이 점에 대해 설명한 적이 없다. 하지만 나는 그가 렘베르크에서 경험한 것과 관련이 있다는 생각이 불현듯 들었다. 바리케이드에서 한 집단이 다른 집단에 어떻게 맞서는지 직접 목격했던 경험. 나중에 그는 폴란드 소수민족보호조약처럼 일부 집단을 보호하려는 욕구가 얼마나 끔찍한 반발을 일으키는지 직접 목격했다. 제대로 만들어지지 않은 법은 의도치 않은 결과를 낳아 법을 통해 방지하고자 했던 잘못을 오히려 부추길 수 있다. 나는 개인이 속한 집단의 종류와 상관없이 개개인의 보호를 강화하고자 하며, 부족주의를 부추기는 것이 아니라 그것의 잠재력을 제한하려는 의도로써 라우터파하트의 의견에 본능적으로 동의한다. 라우터파하트는 집단 간 갈등의 강도를 약화시키고 싶어 했다. 그것은 합리적이고 각성된 것일 뿐 아니라 이상적인 생각이었다.

렘킨에 의해 반대논리가 강력하게 제시되었다. 그는 개인의 권리를 반대하는 것은 아니지만 개인에 지나치게 초점을 맞추는 것은 순진한 생각으로, 갈등과 폭력의 현실을 무시하는 일이라고 주장했다. 개인이 목표가 되는 것은 개인의 특징 때문이 아니라 개인이 특정한 집단의 일원이기 때문이다. 렘킨에게 있어 법은 반드시 진실한 동기와 진정한 의도를 반영해야 한다. 따라서 특정한 집단 출신의 특정 개인이 살해되었다는 점이 설명의 포인트였다. 렘킨에게는 집단에 초점을 맞추는 것이 실용적인 접근이었다.

이 두 학자의 출발점이 동일하고 효율적인 접근법에 대한 공통된 의도에도 불구하고 라우터파하트와 렘킨은 기본적 질문에 대해 제시하는 해답에서는 의견이 전혀 달랐다. 어떻게 하면 법이 집단학살을 예방할 수 있을까? 라우터파하트는 개인을 보호하라고 했고, 렘킨은 집단을 보호하라고 했다.

120

라우터파하트는 쇼크로스의 검찰측 모두진술 원고 초안을 완성하고, 11월 29일에 런던으로 보냈다. 그런데 제노사이드와 집단에 대해서는 언급하지 않았다. 그는 스스로를 위해 소박한 축하식을 했다. 어둠 속에서 트리니티 칼리지의 직원 응접실로 들어가 포트와인 한 잔을 마신 것이다. 다음날 쇼크로스는 감사의 편지를 보냈다.

쇼크로스는 라우터파하트를 남겨 두고 영국 검사팀의 모두진술을 위해 뉘른베르크로 향했다. 12월 4일, 그는 많은 사람들을 절망에 빠지게 한 강제수용소에 대한 짧은 영상을 처음으로 상영한 뒤 바로 재판정에서 모두진술을 시작했다. 흐릿한 흑백필름의 잔인한 영상은 유럽 전역에 걸친 나치의 침략 행위를 추적한 것으로, 쇼크로스의 체계적이고 침착한 진술의 효과를 배가시켰다. 1939년 폴란드를 시작으로 그는 1940년 벨기에, 네덜란드, 프랑스, 룩셈부르크로, 그리고 1941년 초 그리스와 유고슬로비아로, 마지막으로 1941년 6월 러시아로 나치의 잔학행위, 즉 바르바로사 작전을 추적했다.

쇼크로스의 법리적 주장은 라우터파하트의 초안에서 많은 부분을 가져왔다. 진술의 상당 부분에 걸쳐 인도에 반하는 죄라는 관념이 잘 구성되었으며, 국제사회가 오랜 동안 철저한 계획 하에 인류의 도덕관념에 충격을 주는 방식으로 국가에 의해 짓밟힌 인권을 그 국민을 대표하여 중재할 수 있는 권리를 주장했고, 성공적으로 행사해왔다는 점을 강조하는 케임브리지 학자의 표현을 상당 부분 사용하였다. 이 부분만 15페이지에 달했으며, 그중 12페이지는 라우터파하트에 의해 작성되었다. 쇼크로스는 인도에 반하는 죄와 인권에 대한 라우터파하트의 표현을 그대로 사용하면서, 이 법정은 국가가 원하는 대로 자국의 국민을 죽이거나 불구로 만들고 고문할 수 있다는 전통적인 생각에서 벗어나야 한다고 강력하게 주장했다.

라우터파하트는 쇼크로스에게 피고인들의 주장을 먼저 반박하라고 권유했다. 그는 피고인들이 국제법 하에서 국가 스스로가 범죄를 저지를 수 없기 때문에 국가에 충성하여 범죄를 자행한 개인 역시 유죄가 될 수 없다는 주장을 펼칠 것이라고 예상했다. 쇼크로스는 법정에서 국가도 범죄자가 될 수 있다며, 개인의 경우에 비해 더욱 극적이고 효과적인 방식으로 국가의 범죄를 억제할 필요가 있다고 주장했다. "국가를 대표하여 행동하는 개인은 직접적으로 책임이 있으며, 그래서 처벌은 그들에게 내려져야 한다." 괴링, 스피어와 프랑크가 그의 눈에 보였다.

쇼크로스의 법리적 주장의 핵심은 라우터파하트의 것이었다. "국가는 추상적인 존재가 아니다." 영국 법무장관인 쇼크로스는 재판 이전과 재판이 끝난 후에도 오래도록 자주 반복될 명확한 어구를 사용하여 선언하였다. "국가의 권리와 의무는 인간의 권리와 의무이다." 국가의 행동은 국가라는 무형 인격 뒤에 숨어 면책을 구할 수 없는 정치인들의 행동이다. 이것은 개인의 책임이라는 관념을 아우르고 근본적인 인간의 권리와 근본적인 인간의 의무를 새로운 국제적 질서의 핵심에 두는 급진적인 표현이었다.

쇼크로스는 "만약 이것이 혁신이라면 이것이야말로 지켜져야만 하는 것이다"는 말로 결론지었다.

라우터파하트의 아이디어에 따라 쇼크로스는 제노사이드에 대해 언급하지 않았다. 법무장관이 뉘른베르크에서 발언하는 동안 라우터파하트는 케임브리지에서 개인의 보호를 강조하며 재판의 역할에 대한 강의를 하고 있었다. 강의 후에 트리니티 홀의 동료인 T. 엘리스 루이스T. Ellis Lewis가 훌륭한 강의에 대한 감사의 메모를 보냈다. "당신은 머리와 심장 그리고 주제에 대한 충분한 지식이 있는 법률가에게서 기대할 수 있는 공정하고 확신에 찬 강의를 해주었습니다."

121

재판이 개시된 후 수 주일 동안 판사들은 새로운 법률적 쟁점들과 더할 나위 없이 끔찍한 증거들에 대한 설명을 들었다. 프랑크의 일기와 같은 문서 이외에도 문신을 새긴 인간의 피부, 쪼그라든 머리 등 기괴한 가공품들이 그들 앞에 놓여졌다. 그리고 법정 뒤에 걸려 있는 커다란 하얀색 스크린을 통해 영상들이 상영되었다. 한 짧은 영상에 히틀러가 등장하자 피고인들 사이에 소란이 일었다. "그에게서 대단한 힘이 느껴지지 않습니까?" 관람 도중에 리벤트로프의 목소리가 들렸다. "어떻게 사람들을 그에게 완전히 빠져들게 한 거지?" 히틀러라는 인물에게서 뿜어져 나오는 박력은 '충격적'이었다.

다른 필름들, 특히 렘베르크에서 '위대한 작전'에 참여했던 한 독일군이 찍은 영상은 순식간에 법정의 분위기를 가라앉혔다. 강제수용소에서의 총살 장면과 온 유럽에 산재한 게토의 모습. 〈뉴요커〉 잡지에 따르면, '(법정에서) 큰 소리로 낭독되는 폴란드의 나치 총독 프랑크의 일기 내용에 덧붙여진 시청각 자료' 같은 느낌이었다. 자신의 글과 관련된 이미지가 일으키는 상호작용을 지켜보며 프랑크는 바르샤바에서의 자신의 행동이나 일기를 파쇄하지 않기로 한 자신의 결정을 후회했을까? 바르샤바를 완전히 파괴하라는 히틀러의 명령을 상기했을까? 아니면 바르샤바가 화염에 휩싸인 장관을 떠올리게 하는, 그가 총통에게 보낸 –나중에 소비에트 군대에서 발견된– 자축 전보? 아니면 SS 장군 위르겐 스트로프Jurgen Stroop가 작성한 산뜻하게 제본된 게토의 파괴에 관한 보고서를 생각했을까? 아니면 쿠르치오 말라파르테와 함께했던 바르샤바 게토 방문? 혹은 그가 권좌에서 내려올 때까지 집에서 보관했던 필름에 나온 빨간 드레스를 입고 웃고 있는 소녀?

만약 그런 반성을 했다면, 프랑크의 얼굴은 그 사실을 드러내는 데 실패했다. 그는 가끔 긴장한 듯한 정중함 이상의 감정은 보이지 않았고, 눈은 선글라스에 가려져 있었다. 그것은 그가 부끄러워해서가 아니었다. 마치 법적 논쟁에 집중하며 상영된 필름에 대해 이의를 제기할 준비를 하기 위함인 것 같았다. 프랑크의 변호인인 사이들은 판사들에게 바르샤바 필름은 훨씬 복잡한 사실관계의 일면만을 보여주고 있다고 주장하며, 프랑크에게 즉각적으로 진술할 기회를 줄 것을 요청했다. 그러나 그의 요청은 거부되었다. 프랑크는 법정에서 진술할 기회가 주어지겠지만 아직은 아니라는 이유였다.

방청석에 있었던 기자들과 방청객들도 그 필름을 보았다. 재판이 진행되는 동안 눈에 띄는 방청객으로는 뉴욕의 전 시장인 피오렐로 라가디아

Fiorello La Guardia와 작가인 에블린 워Evelyn Waugh와 존 더스 패서스John Dos Passos 등이 있었다. 그리고 다른 작가, 학자, 군 장교, 심지어 배우도 있었다. 방청객들은 매일 발표되는 뉴스 기사, 즉 비싼 양복으로 한껏 멋을 낸 헤르만 괴링의 과장되게 활기찬 모습을 직접 볼 수 있다는 기대감 등에 큰 흥미를 느꼈다. 판사와 검사의 가족들 중에도 방청객이 있었으며, 그중에는 재판을 주재하고 있는 재판장 로렌스의 스무 살 난 딸 애니드 로렌스Enid Lawrence도 있었다.

122

로비Robby로 알려진, 던다스 부인이 된 애니드 로렌스는 켄싱턴에 있는 그녀의 조용하고 잘 정돈된 아파트로 나를 초대해 차를 대접해 주었다. 그녀는 공판 초반에 직접 들은 이야기를 해줄 수 있는 몇 안 되는 사람 중 하나이다. 영국 전쟁영웅의 미망인인 그녀는 부모님과 함께 머무는 동안 1945년 12월 그녀의 첫 번째 뉘른베르크 방문에 대해 열정적이며 분명하게 말해주었다. 그녀는 작은 수첩을 가지고 다니며 연필로 메모를 했는데, 지금은 그 메모를 이용하여 기억을 되살렸다.

그녀는 공식 일정으로 뉘른베르크에 출장을 갔다고 말했다. 왜냐하면 그녀는 전시와 전쟁 후에 이중간첩의 활용과 관련해 연합국을 위해 일했기 때문이다. 그녀는 피고인 중 한 명이었던 독일 국방군의 참모총장 알프레드 요들Alfred Jodl을 인터뷰하러 뉘른베르크로 갔다. 그녀는 그가 '감상적인 작은 남자'라며 꽤 협조적이었다고 기억했다. 그는 자신을 인터뷰하는 이 젊은 여성이 재판장의 딸이라는 것을 몰랐으며, 그녀가 시간이 날 때면 뉘른베르크의 여기저기를 다닌다는 것도 몰랐다.

그녀는 아버지를 존경했다. 솔직한 사람이며 개인적 야망이나 이데올로기에 익숙하지 않아서, 제노사이드나 인도에 반하는 죄 또는 집단의 보호와 개인의 보호 사이의 미묘한 차이에 관한 이론적 논쟁에는 그다지 관심이 없는 사람이었다. 그는 저녁식사를 함께하는 사적인 친목모임인 디아더 클럽the Other Club의 회원이었던 윈스턴 처칠Winston Churchill의 강력한 추천으로 지명되었다. 그녀의 아버지가 생각하는 역할은, 간단히 말하자면 사실을 바탕으로 법을 적용하고, 공정하고 신속하게 진행하는 것이었다. 그는 6개월 안에 집으로 돌아갈 수 있을 것이라 예상했었다.

로비는 아버지가 우연히 재판장을 맡게 되었다고 말했다. 모두가 수용할 수 있는 판사가 그뿐이었기 때문이다. 러시아 판사들은 미국 판사들을 싫어했고, 미국은 러시아나 프랑스를 원치 않았으며, 프랑스는 러시아를 원치 않았다. 그녀의 아버지는 책을 낸 미국 판사 비들이나 일기를 썼던 프랑스 판사 팔코(그의 일기는 재판이 끝나고 70년 후에 출판되었다)와는 달리 재판에 대해 어떠한 기록도 남기지 않았다.

"아버지는 비들의 일기를 사실이라고 인정하지 않았어요." 로비는 분명하게 말했다. 판사들 사이에서 비공개적으로 내려진 판단은 비공개로 남아야 한다.

그녀는 다른 판사들도 알게 되었다. 니키첸코 장군? "모스크바의 조종을 받았어요." 그의 부심판사인 볼치코프 중령이 훨씬 인간적이었는데, 그는 종종 그녀와 춤을 추었고 그녀에게 러시아어로 '사랑합니다'라는 표현을 가르쳐주었다고 했다(그녀의 아버지는 재판 이후에도 볼치코프와 연락을 하였으나, 어느 날 갑자기 편지가 끊겼고 외교부로부터 거리를 두라는 조언을 들었다). 돈디유는 나이가 많았고 거의 만날 수 없었다. 그녀의 아버지는 프랑스의 부심판사인 팔코와 훨씬 더 가까웠는데, 그들은 재판 후에 좋은 친구가 되었다. 그녀의 아버지는 비들 역시 좋아했다. 아이비리그 대학을 졸업한 전형적인 미국인이었다.

검사들 중에 로비가 가장 존경했던 사람은 막스웰 파이프였다. 그는 '모든 면에서 최고'였기 때문이다. 재판기간 내내 법정에 출석했던 성실하고 열정이 있는 검사였다. 나는 쇼크로스에 대해 자세히 물었다. 뉘른베르크에서 1년 내내 머물렀던 잭슨과는 달리 그는 공판의 중요한 순간에만 잠깐 나타났다가 그후로는 거의 모습을 보이지 않았다. 로비는 그 이상 이야기하기를 꺼렸으나, 쇼크로스에 대해 좋지 않은 감정을 표현한 사람이 그녀가 처음은 아니었다. 그는 훌륭한 변호사였지만 많은 사람들에게 거만하고 자기중심적으로 비쳤다.

12월 초, 로비는 600호 법정에서 5일을 보냈다. 600호 법정은 영국 법정에 비해 컸고 헤드폰을 통한 통역은 새로운 광경이었다. 모든 판사, 모든 피고인, 모든 검사……. 법정은 남자들로 넘쳐났다. 여성은 서기와 통역사(머리숱이 많은 금발의 여성은 판사들 사이에서 '열정 넘치는 건초더미'로 불렸다) 그리고 몇 명의 기자와 작가들뿐이었다.

그녀는 피고인들을 '기억에 남는 무리'로 기억했다. 괴링은 의도적으로 그렇게 행동했으므로 눈에 띄었다. 리더 기질이 다분했다. 헤스도 계속해서 얼굴을 이상하게 움직이는 등 "독특한 행동으로 꽤 눈에 띄었어요." 칼텐부르너는 길고 마른 얼굴에 아주 잔인한 인상이었다고 했다. 요들은 "잘생겼어요." 그의 상사인 빌헬름 카이텔Wilhelm Keitel은 "군인 장교처럼 생겼죠." 프란츠 폰 파펜Franz von Papen은 "아주 잘 생겼어요." 리벤트로프는 이름의 유명세 때문에 영국 언론의 주목을 받았다. 얄마르 샤흐트Hjalmar Schacht

는 "눈에 띄게 작았어요." 알베르트 슈페어? "한마디로 독특했죠." 그는 잘 참고 자제력이 있었다고 했다. 슈트라이허? "완전히 끔찍했어요." 로비 던다스는 그렇게 말하면서 미소를 지었다. "그는 생긴 것도 끔찍했고, 그에 관한 것은 모든 것이 다 끔찍해요."

프랑크? "당연하죠." 그녀는 한스 프랑크를 선글라스와 함께 기억했다. 그는 자기 세계에 갇힌 별 대수롭지 않은 사람 같았다. 영국 신문들은 그 당시 프랑크의 다양한 사진들을 보도했는데, 그녀는 만화가 데이비드 로우가 그린 그림이 떠올랐다고 했다. 로우는 "현존하는 가장 끔찍한 사람 얼굴에 대해서는 다른 의견이 있을 수 있습니다"라고 했지만, 자신은 한 치의 망설임도 없이 '바르샤바의 도살자', 프랑크에게 표를 던지지 않을 수 없다고 말했다. 늘 비웃고 중얼중얼 불평하는 모습이 만화가가 그에게 한 표를 던진 이유였다.

"항상 울던 사람 말인가요?" 그녀가 갑자기 물었다. 나는 프랑크가 흐느꼈다고 했던 다른 사람들의 말이 생각났다. 나는 그렇다고 말했다. 그녀는 히틀러에 대한 필름이 상영되자 리벤트로프와 다른 사람들이 주체할 수 없이 눈물을 흘리던 그날 법정에 있었다.

공포의 순간은 생생하게 기억에 남았다. 그녀는 다하우 강제수용소에서 온 여성 간수가 "인간의 피부로 램프의 갓을 만들었다"고 증언했던 것을 기억했다. 그녀는 기억을 잊으려는 듯 고개를 살짝 흔들었고, 그녀의 목소리는 알아들을 수 없을 정도로 낮아졌다.

"대부분 아주 지루했다가 갑자기 무슨 일이 벌어졌어요. 내 반응은 공포였습니다."

그녀는 말을 멈췄다.

"끔찍했어요……."

그녀는 '바르샤바 게토는 더 이상 없다'는 제목의 슈트로프의 보고서 요약을 들었다.

그녀는 방청석에 앉아 프랑크의 일기에서 발췌된 내용이 큰 소리로 낭독되는 것을 들었다. "우리가 120만 명의 유대인을 굶어죽게 한 것은 아주 지엽적인 일로 언급해야 한다." 그녀가 들은 말이다.

그녀는 부헨발트에서 사람의 피부를 떼어냈다는 이야기도 들었다. 그녀는 그 살아 있는 살점에 잉크로 문신을 새겨 넣었다는 이야기를 기억하고 있다.

그 증거는 로비 던다스에게 엄청난 영향을 미쳤으며 70년이 지나도록 지워지지 않았다. "나는 독일인을 혐오해요." 그녀가 갑자기 그리고 전혀 예상치 못하게 말했다. "항상 그랬습니다." 그러더니 그녀의 단아한 얼굴에 살짝 후회하는 표정이 스쳤다. "미안합니다." 그녀가 너무 작게 말해서 나는 말을 거의 알아듣지 못할 뻔했다. "난 아직도 그들을 용서하지 않았어요."

123

렘킨은 어땠을까? 그가 제안한 아이디어에 부합하는 재판이 시작된 지 2개월 만에 그의 모든 노력은 무의미하게 증발하는 듯 보였다. 다행히도 제노사이드는 재판 첫날 프랑스와 소비에트 검사들에 의해 언급되었다. 미국과 영국 검사들이 뒤를 이었으나 그들은 '제노사이드'라는 단어에 대한 언급을 피했다. 렘킨은 크게 실망했는데, 나머지 11월과 12월 한 달 내내 법정에서 그 단어는 전혀 언급되지 않았다.

렘킨은 잭슨팀의 조치에 따라 뉘른베르크에서 멀리 떨어진 워싱턴에서 재판의 진행과정을 지켜봤다. 그가 자문으로 일하는 전쟁범죄국에 도착하는, 제노사이드에 관한 언급이 없는, 매일매일의 재판 기록과 뉴스를 읽는 것은 절망스러웠다. 아마도 미국 원주민 인디언들과 흑인에 대한 지역 정책이 많았던 남부의 상원의원들 때문에 잭슨과 잭슨팀은 제노사이드 혐의가 내포하는 의미를 꺼리는 듯했다.

잭슨팀은 렘킨이 재판에 관여하지 못하도록 적극적인 조치를 취했다. 지난 10월 그가 고집스러운 행동을 하면서 런던에서 문제를 일으킨 것을 생각하면 놀랄 일도 아니었다. 대신 그는 1946년 도쿄에서 열릴 예정인 또 다른 전쟁범죄 재판의 준비에 집중했다. 그러나 그는 저명한 작가 슈테판 츠바이크와 친했고, 제1차 세계대전에서 독일 장군이었다가 후에 뮌헨에서 학자가 된 칼 하우스호퍼Karl Haushofer의 활동을 조사하는 임무를 맡았다. 하우스호퍼는 다른 나라의 영토를 빼앗아 독일인의 생활공간을 넓힐 필요가 있다는 레벤스라움Lebensraum 관념의 지적 토대를 세웠고, 루돌프 헤스가 그의 연구 조교였다고 알려져 있다. 렘킨은 하우스호퍼의 기소를 제안하였으나 잭슨은 그의 활동이 '교육과 집필'에만 제한되었다는 이유로 거부했다. 그러는 와중에 하우스호퍼와 그의 아내가 자살함으로써 이 문제는 더 이상 논의가 불필요하게 되었다.

12월 20일, 재판장이 크리스마스 휴가를 이유로 휴정을 선언하였다. 돈디유는 파리의 생미셸 대로에 있는 자신의 아파트로 돌아갔는데, 그곳에서 렘킨의 저서《추축국의 유럽 점령지 통치》와 함께 렘킨의 편지를 보게 되었다. 렘킨은 1946년 1월에 답장을 받았는데, 이로써 재판에 참가할 방법을 찾고자 하는 폴란드 변호사 렘킨의 열정에 불이 붙었다. "아마도 당신을 뉘른베르크에서 만나는 기쁨을 누릴 수도 있겠군요." 프랑스 판사는 호의적으로 이렇게 적었다. 두 남자는 1930년대 국제연맹 회의 때부터 알던 사이였다. "당신의 편지를 받고 소식을 듣게 되어 너무나 기쁩니다." 돈디유는 날렵한 손글씨로 이렇게 적으며 렘킨의 편지가 도착하기까지 시간이 너무 오래 걸린 것에 놀랐다. "나는 국제군사법정의 판사입니다." 그는 렘킨이 모를지도 모른다는 듯 덧붙였다.

이 프랑스 판사는 렘킨의 책을 '중요한 연구'라고 칭찬하였다. 그는 솔직히 모든 페이지를 다 읽지는 못했다면서 일이 많이 밀려서 훑어보는 것만 가능했다고 설명했다. 하지만 그는 9장을 읽었으며, '제노사이드'라는 용어는 이번 재판에서 주의를 기울여야 할 끔찍한 범죄를 정확하게 칭하는 용어로 아주 적절하다고 생각한다고 했다. 렘킨은 표현의 애매함은 인정하면서도 그의 편지에 기분이 들떴을 것이다. 어쨌든 돈디유는 1935년 프랑크의 베를린 초청을 수락했을 것으로 생각되는 사람이다.

"아, 폴란드가 가장 큰 피해자였습니다." 프랑스 판사는 말했다. 단순히 증거들만을 접했던 판사가 그렇게 표현한 것은 의아하다. 물론 폴란드도 피해자이긴 하지만 가장 큰 피해자일까? 아마도 그는 폴란드인인 렘킨에게 예의상 그랬는지 모르겠다. 어쩌면 그는 렘킨이 유대인이라는 사실을 몰랐을지도 모른다. "우리의 친구 라파포트Rappaport의 소식을 아십니까?" 그는 폴란드 대법원 판사로서, 1933년 10월 렘킨에게 마드리드로 가지 말도록 만류했던 사람에 대해 물었다(라파포트는 전쟁에서 살아남아 폴란드 대법원장으로 임명되었는데, 영화 〈쉰들러 리스트〉로 더욱 유명해진 아몬 괴트와 프랑크의 동료인 요제프 뷜러와 아우슈비츠 수용소장 루돌프 헤스의 재판을 진행하여 모두에게 사형을 선고했다).

돈디유는 레지스탕스였던 그의 사위가 1년 전에 전사했고, 전쟁범죄에 대해 책을 쓴, 제네바에 있는 베스파시안 펠라Vespasian Pella와 연락을 한다고 전했다. 돈디유의 편지는 렘킨이 몇 달 전에 편지를 썼던 런던의 주소로 보내졌고, 거기에서 워싱턴으로 다시 전달되었다. 편지는 워드맨 파크 호텔의 렘킨이 사용하는 작은 아파트에 도착했다. 렘킨은 제노사이드가 이 재판에서 어떠한 영향력을 발휘하려면 자신이 뉘른베르크에 가야 한다는 사실을 알고 있었다.

124

엘리의 아버지가 렘베르크와 주키에프에 있는 그의 부모님과 다른 가족들에게 무슨 일이 일어난 것을 어떻게 알았는지 처음 물어보았을 때, 엘리는 무뚝뚝하게 모른다고 대답했다. 집에서는 그런 얘기를 전혀 하지 않았다고 했다. "내 생각에는 아버지가 나를 보호하려 했던 것 같아서 나도 물어보지 않았어요." 이것은 레온을 비롯해 주변의 존경을 받는 많은 사람들이 선택하는 익숙한 침묵이었다.

라우터파하트와 그의 조카 잉카의 재회로 이어진 믿기 힘든 일련의 사건들은 라우터파하트와 주키에프에서 이웃으로 살았던 클라라 크라머와 내가 나누었던 대화에서 시작되었다. 주키에프에서 숨어 지낼 때 그녀와 함께 있었던 멜만Melman 씨는 자유를 되찾은 뒤 누가 살아 남았는지 알아보기 위해 렘베르크로 갔다. 그는 유대인 복지위원회를 방문하여 주키에프에서 살아 남은 몇 명의 유대인 이름 목록을 남겼다. 그중에 라우터파하트 가문 사람들이 몇 명 포함되어 있었다. 이 리스트는 위원회 사무실 벽에 붙여졌고, 잉카가 독일 점령기간 동안 피난처가 되었던 수녀원을 떠난 후 우연히 위원회에 들렀다가 그 주키에프 생존자 명단을 확인하고는 멜만 씨에게 연락을 하고 주키에프로 갔다. 그곳에서 그녀는 클라라 크라머를 소개받았다.

"멜만은 그 아름다운 아가씨와 함께 돌아왔어요." 크라머가 감격하며 내게 이야기했다. "그녀는 내가 숨어 지낸 후 처음으로 사귄 친구인데, 성모 마리아처럼 눈부셨죠." 클라라보다 세 살 어린 잉카는 그녀의 가장 친한 친구가 되었으며, 그들은 매년 더욱 가까워져 자매 같은 사이가 되었다. 잉카는 클라라에게 그녀의 삼촌인 케임브리지대학의 유명한 교수 허쉬 라우터파하트에 대해 이야기하였다. 그녀들은 멜만 부부와 1913년 렘베르크 학교에서 라우터파하트와 급우였던 파트론타쉬 씨의 도움을 받아 삼촌을 찾기 시작했다. 멜만 부부와 잉카는 8월에 소비에트가 점령한 폴란드를 떠나 비엔나 근처의 난민수용소에 도착했다. 언젠가부터 -클라라는 정확한 상황을 기억하지 못했다- 파트론타쉬 씨는 라우터파하트가 뉘른베르크 재판에 관여한다는 사실을 알았다. 아마도 신문을 통해서였을 거라고 클라라는 짐작했다. "잉카의 삼촌은 뉘른베르크에 있는데, 나는 그를 만나기 위해 노력할 거예요." 파트론타쉬 씨가 멜만 씨에게 말했다.

파트론타쉬 씨는 수용소 밖에서 살고 있었기 때문에 자유롭게 여행할 수 있었다. "그는 유명한 라우터파하트 교수를 찾아보기로 약속했어요." 클라라가 설명했다. 그는 뉘른베르크로 가서 탱크가 지키고 있는 법원 입구 밖에 서 있었다. 출입할 수 없었으므로 무작정 밖에서 기다리며 소란이 일어나지 않기를 바랐다.

"그들은 파트론타쉬 씨를 들어가지 못하게 했어요." 클라라가 덧붙였다. "그래서 그는 3주 동안 매일 밖에 서 있었습니다. 민간인이 나올 때마다 그는 '허쉬 라우터파하트, 허쉬 라우터파하트'라고 속삭였어요." 클라라는 두 손을 입가에 모아 아르투르 파트론타쉬Artur Patrontasch의 행동을 흉내냈다. 그녀가 너무 작게 말해서 겨우 들을 수 있었다. "허쉬 라우터파하트, 허쉬 라우터파하트, 허쉬 라우터파하트."

어느 순간 지나가던 사람이 속삭이는 소리를 듣고 이름을 인식한 후 파트론타쉬에게 자신이 라우터파하트를 안다고 말했다. "그렇게 해서 잉카가 삼촌을 찾은 겁니다." 이렇게 연결되어 몇 주 후 직접적인 연락으로 이어졌다. 클라라는 정확한 달을 기억하지 못했지만 1945년 12월, 해가 바뀌기 전 재판이 막 시작된 때였다. 라우터파하트는 가족에 대한 정보가 들어 있는 전보를 받았다. 자세한 내용은 없었지만 희망을 품기에는 충분했다. "나는 아이 하나라도 살아 있기를 바랐다." 라우터파하트는 12월 31일에 팔레스타인에 있는 레이첼에게 이렇게 썼다. 1946년 초 그는 잉카가 살아남은 유일한 가족이라는 것을 알았다. 몇 주가 지나고 봄이 되어 잉카와 라우터파하트 사이에 편지가 오고가기 시작했다.

클라라는 그녀의 생각을 나에게 털어놓아도 괜찮을지 물었다. 그녀는 망설였다고 했다. 영국 사람에 관한 이야기이기 때문이었다.

"솔직히 말해 독일인보다 영국인이 더 싫었을 때가 있었어요." 그녀는 사과했다. 나는 왜냐고 물었다.

"독일인들은 나를 죽이겠다고 하고 정말 죽이려고 했어요. 그리고 한참 후에 나는 난민 캠프에 있었는데, 팔레스타인에 가고 싶었죠. 그런데 영국인이 허용하지 않는 거예요. 그 순간 나는 독일인만큼이나 영국인이 미웠어요."

그녀는 미소를 지으며 그 이후 그녀의 생각이 바뀌었다고 덧붙였다. "나는 열일곱 살이었어요. 그런 감정을 가질 수 있는 나이였죠."

125

1946년 초, 한스 프랑크는 속마음을 털어놓을 수 있는 친구가 없다는 사실을 깨달았다. 아내 브리깃데와 정부인 릴리 그라우가 없는 상태에서 미군 심리학자 구스타프 길버트Gustave Gilbert 박사가 새로운 대화 상대가 되었다. 그는 프랑크의 정신건강 상태를 확인하기 위해 주의 깊게 관찰하는 임무를 맡고 있었다. 길버트는 일기를 썼는데, 많은 대화가 기록된 이 일기는 재판이 끝나고 상당한 분량의 발췌본이 출판되었다(《뉘른베르크 일기》 Nuremberg Diary, 1947년 출판).

프랑크는 그의 생각을 채우고 있는 사생활의 문제나 전문분야에 관한 문제에 대해 편하게 상의할 정도로 그 심리학자를 신뢰했다. 그는 그의 아내와 정부, 자살과 가톨릭교, 히틀러 총통(어떻게 사람이 냉혹하게도 이 모든 일을 계획했다고 상상할 수 있는가?)에 대해 이야기했다. 그는 '몽정'(길버트 박사가 표현한 방식이다)으로 이어지는 무의식적인 과격한 성적인 환상을 포함하여 생생한 꿈 이야기까지 나눴다. 길버트는 그가 다른 사람들과 나눈 비밀을 이야기하는 것에 거리낌이 없었다. 로버트 잭슨의 집에서 그는 비들 판사에게 피고인 중에 세 명의 동성애자가 있으며, 그중 하나가 프랑크라고 밝혔다.

크리스마스 휴정 기간 동안 길버트 박사는 작은 감방에 있는 프랑크에게 일상적인 방문을 하였다. 전 총독은 자신의 변호를 준비하느라 바빴는데, 검찰에서 대단히 유용한 증거로 사용되는 일기를 파기하지 않기로 했던 자신의 결정에 괴로워하는 것 같았다. 왜 일기를 파기하지 않았느냐고 길버트 박사가 물었다.

"나는…… 바흐의 오라토리오를 듣는 중이었소. 〈마태 수난곡〉을." 프랑크는 미국인 심리학자에게 말했다. "하나님의 목소리를 들었을 때 그가 내게 이런 말을 하는 것 같았소. '뭐라고? 거짓 얼굴을 하고 당신을 적으로 여기는 존재와 대면한다고? 신에게 진실을 숨길 수는 없어!' 그렇소. 진실은 반드시 드러나게 되어 있소." 프랑크가 매우 빈번하게 떠올리는 바흐의 이 기념비적인 작품은 자비와 용서의 메시지로 그에게 위안을 주었다.

이 언급을 계기로 나는 런던과 뉴욕에서 〈마태 수난곡〉 공연을 여러 번 보았다. 또 바흐가 작곡 작업을 했던 라이프치히의 성 토마스 교회에서도 공연을 보았다. 나는 프랑크가 어느 부분을 마음에 둔 것인지, 그가 어떻게 감옥에서 위안을 얻었는지 알고 싶었다. 가장 익숙한 아리아는 '신이시여, 내 눈물을 보아 나를 불쌍히 여기소서'이다. 길버트 박사는 개인의 나약함에 대한 눈물과 인류 전체를 대표하여 자비를 구하는 회개의 마음이라고 이해했을지도 모른다. 프랑크가 바흐의 의도를 이해했을까? 만약 그랬다면 그는 분명 다른 작품을 선택했을 것이다. 10년 전에 그는 베를린에서 개인이 권리를 갖는다는 아이디어에 반대하며 격분했었다. 그런 그가 이제는 구원에 대한 개인의 권리를 포용하는 것으로 유명한 음악 작품으로 위로를 받는 것이다.

길버트 박사는 재판이 시작되기 며칠 전에 감방에서 프랑크에게 가톨릭 개종 문제를 제안했다. 프랑크는 책임감, 진실성 등에 대해 중얼거렸다. 죄책감에 대한 반응인 히스테리 증상이 아닐까? 프랑크는 그 제안에 대답하지 않았다. 미국 심리학자는 나치 체제에 대한 긍정적인 느낌이 남아 있다는 것을 감지했지만 히틀러에 대한 적대감 또한 감지할 수 있었다. 1월 초에 프랑크의 변호사는 바티칸이 기소에 도움을 줄 수 있는지, 프랑크가 교회를 떠나야 하는지 물었다. 이 이슈는 프랑크로 하여금 다시 한 번 고민에 빠지게 만들었다.

"마치 내 안에 두 명의 사람이 있는 것 같습니다." 프랑크가 듣고 있는 길버트 박사에게 말했다.

"나, 나 자신, 프랑크가 여기, 그리고 나치 리더인 다른 프랑크." 프랑크가 게임을 하는 중인가, 아니면 진실한가? 길버트 박사는 침묵하면서도 궁금했다.

"종종 나는 프랑크라는 사람이 어떻게 그런 일을 할 수 있었을까 궁금했어요. 이 프랑크는 다른 프랑크를 보며 말합니다. 흠, 정말 비열하구나, 프랑크! 어떻게 그런 짓을 할 수 있어? 넌 확실히 네 감정을 제어하지 않았어. 그렇지?"

길버트 박사는 아무 말도 하지 않았다.

"심리학자로서 당신은 이런 것에 흥미를 느낄 것이 분명해요. 마치 내가 두 명의 다른 사람인 것처럼 여기 있는 것은 내 자신이고 또 다른 프랑크, 대단한 나치 연설을 했던 나는 재판을 받고 있습니다."

길버트는 여전히 침묵을 지켰다. 그가 말을 아낄수록 프랑크가 말을 많이 했다.

"대단히 흥미롭죠. 그렇지 않나요?" 프랑크가 약간 자포자기한 듯 말했다.

길버트는 대단히 흥미로우면서도 한편으로는 그가 조현병 환자 같다고 생각했다. 그러나 이것이 프랑크가 자신을 곤경에서 구하기 위한 의도적 행동임에는 의심의 여지가 없었다.

126

다음 달부터 증인들이 개인이 경험한 증언을 하면서 재판은 일반적인 증거에서 개별적인 이야기로 넘어갔다. 증인 중 한 명은 폴란드어를 하는 회계사로, 트레블링카의 유일한 생존자 사무엘 라즈만Samuel Rajzman이었다.

나는 라즈만의 증언이 특별히 흥미롭고 나와 관련이 있다고 느꼈다. 왜냐하면 트레블링카는 말케가 사망한 곳이기 때문이다. 레온은 말케의 죽음에 대한 자세한 내용을 말년에 가서야 알았다. 나의 어머니가 테레지엥슈타트에 억류된 사람들의 명단이 있는 책을 그에게 보여주었다. 수천 명 가운데 말케 부흐홀츠라는 이름이 있었다. 또한 1942년 9월 23일 테레지엥슈타트에서 트레블링카로 이송되었다는 세부 정보도 포함되어 있었다. 그는 그 책을 들고 자기 방으로 혼자 들어갔고, 어머니는 할아버지가 우는 소리를 들었다고 했다. 다음날 그는 그 책에 대해서는 아무 말도 하지 않았다. 트레블링카에 대해서도 내가 있는 자리에서는 전혀 이야기하지 않았다.

사무엘 라즈만은 2월 27일 증인석에 출석했다. 그는 '다른 세계에서 돌아온 사람'으로 소개되었는데, 진한색 양복에 넥타이를 맸으며 안경 너머로 사람들을 쳐다보았다. 그의 여위고 주름진 얼굴은 그가 살아 남아서 트레블링카가 속한 영역을 통치한 프랑크로부터 불과 몇 피트 떨어진 곳에 앉아 있다는 사실이 놀랍고 먹먹하게 만들었다. 그 남자를 보면 그가 얼마나 먼 길을 여행했는지, 얼마나 끔찍한 공포를 겪었는지 짐작할 수도 없을 것이다.

그는 신중하고 침착한 목소리로 1942년 8월 바르샤바 게토에서부터 시작된 여정을 설명했다. 8,000명이 혼잡한 가축운반 기차에 타고 이동하는 매우 비인간적인 상황이었다. 그는 유일한 생존자였다. 러시아 검사가 도착 순간에 대해 물었을 때 라즈만은 독일군이 옷을 모두 벗게 하고 가스실로 걸어가는 짧은 길, '천국으로 가는 길'Himmelfahrtstrasse을 따라 걷게 한 과정을 설명하였다. 그러다 바르샤바에서 온 친구 하나가 그를 지목하여 중간에 그를 데리고 갔다. 독일측은 통역이 필요했지만 그 전까지는 그는 트레블링카를 떠나는 빈 기차에 죽은 사람들의 옷을 싣는 일을 했다. 이틀이 지나고 비네그로바라는 작은 마을에서 그의 어머니와 여동생 그리고 남동생들을 태운 기차가 도착했다. 며칠이 지나고 그는 아내와 아이의 사진을 받았다. "내 가족과 관련해 유일하게 내게 남은 겁니다." 그는 법정에서 증언, 즉 공적인 폭로행위를 했다. "오직 사진 한 장."

그는 엄청난 규모의 살인, 공포스럽고 비인간적인 행위에 대해 생생한 증언을 해주었다. 열 살짜리 소녀가 두 돌 된 여동생과 함께 빌리 멘츠Willi Mentz라는 독일인의 감시를 받으며 '야전병원'Lazarett이라고 불리던 강제수용소로 끌려 왔다. 빌리 멘츠는 작은 검정 수염이 있는 우유배달부였다(멘츠는 1965년 독일에서 열린 트레블링카 재판에서 종신형을 선고받고 수감되었다가 이후 자신의 직업으로 돌아갔다). 멘츠가 총을 겨누자 열 살짜리 언니가 멘츠에게 몸을 던졌다. 왜 그는 소녀를 죽이려고 했던 걸까? 라즈만은 멘츠가 두 돌배기 아이를 집어 들어 몇 발짝 걷더니 불타는 화장장 안으로 던지는 모습을 지켜봤다고 설명했다. 그러고 나서 멘츠는 언니까지 죽였다.

피고인들은 2열로 앉아서 부끄러운 얼굴로 침묵하며 듣고 있었다. 프랑크가 풀이 죽었을까?

라즈만은 변화 없는 단조로운 톤으로 말을 이어갔다. 중년 여성이 출산 때문에 건초더미 위에 누워 있는 딸과 함께 '야전병원'에 끌려 왔다. 경비병들은 그녀가 출산하는 것을 지켜보았다. 멘츠는 할머니에게 어느 쪽이 죽는 것을 먼저 보고 싶으냐고 물었다. 그 여성은 자신을 먼저 죽여달라고 애원했다.

"당연히 그들은 반대로 했습니다." 라즈만은 조용한 목소리로 증언했다. "신생아를 가장 먼저 죽이고, 다음으로 아이의 엄마를, 마지막으로 할머니를 죽였어요."

라즈만은 가짜 기차역 등 강제수용소의 환경에 대해 이야기했다. 부소장 쿠르트 프란츠Kurt Franz는 가짜 간판이 달린 일급 기차역을 만들었다. 그 후에 가짜 식당을 추가했고, 출발과 도착 시간이 적힌 열차시간표도 설치했다. 그로드노, 수바우키, 비엔나, 베를린. 마치 영화촬영장 같았다. 라즈만은 사람들을 안심시키기 위해서라고 설명했다. "사고가 나지 않도록."

그 목적은 심리적인 것, 즉 종착역에 이르렀다고 안심을 시키기 위한 것인가?

"그렇습니다." 라즈만의 목소리는 여전히 조용하고 차분했다.

하루에 몇 명이 처형되었나? "10,000명에서 12,000명."

어떤 방식으로 처형됐나? "처음에는 3개의 가스실에서 했고 나중에 10개가 더 늘었습니다."

라즈만은 지그문트 프로이트Sigmund Freud의 세 여동생이 도착했을 때 플랫폼에서 어떤 일이 있었는지 설명했다. 1942년 9월 23일이었다. 그는 쿠르트 프란츠 부소장이 여동생 한 명의 특별대우 요청에 응대하는 모습을 지켜보았다.

트레지엔슈타트에서부터 프로이트의 세 여동생에 대한 내용이 들어 있는 이번의 재판기록을 읽고 나는 프로이트 여동생들이 이용한 교통수단에 대한 자세한 정보를 찾아보았다. 정보를 발견했을 때 천 명의 다른 사람들의 이름도 함께 발견했고, 그중에 '말케 부흐홀츠'라는 이름을 확인하였다. 라즈만은 말케가 도착하였을 때 플랫폼에 있었다.

127

나는 트레블링카 또는 그 유적지에 가보기로 결정했다. 폴란드에서 온 두 번의 강연 초청이 기회가 되었다. 한 번은 크라쿠프에서, 또 한 번은 바르샤바에서의 강연이었다. 바르샤바는 트레블링카 수용소에서 1시간 정도 떨어져 있다. 크라쿠프 강연은 라우터파하트와 렘킨을 가르쳤던 스승이며, 렘베르크에서 경비병에게 영혼이 있는지 물었다는 이유로 목숨을 잃은 교수를 기념하기 위하여 그의 이름을 따서 명명한 알레한드 인스티튜트Allerhand Institute에서 이루어졌다. 바르샤바에서 나는 폴란드 국제문제연구소에서 강연을 하였다. 두 번의 강연 모두 라우터파하트와 렘킨에 대한 많은 질문을 이끌어내며 성황리에 마쳤다. 정체성 문제가 주를 이루었다. 그 희생자들을 폴란드인이라 할 것인가? 유대인이라고 할 것인가? 아니면 둘 다인가? 나는 그게 무슨 상관이냐고 대답했다.

바르샤바에서 나는 폴란드 법역사학자 아담 레지크Adam Redzik를 만났다. 그는 라우터파하트와 렘킨을 가르쳤던 렘베르크대학의 교수 스타니스와프 스타르진스키Stanislaw Starzynski에 대해 이야기하였다. 그는 스타르진스키가 의도치 않게 라우터파하트의 목숨을 구했다고 말했는데, 그 이유는 그가 1923년 로보프대학의 국제법 학과장 지명에서 다른 후보를 지지했기 때문이라고 했다. 콧수염이나 턱수염을 기른 열여덟 명이 1912년에 함께 찍은 렘베르크대학 교수들의 단체 사진을 준 사람이 바로 레지크 교수이다. 렘베르크에서 독일군에 의해 살해당한 알레한드와 롱샴 드베리에와 함께 마카레비츠가 포함되어 있었다.

바르샤바 강연에서는 전 폴란드 외무부 장관이 청중 가운데 앉아 있었다. 후에 아담 로트펠트Adam Rotfeld와 나는 그가 태어난 프셰미슬라니 근처의 로보프에 대해 대화를 나눴다. 우리는 1919년 소수민족보호조약에 대해 언급하고, 유대인을 탄압하는 계획들과 뉘른베르크에 대해 이야기했다. 그렇다. 그는 아마도 마카레비츠가 라우터파하트와 렘킨에게 영감을 준 교수일지도 모른다고 말했다. 아이러니하지 않은가? 그는 강력한 국수주의 동조자인 마카레비츠가 라우터파하트와 렘킨 사이, 개인과 집단 간의 갈등을 촉발시킨 장본인이라는 사실이 흥미롭다고 말했다.

후에 내 아들과 나는 새로운 바르샤바 봉기박물관에 갔다. 방 하나에 프랑크 가족의 커다란 흑백사진이 벽 전체에 나뉘어 걸려 있었다. 그 사진은 니클라스 프랑크가 몇 달 전에 내게 보낸 것과 같았다. 그는 그 당시 세 살이었으며, 흰색과 검은색이 섞인 체크무늬 겉옷에 반짝이는 검정 구두를 신고 엄마의 손을 잡고 있었다. 그는 아버지에게 등을 기대고 서 있었다. 다른 쪽으로 가고 싶은 듯 슬퍼보였다.

아들과 나는 바르샤바에서 트레블링카까지 차로 이동하였다. 경치는 단조롭고 음울했다. 간선도로를 벗어난 우리는 울창한 나무와 마을, 교회를 지났다. 집인지 헛간인지 모를 목조 건축물이 종종 단조로움을 깨주었다. 우리는 비스킷과 붉은 꽃다발을 사기 위해 시장에 차를 세웠다. 차 안에서 확인한 지도에 의하면 트레블링카는 보우코비스크로 가는 도중에 있었다.

트레블링카에서 눈에 띄는 강제수용소 유적은 전혀 없었다. 독일군이 후퇴하며 서둘러 파괴했기 때문이었다. 그곳에는 닳고 바랜 몇 장의 사진과 문서를 전시한 소박한 박물관이 있었다. 수용소를 본 딴 허술한 건물이 몇몇 생존자들의 기억에 의존하여 재건되었다. 프랑크의 서명이 있는 정부 법령 몇 개가 보호유리 안에 전시되어 있었는데, 그중에는 1941년 10월 수많은 목숨을 앗아간 법령도 포함되어 있었다.

또 다른 문서는 프란츠 스탕글Franz Stangl 소장이 서명한 것으로, 기타 세레니Gitta Sereny가 써서 논란을 일으킨 책의 주제가 되었다. 스탕글의 서명과 함께 눈에 익은 총독부의 둥근 날인이 찍혀 있었다. '1943년 9월 26일, 트레블링카.' 프랑크가 트레블링카 수용소까지 통치했었다는 사실을 증명하는 반박할 수 없는 증거였다. 책임에 대한 부인할 수 없는 확실한 검은색의 서명 날인.

그 밖에는 남은 것이 없었다. 다만 소비에트 군인들이 수용소를 장악했을 때 발견된, 바실리 그로스만Vasily Grossman의 기사, 〈트레블링카의 지옥〉The Hell of Treblinka은 생생하고 잔인한 또 다른 참상을 설명해주었다. 그는 "우리가 트레블링카의 흙을 밟아 뭉개자 뼛조각, 이빨조각, 종잇조각, 옷 등 다양한 종류의 물건들이 발견되었다. 땅은 비밀을 감춰주려 하지 않았다"라고 말했다. 1944년 9월의 일이다.

수용소 입구에서 내려 라즈만, 프로이트의 여동생들 그리고 말케가 삶의 종착역을 향해 이동했던 콘크리트 침목이 깔린 철로를 지나 드문드문 잔디가 돋아나 있는 흙길을 걸어갔다. 그로스만이 기사에 적었던 반쯤 썩은 셔츠와 작은 주머니칼, 그리고 빨간색 털방울이 달린 아이의 신발은 사라지고 없었다. 증명사진, 여권, 사진과 배급카드도 더 이상 존재하지 않았다. 그것들은 숲속에 묻혔으며, 상상 속의 여행을 위해 만들어진 상징적인 철로 침목을 깔고 플랫폼을 만들면서 깨끗이 치워졌다.

끝없는 잿빛 하늘 아래에 희생자들을 추모하기 위해 거칠게 다듬은 바위들이 세워져 있었는데, 수백 개의 바위가 마치 묘비 같았고 또는 눈송이가 내려앉은 듯 보였다. 추모비들에는 희생된 수백만 명의 이름, 출신 동네, 마을, 도시 또는 지역이 표시되어 있었다. 비극이 벌어지던 그때처럼 높다랗게 가지를 뻗친 푸르른 전나무들로 둘러싸인 이곳은 오직 하늘만이 주관하는 회고의 장소였다. 숲은 말없이 비밀을 간직하고 있었다.

후에 우리는 식사할 곳을 찾기 위해 근처 동네로 갔다. 수용소에서 2~3마일 떨어진 폐쇄된 트레블링카 마을 기차역을 지났는데, 그곳은 빌리 멘츠Willi Mentz를 비롯한 독일 또는 우크라이나 노동자들이 사용하던 역이었다. 우리는 근처 브로크라는 마을에 있는 한 허름한 레스토랑에서 점심을 먹었다. 식당의 라디오에서 1980년대 로스앤젤레스 폭동 때 작곡된 익숙한 노래가 조용히 흘러나오고 있었다. "지나간 일이나 아직 오지 않은 일을 고민하지 말아요."

레너드 코헨은 그가 전하는 메시지 덕분에 당시 폴란드에서 큰 인기를 얻고 있었다. 모든 것에는 틈이 있다. 그래서 빛이 비쳐드는 것이다.

128

사무엘 라즈만의 증언이 끝나자 재판은 새로운 국면에 접어들었다. 괴링은 1946년 3월 피고인들 가운데 가장 먼저 진술을 하였다. 프랑크의 순서가 다가오자 그는 교수형을 면하기 위해서 대단히 어려운 문제에 봉착했다는 사실을 알게 되었다. 결코 쉬운 문제가 아니었다. 〈뉴요커〉는 일기가 그를 '찌르는' 용도로 사용되었다고 보도하였는데, 특히 소비에트 검사들이 그 일기를 자주 인용하였다.

4월 18일 목요일, 드디어 프랑크가 법정에서 진술을 하는 날이 왔다. 그는 에른스트 칼텐부르너와 알프레드 로젠베르크의 주장을 따라서, '절멸'extrimination이라는 단어가 말 그대로의 뜻을 의미하지는 않으며, 절대로 대량학살을 뜻하지 않는다고 재판부를 설득하려고 노력하였다. 아우슈비츠 강제수용소 소장 루돌프 헤스가 칼텐부르너의 증인으로 출석하여 3년에 걸쳐 최소 250만 명의 희생자를 가스실에 넣거나 화형시켰다고 자세히 증언하였다. 프랑크는 헤스가 후회도 감정도 없이 증언하는 것을 주의 깊게 들었다. 개인적으로 헤스는 길버트 박사에게 아우슈비츠에서의 지배적인 태도는 모두가 완전히 동일했다고 말했다. 우리에게 다른 감정은 "전혀 일어나지 않았다."

이런 상황에서 프랑크는 만약 그런 감정들이 평가될 수 있다면, 잘하면 자신의 오른쪽에 앉아 있는 피고인보다 죄책감을 덜 느낀다기보다는 사려 깊고 신중하게 보일지 모른다는 희망을 가졌을 수도 있다. 그가 증언석에 나올 때까지 그는 자신의 행위에 대해 강력하게 부인할 것인지 아니면 몇몇 끔찍한 일들은 몰랐다고 선처를 호소하는 보다 교묘한 변소辯訴를 할 것인지 결정할 수 없어서 매우 괴로웠다. 물론 어느 정도의 책임을 인정하는 방식도 배제할 수 없는 항소 방법 중의 하나일 것이다. 그는 증언석으로 향하면서 어떤 결정을 내렸을까?

모두의 눈이 선글라스를 쓰지 않고 다친 왼손을 감춘 그에게로 향했다. 그는 긴장하고 남의 눈을 살짝 의식하는 듯 보였다. 가끔 그는 그의 오른쪽에 앉아 있는 다른 피고인들을 쳐다보았다. 마치 (가능성이 없어 보이는) 그들의 양해를 구하는 듯했다. 변호인인 세이들 박사는 총독으로 임명되기까지 그의 경력에 대한 몇 가지 질문을 하였다. 세이들은 머뭇거렸다. 재판기록을 읽고 뉴스영화를 보면서 나는 내 개인적인 경험에 비추어볼 때 세이들 박사는 그의 의뢰인이 질문에 대답을 함으로써 어떤 경악스러운 결과를 초래할지 모르는 것 같은 인상을 받았다.

프랑크는 성큼성큼 걸어 나갔다. 그리고 그는 강하고 큰 목소리로 점점 자신감을 갖고 진술을 하였다. 나는 그가 다른 종류의 플랫폼에 있는 것을 상상했다. 세이들 박사는 히틀러에게서 임명을 받은 후 폴란드에서 그가 맡은 역할에 대해 물었다. "나는 책임을 다했습니다." 프랑크가 대답했다.

"당신은 인도에 반하는 죄를 범한 것에 죄의식을 느낍니까?"

"그 질문은 재판부가 판단해야 할 것입니다." 프랑크는 지난 다섯 달 동안의 재판 과정에서 그가 잘 몰랐던 사실들을 알게 되었는데, 그것은 아마도 헤스의 언급 덕분일 거라고 말했다. 그는 이제 자행된 끔찍한 잔학행위에 대해 완벽하게 이해하고 있었다. "나는 깊은 죄책감에 사로잡혀 있습니다."

이것은 세이들 박사에게 보내는 일종의 인정이나 경고처럼 들렸다. 다른 피고인들은 그의 진술을 그런 식으로 들었으며, 법정의 다른 사람들도 마찬가지였다.

당신이 유대인 게토를 도입했습니까?

"그렇습니다."

당신이 유내인을 표시하는 배지를 도입했습니까?

"그렇습니다."

당신이 총독령 정부에서 강제노역을 도입한 사람입니까?

"그렇습니다."

트레블링카, 아우슈비츠와 다른 수용소의 상황을 알고 있었습니까? 이것은 위험한 질문이었다. 프랑크는 라즈만과 헤스의 끔찍한 증언을 들었기 때문이다. 그래서 그는 답변을 회피했다.

"아우슈비츠는 총독령 영역이 아니었습니다." 아우슈비츠는 프랑크가 집무했던 크라쿠프에서 냄새를 맡을 수 있을 정도로 가까웠지만 엄격하게 말해서 그 말은 맞았다.

"나는 마즈다네크나 트레블링카 또는 아우슈비츠에 가 본 적이 없습니다." 증언이 사실인지 알 수 있는 방법은 없었다. 그러나 주의 깊은 판사들은 그가 질문에 답하지 않고 멈췄던 그 잠시 동안의 주저함을 알아차렸을 것이다.

당신은 유대인의 몰살에 참여한 적이 있습니까?

프랑크의 얼굴에는 약간 놀란 표정이 스쳤고, 그는 잠시 생각을 하다가 신중하고 공들여 답변을 내놓았다.

"그렇다고 대답하겠습니다. 내가 그렇다고 대답하는 이유는 5개월에 걸친 재판을 하면서, 그리고 특히 헤스의 증언을 들은 후 소수민족에 대한 내 책임을 회피하는 것을 내 양심이 허락하지 않기 때문입니다."

그의 발언은 피고인들 사이에서 소란을 일으켰고, 프랑크도 이를 눈치챘음에 틀림없었다. 그는 자신의 발언을 더욱 정확하게 전달하고 싶어 했다. 그는 개인적으로 강제수용소를 설치하거나 증설하지 않았다. 그럼에도 불구하고 히틀러는 그와 부하들에게 큰 책임을 부여했기 때문에 그것은 그의 책임이기도 한 것이다. 그것은 불리한 만큼 유리하기도 한 발언이었다.

"우리는 유대인들과 수년간 싸워 왔습니다." 그는 이 사실에서 벗어날 수가 없었다. 그렇다. 그는 가장 무서운 발언을 한 것이다. 그가 적은 일기가 바로 그에게 불리한 증거였다. 부인할 방법이 없었다.

"그러므로, 이와 관련하여 당신의 질문에 대해 그렇다고 대답을 하는 것은 내 의무 이상의 아무것도 아닙니다." 법정은 조용해졌다. 그러다 그는 "천년이 지난다고 해도 독일의 죄는 지워지지 않을 것입니다"라고 덧붙였다.

이 말은 일부 피고인들에게 지나친 것이었다. 괴링은 역겨운 듯 머리를 흔들며 옆자리 사람에게 귓속말을 하며 피고인석을 따라 메모를 전달했다. 또 다른 피고인은 프랑크가 그의 개인적인 범죄를 전체 독일 국민들과 연루시키려는 의도에 불쾌해했다. 개인의 책임과 집단의 책임에는 차이가 있다. 이 마지막 진술을 들은 사람들 중에 그 발언의 아이러니를 기억하는 사람도 있었다.

"독일이 천년 동안 불명예스러울 것이라고 하는 프랑크의 말을 들었습니까?" 프리츠 자우켈이 괴링에게 속삭였다.

"나도 들었소." 프랑크를 경멸하는 표정이 역력했다. 그는 편히 잠을 잘 수 없을 것 같았다.

"슈페어도 같은 말을 할 것 같소." 괴링이 덧붙였다. 프랑크와 슈페어는 나약했다. 겁쟁이였다.

점심시간을 이용해 세이들 박사는 프랑크에게 그의 죄책감에 대한 표현을 잘 다듬어서 보다 범위를 좁혀보라고 조언했다. 프랑크는 이를 거부하였다.

"나는 그 말을 한 것에 만족하고 그냥 놔두겠습니다." 나중에 그는 길버트 박사에게 교수형을 피할 수 있을 만큼 진술했기를 희망했다고 고백했다. "나는 무슨 일이 일어나고 있는지 알았습니다. 판사들은 우리 중 한 사람이 진심으로 이야기하고 책임을 부인하지 않을 때 감동을 받았습니다. 그렇게 생각하지 않나요? 나는 판사들이 내 진심에 깊은 인상을 받은 사실을 만족스럽게 생각합니다."

다른 피고인들은 그런 그를 경멸했다. 슈페어는 프랑크의 정직성을 의심했다. 슈페어는 "그가 일기를 제출하지 않았다면 뭐라고 했을지 궁금하다"고 말했다. 한스 프리체Hans Fritzsche는 프랑크가 그의 죄의식을 독일 국민들과 관련시켰다는 사실에 화가 났다. "그는 우리 중 누구보다도 죄가 큽니다." 그는 슈페어에게 말했다. "그는 그게 무엇인지 정말 알고 있는 사람이죠."

프랑크 옆에 5개월 동안 같이 앉아 있던 로젠베르크는 깜짝 놀랐다. '독일이 천년 동안 불명예스러울 거라고? 너무 멀리 갔다!'

리벤트로프는 길버트 박사에게 독일인은 누구도 절대 자신의 국가가 천년 동안 불명예스러울 것이라 말해서는 안 된다고 말했다.

"그게 얼마나 진실성이 있는지 궁금하다." 요들이 물었다.

칼 되니츠Karl Dönitz 제독은 프리체와 같은 우려를 표시했다. 프랑크는 개인적으로 국한해서 말했어야 했다. 그는 독일인 전체를 대표해 말해서는 안 되었다.

점심시간 후 세이들 박사는 몇 가지 질문을 더 했고, 뒤이어 미국 판사 토마스 도드Thomas Dodd가 약탈한 예술작품 문제를 제기했다. 프랑크는 그가 잘못된 행동을 하였다는 듯한 언급을 불쾌하게 받아들였다.

"나는 그림을 수집하지 않았고, 전쟁 중에 예술작품을 감상할 시간도 없었습니다." 모든 예술 작품은 신고하였고, 결국은 폴란드에 남겼다. 도드는 사실이 아니라고 말하며 렘베르크에서 가져온 뒤러의 동판화에 대해 말했다. 프랑크는 내 통치 기간 전의 일이라고 응수했다. 1945년 그가 독일로 가져간 그림들은 어떤가? 레오나르도 그림은?

"나는 그것들을 보관하고 있었을 뿐입니다. 나 자신을 위한 것이 아니었습니다." 그 작품들은 널리 알려진 것들이며, 누구도 그것들을 사적으로 소유할 수 없다. "당신은 모나리자를 훔쳐서는 안 됩니다." 세실리아 갈레라니에 대해 말하는 것이었다. 피고인석 한쪽에서 괴링이 무표정하게 앉아 있었다. 다른 한편에서는 일부 피고인들이 실소를 터트렸다.

129

프랑크의 변소(항변)는 법원 안팎에서 논란을 일으켰다. 그날 법정에 있던 이베스 베지베데르Yves Beigbeder는 그 사실을 내게 확인해주었다. 이제 아흔한 살이 된 그는 유엔에서 성공적인 경력을 쌓고 국제형법에 대한 여러 권의 연구 논문을 발표한 뒤 은퇴한 다음 스위스의 뇌샤텔에 살고 있었다. 그는 스물두 살 때 들었던 프랑크의 피고인 진술에 아직도 영향을 받고 있었다. 그 당시 그는 법학을 전공하고 삼촌인 프랑스 판사 돈디유의 법률비서로 일하고 있었다.

돈디유는 조카에게, 심지어 점심시간에도 재판에 대해 이야기하지 않았다. "삼촌은 입이 무거웠어요. 내가 질문을 할 수도 있었지만 내게 자신의 의견을 이야기하는 법이 없었죠. 숙모도 마찬가지였어요. 그녀도 항상 조용했습니다." 베지베데르는 라우터파하트나 렘킨을 만난 기억이 없지만 두 사람의 이름과 명성, 그리고 각자가 내세웠던 주장을 그때도 알고 있었다.

하지만 그는 두 렘베르크 학자들의 개인 또는 집단을 중시하는 관념의 논쟁에는 관심을 기울이지 않았다. "나는 너무 어렸고 무지했어요!"

많은 시간이 흐른 지금 그는 그것의 중요성과 가치를 이해한다. 그것은 현대 국제법의 시발점이었다. 돈디유와 팔코는 종종 렘킨에 대해 가볍게 이야기했다. "렘킨은 제노사이드에 집착한다." 베지베데르는 그들이 이렇게 말하던 것을 기억했다.

프랑크는 베지베데르가 뉘른베르크에 도착하고 한 달 후에 변소를 하였다. 프랑크가 다른 피고인들과는 다른 변소를 할 거라는 소문이 있었기 때문에 베지베데르는 일부러 법정에 가서 방청을 했다. 그의 기억에 프랑크는 어느 정도의 책임을 인정한 유일한 피고인이었다. 그게 깊은 인상을 남겼고, 그래서 베지베데르는 프랑스 개신교 정기간행물, 〈리폼〉Réforme에 '예상치 못한 죄책감의 인정'이라는 글을 쓰게 된다.

"프랑크는 일정한 책임을 받아들이는 것 같았어요." 그는 내게 말했다. "물론 완벽하지는 않지만 그가 일정한 책임을 인정한다는 사실이 중요했고, 다른 피고인들과 달랐으며, 우리 모두는 그 사실을 인식했어요."

나는 그의 삼촌과 프랑크의 관계에 대해 물었다. 돈디유가 1930년대 프랑크를 알았다거나 프랑크의 초대로 베를린을 방문했다는 언급을 한 적이 있는가? 침묵이 흘렀다. 그러더니 그는 "무슨 뜻이죠?"라고 되물었다. 나는 그에게 돈디유가 독일법학회에서 연설하기 위해 베를린을 방문했던 이야기를 하였다.

후에 나는 돈디유가 그날 했던 연설문의 사본을 그에게 보냈다. 아이러니하게도 제목이 〈국제범죄의 처벌〉The Punishment of International Crimes이었다. 프랑크는 돈디유의 견해에 대해 공격하였다. "대단히 위험하고 불명확하다." 나는 또한 사진 한 장을 보여주었는데, 그것이 베지베데르에게 엄청난 충격을 주었던 것이 분명하다. "당신이 내게 삼촌이 한스 프랑크를 이미 알고 있었다고 말해주기 전까지는 정말 몰랐어요. 정말 큰 충격입니다."

프랑크와 돈디유는 비밀리에 관계를 유지한 공통의 관심사가 있었다. 팔코 판사는 알고 있었다. 팔코는 자신의 일기에 프랑스 동료가 프랑크와 저녁식사를 했으며, 율리우스 슈트라이허를 만났다고 적었다. 소비에트 판사들도 그것을 알고 있었기 때문에 돈디유의 판사 임명을 반대했다. 프랑스 사회주의 계열 신문인 〈르 포퓰레아〉Le Populaire는 깔끔한 헤드라인으로 기사를 실었다. "뉘른베르크 재판에 참여한 나치 판사."

130

프랑크는 월요일과 목요일 그리고 라이프치히의 성 토마스 교회에서 〈마태 수난곡〉이 연주된 나음날 증인석에 섰다. 미국 판사 도드는 본국에 있는 아내에게 폴란드에서의 '사악한' 기록을 볼 때 프랑크가 성질이 더러울 것으로 생각되었지만 결국 반대신문이 크게 필요치 않았다고 편지를 보냈다. 프랑크는 현실적으로 자신의 죄를 인정했고, 재판에서 가장 극적인 순간 중 하나였다.

"그는 가톨릭으로 개종했어"라며 "내 생각에 이것이 받아들여진 것 같다"고 도드는 적었다.

프랑크는 침착했다. 그는 검정 문을 통과해 지나가며 낙관적으로 생각했다. 프랑스, 영국, 미국 판사들은 틀림없이 그의 솔직함에 고마워했을 것이다. 왜 그런 방법을 택했느냐고 묻는 길버트 박사에게 프랑크는 "신은 자비로우시다"고 답했다.

신문 기사가 최후의 희망이라고 프랑크는 설명했다.

"며칠 전에 나는 내 아버지의 가장 친한 친구 중 한 명인 뮌헨에 있는 유대인 변호사 야코비Jacoby 박사가 아우슈비츠에서 처형되었다는 기사를 읽었어요. 그리고 헤스가 250만 유대인을 처형한 것에 대해 증언할 때 나는 그가 아버지의 가장 친한 친구-선량하고 강직하며 친절한 노인-와 수백만의 무고한 사람들을 처형한 냉혈한이라는 사실을 알게 되었고, 나는 그것을 멈추기 위해 아무것도 하지 않았다는 사실도 깨달았어요. 그래요! 내가 직접 그를 죽이지는 않았지만 내가 한 말과 로젠베르크가 한 말이 이런 일들을 가능하게 만들었어요!"

그의 아내 브리깃데 프랑크처럼 한스 프랑크는 개인적으로는 아무도 죽이지 않았다는 사실에 안도했다. 그리고 그 때문에 그는 목숨을 구할 수 있을지도 모른다고 생각했다.

Part IX

기억하지 않기로 선택한 소녀

THE GIRL WHO CHOSE NOT TO REMEMBER

131

레온은 침묵을 선택했다. 말케와 그의 누나인 로라, 구스타, 렘베르크와 주키에프에 있는 가족과 4명의 조카를 포함해 비엔나에 있는 다른 가족에 대해서 아무 말도 하지 않았다.

네 명의 조카 중 한 명인 헤르타는 로라 누나의 11살짜리 딸로, 1939년 여름 미스 틸니와 내 어머니와 함께 파리로 오기로 되어 있었지만 오지 않았다. 레온은 그녀에 대해 일절 말하지 않았다.

그는 1939년 12월까지 비엔나에 남아 있던 구스타와 그의 남편인 막스에 대해서도 말하지 않았다.

나는 구스타와 막스의 세 딸-첫째 데이지(테레스), 막내 에디뜨, 둘째 헤르타-이 1938년 9월 가까스로 비엔나를 떠나 목숨을 건졌다는 사실을 알지 못했다. 셋은 팔레스타인으로 갔고, 내 어머니는 1950년대에 그들 중 두 명과 연락이 닿았다.

내 어머니와 내가 리비우로의 첫 번째 여행을 준비하는 동안 레온의 조카인 그 세 명의 자매가 오래전에 사망했다는 사실이 떠올랐다. 에디뜨와 헤르타는 자녀가 있었다. 아마도 그 자녀들을 찾아볼 가치가 있을 것이다.

나는 어린 시절 그 세대에 대한 오래된 기억이 있지만 그것뿐이었다.

이제 나는 그들을 찾아서 그들의 이야기를 들어보려고 한다. 이름과 오래된 주소는 마침내 전화번호로 이어졌고, 구스타와 막스의 둘째 딸 헤르타의 아들 도론[Doron]과 연락이 닿았다. 도론은 텔아비브에 살고 있었는데, 놀라운 소식을 전했다: 그의 어머니인 레온의 조카 헤르타가 살아 있으며, 지중해의 풍경이 아름다운 노인 전용 아파트에서 살고 있다는 것이었다. 그녀는 쾌활하고 활동적인 아흔두 살의 할머니로, 매일 브리지게임(카드게임의 일종)을 하며 매주 두 개 이상의 독일어 십자말풀이를 했다.

도론은 한 가지 어려움이 있다고 했다. 그녀는 전쟁 전의 일에 대해 이야기하는 것을 거부하고 있으며, 그녀가 떠나던 1938년 12월 이전 비엔나에서의 삶에 대해서도 말하기를 거부한다는 것이었다. 그는 정보가 거의 없었고 그 시절에 대해서는 아는 바도 없었다. 그는 '미스터리'라고 했다. 내가 알기로 그녀는 비엔나에서 말케와 레온과 함께 살았던 시절을 기억하는 유일한 생존자였다. 그녀는 말하지 않겠지만 그녀의 기억을 무심코 건드릴 수는 있을 것이다. 그녀는 1937년 봄에 있었던 레온과 리타의 결혼식을, 그 다음해 내 어머니의 출생을, 비엔나에서 그녀가 떠나던 상황을 기억할지도 모른다. 그녀가 비엔나에서의 레온의 삶을 알려줄 수도 있다.

그녀는 나를 만나주기로 했다. 그러나 그녀가 그 시절에 대해 이야기를 할지는 또 다른 문제였다.

2주 후에 나는 텔아비브에 있는 헤르타 그루버의 집 밖에서 그녀의 아들인 도론과 함께 서 있었다. 문이 열리고 화려한 빨간색으로 염색한 머리에 체구가 작은, 나이에 비해 젊어 보이는 그녀가 나타났다. 그녀는 손님맞을 준비를 하고 있었다. 깨끗한 흰 셔츠를 입고 입술에는 빨간색 립스틱을 바르고 눈썹은 갈색으로 잘 그려져 있었다.

헤르타 로젠블룸(헤르타 그루버의 사촌), 1938년

나는 헤르타와 가족사진과 1930년대 비엔나에서의 문서와 사진에 둘러싸여 이틀을 함께 지냈다. 나는 그녀의 기억을 되살릴 희망을 가지고 런던으로부터 그것들을 가져갔다. 그녀는 내가 처음 보는 가족사진이 많이 담긴 작은 앨범을 포함해 그녀만의 자료를 가지고 있었다.

가장 예전에 찍힌 사진은 1926년에 촬영된 것으로, 그녀가 여섯 살 때 학교에 등교하는 첫날 막스의 주류상점 앞에서 찍은 것이었다. 1935년 여름, 블로톤 호수에서 여름휴가를 보낸 사진. 1936년 겨울, 방학 때 바드 아우시의 스키 휴양지에서 찍은 사진. 1936년 잘생긴 남자친구의 사진. 다음

말케와 루스, 1938년

해 여름 티롤 남쪽의 들판에서 친구와 꽃을 따는 사진. 1937년 되블링과 유고슬라비아 달마티아 해안에서 보낸 휴가 사진. 독일군에 의한 오스트리아 합병 전인 1938년 초 비엔나에 있는 호수 근처 시립공원에서 보트를 타고 있는 사진. 편안하고 행복한 십대의 삶이었다.

그러다 독일군이 들어왔고 나치의 통치가 시작되었다. 평온했던 삶이 허물어지기 시작했다. 다음 페이지에는 헤르타와 그녀의 부모, 두 명의 자매와 그녀가 비엔나를 떠나기 직전에 찍은 사진이 있었다. 말케 할머니도 사진에 있었다. 말케는 곧 그곳을 떠난다. 그리고 헤르타가 날짜를 적어 놓은 페이지가 나타났다. '1938년 9월 29일.' 비엔나를 떠난 날이었다. 그녀는 여동생 에디뜨와 함께 기차를 타고 비엔나에서 남부 이탈리아의 브린디시로 갔다. 거기에서부터는 배를 타고 팔레스타인으로 이동했다.

이 페이지들에 끼워진 날짜가 없는 사진들은 그녀의 조카, 레온의 누나 로라의 유일한 자녀인 헤르타의 사진이었다. 내가 본 적 없는 소녀가 안경을 쓰고 머리를 땋은 인형과 함께 길가에서 불안한 표정으로 서 있었다. 인형과 소녀 둘 다 모자를 썼다. 이 소녀가 바로 마지막 순간의 결정으로 비엔나에 남은, 엄마와 헤어지는 것을 참을 수 없었던, 엄마 로라가 미스 틸니에게 보내지 않기로 결정한 그 소녀였다. 2년 후에 그녀와 그녀의 어머니는 루지의 게토에서 죽임을 당했다.

레온의 사진도 있었다. 결혼식 날 지역에서 유명했던 시모니스사진관에서 신부 없이 찍은 증명사진이었다. 네 장의 내 어머니 사진은 그녀가 태어난 첫해 말케의 팔에 안겨 비엔나에서 찍은 것들이었다. 내가 처음 보는 사랑스러운 사진이었다. 말케는 피곤한 얼굴에 지쳐보였다.

132

헤르타의 감정은 중립적이라고 할 수 있었다. 내가 보기에 기쁜 것도 불만인 것도 아니었다. 나는 다소곳이 그 자리에 앉아 있었다. 그녀는 레온 삼촌을 기억하고, 그에 대해 이야기하는 것을 좋아했다. 분위기가 점차 화기애애해지고 그녀의 눈에 생기가 돌았다. 그녀는 내가 누군지 안다면서 레온의 손자라고 말했다. 그냥 사실을 말하듯 담담했다. 감정은 전혀 드러내 보이지 않았다. 사실 우리가 함께 보낸 이틀 동안 그녀는 슬픔이나 행복 또는 그 둘 사이의 어떠한 감정도 드러내 보인 적이 없었다. 또 하나의 궁금증이 생겼다. 우리가 함께 있던 여러 시간 동안 헤르타는 내게 단 하나의 질문도 하지 않았다.

대화 초반에 헤르타가 그녀의 부모에게 무슨 일이 있었는지 전혀 모른다는 사실이 드러났다. 그녀는 그들이 죽었다는 사실을 알았지만 어떻게 죽었는지, 왜 죽었는지는 몰랐다. 나는 그녀에게 부모님께 무슨 일이 있었는지 궁금하지 않느냐고 물었다.

"저 사람이 알고 있니?" 질문은 내가 아니라 그녀의 아들에게로 향했다. 그녀는 새로운 정보에 놀란 것 같았다.

"알고 있답니다." 도론이 답했다. 그들은 히브리어로 대화하였다. 나는 아들의 대답에서 느껴지는 부드러움 정도만 이해할 뿐이었다.

나는 침묵을 깨고 그녀의 아들에게 그녀가 알고 싶어 하는지 물었다.

"어머니께 물어보세요." 도론이 어깨를 으쓱거리더니 말했다.

그녀는 그렇다고 대답하였다. 자세한 정보를 알고 싶어 했다. 모든 정보를.

내가 설명할 사건과 우리가 텔아비브에 있는 헤르타의 작은 아파트에 함께 앉아 있는 지금 사이에는 많은 시간이 흘렀다. 나는 70년 전 헤르타와 여동생이 비엔나를 떠난 후에 부모님께서는 살해당하셨다고 설명했다. 상황은 지독히도 불운했다. 나는 구스타와 막스가 다뉴브 강을 따라 브라티슬라바까지 가는 증기선 우라노스 호에 자리를 구했다는 사실을 알아냈다. 이 증기선을 타고 그들은 다른 수백 명의 유대인 망명자들과 함께 흑해로 갈 예정이었다. 거기서 그들은 다른 배를 갈아타고 팔레스타인으로 갈 계획이었다.

우라노스 호는 1939년 12월 비엔나를 출발했다. 하지만 여정은 불행한 일들이 겹치면서 중단되었다. 자연적인 문제인 빙하와 비자연적인 문제인 점령 때문이었다. 그해 말에 배는 유고슬라비아의 클라도보(지금은 세르비아에 있음)라는 도시에 도착했다. 그후의 여정은 유별나게 추운 겨울로 인해 생긴 빙하 때문에 막히고 말았다. 구스타와 막스는 배 위에서 추운 겨울을 보냈고 봄이 올 때까지 북적이는 배에서 몇 달간 하선할 수 없었다. 그들은 그후 크라쿠프 근처의 수용소로 끌려갔고, 거기서 몇 달을 머물렀다. 1940년 11월, 그들은 비엔나로 향하는 다른 배를 탔다. 다뉴브 강을 거슬러 베오그라드 근처 샤바츠로 갔다. 그들이 그곳에 도착했을 때는 우연하게도 1941년 4월, 독일이 유고슬라비아를 공격하여 점령한 때였다. 그들은 그곳에 남아야 했다. 여정은 계속되지 못했다.

이런 과정에서 그들은 독일군에 의해 구금되었다. 여성과 남성으로 분리되어 수용되었다. 막스는 세르비아의 자사비차로 옮겨져 배에 같이 탔던 다른 남자들과 함께 줄지어 차례로 총살을 당했다고 기록되어 있다. 때는 1941년 10월 12일이었다. 구스타는 몇 주 더 살아 남았다가 베오그라드 근처 사이미스테 강제수용소로 이동했다. 거기서 그녀는 죽임을 당했다. 정확한 날짜는 모른다. 1942년 6월 이전이었다.

헤르타는 내가 전하는 이야기를 주의 깊게 들었다. 이야기를 마치고 난 나는 그녀가 질문을 할까 싶어 기다렸지만 질문은 없었다. 그녀는 들었고 이해만 했다. 그녀는 지금 이 순간 과거와 기억에 대한 자신의 방식을 침묵으로 설명하고 있었다.

"내가 모든 것을 잊었다고 말한 것이 사실이 아님을 당신이 알았으면 해요."

이윽고 그녀는 그렇게 말했다. 그녀의 눈은 내 눈을 흔들림 없이 응시하고 있었다.

"단지 아주 오래 전에 그 시기에 대해 기억하지 않겠다고 결정했을 뿐입니다. 나는 기억하지 않는 쪽을 선택했어요."

133

이틀 동안 그녀의 앨범에서 나온 사진과 내 노트북에 저장되어 있던 사진들이 헤르타의 기억을 약간 상기시켰다. 처음에는 빛이 전혀 없는 것만 같았는데, 깜빡거리다가 빛이 들어오더니 서서히 조명이 비치는 것 같았다. 헤르타는 몇 가지를 기억했지만 나머지는 너무 깊이 묻혀 있어서 꺼내기가 어려웠다.

나는 그녀의 이모, 즉 구스타의 여동생인 로라의 사진을 보여주었다. 기억에 없었다. 레온과 리타가 교회에서 결혼식을 올릴 때 찍은 사진을 보여주었다. 그 사진 역시 아무런 감명을 주지 못했다. 그녀는 결혼식에 분명 참석했겠지만 기억이 없다고 말했다. 리타라는 이름도 그녀에게 아무 의미가 없었다. 나는 레지나라고 다시 말해보았지만 전혀 기억하지 못했다. 아니, 기억이 나지 않았다. 마치 리타가 전혀 존재하지 않는 것 같았다. 헤르타는 자신이 브린디시로 떠나기 몇 달 전인 1938년 7월에 태어난 내 어머니에 대한 기억도 전혀 없었다. 그녀는 레온에게 아이가 있다는 사실은 알았지만 그게 전부였다.

다른 기억들이 돌아오기는 했지만, 그렇다고 재촉할 수는 없었다. 내가 말케의 사진을 보여주었을 때 비로소 그녀의 얼굴이 밝아졌다. 그녀는 내 할머니라면서 "키가 크지는 않았는데 아주, 아주 친절한 여성"이라고 말했다. 헤르타는 그들이 살았던 클로스터노이부르거 거리 69번지 건물의 모습을 알아보았다. 그녀는 내부 인테리어를 기억했다(침실 3개와 가정부를 위한 방이 있고 커다란 식당에서 가족들이 모여 밥을 먹었다). 가족 식사를 했던 기억이 다른 기억을 불러왔다. 나와 이야기를 나눴던 바로 그녀의 아들이 양쪽 팔에 책을 받치고 밥을 먹었던 기억. 밥을 먹는 동안에도 팔을 펴고 있도록 하기 위해서 그렇게 했다고 한다.

나는 몇 달 전 내 딸과 함께 방문했을 때 찍었던 건물의 사진을 그녀에게 보여주었다. 그녀는 전혀 변하지 않았다고 말했다. 그녀는 1층 구석에 있는 커다란 창문을 가리켰다.

"이 방에서 내 어머니는 내가 학교에 갈 때마다 매일 아침 손을 흔들어 줬어요."

그녀의 아버지가 운영하는 상점은 1층에 있었다. 그녀는 창문을 가리키며 내부 모습을 자세히 설명했다. 병, 잔, 그리고 냄새. 친절한 손님들.

이제 그녀의 기억은 많이 되살아나서 오스트리아의 호수에서 보낸 여름휴가와 바드 아우시('끝내주는')에서의 스키 휴가, 부르크 극장과 빈 국립 오페라극장('화려하고 흥분되는')으로의 여행을 기억해냈다. 하지만 나치 문양으로 장식되었던 그녀의 집 근처 도로의 사진을 보여주자 그녀는 그런 장면에 대한 기억이 없다고 주장했다. 그녀는 잉게 트로트와 같은 나이였다. 잉게는 독일군이 들어온 것과 나치의 점령을 기억했다. 반면 헤르타는 아무것도 기억하지 못했다.

몇 번의 설득과 함께 기억을 더 깊이 캐자 그녀는 렘베르크라는 장소와 기차로 말케의 가족을 방문하러 갔던 사실을 기억했다. 주키에프도 들은 듯했지만 그곳을 방문했었는지는 기억하지 못했다.

레온의 이름은 가장 생생한 가족의 기억을 떠올리게 했다. 그녀는 그를 '인기가 많은' 사람으로 기억했다. 레온 삼촌은 오빠 같았다. 그녀보다 16살밖에 많지 않았다. 그는 항상 주변에 있었으며 눈에 보였다.

"레온은 너무 친절했어요. 난 그를 사랑했죠." 그녀는 잠시 말을 끊더니 자신이 방금 한 말에 스스로 놀랐다. 그러더니 내가 그 말을 놓쳤을까 봐 다시 반복했다. "난 정말 그를 사랑했어요." 헤르타는 말케가 1919년 렘베르크로 돌아온 후 레온과 같은 아파트에 살면서 함께 자랐다고 설명했다. 헤르타가 1920년에 태어났을 당시 레온은 열여섯 살로, 비엔나에서 학교를 다니며 그곳에 살았다. 그녀의 어머니 구스타는 말케가 없을 때 레온의 보호자였다.

수년간 레온은 그녀의 삶에 항상 있었다. 말케가 렘베르크에서 돌아온 후 그녀는 구스타와 막스가 소유한 건물에 있는 아파트로 이사했다(후에 나는 독일의 오스트리아 합병 이후 몇 달 만에 막스와 구스타가 나치에게 적은 돈을 받고 건물을 팔았다는 사실을 서류를 통해 확인하였다). 헤르타의 유년 시절 동안 특히 종교적인 기념일에 가족이 모일 때면 말케는 안심을 시켜주는 존재였다. 헤르타가 기억하는 바로는 가족의 삶에서 종교는 큰 의미가 없었다. 그들은 유대교 회당에 거의 가지 않았다.

"나는 레온이 그의 어머니를 매우 많이 사랑했다고 생각해요." 헤르타가 뜻밖의 말을 했다. "그는 항상 어머니 곁에 있었어요." 그리고 어머니 또한 그에게 그러했다. 에밀이 제1차 세계대전 초반에 전사한 후 레온은 말케에게 남은 유일한 아들이었다. 헤르타는 레온의 아버지는 곁에 없었다고 알려주었다. 앨범을 훑어보며 레온의 사진이 나타날 때마다 그녀의 얼굴은 눈에 띄게 부드러워져갔다.

그녀는 사진 몇 장에 연거푸 나타났던 또 다른 젊은 남자를 기억했다. 하지만 그녀는 그의 이름까지는 기억하지 못했다. 내가 막스 쿠퍼만Max Kupferman이라고 말해주었다. 레온의 가장 친한 친구였다.

"맞아요. 그래요." 헤르타가 말을 이었다. "이 남자를 기억해요. 우리 삼촌의 친구였어요. 그들은 항상 같이 다녔어요. 레온이 집에 올 때면 항상 친구인 막스를 데려왔어요."

이 말에 나는 여성 친구들에 대해 물어보았다. 헤르타는 단호하게 고

개를 저었다. 그러더니 따뜻하게 미소를 지었다. 헤르타의 눈 또한 무슨 이야기를 하려는 것 같았다. "누구나 레온에게 말을 했어요. '언제 결혼할 거니?' 그는 항상 결혼하고 싶지 않다고 말했어요."

나는 여자 친구에 대해 다시 물었다. 그녀는 기억이 없다고 했다.

"레온은 항상 막스와 함께였어요." 그녀는 그 말만 되풀이했다.

도론은 헤르타에게 레온이 동성애자라고 생각했는지 물었다.

"그때는 그게 뭔지도 몰랐어." 헤르타는 대답했다. 말투가 매우 단조로웠다. 그녀는 놀라거나 당황하지 않았다. 그녀는 긍정하지도 부정하지도 않았다.

134

런던으로 돌아온 나는 레온의 서류를 다시 확인하며 내가 찾아낼 수 있는 모든 사진을 아무런 순서 없이 모았다. 나는 한쪽에 막스의 사진을 모으고, 그것들을 내가 할 수 있는 한 최대로 시간 순서대로 정리했다.

첫 번째 사진은 1924년 11월 비엔나의 센트럴 아뜰리에에서 찍은 공식적인 증명사진이었다. 작은 네모 사진 뒤에는 막스가 글을 적었다. '기억과 함께 내 친구 부흐홀츠에게.' 레온의 앨범에 들어 있는 막스의 마지막 사진은 두 남자가 풀밭에 엎드려 풋볼 가죽공과 함께 찍은 것이었다. 막스는 'Mackie'라고 서명했다.

1924년부터 1936년까지 12년 동안 레온은 친구인 막스와 수십 장의 사진을 찍었다. 사진이 없는 해는 없었고, 한 해에 여러 장을 찍은 경우도

레온(왼쪽)과 막스, 1936년

있었다.

두 남자가 휴일에 하이킹을 하는 사진, 풋볼을 하는 사진, 행사장에서 찍은 사진, 해변의 파티장에서 여성들과 팔짱을 낀 사진, 교외에서 차 옆에 함께 서서 찍은 사진.

열 몇 해 동안, 스무 살 때부터 서른세 살 때까지, 리타와 결혼을 하기 몇 달 전까지, 사진은 아주 가까운 두 사람의 관계를 보여주었다. 서로 은밀하게 가까웠는지는 분명하지 않다. 지금 그들을 보면 헤르타의 기억이 더해져 둘 사이에 특별한 종류의 은밀함이 느껴진다. 게다가 레온은 결혼을 원치 않는다고 말했었다.

막스는 언제, 어떻게는 알 수 없지만 비엔나를 빠져나오는 데 성공한다. 미국에 도착한 그는 뉴욕으로 갔다가 다시 캘리포니아로 이동했다. 그는 레온과 계속 연락을 했으며, 수년이 지난 후 내 어머니가 로스엔젤레스에 있을 때 어머니와 만났다. 막스는 늦은 나이에 결혼을 했으며 아이가 없다고 어머니가 말했다. 그는 어땠나? 어머니는 따뜻하고 친절하고 재미있는 사람이라며, '대담하다'고 말하다 미소로 마무리했다. 익숙한 미소였다.

나는 레온의 서류 중에서 찾은 유일한 막스의 편지를 다시 보았다. 1945년 5월 9일, 독일이 소비에트에 항복한 날 쓴 것이었다. 그것은 한 달 전 레온이 파리에서 보낸 편지에 대한 답장이었다.

막스는 가족의 죽음과 생존의 감회, 그리고 다시 되찾은 긍정적인 생각에 대해 설명하였다. 편지에는 분명한 희망이 느껴졌다. 레온처럼 그도 삶을 물이 아직 반이나 남은 컵으로 받아들였다.

내가 처음 그 편지를 읽었을 때처럼 마지막으로 타이핑된 문장 한 줄이 내 눈에 들어왔다. 처음에 읽었을 때는 문맥도 몰랐고 헤르타에게서 이야기를 듣지도 않았을 때라 다른 방향으로 느껴졌다. 질문으로 편지를 마무리하기 전, "사랑이 가득한 키스를 전하며"라는 문장을 타이핑할 때 막스는 비엔나에서의 추억에 매달려 있었을까?

막스는 다음과 같이 적었다. "내가 키스에 화답해야 할까, 아니면 키스는 너의 와이프만을 위한 것일까?"

Part X

판결

JUDGEMENT

1946년 10월 뉘른베르크 법원 준비실,
서류더미에 묻힌 비서들

135

프랑크가 자신의 피고인 진술을 마치고 난 후 나머지 피고인들도 각자의 진술을 했으며, 검사들도 최후논고를 마쳤다. 미국 검사들은 렘킨을 관여시키지 않기로 하였으나 영국 검사팀은 쇼크로스와 함께 일한 라우터파하트의 도움을 받았다. 쇼크로스는 모두진술에서 그가 준 '엄청난 도움'을 고려하여, 라우터파하트에게 최후논고를 위해 이 사건 사안에 적용할 법률적 주장을 다듬어줄 것을 요청했다. 그는 말했다. "어떤 일이 있더라도 나는 당신의 조언에 그 무엇보다 감사할 것입니다."

몇 달 전 라우터파하트는 뉘른베르크 여행에서 돌아와 여독을 풀기 위한 시간을 가지고 있었다. 여독을 푸는 방법은 강의와 집필 활동에 전념하는 것이었다. 그는 재판이 직면한 도전 과제에 대한 생각, 현실주의와 원칙 사이의 긴장관계에 대한 논문 한 편도 썼다. 건전한 현실주의와 실용적인 접근이 모두 필요하다고 그는 결론을 내렸지만 장기적으로는 원칙에 대한 약속이 더욱 중요하며 반드시 우선되어야 한다고 주장했다. 그는 렘킨의 견해는 언급하지 않았지만 만약 언급했더라도 그 견해는 원칙적으로 잘못되었으며 비실용적이라고 했을 것이다.

1946년 봄, 라우터파하트는 피로하고 우울한 기분이 들었다. 레이첼은 그의 건강과 심리상태와 불면증이 걱정스러웠다. 라우터파하트는 불면증 때문에 폴 몰의 아테니움클럽 회비와 같은 인생의 작은 문제들을 계속해서 크게 걱정하였다. 잉카로부터 그의 부모가 돌아가셨다는 슬픈 소식을 들었으며, 모든 가족들의 운명이 그를 무겁게 짓누르고 있었다. 심지어 자세한 내용은 알 길이 없었다. 레이첼은 엘리에게 아버지 라우터파하트가 혼자서 자다가 매우 슬프게 울었다는 이야기를 전하며 그가 들은 짐승같이 잔인한 짓에 대한 반응이었다고 설명했다.

잉카의 생존은 한줄기 빛이었다. 라우터파하트는 그녀에게 잉글랜드의 케임브리지에서 자기 가족과 함께 지내자고 시간과 노력을 기울여 설득했다. 그는 잉카가 생존한 가장 가까운 친척이므로 그녀를 데려올 권리가 있다고 설명했다. 하지만 라우터파하트는 오스트리아의 난민 캠프에서 그녀를 돌봐주었던 멜만 부부는 데려올 수 없다고 했다. 라우터파하트는 잉카가 끔찍한 고통을 겪은 후 안전한 환경을 계속해서 제공해준 멜만 부부와 함께 있고 싶어 하는 마음을 이해했다. 그는 15살 잉카에게 "우리는 너에 대해 잘 알고 있다"라고 쓰고 "너의 할아버지 아론이 너를 많이 사랑하셨고, 자주 네 이야기를 하셨다"고 덧붙였다. 그는 잉카가 원하는 것을 어느 정도까지는 존중하고자 했다. 그는 잉카의 미래를 결정하는 것은 잉카의 몫이라고 하였으나 그럼에도 생활환경이 보다 정상적인 영국으로 와야 한다고 적었다.

두 사람 사이의 교착상태를 해결하기 위해 레이첼이 개입했다. 그녀는 잉카에게 "너의 두려움과 의심을 이해한다"면서, 하지만 라우터파하트는 너의 가장 가까운 친척이며, 너의 어머니의 오빠라고 설명했다. "나는 너의 어머니를 만났으며 네 어머니를 아주 많이 사랑했다. 내 생각에 너는 너의 진정한 집이고 진정한 가족인 우리에게 와야 한다"고 썼다. 그녀는 잉카의 마음을 움직였을 마지막 한 줄을 덧붙였다. "너는 우리 아이가 될 거야. 우리의 친딸." 그해 말에 잉카는 영국으로 와서 크랜머 로드의 라우터파하트 집으로 들어왔다.

잉카와의 이런 서신이 오가는 도중에 라우터파하트는 뉘른베르크로 돌아갔다. 그때는 그가 기소 중인 남자에 의해 자신의 가족이 파멸되었다는 사실을 알고 있었다. 5월 29일, 그는 데이비드 막스웰 파이프와 최종변론 준비를 맡은 영국 검사팀과 상의하였다. 최종변론은 몇 주 후인 7월 말에 이루어질 예정이었다. 그래서 쇼크로스는 업무 분담을 제안했다. 뉘른베르크에 있는 영국 법률가들이 개별 피고인에 대한 사실을 담당하고, 라우터파하트는 사건의 법적, 역사적 부분을 담당하는 것이 어떻겠느냐는 것이었다. 그의 임무는 판사들을 설득하여 피고인들에게 인도에 반하는 죄 또는 다른 범죄에 대해 유죄 판결이 선고되는 데 지장이 없도록 하는 것이었다. 쇼크로스는 말했다. "당신이 맡은 부분이 검찰논고의 주된 내용입니다."

136

렘킨은 현장에서 밀려나 아웃사이더로 워싱턴 D.C.에 남아 초조한 나날을 보냈다. '제노사이드'가 재판에서 빠져 언급되지 않자 그는 유럽으로 돌아갈 방법을 다시 한 번 찾으려고 노력했다. 그는 제노사이드를 다시 사건에 넣을 수 있는 사람은 자신뿐이고, 그러기 위해서는 뉘른베르크에 가야 한다고 생각했다.

그는 미국 육군성에서 비정규직 고문으로(일당 25달러) 일하면서 여전히 소식이 없는 그의 가족의 운명에 대해 걱정하며 혼자 살았고, 뉴스와 재판 기록을 통해 재판의 진행 과정을 확인하였다. 그는 일부 증거에 접근할 수 있었는데, 특히 프랑크의 일기에 적힌 세부 정보에 관심이 많았다. 그는 일기는 "의사록과 같다"고 적고 모든 공식 발언 또는 행동을 담고 있다고 했다. 종종 일기는 냉소적이고 오만하고 냉혈한, 동정하는 마음도 없고 자신의 범죄가 얼마나 끔찍한 것이었는지에 대한 생각은 아예 없는 남자가 쓴 '나쁜 헐리우드 극본'을 읽는 것 같았다. 일기로 인해 렘킨은 프랑크에게 관심을 갖기 시작했다.

하지만 인생을 일과 걱정만 하면서 살 수는 없었다. 렘킨은 라우터파하트보다 더 적극적으로 사람들을 사귀었으며, 금방 사교계의 유명 인사가 되었다. 그가 유명세를 타면서 〈워싱턴포스트〉는 그를 '외국에서 태어난' 워싱턴 남성들의 미국 여성에 대한 견해를 다루는 특집 기사에 포함시켰다. 이 특집기사에 실린 일곱 명의 참여자 중에서 라파엘 렘킨 박사는 '학자', 《추축국의 유럽 점령지 통치》를 쓴 '진지한 폴란드 국제변호사'로 소개되었다.

렘킨은 미국 여성에 대한 자신의 견해를 밝힐 기회를 굳이 포기하지 않았다. 아직 미혼이었던 그는 워싱턴 D.C.의 여성들이 그를 유혹하기에는 지나치게 솔직하고 정직하다며 '유럽의 요부들이 가진 은근한 매력'이 모자란다고 말했다. 그렇다. 미국에서는 사실 모든 여성이 매력적이다. 왜냐하면 아름다움이 매우 민주화되어 있기 때문이다. 반대로 유럽 여성들은 보통 볼품없고 종종 못 생겼다. 그래서 진짜 아름다운 여성을 찾기 위해서는 '상류층'으로 가야 한다. 또 다른 차이점이 있다. 미국인들과는 달리 유럽 여성들은 남자를 유혹할 때 자신의 지적 능력을 사용한다. '지적인 게이샤 역할'을 한다는 것이다. 그렇지만 그는 인터뷰에서 미국 여성의 단점에도 불구하고 그는 한 명으로 만족할 것이라고 말했다.

하지만 사실은 전혀 그렇지 않았다. 내가 '드루이드 공주' 낸시 애컬리에게 사랑에 대해 물었을 때 그녀는 렘킨이 결혼생활을 하기 위한 시간이나 돈이 없다고 자신에게 말했던 것을 기억했다. 몇 주 후 수십 페이지에 달하는 렘킨의 자작시와 렘킨이 낸시와 나눴던 서른 편의 시들이 우편으로 도착했다. 대부분의 시는 운 좋게도 자신의 인생에 영향을 미친 일에 관하여 다루었지만, 사랑에 관한 시도 꽤 있었다. 명확하게 여성을 대상으로 한 것은 한 편도 없었지만 두 편은 남자에게 쓴 것으로 나타났다. '두려운 사랑'Frightened Love에서 그는 다음과 같이 썼다.

그가 나를 더 사랑해줄까?
내가 문을 잠그면
오늘 밤 언제 그가 문을 두드릴까?

또 다른 제목이 없는 시는 다음과 같이 시작했다.

님이여 , 싸우지 마세요.
진실한 키스를 해드릴게요.
당신의 가슴에 사랑이 가득하길.

이 단어들이 무엇을 뜻하는지는 추측만 할 뿐이다. 그러나 렘킨이 혼자 있는 외로운 존재라는 사실과 재판이 진행될수록 느껴지는 불안감을 나

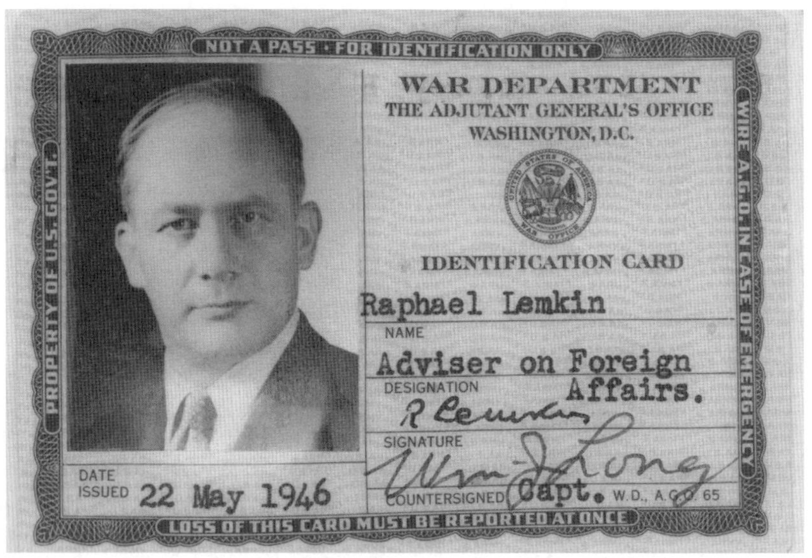
NOT A PASS · FOR IDENTIFICATION ONLY

WAR DEPARTMENT
THE ADJUTANT GENERAL'S OFFICE
WASHINGTON, D.C.

IDENTIFICATION CARD

Raphael Lemkin
NAME

Adviser on Foreign Affairs.
DESIGNATION

R Lemkin
SIGNATURE

DATE ISSUED 22 May 1946

Wm J Long Capt.
COUNTERSIGNED

W.D., A.G.O. 65

PROPERTY OF U.S. GOV'T.

WIRE A.G.O. IN CASE OF EMERGENCY

LOSS OF THIS CARD MUST BE REPORTED AT ONCE

미국 육군성이 발행한 렘킨의 신분증명서, 1946년 5월

눌 사람이 주변에 거의 없었다는 사실은 분명하다. 아마도 그는 1946년 봄, 자신의 예전 멘토인 에밀 라파포트의 지휘 아래 폴란드에서 국제범죄 재판이 열리고 재판에서 독일 피고인들이 제노사이드라는 죄명으로 기소당할 것이라는 그 희망으로 스스로 힘을 얻었는지 모른다. 하지만 뉘른베르크에서는 그 단어가 사라졌다. 재판 첫 날 몇 번 언급된 후 130일 동안의 재판 과정에서 제노사이드에 대한 언급은 전혀 없었다.

그래서 5월에 그는 재판의 방향을 바꾸는 데 도움을 줄 수 있는 핵심 인사들에게 영향력을 끼치기 위해 집중적인 편지 쓰기 작전을 시작했다. 편지는 내가 보기에 절박하고 순진함이 깃든, 거의 아부하는 수준의 표현이었다. 그럼에도 불구하고 사랑스럽고, 연약하지만 진심이 묻어나는 느낌이 있었다. 그는 3페이지 분량의 편지를 새로운 유엔 인권위원회 의장인 엘리너 루즈벨트Eleanor Roosevelt(루즈벨트 대통령의 부인)에게 보냈다. 그녀가 '혜

택을 받지 못하는 집단이 필요로 하는 것'을 이해하기 때문에 렘킨은 그녀를 측은지심이 있는 사람이라고 생각했다. 그는 루즈벨트 여사에게 그의 생각을 남편-그는 루즈벨트를 '우리의 위대한 전쟁 리더'라 칭했다-에게 나누어준 것에 감사하며, 그녀에게 법무장관 잭슨이 '제노사이드를 범죄화 하는 나의 생각을 받아들였다'고 밝혔다. 그렇지만 이것은 일부만 사실이었다. 그는 법이 세상의 모든 문제를 해결하는 답은 아니라고 하며, 다만 핵심 원칙을 개발하는 도구를 제공할 뿐이라고 지적했다. 루즈벨트 여사가 제노사이드를 예방하고 처벌할 수 있는 새로운 조직을 만드는 데 도움을 줄 수 있을까? 그는 자신이 쓴 글을 몇 개 동봉했다.

비슷한 내용의 편지가 〈뉴욕타임스〉 편집장 앤 오헤어 맥코믹Anne O'Hare McCormick과 새롭게 선출된 유엔 사무총장인 나이지리아 변호사 트뤼그베 리Trygve Lie에게 전달되었다. 또한 그가 찾아낸, 중요하지는 않지만 알 만한 인물들에게도 편지를 보냈다. 예를 들어 수년 전에 리텔 부부를 통해 만났다가 연락이 끊겼던 전 펜실베니아 주지사 기포드 핀쵸Gifford Pinchot에게도 보냈다(렘킨은 '두 분 모두가 매우 그리웠다'고 썼다). 국무부의 국제기관 기관장들에게는 사과를 포함한 편지를 보냈다('뉘른베르크와 베를린으로부터의 갑작스러운 부름'이 계속적인 대화가 불가능하게 만들었다). 사람들과의 인맥관계 형성에 능숙한 렘킨은 다시 시작된 캠페인의 기초를 다졌다.

뉘른베르크의 '갑작스러운 부름'에 대한 설명은 없었다. 그는 5월 말에 유럽으로 떠났다. 이번에는 미국 육군성에서 새롭게 발급한 신분증이 있었다. '출입증이 아님'이라는 글자가 찍혀 있지만 이것이 독일로 들어가는 문을 열어줄지도 모르는 일이었다.

사진 속의 렘킨은 흰 셔츠를 입고 넥타이를 맨 공식적 차림의 남자로, 두 달 전에 출판되어 〈워싱턴포스트〉에 소개되었던 책에 실린 사진과 동일하다. 렘킨은 카메라를 뚫어지게 응시하고 있으며 입술은 다물고 눈썹은 숱이 많고 결의에 찬, 심란한 표정이었다. 신분증에는 그가 파란 눈과 검정/회색 머리카락을 가지고 있으며, 몸무게는 176파운드이며, 키는 5피트 9.5인치라고 적혀 있었다.

137

렘킨의 첫 번째 기착지는 런던이었다. 그곳에서 그는 유엔 전쟁범죄위원회의 위원장으로서 체코슬로바키아 법률가를 상징하는 인물이자 전쟁 전에 프라하에서 반反나치 독일 난민의 대표였던 에곤 슈벨브 Egon Schwelb 를 만났다. 에곤 슈벨브는 라우터파하트와도 아는 사이였다. 그들은 제노사이드와 책임에 대해 이야기하였으며, 렘킨은 실종된 전쟁범죄자를 찾아내는 영화 제작 구상을 이야기했다. 하지만 이에 대한 진척 상황은 없었다. 이후 그는 독일과 뉘른베르크로 향했다. 6월 초에 뉘른베르크에 도착한 렘킨은 몇 시간 차이로 라우터파하트를 만나지 못했다. 그날 프리츠 자우켈 Fritz Sauckel 은 독일에서의 강제노역 혐의로 피고인석에 앉아 프랑크가 1942년 8월 렘베르크에 돌아온 후 크라쿠프에서 그와 만났던 것에 대해 판사들에게 진술하고 있었다. 프랑크는 자우켈에게 이미 80만 명의 폴란드 노동자를 독일제국으로 보냈고, 추가로 14만 명을 보낼 수 있다고 말했다. 사람들은 싸구려 물건 취급을 당했다.

6월 2일 일요일, 렘킨은 유럽 여행의 목적을 설명 들으려는 로버트 잭슨의 면담 요청을 받았다. 이 유럽에서의 일정은 임시수용소에서 풀려난

SS 요원들의 영향을 평가하는 미국 육군성을 돕기 위함이었다. 렘킨은 25,000명 이상의 SS 요원이 이미 풀려났다고 잭슨에게 말했다. 아들인 빌과 함께 면담하러 온 잭슨은 SS가 범죄조직으로 기소를 당했는데 어떻게 그럴 수 있는지 놀랐다. 세 남자는 또한 도쿄 재판에 대한 렘킨의 작업에 대해 이야기하였고, 렘킨은 당연히 '제노사이드'라는 말을 대화 중간에 섞었다. 잭슨팀의 공식적인 일원은 아니지만 렘킨은 자신의 역할을 잭슨팀의 법률고문이라고 겸손하게 칭했다. 그는 대령과 만찬을 하는 영광과 함께 뉘른베르크 법정에 들어갈 수 있는 출입증도 발급받았다. 나는 공식적인 법정 출입증도 발견하지 못했고, 600호 법정의 사진에서 그를 찾아낼 수 있는 사람도 만나지 못했다. 게티 이미지 기록보관실에서도 많은 시간을 보냈지만 역시 아무것도 찾지 못했다.

하지만 그가 법원에 있었던 것은 분명했다. 왜냐하면 그는 검사들을 쫓아다니며 시간을 보냈고, 또한 더욱 놀랍게도 피고인들의 변호인들과도 이야기를 하였다. 잭슨팀의 젊은 법률가 벤자민은 렘킨을 검사들의 주의를 끌려고 하는 단정치 못하며 정신없는 사람으로 표현했다. 벤자민은 "우리는 너무 바빴어요"라며 제노사이드에 신경 쓰고 싶지 않았다고 기억했다. 검사들은 '피고인들을 집단학살 죄로 유죄 판결을 받게 하기 위해' 방해받지 않고 싶어 했다.

렘킨에게 도움을 준 한 명의 검사는 로버트 캠프너 박사Dr. Robert Kempner로, 1년 전인 1945년 6월에 자신의 책 한 권을 주었다. 헤르만 괴링에 의해 독일 변호사 자격을 박탈당하고 독일제국에서 추방된 캠프너는 렘킨에게 그의 사무실인 법원 128호실을 그가 가져온 서류들의 보관 장소로 사용하도록 허락하였으며, 여기서 렘킨이 자신의 작전을 되살리는 계획을 세울 수 있도록 도와주었다.

잭슨 부자를 만나고 사흘이 지난 후, 렘킨은 제노사이드 사례를 주장하는 장문의 보고서를 작성했다. 가능성은 희박하지만, 이 보고서가 미국 검사의 요청에 의해 작성되었는지는 분명치 않다. '소송 절차 중 제노사이드 개념 개발의 필요성'이라는 제목의 보고서는 6월 5일 캠프너에게 보내졌다. 보고서에서는 '제노사이드'가 국가와 민족과 종교적 집단을 파괴하려는 피고인들의 의도를 설명하는 적절한 용어임을 상세하게 설명하고 있다. "대량 살인mass murder 또는 대량 학살mass extermination과 같은 다른 용어는 민족적인 동기와 문화를 송두리째 파괴하려는 '범죄의사'(범의)라는 핵심적인 요소를 담고 있지 못하기 때문에 부정확하다." 렘킨은 이렇게 적었다.

> 만약 독일에 의해 불행한 운명을 맞은 유대인 같은 민족이 성경을 창조하거나 아이슈타인 [또는] 스피노자를 낳지 못했다면; 만약 폴란드인들이 코페르니쿠스, 쇼팽, 퀴리 부인을 세상에 보낼 기회를 갖지 못했다면; 그리스인들은 플라톤과 소크라테스를; 영국은 셰익스피어를; 러시아는 톨스토이와 쇼스타코비치를; 미국은 에머슨과 제퍼슨을; 프랑스는 르낭과 로뎅을 세상에 보내지 못했다면 인류는 얼마나 빈곤해졌을 것인가?

그는 또한 그가 유대인뿐만 아니라 다른 민족의 파괴에 대해서도 우려한다고 분명히 밝혔다. 그는 폴란드인, 집시, 슬로베니아인과 러시아인을 지목했다. 오로지 유대인의 관점만을 강조하는 것은 지양해야 했다. 왜냐하면 괴링과 다른 피고인들이 법정을 반유대주의자들을 위해 사용할 수 있기 때문이었다. 제노사이드 혐의는 피고인들이 인류의 적, '특히나 위험한 범죄'인 인도에 반하는 죄를 능가하는 죄를 지었다는 사실을 보여주는 광범위한 재판 전략의 일부이다.

렘킨은 수정한 보고서를 프랑크를 기소한 미국 판사 토마스 도드에게 보냈다. 수정된 버전에서 그는 독일인들이 죽이려고 혈안이 되었던 명단에 포함된 몇몇 체코슬로바키아 사람들의 이름(부스와 드보락)을 포함하여 수신인의 필요에 맞게 만들어진 자료를 추가했다. 그는 또한 독일 사람들을 아벨을 죽인 카인에 비유하며 나치가 개인을 산발적으로 죽인 것이 아니라 의도적인 목적을 가지고 '의형제의 나라 국민'을 살해하였음을 설명하였다. 렘킨은 경고로 편지를 마감했다. "만약 제노사이드가 판결에서 제외된다면 검찰이 이 사건을 증명하지 못했다는 인상을 남길 것이다." 하지만 나는 그 편지가 어떤 식으로든 도드에게 영향을 끼쳤다는 증거를 찾지 못했다.

렘킨은 6월 말에 잭슨을 다시 만나 이번에는 제노사이드가 별개의 범죄라는 주장으로 그를 설득하려 하였다. 그는 미국과 영국에서 각각 정치적인 반대에 부딪혔다. 미국인들의 흑인에 대한 대우와 영국의 식민지 정치라는 역사와 관련된 이유 때문이었다. 라우터파하트 때문에 발생한 실질적인 어려움도 있었다. "한 사람이 집단을 파괴하려는 의도가 있다는 것을 어떻게 증명할 것인가?" 또한 레오폴드 쾨르Leopold Kohr에 의해 제기된 것처럼 렘킨이 반유대주의나 반게르만주의를 불러일으키는 방식으로 집단에 초점을 맞추는 '생물학적 사고'의 덫에 빠져 있다는 원칙론적인 반대도 있었다. 그런 장애물들은 여전히 높았다.

138

이러한 장애물에도 불구하고 렘킨의 노력은 어느 정도 성공을 거뒀다.

잭슨과의 두 번째 면담 후 4일 만에, '제노사이드'는 재판절차에 다시 등장했다. 6월 25일에 일어난 일로, 렘킨의 예상치 못한 백기사(구원자)는 품격 있고 탁월한 백발의 외교관이며 히틀러 정권의 초대 외무장관이었던 콘스탄틴 폰 노이라트Konstantin von Neurath를 교차 신문하던 스코틀랜드 출신 데이비드 막스웰 파이프 경이었다. 아르메니아인 집단학살 시기에 콘스탄티노플에 있었던 젊은 독일 외교관이었던 폰 노이라트는 후에 독일이 점령한 보헤미아와 모라비아에서 국가보호관Reichsprotektor이 되었다. 그리고 이 사실은 그가 그 위치에서 작성한 메모에 적혀 있다. 막스웰 파이프는 이 사실을 집중 조명했다. 1940년 8월, 폰 노이라트는 독일 점령지역의 체코인들 취급에 대한 글을 썼다. 그가 '가장 급진적이며 이론적으로 완벽한 해결책'이라고 설명하며 발표한 최선책은 충분한 수의 독일인이 있다는 전제하에 해당 지역에서 모든 체코인들을 추방시키고 간단히 독일인들로 채우는 것이었다. 차선책은 일부 체코인들 중에 '선별한 개별 민족을 독일인화' 하고 나머지는 축출하는 것이었다. 이 두 가지 방법 모두 우선 과제는 체코 지식계급을 파괴하는 것이었다.

막스웰 파이프는 폰 노이라트 보고서의 요약본을 큰 소리로 낭독했다. "자, 피고인!" 그는 또박또박 말했다. "피고인은 민족 또는 종교 집단을 절멸시키는 것을 뜻하는 제노사이드 혐의를 받고 있다는 사실을 알고 있습니까?" 그 말에 렘킨은 매우 만족했다. 다음 순간 막스웰 파이프가 렘킨 교수의 유명한 책이라 언급하며 렘킨의 '제노사이드' 정의가 재판 기록에 남도록 읽었을 때 더욱 만족하였다. 막스웰 파이프는 폰 노이라트를 계속 추궁했다. "당신이 하고자 했던 것은 우리가 지식인이라 부르는 체코슬로바키아의 교사, 작가, 가수 등 체코 국민들의 역사와 전통을 다른 세대에 물려줄 사람들을 없애는 것이었습니다." 그것이 제노사이드이다. 폰 노이라트는 대답을 하지 않았다. 렘킨이 뉘른베르크를 방문하면서 즉각적인 변화가 생긴 결과였다.

렘킨은 후에 매우 고무된 어조로 막스웰 파이프에게 제노사이드 개념을 지지해준 것에 '매우 크게 감사한다'고 편지를 썼다. 막스웰 파이프의 답장이 몇 차례 왔는지는 알 수 없지만 하나만 있었다면 분실되었다. 재판 후에도 막스웰 파이프는 〈타임스〉의 기자 R. W. 쿠퍼의 재판과정에 대한 기사의 서문을 작성하면서 제노사이드와 렘킨의 책을 언급하였다. 그는 제노사이드 범죄는 나치 계획의 핵심이었다며 끔찍한 행동으로 이어졌다고 적었다. 쿠퍼는 '황무지에서 울부짖던 목소리'의 남자, 렘킨이 만들어낸 새로운 용어인 '제노사이드'라는 새로운 범죄에 1개의 장을 온전히 할애했다. 쿠퍼는 '제노사이드'를 반대하는 사람들은 이 용어가 북아메리카 원주민(인디언)의 종말에 적용될 수 있다는 것을 알고 있다며, 렘킨의 아이디어가 백인종에게 단호한 경고를 보내고 있다는 점을 언급했다.

이 신문기자는 하우스호퍼, 잔학행위, 반달리즘 그리고 렘킨이 폴란드로 소환(이는 렘킨이 4년 전 듀크대학에서와 마찬가지로 계속해서 말을 듣기 좋게 바꾼다는 것을 의미한다)되었던 마드리드 회의를 언급했다. 폴란드 변호사 렘킨이 쿠퍼를 이용하여 막스웰 파이프에게 접근한 것이 분명하며, 이 방법으로 '제노사이드'라는 단어가 법정에 다시 등장하게 되었을 가능성이 아주 높다.

쇼크로스와 라우터파하트는 그 당시 뉘른베르크에 없었다. 때문에 막스웰 파이프가 제노사이드를 혼자서 자유롭게 활용할 수 있었다. 그리고 그 잠재적인 영향은 매우 컸다. 전쟁과 관련된 행위에 따른 책임이라는 점에서의 '인도에 반하는 죄'라는 개념과는 다르게 '제노사이드' 범죄는 전쟁 전의 것까지 포함하여 모든 행위에 적용될 가능성이 있었다.

139

렘킨이 계속하여 부탁과 로비를 하며 집요하게 고집을 부릴 때 라우터파하트는 쇼크로스의 검찰 최후논고의 일부를 썼다. 그는 뉘른베르크 그랜드 호텔의 바에 있는 기자들의 방해 없이 크랜머 로드 6번지에서 혼자 작업했다. 나는 그가 생각을 짜내고 그것을 펜으로 종이에 적을 때 바흐의 〈마태 수난곡〉이 배경으로 들리는 장면을 상상하였다. 종종 그는 창밖 너머로 대학 도서관과 축구장을 바라보았을 것이다.

라우터파하트는 몇 주 동안 초안 작성에 매달렸다. 그는 짧은 서론을 완성하고 그보다 긴 1부와 3부에서 법률적 주장을 넣었다(사실과 증거에 대한 두 번째 부분은 뉘른베르크에서 작성되었다). 나는 라우터파하트의 글을 타이핑한 버전을 가지고 있는데, 라우터파하트가 라이온스 부인에게 타이핑을 부탁할 때 주었던 손글씨로 쓴 오리지널 버전이 궁금했다. 엘리는 이것을 케임브리지대학에 기증했다. 때문에 나는 그것을 보기 위해 그곳을 다시 한 번 찾아갔다. 그의 육필 원고는 그의 주장만큼이나 아주 분명하고 논리적으로 작성되어, 전례 없이 독단적인 기소라는 피고인들의 주장을 재판부가 배척하도록 유도했다. 첫 페이지는 절제된 톤이었다. 개인적인 감정과 열정은 없앴다. 아주 많은 면에서 라우터파하트는 렘킨과 반대였다.

하지만 이 초안은 재판의 모두진술을 위해 작성한 것과는 결론이 달랐다. 손보지 않은 연설의 피날레는 사람의 마음을 사로잡는 열정적인 내용이었다. 시작은 그렇지 않았다. 9페이지의 서론은 재판의 목적과 공정함의 필요성에 대한 내용이었다. 라우터파하트는 재판이 복수를 위한 것이 아닌 법에 따라 정의를 구현하기 위한 것이라며, 범죄에 대한 '권위 있는, 철저하고, 공정한 확인'이라고 밝혔다. 국제법원의 임무는 개인을 보호하는 법을 개발하고 미래의 국제형사재판소를 위한 가장 가치 있는 전례를 만드는 것이다(ICC가 설립되기까지 50년이 걸렸다. 때문에 이 의견은 선견지명이 있는 것이었다).

라우터파하트 초안의 2부는 40페이지가 넘었으며, 그가 수년에 걸쳐 생각해 왔던 많은 사상을 엮어 만들었다. 그는 전쟁범죄에 관해 살인과 전쟁포로, 폴란드 지식인들과 러시아 정치활동가들에 초점을 맞췄다. 그는 불과 몇 달 전에 외무부에 이야기했던 내용과는 반대로 '인도에 반하는 죄'가 새로운 기소조항이 아니라는 점을 나름대로의 방법으로 주장했다. 오히려 이것은 인간의 권리의 정당성을 입증하고 국가의 잔인함과 잔학행위로부터 보호책을 제공하는 시작점이다. 잔학행위는 독일법이 허용한다고 하더라도 불법이다. 논고문 초안은 인간의 기본적 권리는 국가법에 우선한다는, 국가가 아닌 개인의 이해를 존중하는 새로운 접근방법을 천명하였다.

이리하여 개인은 법에 의해 보호를 받으며, 법은 잔학행위를 묵과할 수 없다. 특히 라우터파하트는 히틀러를 지나가듯 언급했고, 유대민족 또는 유대교를 믿는다는 이유 하나만으로 죽임을 당한 500만 유대인은 한 번 언급했다. 렘베르크에서의 사건은 재판이 시작된 후 며칠 동안 소비에트 판사가 설명하였기 때문에 라우터파하트는 그것에 대해서는 쓰지 않았다. 라우터파하트는 개인적으로 보일 수 있는 문제에 대한 내용은 빼고 폴란드인에 대한 대우는 물론이고 '제노사이드'라는 용어도 쓰지 않았다. 그는 렘킨의 아이디어에 강하게 반대했다.

그의 초점은 피고인들에게로 향했다. 자신을 구하기 위해 국제법을 위반한 한심한 무리의 인간들. 그들은 어쨌든 국가를 위해 행동한 개인은 범죄 책임에서 자유롭다는 과거의 관념에서 피난처를 찾으려고 했다. 법정에 있는 스물한 명의 피고인 가운데 라우터파하트는 다섯 명의 이름을 호명했다. 특히 율리우스 슈트라이허는 민족이론을 구축한 인물로, 헤르만 괴링은 바르사바 게토에서의 대량학살에 참여한 죄로 지목하였다.

라우터파하트가 여러 번 언급한 피고인은 한스 프랑크가 유일했다. 그것은 아마도 프랑크가 피고인 중 라우터파하트 가족의 살인과 가장 크게 관련이 있는 사람이라는 사실과 무관하지 않을 것이다. 라우터파하트는 프랑크가 처형의 행위에 직접 관여하지 않았더라도 그를 '학살 범죄의 직접적인 하수인'이라고 표현했다.

라우터파하트는 교향곡과 같은 논고문 초안이라는 악보의 마지막 마디, 마지막 몇 페이지에 걸쳐 프랑크에 집중했다. 유엔의 새로운 헌장은 인간의 권리에 대한 새로운 시대를 향해 한 걸음 내딛는 전진을 이루어냈다. 개인의 권리와 의무를 세계의 헌법의 중심에 둠으로써 새로운 울림을 만들어냈다. 바로 이것이 라우터파하트가 인생을 건 작업을 통해 주장하고자 하는 순수한 중심 주제였다. 그러나 이 페이지에서 그는 또한 억압된 감정과 억눌린 에너지를 풀어내는 또 다른 목소리를 발하였다. 손으로 쓴 다른 단어들이 추가되고 삭제되고 단순한 죄의식조차 수용하지 않는 피고인들을 향한 날것 그대로의 분노가 끓어올랐다. 그렇다. 약간의 진실함이 담겼을지 모를 절망적인 고백이 있었다. 하지만 그것은 거짓이고 교묘한 회피일 뿐 그 이상 아무것도 아니다.

그런 후 라우터파하트는 그의 가족의 끔찍한 운명과 가장 밀접하게 관련된 피고인, 지난 4월 잠정적으로나마 책임을 인정했던 남자에게로 다시 돌아왔다. 그는 적었다. "증인…… 아니 피고인 프랑크는 그가 내뱉은 끔찍한 말들-마치 말에 따른 끔찍한 행위가 아닌 말 자체가 중요한 것인 듯-

for instance,
Witness, defendant Frank confessing to a ~~[illegible]~~
deepest
sense of ~~terrible~~ guilt because of the terrible
words which he had uttered — as if it were
his words that mattered and not the terrible
28
accompanied
deed which ~~[illegible]~~ them. What might have become
a redeeming ~~hope~~ claim to a ~~vestige of~~
~~humanity in~~ vestige of humanity in this
and ~~other defendants~~ ~~They have all pleaded~~
ignorance reveals itself as a crafty device.
of desperate men. He, like other defendants, have
~~Yet this trait is~~ pleaded, to the
very end, full ignorance of that vast, organized
and most intricate ramification of the foulest crimes that ~~[illegible]~~
ever sullied the record of a nation. [These
crimes transcend any conceivable measure
of individual retribution. They have resigned

라우터파하트의 논고문 초안, 글의 시작 부분에 '증인…… 피고 프랑크'라고 적혀 있다. 1946년 7월 10일에 대한 깊은 책임을 인정하였습니다. 절박한 자들의 교활한 방편임이 스스로 드러나는, 인도주의의 극단적 결핍에 대해 용서를 비는 호소를 어찌 해야 할까요? 그는 다른 피고인들과 마찬가지로 한 나라에 대한 기록을 더럽힐, 내규모로 조직화되고 수많은 관련자들이 얽혀서 자행된 악질 범죄의 결과를 전혀 몰랐다며 끝까지 선처를 호소하고 있습니다."

이 논고문은 평소답지 않게 감정적이었다. 내가 그 구절을 보여주자 엘리는 흥미롭다고 답했다. 그는 표현의 중요성은 파악하지 않았다. "아버지는 이런 문제에 대해 내게 이야기하신 적이 없어요. 한번도!" 이제 내가 설명한 최종논고문의 문맥을 확인하고 엘리는 그의 아버지와 피고인들 간의 관계에 대해 생각하였다. 그때까지 그는 렘베르크 학살에 직접적으로 관여했던 프랑크의 수하 오토 폰 베히터 지방장관이 비엔나에서 아버지의 학급 동료였다는 사실을 몰랐다. 몇 달 후에 엘리가 니클라스 프랑크와 로비 던다스를 만날 기회가 찾아왔다. 판사, 검사, 피고인 자녀들의 재회였다. 하지만 엘리는 이를 거부했다.

라우터파하트는 쇼크로스가 자신이 작성한 논고문을 사용하지 않을까 봐 조바심을 냈다. "저는 그것이 타당하고 필요하다고 생각합니다." 그는 법정 밖에 있는 청중들에게까지 검찰논고의 효과가 미쳐야 할 필요성을 강조하며 법무장관에게 이렇게 말했다. 만약 최종논고문이 너무 길다면 재판부에 전문을 제출하고 쇼크로스는 발췌된 부분만 읽어도 된다고 덧붙였다.

7월 10일, 라우터파하트의 비서는 이러한 제안을 적고 타이핑한 초안을 큰 봉투에 넣어 보냈다.

140

라우터파하트의 논고문 초안이 기차로 런던을 향할 때 렘킨은 그의 노력을 배가했다. 예상치 못했던 도움의 손길이 알프레드 로젠베르크에게서 왔다. 피고인석에서 프랑크 옆에 앉은 그는 그의 변호인을 통해 판사에게 자신은 제노사이드에 가담하지 않았다고 말했다. 알프레드 토마 박사Dr. Alfred Thoma는 로젠베르크가 나치 정책에 기여한 바는 겨우 과학적 실험을 실행하는 것에 불과했으며, 렘킨이 주창하는 '제노사이드'와는 관련이 없다고 재판장을 설득하려고 하였다. 이와 반대로 로젠베르크의 변호사는 '심리 작전 사이에서의 몸부림' 때문에 실험을 하였으며, 살상이나 파괴의 범죄의사는 없었다고 변소했다. 예상치 못한 논쟁이 렘킨의 책에서 인용한, 1930년 출판된 로젠베르크의 대표작《20세기의 신화》Der Mythus des 20. Jahrhunderts의 내용에 의해 촉발되었다. 검사는 그 책이 민족차별적 사고에 대한 지적 기반을 제공한다고 주장했다. 로젠베르크는 렘킨이 원작에서 핵심 문장을 생략하고 그의 단어를 잘못 사용함으로써 피해를 입혔으며, 자신은 한 민족의 말살 등을 주장하지 않았다고 반박하였다. 논쟁은 왜곡되고 분위기는 절망적이었다.

렘킨의 발상이 어떻게 로젠베르크에게 전달되었는지 궁금했던 나는 그 답을 케임브리지대학의 문서보관소에서 찾았다. 렘킨의 자료 가운데 남은 것들을 뒤지다가 토마 박사가 로젠베르크를 위해 쓴 장문의 답변서를 발견하였다. 토마 박사는 개인적인 감사의 말을 수기로 적어 렘킨에게 전달했다. 토마 박사는 "모든 존경을 담아 드립니다"라고 적었다. 그의 답변서에는 렘킨의 아낌없는 노력을 언급하며, 필요하다면 변호인을 통해 피고인들과도 접촉하겠다는 강한 의지를 보여주었다. 그후에 다른 피고인들의 변호인들 또한 동의하지는 않았지만 그의 발상을 언급했다.

가족들의 소식을 듣지 못한 것이 힘들었던지 렘킨의 건강은 더욱 나빠졌다. 로젠베르크의 반제노사이드 반박이 있은 후 사흘이 지나 렘킨은 자리에 누워 엿새 동안 진정제를 맞았다. 7월 19일, 미군 군의관이 급성고혈압, 메스꺼움, 구토 증상을 겪는 그를 발견하고는 병원에 입원시킨 후 추가 검사를 진행하였다. 그는 미군 육군기지병원 385호 병실에서 며칠을 보냈다. 또 다른 의사가 지체 없이 미국으로 귀국할 것을 권했다. 하지만 그는 그 조언을 무시하였다.

141

렘킨은 세이들 박사가 법정에서 프랑크의 최후변론을 한 7월 11일 뉘른베르크에 있었다. 4월, 집단적 죄의식에 대한 프랑크의 사실상의 인정과 그의 일기에서 나온 증거를 생각할 때 변호인은 매우 어려운 임무를 맡고 있었다. 재판장이 루돌프 헤스의 변호도 맡고 있는 세이들 박사 때문에 예민해져 있다는 것도 도움이 되지 않았다(세이들은 헤스를 위해 진행한 변론에서 영어 통역을 제공하지 않아 판사들의 신경을 거슬리게 했고, 계속해서 자신의 의뢰인들이 저지른 끔찍한 범죄의 원인이 베르사유 조약 때문이라고 주장하였다).

세이들 박사는 프랑크의 앞선 증언과 일기에서 나온 도움이 되지 않는 구절들을 없애려고 노력했다. '한 가지 예외를 제외하고' 세이들은 일기의 내용이 비서들에 의한 기록일 뿐 프랑크에 의해 구술된 것은 아니라고 판사들에게 주장했다. 프랑크가 속기사들이 기록한 내용을 개인적으로 확인하지 않았기 때문에 아무도 정확성을 보장할 수 없다는 주장이었다. “그것들은 그저 단어의 나열일 뿐이고 행동이나 사실의 증거가 아니다.” 그러나 세이들은 프랑크의 진술이 유대인 문제에 대한 특정한 ‘시각’을 향하고 있으며, 그나마 절제된 표현인 ‘그가 반유대주의 시각을 공공연하게 나타냈다’는 사실을 인정해야 했다. 세이들은 검찰이 프랑크의 말과 비밀경찰이 자행한 행위 사이의 인과관계를 입증하지 못했다고 주장했는데, 비밀경찰은 프랑크의 통제 대상이 아니었다는 논리였다.

더욱이 세이들 박사는 기록에 의하면 프랑크가 최악의 상황으로 가는 것을 반대했다고 주장했다. “끔찍한 범죄는 총독부 영토 내에서 이루어졌지 수용소 안에서만 일어난 것이 아니었다. 프랑크는 이 중 아무것도 반대하지 않았지만 그의 책임은 아니다. 오히려 그는 5년 동안 모든 폭력적인 조치에 불응하여 히틀러에 반항하고 맞섰으나 성공하지 못했다.” 세이들은 이를 증명하는 여러 개의 서류를 제출했다.

프랑크는 이런 긍정적인 변소가 주장되고 있는 동안 아무런 감정을 보이지 않고 조용히 앉아 있기만 했다. 가끔씩 꼼지락대기는 했지만. 어떤 이들은 재판 초기에 비해 그의 머리가 좀 더 숙여졌다고도 했다. 프랑크는 아우슈비츠에 관한 것을 조사할 수 없었다고 세이들 박사는 계속 변소하였다. 그 수용소가 그의 통치 영역 밖이라는 이유에서였다. 그의 통치 영역에 속한 트레블링카에 관해서는 다른 종류의 주장을 펼쳤다. 프랑크의 영토에 강제수용소를 건설하고 운영한 것만으로 인도에 반하는 죄를 범했다고 할 수 있는가? “아니다.” 세이들 박사는 아니라고 주장했다. “점령군으로서 독일은 대중의 질서와 안전을 유지하기 위해 필요한 조치를 취할 권한이 있다. 트레블링카는 그런 조치 중 하나였을 뿐 프랑크의 책임이 아니다.” 세이들 박사는 사무엘 라즈만의 증언에 대해서는 딱히 할 말이 없었다.

이런 변소 내용에 눈에 띄게 불편해하던 로버트 캠프너 검사는 이의를 제기했다. 그는 세이들의 주장이 '완전히 무관한 주장을 하고 있다'고 판사에게 이의를 제기하며, 아무런 관련 증거도 없는 일방적인 주장이라고 지적했다. 로렌스 재판장은 검사의 주장을 받아들였으나 세이들 박사는 같은 주장을 되풀이했다.

판사들은 무표정하게 앉아 있었다. 석 달 전인 4월에 프랑크는 사적인 또는 개인의 책임은 아니더라도 공동책임을 어느 정도 인정하는 듯한 진술을 했었다. 이제 그의 변호인은 다른 전략을 쓰고 있었다. 다른 피고인들은 내부적으로 단합할 필요성을 강조하며 그를 설득하고 있었다.

142

7월 말에 피고인측 변호인단의 변론이 마무리되었다. 스물한 명의 피고인들에게 남은 것은 짧은 최후진술을 하는 것이었다. 그 전에 검찰이 최종논고를 할 것이었다.

연합국 4개국의 검사팀은 모두진술 때와 같은 순서로 최종논고를 하기로 했다. 미국이 처음으로 첫 번째 공소사실인 국제범죄를 집중적으로 주장하였다. 그 다음은 영국팀으로, 라우터파하트가 작성한 이번 사건의 전반적인 법률적 측면에서의 개요와 함께 두 번째 공소사실인 평화에 반하는 범죄에 대해 논고를 하였다. 다음은 프랑스와 러시아로, 각각 전쟁범죄와 인도에 반하는 죄에 대한 최종논고를 하였다.

7월 26일 금요일 아침, 로버트 잭슨이 검사측 논고를 시작하였다. 렘킨은 여전히 뉘른베르크에 머물며 잭슨이 제노사이드에 대해 어떤 주장을 할지 궁금해 하였다. 라우터파하트는 케임브리지에 있었다. 잭슨은 다시 사실관계로 돌아가서 전쟁과 그 수행 과정, 점령지 국민의 노예화에 대해 발언하였다. '가장 가증스럽고 끔찍한 행동'은 유대인에 대한 학대와 살해, 600만 명의 유대인의 학살로 이어진 소위 '최종적 해결'이다. 피고인들은 입을 모아 이러한 끔찍한 사실을 모른다고 주장하였다. 잭슨은 말도 안 되는 주장이라고 재판부에게 말했다. 괴링은 수많은 법령에 서명하였음에도 불구하고 학살 계획이리라고는 의심하지 않았으며, 지나친 조치에 대해 아무것도 모른다고 주장했다. 헤스는 히틀러의 명령을 읽지도 않고 전달한 한낱 순진한 중간자였다. 폰 노이라트는? 외교 문제와 외교 정책에 대해서 모르는 외무장관이라고 발뺌했다. 로젠베르크는? 자신의 철학이 초래한 가공할 폭력행위에 대해서는 아무것도 모르는 일개 당원 신분의 철학자일 뿐이라고 부인했다.

그리고 프랑크? 재임했으나 통치는 하지 않은 폴란드의 총독이라고 주장했다. 나치 정권의 고위 관료였던 그는 나치 정권을 공고하게 만든 광신적인 법률가이고, 폴란드를 무법천지로 만들어 그 국민을 슬픔에 잠긴 대학살의 생존자들로 전락시킨 장본인이었다. 잭슨은 재판부에게 프랑크가 한 말을 기억하라며 "천년이 지나도 독일의 죄는 지워지지 않을 것입니다"라는 말을 반복했다.

잭슨의 최종논고는 반나절 동안 계속되었다. 강력하고 날카로우며 세련되었으나 적어도 렘킨의 관점에서는 가장 중요한 부분이 빠진 것이었다. 잭슨은 제노사이드에 대해 언급하지 않았던 것이다. 렘킨은 위험을 감지했다. 만약 수석검사가 동의하지 않는다면 재판에 참여한 미국 판사인 비들과 파커 또한 동의할 가능성은 없었다. 이 때문에 영국 검사의 발언이 더욱 중요해졌다. 게다가 렘킨은 라우터파하트가 쇼크로스를 위해 작성한 초안에 제노사이드에 대한 언급이 없다는 사실도 알지 못했다.

143

영국 수석검사인 쇼크로스는 미국 검찰측 논고가 끝난 그날 오후부터 다음날까지 최종논고를 하였다. 그는 '평화에 반하는 범죄'와 개인의 존엄성에 대한 사실관계를 설명했다.

쇼크로스가 최종논고 준비를 하던 때 라우터파하트는 그의 논고문 초안이 재판의 향방을 걱정하던 뉘른베르크의 영국 법률가들에 의해 대폭 수정되었다는 사실을 알았다. "우리는 재판부가 유죄 여부와 형량에 대해 논의하는 결과에 대해 크게 염려하고 있습니다." 해리 필모어Harry Phillimore 대령은 쇼크로스에게 말했다. "저녁식사 등의 비공식적인 자리에서 그들은 두세 명에게 무죄를 선고하고 상당수가 사형에 처해지지 않을 거라는 점을 암시했어요." 필모어는 덧붙였다. "하지만 죄를 저지른 사람들에게 무죄를 선고하고, 무거운 죄를 범한 피고인들에게 낮은 형량을 선고하면 재판은 웃음거리가 되고 말겁니다."

쇼크로스는 라우터파하트에게 그의 장문의 논고문 초안이 '일부 상당히 어려운 쟁점'을 포함하고 있다고 말했다. 그 어려움을 해결하기 위해, 그리고 자기 방어의 일환으로 법무장관은 사실관계에 더 많은 시간을 할애하기로 했다고 설명했다. 즉 라우터파하트의 법률적 주장을 빼겠다는 뜻이었다. "만약 내가 파이프의 조언에 따르지 않아 뭔가 잘못된다면 그건 분명히 내 탓입니다." 그러고는 장문의 논고문 전문을 따로 재판부에 제출할 생각은 없고 다만 법정에서 그 일부만을 발췌해서 읽겠다고 했다. 쇼크로스는 라우터파하트의 초안에서 원하는 부분만을 채택할 생각이었다. 결국 77페이지에 이르는 쇼크로스의 논고문 가운데 4분의 3 분량이 사실관계와 이를 뒷받침하는 증거에 대한 내용이 되었다. 나머지 16페이지가 법률적 주장, 그 가운데 12페이지가 라우터파하트가 작성한 내용이었다. 빠진 부분도 있었지만 라우터파하트는 일부 덧붙여진 부분도 있다는 사실을 금세 알아차렸다.

쇼크로스는 피고인들이 전쟁을 통해 범죄를 저지르려는 음모를 꾸미던 전쟁 전의 시기부터 연대순으로 발언을 시작했다. 그는 렘킨이 수집한 법령과 서류 등을 증거로 유럽 전역에 걸친 사건들을 추적하였다. 라인 지방과 체코슬로바키아에서 시작하여 폴란드를 거쳐 서쪽에 있는 네덜란드와 벨기에, 프랑스까지, 북쪽으로 노르웨이와 덴마크까지, 그리고 유고슬로비아와 그리스를 통해 남동쪽으로 이동한 후 최종적으로 동쪽에 있는 소비에트 러시아에서 끝났다. 쇼크로스는 그가 설명한 전쟁범죄는 '다른 범죄들의 목적이자 모태'라고 재판부에 말했다. 인도에 반하는 죄는 전쟁을 통해서만 자행된다. 그는 렘킨이 가장 두려워하던 전쟁 전의 범죄들과 전쟁범죄의 연관성은 밝혔지만, 1939년 이전에 저질러진 모든 범죄에 대해서는 침묵했다.

하지만 쇼크로스는 최종논고에서 뉘른베르크 재판에서 가장 극적이고 결정적인 장면 중 하나를 연출해냈다. 그는 10년 동안의 공포를 한 번의 강력한 순간에 투영되도록 만드는 행동으로 재판부의 이목을 집중시켰던 것이다. 쇼크로스는 프랑크의 통치지역인 두브노 근처 공장의 독일인

매니저였던 헤르만 그리베Hermann Graebe의 진술서를 낭독했다. 그 공장은 1939년 9월 며칠 동안 렘킨이 몸을 숨겼던 제빵사의 집과 가까운 곳에 위치해 있었다. 그는 모든 감정을 쥐어짜는 음색으로 천천히 진술서를 낭독하며, 단어들을 하나씩, 하나씩 매우 정확하게 발음하였다.

> 이들은 소리를 지르거나 울지도 않고 옷을 벗고, 가족끼리 모여 서서 서로에게 입을 맞추며 작별인사를 하고는 채찍을 들고 구덩이 근처에 서 있는 SS 대원의 신호를 기다렸다.

시간이 천천히 흐르고 진술서의 문장들이 그 효과를 발휘하면서 법정 전체에 침묵이 내려앉았다. 쇼크로스가 낭독을 하자 기자석에 앉아 있던 작가 레베카 웨스트Rebecca West는 프랑크가 선생님한테 혼나는 아이처럼 피고인석에서 안절부절못하는 모습을 보았다.

> 내가 구덩이 근처에 서 있던 15분 동안, 나는 불평이나 자비를 애원하는 소리를 듣지 못했다. 나는 50대의 남성과 여성, 1살, 8살, 10살짜리 아이들과 20살에서 24살 사이의 다 자란 딸들로 구성된 8명의 가족을 지켜보았다. 머리가 새하얀 나이 많은 여성이 1살짜리 아기를 그녀의 팔에 안고 노래를 부르고 간지럼을 태웠다. 아기는 즐거워서 옹알거렸다. 부부는 눈물 젖은 눈으로 서로를 바라보았다. 아버지는 10살 정도 되는 남자아이의 손을 잡고 있었는데, 그가 아들에게 부드럽게 말했다; 소년은 눈물을 흘리지 않으려 애쓰고 있었다.

쇼크로스는 낭독을 멈추고 법정을 둘러본 다음 피고인들을 쳐다보았다. 그는 고개를 떨구고 법정의 마룻바닥을 바라보던 프랑크를 보았을까?

"아버지는 하늘을 가리키고 아이의 머리를 쓰다듬으며 아이에게 무언가 설명을 하는 것 같았다."

레베카 웨스트의 표현대로 '생생한 슬픔'의 순간이었다.

144

쇼크로스는 프랑크에게 눈길을 돌렸다. 이러한 범죄 행위들은 그의 통치 지역에서 발생했고, 그가 유죄임을 입증하는 중요한 사실이므로 그를 더욱 강하게 압박했다.

일찍이 1933년부터 다하우 강제수용소에서 학살보고를 받았던 바이에른 주의 법무장관 한스 프랑크.

나치당의 주도적인 법률가이며, 유대인에 대한 배척행위를 명령한 중앙위원회 위원 한스 프랑크.

1934년 3월 민족차별법령의 제정을 정당화하기 위한 방송홍보를 했던 장관 한스 프랑크.

자신의 일기에 기록된 내용들이 사실에 대한 무지에서 비롯된 것임을 믿어달라고 판사들에게 호소한 피고인 한스 프랑크.

"이 빌어먹을 영국놈!" 프랑크는 법정 전체에 다 들리도록 큰 소리로 쇼크로스에게 욕을 했다.

'끔찍한 제노사이드 정책'을 지지하는 발언을 하고 글로 썼던 변호사 한스 프랑크.

그 단어는 갑자기 튀어나왔다. 라우터파하트가 작성한 논고문 초안에는 없었던 단어였다. 그 단어가 적혀 있지 않았다. 쇼크로스는 자신이 추가했음에 틀림없는 그 단어를 반복했다. 큰 의미에서의 '제노사이드'. 제노사이드가 집시와 폴란드 지식인들, 유대인에게 적용되었다. 제노사이드는 유고슬로비아, 알자스-로렌, 약소국들, 심지어 노르웨이에서 다양한 집단을 대상으로 각기 다른 형태로 실행되었다.

쇼크로스는 제노사이드 소송 전략으로 바꾸고 나서 순조롭게 나아가고 있었다. 그는 가스실, 집단총살, 죽을 때까지 강제노역을 시키는 방식으로 결국 집단을 의도적으로 말살하는 것으로 끝나는 행위들의 패턴을 설명했다. 그는 출생률을 낮추기 위한 생물학적 방법, 불임시술, 거세, 낙태, 남성과 여성의 분리 등에 대해 언급했다. 증거는 셀 수 없이 많다며 그는 각각의 피고인이 '제노사이드 정책'에 대해 알았으며, 그 범죄에 대해 유죄이며 살인자라고 검찰 논고를 이어갔다. "유일하게 적절한 형벌은 법정최고형입니다." 이 말에 피고인들은 동요하기 시작했다.

쇼크로스는 렘킨의 단어를 사용하였으나 이 단어의 완전한 의미를 수용하는 데서는 한 발짝 물러섰다. 렘킨은 전쟁이 시작되기 전인 1933년부터 줄곧 자행된 모든 집단학살에 이 죄목을 적용하기를 원했다. 그러나 쇼크로스는 그가 분명히 했듯이 이 단어를 제한된 의미로 사용하였다. '제노사이드'는 가중처벌이 가능한 '인도에 반하는 죄'이지만 전쟁과 관련하여 자행되었을 때에만 해당된다. 이러한 제한은 1945년 8월 뉘른베르크 헌장 정의 조항에 있는, 악명 높은 세미콜론으로 인한 제6조 ⓒ항의 해석론이었다. 쇼크로스는 이것이 '매우 중요한 요건'이라고 판사들에게 강조하며, 한 손으로 가져왔던 제노사이드를 다른 한 손으로는 그 전체 의미에서 제한을 둠으로써 한발 물러섰다. 이 표현을 읽으며 나는 1939년 9월 이전에 독일과 오스트리아에서 일어난 모든 행위를 재판에서 제외하려는 의도를 이해하였다. 이로써 1938년 11월 이전의, 레온과 같은 개인과 다른 수백만 명을 대상으로 궁핍화와 추방, 재산몰수, 축출, 구금, 살인 등은 이 재판의 사법권을 벗어나는 일이 되었다.

그럼에도 불구하고 쇼크로스는 라우터파하트로부터 많은 부분을 가져왔다. 소급효과에 대해서는 의문의 여지가 없었다. 왜냐하면 말살, 노예화, 핍박과 같은 모든 전쟁범죄 행위들이 대부분의 국가법에 의해서도 범죄이기 때문이다. 이런 행위가 독일법으로는 합법이라는 사실은 전혀 정당화 되지 않는다. 그 행위들이 국제사회에 영향을 미치기 때문이다. 이런 행위는 '국제법에 반하는 범죄'이지 단순한 국내문제가 아니다. 과거의 국제법은 각각의 국가로 하여금 자국의 국민을 어떻게 취급할지 결정하도록 했지만 이제는 새로운 방식으로 대체되었다.

> 국제법은 과거에도 국가의 무한한 권력에 한계가 있으며, 모든 법의 궁극적 단위인 인간 개개인은 국가가 인류의 양심을 무너뜨리는 방식으로 개인의 권리를 짓밟을 경우에는 인간적인 보호를 받을 권리를 포기하지 않는다는 선언이다.

전쟁은 폭군들이 피통치자들에게 잔학행위를 하는 것을 저지하기 위한 목적에서 전쟁에 대한 인도주의적 개입이 허용되었다면 그랬을 때만 정당하고 합법적이다. 국제법상 어떻게 '사법절차에 의한 개입'이 불법이라고 할 수 있겠는가? 쇼크로스는 좀 더 나아갔다. 그는 개인이 아닌 국가만이 국제법 아래에서 죄를 범할 수 있다는 피고인들의 논리를 반박했다. 국제법에는 그런 원칙이 없으므로 국가를 도와 인도에 반하는 범죄를 저지른 사람들은 책임에서 벗어날 수 없다. 그들은 국가 뒤에 숨을 수 없다. "개인은 반드시 국가를 초월해야 한다."

이것은 렘킨의 제노사이드와 집단이라는 관념을 잠깐 차용한 후 라우터파하트의 사상의 핵심에서 가져온 것이다. 그러나 쇼크로스는 정확히 라우터파하트가 원하는 방식으로 마무리하였다. 그것은 바로 개인이 '모든 법의 궁극적인 단위'라는 점을 강조하는 것이다. 그는 제노사이드라는 용어를 사용함으로써 라우터파하트를 떠났는데, 그 외에 나는 또 하나의 차이점을 감지했다. 쇼크로스는 라우터파하트가 논고문 초안의 말미에 기재했던 프랑크에 대한 언급을 모두 삭제했던 것이다. 분명히 너무나 사적이고 감정적이었기 때문이리라.

145

쇼크로스 다음에는 나이가 많고 노쇠한 프랑스 수석검사, 오귀스트 샹페티에 드 리베Auguste Champetier de Ribes가 짧은 소개 후 자신의 대리인에게 발언권을 넘겼다. 샤를 두보스트Charles Dubost가 쟁점을 진술하는 어조는 덜 냉혹했지만 프랑스 역시 피고인들이 범죄자로 비난받아 마땅하다는 점을 분명히 하였다. "그들은 독일이 자행한 범행의 공범자들입니다." 프랑크의 법정 진술이 다시 한 번 그에게 돌아와 꽂혔다. "그는 정부에 있는 사람들의 책임이 명령을 수행한 사람들의 책임보다 무겁다고 인정하지 않았던가요?"

프랑스는 제노사이드 혐의에 대한 유죄 판결에 대해 쇼크로스와 의견을 같이 했다. 학살행위는 과학적이고 체계적으로 이루어졌으며, 특정 국

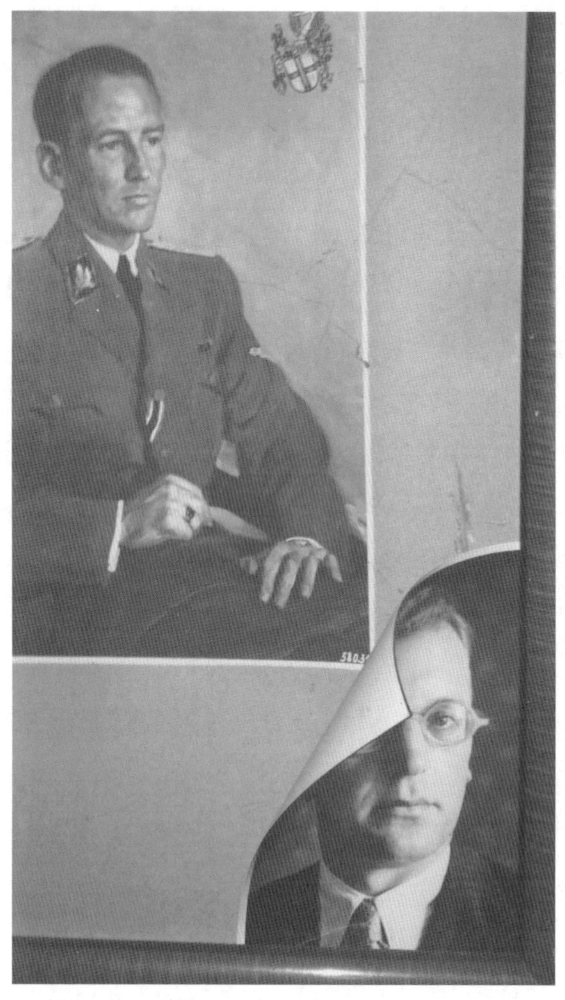

오토 폰 베히터의 초상화(중앙)와 아르투어 자이스잉크바르트의 사진(오른쪽 아래), 하겐베르크 성, 2012년 12월

가나 종교 집단, 독일 민족의 헤게모니에 방해가 된다는 이유로 수백만의 사람들이 죽임을 당했다. 제노사이드는 강제수용소나 다른 장소에서 게슈타포의 요구와 어떤 식으로든 피고인들의 지원이 맞물려 거의 완벽하게 달성됐다.

프랑스 검사는 국가를 위해 행동한 개인에게 책임을 물을 수 없다는 세이들 박사의 주장을 반박하였다. 두보스트는 피고인들 중 그 누구도 '개별적 개인'이 아니라고 재판부에 주장했다. 각각이 서로 협력하였으며, 공동으로 행동하였다. "동정심을 가지지 말고 엄하게 처벌해주십시오." 그는 법령을 만들고 끔찍한 행동을 자행한 프랑크와 다른 피고인들을 엄벌에 처해달라고 호소하였다. "그들은 유죄이다. 그들에게 유죄판결을 하고 사형을 선고하라."

소비에트가 다음 차례를 이어서 마치 조율된 듯한 공격을 퍼부었다. 로만 루덴코Roman Rudenko 장군은 체격만큼이나 다부지고 강한 주장을 펼치며 개별 피고인을 공격했다. 그는 뉘앙스, 복잡한 이론 또는 아이러니에 시간을 낭비하지 않았다. 그는 동쪽으로부터의 소비에트 작전과 마찬가지로 아무런 사전 예고 없이 폴란드를 침공한 독일을 맹비난하였다. 그는 리보프에 대한 조사와 1942년 8월의 사건들을 상기시키는 프랑크의 잔학한 통치를 자세히 분석하였다. 그는 더 많은 증거를 발견하였으며 리보프에서의 범죄들에 대한 새로운 소비에트 보고서, 보육원에서 일하던 프랑스 여성 이다 바소Ida Vasseau의 증언 등 더 많은 증거를 제시하였다. 바소는 아이들이 사격연습에 이용되었는데, 이러한 테러는 독일 점령의 마지막 순간인 1944년 7월까지 계속되었다고 증언했다. 그 목적은 완벽한 절멸이었다. 그 이외에 다른 것은 없었다.

루덴코는 판사들에게 그들의 목적인 노예화와 제노사이드를 자행한 그들을 단죄할 권리를 얻지 못하게 하려는 것이 "얼마나 헛된 것인가"라고 말했다. 그는 다시 한 번 프랑크의 일기에서 영토에서 유대인이 사라질 것이라는 이야기를 아주 고소하다는 듯 적은 내용을 언급했다. 프랑크는 수용소에 대해 알고 있었다. 그는 '법정최고형'에 처해져야 한다. 프랑크가 1940년에 자이스잉크바르트에게 폴란드에서의 그의 업적에 대한 기억은 '영원히 살아 있을 것'이라고 말한 것은 틀렸다. 그가 남긴 긍정적인 유산은 없었다. 전혀 없었다.

나는 오토 폰 베히터의 아들이 아버지와 자이스잉크바르트의 사진을 액자에 담아 걸어 놓았던 모습을 기억한다. "자이스잉크바르트는 제 대부예요." 호르스트가 내게 말했다. "제 가운데 이름은 아르투어Arthur입니다."

146

내가 리보프에서의 사건에 초점을 맞춘 루덴코의 최종논고를 처음 읽었을 즈음 바르샤바에서 작은 소포가 도착했다. 거기에는 주키에프에 살았던 학교 선생님 게르손 타페트Gerszon Taffet가 쓴 얇고 오랫동안 잊고 있었던 책이 들어 있었다. 이 책은 루덴코가 법정에서 발언하던 1946년에 출판되었다.

타페트는 그 도시의 역사, 유대인 주거지의 파괴, 클라라 크라머가 내게 설명해준 1943년 3월 25일의 끔찍한 사건들에 대해 생생하게 적었다. 그날, 게토에 살던 3,500명의 유대인들은 도시의 동-서 거리east-west street를 가로질러 보렉borek으로 걸어갔다. 그곳에는 라우터파하트와 레온이 한

때 뛰어놀던 작은 숲이 있었다. 그리고 점령자들은 시체와 모자, 종이와 사진 조각들이 즐비한 그 거리를 떠났다. 타페트는 직접 경험한 처형 이야기를 남겼다.

> 한 겹씩 옷을 벗긴 후 철저하게 수색을 한 뒤(특히 여성들), 그들은 무덤구덩이 옆에 한 줄로 세워졌다. 그들은 한 명씩 구덩이 위에 걸려 있는 판자 위로 올라가야 했다. 그래야 총을 쐈을 때 무덤 안으로 바로 떨어질 수 있기 때문이다. …… 작전이 끝나자 무덤구덩이에 흙을 덮었다. 작전 후 며칠 동안은 무덤을 덮고 있는 흙이 움직였다. 마치 잔 물결이 이는 것 같았다.

일부는 살려주겠다는 독일군의 제의를 거부하였다.

> 존경받는 주키에프의 시민 심차 터크Symcha Turk의 행동은 아버지와 남편으로서의 의지를 보여준 예로 볼 수 있을 것이다. 독일군은 그가 전문가이기 때문에 만약 가족을 버린다면 살려주겠다고 말했다. 이에 대해 그는 보란 듯이 한쪽 팔로는 아내의 팔을 끼고 다른 한 팔로는 아이의 팔을 낀 다음 고개를 당당히 들고 함께 죽음을 맞이하였다.

타페트는 16세기부터 주키에프에 거주하던 유대인들 전부가 완전히 말살된 사실을 기술하였다. 그는 1941년 주키에프의 5,000명 유대인 가운데 겨우 70명 정도만 살아 남았다고 썼다. 그는 생존자 명단을 공개했고, 여기에는 클라라 크라머와 멜만 부부, 게달로 라우터파하트가 포함되어 있었다. 잉카를 위해 뉘른베르크 법원 앞에 가서 라우터파하트를 찾아주었던 학교 친구 파트론타쉬 씨도 포함되어 있었다. 나는 라우터파하트의 이름을 속삭이던 파트론타쉬 씨가 '아서'Artur라 불린다는 사실을 알게 되었다. 명단에는 레온의 삼촌인 라이뷰 플라쉬너나 50명이 넘는 플라쉬너 가문 사람들은 아무도 포함되지 않았다.

타페트는 미래에 대한 희망을 보여줄 수 있는 방법을 찾았다. 그는 주키에프에 같이 살았던 기억할 만한 동시대인 두 사람의 이름을 따로 언급한 것이다. 한 사람은 1942년 8월의 위대한 작전으로 렘베르크에서 목숨을 잃은 사람이었다. 다른 한 사람은 현재 케임브리지대학의 교수인 저명한 국제법 전문가 헨리크 라우터파하트 박사라고 소개했다.

147

뉘른베르크 검사들은 모든 피고인들에게 사형을 선고해달라는 요청을 하며 최종논고를 마쳤다. 재판부에게 남은 일은 한 달 동안 독일제국의 다양한 조직들의 유죄 여부와 관련된 법률적, 기술적인 쟁점에 대한 논의였다. 특히 친위대SS, 게슈타포와 내각에 대해서는 공동책임을 적용하지만, 독일군의 일반 병사와 장성들도 공동책임에 포함시킬 것인지의 여부는 여전히 중요한 논쟁의 대상이었다. 각 피고인들이 간략한 최후진술을 하고 나면 더 이상 공판은 열리지 않고 판사들은 사건 검토를 위해 퇴정하게 된다. 판결 선고는 9월 말로 예정되었다.

라우터파하트와 렘킨 사이의 견해 차이는 이제 더욱 커졌다. 인도에 반하는 죄와 개인의 권리에 대한 라우터파하트의 견해는 재판 과정에서 확고히 자리를 잡았으며, 재판 전체에 영향을 미쳤다. 뉘른베르크 법률과

1933년 1월 이후 자행된 살인과 '수정의 밤'을 제외하고 국제군사재판소의 사법권은 전쟁 중의 행위에만 제한된다는 견해가 점차 많은 지지를 얻는 것으로 보였다.

렘킨은 이런 전망 앞에서 괴로워했다. 그는 재판의 흐름이 바뀌어 제노사이드 주장이 힘을 받게 되고, 그래서 재판에서 더 이른 시기에 자행된 행위들에 대해서도 유죄 판결이 내려지기를 여전히 희망했다. 그가 희망적인 생각을 품는 데는 이유가 있었다. 몇 달간의 침묵 후에 라우터파하트를 포함한 회의론자들을 일축한 데이비드 막스웰 파이프 덕분에 제노사이드가 다시 공판에 등장했다. 문제는 미국 검사들이었으나 내가 컬럼비아대학의 문서보관실에서 찾아낸 바에 의하면 이들에게도 가능성이 있어 보였다.

렘킨의 문서들 중에서 나는 7월 27일 잭슨의 사무실에서 배포한 보도자료를 발견했다. 이 보도자료는 그가 법정에서 제노사이드를 언급하지 않고 검찰 최종논고를 마친 다음 날 배포된 것이었다. 〈특별 보도 자료 No.1〉이라는 제목의 보도 자료는 영국이 쇼크로스에 의해 (여러 차례) 언급한 '제노사이드'를 폰 노이라트와의 질의에서 언급했다는 내용을 적고 있다. 또한 제노사이드가 '프랑스와 소비에트 검찰에 의해서도 사용되었다'는 내용이었다.

보도 자료는 만약 재판부가 피고인들에게 제노사이드에 대한 유죄를 선고한다면, 심지어 범죄가 정부에 의해 자국 국민들을 대상으로 자행되었다고 하더라도 이런 집단의 사람들을 국제적으로 보호하는 전례가 생기는 것이라고 언급했다. 미국 대표단 중 일부는 렘킨을 지지했다. 그는 더욱 압박하라는 내용의 문서 사본을 보관하고 있었다.

그가 재판에 영향을 미칠 기회가 영국 케임브리지에서 8월에 열린 국제 컨퍼런스에서 우연히 찾아왔다. 렘킨은 컨퍼런스에서 그의 견해를 지지하는 결의안을 채택하도록 설득한다면 그동안 재판에서 제노사이드라는 범죄가 인정되도록 그가 기울여온 노력이 한층 더 힘을 받게 될 것이라는 조언을 듣고 이를 받아들였다.

148

국제법협회는 1873년 설립된 신망 있는 기관으로, 런던에 있지만 뿌리는 미국에 두고 있다. 국제법협회의 정기 컨퍼런스는 1938년 이후 연기되었다가 7년 후인 1946년 8월 19일 케임브리지에서 제41회 컨퍼런스로 재개되었다. 참석자 명단에 아무도 올리지 않았던 독일을 제외한 유럽 전역에서 300명의 국제 법률가들이 개최지로 모여들었다.

1919년 렘베르크에서 시작된 여정에서 내가 우연히 마주쳤던 많은 이름들을 포함하여 훌륭하고 선량한 사람들이 참석하였다. 아서 굿하트Arthur Goodhart도 로보프가 내려다보이는 언덕에서 내려와 그곳에 있었다. 라우터파하트의 멘토인 아놀드 맥네어 경Sir Arnold McNair과 렘킨이 런던에서 만났던 에곤 슈벨브Egon Schwelb도 참석하였다. 하틀리 쇼크로스 경은 참석 예정이었으나 날씨 문제로 잉글랜드 서부에서 날아오지 못했다. 라우터파하트는 참석했다. 그의 이름이 알파벳 순서로 작성된 공식기록에 남아 있다. 렘킨(자신의 주소를 방 번호 없이 '뉘른베르크 국제군사재판소'라고 적음)보다 5명 앞선 자리였다. 이번이 라우터파하트와 렘킨이 같은 시각, 같은 도시, 같은 건물에 있었다는 사실을 최초로 확인할 수 있는 사건이었다.

렘킨은 건강이 너무 악화되어 하마터면 참석하지 못할 뻔했다. 그는 뉘른베르크에서 런던 남부의 크로이던 공항에 비행기가 착륙하자마자 쓰러지고 말았다. 혈압이 위험할 정도로 높아 당장 조치가 필요했지만 휴식을 취해야 한다는 의사의 조언을 무시하고 컨퍼런스 개막식에 참석하기 위해 서둘러 케임브리지로 갔다. 그는 컨퍼런스 첫날 세 번째 연사로 등록되어 있었으며, 판사이자 컨퍼런스의 의장인 포터 경으로부터 짧은 소개를 받고 연단에 서기로 했다. 포터는 법률가들이 일에 있어서는 현실적이어야 하며, 앞으로 예상되는 많은 어려움을 해결할 때는 그들의 열정을 자제해야 한다고 당부하였다. 그는 모든 참석자들에게 성공적이지 않은 변론은 오히려 반감을 사기 쉽다고 상기시켰다. 이것은 렘킨이 질색하는 일종의 영국식 실용주의였다.

렘킨은 포터 경을 무시했다. 그는 제노사이드, 뉘른베르크 재판에서 나온 증거, 실용적인 대응의 필요성, 형사법의 중요한 역할 등에 대해 평소와 마찬가지로 열정적으로 연설하였다. 그는 그해 하반기에 예정된 제1회 유엔총회에서 제기될 인권에 대한 일반적인 선언에 반대하는 주장을 펼쳤다. 그는 수백만 명을 학살한 것은 범죄가 안 되면서 해적질과 위조는 어떻게 국제범죄가 될 수 있느냐고 과장된 설명을 하였다. 그는 회의장에 있는 참석자들에게 추축국의 통치[Axis Rule]를 상기시키며 제노사이드가 국제범죄로 선포되어야 한다고 목소리를 높여 설득했다. 제노사이드 범죄의 토대가 된 사상에 관여한 사람은 누구나 범죄자로 취급되어야 한다고 주장했다.

렘킨은 정중하게 다른 연사들의 반응을 기다렸다. 몇몇 연사들은 일반적인 지지를 보냈으나 강력한 조치에 대한 그의 간절한 주장은 아무도 지지하지 않았다. 라우터파하트가 그 자리에 있었다면(그는 코펜하겐으로의 여행을 준비 중이었다) 그가 굳이 렘킨의 주장에 반대하며 나설 필요조차 느끼지 못했다고 분명히 기록했을 것이다. 아마도 렘킨은 회의장 분위기를 알아차렸을지도 모른다. 그 주에 만들어진 결의안 초안에는 제노사이드나 다른 어떤 국제범죄에 대한 언급도 없었다.

실망한 렘킨은 런던으로 돌아와 막스웰 파이프에게 윤리적이고 전문적인 영감을 제공해 준 것에 대한 감사를 표했다. 케임브리지 컨퍼런스는 그의 사상을 처음으로 발표한 멋있는 리셉션 이상 아무것도 아니었다. 하지만 그는 포기하지 않았다.

> 우리는 쉬지 않고 끝없이 세계를 향해 이야기할 수는 없다: 국민, 민족 그리고 종교에 따른 집단을 죽이지 말라; 그들을 임신하지 못하게 만들지 말라; 아이들을 낙태시키지 말라; 그들로부터 아이들을 빼앗지 말라; 여성들에게 당신의 국가를 위해 임신하도록 강요하지 말라 등. 하지만 이제 이 특별한 기회에 우리는 세계에 외쳐야 한다. 제노사이드를 행하지 말라.

실패 이후 그는 다시 한 번 미친 듯이 편지를 쓰기 시작했다. 렘킨은 젊은 미국 판사 파커에게 애매한 어조로 편지를 썼다. "나는 그러한 법적 개념의 효용에 대해 청중을 설득하는 데 성공했다고 생각한다." 그는 매우 낙관적으로 받아들였다.

렘킨은 그의 앞선 설명과 호소의 노력으로 일부 사람들이 그의 견해에 찬성하도록 설득시켰다는 사실을 알지 못했다. 8월 26일, 그가 막스웰 파이프에게 편지를 쓴 그날, 〈뉴욕타임스〉는 제노사이드를 '일반 범죄들과 현저히 구별되는 범행 수법과 중대한 결과'의 범죄로 인정하며 렘킨을 높이 평가하는 사설을 실었다. 〈뉴욕타임스〉는 독자들에게 이제 남은 일은 국제법에 포함되는 것이고, '렘킨 교수가 이미 절반은 이뤄놓은' 성과라고 논평했다.

149

렘킨은 피고인들의 간략한 최후진술을 듣기 위해 시간에 맞춰 뉘른베르크에 돌아왔다. 길버트 박사는 친위대와 다른 관련 조직들에 대한 끔찍한 이야기가 증언된 뒤 한 달이 지난 지금 스물한 명의 피고인들이 긴장하고 다소 의기소침해진 것으로 판단했다. "피고인들은 검찰이 여전히 자신들을 범죄자로 간주하는 것에 상처받고 놀라워했다." 막스웰 파이프의 최종논고는 나치의 악마적인 계획에 대한 준열한 비판으로 이루어졌다. 쇼크로스의 신중한 적용범위의 제한을 무시하고 그는 히틀러의 이데올로기와《나의 투쟁》에 담긴 집단투쟁의 메시지에 투영된 '제노사이드라는 끔찍한 범죄'에 대한 독설로 그의 발언을 가득 채웠다.

렘킨은 영국 검사팀을 자기편으로 설득했고 미국만 다른 입장이라고 믿었다. 잭슨의 보도자료 배포에도 불구하고, 그의 동료 미국 검사 텔포트 테일러는 막스웰 파이프 다음으로 검찰논고를 할 때 제노사이드를 언급하지 않았다. 프랑스 검사는 반대로 제노사이드를 강제수용소에서 노예화까지 모든 범죄를 담을 수 있는 죄목으로 언급했다. 소비에트 검사 루덴코는 친위대를 제노사이드를 실행한 주체로 규정하였고, 따라서 이 조직에 관여한 모든 사람들은 제노사이드에 연루되었다고 주장했다. 이 주장은 엄청난 결과를 몰고 올 가능성을 내포하고 있었다.

8월 31일, 피고인들은 마침내 최후진술을 시작했다. 괴링이 처음으로 진술하였는데, 그는 독일인들은 죄가 없으며 끔찍한 사실에 대해 알지 못했다고 부인했다. 헤스는 관례적인 조리에 맞지 않는 말을 하며 재판부에게 만약 다시 시작할 수 있다 해도 '내가 했던 식으로 행동할 것'이라고 말했다. 리벤트로프, 카이텔 그리고 칼텐부르너가 차례로 진술을 하였다. 로젠베르크의 차례가 되자 그는 제노사이드를 범죄로 인정하여 렘킨을 비롯한 많은 사람들을 놀라게 했으나 독일인들도 하나의 집단으로 인정하여 보호해야 한다고 주장했다. 동시에 그는 제노사이드나 다른 범죄에 대한 자신의 죄를 인정하지 않았다.

프랑크는 일곱 번째로 진술하였다. 600호 법정에 있던 많은 사람들은 일전에 그가 자신의 책임을 일부 인정한 점을 감안하면 그가 무슨 말을 할지, 어떤 방향을 택할지 궁금해 했다. 이번에 그는 모든 피고인들이 결과는 생각하지 않고 신을 외면했다고 인정하는 것으로 발언을 시작했다. 이런 방식으로 그는 죽은 사람들, 의심도 품지 않고 들어주는 이도 없이 사라진 수백만 명의 영혼이 법정을 통해 지나갈 때 그가 느꼈던 그 무엇, '유죄'의 늪으로 점점 더 깊이 빠졌다고 했다. 그는 일기를 파기하지 않기로 한 그의 결정과 결국은 자유를 상실했을 때 그것들을 자발적으로 제출한 사실에서 도움을 받고자 했다.

그는 몇 달 전에 설명했던 공동책임으로 되돌아왔다. 그는 "이 세상에 해명하지 않고 숨기는 죄를 남기고 싶지 않다"고 재판부에게 말했다.

"그렇습니다." 그는 자신이 답변해야만 하는 문제들에 대한 책임을 인정했다.

"그렇습니다." 그는 죄의 엄중함도 인정했다.

"그렇습니다." 그는 아돌프 히틀러와, 히틀러가 벌였던 정치 운동과, 그리고 히틀러의 독일제국의 총아였다는 사실까지 인정했다.

그리고는 그 모든 것을 포괄적으로 아우르는 '하지만'이라는 말을 덧붙였다.

그는 지난 4월에 그가 발언한, 지금 그를 괴롭히고 있는 수정이 필요한 내용으로 재판부의 주의를 돌릴 필요를 느꼈다. 잭슨과 쇼크로스 그리고 다른 검사들이 달려들었던, 오해를 불러일으켰다는 것을 알게 된 '천년'이라는 표현이었다. 생각해보면 그는 충분한 주의를 기울이지 않은 채 그 단어를 말하는 실수를 저질렀다. 시간이 지나면서 그는 다른 현실을 목격했는데, 바로 독일이 이미 상당한 대가를 치렀다는 것이다. 그래서 그는 "우리나라가 저질렀던 모든 죄는 이미 완전히 사라졌다"라고 말했다.

법정 안의 모든 사람들이 그가 하는 말을 주의 깊게 듣고 있었다. 독일의 죄는 '적국의 군인들이 우리 국가와 군인들에게 저지른 행동'에 의해 지워졌다. 그는 그러한 행동이 이 재판에서 완전히 배제되었다고 말하며, 한쪽으로 치우친 정의라고 주장했다. 가장 끔찍한 종류의 집단범죄가 러시아인, 폴란드인, 체코인에 의해 독일인들에게 저질러졌다. 아마도 무의식적으로 그랬겠지만, 그는 한 집단이 다른 집단에 대해 갖는 시각을 다시 한번 환기시켰다.

그는 다른 피고인들 쪽을 바라보며 반문했다. "독일 사람들이 당한 이러한 범죄는 누가 심판할 것입니까?" 질문은 허공을 갈랐다. 이 한 방으로 앞선 일부 유죄에 대한 인정이 철회되었다.

프랑크 다음으로 14명의 다른 피고인들이 순서대로 진술하였다. 아무도 책임을 인정하지 않았다. 마지막 피고인의 최후진술이 끝나고 로렌스 재판장은 9월 23일까지 휴정한다고 선언했다. 판결은 그날 선고될 것이다.

150

심리가 종결될 때까지 렘킨은 여전히 가족에 대한 소식을 듣지 못했다.

재판이 휴정 중이던 9월 중순에야 그는 벨라와 요제프에게서 무슨 일이 닥쳤었는지 알게 되었다. 뮌헨에서 재회한 그의 남동생 엘리아스에게서 들었다. 그를 통해 그는 그의 가족이 '뉘른베르크 재판 기록'에 포함되어 있다는 것을 알았다.

그의 아들인 사울 렘킨의 설명에 의하면 엘리아스는 운 좋게 살아 남았다. 가족이 소비에트에서 휴가를 보내기로 결정한 1941년 6월, 사울은 열두 살이었으며 보우코비스크에서 부모님과 함께 살고 있었다. "고모가 전쟁이 일어났다고 이야기할 때 우리는 여름 별장[dacha]에 앉아 있었어요. 그래서 우리는 라디오를 틀었습니다." 그들은 히틀러가 스탈린과의 동맹을 깨고 바르바로사 작전을 개시했고, 일주일 뒤에 독일군이 보우코비스크를 점령했으며, 벨라와 요제프는 나머지 가족과 함께 집에 남겨져 갇히게 되었다는 사실을 알게 되었다.

소비에트연방에서의 짧은 휴가가 3년으로 늘어났다. 그들은 라파엘 삼촌이 노스캐롤라이나에 안전하게 있다는 사실을 알았다. 하지만 벨라와 요제프가 살해되면서 두 형제 사이에 심각한 갈등이 발생했다. 건강이 좋지 않은 그들을 휴가지에 데려오지 않기로 한 결정에 대한 다툼이었다. "삼촌은 할아버지와 할머니를 두고 왔다는 것에 매우 화를 냈어요. 하지만 우리도 무슨 일이 일어날지 몰랐거든요." 사울은 70년이 지난 후에도 낙담하고 미안해하는 것 같았다. "우리는 잠깐 방문했던 거예요. 아무도 전쟁이 시작될지 몰랐어요. 심지어 스탈린도."

사울과 그의 가족은 1942년 7월까지 모스크바에 머물렀다. 비자가 만료되자 그들은 소비에트의 작은 공화국인 바스키르공화국의 수도인 우파로 갔다. 그 뒤 1944년 2월에야 다시 모스크바로 돌아왔다. 전쟁이 끝나고 그들은 폴란드로 돌아와 렘킨이 그들을 발견한 베를린의 난민캠프에 정착했다. "삼촌은 1946년 8월 베를린에 있는 우리에게 전화를 했어요. 그는 뉘른베르크에 있다고 제게 말했죠." 사울이 보충설명을 했다. "그는 아버지에게 베를린에 너무 오래 있지 말라고 했어요. 러시아인들이 봉쇄할 수도 있다고."

렘킨은 미국인들에게 도움을 청했다. 그 결과 가족들이 베를린에서 뮌헨으로, 이어 다른 캠프로 이동할 수 있었다. 9월 중순에 렘킨이 그들을 만났을 때 사울은 맹장수술을 하고 병원에서 회복하던 중이었다.

"삼촌은 미군에서 일하는 미국인 비서 샬렛 부인과 함께 병원으로 나를 만나러 왔어요. 그녀는 러시아어를 약간 할 줄 아는 아주 멋진 여성이었죠. 좋은 옷을 입은 삼촌은 제 눈에 멋있어 보였어요. 우리는 포옹을 했어요. 그는 내게 '넌 꼭 미국에 와야 한다'고 말했어요."

그들은 보우코비스크에서 일어난 일에 대해 거의 알지 못한다는 이야기를 서로 나눴다. "내 아버지 엘리아스는 1944년 여름에 소비에트 군대가 도착했을 때 남은 유대인이 얼마 없다는 걸 알았대요. 아마 50~60명 정도?" 주키에프와 두브노 그리고 중부 유럽의 크고 작은 도시들과 마을에서 무수히 저질러진 사건들은 트레블링카의 비석들에서 확인할 수 있다. 사울은 이 화제에 대해 부드럽게 이야기했지만 그의 눈에 있던 빛은 점점 사그라들었다. "우리가 알고 있는 그 일이 그들에게 일어났어요. 한 유대인이 우리에게 편지를 보냈어요. 조부모님들이 모르는 곳으로 끌려갔다고요. 그들은 죽었어요."

사울에게 벨라와 요제프의 사진이 있을까? 없었다. 그는 보우코비스크에서 출발한 마지막 교통편은 1943년 1월 아우슈비츠를 향한 것이라는 정보를 확인했지만 그의 조부모가 이용한 교통편은 그보다 이른 것으로 그리 멀지 않은 다른 곳으로 가는 것이었다. "벨라와 요제프는 트레블링카로 갔어요. 왜냐하면 그곳은 멀지 않았거든요."

그는 아주 슬프고 지친 목소리로 이 말을 하다 갑자기 활기차게 말했다.

"그 《삶과 운명》Life and Fate을 쓴 유명한 기자 이름이 뭐죠?" 그가 물었다.

바실리 그로스만Vasily Grossman.

"맞아요. 트레블링카에 대해 쓴 사람이 그이예요. 내가 읽었어요. 그리고 조부모님을 생각했죠."

사울은 라파엘 삼촌이 조부모님들이 트레블링카로 갔다는 사실을 모른다고 믿었다. "그 사실은 나중에 알게 되었어요. 삼촌이 가고 나서 한참 지나서요."

사울의 이야기는 다른 일들에 대한 일종의 틀을 제공했다. 이런 식으로 라우터파하트 가족처럼 주키에프 거리에 살았던 말케 플라쉬너 할머니가 렘킨의 가족들과 마찬가지로 같은 거리에 있는 트레블링카에서 돌아가셨다는 것을 알게 되었다.

"그 시절에 대해 꼭 말할 것이 하나 있어요." 사울이 갑자기 신이 나서 말을 이었다. "병원에 있는 독일인들은 내게 아주 잘해줬어요. 아주 예의바르게 대해줬죠. 폴란드에서의 삶과 비교하면 독일은 유대인에게 천국이었어요." 만약 사울이 나쁜 감정을 숨기고 있는 거라면 그는 아주 잘하고 있었다.

"물론 라파엘 삼촌은 다른 생각을 가지고 있었어요." 그는 계속 말을 이었다. "병원에 독일인들이 많았지만 삼촌은 그들을 쳐다보지도 않았어요." 사울의 눈은 내게 고정되어 있었다. "삼촌은 그들을 미워했어요. 삼촌에게 그들은 독이었죠. 삼촌은 그들을 미워했어요."

151

라우터파하트는 케임브리지에서 9월을 보내며 그가 바라는 대로 개인을 보호하고 국제인권장전을 지지하는 판결이 선고되기를 기다리고 있었다. 렘킨보다 입심이 덜한 그는 감정을 드러내지는 않았지만 그렇다고 열정이나 관심이 그보다 덜한 것은 결코 아니었다. 이 재판은 그에게 깊은 영향을 미쳤지만 그는 그것을 드러내는 것을 좋아하지 않았다. 심지어 트리니티 칼리지 2학년 진급을 준비하며 한 달을 같이 보낸 그의 아들에게도 마찬가지였다.

뒤돌아보니 엘리는 이제야 그 시기에 아버지에게 어떤 변화가 있었는지 궁금해졌다. 재판과 가족에 대한 소식은 큰 충격을 주었고, 분명 그의 연구 방향에 영향을 미쳤을 것이다. 엘리는 이때부터 아버지의 연구를 더 잘 –또는 적어도 더 관심을 가지고– 이해했다고 느꼈다.

"내 쪽에서 지적으로 더 많은 기여가 있었다는 뜻은 아니에요. 그때가 특별히 어려운 시기였다는 점을 알게 되었다는 것이죠." 잉카가 곧 케임브리지에 도착한다는 사실이 상실감을 줄여주었고 희망을 주었다.

"감정적으로 그는 재판에 아주 깊이 관여하고 있었어요." 엘리는 덧붙였다. 그는 내게 그러한 문제들에 대해 많이 이야기하지 않았고, 부모님에 대해서는 한 번도 말을 꺼내지 않았다. 엘리는 최근에 이 생각을 많이 했으며, 내가 묻는 질문들에 대해 한 번도 스스로에게 물어보지 않았다는 사실도 알게 되었다. 그는 아버지의 방식을 따라 상황을 있는 그대로 받아들였다. 어려움과 고통은 말로 표현할 수 없는 다른 방식으로 반영되었다.

나는 '제노사이드'라는 용어에 대한 그의 아버지의 의견을 물었다. "용어가 너무 '비실용적'이기 때문에 그는 그 용어를 좋아하지 않았을 것이다." 엘리는 이렇게 대답하며 심지어 위험하다고 생각했을 수 있다고 말했다. 그 시절 라우터파하트가 연락을 하던 지인 중 하나가 에곤 슈벨브인데, 그는 바로 1946년 5월 렘킨을 만나 독려했던 사람이다. 엘리는 슈벨브가 개인의 권리에 대한 아버지의 견해를 강력하게 지지했으며 아버지의 지적 능력과 연구를 존경했다고 생각했다. 한 편지에서 슈벨브는 뉘른베르크 재판에서의 인도에 반하는 죄와 근본적인 인권과 형법에서의 인권의 보호라는 관념 사이의 긴밀한 연계에 대한 라우터파하트의 믿음을 강조하였다. 슈벨브의 편지는 또한 라우터파하트가 소위 제노사이드란 범죄를 크게 선호하지 않는다는 점을 확인하고 설명을 덧붙였다. 라우터파하트는 누군가 전체 민족을 죽이는 범죄를 지나치게 강조하면 한 개인을 죽이는 것이 이미 범죄라는 신념을 약화시킨다고 생각했다.

슈벨브는 또한 라우터파하트가 개인적으로 렘킨에 대해 호의적이지 않았다는 것도 알고 있었다. 다만 적대감이 아닌 것만은 확실했다. 라우터파하트가 렘킨 박사의 추진력, 이상주의 그리고 솔직함을 높이 평가한 것은 틀림없었다. 이것은 가벼운 칭찬이었다. 그러나 전 케임브리지대 교수는 전 폴란드 검사를 진정한 학자 또는 확실한 지적 능력을 갖춘 사람이라고 생각하지 않았다. 문제는 바로 그것이었다. 라우터파하트와 슈벨브는 인도에 반하는 죄를 위해 그것과 제노사이드 사이의 관계를 바로 잡는 것이 바람직하다는 것에 동의했다. 바로잡는다는 것은 침묵을 의미했다. 재판을 위해 가장 좋은 것은 제노사이드에 대해 아무 말도 하지 않는 것이었다.

152

니클라스 프랑크는 1946년 9월에 일곱 살이었다. 판결을 앞둔 그 주에 집안 분위기가 불안하고 걱정스러웠던 것을 충분히 기억할 수 있는 나이였다. 판결이 나오는 달에 그는 뉘른베르크로 가서 그의 아버지를 만났다. 1년여 만에 처음 만나는 것이었다. 그의 기억에 그 만남은 무덤덤했다.

그때 프랑크 가족은 무일푼으로, 일용할 음식과 재판에 대한 정보를 최대한 모았다. 프랑크와 어느 정도 소원해진 브리깃데는 독일 라디오에서 매일 저녁 재판 소식을 전하는 바이에른 주에 있는 기자와 접촉했다. 니클라스는 회상했다. "어머니는 매일 저녁 7시에 라디오를 들었어요." 기자는 종종 집을 방문하기도 했는데, 프랑크의 아이들을 위해서 귀한 먹을거리인 초콜릿을 가져오기도 했다. 그는 자신의 라디오 프로그램에 사용할 정보를 구했다. 니클라스는 기자가 유대인이라는 사실을 기억했다. "어머니는 감옥에 있는 아버지에게 편지를 썼어요. '나는 가스통 울만Gaston Oulman 씨를 좋아해요. 당신 둘이 감옥에서 서로 만났으면 좋겠네요.'"

니클라스는 이 미친 생각에 킥킥거렸다.

"어머니의 편지는 계속되었어요. '그는 유대인이지만 양심은 있다고 생각해요.'" 니클라스는 잠시 뜸을 들였다. "어머니가 그렇게 썼어요." 니클라스는 소리쳤다. "'그에게 양심은 있다'니, 상상이 되세요? 뉘른베르크의 재판절차가 끝나고 어머니는 라디오를 통해 독일이 저지른 모든 범죄를 알고 있으면서도 여전히 그런 글을 썼어요."

니클라스는 머리를 저었다.

"믿을 수가 없어요." 그는 말을 잠시 멈추기 전에 이렇게 덧붙였다.

"아버지가 재판을 받아야 한다는 건 맞아요." 그는 이 점에 대해서는 일관된 입장이었다. 그렇다, 그의 아버지가 4월에 증인석에 섰을 때 그는 일종의 죄책감을 고백했다.

브리깃데 프랑크와 니클라스(왼쪽), 뉘른베르크, 1946년 9월

“그건 잘한 일이지만 진심이었을까요?” 니클라스는 의심했고 그러한 의심은 8월에 법정에서의 바뀐 태도로 확인되었다. “아버지의 진정한 성격이 두 번째 진술에서 드러났어요.” 니클라스는 직설적으로 말했다. 그의 아버지는 약한 남자였다.

9월, 가족 모두가 뉘른베르크로 갔다. 니클라스는 사진을 보여주었다. 그의 어머니는 큰 검정색 모자에 검정색 코트와 치마를 입었고, 가는 다리에 웃으며 니클라스와 누나를 재촉하고 있었다.

“내 기억으로는 9월 24일이었어요. 어머니와 함께 갔어요. 우리 형제들은 다섯 명이었어요. 우리는 법원에 있는 큰 방으로 들어갔어요. 아마 길이가 20미터는 됐을 겁니다. 오른쪽에 창문이 있었는데, 방의 반대쪽에서 나는 괴링을 봤어요. 그는 가족과 함께 있었습니다. 나는 어머니의 무릎에 앉았어요. 우리는 작은 구멍이 난 유리 창문을 통해 아버지와 이야기를 나눴어요."

그의 아버지는 어땠을까?

"아버지는 웃으며 즐거워 보이려고 애를 썼어요. 나는 아버지가 거짓말을 한 것도 기억합니다."

무슨 뜻인가?

"아버지는 말했어요. '두세 달 안에 슐리어제의 집에서 크리스마스를 기념할 거야. 모두 함께 모여 행복한 시간을 보내자.' 나는 '왜 거짓말을 하시지?'라고 생각했어요. 학교에서 친구들이 하는 말을 듣고 무슨 일이 벌어질지 알고 있었거든요. 일곱 살짜리에게는 절대 거짓말을 하면 안 됩니다. 절대 잊히지 않아요."

판결이 선고되기 일주일 전이었다. 니클라스가 기억하기로 그는 아버지에게 한마디도 하지 않았다. 아무 말도.

"안녕히 계시라는 말도 안 했어요. 전체 면회 시간이 6분에서 7분 정도밖에 안 됐던 것 같습니다. 눈물도 흘리지 않았어요. 나는 아버지가 사형을 당할 것이기 때문이 아니라 아버지가 내게 거짓말을 한 것 때문에 너무너무 슬펐어요."

153

판결은 예상보다 약간 늦게 선고되었다. 프랑크 가족이 프랑크를 방문한 일주일 후 눈부신 가을날인 9월 30일과 10월 1일 이틀에 걸쳐 판결 선고가 내려졌다. 도시는 보안 때문에 불안했고, 법원 주변에는 탱크들이 평소보다 더 많이 눈에 띄었다. 사람들로 빽빽한 법정에로의 입장은 엄격히 제한되었다.

법원 뒤편의 오래된 벽돌 건물에 있는 프랑크의 감방에서 법정까지는 먼 거리가 아니었다. 흰 헬멧을 쓴 교도관이 복도를 따라 승강기까지 그를 호송하였고, 그는 미닫이문을 통해 피고인석 첫 줄의 중간으로 들어갔다. 그는 늘 그렇듯 선글라스를 쓰고 있었고 장갑을 낀 왼손은 의도적으로 숨겼다.

라우터파하트는 영국에서 출발하여 판결 선고 이틀 전에 도착했다. 그는 영국 전쟁범죄위원회 위원인 라이트 경을 포함한 영국 요인들과 함께 갔다. 일행 중에는 1년 전 렘킨과 제노사이드 혐의에 맞서는 싸움을 이끌었던 카키 로버츠Khaki Roberts도 포함되었다. 그들은 모두 그랜드 호텔에 묵었으며, 판결이 선고되는 날 아침 9시 15분에 호텔 프런트에서 모여 차를 타고 법원으로 이동했다.

9월 30일, 렘킨은 파리에서 열린 평화 회의에 참석했다. 그는 최종의견서에 제노사이드에 대한 몇 개의 단어라도 포함시키자고 대표단을 설득하고 싶었다. 그런데 그는 건강이 좋지 않았다. 다시 한 번 그는 미군병원의 도움을 받았다. 그곳에서 그는 자신의 침대 바로 옆에 놓인 라디오를 통해 판결 선고를 들었다.

레온 역시 파리에서 멀지 않은 곳에서 강제추방자와 난민들을 돌려보내는 일을 하고 있었다. 루테티아 호텔에 있는 많은 사람들이 재판 결과에 큰 관심을 가지고 있었다.

판결은 두 부분으로 나눠졌다. 첫 번째 날인 9월 30일 월요일은 전체적인 사실관계와 법리 판시에 집중했다. 각 피고인의 유죄 여부는 두 번째 날 발표될 것이었다. 사실관계에 대해서는 재판부는 작은 섹션으로 나누었다. 인위적이긴 했지만 재판부의 권한으로 법률가들이 편한 방법을 택한 것이다. 역사와 인간의 상호작용의 복잡함을 나치의 권력구조, 유럽 전역에 걸친 침략 행위, 전쟁 행위로 깔끔하게 정리하여 서술하였다. 12년의 대혼란, 공포, 학살은 법정에서 이루어진 453번의 공개 재판을 통해 전 세계에 중계되었다. 94명의 증인이 출석하였는데, 33명은 검찰이 신청한 증인으로, 61명은 피고인들이 신청한 증인으로 참여했다.

재판부는 신속하게 기관들의 문제를 처리하였다. 나치 수뇌부, 게슈타포, SD(비밀경찰), 그리고 SS(친위대)는 그에 속한 50만 명의 장병들과 함께 책임이 인정되었다. 이로 인해 범죄자들의 숫자가 엄청나게 늘었다. SA(돌격대), 독일제국 각료와 독일군의 일반직원과 고위급 장성들은 처벌대상에서 제외되었다. 사법적 타협 행위였다.

재판부는 다음으로 예비음모, 폭력 행위 및 전쟁범죄 행위에 대해 판결하였다. 인도에 반하는 죄는 인류 역사상 처음으로 판결의 중심에 섰다. 인도에 반하는 죄는 국제법의 일부로 인정받았다. 법정에 모인 사람들은 판사의 판시 내용을 조용히 들었다. 살인, 학대, 약탈, 노예노동, 종교적 박해, 모든 것이 국제범죄에 속한다.

프랑크에게는 판사의 판시가 매우 고통스러웠을 것이다. 다른 피고인들도 그들의 운명에 대한 어떤 힌트라도 있을까 주의 깊게 듣고 있었다. 세 기관들을 처벌대상에서 제외하는 것은 검찰측 입장에서는 낭패였지만 피고인들에게는 약간의 희망이 되었다. 시계추의 운동과 같았다. 프랑크에게는 어느 쪽으로 향할까? 그는 자신의 목숨을 구할 만큼 충분히 노력한 걸까? 초반에 공동책임을 인정한 것이 영향이 클까, 아니면 나중에 입장을 철회한 것이 영향을 없앴을까? 프랑크의 불안은 소비에트 판사 니키첸코의 판시로 누그러졌다. 니키첸코는 나치의 역사와 인도에 반하는 죄의 마지막 장을 설명하기 위해 다시 한 번 프랑크의 일기를 인용하였다. '천년'이 반복적으로 언급되었다.

재판부는 추상적 실체가 아닌 인간이 저지른 국제범죄에 대해 라우터파하트가 작성하고 쇼크로스가 법정에서 변론한 주요 표현을 채택했다. 판사는 이런 범죄를 저지른 개인들을 처벌함으로써 국제법이 효력을 발휘한다고 설명했다. 개인에게는 개별 국가에 대한 복종의무를 초월하는 국제법적 의무가 있다.

이와 반대로 영국, 프랑스와 소비에트 검사들과 잭슨의 보도자료 배포에도 불구하고 제노사이드는 첫날에는 한 번도 언급되지 않았다. 첫날 판시한 여덟 명의 판사들 가운데 아무도 렘킨의 용어를 사용하지 않았으며, 아무도 집단을 보호하는 법의 기능을 언급하지 않았다. 렘킨은 모든 것을 잃고 멀리 떨어진 파리 병원의 침대에 누워 두 번째 날에 그에 대한 이야기가 나올 것이라는 희망을 걸었다.

니키첸코 판사가 기본적인 언급을 했을 뿐 누락에 대한 진정한 설명은 없었다. 소비에트 판사는 인도에 반하는 죄를 구성하는 행위는 1939년 9월 전쟁이 시작된 이후 자행된 것들에 한한다고 설명하였다. 전쟁이 없다면 인도에 반하는 죄도 없는 것이다. 이렇게 하여 법정은 아무리 끔찍한 행위라 하더라도 1939년 9월 이전에 벌어진 일에 대해서는 판결을 하지 않기로 하였다. 평화로운 시기이건 전시이건 상관없이 벌어지는 모든 잔학행위를 금지하려 한 렘킨의 노력은 후에 뉘른베르크 헌장의 제6조 ⓒ항에 삽입된 세미콜론 때문에 사라져버렸다. 렘킨이 나중에 생각해보고 우려한 일이 벌어진 것이다. 레온이 1939년 1월 비엔나에서 추방당한 일과 그의 가족을 상대로 한 모든 행위들 그리고 1939년 9월 이전에 이루어진 수십만 가지의 행위가 범죄로 취급되지 않았다.

재판부는 이 결정이 초래할 문제점을 인정하였다. 니키첸코 판사는 전쟁 전 독일에서 정적이 살해당했다며 그런 사건이 실제 있었음을 상기시켰다. 많은 사람들이 두렵고 잔인한 환경의 강제수용소에 갇혔으며, 수많은 사람들이 학살당했다. 대규모 테러가 조직적이며 유기적으로 가해졌으며 독일에서 민간인에 대한 학대와 박해, 살인이 벌어지는 등 1939년 전쟁 이전에 일어난 일들은 극악무도했다. 전쟁 전에 유대인을 상대로 한 조치들은 의심의 여지가 없었다. 이런 행위가 혐오스럽고 끔찍하지만 뉘른베르크 헌장의 문장 속에 포함된 세미콜론이 이런 행위를 국제군사재판소의 사법권 영역에서 제외시켰다. 우리에게는 어떤 것도 할 수 있는 권한이 없다고 재판부는 판시했다.

그래서 첫날의 판결은 렘킨에게 결정적인 타격을 주었다. 반대로 법정에 앉아 있던 라우터파하트에게는 문제될 것이 없었을 것이다. 1939년 9월 이전과 이후를 구분하는 장막은 뉘른베르크 헌장에서 합의한 규정에 따른 결과, 법의 논리에 영향을 미치지 않는다. 현실적인 라우터파하트는 지난 7월 쇼크로스를 위해 준비한 초안에서 이 결과에 찬성하는 논리를 폈다. 열정적인 렘킨은 그 다음 달 케임브리지에서 이에 반하는 논리를 주장했다.

선고기일 첫날이 지나고 법정에 있던 사람들은 집과 감방, 호텔로 흩어져 오늘 나온 이야기를 분석하고 다음날 나올 내용을 예상하였다. 레베카 웨스트는 법원을 떠나 뉘른베르크에서 멀지 않은 작은 마을에 들렀다. 그곳에서 그녀는 한 독일 여성과 마주쳤는데, 그녀는 영국 작가가 재판을 방청했다는 이야기를 듣고는 나치에 대한 불만을 장황하게 늘어놓았다. 그들은 그녀의 동네 근처에 외국인 노동자를 배치했었다고 했다. '2,000명의 불쌍한 야만인들, 지구의 인간쓰레기, 러시아인, 발트인, 슬라브인.' 이 여성은 재판에 관심이 있었다. 그것을 반대하지는 않았지만 동시에 수석검사로 유대인을 지명하지 않았으면 했다. 이유를 끈질기게 묻자 그녀는 데이비드 막스웰 파이프를 문제의 검사로 지명했다. 레베카 웨스트가 그는 유대인이 아니라고 실수를 지적하자 그녀는 퉁명스럽게 대답했다. "유대인이 아니라면 누가 아들에게 데이비드[David](다윗)라는 이름을 지어주겠어요!"

154

이튿날 로렌스 재판장이 정확히 오전 9시 30분에 스물한 명의 피고인들 각각에 대한 판결 선고를 위해 법정에 입장하였다. 그는 영국 전쟁범죄위원회가 윗부분에 인쇄된 노트를 들고 입장했다. 개별 피고인의 판결과 형량을 적은 일종의 커닝페이퍼였다. 마조리 로렌스는 후에 이 종이를 가족 스크랩북에 넣었다.

재판부는 각 피고인에게 유죄 또는 무죄를 선고하는 이유를 설명하는 것으로 시작했다. 로렌스 재판장은 엄숙한 어조로 말했다.

프랑크는 첫 번째 줄 중간에 앉아 있었으며 눈은 선글라스에 가려져 있었다. 라우터파하트는 부모님, 형제자매, 삼촌과 고모의 죽음에 가장 직접적인 책임이 있는 피고인의 자리와 멀지 않은 영국 검사팀 테이블에 앉아 있었다. 렘킨은 파리에서 라디오를 가까이 두고 기다리고 있었다.

로렌스 재판장은 괴링부터 판결 선고를 시작했다. 괴링은 재판을 받는 동안 종종 기자석에 앉아 방청하는 레베카 웨스트를 '사창가의 마담' 같다고 생각해서 법정 출입구인 미닫이문을 열고 들어오며 놀라는 표정을 짓곤 했다. "모든 혐의에 대해 유죄."

제프리 로렌스 경이 이어서 다음 다섯 명에 대한 판결을 선고했다. "모두 유죄." 니키첸코 판사는 로젠베르크에게 유죄를 선고했다. 그의 민족정책의 진정한 목적을 설명하려는 시도는 완전히 아무런 효과가 없었다. "유죄."

이제 프랑크 차례다. 그는 미동도 하지 않고 앉아 바닥을 바라보았다. 레베카 웨스트와 추문에 휘말렸던 비들 판사가 판결문을 읽었다. 프랑크가 몰랐을 뿐 판결은 이미 3주 전에 내려져 있었다. 비들은 1927년 프랑크가 나치당에 가입했을 때부터 독일법학회의 회장직을 거쳐 총독에 임명될 때까지 법률가로서 프랑크의 역할을 간략히 요약하였다. 증거가 없다는 이유로 프랑크는 첫 번째 공소사실에 대해서는 유죄를 면했다. 침략전쟁을 음모하는 결정에 관여했다는 증거가 없다. 잠깐 한숨을 돌리는 순간이었다.

비들은 세 번째 공소사실(전쟁범죄)과 네 번째 공소사실(인도에 반하는 죄)에 대해 선고를 시작하였다. 두 죄목 모두 전쟁이 시작되고 이 재판소의 관할인 폴란드에서 일어난 사건과 관련이 있었다. 프랑크는 독일의 전쟁을 지원하기 위해 폴란드의 자원을 착취하였으며 반대파를 가장 잔인하게 진압했다. 그는 공포 정치를 펼쳤다. 악명 높은 트레블링카와 마즈다네크를 포함하여 강제수용소가 그의 통치지역에 설치되었다. 대표적인 지식인들을 포함하여 수천 명의 폴란드인이 살해당했다. 노예노동자들이 독일로 파견되었다. 유대인은 게토로 강제이주당하는 학대를 당했으며 차별받고 굶주렸으며 학살당했다.

판사는 자신이 통치하던 기간 동안 그의 통치 지역에서 일어난 잔학행위에 대해 엄청난 죄책감을 느낀다던 프랑크의 진술내용을 인정하였다. 그러나 그것은 잔학행위가 자신의 통제대상이 아니었거나 몰랐기 때문에 결과적으로 그에게 책임이 없다고 부인하려는 시도였다.

"총독령 내에서 자행된 범죄 중 일부는 프랑크가 모르는 상황에서 이루어졌다는 것이 사실일 수도 있다."

비들은 결론으로 접근했다. "그리고 종종 그의 반대에도 불구하고 자행되었을 수 있다. 또한 아마도 모든 범죄 정책이 그가 만든 것이 아닐 수도 있다. 그럼에도 불구하고 그는 '기꺼이 알면서' 폴란드 내 수많은 사람들을 굶주림으로 목숨을 잃게 만드는 테러와 경제적 착취에 참여하였다. 그는 백만 명 이상의 폴란드인을 독일로 추방하는 데 관여하였다. 그는 최소 300만 명의 유대인을 학살하는 계획에 연루되었다. 위와 같은 이유로 그는 전쟁범죄와 인도에 반하는 죄에 관해 유죄이다."

비들은 '제노사이드'라는 용어를 쓰지 않았다.

프랑크는 주의 깊게 듣더니 앉아서 나머지 판결문이 낭독되는 동안 조용히 있었다. 스물한 명의 피고인들 가운데 세 명이 무죄를 선고받았다. 독일제국은행의 전 회장 얄마르 샤흐트Hjalmar Schacht는 침략전쟁 계획을 알고 있었다는 증거가 없어서 무죄가 선고되었다. 18개월 동안 히틀러의 부총통 역할을 했던 프란츠 폰 파펜Franz von Papen도 같은 이유로 무죄가 선고되었으며, 괴벨의 선전부의 중요하지 않은 직원이며 공석인 상사의 직무를 애매하게 대행하던 한스 프리체Hans Fritzsche는 독일인으로 하여금 잔학행위를 하도록 선동했다는 증거가 부족하다는 이유로 무죄가 선고되었다. 몇 명은 인도에 반하는 죄에 대해 유죄가 선고되었으나, 제노사이드 혐의가 인정되어 유죄 판결이 내려진 피고인은 없었다. 그 용어는 사용되지 않았다.

점심을 먹기 위해 잠시 휴정하였다. 형량은 점심시간 이후 선고될 예정이었다. 프랑크는 다른 사람들과 함께 무죄를 선고받은 세 피고인들을 축하했다.

155

점심 이후 모두의 이목이 피고인석 뒤에 있는 작은 나무문으로 향했다. 피고인들이 입장해 판결을 선고받기를 기다리는 것이었다. "열렸다, 닫혔다, 열렸다, 닫혔다." 다시 한 번, 〈타임스〉의 R. W. 쿠퍼 기자는 독자들에게 이렇게 전했다.

판결 선고는 오후 2시 50분에 재개되었다. 1년간 진행된 재판에서 최종적으로 유죄 선고를 받고 형선고를 기다리는 18명의 피고인들은 단체가 아니라 개인별로 법정에 입장하였다. 각 피고인은 순서가 될 때까지 600호 법정 바깥의 승강기 아래에서 기다렸다. 피고인들은 한 명씩 자신의 형량을 선고받기 위해 법정에 입장했다가 퇴정했다.

그날 오후에 600호 법정에 없었던 사람들은 재판의 가장 극적인 순간을 놓친 것이다. 각 피고인에 대한 형량을 선고하는 장면은 피고인의 인권 보호를 위해 촬영이 허용되지 않았다. 처음 6명 중에 5명은 사형이 선고되었다. 괴링, 리벤트로프, 카이텔, 칼텐부르너 그리고 로젠베르크였다. 루돌

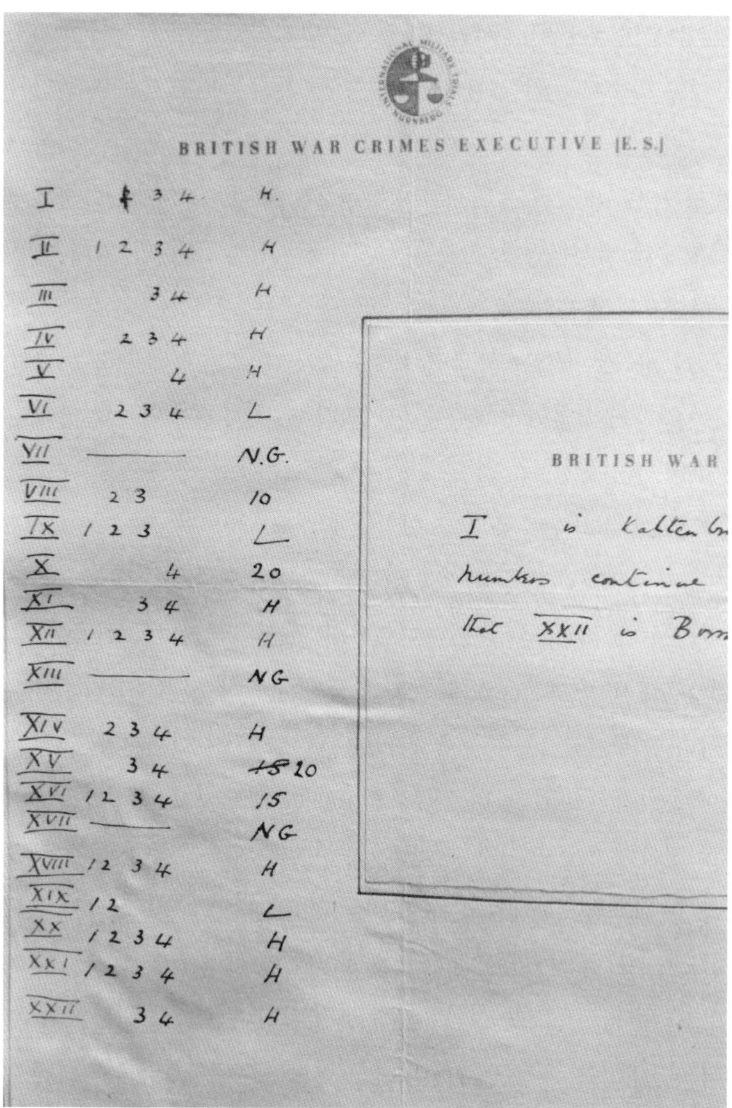

BRITISH WAR CRIMES EXECUTIVE (E.S.)

I	~~1~~ 3 4	H.
II	1 2 3 4	H
III	3 4	H
IV	2 3 4	H
V	4	H
VI	2 3 4	L
VII	———	N.G.
VIII	2 3	10
IX	1 2 3	L
X	4	20
XI	3 4	H
XII	1 2 3 4	H
XIII	———	NG
XIV	2 3 4	H
XV	3 4	~~15~~ 20
XVI	1 2 3 4	15
XVII	———	NG
XVIII	1 2 3 4	H
XIX	1 2	L
XX	1 2 3 4	H
XXI	1 2 3 4	H
XXII	3 4	H

BRITISH WAR

I is Kalten
numbers continue
that XXII is Born

제프리 로렌스 경의 커닝페이퍼, 1946년 10월 1일프 헤스는 사형은 면하고 무기징역을 선고받았다.

프랑크의 순서는 일곱 번째였다. 그가 승강기를 타고 올라와 법정에 입장했다. 입장할 때부터 그는 방향 감각을 잃고 판사들에게 등을 보이고 섰다. 법정경위들이 그를 돌려세워 판사들을 바라보게 하였다. 레베카 웨스트는 그 순간 알아차렸다. 그것은 일종의 시위일까? 아니다. 그녀는 이 행동을 프랑크의 혼란스러운 심리상태를 드러내는 '기묘한 증거'로 해석했다. 판사들을 바라보며 그는 묵묵히 선고를 들었다. 혹자들이 말하듯 그의 그런 행동은 용기가 없었기 때문은 아니었다. 로렌스 재판장은 몇 마디로 판결 선고를 마쳤다.

"피고인이 유죄 판결을 받은 혐의들에 대해 재판부는 교수형을 선고한다." 프랑크는 헤드폰을 통해 선고를 들었다. "교수형."Tod durch den Strang

프랑크는 앙리 돈디유 드 바브르와의 친분이 한가닥의 희망이 될 줄은, 이 프랑스인이 자신을 도우려고 할 줄은 몰랐다. 마지막까지 돈디유는 사형이 아닌 무기징역을 주장했으나 그는 혼자였기에 나머지 일곱 명의 판사들에게 밀리고 말았다. 비들 판사는 그의 프랑스 동료가 지금은 국제범죄자로 전락한 독일 법학자 프랑크에게 '이상하게 우호적인' 것에 놀랐다. 아마도 이베스 베지베데르와 같은 미국 판사는 1935년 프랑크가 돈디유를 베를린으로 초청한 사실을 몰랐을 것이다.

선고를 들은 프랑크는 그의 감방으로 돌아갔다. 길버트 박사가 다른 피고인과 마찬가지로 그를 만나러 갔다. 프랑크는 예의바르게 웃었지만 심리학자의 눈을 똑바로 쳐다보지는 못했다. 남아 있던 자신감마저 사라져버렸다.

"교수형."

프랑크는 그 단어를 조용히 되뇌었다. 그러면서 그는 수긍하듯 고개를 끄덕였다. "난 교수형을 당할 만합니다. 예상했었습니다." 그는 더 이상 말하지 않았고 길버트 박사나 후에 가족 중 누구에게도 왜 그런 행동을 했는지 설명하지 않았다.

156

판결은 라우터파하트에게 위안이 되었다. 재판부의 지지를 받은 인도에 반하는 죄에 대한 그의 주장은 이제 국제법의 일부가 되었다. 개인의 보호와 최악의 범죄에 대한 개인 범죄자로서의 책임은 새로운 법적 명령의 일부가 될 것이다. 적어도 이론적으로 국가의 주권은 더 이상 이만한 규모의 범죄에 대해 절대적인 피난처가 되지 못한다.

선고 직후 그는 쇼크로스로부터 짧은 편지를 받았다. "앞으로의 국제관계에 실질적인 영향을 미칠 수 있는 일에 있어 당신이 선도적인 역할을 했다는 것에 항상 자부심을 느끼기를 바랍니다." 만약 라우터파하트가 그런 자부심을 느꼈더라도 그는 공개적으로 또는 개인적으로 언급하지 않았을 것이다. 그의 아들이나 잉카에게도.

반대로 렘킨의 반응은 달랐다. 그는 예전의 '뉘른베르크 악몽'과 함께 제노사이드에 대한 침묵에 절망했다. 심지어 판결문에는 제노사이드에 대한 논쟁이 있었다거나 4개국 중 3개국의 검사들로부터 지지를 받았다는 언급조차 없었다(내 개인적인 국제재판소 경험에 비추어보면 채택되지 못했더라도 일종의 위로의 의미로 요약에는 소수의견의 내용이 들어간다. 이것이 또한 다른 재판사건에서 주장할 수 있는 가능성을 열어준다). 렘킨은 전쟁 전에 자행된 범죄가 완전히 외면되었다는 사실에 경악했다.

후에 렘킨은 자신을 면도도 하지 않고, 머리가 부스스하며, 누더기 같은 옷을 입었다고 묘사한 젊은 미국 검사 헨리 킹Henry King을 만났다. 렘킨은 판결 선고가 있던 날이 인생에서 가장 비극적인 날이었다고 고백했다. 그날이 그보다 한 달 전에 벨라와 요제프가 사망했다는 사실을 알았을 때보다 더 슬픈 날이었다.

레온은 파리에서 판결 소식을 들었다. 다음날 아침 이웃에 사는 젊은 여성 루세트가 내 어머니인 레온의 여덟 살짜리 딸을 데리고 나와 학교까지 걸어서 데려다주었다. 루세트는 레온이 기도중인 것을 보았다. 매일 아침 일정하게 하는 이 의식을 레온은 내 어머니에게 '이미 사라진 집단의 일원이라는 소속감'을 느끼기 위해 한다고 설명했다.

레온은 그렇게 하는 것이 책임을 묻는 방법으로 적절했는지 여부를 포함하여 재판이나 판결에 대해 내게 전혀 이야기하지 않았다. 하지만 그는 내가 선택한 직업은 좋아했다.

157

열두 명의 피고인들은 항소권 없이 사형을 선고받았다. 그들 중에는 교수형까지 시간이 얼마 남지 않은 프랑크, 로젠베르크, 자이스잉크바르트가 포함되어 있었다. 교황은 프랑크에 대해 자비를 베풀어줄 것을 요청했지만 거부당했다. 로렌스 재판장은 판결에 대해 아무런 도덕적 딜레마가 없었다. 그의 딸 로비는 내게 그의 아버지가 영국에서 이미 여러 명의 범죄자들에게 교수형을 선고했다고 밝혔다.

"아버지는 아주 악마 같은 짓을 한 사람들에게는 교수형이 적절한 벌이라고 생각하셨어요." 그녀는 이렇게 설명하며 "아버지는 영국에서 사형제도가 없어지자 기뻐하셨지만 뉘른베르크 재판에서 내린 사형 선고에 대해 전혀 의구심을 갖지 않으셨을 거라고 확신합니다."

판결 선고 후 집행일까지의 사이에 트루먼 대통령은 로렌스 재판장에게 편지를 썼다. 그는 국제법과 국제 정의를 강고히 하기 위해 그가 수행한 충실한 역할에 감사를 표하였다.

2주 후인 10월 16일 아침, 〈데일리 익스프레스〉에 헤드라인이 떴다. "오전 1시, 괴링이 가장 먼저 사형에 처해졌다." 그리고 나머지 10명의 피고인들이 뒤를 이었다고 보도하였다. 그 기사는 아주 유명한 오보이다. 괴링은 교수형을 피해 사형 집행 직전에 자살했다.

리벤트로프가 처음으로 교수형에 처해졌으며, 프랑크는 순서가 앞당겨져 다섯 번째였다. 사형은 법원 체육관에서 집행되었으며, 미국 육군 군종신부인 식스터스 오코너Sixtus O'Connor가 현장에 있었다. 프랑크는 마당을 가로질러 체육관으로 들어간 뒤 눈을 감고 검정색 두건이 머리에 씌워질 때까지 계속해서 마른 침을 삼켰다. 그는 몇 마디 유언을 남겼다.

〈타임스〉 기자인 R. W. 쿠퍼는 교수형에 대한 뉴스가 늦게 발표되던 날 프랑스에 있었다. "마지막은 파리의 작은 레스토랑에서 맞이했다." 그는 그의 비망록에 이렇게 기록했다. 음악가들은 〈앙썽씨불르멍〉Insensiblement이라는 곡을 연주 중이었는데, 이 곡은 후에 장고 라인하르트Django Reinhardt가 가장 좋아하는 곡이 되었다. 프랑크를 비롯해 교수형을 당한 피고인들의 사진이 저녁신문의 뒷면에 실려 모두가 볼 수 있도록 레스토랑에 비치되었다.

"아름다운 장면이야!" 식당에 앉은 손님이 중얼거렸다. "아름다운 장면." 그러더니 그는 아무렇지도 않게 다음 장으로 넘겼다.

158

한스 프랑크의 어린 자녀들은 수백 마일 떨어진 곳, 바이에른 주의 네우하우스 암 슐리어제라는 작은 마을에서 약간 떨어진 곳에 있는 유치원에 있었다. 브리깃데 프랑크는 나중에 그들을 데려왔다.

"어머니가 꽃이 그려진 봄옷을 입고 와서 우리에게 아버지가 이제 하늘나라에 계신다고 말해주었어요." 니클라스가 기억을 떠올렸다. "누나들과 형은 울기 시작했지만 나는 조용히 있었죠. 이제 그 일이 일어났다는 것을 알아요. 그 순간부터 커다란 고뇌가 시작된 거 같아요. 가족에 대한 나의 차가운 반응이 시작되던 때였어요."

수년이 지나고 니클라스는 프랑크의 사형이 집행된 체육관에 함께 있었던 식스터스 오코너 신부를 만났다. 그는 말했다. "자네의 아버지는 교수대에 웃으면서 올라갔네." 그는 심지어 이런 이야기도 덧붙였다. "뉘른베르크의 감방에서도 그는 자네 어머니를 두려워했네."

니클라스는 그날을 잊지 못했다. 그는 종종 그날에 대해 생각하곤 했다. 우리는 함께 뉘른베크르 법원의 비어 있는 감옥 건물에 들어가 니클라스의 아버지가 지냈던 감방에 들어가 앉았다. 니클라스는 말했다. "재미있는 건 사람들이 아버지를 교수대로 데려가기 위해 여기 와서 문을 열었을 때 아버지가 무릎을 꿇고 있었다는 사실이에요." 니클라스는 무릎을 꿇고 내게 자세를 재현해 보였다. "아버지가 신부에게 말했대요. '신부님, 제가

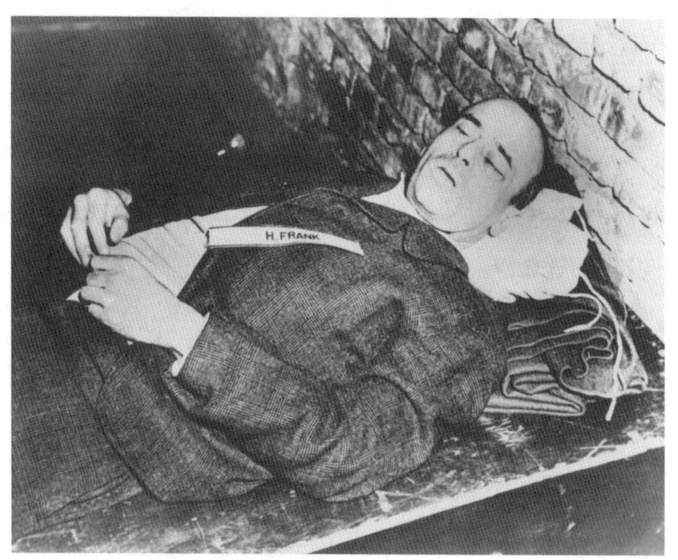

교수형 후의 한스 프랑크, 1946년 10월 16일

어렸을 때 어머니는 아침마다 학교에 가려고 집을 나서면 항상 십자성호를 그어주셨어요.'" 니클라스는 그의 이마에 십자가를 그었다. "제발 지금 이렇게 해주세요." 프랑크가 신부에게 부탁했다.

니클라스는 이게 일종의 쇼였는지 궁금해 했다. "아마도 그때가 교수대에 가까운, 죽음에 아주 가까운 그런 순간이었겠죠……. 아버지는 10월 16일 저녁까지 살아 있지 못할 거라는 사실을 알고 있었어요. 그 행동이 아주 정직한 행동일 수 있죠. 유일하게 그가 마지막으로 했던 정직한 행동."

니클라스는 잠시 침묵했다. "아버지는 순진한 아이로 다시 돌아가고 싶었나 봐요. 아버지의 어머니가 이마에 십자성호를 그어주던 그때의 아버지로." 그는 말을 멈췄다가 다시 이었다. "오늘 처음으로 그 생각을 해봤어요. 아버지는 그 모든 죄들을 저지르지 않았던 작은 소년으로 되돌아가고 싶으셨나 봐요."

하지만 니클라스는 법정에서 아버지가 죄의 일부를 인정한 행동에 진실성이 결여되었다고 확신했고, 아버지의 교수형에 대해서도 의구심을 품지 않았다. "저는 사형제도에 반대합니다." 그는 감정 없는 메마른 음성으로 말했다. "다만 제 아버지 경우만 제외하고요." 우리의 대화 중 하나에서 그는 아버지가 변호인인 세이들 박사에게 교수형 전날 밤에 쓴 편지를 기억했다. "아버지는 '나는 범죄자가 아니오!'라고 썼습니다." 니클라스는 역겨워하며 그 문장을 말했다. "그러니 아버지는 재판에서 스스로 인정한 모든 것을 철회한 겁니다."

니클라스와 아버지의 마지막 만남, 신부와의 대화, 어머니의 침묵과 의연함에 대해 이야기하며 니클라스는 그의 재킷 가슴 주머니에 손을 넣어 작은 종이들을 꺼냈다. "그는 범죄자였습니다." 니클라스는 조용히 말하며 종이 중에서 낡고 바랜 작은 흑백사진을 골라냈다. 그는 그것을 내게 주었다. 교수형이 집행되고 몇 분 후에 촬영한 생명이 없는 그의 아버지의 시신이 간이침대에 뉘어져 있었다. 그의 가슴에 라벨이 놓여져 있었다.

"매일 이걸 봅니다." 니클라스가 말했다. "그가 죽었다는 것을 상기하고 확인하기 위해서요."

에필로그

숲으로

뉘른베르크 재판은 많은 영향을 끼쳤다.

재판이 끝나고 몇 주 후, 뉴욕 북부에서 유엔 총회가 열렸다. 1946년 12월 11일 총회의 의제에는 새로운 세계 질서를 만들기 위한 다양한 결의안이 포함되어 있었다. 그중 두 개가 뉘른베르크 재판과 관련된 것이었다.

국제인권장전 제정을 위한 길을 다지기 위하여 총회는 인도에 반하는 죄를 포함하여 뉘른베르크 헌장에서 인정한 국제법의 원칙이 국제법의 일부라는 점을 확인하였다. 유엔 총회는 결의안 95호를 통해 라우터파하트의 사상을 공개적으로 지지하고 새로운 국제 질서에 개인의 위치매김을 명확히 하기로 결정하였다.

총회는 그 다음으로 결의안 96호를 채택하였다. 이 결의안은 뉘른베르크에서 재판부가 판결한 내용을 넘어섰다. 제노사이드가 전체 인간집단의 존재의 권리를 부정한다는 사실에 주목하며 총회는 재판부의 판결을 넘어 제노사이드가 국제법상 범죄임을 선언하였다. 판사들이 발을 들여놓기 꺼리던 영역까지 각국 정부는 렘킨의 연구를 반영한 규정을 법제화하였다.

결의안은 렘킨을 그의 인생에서 '가장 비참한 날'에서 회복될 수 있도록 해주었다. 그는 의욕을 되찾아 제노사이드에 대한 조약의 초안을 기초하고 전 세계 정부의 지지를 얻기 위해 고군분투하였다. 2년에 걸친 힘든 일이었다. 1948년 12월 9일, 유엔 총회는 〈제노사이드의 방지와 처벌에 관한 조약〉Convention on the Prevention and Punishment of the Crime of Genocide이라는 이 시대 최초의 인권조약을 채택하였다. 조약은 2년 남짓 지난 후에 발효되었고, 렘킨은 그의 인생 마지막 10년을 조약에 참여하도록 많은 국가들을 설득하는 데 헌신하였다. 렘킨이 1959년 뉴욕에서 심장마비로 사망할 때까지 프랑스와 소비에트연방이 조약에 가입하였고, 영국은 1970년에 가입했으며, 미국은 레이건 대통령이 서독의 비트부르크에 있는 친위대 장교들의 묘지에 참배한 일 때문에 논란이 일었지만 1988년에 가입하였다. 렘킨은 자손을 남기지 않았다. 그의 장례식에는 조문객이 거의 없었다. 하지만 낸시 애컬리는 다르게 기억했다. "조문객이 대여섯 명뿐이었다는 소문보다는 더 많은 사람이 참석했어요. 아마 극적인 효과를 노리고 그런 소문이 난 것 같아요." 그녀는 내게 설명하며 참석자 중에는 "베일을 쓴 여성이 꽤 있었다"고 덧붙였다. 렘킨은 뉴욕 플러싱 묘지에 묻혔다.

허쉬 라우터파하트는 뉘른베르크 판결 선고 다음날에 케임브리지로 돌아와 학문적 연구와 가족 그리고 잉카에게 헌신했다. 그의 저서, 《국제인권장전》An International Bill of the Rights of Man은 제노사이드 조약이 채택된 다음날인 1948년 12월 10일 유엔 총회에서 채택된 〈세계인권선언〉Universal Declaration of Human Rights에 영감을 주었다. 선언이 법적인 효력이 없다는 사실에 실망한 라우터파하트는 이것이 좀 더 강제력이 있는 것으로 발전하는 시발점이 되길 희망했다. 이것은 1950년에 체결된 〈유럽인권조약〉European Convention on Human Rights으로 이어졌다. 뉘른베르크 검사였던 데이비드 막스웰 파이프가 개인이 제소할 수 있는 최초의 국제인권재판소의 창설을 조약에 구체적으로 명문화하는 데 핵심적인 역할을 했다. 다른 지역적, 세계적 인권조약이 뒤따랐지만 아직까지 렘킨의 제노사이드 조약에 준하는 인도에 반하는 죄에 대한 조약은 없다. 1955년, 라우터파하트는 그를 영국인이라고 보기 어렵다는 일부의 반대에도 불구하고 헤이그에 있는 국제사법재판소의 영국 판사로 선출되었다. 하지만 그는 자신의 임기를 마치지 못하고 1960년에 사망하였으며, 케임브리지에 묻혔다.

라우터파하트와 렘킨은 렘베르크와 로보프에 살았던 두 젊은이였다. 그들의 사상은 국제적으로 반향을 남겼고, 그들이 남긴 유산은 멀고 넓게 영향을 미치고 있다. 제노사이드와 인도에 반하는 죄라는 개념은 개인과 집단을 연결하는 관계를 나란히 발전시켜 왔다.

국가들이 서로 다른 방향으로 밀고 당기기를 계속하며 국제범죄의 처벌에 대한 합의를 이끌어내지 못하는 가운데 국제형사재판소라는 발상이 실현되기까지 50번의 여름이 지났다. 1998년 7월, 과거 유고슬로비아와 르완다에서의 잔학행위가 촉매가 되어 마침내 변화가 이루어졌다. 그해 여름 150개국 이상이 로마에서 국제형사재판소 설립을 위한 규정을 제정하기로 합의하였다. 나는 동료와 함께 협상의 분위기를 고무시키기 위해 조약의 전문, 즉 서론에 해당하는 소개글을 작성하는 초창기 역할을 즐겁게 수행하였다. 드러나지 않게 일하면서 우리는 '국제범죄의 책임이 있는 자들에 대하여 형사재판 관할을 가질 각국의 의무'라는 간단한 한 문장을 조약 전문에 삽입시켰다. 해로울 게 없어 보였는지 그 문장은 협상 과정에서 살아 남아 국제법에서 국가들이 그러한 의무를 승인하는 최초의 사례가 되었다. 1935년 베를린에서 앙리 돈디유 드 바브르와 한스 프랑크가 국제재판소라는 발상에 대해 논쟁한 지 3세대가 지난 후 제노사이드와 인도에 반하는 죄를 처벌하는 권한을 갖는 새로운 국제재판소가 마침내 창설되었다.

합의문이 국제형사재판소ICC에 도달한 후 2개월이 지난 1998년 9월에 장 폴 아카에쥬Jean Paul Akayesu가 국제형사재판소에 의해 제노사이드 범죄에 대한 유죄 판결을 받는 최초의 피고인이 되었다. 이는 르완다 사건에 대한 국제형사재판소 재판에 따른 것이다.

몇 주 후인 1998년 11월, 영국의 대법원에 해당하는 런던의 상원 법률위원회가 칠레 전 대통령이자 상원의원인 아우구스토 피노체트Augusto Pinochet에게 영국 법원의 재판관할권에 대한 면책특권이 인정될 수 없다고 판결하였다. 그의 혐의사실인 고문 행위는 인도에 반하는 죄라는 이유에서였다. 그 이전까지 어떤 나라의 법원도 그런 판결을 내린 적이 없었다.

1999년 5월, 세르비아의 슬로보단 밀로셰비치 대통령이 코소보에서 잔학행위를 자행하여 인도에 반하는 죄를 범한 혐의로 기소된 최초의 현직 국가원수가 되었다. 2001년 11월, 대통령 직에서 퇴임한 그는 보스니아 스레브레니차Srebrenica에서 자행했던 잔학행위 때문에 제노사이드 혐의까지 추가되었다.

6년 후인 2007년 3월, 미국 지방법원 판사가 존 캘리몬John Kalymon의 미국시민권을 박탈하였다. 1942년 8월, 그가 우크라이나 의무경찰로 활동하며 '위대한 작전'을 위해 유대인을 수색하고 체포했다는 이유 때문이었다. 그는 민간인에 대한 고문행위에도 가담하여 인도에 반하는 죄를 저질렀다.

2007년 9월, 헤이그에 위치한 국제사법재판소는 세르비아가 스레브레니차에서의 제노사이드를 방지하지 못해 보스니아와 헤르체고비나에 대한 의무를 위반했다고 판결했다. 이것은 제노사이드 조약 위반으로 국가가 국제사법재판소로부터 유죄 판결을 받은 최초의 사례다.

2010년 7월, 수단의 오마르 알 바시르Omar al-Bashir 대통령이 국제형사재판소로부터 제노사이드 혐의로 기소된 첫 현직 국가원수가 되었다.

2년 후인 2012년 5월, 찰스 테일러Charles Taylor가 인도에 반하는 죄로 유죄 판결을 받은 최초의 국가원수가 되었다. 그는 50년형을 선고받았다.

2015년, 유엔 국제법위원회는 인도에 반하는 죄를 대상으로 한 적극적인 활동을 시작함으로써 제노사이드의 방지와 처벌에 관한 국제협력도 마찬가지로 활발해질 가능성의 길을 열어주었다.

범죄들이 계속 자행되면 재판의 사례도 늘어난다. 현재 나는 세르비아, 크로아티아, 리비아, 미국, 르완다, 아르헨티나, 칠레, 이스라엘과 팔레스타인, 영국, 사우디아라비아, 예멘, 이란, 이라크와 시리아의 제노사이드 또는 인도에 반하는 죄와 관련된 사건들을 연구 중이다. 세계 도처에서 자행되는 제노사이드와 인도에 반하는 죄로 의심되는 사건들로 인해 심지어 라우터파하트와 렘킨도 다른 방향으로 조명을 받고 있다.

비공식적인 계층관계가 생겼다. 뉘른베르크 재판이 끝나고 몇 년이 지난 후 제노사이드는 정치권으로부터 관심을 받았으며, 대중은 이것이 '범죄 중의 범죄'인지를 논쟁하며 개인보다 집단에 대한 보호의 중요성을 고양시켰다. 아마도 이것은 렘킨이 연설한 영향력인지 모르겠으나 라우터파하트는 피해자 가운데 민족이 부각되면 인도에 반하는 죄는 덜 잔인한 것으로 비춰질지 모른다고 우려했었다. 라우터파하트와 렘킨이 나란히 기울인 노력이 초래한 의도치 않은 결과는 더 있었다. 제노사이드 범죄를 입증하는 것은 어렵다. 내가 재판 사례에서 직접 경험했듯이 제노사이드 조약이 요구하는 바와 같은 집단 전체 또는 일부를 파멸할 의도를 입증하는 것은 불행한 집단 심리적 결과를 가져올 수 있다. 그것은 가해집단에 대한 부정적 감정을 강화하는 동시에 피해집단 구성원들 간의 연대감 또한 강화시킨다. 집단에 초점을 맞춘 '제노사이드'라는 용어는 '그들' 또는 '우리'라는 의식을 증대시키는 경향이 있으며, 집단 정체성이라는 감정을 강조함으로써 이것이 바로잡으려는 바로 그 상황을 부지불식간에 오히려 부추기는 결과를 낳을 수 있다. 한 집단과 다른 집단을 맞서게 대치시킴으로써 화해의 가능성은 낮아지게 되는 것이다. 나는 제노사이드 범죄가 전쟁범죄와 인도에 반하는 죄의 형사소추를 왜곡할 것을 우려한다. 왜냐하면 제노사이드의 피해자라고 인정받고자 하는 욕망이 검사에게 제노사이드 혐의로 기소를 해야 한다는 압박감을 주기 때문이다. 어떤 집단에게는 제노사이드 피해자라고 인정받는 것이 역사적으로 빈발해온 분쟁의 해결에 기여하거나 집단학살을 감소시키는 결과와 무관하게 단지 '민족의 정체성을 구성하는 핵심적인 요소'가 될 뿐이다. 아르메니아인에 대한 터키의 잔학행위 100주년 때 주요 신문의 사설에서 '제노사이드'라는 용어는 '국가가 필요로 하는 일종의 무자비한 조사 결과의 기록이라기보다는 국민적 분노를 자극시키는 것일 뿐이기 때문에 바람직하지 않다'는 사설을 실은 것도 놀라운 일이 아니다.

그러나 이러한 논쟁에도 불구하고 나는 집단정체성이라는 감정이 현존하는 사실이라는 점을 받아들이지 않을 수 없다. 일찍이 1893년에 사회학자 루드비히 굼플로비치Ludwig Gumplowicz는 《종족 간의 투쟁》La lutte des races이라는 자신의 저서에서 "개인은 세상에 나왔을 때부터 집단의 일원이다"라고 지적했다. 그런 관점은 계속되어 왔다. 생물학자 에드워드 O. 윌슨Edward O. Wilson은 100년이 지난 후 "우리의 빌어먹을 천성은 뿌리 깊은 것이다. 집단 대 집단은 지금의 우리를 만든 가장 중요한 추진력이기 때문이다"라고 썼다. 인간 본성의 가장 기본적인 요소는 "사람들은 집단에 소속되어야 한다는 강제성을 느끼고, 일단 어떤 집단에 속하게 되면 경쟁 집단에 비해 자신의 집단이 우수하다고 생각한다"는 점인 듯하다. 이런 점은 구체적인 긴장에 직면한 우리의 국제법 제도를 심각한 도전에 놓이게 한다. 한편으로는 특정 집단이라는 이유로 사람들이 죽어가고 있고, 다른 한편으로는 그 사실을 법적으로 인지함으로써 집단정체성을 강화하고 집단 간의 갈등의 가능성을 높인다. 아마도 레오폴드 쾨르가 그의 친구 렘킨에게 보낸 강한 어조의 개인적인 편지에서 밝힌 의견이 옳았는지도 모른다. 그는 편지에서 제노사이드 범죄가 결국은 개선하려고 노력하는 바로 그 상황을 오히려 더 부추길 수 있다고 경고했다.

이 이야기의 다른 주인공들은 어떻게 되었을까?

비텔에서 자유로운 몸이 된 미스 틸니는 파리로 돌아가기 전까지 미군에서 일했다. 그녀는 그곳에서 2년 더 머물렀으며, 그후 영국으로 돌아갔다. 1950년대에 그녀는 다시 한 번 여행을 하는데, 이번에는 남아프리카에 선교사로 나갔다가 1964년 미국으로 이민을 갔다. 그녀의 마지막 거주지는 마이애미 코코넛 농장이며, 은퇴한 보디빌더이자 엉터리 약을 파는 동생 프레드와 가까운 곳에서 지냈다. 나는 그녀의 지인 중에 찰스 아틀라스Charles Atlas가 있었다는 이야기를 들었다. 그녀는 1974년에 사망하였다. 2013년, 나는 그동안 발견한 미스 틸니에 대한 자료를 예루살렘에 있는 야드 바셈Yad Vashem 홀로코스트 박물관으로 보냈다. 어머니와 슐라 트로만Shula Troman이 각각 작성한 진술서도 함께 보냈다. 2013년 9월 29일, 미스 틸니는 '세계의 의인'Righteous Among the Nations으로 선정되었다.

미스 틸니 덕분에 아우슈비츠로 추방당하는 화를 면한 사샤 크라베크는 비텔에서 해방을 맞은 후 미국으로 이민을 떠났다. 그는 1946년 배를 타고 브레멘에서 뉴욕으로 떠났다. 나는 그후 그에게 무슨 일이 있었는지 추적하는 데 실패했다.

에밀 린덴펠트는 비엔나에 남았다. 그는 전쟁의 마지막 2년 동안 비유대인 친구들, 가족과 함께 독일잠수함 'U-보트'처럼 신분을 감추고 숨어 살았다. 그는 1961년 재혼하였으며, 1969년 비엔나에서 사망하여 그곳에 묻혔다.

오토 폰 베히터는 전쟁이 끝나자 잠적하였으나 결국에는 로마 교황청에 속았다. 1949년, 그는 로마에서 제작된 영화 〈운명의 힘〉La Forza del Destino에 단역으로 출연하였다. 그는 그해 말 그곳에서 사망하였는데, 그 정황이 미스터리하다. 그는 로보프에서 10만 명 이상의 폴란드인을 대량 살상한 혐의로 폴란드 정부로부터 기소되어 수배 중이면서 오스트리아 출신 주교 알로이스 후달Alois Hudal의 보호를 받고 있었던 것이다. 그의 아들 호르스트는 아내와 함께 하겐베르크 성에서 살고 있으며, 1939년 12월 크라쿠프에서 브뤼헐의 그림과 다른 예술작품을 크라쿠프 국립박물관에서 훔쳐가는 등 범죄행위에 대한 새로운 증거들이 발견되었음에도 불구하고 자신의 아버지는 범죄자가 아니라 예의 바르고 선량한 사람이라고 생각한다.

한스 프랑크의 아들 니클라스 프랑크는 탁월한 언론인이 되어 〈슈테른〉Stern 잡지의 외신부장으로 일하고 있다. 1992년 그는 바르샤바에 와서 자신이 어렸을 때 살았던 건물에서 새로 선출된 폴란드 대통령 레흐 바웬사Lech Walesa를 인터뷰하였다. 그는 바웬사에게 인터뷰를 진행한 방, 그리고 그들이 앉았던 테이블이 그의 아버지가 한때 자신과 놀아주던 장소라는 사실을 말하지 않았다. 그는 아내와 함께 함부르크 북서쪽의 작은 마을에서 살고 있으며, 딸 하나와 세 명의 손자가 있다.

2014년 여름, 나는 니클라스 프랑크 및 호르스트 폰 베히터와 리비우를 여행했다. 우리의 영화 〈나치의 유산: 우리의 아버지들은 무슨 짓을 했나?〉My Nazi Legacy: What Our Fathers Did를 만드는 동안 우리는 주키에프의 무너진 유대교 회당과 공동묘지, 그리고 한스 프랑크가 1942년 8월 1일 오토 폰 베히터가 참석한 가운데 유명한 연설을 했던 대학 강당을 방문했다. 니클라스는 뒷주머니에서 연설문 사본을 꺼내 크게 읽어 우리를 깜짝 놀라게 했다. 다음날, 우리 셋은 1943년 봄 오토 폰 베히터가 창설한 무장친위대 갈리치아 사단의 사망자들을 추모하는 기념식에 참석했다. 무장친위대 갈리치아 사단을 숭배하는 국수주의적 비주류 우크라이나인 집단이 기획한 행사였다. 행사에 참여한 많은 사람들이 나이에 상관없이 호르스트에게 와서 그의 아버지를 칭송했는데, 호르스트는 여행 중에 이 행사 참석이 가장 좋았다고 내게 말했다. 나는 그 많은 사람들이 나치 문양이 새겨진 친위대 제복을 입고 있는 것이 신경 쓰이지 않았느냐고 물었다. "왜 신경을 써야 하죠?" 호르스트가 답했다.

레온과 리타 부흐홀츠는 남은 여생 동안 함께 파리에서 살았다. 그들은 내가 어린 시절부터 기억하는 파리 북부역 근처의 아파트에서 살았다. 레온은 1997년까지 거의 1세기 동안 생존했다. 그들의 딸인 루스는 1956년 영국 남자와 결혼하여 런던으로 이주하였다. 그녀에게는 두 아들이 있는데, 내가 첫째이다. 나중에는 런던 시내에서 아이들을 위한 그림책을 전문으로 취급하는 중고서점을 운영하였다. 나는 케임브리지대학에서 법학을 공부했고, 허쉬 라우터파하트의 아들 엘리후 라우터파하트가 가르치는 국제법 과목을 1982년에 그곳에서 수강했다. 1983년 여름, 내가 대학을 졸업한 후 레온과 리타가 케임브리지를 방문했고, 우리는 함께 엘리의 집에서 열리는 가든파티에 참석했다. 엘리의 어머니이자 라우터파하트의 미망인 레이첼도 파티장소에 있었다. 나는 멀리서 그녀의 머리 묶음을 알아보았다. 그녀와 레온이 이야기를 나눴는지는 모른다. 하지만 그랬더라도, 그리고 비엔나, 렘베르크와 주키에프에서 가족이 관련이 있었다는 것을 이야기했더라도 레온은 내게 그 대화 내용을 말하지 않았을 것이다.

1983년 가을, 나는 하버드대 로스쿨의 객원연구원으로 미국에 가게 되었다. 엘리후 라우터파하트는 1984년 봄, 내게 편지를 보내 케임브리지대학에 자신이 새로 만든 국제법 리서치센터에 특별연구원으로 지원해볼 것을 권했다. 25년 동안 동료에서 친구로 가까워지던 그 당시에는 100년도 더 전에 우리의 조상들이 같은 거리에 살았다는 사실을 알지 못했다. 30년이 지나서야 엘리와 나는 그의 아버지와 나의 외증조모가 주키에프의 반대쪽 끝에 있는 이스트 웨스트 스트리트에 살았다는 것을 알게 되었다.

리비우에서의 초청 덕분에 그 사실을 알게 된 것이다.

그리고 리비우는 어떤가? 내가 처음으로 리비우를 방문한 것은 2010년이었다. 그후 매년 그곳을 방문하였다. 전성기 이후 100년이 지난 리비우는 어둡고 비밀스러운 과거를 품고 있기는 하지만 여전히 경이로운 도시로 남아 있다. 옛 주인들은 사라졌지만 그들의 흔적과 공간은 지금도 남아 있다. 어두운 건물, 기차 소리, 커피와 체리향……, 모든 것이 아직도 그곳에 있다. 1918년 11월, 도시의 거리에서 서로 다투던 주민들은 거의 대부분 사라졌고, 현재는 우크라이나인들이 주된 세력으로 부상했다. 그러나 다른 민족이 존재한 흔적들은 여전히 남아 있다. 비틀린의 흔적이 담긴 벽돌을 통해 느낄 수도 있는데, 자세히 살펴보면 볼 수도 있다: 리노크 광장 14번지 입구 위에 있는 '나의 복음 전도사 마가여, 그대에게 평화가 있기를'PAX TIBI MARCE EVANGELISTA MEUS이라는 글자가 보이는 펼쳐진 책면 위에 두 발을 걸치고 우뚝 서서 발아래를 도전적으로 내려다보고 있는 사자의 날개에서도 볼 수 있다. 희미해진 폴란드 거리 표지판에서도 느낄 수 있고, 한때 메주자Mezuzah(신명기의 몇 절을 기록한 양피지 조각)가 걸려 있던 흔적에서도 느낄 수 있다; 갈리치아와, 로도메리아에서 가장 아름다웠으며 지금도 밝은 불빛에 사람들로 북적거리는 아름다운 베르나르딘스키 광장에 있는 오래된 헝가리 크라운 약국의 창문 안에서도 볼 수 있다.

여러 번의 방문 후에 나는 첫 번째 방문 때 내게 다가와 조용히 내 강의가 개인적으로 얼마나 의미가 있는지를 이야기하던 그 여학생의 말을 더 잘 이해할 수 있게 되었다. 렘킨과 라우터파하트가 잊혀진 오늘날의 리비우에서 정체성과 혈통은 복잡하고 위험한 문제이다. 도시는 과거에도 여러 번 그랬듯이 '울분의 잔'cup of gall으로 남아 있다.

혈통에 대해 질문하던 젊은 여성과의 대화와 비슷한 대화가 리비우에서 여러 번 있었다. 레스토랑에서, 거리에서, 강연회 후에, 대학에서, 커피숍에서, 나는 내 정체성 및 출신 배경과 관련된 화제를 은근하게 넌지시 꺼내는 경우를 여러 번 경험했다. 나는 가장 엄혹한 시기에 리비우대학에서 인권법을 강의했던 주목할 만한 학자인 라비노비치Rabinowich 교수를 소개 받은 일을 기억한다. 많은 사람들이 "당신은 꼭 그와 대화를 나눠봐야 합니다"라고 말했다. 의미는 분명했다. 혈통에 대한 은근한 언급이었다.

누군가는 내가 1582년에 건축되었다가 1941년 여름 독일군의 명령으로 파괴된 유대교 회당의 폐허 그늘에 있는, 시청과 시립 문서보관실 사이 오래된 중세 시가지 가운데 위치한 골든 로즈에서 파는 음식을 먹어보고 싶을 거라고 추천해주었다. 그곳은 유대인 식당이라고 자칭하고 있었는데, 도시의 다른 곳에는 유대인 식당이 없다는 것이 사뭇 호기심을 자극했다.

처음에는 아들과 함께 골든 로즈를 그냥 지나쳤다. 우리가 창문으로 안을 들여다 보니 모든 손님들이 적어도 겉으로 보기에는 1920년대에서 건너온 것처럼 보였다. 많은 사람들이 커다란 검정색 모자와 그 밖에 정통 유대교와 관련된 용품들을 착용하고 있었다. 우리는 경악했다. 관광객들을 위한 장소임에도 불구하고 입구 바로 안쪽 옷걸이에서 전형적인 유대인의 검정색 외투와 모자 등을 제공받아 차려입어야 했다. 레스토랑은 돼지고기 소시지와 함께 전통적인 유대인 식사를 제공하는데, 메뉴에는 가격이 적혀 있지 않다. 식사가 끝나면 웨이터가 자리로 와서 가격을 흥정하기 시작한다.

마침내 용기를 내어 입장한 후(5년간의 노력이 집약되었다) 레스토랑에 앉아 나는 다시 한 번 내가 라우터파하트의 견해에 가까운지, 아니면 렘킨의 견해에 가까운지, 아니면 그들 사이 한가운데에 서 있는지, 아니면 두 사람의 견해에 모두 동의하는지를 생각해보았다. 렘킨은 아마도 저녁식사를 함께할 때 더 즐거운 파트너가 될 것이고, 라우터파하트와는 지적으로 자극을 받는 대화가 가능할 것이다. 이 두 남자는 선한 역할을 했고, 사람들을 보호하는 법의 효력에 대한 긍정적인 믿음과 그 목적을 달성하기 위해 법을 바꿔야 한다는 점에 대해 의견을 같이 했다. 두 사람은 한 사람의 삶의 가치와 지역사회의 일부로서의 중요성에 대해 동의하였다. 그러나 그들은 이러한 가치를 보호하는 가장 효율적인 방법에 대해서는 개인에 집중하느냐, 아니면 집단에 집중하느냐로 다르게 생각하였다.

라우터파하트는 제노사이드 관념을 절대 수용하지 않았다. 그는 렘킨의 열정은 높이 샀지만 삶의 마지막 순간까지 제노사이드라는 개념과 그 개념을 생각해낸 렘킨 둘 다를 무시했다. 다만 렘킨에 대해서는 약간의 예의를 차렸는지 모르겠다. 렘킨은 각기 별도의 계획을 통해 한편으로는 개인의 인권을 보호하고, 다른 한편으로는 집단을 보호하면서 제노사이드를 방지하는 것은 모순된 일이라고 우려했다. 두 사람의 견해는 서로를 상쇄시킨다고 할 수 있을 것이다.

나는 지적 연옥에 갇힌 채 사상의 양 극단을 시계추처럼 오가며 두 견해의 장점을 찾고 있다. 그래서 나는 그 문제를 잠시 접어두는 대신 내 열정을 리비우 시장을 설득하는 데 쏟았다. 시장을 만난 나는 국제법과 정의의 분야에서 리비우라는 도시가 기여한 성과와 더불어 이 두 학자의 업적을 기념하는 어떠한 행동을 할 것을 촉구했다. 그러자 시장은 이렇게 말했다. "그럼 어디에 중점을 둘까요? 말씀해주시면 실행하겠습니다. 어떻게 해야 하죠? 뭐부터 시작할까요?"

안내하는 역할은 역시 비틀린의 몫이다. 희망에 찬 목가적 시인, 집단 간의 분열을 뛰어 넘는 우정을 꿈꾸며, 갈리치아와 내 외할아버지가 소년 시절을 보낸 마을의 신화를 노래한 시인이다. 성채언덕에서 시작하는 게 좋겠다. 거기서부터 모든 것이 시작된 장소, 즉 날개 달린 사자가 있는 리녹 광장으로 향하자. 서로 싸우는 무리들을 피해 주철로 세밀하게 만든 문이 달린 라우터파하트의 집에서부터 테아트랄나 거리를 건너 5·3거리를 따라 잉카 카츠Inka Katz의 집으로 향한다. 그녀는 창문을 통해 엄마가 독일군에게 잡혀가는 모습을 목격했다. 최근 라우터파하트와 렘킨의 초상이 새롭게 장식된 렘베르크대학 국제법학부 사무실 옆을 지나, 이번에는 낡은 법학부 건물로 향하자. 율리어스 마카레비츠 교수의 자택 옆을 지나 세인트 조지 대성당 쪽으로 난 구불구불 구부러지는 길을 올라가면, 오토 폰 베히터가 무장친위대 갈리치아 사단의 병사를 집합시켰던 광장이 나온다. 거기에서 더 가면, 돌을 집어서 던지면 닿을 만큼 가까운, 바로 코앞에 있는 언덕 위의 세프티스크 거리로 가자. 그곳 레온의 생가 앞에서 잠시 물

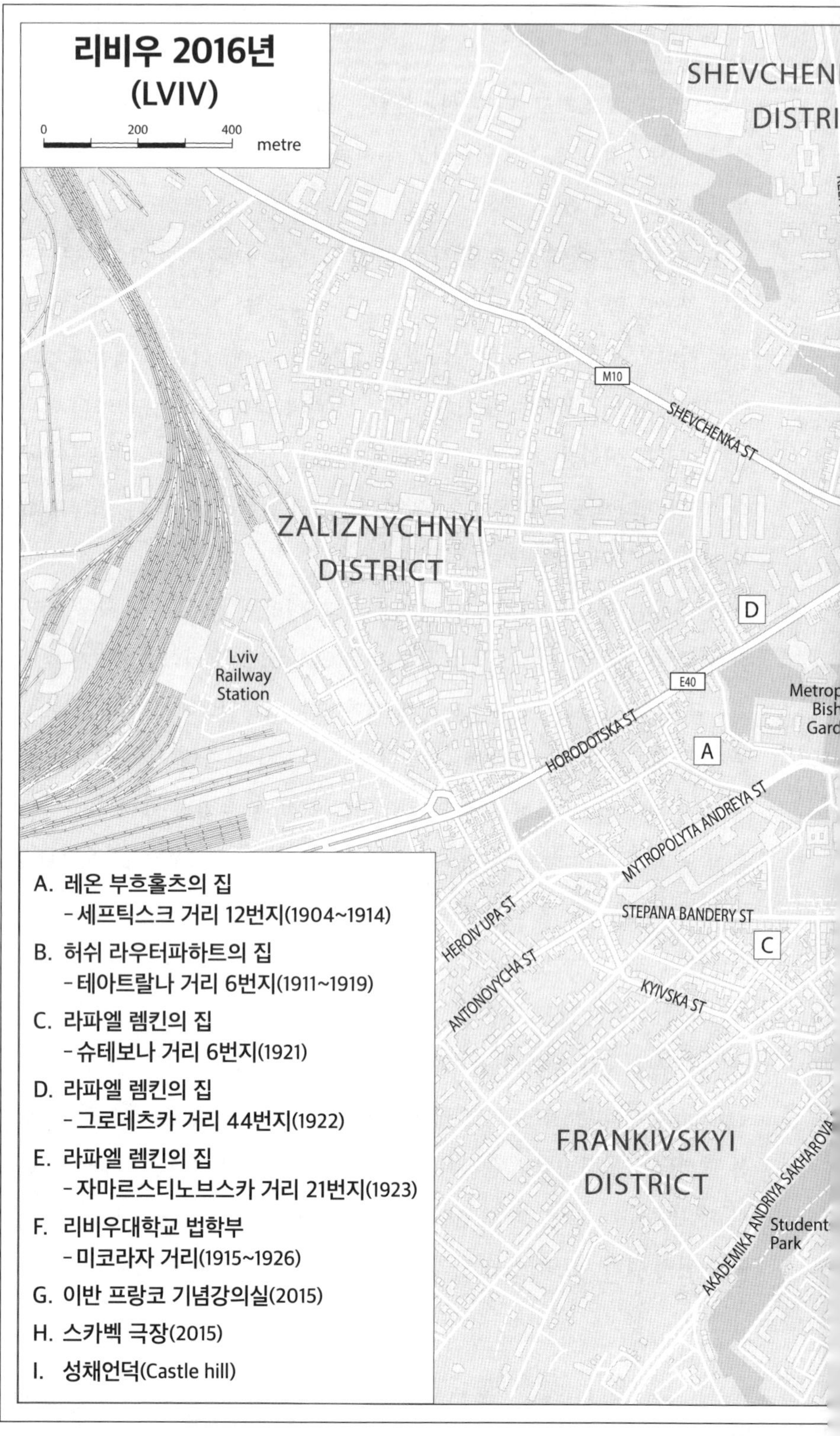

리비우 2016년
(LVIV)
0
200
400
metre
SHEVCHENK
DISTRIC
KLEPARIVSKA ST
M10
SHEVCHENKA ST
ZALIZNYCHNYI
DISTRICT
D
E40
Lviv
Railway
Station
HORODOTSKA ST
Metrop
Bish
Gard
A
MYTROPOLYTA ANDREYA ST
STEPANA BANDERY ST
HEROIV UPA ST
C
ANTONOVYCHA ST
KYIVSKA ST
FRANKIVSKYI
DISTRICT
AKADEMIKA ANDRIYA SAKHAROVA
Student
Park
A. 레온 부흐홀츠의 집
- 세프틱스크 거리 12번지(1904~1914)
B. 허쉬 라우터파하트의 집
- 테아트랄나 거리 6번지(1911~1919)
C. 라파엘 렘킨의 집
- 슈테보나 거리 6번지(1921)
D. 라파엘 렘킨의 집
- 그로데츠카 거리 44번지(1922)
E. 라파엘 렘킨의 집
- 자마르스티노브스카 거리 21번지(1923)
F. 리비우대학교 법학부
- 미코라자 거리(1915~1926)
G. 이반 프랑코 기념강의실(2015)
H. 스카벡 극장(2015)
I. 성채언덕(Castle hill)

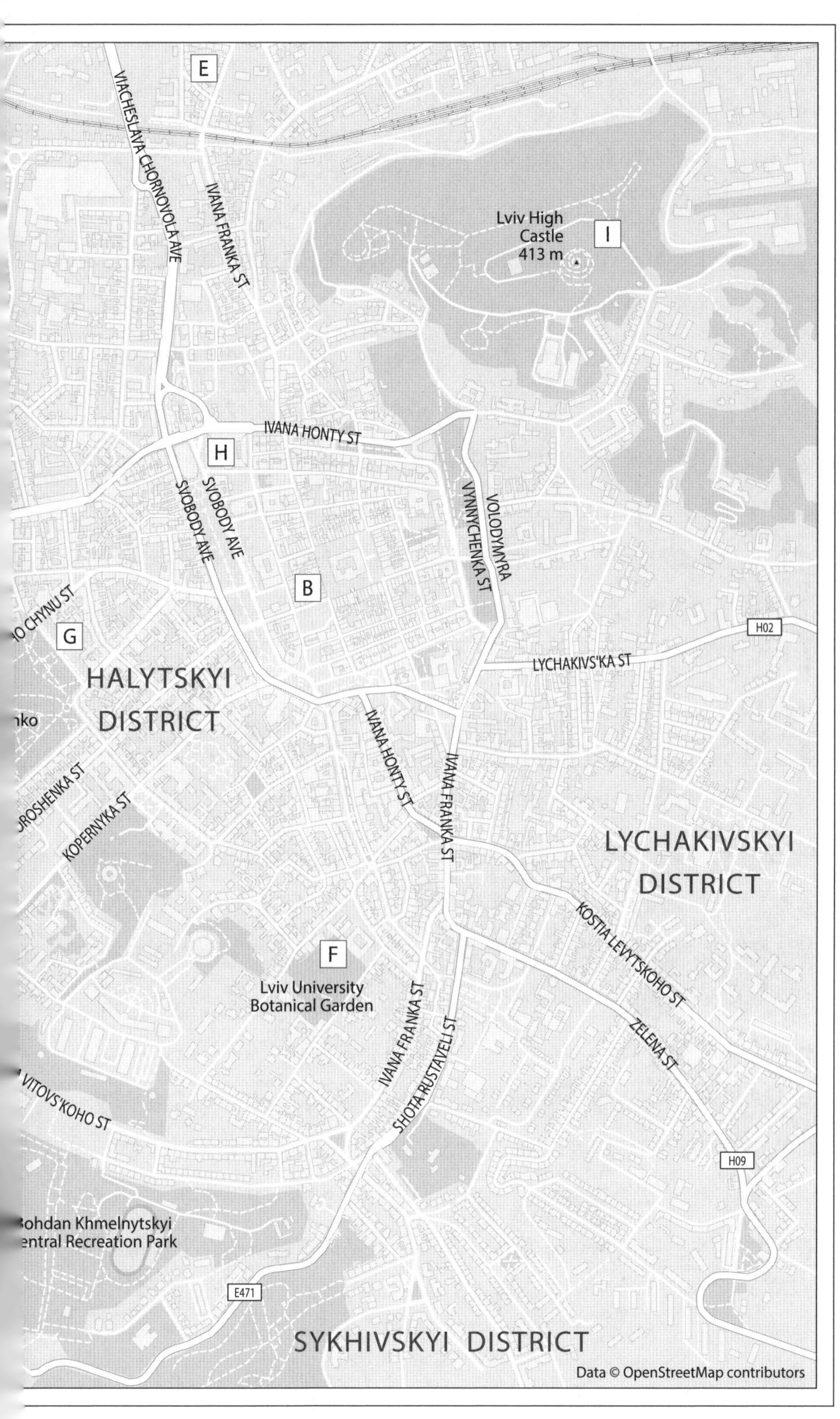
E
VIACHESLAVA CHORNOVOLA AVE
IVANA FRANKA ST
Lviv High
Castle
413 m
I
IVANA HONTY ST
H
SVOBODY AVE
SVOBODY AVE
VYNNYCHENKA ST
VOLODYMYRA
B
HO CHYNU ST
G
H02
LYCHAKIVS'KA ST
HALYTSKYI
DISTRICT
nko
IVANA HONTY ST
IVANA FRANKA ST
OROSHENKA ST
KOPERNYKA ST
LYCHAKIVSKYI
DISTRICT
KOSTIA LEVYTSKOHO ST
F
Lviv University
Botanical Garden
IVANA FRANKA ST
SHOTA RUSTAVELI ST
ZELENA ST
VITOVS'KOHO ST
H09
ohdan Khmelnytskyi
entral Recreation Park
E471
SYKHIVSKYI DISTRICT
Data © OpenStreetMap contributors

어보기로 하자.

그리고 비탈길을 따라 내려와 렘킨이 아르메니아인 문제와 국가가 자국민을 죽일 권리가 있는지 교수와 논쟁을 벌이던 건물 옆을 지나, 1942년 8월 프랑크가 잔인한 내용의 연설을 하던 옛 갈리치아 의회 의사당을 지나, 아이들이 나치 문양이 새겨진 깃발을 흔들던 오페라하우스로 향한다. 그리고, 유대인들이 일제히 검거된 소비에스키고등학교 운동장으로, 그리고 철도다리 밑을 지나, 게토와 렘킨의 첫 번째 거처였던 도시에서 가장 빈곤한 동네의 공동주택 방 한 칸으로 향한다. 마우리치 알레한드 교수가 대담하게 경찰에게 영혼이 있는지 물었다가 그 한마디의 대가로 살해된 야노브스카 수용소가 바로 그 근처에 있다. 그리고 철도역으로 가면 주키에프로 가는 기차를 탈 수 있다. 더 원하면 벨제크 너머 세계의 끝까지 가는 기차를 탈 수도 있다.

실제로 나는 그곳에서 주키에프로 가는 기차를 타고, 어떤 외로운 마을의 역사가인 루드밀라를 만나러 갔다. 소수의 주민들밖에 모르는 장소, 당국을 비롯한 모두가 외면했던 외곽 지역으로 나를 데려가 준 것은 그녀다. 주키에프의 오래된 성채언덕에 있는 그녀의 사무실에서 우리는 동-서 거리east-west street의 일직선 길을 따라, 숲의 공터로 곧장 향했다. 그 긴 길의 서쪽 끝, 그 옛날 나의 외증조모 말케의 집이 있었던 풀밭을 출발점으로 하여, 아름다운 성당과 우크라이나-그리스 정교회 앞을 지나, 16세기에 세워진, 황폐함만 남은 가슴 아픈 유대교 회당을 뒤로 하고, 목조교회 바로 앞의, 클라라 크라머가 마루 밑에 숨어 있던 집 앞을 지나, 허쉬 라우터파하트의 생가가 있던 사거리에 도착했다. 우리는 1km, 또 1km를 더 걸으며 초원을 지나, 문을 통과하고, 잘게 부서진 고운 모래가 반짝이는 모랫길을 걸었다. 오크나무 사이에서 매미 소리와 개구리의 울음소리가 들리고,

흙냄새가 났다. 그리고 우리는 햇빛이 반짝이는 가을의 숲에 도착했다. 레온이나 라우터파하트가 뛰어놀던 장소일지도 모른다. 우리는 모래밭을 벗어나, 풀숲에서 무성한 숲으로 발을 옮겨 겨우 숲속의 공터에 도착했다.

"도착했어요." 루드밀라가 나직이 말했다. 그곳에는 두 개의 연못이 있었다. 정확하게는, 모래를 채취했던 커다란 두개의 구덩이를 진흙이 메우고, 꺾인 갈대가 무성하고, 시커먼 물이 고인 장소. 하얀 비석은 시 당국이 세운 비엔나 참회의 기념탑이 아닌, 누군가가 개인적으로 세운 추모의 비석이다. 우리는 풀밭 위에서 허리를 숙이고 구덩이 가장자리까지 흐릿하게 스며든 검은 물 위로 햇살이 내리쬐는 모습을 바라보고 있었다. 연못 바닥에는 반세기 이상 누구에게도 방해받지 않고 잠든 3,500명의 시신이 있다. 먼 옛날에 잊혀진 작가, 게르손 타페트Gerszon Taffet가 1946년 여름 《주키에프의 유대인 대학살》에 기록한 사람들의 시체다. 개인의 죽음, 그러나 집단의 죽음.

물밑에서 뒤죽박죽 겹쳐져 있는 뼈들 중에 레온의 숙부 라이뷰의 유골과 라우터파하트의 백부 데이비드의 유골이 함께 영면하고 있다. 우연히 둘 다 불운한 집단에 속해 있었다는 단지 그 이유만으로.

햇빛이 연못의 물을 따뜻하게 데우고, 숲은 나를 무성한 갈대밭에서 단숨에 푸른 하늘로 끌어올렸다. 허공으로 솟구친 바로 그 순간, 나는 깨달았다.

감사의 글

지난 6년 동안, 나는 전 세계 많은 사람들과 기관의 도움을 받았다. 오랜 기간 지속적으로 중요한 도움을 받기도 했고, 비공식적인 정보나 한 가지 추억 또는 단어 하나가 결정적인 도움이 되기도 했다. 내가 처음 리비우로부터 초청을 받았을 때 생각했던 것보다 훨씬 더 커진 이 프로젝트에 여러 가지로 도움을 준 모든 분들께 감사의 마음을 전한다.

나는 이 이야기에 등장하는 주요 인물인 네 명의 가족에게 특히 큰 신세를 졌다. 내 어머니 루스 샌즈는 가슴 깊이 상처가 된 아픈 사건들을 되돌아봐야 하는 힘든 상황에서도 놀랍도록 엄청나게 큰 힘이 되어주었다. 지난 20년 동안 외할아버지 레온과 아주 가깝게 지낸 숙모 애니 부흐홀츠와 동생 마크 또한 예전 기억을 떠올리며 큰 도움을 주었다. 아버지 알란 샌즈와 그의 어릴 적 친구이자 사촌인 에밀 란데스, 도론 펠레그, 알도, 제네트 나오우리 등 다른 가족들도 흐릿한 그림을 구체적으로 만드는데 도움을 주었다. 나의 스승이자 멘토인 엘리후 라우터파하트 경과 함께 보낸 많은 시간은 매우 즐거웠다. 라파엘 렘킨을 알고 있는 살아있는 마지막 가족인 사울 렘킨과, 생각지도 못했지만 친구가 된 니클라스 프랑크도 내게 끊임없이 관대했다. 나는 또 많은 자료와 시간을 아낌없이 제공해준 호르스트 폰 베히터에게도 감사를 전한다.

어떤 면에서는 리비우가 이 책의 다섯 번째 주인공이라고 할 것이다. 아니 어쩌면 첫 번째 주인공일지도 모르겠다. 이 도시의 비밀, 기록보관실, 커피하우스 등으로 나를 안내하는 친절한 가이드 역할을 해 준 두 사람이 있었다. 나중에 이들과는 가까운 친구가 되었는데 바로 똑똑하고 사려 깊은 젊은 변호사로 언젠가 이 도시에 큰 기여를 할 것으로 기대되는 리비우 대학의 이반 호로디스키 박사와 미묘하고 정직하며 흥미롭다고 할 수 있는 이 도시의 풍요롭고 복잡한 역사의 문을 열어준 리비우 도시역사센터 책임자인 소피아 디야크 박사이다. 일일이 호명하기도 어려울 만큼 많은 분들 가운데 특히 처음부터 끝까지 힘이 되어 준 페트로 라비노비치 교수와 옥사나 홀로프코, 렘킨과 라우터파하트에 대한 자신의 연구가 끝났음에도 러시아에 대항한 군사 활동에 관심을 보인 이호르 레만 박사, 알렉스 두나이, 조야 바란 교수, 그리고 조브크바의 용감하며 너그러운 기록물 관리사 루드밀라 베이블라에게 감사를 전한다. 그녀가 없었다면 나는 작은 숲, 보렉과 그 비밀에 대해 전혀 알 수 없었을 것이다.

내가 근무하는 학부 학장인 헤이즐 겐 교수와 연구소 소장 셰릴 토마스 교수를 필두로 유니버시티 칼리지 런던[UCL]의 동료들은 처음 계획보다 너무 커진 이 책의 집필 프로젝트에 아낌없는 지원을 해주었으며, 나는 UCL의 똑똑하고 훌륭한 연구 조교 여러 명의 지식과 노동력의 큰 도움을 받았다. 문서로 확인할 수 없는 아이디어는 없다는 레미 레이히홀드, 책의 말미에 넣은 주석을 살펴보는 일을 도와준 마리암 키질바시와 루이스 비베로스, 독일 문화와 언어에 도움을 준 데이비드 슈바이제르, 폴란드어와 비틀린의 《나의 로보프》[Moy Lwów]의 원본에 대한 문제를 해결해 준 다리아

지그문트, 그리고 국제연맹 자료에서 금쪽같은 정보를 찾은 헤자즈 히즈불라. 이 밖에도 테사 바르섹(파리대), 노아 아미라브(예루살렘대), 멜리사 고흘케와 샨 라이온스(조지타운대), 에릭 시그문드(시러큐스대)와 아심 메타(예일대)의 도움을 받았다.

나는 전 세계 곳곳에서 많은 지원을 받았다. 프랑스에서는 루세트 핑거크웨이그 덕분에 '범죄 군단'l'Armée du Crime을 더 쉽고 개인적으로 경험할 수 있었으며, 리차드 겔린 목사는 파리 14구역에 있는 복음주의 침례교회Église Évangélique Baptiste의 기록보관실 문을 열어주었으며, 캐서린 트로우일러는 1944년에 찍은 한 장의 사진에 대해 설명해주었다. 다니엘 그레우일렛은 내가 뢰동의 기록보관실에 들어갈 수 있도록 허락해주었으며, 장 미셸 페티트와 레이몬드 베트레미에는 쿠리에르Courrières 역사에 대해 설명해주었다.

폴란드에서는 폴란드 과학아카데미 역사연구소Instytut Historii Polskiej Akademii Nauk 마렉 코르나트가 렘킨이 야기에우어대학교에 짧게 머물렀던 시기에 대해 이야기해주었다. 야누스 피올카 박사는 크라쿠프와 그 주변 지역에서 끊임없는 도움을 주었다. 알레한드 인스티튜트의 아르카디우스 라드반, 얀 포텍, 그르제고시 피존과 알렉산드라 폴락은 렘킨과 라우터파하트를 가르쳤던 알레한드 교수의 가족과 직접 연락이 닿도록 해주었다. 그리고 바르샤바대학의 아담 레드지크 박사는 내가 책에 쓴 그 시기부터 로보프 대학의 최고 사학자였다. 에바 살케비츠-무너렐린은 1차와 2차 세계대전 사이의 시기에 폴란드 국제법 학계에 대한 귀중한 통찰력을 제공해주었으며, 안나 미츠타와 요안나 비니에비츠-볼스카는 바벨성에서 나의 가이드가 되어주었다. 아그네스카 비엔츠크-미살라는 원고를 검토해주었으며, 안토니아 로이드-존스는 폴란드어 번역을 도와주었다.

오스트리아에서 나는 사설탐정 카티야-마리아 클라데크로부터 도움을 받는 행운을 얻었다. 내 외할아버지가 다녔던 브리기테나우 김나지움의 현재 책임자 마그 마가렛 비텍에게서 많은 생각과 정보를 얻었다. 헬무트 티치, 에밀 브릭스와 엘리자베스 티치-피스베르거 대사님들에게도 감사의 뜻을 전한다. 제3의 사나이 박물관Third Man Museum의 카린 후플러, 막스 웰데는 비엔나대학에서 내 연구 조교였다.

독일에서도 더크 롤랜드 홉트(외교부)와 라이너 훌러(뉘른베르크 인권센터)의 도움으로 기록보관실의 문이 열렸다. 안네 루버자머 박사, 미카엘라 리소브스키와 번드 보르챠트 (국제뉘른베르크아카데미) 대사와 헨리크 젠트그라프 (뉘른베르크재판기념관)의 도움으로 뉘른베르크 법정에 대해 알게 되었다. 노르버트 캄퍼 박사는 반제 회의를 개인적으로 내게 소개해준 분이다. 독일에 대한 나의 이해의 매듭은 다니엘 알렉산더, Q.C., 요제프 바이엘 교수(콘스탄츠대), 사비나 비호제, 데이비드 콘웰, 클라우스 폰 호이징어 교수(쾰른대), 제프리 플라우 박사, 에디 레이놀즈의 도움으로 일부 풀렸다.

뉘른베르크 재판에 대해서는 이브 베이그베더 박사, 애니드 던다스 부인, 벤자민 페렌츠와 지그프리드 램러의 경험담에서 큰 도움을 받았다. 제프리 로렌스 경의 개인적인 서류들과 아내 마조리의 일기는 로드와 오악시 부인, 패트릭 로렌스 칙선변호사 덕분에 참고할 수 있었다.

워싱턴 D.C.에서 나는 미국 홀로코스트 메모리얼 박물관과 레이 파, 아나톨 스텍과 레슬리 스위프트의 도움을 크게 받았다. 미국 법무부의 마지막 '나치 헌터' 엘리 M. 로젠바움과 데이비드 리치 박사는 가장 귀한 증거 서류를 찾아주었다.

서리 채플에 있는 모범적인 기록관리사 로자문데 코들링 박사와 톰 채프만 목사 덕분에 엘시 틸니가 분명하고 정의로운 인물로 빛날 수 있었다.

수잔 메이스터의 도움으로 자세한 부분까지 확인이 가능했다. 크리스 힐, 〈마이애미헤럴드〉의 부고담당 기자 엘리노어 브레커, 자넷 윈터슨과 수지 올바크, 실비아 위트만과 저메인 틸니에게도 감사한다.

패밀리 트리Family Tree의 막스 블랭크펠드와 레스터대학교의 투리 킹 박사가 복잡한 DNA 검사에 대해 설명해주었다.

본 책에 사용된 각종 지도는 인터내셔널 맵핑International Mapping 회사의 지도제작의 달인 스콧 에드몬즈, 팀 몬테니올, 알렉스 타이트, 빅키 테일러가 준비해주었다. 픽셀의 달인인 나의 친구 조나단 클레인과 매튜 벗슨은 사진에 관한 도움을 주었다. 두 사람은 게티 이미지 소속이다. 그리고 다이아나 마타르는 사진의 시대와 장소를 문의하면 정확하게 잡아내주었다.

전 세계 작가, 학자, 사서, 기록관리사, 박물관 관리인 공동체에서 대단한 협조를 해주었다. 또한 엘리자베스 오브링크 야콥센(스톡홀롬대), 존 Q. 바레트 교수(세인트존스대학교), 존 쿠퍼(런던대), 데이비드 크레인 교수(시러큐스대 법학부), 조나단 뎀보(J. Y. 조이너 도서관, 이스트캐롤라이나대), 미셸 디트로이트(미국 유대인 기록보관소의 제이콥 레이더 마커스), 타냐 엘더(미국 유대인 역사협회), 크리스틴 에셜만(코네티컷대 토마스 J. 도드 리서치센터), 도나-리 프리즈 교수(디킨대학교), 조안나 고뮬라 박사(케임브리지대), 존-폴 힘카(앨버타대학교), 마틴 하우스덴 박사(브래드퍼드대), 스티븐 제이콥스 교수(앨라배마대), 발렌틴 유트네르(케임브리지대), 야라슬라우 클리보이 박사(웨스트런던대학교), 크리스틴 라 폴레테(컬럼비아대 구술역사센터), 제임스 뢰플러 교수(버지니아대), 마거리트 모스트(듀크대 로스쿨 굿슨 법학도서관), 니콜라스 페니(내셔널 갤러리), 댄 플래쉬 박사(SOAS), 디터 폴 교수(클라겐루르트대학교), 라두 포파 박사(뉴욕대), 앤드류 생어(캠브리지대), 사브리나 손디(컬럼비아대 아서 W. 다이아몬드 법학도서관), 조피아 슐레이(위트워터스란드대 윌리엄 컬른 도서관), 프란체스카 트램머(코리에르 델라 세라 재단), 케르스틴 폰 링겐 박사(하이델베르그대), 아나 필리파 보르돌야크 박사(시드니공과대), 이메리투스 아서 벤싱어 교수(웨슬리언대)에게도 감사드린다.

오랜 친구와 동료뿐 아니라 새롭게 사귄 친구와 동료들도 도움과 지식을 나눠주었다. 스튜어트 프로피트는 하나의 아이디어가 책으로 발전하는 과정의 시작을 도와주었다. 제임스 카메론과 히샴 마타르도 필요할 때마다 항상 그곳에 있었다. 아드리아나 파브라, 실비아 파노, 아만다 겔스워디, 데이비드 케네디, 션 머피, 부르노 심마 그리고 게리 심슨은 원고 초안을 검토해주었다. 유발 샤니는 오랜 동안 소식을 듣지 못했던 내 가족과 긴 시간 잊고 있었던 자료를 찾는데 도움을 주었다. 제임스 크로포드는 나무에서 (다시) 숲을 볼 수 있도록 도와주었다. 영화 〈나치의 유산: 우리의 아버지들은 무슨 짓을 했나?〉 작업을 하는 와중에도 데이비드 차래프, 피놀라 드웨이어, 데이비드 에반스, 닉 프레이저와 아만다 포지는 새로운 아이디어를 쏟아내었다. 노란트 나우리, 길리아움 디 채시, 바네사 레드그레이프, 엠마 팔란트, 발레리아 베잔콘과 카티야 리에만과 함께한 〈선과 악의 노래〉A Song of Good and Evil 공연으로 예상치 못한 통찰력을 얻었다. 에바 호프만은 내가 삶과 경험이 뜻하는 바를 이해하도록 도와주었으며, 소설 《전시의 거짓말들》Wartime Lies로 일찌감치 영감을 주었던 루이스 베글리와 로비 던다스, (알렉스 율람을 통해 소개받은) 마이클 카츠, 클라라 크라머, 지그프리드 람러, 밥 실버스, 낸시 애컬리, 슐라 트로만과 잉게 트로트는 그들이 실제 살아온 경험을 기꺼이 나와 함께 나눠주었다. 아냐 허버트는 세실리아 갈레라니를 만날 기회를 주선해주었으며, 톰 헨리는 세실리아 갈레라니의 긴 삶에 대한 유용한 읽을거리를 추천해주었다. 리즈 조비는 스타일에 대한 힌트를 주었으며, 마르코 데 마르티노는 쿠르치오 말라파르테에 대한 나의 지식을 더욱 풍성하게 보완해주었다. 크리스틴 제닝스는 언어학자들을 소개해주었으며, 고란 로젠베르크는 스베아족을 소개해주었다. 데니스 막스와 샐리 그로브스는 리하르트 슈트라우스를 풀어냈으며, 조나단 스클라는 무너져내리기 직전의 마음이 얼마나 위험한지 내게 경각심을 일깨워주었다. 다팅턴에서 셀리아 애스턴과 본 린지는 글을 쓰기에 아주 좋은 공간을 제공해주었다. 원본에 있는 실수와 부적절한 표현을 찾아내는 수고를 마다하지 않은 독자들에게도 감사의 마음을 전한다.

30년간 우정을 나눈 친구이며 동료이면서 엄청난 양의 인터뷰를 사용할 수 있는 자료로 번역해 준 루이스 랜즈의 세심하며 학구적인 타이핑이 없었다면 나는 이 원고를 완성할 수 없었을 것이다.

너그럽고 훌륭한 인품으로 항상 위로가 되는 나의 에이전트, 길 콜리지는 이 복잡한 이야기를 풀어내는데 매우 긴 시간을 할애했다. 그의 헌신 덕분에 나의 새로운 조력자, 조지아 게럿에게 매끄럽게 인수인계될 수 있었다. 이 두 사람과 로저스, 콜리지 & 화이트Rogers, Coleridge & White의 훌륭한 다른 직원들에게 깊은 감사를 전한다. 또한 대서양을 건너 뉴욕에 있는 멜라니 잭슨에게도 원고의 교정을 담당할 에디터를 즉각적으로 섭외해준 것에 대해 감사를 전한다. 우연히도 이 이야기는 멜라니의 가족과도 관련이 있었다. 그녀의 아버지와 할아버지가 이 이야기에 모두 등장하기 때문이다(그녀의 아버지가 1947년 쓴 편지에서 렘킨을 "골칫덩어리"라고 표현한 두 가지의 가능한 의도에 대해 좀 더 정확한 의견을 받을 수 있었다).

알프레드 A. 크노프Alfred A. Knopf 출판사의 빅토리아 윌슨은 완벽한 에디터였다. 무섭지만 전략적이고 배려심이 있으며 애정 어린 동시에 의심이 많은 그녀는 내게 시간의 장점을 강조하고 천천히 글쓰기를 끊임없이 강요하였다. 나는 특히 그 점에 대해 그녀에게 감사함을 느낀다. 글쓰기 후반에 나는 와이덴펠드 & 니콜슨Weidenfeld & Nicolson 출판사의 비아트리체 헤밍과 함께 일할 행운을 얻었으며, 통찰력과 지식으로 가득 찬 그의 생각은 후반 작업 중이었지만 원고의 내용을 더욱 풍성하게 만들어주었다. 그러나 책에서 발견되는 실수는 오롯이 나의 책임이다.

마지막으로 이제는 리비우의 즐거움과 암흑에 완전히 (그리고 지나치게) 젖어버린 다섯 명의 주인공, 내 가장 가까운 가족들에게 가장 깊은 감사를 드린다. 내게 경건주의에 대해 가르쳐준 역사학자 레오, 완전히 잘못된 나의 의식을 다시 일깨워준 사회과학자 라라, 내게 장소와 사물을 보는 다른 눈을 갖도록 독려해준 예술가 카티야에게도.

그리고 매우 독특한 기벽을 인지하고 이를 해결하는 동시에 우리 팀을 완전히 행복하게 만들어주었으며 내 집착을 견디어 준 나탈리아. 그녀에게는 아무리 많은 감사와 사랑을 표현해도 충분하지 않다. 감사합니다. 감사합니다. 감사합니다.

옮긴이의 말

2019년 올해는 3.1운동 및 대한민국 임시정부 수립 100주년이 되는 뜻 깊은 해다. 일제강점기 35년 동안 우리 국민들은 침략국 일본에 의해 이루 말할 수 없이 막대한 수탈과 참혹한 피해를 당했다. 물자와 자원, 문화재 등 국부를 수탈당한 물질적 피해는 두고라도 헤아릴 수 없이 많은 인명이 살상당하고, 노동력을 착취당했으며, 인간의 존엄성과 인권이 유린되었다. 그러한 학살과 살상, 착취와 유린이 바로 국제법상의 '인도에 반하는 죄'인데, 제국주의 일본의 지도자들 중 그 누구도 일제강점기에 한국에서 자행한 숱한 '인도에 반하는 죄'로 처벌받은 자는 없었다.

나는 우리나라가 해방 후, 일제의 식민지배에 부역하여 동족을 탄압하고 해친 민족 반역자들이 요행히 처단되지 않고 살아남아서 일제로부터 보고 배웠던 '인도에 반하는 죄'를 그보다 훨씬 대규모로 잔혹하게 국민들에게 자행한 것이 다름 아닌 대한민국 현대사의 부끄럽고 참담한 국가폭력의 연원이 아닐까 생각한다.

영국의 저명한 인권변호사이자 국제인권법 권위자인 필립 샌즈Philippe Sands 런던대UCL 교수의 세계적인 베스트셀러 《인간의 정의는 어떻게 탄생했는가》(원제: East West Street: On the Origins of Genocide and Crimes Against Humanity)를 읽으며, 만약 제2차 세계대전 종전 후에 일왕 히로히토를 포함한 일본의 군국주의 지도자들도 독일 나치 지도자들처럼 피침략 국가에서 저질렀던 '인도에 반하는 죄'에 대해서까지 기소되어 준엄하게 처단되었다면 과연 일본이 오늘날처럼 과거사에 대해 아무런 반성과 사과도 하지 않는 파렴치한 행태를 보일 수 있었을까 하는 생각을 큰 아쉬움과 함께 해보았다.

도쿄 국제군사재판에 기소된 일본 전범들은 모두 침략전쟁에 관한 범죄만을 이유로 처벌받았는데, 이는 이 책에서 자세히 묘사된 독일 뉘른베르크 국제군사재판에 회부된 독일 나치 지도자들이 침략범죄뿐 아니라 소수민족의 학살 등에 대해 '인도에 반하는 죄'가 인정되어 함께 처벌된 사실과 대비된다.

만약 일본 지도자들이 일제강점기에 저지른 만행들에 대해서도 처벌받았다면, 국가권력이라 하더라도 함부로 사람들은 살상하고 인간의 존엄성과 인권을 유린하는 행위는 인도와 정의에 반하는 국제법적 범죄로서 정의의 법정에서 단죄된다는 사실이 우리나라 친일반역자들의 간교한 머리에 각인되어 국민을 학살하고 살해하고 고문하는 국가폭력을 일삼지는 못하지 않았을까 하는 안타까움이 깊은 한탄처럼 울컥 가슴에 치밀어 올랐다.

그런 아쉬움과 안타까움이 내가 이 책의 번역을 결심하게 된 이유다. 일제강점기 우리나라에도 이 책의 주인공인 라우터파하트나 렘킨 같은 법률가들이 있었다면 우리 역시 국제사회와 전승국들에게 일제의 만행을 고발하고 정치한 법 논리로써 설득하여 종전 후 도쿄 국제군사재판에서 일본의 군국주의 지도자들이 준엄하게 처단되도록 했을지 모른다. 아쉽게도 우리는 그 기회를 놓쳐버렸지만, 분명한 사실은 국제법상 범죄는 소멸시효가 없기 때문에 일본은 아직도 일제강점기에 한국 국민들에게 자행한 '인도에 반하는 죄'에 대해 처벌받지도 책임지지도 않았다는 사실이다. 우리는 이를 분명하게 인식할 필요가 있다.

뿐만 아니라, 과거 우리나라의 권위주의 정권에서 저질러졌던 여러 국가폭력 역시 협소한 국내법적 관점에서만 다룰 것이 아니라 그것들이 국제법적 범죄인 '인도에 반하는 죄'라는 관점에서 아무리 오랜 시간이 경과되었더라도 반드시 그 진상을 규명하고 책임자를 단죄함으로써 다시는 그런 일이 되풀이되지 않도록 해야 한다는 사실도 이 책을 통해 우리가 얻을 수 있는 깨우침이 아닐까 싶다.

이와 관련하여, 최근 참혹한 국가폭력인 5.18 광주학살을 부인하고 호도하는 언동을 처벌하자는 가칭 '5.18 망언처벌법' 제정을 둘러싼 우리 사회의 논란은 참으로 참괴한 일이 아닐 수 없다. 독일을 비롯한 유럽 국가들이 나치 독일에 의해 자행된 유대인, 폴란드인, 집시 등 소수 민족과 집단에 대한 학살(홀로코스트)을 부인하는 행위를 엄격히 처벌하는 이유는 그것이 결코 타협하고 양보할 수 없는 최소한의 보편적 정의와 양심인 '인도에 반하는 죄'를 부정하는 또 하나의 '인도에 반하는 죄'이기 때문이다. 우리 사회는 자신의 깊은 상처조차도 성찰하지 못하고 있는 것이다.

애초 변호사인 나는 출판사로부터 이 책에 많이 나오는 법률용어들에 대한 번역을 감수해달라는 요청을 받았는데, 용기를 내어 번역까지 자청해버렸다. 어떤 분야의 전문가가 집필한 전문성 있는 서적은 같은 분야의 전문가가 번역해야만 저자의 사상과 지식이 정확하고 보다 쉽게 전달될 수 있기 때문이다. 저자인 필립 샌즈 교수는 저명한 법률가일 뿐 아니라 영국 문인협회Pen Club의 회장이기도 한 뛰어난 작가인데, 그의 유려하고 지적이며 종종 위트 넘치는 문장의 맛을 과연 독자들에게 얼마나 제대로 전해질 지 불안하기만 하다. 만약 이 책이 지루하게 느껴진다면 이는 모두 역자의 미숙함 때문임을 미리 고백한다. 이 훌륭한 책의 한국어 번역본이 출간될 수 있도록 도와주신 많은 분들께 고마움을 전한다.

법무법인 THE FIRM 대표변호사
정 철 승

참고문헌

나는 광범위하고 다양한 종류의 자료를 이용했다. 리비우 기록보관실에서 발견한 라우터파하트와 렘킨의 삶에 대한 자료처럼 새롭게 발견한 원본도 있지만 엄청난 노력의 결과물인 다른 사람의 연구를 참고한 경우가 더 많았다. 이러한 자료는 권말의 주석에 적어 놓았으나 많은 자료 가운데 관심과 중요성을 기준으로 몇 가지만 특별하게 언급하고자 한다.

내 할아버지인 레온 부흐홀츠의 삶에 관련된 자료는 대부분 개인이나 가족이 보관하던 것이며, 특히 내 어머니와 숙모의 기억에 의한 것이다. 나는 오스트리아 국립 기록보관소, 바르샤바 역사자료기록보관소, 오스트리아 레지스탕스 기록문서센터, 비엔나 국립 및 시립 기록보관소, 웹사이트 www.JewishGen.org, 홀로코스트 피해자의 데이터베이스를 보유한 야드 바셈 기록보관소, 미국 홀로코스트 메모리얼 박물관의 소장품들에 크게 도움을 받았다.

렘베르크/리비우/로보프는 역사적 특징과 개인의 기억에 관한 학구적인 자료를 아우르는 풍부한 문헌의 도시이다. 학구적인 것과 관련해서는 훌륭하게 편집된 John Czaplicka의 《Lviv: A City in the Crosscurrents of Culture》(Harvard University Press, 2005)에 담긴 에세이들을 매우 재미있게 읽었다. 회고록 중에서는 Józef Wittlin의 《Moy Lwów》(Czytelnik, 1946)에서 인용된 부분이 다수 있다. 이 책은 Antonia Lloyd Jones에 의해 《City of Lions》(Pushkin Press, 2016)라는 제목의 영문 번역본이 최초로 발행되었으며, 여기에는 Diana Matar의 사진이 함께 실렸다. 독일 점령(1941~1944)에 뒤따른 사건들에 관해서는 역사학자 Dieter Pohl의 연구가 가장 중요한 참고가 되었으며, 그 밖에도 Ivan Kalyomon의 《The Ukrainian Auxiliary Police, and Nazi Anti-Jewish Policy in L'viv, 1941~1944: A Report Prepared for the Office of Special Investigations, US Department of Justice》 (31 May 2005)와 《Nationalsozialistische Judenverfolgung in Ostgalizien 1941~1944, 2nd edn》 (Oldenbourg, 1997) 등을 참고하였다. 나는 또한 Philip Friedman의 《The Destruction of the Jews of Lwów, 1941~1944, in Roads to

Extinction: Essays on the Holocaust, ed. Ada June Friedman》(Jewish Publication Society of America, 1980) 244~321 페이지와 Christoph Mick의 《Incompatible Experiences: Poles, Ukrainians, and Jews in Lviv Under Soviet and German Occupation, 1939~1944》(Journal of Contemporary History 46, no. 2, 2011)의 336~363 페이지, Omer Bartov의 《Erased》(Princeton University Press, 2007), 그리고 Ray Brandon과 Wendy Lower가 공저한 《The Shoah in Ukraine》(Indiana University Press, 2008)를 참고할 수 있어서 매우 운이 좋았다고 생각한다.

내가 인용한 회고록은 다음과 같다. Rose Choron의 《Family Stories》(Joseph Simon/Pangloss Press, 1988), David Kahane의 《Lvov Ghetto Diary》(University of Massachusetts Press, 1990), Voldy myr Melamed의 《The Jews in Lviv》(TECOP, 1994), Eliyahu Yones의 《Smoke in the Sand: The Jews of Lvov in the War Years, 1939~1944》(Gefen, 2004), Jan Kot의 《Chestnut Roulette》(Mazo, 2008), 그리고 Jakob Weiss의 《The Lemberg Mosaic》(Alderbrook, 2010) 등이다. Center for Urban History of East Central Europe in Lviv(http://www.lvivcenter.org/en/)에 있는 엄청난 지도 및 사진 자료들은 매우 다양하면서도 쉽게 접근할 수 있었고, 일부 자료는 리비우 주정부 기록관리실에서 찾았다.

조브크바/주키에프는 긴 역사에 비해 문헌 정보가 많지 않았다. 1930년대와 1940년대 사건에 관한 역사적 자료는 Gerszon Taffet의 저서 《The Holocaust of the Jews of Zołkiew》(Lodz: Central Jewish Historical Committee, 1946), Clara Kramer의 《Clara's War: One Girl's Story of Survival, with Stephen Glantz》(Ecco, 2009), 그리고 Omer Bartov의 《White Spaces and Black Holes》, 가운데 〈in Brandon and Lower, Shoah in Ukraine〉 부분 340~342페이지를 많이 참고하였다.

허쉬 라우터파하트의 일생에 대한 자료는 많았다. 시작은 그의 아들인 엘리후의 백과사전에 가까운 저서인 《The Life of Hersch Lauterpacht》(Cambridge University Press, 2010)였다. 또한 《The European Tradition in International Law: Hersch Lauterpacht》(European Journal of International Law 8, no. 2, 1997) 등의 다양한 에세이도 많은 도움이 되었다. 엘리후 라우터파하트는 특히 1945년과 1946년 그가 하틀리 쇼크로스 경을 위해 작성한 두 개의 뉘른베르크 연설문 초안 원본을 포함한 공책, 사진, 편지와 기타 문서 등 허쉬 라우터파하트의 개인적인 기록물들을 살펴볼 수 있도록 배려해주었다.

라파엘 렘킨과 그가 만들어낸 용어에 관련된 자료도 많았다. 나는 특히 뉴욕 공공도서관에 있는 원고 사본을 시작으로 오랫동안 출판되지 않은 렘킨의 자서전을 많이 참고하면서 후반에는 DonnaLee Frieze가 최근에 출판용으로 편집한 버전의 《Totally Unofficial》(Yale University Press, 2013)에 많이 의지하였다. 나는 또한 John Cooper의 선구적인 최초의 무삭제 전기(최근 페이퍼백으로 다시 나옴)인 《Raphael Lemkin and the Struggle for the Genocide Convention》(Palgrave Macmillan, 2008)과 William Korey의 《Epitaph for Raphael Lemkin》(Jacob Blaustein Institute, 2001), 그리고 Agnieszka Bienczyk Missala와 Slawomir Debski가 편집한 훌륭한 에세이집 《Rafal Lemkin: A Hero of Humankind》(Polish Institute of International Affairs, 2010)을 많이 참고하였다. Christoph Safferling과 Eckart Conze가 편집한 《The Genocide Convention Sixty Years After Its Adoption》(Asser, 2010) 35~54페이지에 실린 John Q. Barrett의 훌륭한 글 또한 내용이 충실하여 유용한 참고가 되었다. 내가 참고한 다른 자료로는 Samantha Power의 《A Problem from Hell》(Harper, 2003), 그리고 Steven Leonard Jacobs의 두 편의 연구서인 《Raphael Lemkin's Thoughts on Nazi Genocide》(Bloch, 2010)와 《Lemkin on Genocide》(Lexington Books, 2012)가 있다. Douglas Irvin Erickson의 중요한 기고문, 《Raphaël Lemkin and Genocide: A Political History of 'Genocide' in Theory and Law》(University of Pennsylvania Press, 출간예정)의 원고도 볼 기회가 있었다. 이와 같은 렘킨의 기록들은 미국 전역에 흩어져 있으며, 뉴욕의 미국유대인역사협회의 라파엘 렘킨 컬렉션 P154, 클리브랜드 미국유대인기록보관소의 라파엘 렘킨 서류 MC60, 뉴욕 공공도서관의 렘킨 서류, 컬럼비아대학교 희귀서적 및 원고 도서관, 코네티컷대학교 토마스 J. 도드 리서치센터에서 찾을 수 있다. 가장 먼저 읽은 것은 한스 프랑크 자료이다. 매우 생생한 인상을 남긴 이야기는 그의 아들인 니클라스가 쓴 것으로, 1987년 최초로 출판된 《Der Vater》(Bertelsmann)이다. 이 책은 후에 영문 요약본이 《In the Shadow of the Reich》(Alfred A. Knopf, 1991)라는 제목으로 출판된다(니클라스에 의하면 지나치게 요약되었다고 한다). 나는 Stanislaw Piotrowski가 편집한 《Hans Frank's Diary》(PWN, 1961)와 번역 요약본 그리고 프랑크가 뉘른베르크 감방에서 직접 작성한 《In the Shadow of the Gallows》(프랑크의 사후 그의 아내 브리깃데에 의해 뮌헨에서 1953년에 출판되었으며 독일에서만 구할 수 있다)를 참고했다. Piotrowski는 원고와 프랑크가 승인한 타이핑 버전이 달라졌다며 일부 문장이 빠지고, 폴란드 국민을 겨누어 내렸던 명령 등도 빠

졌다고 주장했다. Martyn Housden의 《Hans Frank: Lebensraum and the Holocaust》(Palgrave Macmillan, 2003)와 Dieter Schenk의 《Hans Frank: Hitlers Kronjurist und Generalgouverneur》(Fischer, 2006) 그리고 Leon Goldensohn의 《The Nuremberg Interviews: Conversations with the Defendants and Witnesses》(Alfred A. Knopf, 2004)의 도움을 많이 받았다. 프랑크의 일상적인 삶에 대한 이야기는 그의 일기(Diensttagebuch)에 자세히 나와 있다. 일기의 영문 발췌본은 《the Trial of the Major War Criminals Before the International Military Tribunal》의 제29권에 있다.
뉘른베르크 재판과 관련해서는 총 42권으로 구성된 《the Trial of the Major War Criminals Before the International Military Tribunal》(Nuremberg, 1947)에 수록된 자세한 재판 기록과 판사들에게 제출됐던 증거서류가 가장 많은 도움이 되었다. 웹사이트(http://avalon.law.yale.edu/subject_menus/imt.asp)를 통해 볼 수 있다. 나는 또한 로버트 H. 잭슨의 군사재판에 대한 국제 컨퍼런스에 제출한 공식 보고서 《Report to the International Conference on Military Trials》(1945)를 활용했다. 그리고 워싱턴 D.C, 의회 도서관 원고 분과에 있는 로버트 H. 잭슨의 서류, 마조리 로렌스가 만든 네 개의 커다란 스크랩북과 영국 남부의 Wiltshire에 사는 로렌스 가족의 개인적인 도움을 받았다.
재판에 대한 그 당시의 기록 몇 가지가 특별히 눈에 띈다. R. W. Cooper의 《Nuremberg Trial》(Penguin, 1946)은 〈타임스〉 기자가 쓴 개인 회고록으로, 미군 심리학자인 Gustave Gilbert의 《Nuremberg Diary》(Farrar, Straus, 1947) 만큼이나 눈을 사로잡는 내용이다. 반드시 읽어야 하는 다른 자료로는 〈뉴요커〉 잡지의 자넷 플라너가 쓴 기사가 있다. 이는 후에 Irving Drutman이 편집하여 《Janet Flammer's World》(Secker & Warburg, 1989)로 다시 소개되었다. Martha Gellhorn의 에세이 《The Paths of Glory: in The Face of War》 (Atlantic Monthly Press, 1994), 그리고 Rebecca West의 《Greenhouse with Cyclamens I: in A Train of Powder》(Ivan R. Dee, 1955) 등 세 가지이다. 나는 또한 Robert Falco의 《Juge à Nuremberg》(Arbre Bleu, 2012)와 Francis Biddle의 《IN Brief Authority》(Doubleday, 1962)를 참고하였다. Telford Taylor는 《The Anatomy of the Nuremberg Trials》(Alfred A. Knopf, 1993)에서 역사에 대한 많은 정보를 제공하였으며, Ann Tusa와 John Tusa의 《Nuremberg Trial》(Macmillan, 1983)이 나머지 내용을 충분히 보충해주었다.
마지막으로 다음은 꼭 언급해야 하는 학문적인 연구들이다. Ana Filipa Vrdoljak의 중요한 논문 〈Human Rights and Genocide: The Work of Lauterpacht and Lemkin in Modern International Law〉(European Journal of International Law 20, 2010)의 1163~1194 페이지, William Schabas의 《Genocide in International Law》(Cambridge University Press, 2009), Geoffrey Robertson의 《Crimes Against Humanity》(Penguin, 2012), M. Cherif Bassiouni의 《Crimes Against Humanity in International Law》(Martinus Nijhoff, 2012), Sevane Garibian의 《Le crime contre l'humanité au regard des principes fondateurs de l'Etat moderne: naissance et consecration d'un concept》(Bruylant, 2009), 그리고 Gerry Simpson의 《Law, War and Crime: War Crime Trials and the Reinvention of International Law》(Polity, 2007). 나의 저작물 중에서는 두 편을 참고했는데, 《From Nuremberg to The Hague》(Cambridge University Press, 2003)와 Mark Lattimer와 공저한 《Justice for Crimes Against Humanity, with Mark Lattimer》(Hart, 2003)이다. 그리고 《Lawless World》(Penguin, 2006)도 참고했다.

프롤로그: 초대장

26 '열리고, 닫히고, 열리고, 닫히고': R. W. Cooper, 《The Nuremberg Trial》(Penguin, 1946), 272.

26 "이곳은 저와 세계를 위해 다행스런 방입니다.": 니클라스와 나는 2014년 10월 16일에 다큐멘터리 제작 스태프와 함께 뉘른베르크법원 600호 법정을 방문했다. 〈A Nazi Legacy: What Our Fathers Did〉라는 제목의 다큐멘터리에서 아들과 아버지의 관계가 밝혀진다.

29 "우리를 괴롭히는 것은 망자(亡者)가 아니라……": Nicolas Abraham and Maria Torok, 《The Shell and the Kernel》(University of Chicago, 1994)의 1:171에 수록된 〈Notes on the Phantom: A Complement to Freud's Metapsychology〉

29 '흐릿한 경계': Joseph Roth, 《Lemberg, die Stadt》(Berlin, 1976), 3:840와 John Czaplicka, 《Lviv: A City in the Crosscurrents of Culture》(Harvard University Press, 2005), 89에서 인용함.

30 적-백, 청-황: 위의 책.

31 의회는 사라졌고: 얀 2세 카지미에슈 바자는 폴란드의 왕이자 리투아니아의 대공. 1609년 3월 22일 출생하여 1672년 12월 16일 사망하였다.

32 '지금은 어디에 있는가': Józef Wittlin, 《Mój Lwów》(Czytelnik, 1946); 《Mein Lemberg》(Suhrkamp, 1994, German); 《Mi Lvov》(Cosmópolis, 2012, Spanish)

32 60년이 지나고: 이반 프랑코는 1856년 8월 27일 나우이에비키(지금은 이반 프랑코 시)에서 출생, 1916년 5월 28일 렘베르크에서 사망했다.

32 '나는 아직도 생생히 살아 있는 그 기억들의 상처를 다시 건드리고 싶지 않기 때문에': Wittlin, 《Mój Lwów》를 Antonia LloydJones가 영어로 번역한 《City of Lions》(Pushkin Press, 2016), 32.

33 '전원에서 놀자': 위의 책, 7~8.

33 '1942년 8월 초': David Kahane), 《Lvov Ghetto Diary》(University of Massachusetts Press, 1990), 57.

PART I. 레온

45 내 고객이었던 조지아: 2011년 4월 1일, 국제사법재판소는 이 사건의 공판 사법권이 없다고 판결하였다.

46 피로 물든 땅: Wittlin, 《City of Lions》, 5.

48 이 때문에 그는: 블레스와프 추루크 교수는 1947년 투옥되었으며 1950년에 사망하였다. 'Czuruk Bolesław–The Polish Righteous', http://www.sprawiedliwi.org.pl/en/family/580,czurukboleslaw.

48 무장친위대 갈리치아 사단: Michael Melnyk, 《To Battle: The History and Formation of the 14th Galicien Waffen-SS Division》(Helion, 2007)

48 '살인하지 말라': 안드레이 세프티츠스키는 1865년 7월 29일 출생, 1944년 11월 1일 사망. Philip Friedman, 《Roads to Extinction: Essays on the Holocaust》, ed. Ada June Friedman(Jewish Publication Society of America, 1980), 191; JohnPaul Himka, 'Metropolitan Andrey Shept ytsky', in 《Jews and Ukrainians》, ed. Yohanan PetrovskyShtern and Antony Polonsky(Littman Library of Jewish Civilization, 2014), 337~360에 수록.

48 도시의 기록 보관소에서: 리비우 주정부 기록보관소

51 유일하게 레온이 결혼 후에 태어났다.: 바르샤바 역사기록보관소

52 스타니스와프 주키에브스키: 1547년 출생, 1620년 사망.

52 알렉스 두나이는…… 내게 주었다: 보관되어 있는 디지털 사본

53 남북 도로의 한쪽 끝: Michael Hofmann이 번역한 Joseph Roth, 《The Wandering Jews》(Granta, 2001), 25.

54 이 집은 동-서 거리의 서쪽 끝에 위치했다: 1879년 주키에프 토지소유자대장, 리비우 역사기록보관실, fond 186, opys 1, file 1132, vol. B.

54 평화조약이 체결되어: 런던 조약. 1913년 5월 30일에 불가리아, 오스만제국, 세르비아, 그리스, 몬테네그로, 이탈리아, 독일, 러시아, 오스트리아-헝가리 제국 간에 체

결되었다.

54 그러나 한 달 후: 1913년 8월 10일 조인된 부쿠레슈티 조약. 불가리아, 루마니아, 세르비아, 그리스, 몬테네그로 간에 체결되었다.

55 전대미문의 대전투: "렘베르크가 함락되었으며 할리치 역시 마찬가지", 〈뉴욕타임스〉, 1914년 9월 5일

55 "단 한 명이 살해된 것에 보복하기 위해…… 무엇일까요?": Anthea Bell이 번역한 Stefan Zweig, 《Beware of Pity》(Pushkin, 2012), 451.

56 "개인 파일이 없다": 오스트리아 국립 기록보관소 관리인이 2011년 5월 13일 저자에게 전한 말이다.

56 이것이 잔학한 역사의 한 부분이다: 1919년 9월 10일 조인된 생제르맹 조약. 오스트리아, 대영제국, 프랑스, 이탈리아, 일본, 미국 간에 체결. 93조는 다음과 같다. "오스트리아는 이양하는 영토 내 민간인과 군, 재무, 법률 및 모든 종류의 행정 관련 기록, 명부, 계획, 증서 및 문서를 지체 없이 연합군과 관련 정부에 넘긴다."

57 '그들 모두가 도착하는 곳': Roth, Wandering Jews, 55.

57 브루노 크라이스키: 1911년 1월 22일 출생, 1990년 7월 29일 사망. 1970년부터 1983년까지 오스트리아 총리를 지냈다.

59 이상한 조약이 체결되어: 주요 연합국과 폴란드 간에 체결된 소수민족보호조약, 베르사유, 1919년 6월 28일

60 빵집과 과일가게 등…… 풍기는 냄새: Wittlin, 《City of Lions》, 4, 28.

64 '가혹한 것은 없었다': Roth, 《Wandering Jews》, 56~57.

66 일곱 명의 나치 장관들이 타고 있었다: 〈Neue Freie Presse〉, 13 May 1933, 1, http://anno.onb.ac.at/cgicontent/anno?aid=nfp&datum=19330513 &zoom=33.

66 오스트리아 총리인 엥겔베르트 돌푸스: Howard Sachar, 《The Assassination of Europe, 1918~1942: A Political History》(University of Toronto Press, 2014), 202.

69 히틀러는 여러 가지 소수민족보호조약을 체결하고: Otto Tolischus, 'Polish Jews Offer Solution of Plight', 〈New York Times〉, 10 February 1937, 6.

71 오스트리아의 합병은: Guido Enderis, 'Reich Is Jubilant, Anschluss Hinted', 〈New York Times〉, 12 March 1938, 4; 'Austria Absorbed into German Reich', 〈New York Times〉, 14 March 1938, 1.

72 '범죄자가 처벌을 받지 않고 풀려나': Paul Rubens가 번역한 Friedrich Reck, 《Diary of a Man in Despair》(New York Review of Books, 2012), 51.

72 그의 옆에는…… 비엔나 총독 아르투어 자이스잉크바르트가 서 있었다: 'Hitler's Talk and Seyss-Inquart Greeting to Him', 〈New York Times〉, 16 March 1938, 3.

72 '유대인 문제에 대한 해결책': Nick Somers가 번역한 Doron Rabinovici, 《Eichmann's Jews》(Polity Press, 2011), 51~53.

72 또 다른 위원회는…… 유대인을 제거하는 일을 감독했다: 호르스트 폰 베히터가 1938년 6월 11일에 작성한 오토 본 베히터의 이력서.

73 나는 레온이…… 신고한 서류를 찾아냈다: 비엔나 이스라엘 문화협회는 1852년 설립된 것으로 추정되며 지금까지도 기능을 하고 있다. (http://www.ikg-wien.at)

75 11월 9일 밤: Rabinovici, 《Eichmann's Jews》, 57~59.

75 유일한 흔적이: Documentation Centre of Austrian Resistance에서 발견한 정보를 기준으로 한 야드 바셈의 데이터베이스(율리우스 란데스, 1911년 4월 12일생)

76 레온 역시 자신의 폴란드 국적을 상실했다: Frederick Birchall, 'Poland Repudiates Minorities Pact, League Is Shocked', 〈New York Times〉, 14 September 1934, 1; Carole Fink, 《Defending the Rights of Others》(Cambridge University Press, 2004), 338–41.

80 여기에는 스페인 공화당원, 헝가리와…… 유대인 등이 포함되었다: Jean Brunon and Georges Manue, 《Le livre d'or de la Légion Étrangère, 1831–1955》(Charles Lavauzelle, 1958).

81 '돈이 된다면 뭐든': Janet Flanner, 'Paris, Germany', 〈New Yorker〉, 7 December 1940, in Janet Flanner's World, ed. Irving Drutman(Secker & Warburg, 1989), 54.

85 이런 분할은 독-소 불가침조약에 의해…… 합의되었다: Augur, 'Stalin Triumph Seen in Nazi Pact; Vast Concessions Made by Hitler', 〈New York Times〉, 15 September 1939, 5; Roger Moorhouse, 《The Devils' Alliance: Hitler's Pact with Stalin, 1939–1941》(Basic Books, 2014)

85 1941년 6월: Robert Kershaw, 《War Without Garlands: Operation Barbarossa, 1941/42》(Ian Allan, 2008)

86 유대인들의 대중교통 이용이 제한되었다: Rabinovici, 《Eichmann's Jews》, 103.

86 강제이송이 있을 것이라는: 위의 책.

87 그 담당자는 나를 아이히만이 만든…… 큰 차트로 안내했다: http://www.bildindex.de/obj16306871.html#|home.에서 찾은 파일

88 1941년 10월: Rabinovici, 《Eichmann's Jews》, 104.

88 다음날 난민을 대상으로 독일제국 국경이 폐쇄되었다.: 위의 책.

89 우리는…… 대리만족해야 했다: Third Man Museum, http://www.3mpc. net/englsamml.htm.

89 "유대인이든 아니든…… 무조건 끌고 갔어요.": Anna Ungar(결혼 전 성(姓)은 Schwarz)의 증언. 그녀는 1942년 10월 비엔나에서 테레지엥슈타트로 강제이송되었다. USC Shoah Foundation Institute, https://wwwyoutube.com/watch?v= GBFFlD4G3c8.

89 아슈팡역까지 감시를 받으며: Henry Starer의 증언, 1942년 9월 비엔나에서 테레지엥슈타트로 강제이송되었다. USC Shoah Foundation Institute. https://www.youtube.com/watch?v=HvAj3AeKIlc.

90 치과의사가 서명을 하였는데: 서류 참고.

90 1,985명의 다른 사람들 중에: 말케 부흐홀츠의 이동에 대한 자세한 정보는 http://www.holocaust.cz/hledani/43/?fulltextphrase=Buchholz&cntnt01origreturnid=1; 모든 희생자의 이름은 http://www.holocaust.cz/transport/25bqterezintreblinka/ 참고.

91 그 후의 일정은: 프란츠 슈탕글에 대해서는 Gitta Sereny의 《Into That Darkness》(Pimlico, 1995)에 가장 자세히 설명됨. 트레블링카에 대해서는 《Treblinka: A Survivor's Memory》(MacLehose Press, 2011)에 포함된 Chil Rajchman의 경험담이 가장 생생함.

91 결국 이발사는 주저앉아 울면서: 이 장면은 https://www.youtube.com/watch?v=JXweT1BgQMk에서 볼 수 있음.

91 "나는 죽을 사람들의 마지막 순간만 생각했어요.": Frank Wynne이 번역한 Claude Lanzmann, 《The Patagonian Hare》(Farrar, Straus & Giroux, 2013), 424.

92 말케는 1942년 9월 23일 트레블링카 숲에서 학살당했다: http://www.holocaust.cz/hledani/43/?fulltextphrase=Buchholz&cntnt01origreturnid=1.

94 피클과 보르시치를 점심으로 함께 먹으며 이야기를 나누다, 그녀는: Clara

Kramer, 《Clara's War: One Girl's Story of Survival》(Ecco, 2009)

96 그들은 줄을 서서: 위의 책, 124; Piotr Drozdowski가 번역한 Gerszon Taffet, 《The Holocaust of the Jews of Zółkiew》(Central Jewish Historical Committee, Lodz, 1946)

97 1년 전인 1942년 7월: Maurice Rajsfus, 《La rafl e du Vél d'Hiv》(PUF, 2002)

98 루이스 베트레미에 씨는: 저자와 베트레미에 씨와의 전화통화, 2012년 8월 2일

99 서류 뭉치에는: UGIF는 1941년 11월 29일 법을 기반으로 비시Vichy 프랑스 임시 정부 유대인 업무국에 의해 프랑스 내 모든 유대인 기관의 통합을 목적으로 설립되었으며, 1944년 8월 9일 법령에 따라 해산되었다.

99 1943년 2월: Asher Cohen, 《Persécutions et sauvetages: Juifs et Français sous l'occupation et sous Vichy》(Cerf, 1993), 403.

100 시간이 지나 여름이 되어: Raul Hilberg, 《La destruction des Juifs d'Europe》(Gallimard Folio, 2006), 1209~1210.

100 비닐가방 안에는 또 다른 활동 증거들이 있었다: 미국 유대인공동분배위원회는 1914년 설립되어 오늘날까지 운영 중임(http://www.jdc.org); 전쟁포로와 강제이주민을 위한 국가운동은 그 전에 운영되던 세 개의 프랑스 레지스탕스 조직을 합쳐 1944년 3월 12일 창설됨. Yves Durand, 《Mouvement national des prisonniers de guerre et déportés》, in Dictionnaire historique de la Résistance, ed. François Marcot(Robert Laffont, 2006) 참고. 프랑스 유대인 단결과 방위위원회는 UGIF에 대항하기 위해 1943년 말에 만들어졌음. Anne Grynberg, 《Juger l'UGIF (1944-1950)?》, in Terres promises: Mélanges offerts à André Kaspi, ed. Hélène Harter et al. (Publications de la Sorbonne, 2009), 509n8 참고.

102 수년이 지나고: 1927년에 만들어진 이 카페는 피카소, 시몬 드 보봐르, 장 폴 사르트르 등 작가, 화가, 가수들이 모이는 유명한 장소였음.

104 "플로레 뒤에 콧수염이 있는 남자가": Nancy Mitford, 《Love in a Cold Climate》(Hamish Hamilton, 1949)

105 처형을 당한 사람 중: 프랑스 이민 노동자 의용유격대는 1941년 창설됨. Stéphane Courtois, Denis Peschanski, and Adam Rayski, 《Le sang de l'étranger: Les immigrés de la MOI dans la Résistance》(Fayard, 1989) 참고. 1944년 2월 15일

독일군 재판에 앞서 스물세 명의 레지스탕스에 대한 기소 절차가 콘티넨탈 호텔에서 진행되었다.

105 '이런 행동을 지휘하는 사람은 항상 외국인이고': 포스터의 앞뒤 면을 http://fr.wikipedia.org/wiki/Affiche_rouge#/media/File:Affiche_rouge.jpg에서 볼 수 있음.

106 모두에게 행복을: 원문은 다음과 같다. 'Bonheur à tous, Bonheur à ceux qui vont survivre, Je meurs sans haine en moi pour le peuple allemande, Adieu la peine et le plaisir, Adieu les roses, Adieu la vie adieu la lumière et le vent.'

107 "내가 아는 나쁜 소식은 없다.": 막스 쿠퍼만이 레온 부흐홀츠에게, 1945년 5월 9일, 개인 자료

108 레온은 적어도…… 이름은 들어보았을 것이다: 프랑스 변호사인 로베르 팔코는 1882년 2월 26일 출생, 1960년 1월 14일 사망함. 1907년 완성된 그의 박사 논문은 〈극장 관객의 의무와 권리〉에 대한 것임.

108 "만약 미래에 어떤 나라가": Robert Borel, 'Le crime de genocide principe nouveau de droit international', 〈Le Monde〉, 5 December 1945.

PART II. 라우터파하트

111 개인은: Hersch Lauterpacht, 'The Law of Nations, the Law of Nature, and the Rights of Man'(1943), (《Problems of Peace and War》, ed. British Institute of International and Comparative Law, Transactions of the Grotius Society 29(Oceana Publications, 1962), 31.에 수록)

113 '현명한 판단과 학식': Elihu Lauterpacht, 《The Life of Hersch Lauterpacht》 (Cambridge University Press, 2010), 272.

114 출생증명서: Central Archives of Historical Records, Warsaw.

114 가족사진: Elihu Lauterpacht, 《Life of Hersch Lauterpacht》, opposite p. 372.

118 라우터파하트는…… 주키에프를 떠났다: 위의 책, 19.

118 그 해에 엡솜의 더비 경마에서: 'Lemberg's Derby', 〈Wanganui Chronicle〉, 14 July 1910, 2.

119 버팔로 빌 코디: Charles Eldridge Griffen, 《Four Years in Europe with

Buffalo Bill》(University of Nebraska Press, 2010), xviii.

119 여성의 출현이 아주 드물었던: Wittlin, 《City of Lions》, 32, 26.

119 완전한 혼란 속에서 후퇴했다.: 'Lemberg Battle Terrific', 〈New York Times〉, 4 September 1914, 3.

120 길가의 작은 예배소: 'Russians Grip Galicia', 〈New York Times〉, 18 January 1915.

120 오스트리아와 독일 전역에 기쁨이 터져 나오게 했다: 'Great Jubilation over Lemberg's Fall', 〈New York Times〉, 24 June 1915.

120 기계 소음과 전쟁의 폭음도 듣지 못하고: Elihu Lauterpacht, 《Life of Hersch Lauterpacht》, 20.

120 경이로울 정도로 좋은 청각: 위의 책, 19.

124 우리는 거의 완전한 문서 세트를 찾아냈다: 리비우 주정부 기록보관소, fund 26, list 15, case 171, 206(1915–1916, winter); case 170(1915–1916, summer); case 172, p. 151 (1916–1917, winter); case 173(1917–1918, winter); case 176, p. 706 (1917~1918, summer); case 178, p. 254 (1918–1919, winter).

124 초기에 그를 가르쳤던 교수 가운데: Manfred Kridl and Olga SchererVirski, 《A Survey of Polish Literature and Culture》(Columbia University Press, 1956), 3.

125 가장 높은 평점(우수)을 받으며 합격하였다.: 리비우 주정부 기록보관소, fund 26, list 15, case 393.

125 1918년 11월에: Timothy Snyder, 《The Red Prince: The Secret Lives of a Habsburg Archduke》(Basic Books, 2010)

126 중립적인 입장을 취하고 있었다: Fink, 《Defending the Rights of Others》, 110(그리고 개괄적으로 101~130).

126 '밤낮으로': Elihu Lauterpacht, 《Life of Hersch Lauterpacht》, 21.

126 1주일 만에 우크라인들이: (Petliura-Piłsudski Agreement로 알려진) 바르샤바 조약이 1920년 4월 21일 체결되었으나 영향은 거의 없었음.

127 "1,100여 명의 유대인이 학살당했다": '1,100 Jews Murdered in Lemberg Pogroms', 〈New York Times〉, 30 November 1918, 5.

127 "같은 벤치에 앉을 수 없다.": Elihu Lauterpacht, 《Life of Hersch Lauterpacht》, 23.

127 또 다른 사람들은 새롭게 독립한 폴란드에서 더 큰 자치권을 원하는 한편: Antony

Polonsky, 《The Jews in Poland and Russia》, Volume 3: 1914–2008(Littmann, 2012); Yisrael Gutman 외 편집, 《The Jews of Poland Between Two World Wars》(Brandeis University Press, 1989); Joshua Shanes, 《Diaspora Nationalism and Jewish Identity in Habsburg Galicia》(Cambridge, 2014)

128 철학자 마틴 부버: Asher Biermann, 《The Martin Buber Reader: Essential Writings》(Palgrave Macmillan, 2002)

128 이때가 국가 권력에 대한…… 시작한 때이다: Elihu Lauterpacht, 《Life of Hersch Lauterpacht》, 21

128 요제프 부젝: 1873년 11월 16일 출생, 1936년 9월 22일 사망.

129 "비엔나를 보러 가지 않을래요?": Israel Zangwill, 'Holy Wedlock', in 《Ghetto Comedies》(William Heinemann, 1907), 313.

129 젤리처럼 녹아내리는: Stefan Zweig, 《The World of Yesterday》(Pushkin, 2009), 316.

129 눈동자가 노란 기아의 눈: 위의 책, 313.

130 자주적인 발전: 1918년 1월 8일 미국 연방의회에서의 연설. Margaret MacMillan, 《Paris 1919》(Random House, 2003), 495.

130 '커즌 라인': Elihu Lauterpacht, 《Life of Hersch Lauterpacht》, 20.

130 커즌 라인은 로보프 동쪽까지 이어져…… 폴란드로 편입시켰다.: R. F. Leslie and Antony Polonsky, 《The History of Poland Since 1863》(Cambridge University Press, 1983)

131 '삶과 자유 그리고 행복의 추구': 'Rights of National Minorities', 1 April 1919; Fink, 《Defending the Rights of Others》, 203~205.

131 '불의와 압제': Fink, 《Defending the Rights of Others》, 154n136.

131 이 문제에 대한 논의가 시작되면서: Norman Davies, 《White Eagle, Red Star: The Polish-Soviet War, 1919–20》(Pimlico, 2003), 47.

132 '엄격한 보호': David Steigerwald, 《Wilsonian Idealism in America》(Cornell University Press, 1994), 72.

132 바르샤바가 조약에 서명을 하지 않을 것을 우려한: 자세한 설명은 Fink, 《Defending the Rights of Others》, 226–31, 237–57에 나와 있음.

132 소수민족이라고 여겨지는 '주민'을 보호해야 한다는: 93조의 내용은 다음과 같다. '폴란드는 민족, 언어 또는 종교적으로 대다수를 차지하는 주민과는 다른 폴란드 거주자의 이익을 보호하기 위하여 동맹국과 연합국이 필요하다고 인정하는 조약을 수용하고 승낙한다.'

132 태생, 국적, 언어, 인종 또는 종교를 불문하고: 1919년 6월 28일 베르사유에서 폴란드와 주요 동맹국·연합국 간에 체결된 소수민족보호조약. 제4조와 제12조의 내용이다. http://ungarischesinstitut.de/dokumente/pdf/191906283.pdf.

133 소수민족보호조약이 체결된 후 며칠이 지나: Fink, 《Defending the Rights of Others》, 251.

133 폴란드 내 모든 파벌들이: Henry Morgenthau, 《All in a Lifetime》(Doubleday, 1922), 399.

133 대단히 아름답고 현대적 모습의 도시를 보고: Arthur Goodhart, 《Poland and the Minority Races》(George Allen & Unwin, 1920), 141.

133 비판하는 것은 공정하지 않다: Morgenthau, 《All in a Lifetime》, app.

134 "마지막 시험을 보지 못했다.": Elihu Lauterpacht, 《Life of Hersch Lauterpacht》, 16.

135 검고 교활한 얼굴에: Karl Emil Franzos, 《Aus Halb-Asien: Land und Leute des ostlichen Europas》, vol. 2(Berlin, 1901), in Alois Woldan, 'The Imagery of Lviv in Ukrainian, Polish, and Austrian Literature', in Czaplicka, 《Lviv》, 85.

135 2년이 지난: Bruce Pauley, 《From Prejudice to Persecution: A History of Austrian Anti-Semitism》(University of North Carolina Press, 1992), 82.

136 "만약 내가 불타는 렘베르크 게토를 탈출하여": Hugo Bettauer, 《The City Without Jews》(Bloch, 1926), 28.

136 글을 쓰는 모든 지성인들에게: Pauley, 《From Prejudice to Persecution》, 104.

136 그는 법과대학에 등록하였는데: Elihu Lauterpacht, 《Life of Hersch Lauterpacht》, 26.

137 비범한 지적 능력: Hans Kelsen, 'Tribute to Sir Hersch Lauterpacht', ICLQ 10 (1961), 〈European Journal of International Law 8〉, no. 2(1997): 309에 다시 수록됨.

138 켈젠 교수는 '우수한' 이라는 표현에 놀랐다.: 위의 책.

138 ……받아야 했던 상황에서: In an environment: Norman Lebrecht, 《Why

Mahler?》(Faber & Faber, 2010), 95.

138 그는 …… 회장이 되었으며: Elihu Lauterpacht, 《Life of Hersch Lauterpacht》, 22.

138 '하늘에서 내려온 방문자': Arnold McNair, 'Tribute to Sir Hersch Lauterpacht', ICLQ 10(1961), 〈European Journal of International Law 8〉, no. 2(1997): 311.에 다시 수록. 1945년 7월 2일 Paula Hitler와의 인터뷰. http://www.oradour.info/appendix/paulahit/paula02.htm.

139 "매우 조용하고 얌전한 이 여학생은": Elihu Lauterpacht, 《Life of Hersch Lauterpacht》, 31.

139 그녀는 생각해보겠다고 대답했다: 위의 책, 32.

141 LSE에서 그는…… 공부하였다: 위의 책, 41.

141 그의 진면목을: 위의 책, 43.

142 "첫 만남에서는": McNair, 'Tribute to Sir Hersch Lauterpacht', 312.

142 강한 대륙 악센트: Elihu Lauterpacht, 《Life of Hersch Lauterpacht》, 330.

143 〈사법의 법원(法源)과 국제법의 유추〉: 위의 책, 44.

144 국제 진보에 기여하겠다는: 위의 책, 55.

145 우리에게도 다행스러운 일이다: 위의 책, 49.

145 "순수한 영국인이어야 하며, 그렇게 보여야 한다": Philippe Sands, 'Global Governance and the International Judiciary: Choosing Our Judges', 《Current Legal Problems 56》, no. 1 (2003): 493; Elihu Lauterpacht, 《Life of Hersch Lauterpacht》, 376.

145 "정의에 대한 열정을 지니고": McNair, 'Tribute to Sir Hersch Lauterpacht', 312.

146 "지금은 집안 사정이 그리 좋지 않다": Elihu Lauterpacht, 《Life of Hersch Lauterpacht》, 40.

146 손에 바른 매니큐어: 위의 책, 157.

146 "나는…… 누구에게도 피해를 주지 않는 개인적인 삶을 살 수 있고, 그렇게 살 거예요.": 위의 책, 36.

147 "유대인과 싸우는 것은": Adolf Hitler, 《Mein Kampf》(Jaico Impression, 2007), 60.

147 폴란드는 독일과 불가침조약을 체결하고: Antony Alcock, 《A History of the Protection of Regional-Cultural Minorities in Europe》(St Martin's Press, 2000), 83.

147 결혼과 성적 관계가 금지되었다: 뉘른베르크법(Nürnberger Gesetze)은 1935년 9월 15일 국회에서 가결되었다. Anthony Platt and Cecilia O'Leary, 《Bloodlines: Recovering Hitler's Nuremberg Laws from Patton's Trophy to Public Memorial》(Paradigm, 2005).

147 1933년 그는 두 번째 책……: Martti Koskenniemi, introduction to 《The Function of Law in the International Community by Hersch Lauterpacht》(Oxford, 2011), xxx.

148 "개인의 안녕이 모든 법의 최종 목표이다": Lassa Oppenheim, 《International Law: A Treatise》, vol. 2, 《Disputes, War, and Neutrality》, Hersch Lauterpacht(Longmans, 1944)

148 〈독일에서의 유대인 학대〉: Reprinted in Hersch Lauterpacht, 《International Law》, vol. 5, 《Disputes, War, and Neutrality, Parts IX – XIV》(Cambridge University Press, 2004), 728~736.

149 강력한 어조의 항의 서한을 준비하기 위해: Oscar Janowsky Papers(undated 1900– and 1916–1933), chap. 17, 367; James Loeffler, 'Between Zionism and Liberalism: Oscar Janowsky and Diaspora Nationalism in America', AJS Review 34, no. 2(2010): 289–308.

150 "내 연구가…… 각오합니다": Oscar Janowsky Papers(undated 1900– and 1916–1933), chap. 17, 389.

150 라우터파하트는…… 의견 제공을 거부했다.: Elihu Lauterpacht, 《Life of Hersch Lauterpacht》, 80~81(Paul Guggenheim 교수가 요청함).

153 1937년 후반, …소년은: 위의 책, 82.

153 필립 노엘베이커 학장: 위의 책, 88.

153 "나의 친애하고 사랑하는 아들아!": 위의 책, 86.

154 4시 반에는 차를 마셨는데: 위의 책, 424.

155 살짝 떨어진 13번지: 'The Scenic View', Times Higher Education Supplement, 5 May 1995.

155 23번지에 사는 이웃이었다.: G.P. Walsh, 'Debenham, Frank(1883–1965)', 《Australian Dictionary of Biography》(1993), 602.

155 바람 때문에 창밖으로 날아가: Elihu Lauterpacht, 《Life of Hersch Lauterpacht》, 85.

156 "어떤 농담이…… 미소를 짓게 하는 것일까": 위의 책, 95.

157 친근하게 '럼퍼스플레쉬'라고 불려졌다: 위의 책, 104.

157 케임브리지재단에서 제안한 강의 여행을 수락하여: 위의 책, 106.

157 영국 대사관 관리들과 시간을 보냈고: 위의 책, 105.

158 "최선을 다하고 겸손해라": 위의 책, 134.

158 "워싱턴에 있을 예정인데": Lauterpacht to Jackson, December 1940; Elihu Lauterpacht, 《Life of Hersch Lauterpacht》, 131~132.

158 "내가 원하는 것은……": Elihu Lauterpacht, 《Life of Hersch Lauterpacht》, 142.

159 제안서를 작성해도 좋다는 의견을 받았다: 위의 책, 135.

159 잭슨은 이 중 몇 가지 아이디어를…… 도입했다: 'An Act to Promote the Defense of the United States', Pub.L. 77-11, H.R. 1776, 55 Stat. 31, 1941년 3월 11일 발효.

159 "놀랍도록 의미 있다": 'Text of Jackson Address on Legal Basis of United States Defense Course', 〈New York Times〉, 28 March 1941, 12; 사설은 22면에 있음.

159 윌키는…… 초대에 결국 응하지 않았다: Elihu Lauterpacht, 《Life of Hersch Lauterpacht》, 137.

160 "부모님은 이제 나이가…… 더 드신 상태": 데이비드 라우터파하트가 허쉬 라우터파하트에게, 날짜 미상, 엘리 라우터파하트의 개인 문서.

160 골치 아프고 마음을 산란하게 만드는: Elihu Lauterpacht, 《Life of Hersch Lauterpacht》, 152.

160 "내가 원하는 모든 튀김기름": 위의 책, 153.

160 레너드 울프에게 보낸 편지에서: 위의 책.

160 레이첼에게 보낸 편지에는: 위의 책, 152.

161 "훨씬 직접적인 걱정과 불안에 싸인 삶": 위의 책, 156.

161 시민의 의지와 노력: 위의 책, 166.

161 "우리의 진심 어린 인사와 키스를 보낸다.": 아론 라우터파하트가 허쉬 라우터파하트에게, 1941년 1월 4일, 엘리후 라우터파하트의 개인 문서.

162 "우리 가족들에게 좀 더 자주 편지를 쓰라": Elihu Lauterpacht, 《Life of Hersch Lauterpacht》, 152.

162 '리보프대학 교수 대량학살': Christoph Mick, 'Incompatible Experiences: Poles, Ukrainians, and Jews in Lviv Under Soviet and German Occupation', 《Journal of Contemporary History 46》, no. 336(2011): 355; Dieter Schenk, 《Der Lemberger Professorenmord und der Holocaust in Ostgalizien》(Dietz, 2007)

167 '공공의 적에 대항하여 영웅적인 전투': Elihu Lauterpacht, 《Life of Hersch Lauterpacht》, 176.

167 '국제적 무법상태': 위의 책, 180와 n43.

168 '책임이 있고, 죄가 있는' 사람들: 전쟁범죄자의 처벌: 1942년 1월 13일, 런던의 세인트 제임스 궁전에서 서명한 연합국 공동선언. 'Nine Governments to Avenge Crimes', 〈New York Times〉, 14 January 1942, 6.(텍스트 제공)

168 9개 국의 망명정부는 …… 위원회를 설립했다: 1942년 10월 17일, 유엔 전쟁범죄 조사위원회 창설이 공표되었음. Dan Plesch, 'Building on the 1943~1948 United Nations War Crimes Commission', in 〈Wartime Origins and the Future United Nations〉, Dan Plesch와 Thomas G. Weiss 편집(Routledge, 2015), 79~98.

168 처칠은…… 영국정부 법률가들에게…… 지시했다: David Maxwell Fyfe, 《Political Adventure》(Weidenfeld & Nicolson, 1964), 79.

168 몇 달 안에 〈뉴욕타임즈〉는: 'Poland Indicts 10 in 400,000 Deaths', 〈New York Times〉, 17 October 1942.

168 '폭력을 진압하기 위해 만들어진 최고의 수단': 'State Bar Rallied to Hold Liberties', 〈New York Times〉, 25 January 1942, 12; speech available at http://www.roberthjackson.org/theman/bibliography/ouramericanlegal-philosophy/.

169 베티 데이비스에게는 크게 매료되지 않았지만: Elihu Lauterpacht, 《Life of Hersch Lauterpacht》, 184.

169 "싱가포르가 함락될 위기인데도": '"Pimpernel" Smith (1941): "Mr V", a British Melodrama with Leslie Howard, Opens at Rivoli', 〈New York Times〉, 13 February 1942.

169 “전쟁 소식 때문에 약간 우울하다.”: Elihu Lauterpacht, 《Life of Hersch Lauterpacht》, 183.

170 ‘입법과 관행’: Hersch Lauterpacht 편집, 《Annual Digest and Reports of Public International Law Cases(1938~1940)》(Butterworth, 1942), 9:x.

170 처벌받아야 한다: Jurisdiction over Nationals Abroad(Germany) Case, Supreme Court of the Reich(in Criminal Matters), 23 February 1938, 같은 책 9:294, x.

171 미국 정부의 소통 채널인 인물: Elihu Lauterpacht, 《Life of Hersch Lauterpacht》, 188.

171 이른바 전쟁범죄 문제: 위의 책, 183.

171 ‘전쟁범죄위원회’: 위의 책, 201.

171 “동부 폴란드에 있는 소수민족을 위해…… 훨씬 좋은 일”: 위의 책, 204.

171 ‘개인의 국제법적 권리장전에 관하여’: 위의 책, 199.

172 ‘혁명적이고 방대한 내용’: Hersch Lauterpacht, ‘Law of Nations, the Law of Nature, and the Rights of Man’, 같은 책 252. 인용

176 바로 그날 그는 런던의 전쟁범죄위원회에 제안서를 보내: 보관중인 서류.

177 “그들과 함께하고 싶은 생각이 든다.”: Elihu Lauterpacht, 《Life of Hersch Lauterpacht》, 220.

178 진보세력 승리의: 위의 책, 234.

178 ‘역사적인 순간’: 위의 책, 229.

178 이것은 국제법원 창설의 필요성을 불러일으켰다: 위의 책.

178 “창문이 열린 서재에…… 만들어진다”: 위의 책, 227.

179 “유대인이 독일군 범죄의 가장 큰 희생양이기 때문에”: 위의 책, 247.

180 집단의 보호가 법의 우선 목적이 되어서는 안 된다.: 〈Cambridge Law Journal 9〉 (1945~1946): 140. 케임브리지 법학 저널 (Cambridge Law Journal) 9 (1945~1946): 140.

181 리보프는 몇 달 전에 소비에트군에 의해 해방되었으며: Serhii Plokhy, 《Yalta: The Price of Peace》(Viking, 2010), 168.

182 기본적인 인권: Charter of the United Nations, San Francisco, 26 June 1945, preamble.

182 6월, 컬럼비아대학: Hersch Lauterpacht, 《An International Bill of the Rights

of Man》(Columbia University Press, 1944)

182 “과거의 메아리다”: Hans Morgenthau, 〈University of Chicago Law Review 13〉(1945~1946): 400.

183 두 남자는…… 7월 1일 런던에서 만났다: 잭슨이 1945년 7월 2일 라우터파하트에게 쓴 편지, 허쉬 라우터파하트 개인 보관 문서. (어제의 따뜻한 대접과 라우터파하트 여사와 차를 마시며 보낸 시간에 대해 큰 감사를 드립니다. 제 아들 잭슨에 대한 배려 또한 깊이 감사드립니다.')

183 '완강하고 좁히기 쉽지 않은': 로버트 H. 잭슨의 공식보고서. 〈Report to the International Conference on Military Trials〉(1945), vi(이후 '잭슨 보고서'로 칭함)

184 미국은 세 가지 혐의 외에…… 추가로 원했다: 소비에트 대표단은 '범죄'의 정의를 다시 작성하여 1945년 7월 23일과 25일에 제출하였고, 미국 대표단도 '범죄'의 정의를 다시 작성하여 1945년 7월 25일 제출함. 잭슨 보고서, 327, 373, 374.

184 런던으로 돌아오는 길에: 영국 대표단이 재작성한 '범죄'의 정의는 1945년 7월 28일 제출되었으며, 프랑스 대표단이 이를 받아들임. 잭슨 보고서, 390.

184 테니스 코트처럼 부드럽고: 캐서린 파이트가 1945년 8월 5일 어머니에게 보낸 편지. War Crimes File, Katherine Fite Lincoln Papers, container 1(Correspondence File), Harry S. Truman Presidential Museum and Library.

185 표제는 일반 대중이 어떤 행위로 기소가 되는지……: 윌리엄 E. 잭슨이 1961년 5월 31일 제이콥 로빈슨에게 쓴 편지. 엘리후 라우터파하트, 《허쉬 라우터파하트의 일생》, 272n20.

185 이 용어는 또한 유엔 전쟁범죄위원회에서도 사용되었지만: Dan Plesch and Shanti Sattler, 'Changing the Paradigm of International Criminal Law: Considering the Work of the United Nations War Crimes Commission of 1943~1948', 〈International Community Law Review 15〉(2013): 1, esp. at 11 et seq.; Kerstin von Lingen, 'Defi ning Crimes Against Humanity: The Contribution of the United Nations War Crimes Commission to International Criminal Law, 1944~1947', in 《Historical Origins of International Criminal Law: Volume 1》, Morten Bergsmo 외 편집, FICHL Publication Series 20(Torkel Opsahl Academic EPublisher, 2014)

186 “영국에서 본 가장 아름다운 풍경”: 케서린 파이트가 어머니에게 쓴 편지, 1945년 8월 5일.

186 “독일과 독일 이외 지역의 유대인과 다른 소수민족에 대한 학대 등을 해결하겠다는 점을 명확하게 하기 위해 우리는 이 용어를 포함해야 한다.”: 잭슨 보고서, 394~395 중 미국 대표단이 1945년 7월 31일 제출한 ‘범죄의 정의에 대한 제안서 각주(Notes on Proposed Definition of Crimes)’와 ‘범죄’의 정의 개정(Revision of Definition of ‘Crimes’); ‘이 용어가 국제법 분야의 저명한 학자에 의해 내게 제안되었다고 말할 수 있다’, 같은 책, 416

187 영국 공직자 중 가장 잘 생겼다는 평가를 받는: 1945년 8월 2일 컨퍼런스 세션 의사록. 잭슨 보고서, 416.

187 살인, 말살, 노예화, 추방: 국제군사재판소 헌장, 잭슨 보고서, 422.

188 ‘세계인의 분노한 양심’: Elihu Lauterpacht, 《Life of Hersch Lauterpacht》, 274.

189 “내가 종종 런던으로 가서”: 위의 책, 272.

189 “아버지는 말이 거의 없으시다.”: 위의 책, 266.

189 10월 6일 세미콜론을 없애고 쉼표(,)를 넣었다.: 협의와 헌장에 따른 합의, 1945년 10월 6일, 잭슨 보고서, 429

190 “……최선의 결과를 만들어야 한다.”: Elihu Lauterpacht, 《Life of Hersch Lauterpacht》, 275.

PART III. 노리치의 미스 틸니

198 “유명한 보디빌더가 되었는데”: Frederick Tilney, Young at 73 – and Beyond! (Information Incorporated, 1968). “1920년 6월 20일 미국 영주권을 획득한 프레드릭은 ‘건강한 신체에 대한 시대를 초월한 조언’을 제공하고 ‘신선한 야채와 과일 주스에 열광했던’ 것으로 많은 사람들의 찬사를 받음”

199 서류 중에 손으로 쓴 편지 몇 개가 있었다.: 남아프리카공화국 요하네스버그, 위트워터스란드대학교 윌리엄 컬렌 도서관의 기록보관실에는 미스 틸니가 1947년 8월 27일에서 1948년 10월 6일까지 보내거나 받은 여섯 통의 편지가 보관되어 있다. http://www.historicalpapers.wits.ac.za/inventory.php?iid=7976.

200　'1893년생,……' 엘시 M. 틸니: 보관중인 서류.

200　추구하는데 두려움을 느끼지 않는 논리: 로버트 고벳, 1813년 2월 14일 출생, 1901년 2월 20일 사망. W. J. Dalby, 《Memoir of Robert Govett MA》, attached to a publication of Govett's 'Galatians', 1930.

200　나는 1954년에 인쇄된 채플 설립 100주년 기념 팸플릿을 얻었는데: http://www.schoettlepublishing.com/kingdom/govett/surreychapel.pdf.

202　코들링 박사는 노리치 공공문서보관소에 있는…… 나를 안내했다.: 노리치 공공문서보관소 기록보관실은 세 부분으로 나눠져 있다: FC76; ACC2004/230; 그리고 ACC2007/1968.

온라인 카탈로그는 다음 링크에서 볼 수 있다. http://nrocat.norfolk.gov.uk/Dserve/dserve.exe?dsqServer=NCC3CL01&dsqIni=Dserve.ini&dsqApp=Archive&dsqCmd=show.tcl&dsqDb=Catalog&dsqPos=0&dsqSearch=(CatalogueRef=='FC%2076').

202　그들이 보내준 엄청난 환대: 북아프리카 선교단 뉴스레터(North Africa Mission Newsletter), 1928년 3/4월, 25.

202　누군가 찍은 단체사진에서: 북아프리카 선교단 뉴스레터, 1929년 9/10월, 80.

203　프랑스의 유대인 사이에서 일하는 데 헌신하기 위해: 서리 채플, 선교사 기도회 기록(Surrey Chapel, Missionary Prayer Meeting Notes), 1934년 5월

203　한 신사가 그녀를 끌어 당겨: 서리 채플 선교사 기록, 1935년 10월

204　꽃이 보여주는 이국적인 아름다움: Elsie Tilney, 'A Visit to the Mosque in Paris', Dawn, December 1936, 561~563.

204　"나는 독일 유대인 난민의 고통을 돕고…… 은총을 받았다.": 〈Trusting and Toiling〉, 15 January 1937.

204　그녀는 회의에서 유대인을 대신하여 발언하고: 〈Trusting and Toiling〉, 15 September and 15 October 1937.

205　로보프대학의 유대인 학생들이: 〈Trusting and Toiling〉, 16 January 1939.

205　특히 감동적이었다.: André Thobois, 《Henri Vincent》(Publications Croire et Servir, 2001), 67, 'Le Témoin de la Vérité'에 보도된 경험담을 인용함. 1939년 4월~5월.

205　받아들여지기를 기다리는 어려움에 처한 사람들: André Thobois, 《Henri

Vincent》, 80.

207 그녀의 피보호자들이: 〈Trusting and Toiling〉, 15 April 1940.

207 비통한 운명의 사람들: 〈Trusting and Toiling〉, 15 July 1940.

207 "가족과 친구, 특히 서리 로드를 계속해서 생각한다.": Surrey Chapel, note following prayer meeting, 6 August 1940; Foreign Mission Band Account(1940); 〈Trusting and Toiling〉, 15 October 1940.

207 '외무장관이 모두와 그 밖의 사람들에게 찬사를 보냈지만 그게 다였다': 서리 채플 해외 선교 밴드 계정(1941).

207 5월에 그녀는 프랑스 동부…… 이송되어: 비텔 수용소에 대해서는 Jean-Camille Bloch, 《Le Camp de Vittel: 1940~1944》(Les Dossiers d'Aschkel, undated); ; Sofka Skipwith, Sofka: 《The Autobiography of a Princess》(Rupert HartDavis, 1968), 233~236; Sofka Zinovieff, 《Red Princess: A Revolutionary Life》(Granta Books, 2007), 219~261. 비텔 수용소는 또한 조엘 노빅(Joëlle Novic)의 다큐멘터리 〈Passeports pour Vittel〉(Injam Productions, 2007)의 주제가 되었음. DVD 있음.

208 "평화의 날을 염원하며": Surrey Chapel Foreign Mission Band Account(1942); 〈Trusting and Toiling〉, 15 March 1943.

208 대부분은…… 여성이었다.: Bloch, 《Le Camp de Vittel》, 10 et seq.; Zinovieff, 《Red Princess》, 250~258; 또한 Abraham Shulman, 《The Case of Hotel Polski》(Schocken, 1981)을 참고하길.

208 그들이 위조된 여권을 가지고 있기 때문이라고 했다.: Bloch, 《Le Camp de Vittel》, 18, 22, and nn12~13.

208 3월에 169명의 바르샤바 유대인들이 처음으로: 위의 책, 20.

208 〈학살된 유대인의 노래〉: Zinovieff, 《Red Princess》, 251('그 노래'는 소피카가 아끼는 시가 되어 계속 복사하여 나누어주었다. '그들은 더 이상 아니다. 전 세계 어디서든 아무것도 요구하지 말라. 모두 비었다. 더 이상 아무것도 아니다.')

209 "우리는 사샤에게……미스 틸니가…… 생각했습니다.": Skipwith, 《Sofka》, 234.

209 "수용소가 해방되고서야 그가 미스 틸니의 집 화장실에서": 위의 책.

209 "항상 자신을 가장 나중에 생각했고": 〈Trusting and Toiling〉, 15 December 1944, 123.

209 엄청나게 용감한 행위: 위의 책.

210 비서 겸 지배인: A. J. 타르 대령이 1945년 4월 18일 미스 틸니에게 쓴 편지. Captain D. B. Fleeman to Miss Tilney, 22 May 1945.

IV. 렘킨

221 국적, 종교, 민족에 대한 공격은 국제범죄로 취급되어야 한다.: Raphael Lemkin, 《Axis Rule in Occupied Europe》(Carnegie Endowment for International Peace, 1944), xiii.

223 "나는 사랑한다는 말을…… 알고 있어요.": Nancy Steinson, 'Remembrances of Dr. Raphael Lemkin'(날짜 미상, 보관 중인 서류)

224 출판사를 구하지 못한 이 원고는: DonnaLee Frieze가 편집한, Raphael Lemkin, 《Totally Unofficial》(Yale University Press, 2013), xxvi.

224 "나는 ……에서 태어났다.": 위의 책, 3.

225 오른쪽에서 자는 녀석이: 위의 책.

225 요제프 렘킨은 콧수염을 기르고 제복을 입고: John Cooper, 《Raphael Lemkin and the Struggle for the Genocide Convention》(Palgrave Macmillan, 2008), 6.

226 죽을 때까지: Raphael Lemkin, 《Totally Unofficial》, 17.

226 "악마가 어떻게 인류를 억압하는지 보아라.": J. D. Duff, 《Russian Lyrics》(Cambridge University Press, 1917), 75.

227 '배를 가르고 깃털을 채우는': Paul R. MendesFlohr and Jehuda Reinharz, 《The Jew in the Modern World: A Documentary History》(Oxford University Press, 1995), 410.

227 렘킨은 비알리크의 작품을 알고 있었다.: Hayyim Bialik and Raphael Lemkin, 《Noach i Marynka(1925)》(Wydawnictwo Snunit, 1926).

228 "어떤 생각을 믿는 것은 그것을 실천하는 것을 의미한다.": Raphael Lemkin, 《Totally Unofficial》, xi.

229 "120만 명 이상의 아르메니아인": 위의 책, 19.

229 '역사상 최대의 범죄': Vahakn N. Dadrian, 《The History of the Armenian

Genocide: Ethnic Confl ict from the Balkans to Anatolia to the Caucasus》(Berghahn Books, 2003), 421.

229 '기독교 문명에 반하는 범죄': Ulrich Trumpener, 《Germany and the Ottoman Empire, 1914~1918》(Princeton University Press, 1968), 201.

229 "국가가 살해당했으며": Raphael Lemkin, 《Totally Unofficial》, 19.

230 몇 시간이 지나고: 리비우 주정부 기록보관소 fund 26, list 15, case 459, p. 252~253. 펀드 26, 목록 15, 케이스 459, p. 252~253.

230 1923~1924년 자료: 위의 책.

231 '매우 보수적인 대학': Marek Kornat, 《Rafał Lemkin: A Hero of Humankind》(Polish Institute of International Affairs, 2010) 중 59~74 페이지 'Rafał Lemkin's Formative Years and the Beginning of International Career in Interwar Poland(1918~1939)', Kornat 교수가 2011년 11월 3일 저자에게 보낸 이메일.

233 그는…… 국제법 과목을 처음으로 수강했다.: 루드윅 에를리흐, 1889년 4월 11일 테르노필에서 출생, 1968년 10월 31일 크라쿠프에서 사망.

234 까무잡잡하고 핏기가 없는 작은 얼굴의: 'Says Mother's Ghost Ordered Him to Kill', 〈New York Times〉, 3 June 1921; 'Armenian Acquitted for Killing Talaat', 〈New York Times〉, 4 June 1921, 1.

235 "나는 이 문제를 중요하게 논의했다.": Raphael Lemkin, 《Totally Unofficial》, 20.

236 렘킨은 그의 인생에 걸쳐 이 대화로 돌아왔고: Herbert Yahraes, 'He Gave a Name to the World's Most Horrible Crime', 〈Collier's〉, 3 March 1951, 28.

236 외롭고, 의욕에 넘치고, 복잡하며 감정적이고: Robert Silvers, 저자와의 인터뷰, 2011년 12월 11일, 뉴욕

237 우리는…… 바로 그날 만났다.: 〈Altuğ Taner Akçam v. Turkey〉(application no. 27520/07), 유럽 인권재판소, 2011년 10월 25일 판결.

238 "야노브스카 강제수용소에서 살해당했어요.": 야노브스카 수용소는 1941년 10월 렘베르크 북서쪽 교외의 야노브스카 거리 134번지 공장지대 인근에 건설되었다. Leon Weliczker Wells, 《The Janowska Road》(CreateSpace, 2014).

238 극단적인 민족주의자로 소수민족에 대해 부정적인 감정을 가지고 있었다: 로만 드모프스키, 1864년 8월 9일 출생, 1939년 1월 2일 사망.

239 우리는 함께…… 사진을 감상했다.: Adam Redzik, 《Stanisław Starzyński, 1853~1935》(Monografie Instytut Allerhanda, 2012), 54.

239 세련되고 권위적이며 호기심이 많은 그녀는: Zoya Baran, 'Social and Political Views of Julius Makarevich', in 《Historical Sights of Galicia》, Materials of Fifth Research Local History Conference, 12 November 2010, Lviv(Ivan Franko Lviv National University, 2011), 188~198.

241 그는 1955년에 사망했다: 율리우스 마카레비츠, 1872년 5월 5일 출생, 1955년 4월 20일 사망.

245 "나의 옛집, 왕국은": Joseph Roth의 세 편의 중편소설 중 《The Bust of the Emperor》(Overlook Press, 2003), 62.

245 그 시기쯤에 그는 비알리크의 중편소설을 번역하고: Rafael Lemkin and Tadeusz Kochanowicz, 《Criminal Code of the Soviet Republics》, in collaboration with Dr Ludwik Dworzak, Magister Zdzisław Papierkowski, and Dr Roman Piotrowski, preface by Dr Juliusz Makarewicz(Seminarium of Criminal Law of University of Jan Kasimir in Lwów, 1926)

246 슈바츠바드의 재판은: John Cooper, 《Raphael Lemkin》, 16.

246 '흰수염이 있는 유대인들': 'Slayer of Petlura Stirs Paris Court', 〈New York Times〉, 19 October 1927; 'Paris Jury Acquits Slayer of Petlura, Crowded Court Receives the Verdict with Cheers for France', 〈New York Times〉, 27 October 1927.

246 "그들은 슈바츠바드에게…… 선고할 수도 없었다.": Raphael Lemkin, 《Totally Unofficial》, 21.

247 그의 법조계 경력이; 위의 책.

247 그는 소비에트 형사법, ……에 대한 책을 출판했다: http://www.preventgenocide.org/lemkin/bibliography.htm.

247 1933년 봄, 그는: Raphael Lemkin, 'Acts Constituting a General (Transnational) Danger Considered as Offences Against the Law of Nations'(1933), http://www.preventgenocide.org/lemkin/ madrid1933english.htm.

248 그는 사람들의 삶을 보호하고: Vespasian Pella, report to the Third International Congress of Penal Law, Palermo, 1933, cited in Mark Lewis, 《The Birth of the New

Justice: The Internationalization of Crime and Punishment, 1919~1950》(Oxford University Press, 2014), 188, citing Troisième Congrès International de Droit Pénal, Palerme, 3~8 avril 1933, Actes du Congrès, 737, 918.

248 법무부 장관: Lemkin, 《Totally Unofficial》, 23. 라파포트(Rappaport)의 이름이 언급되지는 않았지만 렘킨의 설명에 의하면 라파포트가 맞다.

249 "렘킨이 이 프로젝트를…… 어렵지 않다.": 〈Gazeta Warszawska〉, 25 October 1933.

249 〈뉴욕타임즈〉는…… 보도하였고: Raphael Lemkin, 《Totally Unofficial》, xii.

250 렘킨은 여러 건의 정치적 살인이…… 출판하려고 노력했다: Keith Brown, 'The King Is Dead, Long Live the Balkans! Watching the Marseilles Murders of 1934'(delivered at the Sixth Annual World Convention of the Association for the Study of Nationalities, Columbia University, New York, 5~7 April 2001), http://watson.brown.edu/files/watson/imce/research/projects/terrorist_transformations/The_King_is_Dead.pdf.

250 말콤 맥더못 교수: Raphael Lemkin, 《Totally Unofficial》, 155.

251 사이먼은 체임벌린과 히틀러의 만남에 대해 이야기하고 나서: 위의 책, 28.

252 "나는 아버지와 이 동네 주민들의 이런 태도를 이해할 수 없어요.": 위의 책, 54.

253 나는 그 시를 읽어보았지만: 해석은 다음을 참조하길. Charlton Payne, 'Epic World Citizenship in Goethe's Hermann und Dorothea', Goethe Yearbook 16(2009): 11~28.

256 다시 시도할 것이라고 말했다.: Raphael Lemkin, 《Totally Unofficial》, 64.

257 "평생 감사할 겁니다.": 렘킨이 1939년 10월 25일 관계자에게 [신원은 알려지지 않음] 쓴 편지. 필사본은 Elisabeth Åsbrink Jakobsen이 제공함.

257 그런 일이 일어나기도 한다고: Raphael Lemkin, 《Totally Unofficial》, 65.

258 라트비아의 수도 리가에서 잠깐 멈췄을 때: Simon Dubnow, 《History of the Jews in Russia and Poland: From the Earliest Times Until the Present Day》(Jewish Publication Society of America, 1920)

259 '핏빛처럼 붉은 색의 천': Jean Amery, 《At the Mind's Limits》(Schocken, 1986), 44.

259 '반박할 수 없는 증거': Raphael Lemkin, 《Totally Unofficial》, 76.

260 그의 지인은 그렇다고 대답했다.: John Cooper, 《Raphael Lemkin》, 37.

260 '독일화' 할 수 있었음에도 불구하고: 법령은 Lemkin, 《Axis Rule》, 506 페이지와 Lemkin, 《Totally Unofficial》, 77 페이지에 있음.

261 '결정적인 조치': Lemkin, 《Axis Rule》, 524.

261 살아남은 사람들에게는: Raphael Lemkin, 《Totally Unofficial》, 78.

262 저녁 테이블은: 위의 책, 82.

263 그로부터 이틀 후,: 위의 책, 86.

263 부스스하고 단정하지 못한 모습에: 위의 책, 88.

264 두 남자는 함께 세계정세를 불안하게 바라보았다: 위의 책, 96.

265 "유럽은 어떤가요?": 위의 책.

266 짐꾼은 그 질문에 깜짝 놀랐다.: 위의 책, 100.

266 한가로운 전원의 자유로움이 다시 느껴졌다.: John Cooper, 《Raphael Lemkin》, 40.

266 "만약 여기에서…… 여성과 아이들, 노인들이 살해당하고……": Raphael Lemkin, 《Totally Unofficial》, vii.

267 타디어스 브라이슨 판사: Andrzej Tadeusz Bonawentura Kos´ciuszko, 1746년 2월 출생, 1817년 10월 15일 사망. 군 지도자.

268 거기서 그는 …… 존 벤스를 만났다: Raphael Lemkin, 《Totally Unofficial》, 106.

268 게다가 …… 아치볼드 킹 대령을 소개해주었다: 위의 책, 108.

270 "건강하고 행복하거라.": 1941년 5월 25일 이디시어로 작성한 편지. box 1, folder 4, Raphael Lemkin Collection, American Jewish Historical Society, New York.

270 "고개를 들고 강해져야 해.": Raphael Lemkin, 《Totally Unofficial》, 111.

271 "불필요한 고통과 목적 없는 파괴를 피하기 위해…… 이 길을 계속 가는 것이 중요하다.": Ignacy Jan Paderewski의 〈Victor Recordings(selections)〉(1914–1941) 중 파데레프스키의 미국 데뷔 50주년 기념식 연설, 1941년.

271 같은 달, 그는…… 미국 변호사협회 연례 컨퍼런스에 참석해: 'The Legal Framework of Totalitarian Control over Foreign Economies'(paper delivered at the Section of International and Comparative Law of the American Bar Association, October 1942).

271 "……법의 지배가 있습니다": Robert Jackson, 'The Challenge of International

Lawlessness'(address to the American Bar Association, Indianapolis, 2 October 1941), 〈American Bar Association Journal, 27〉(November 1941)

273 이 제안을 읽었을 때: 'Law and Lawyers in the European Subjugated Countries'(address to the North Carolina Bar Association), 〈Proceedings of the 44th Annual Session of the North Carolina Bar Association〉, May 1942, 105~117.

273 그러나 렘킨은 참석자 명단에 없었다.: 〈Actes de la 5ème Conférence Internationale pour l'Unifi cation du Droit Pénal〉(Madrid, 1933).

274 렘킨의 법령 연구에 대한 소문이 퍼지면서: Ryszard Szawłowski, 'Raphael Lemkin's Life Journey', in BieńczykMissala and Debski, 《Hero of Humankind》, 43; box 5, folder 7, MS60, American Jewish Historical Society.

274 왜 지금의 상황은 다른가? : Raphael Lemkin, 《Totally Unofficial》, 113.

274 유색 인종이 자국의 대통령으로 선출되는 것을 받아들인다면: Norman M. Littell, 《My Roosevelt Years》(University of Washington Press, 1987), 125.

275 렘킨은 참고 기다리라는 회신을 받았다.: Raphael Lemkin, 《Totally Unofficial》, 235, xiv.

276 그는 워싱턴에 있는 카네기 국제평화기금에 제안서를 보냈고: John Cooper, 《Raphael Lemkin》, 53.

277 유엔 전쟁범죄조사위원회가 설립될 것이라고 발표했다.: Franklin Roosevelt, Statement on Crimes, 7 October 1942.

277 이것은…… 기반으로 작성되었다: Jan Karski, 《Story of a Secret State: My Report to the World》(Georgetown University Press, 2014)

277 "당신들은 정말 운이 좋군요.": Littell, 《My Roosevelt Years》, 151.

279 그는…… 다른 가능성도 생각해보았다: Rare Book and Manuscript Library, Columbia University.

279 "새로운 관념은 새로운 용어를 필요로 한다.": Lemkin, 《Axis Rule,》, 79.

279 어떤 과정을 통해 그가 그런 선택을 했는지는: Uwe Backes and Steffen Kailitz, eds., 《Ideok rat ien im Vergleich: Legitimation, Kooptation, Repression》(Vandenhoeck & Ruprecht, 2014), 339; Sybille Steinbacher and Fritz Bauer

Institut, 《Holocaust und Völkermorde: Die Reichweite des Vergleichs》(Campus, 2012), 171; Valentin Jeutner가 2014년 1월 8일 저자에게 보낸 이메일.

281 그는 약 200만 명의 사람들이 이미 학살당했다고 추정했다.: Lemkin, 《Axis Rule,》, 89.

281 "일반 정부의 설립과 함께": 1939년 10월 26일 성명서, 같은 책 524.

282 렘킨은 1944년 첫 몇 달을 워싱턴에서…… 보냈다: Georgetown Law School, final grades, 1944~1945, box 1, folder 13, Lemkin Collection, American Jewish Historical Society.

282 "사건이 일어난 본질적인 문제는 무엇인가?": Vasily Grossman, 《The Road》(MacLehose Press, 2011), 178P 'The Hell of Treblinka' 중에서.

283 "조치를 취하지 않으면 행정부는 책임을 감당해야 할 것이다.": 'Report to Treasury Secretary on the Acquiescence of This Government in the Murder of the Jews'(prepared by Josiah E. Dubois for the Foreign Funds Control Unit of the US Treasury, 13 January 1944). 모겐소 장관과 존 펠(John Pehle), 랜돌프 폴(Randolph Paul)이 루즈벨트 대통령과 1944년 1월 16일 만나 '유럽의 유대인과 적국의 학대를 받고 있는 다른 희생자들의 즉각적인 구출과 안전을 담당'하는 전쟁난민위원회를 설치하는 대통령령 초안에 대해 압력을 가했다. Rafael Medoff, 《Blowing the Whistle on Genocide: Josiah E. Dubois, Jr. and the Struggle for a US Response to the Holocaust》(Purdue University, 2009), 40.

283 〈뉴욕타임스〉는…… 폴란드 내 죽음의 수용소에 대한 첫 번째 기사를 실었다.: 'US Board Bares Atrocity Details Told by Witnesses at Polish Camps', 〈New York Times〉, 26 November 1944, 1; '700,000 Reported Slain in 3 Camps, Americans and Britons Among Gestapo Victims in Lwow, Says Russian Body', 〈New York Times〉, 24 December 1944, 10.

283 전쟁난민위원회: 〈The German Extermination Camps of Auschwitz and Birkenau〉, 1 November 1944, American Jewish Joint Distribution Committee Archive.

283 "대부분의 독일 사람들이 자유선거를 통해": 'TwentiethCentury Moloch: The Nazi Inspired Totalitarian State, Devourer of Progress, and of Itself', 〈New

York Times Book Review〉, 21 January 1945, 1.

284 '엄청난 가치가 있다.': Kohr to Lemkin, 1945, box 1, folder 11, MS60, American Jewish Archives, Cleveland.

285 렘킨은 5월 4일…… 잭슨에게 연락했다.: Lemkin to Jackson, 4 May 1945, box 98, folder 9, Jackson Papers, Manuscript Division, Library of Congress, Washington DC.

285 해외에 발을 내딛는 자는: Raphael Lemkin, 'Genocide: A Modern Crime', 〈Free World 9〉(1945): 39.

285 동쪽으로 향하던 폰 룬트슈테트는: John Q. Barrett, 'Raphael Lemkin and "Genocide" at Nuremberg, 1945~1946', in The Genocide Convention Sixty Years After Its Adoption, ed. Christoph Safferling and Eckart Conze (Asser, 2010), 36n5.

285 렘킨은 이 말 하나로……적용할 수 있다: 렘킨이 잭슨에게 1945년 5월 4일 쓴 편지.

285 5월 6일, 〈워싱턴포스트〉는: 〈Washington Post〉, 6 May 1945, B4.

285 잭슨은…… 렘킨에게 이 책을 집필해준 것에 대해 감사를 표했다: 잭슨이 1945년 5월 16일 렘킨에게 쓴 편지. Jackson Papers; Barrett, 'Raphael Lemkin and "Genocide" at Nuremberg', 38.

286 잭슨팀의 수석법률가는: H. B. Phillips, ed., 'Reminiscences of Sidney S. Alderman' (Columbia University Oral History Research Offi ce, 1955), 817; Barrett, 'Raphael Lemkin and "Genocide" at Nuremberg', 39.

286 이틀 뒤 잭슨은 계획표 초안을 : Draft Planning Memorandum of 14 May 1945, box 107, folder 5, Jackson Papers; Barrett, 'Raphael Lemkin and "Genocide" at Nuremberg', 39.

286 '소수민족 및 피점령지역 인구의 말살': 'Planning Memorandum Distributed to Delegations at Beginning of London Conference', June 1945, in Jackson Report, 68.

286 '제노사이드'가 재판에서 어떻게 쓰일 수 있을지를 논의하다: Barrett, 'Raphael Lemkin and "Genocide" at Nuremberg', 40.

286 논란이 될 만한 일이었다: 위의 책, 40~41.

287 그럼에도 불구하고 젊은 잭슨과 알더맨은: Phillips, 'Reminiscences of Sidney S. Alderman', 818; Barrett, 'Raphael Lemkin and "Genocide" at Nuremberg', 41.

287 5월 28일, 렘킨은: 바렛, 위의 책.

287 '난민 중 최고': Phillips, 'Reminiscences of Sidney S. Alderman', 842, 858; Barrett, 'Raphael Lemkin and "Genocide" at Nuremberg', 41.

287 '후방 태스크포스': Barrett, 'Raphael Lemkin and "Genocide" at Nuremberg', 41, at n. 27.

288 "모든 전범을 공정하고 신속하게 단죄한다": 'Declaration Regarding the Defeat of Germany and the Assumption of Supreme Authority with Respect to Germany', Berlin, 5 June 1945, Article 11(a). ('연합국 대표단이 특정한 주요 나치 지도부와 전쟁이나 유사한 범죄에 참여하거나 이를 명령 또는 사주한 것으로 증명 또는 의심되어 연합국 대표단에 의해 고발당하거나 지명된 지위, 계급, 직책에 있는 모든 사람들은 체포하거나 연합국 대표단이 신병을 인도한다.')

289 렘킨의 백과사전에 가까운 지식이 유용하리라 생각했던 것 같다: Barrett, 'Raphael Lemkin and "Genocide" at Nuremberg', 42.

289 성격적인 문제가 있다: 위의 책.

289 버네이스 대령은…… 제안하고는: 위의 책.

289 아무도 렘킨과 함께 일하기를: 위의 책, 43.

290 불만은…… 도노반 사령관의 귀에까지 들어갔는데,: 위의 책, 43~44.

290 "렘킨이 빨리 런던을 떠나게 할수록 좋다": Donovan to Taylor, memorandum, 24 September 1945, box 4, folder 106, Jackson Papers; Barrett, 'Raphael Lemkin and "Genocide" at Nuremberg', 42.

290 끈질긴 '골칫거리': 윌리엄 E. 잭슨이 1947년 8월 11일 로버트 잭슨에게 보낸 편지. box 2, folder 8, Jackson Papers; Barrett, 'Raphael Lemkin and "Genocide" at Nuremberg', 53.

290 결국 시드니 알더맨을 제노사이드에 동의하는 동지로 만들었다.: 그 후 미국 내의 반대에 대해서는 다음 자료를 참조. Samantha Power, 《A Problem from Hell: America and the Age of Genocide》(Flamingo, 2010), 64~70.

290 영국인들 역시 제노사이드를 범죄 목록에 넣는 것을 강하게 반대했다.: Telford

Taylor, 《The Anatomy of the Nuremberg Trials》(Alfred A. Knopf, 1993), 103; Barrett, 'Raphael Lemkin and "Genocide" at Nuremberg', 45.

291 "옥스포드대학을 졸업한 변호사는 이 단어가 무슨 뜻인지 이해하지 못했다.": Phillips, 'Reminiscences of Sidney Alderman', 818; Barrett, 'Raphael Lemkin and "Genocide" at Nuremberg', 45.

291 민족과 종교 집단의 말살: 1945년 10월 8일에 채택된 기소장. 〈Trial of the Major War Criminals Before the International Military Tribunal〉(Nuremberg, 1947), 1: 43.

291 수년간 자료 무더기를 끌고 : 미국 육군진료소 1945년 10월 5일자 기록. box 1, folder 13, Lemkin Collection, American Jewish Historical Society.

292 "나는 뉘른베르크 재판의 공소장에 제노사이드를 포함시켰다.": Raphael Lemkin, 《Totally Unofficial》, 68; Barrett, 'Raphael Lemkin and "Genocide" at Nuremberg', 46.

V. 나비 넥타이를 맨 남자

298 밀레인 코스만: 화가. 1921년 독일 고타에서 출생, 1939년 영국에 도착.

298 저명한 음악가 한스 켈러: 음악가 겸 비평가. 1919년 3월 11일 비엔나 출생, 1985년 11월 6일 런던에서 사망. 독일의 오스트리아 합병에 대한 개인 경험담과 체포에 대한 이야기를 Hans Keller, 《1975(1984 Minus 9)》(Dennis Dobson, 1977), 38과 그 이하에 남김.

299 잉게 트로트: 사회 운동가. 1920년 비엔나 출생, 2014년 런던에서 사망.

305 곧바로…… 책이 검색되었다.: Alfred Seiler, 《From Hitler's Death Camps to Stalin's Gulags》(Lulu, 2010)

306 "에밀은…… 마치 'U-보트'처럼 숨어서 나치 점령기 동안 비엔나에서 살아남았다.": 위의 책, 126.

VI. 한스 프랑크

315 공동체는…… 우선한다.: Hans Frank, 〈International Penal Policy〉(report

delivered on 21 August 1935, by the Reich minister at the plenary session of the Akademie für Deutsches Recht, at the Eleventh International Penal and Penitentiary Congress).

317 프랑크가 기다리는 동안: 잭슨 보고서, 18~41.

318 부모가 이혼한 후: Martyn Housden, 《Hans Frank: Lebensraum and the Holocaust》(Palgrave Macmillan, 2003), 14.

319 2년이 지난: 위의 책, 23.

320 이제 '내부자'가 된 그는: 위의 책, 36.

320 4개월 후,: 〈Neue Freie Presse〉, 13 May 1933, 1; 'Germans Rebuked Arriving in Vienna', New York Times, 14 May 1933.

321 이런 조치들은 구체적으로 유대인을 대상으로 한 것으로,: Housden, 《Hans Frank》, 49.

321 프랑크는…… 반감을 더욱 키웠다: 'Germans Rebuked Arriving in Vienna'. '독일군의 비엔나 상륙을 비판하다'.

323 히틀러는 그의 부모님 묘소를 방문하기 위해: 'Austrians Rebuff Hitlerite Protest', 〈New York Times〉, 16 May 1933, 1, 8.

323 마치 2만 명처럼 대하는: 'Turmoil in Vienna as Factions Clash', 〈New York Times〉, 15 May 1933, 1, 8.

323 프랑크가 떠나고 일주일 후에: 'Vienna Jews Fear Spread of Nazism', 〈New York Times〉, 22 May 1933.

323 1년 뒤 돌푸스는: Howard Sachar, 《The Assassination of Europe, 1918~1942: A Political History》(University of Toronto Press, 2014), 208~210.

324 8월에는…… 합동 총회를 주재했다.: 〈Proceedings of the XIth International Penal and Penitentiary Congress Held in Berlin, August, 1935〉, ed. Sir Jan S imon van der Aa(Bureau of International Penal and Penitentiary Commission, 1937).

325 에밀 라파포트: Hans Frank, 〈International Penal Policy〉, 첨부 1, 참석자 명단.

325 몇 주 전에 프랑크는: Henri Donnedieu de Vabres, 'La répression international des délits du droit des gens', 〈Nouvelle Revue de Droit International Privé 2 (1935) 7〉(1935년 2월 27일 베를린에서 열린 독일법학회에 보고서가 발표됨)

326 '완전한 평등, 절대복종, 개인성의 완전한 상실': Reck, 《Diary of a Man in Despair》, 42.

327 제프리 빙: 'The International Penal and Penitentiary Congress, Berlin, 1935', 〈Howard Journal 4(1935), 195~198; 'Nazis Annoyed: Outspoken Englishman', 〈Argus〉 (Melbourne), 23 August 1935, 9.

327 4년 뒤에: Housden, 《Hans Frank》, 78.

327 '총독이 지휘한다.': Decree of the Führer and Reich Chancellor Concerning the Administration of the Occupied Polish Territories, 12 October 1939, Section 3(2).

327 초기의 인터뷰에서 프랑크는: 1939년 10월 3일. William Shirer, 《The Rise and Fall of the Third Reich》(Arrow, 1991), 944.

328 12월 1일부터 12살 이상 모든 유대인은: Housden, 《Hans Frank》, 126, 프랑크의 1939년 11월 10일 일기 인용.

328 그의 통치가 시작될 때부터: Frank, Diary, extracts in 〈Trial of the Major War Criminals〉, 29, 그리고 Stanisław Piotrowski, 《Hans Frank's Diary》(PWN, 1961) 주요 내용 참고.

328 크라쿠프를 떠날 때: 재판 중에 프랑크는 43권의 일기가 있다고 하였으나(〈Trial of the Major War Criminals〉, 12:7), 재판에 참여한 폴란드 대표, 스타니스와프 피오트로브스키는 38권이 보존되어 있다고 했다. 하지만 '국제군사재판소가 처음 뉘른베르크로 재판을 진행하러 갔을 때 일부가 분실되었는지 여부를 판단하는 것은 어렵다'고 밝혔다. Piotrowski, 《Hans Frank's Diary》, 11.

328 '모든 유대인이 떠나는': 〈Trial of the Major War Criminals〉, 3:580(14 December 1945)

328 폴란드인들은 무자비하게 다뤄질 것이었다: Housden, 《Hans Frank》, 119.

330 "총독 프랑크 박사는": Frank, Diary, 2 October 1940; 〈Trial of the Major War Criminals〉, 7:191(8 February 1946)

331 프랑크는…… 렘베르크의 통치권을 가졌다.: 칼 라쉬, 1904년 12월 29일 출생, 1942년 6월 1일 사망.

332 반제에서 열리는 회의: Frank, Diary, 16 December 1941, sitting of the cabinet

of the General Governments; 〈Trial of the Major War Criminals〉, 22:542(1 October 1946)

332　반제 회의는 1942년 1월,: Mark Roseman, 《The Villa, the Lake, the Meeting: Wannsee and the Final Solution》(Allen Lane, 2002)

332　회의록은…… 작성되었는데,: 회의록은 반제컨퍼런스 하우스 웹사이트에서 찾을 수 있음. http://www.ghwk.de/wannsee/dokumentezurwannseekonferenz/?lang=gb.

335　프랑크가 질문을 할 때마다: Curzio Malaparte, 《Kaputt》(New York Review Books, 2005), 78.

335　그 이탈리아인은……보도하지 않았다: Curzio Malaparte, 'Serata a Varsavia, sorge il Nebenland di Polonia', 〈Corriere della Sera〉, 22 March 1942.

335　"내 한 가지 야망은……": Malaparte, 《Kaputt》, 68.

340　칼 라쉬는 부정부패 혐의로: Niklas Frank, 《In the Shadow of the Reich》(Alfred A. Knopf, 1991), 217, 246~247.

343　"나는…… 놀라고 다행이라 생각했다.": Malaparte, 《Kaputt》, 153.

345　말라파르테가 바르샤바 게토를 방문: 프랑크가 동행했는지 여부는 명확하지 않지만 방문은 1942년 1월 25일 이루어졌다. Maurizio Serra, 《Malaparte: Vies et Légendes》(Grasset, 2011), 366.

349　6월과 7월에 그는: Housden, 《Hans Frank》, 169~172. 그는 베를린(6월 9일), 비엔나(7월 1일), 뮌헨(7월 20일), 하이델베르그(7월 21일)에서 연설을 하였다.

350　'법은…… 반드시 독립적 판사에 의해 실행되어야 한다.': Niklas Frank, 《Shadow of the Reich》, 219. Niklas Frank, 《Shadow of the Reich》, 219.

351　"두 인간의 엄숙하고도 완전히 달라진 재회": 위의 책, 208~209.

352　대량학살이…… 제공할 것이다: 위의 책, 212~213.

352　"자세한 사항은 나중에 반드시 사적으로": 위의 책, 213.

354　〈가제타 르보브스카〉는…… 보도했다: 〈Gazeta Lwowska〉, 1 August 1942, 2.

355　프랑크의 주요 임무는: Dieter Pohl, 《Nationalsozialistische Judenverfolgung in Ostgalizien, 1941~1944》(Oldenbourg, 1997), 77~78.

355　"SS와 경찰의 고위 지휘관들은": Frank, Diary, Conference of the District

Standartenführer of the NSDAP in Kraków, 18 March 1942, in 〈Trial of the Major War Criminals〉, 29:507.

356 오페른 스트라세에 줄지어 서서: 〈Gazeta Lwowska〉, 2/3 August 1942, back page.

356 그날 밤, 프랑크는…… 선언했다: 위의 기사.

356 '황홀함에 떨게': Housden, 《Hans Frank》, 40~41와 Niklas Frank, 《Der Vater》(Goldmann, 1993), 42~44에서 인용.

357 "우리 독일인들은": 〈Gazeta Lwowska〉, 2/3 August 1942, back page.

357 다음날인 8월 1일 토요일 아침: Frank, Diary, 1 August 1942. Documents in Evidence, in 〈Trial of the Major War Criminals〉, 29:540-42.

358 "나는…… 이 자리에 섰습니다": 위의 책.

358 청중은 기립하여: 위의 책.

358 허가 없이 게토 밖으로 발을 내딛으면 사형에 처하는 명령을 발표했다: 1941년 10월 15일, 한스 프랑크가 서명한 법령. 제1조 4(b)에 '허가 없이 제한된 지역을 벗어나는 유대인은 사형에 처한다'고 되어 있다.

360 프랑크가 아침 9시에 아침을 먹으러 왔으며: Diary of Charlotte von Wächter, Saturday, 1 August 1942. 호르스트 폰 베히터의 개인 자료.

361 '위대한 작전': Die Grosse Aktion. Dieter Pohl, 'Ivan Kalymon, the Ukrainian Auxiliary Police, and Nazi AntiJewish Policy in L'viv, 1941~1944'(a report prepared for the Offi ce of Special Investigations, US Department of Justice, 31 May 2005), 92; Pohl, 《Nationalsozialistische Judenverfolgung in Ostgalizien》, 216~223.

361 "렘베르크에서 할 일이 많다.": Otto von Wächter to Charlotte, 16 August 1942. 호르스트 폰 베히터의 개인 자료.

361 하인리히 히믈러가 렘베르크에 도착하여: Peter Witte, 〈Der Dienstkalender Heinrich Himmlers, 1941/42〉(Wallstein, 2005), 521(entry for Monday, 17 August 1942, 1830 hours).

361 "이제 유대인은 찾아보기 어렵다.": Frank, Diary, 18 August 1942.

367 친숙한 빨간색 표지: Karl Baedeker, 《Das Generalgouvernement:

Reisehandbuch》(Karl Baedeker, 1943)

368 렘베르크에 대한 내용은 모두 8페이지인데,: 위의 책, 157~164.

368 편집인은…… 짧게 언급하고 만다: 위의 책, 137, 10.

369 베데커출판사의 여행 가이드북 출판과 동시에: 'Poland Indicts 10 in 400,000 Deaths'.

369 베히터를 보았다고 주장하는: Simon Wiesenthal, 《The Murderers Among Us》(Heinemann, 1967), 236~237. ('나는 1942년 초 로보프 게토에서 그를 보았다. 그는 4,000명의 노인들이 게토에 집합하여 기차역으로 보내질 때 책임자였다. 내 어머니는 그 노인들 중의 하나였다.')

369 나중에 나는…… 사진을 발견했다: Narodne Archivum Cyfrove(NAC), http://audiovis. nac.gov.pl/obraz/12757/50b358369d3948f401ded5bffc36586e/.

370 판사는 켈리몬이…… 관여했다고 판결하였다: 〈United States v. John Kaymon, a.k.a. Ivan, Iwan, John Kalymon/Kaylmun〉, Case No. 0460003, US District Court, Eastern District of Michigan, Judge Marianne O. Battani, Opinion and Order Revoking Order of Admission to Citizenship and Canceling Certifi cate of Naturalization, 29 March 2007. 강제추방명령은 2011년 9월 20일 이민항소국에 의해 내려졌으나 켈리몬은 추방되기 전인 2014년 6월 29일 사망하였다. 다음을 참고하길. Krishnadev Calamur, 'Man Tied to Nazis Dies in Michigan at Age 93', NPR, 9 July 2014.

370 판결은…… 전문가 보고서에 기반하고 있으며: Dieter Pohl, 'Ivan Kalymon, the Ukrainian Auxiliary Police, and Nazi AntiJewish Policy in L'viv, 1941~1944' (a report prepared for the Offi ce of Special Investigations, US Department of Justice, 31 May 2005), 16, 27.

370 '렘베르크로부터 유대인의 추방': Note dated 10 January 1942, regarding the deportation of the Jews from Lemberg. signed by Oberst [Colonel] [Alfred] Bisanz.

370 두 번째 문서는: Order of 13 March 1942, on the Labor Deployment of Jews, to enter into force on 1 April 1942.

371 이 두 문서가 유대인에게 피해를 주는 것이었다면: Heinrich Himmler to State

Secretary SSGruppenführer Stuckart, 25 August 1942.

374 "1등이 되는 영예를 안았다.": Frank, Diary, 25 January 1943, Warsaw, International Military Tribunal, 〈Nazi Conspiracy and Aggression〉(US Government Printing Offi ce, 1946), 4:916.

374 "그들은 반드시 사라져야 합니다.": Frank, Diary, 16 December 1941; 〈Trial of the Major War Criminals〉, 29:503.

375 아몬 괴트: 1908년 12월 11일 출생, 폴란드 대법원에서의 재판과 유죄확정에 따라 1946년 9월 13일 크라쿠프에서 사형됨.

375 이 조치는 친위대 중장 위르겐 스투루프에 의해 진행되었고: Stroop Report(《The Warsaw Ghetto Is No More》), May 1943, available at https://www.jewishvirtuallibrary.org/ jsource/Holocaust/nowarsaw.html.에서 확인 가능함.

376 '집단 학살': Frank, Diary, 2 August 1943, quoted in 〈Trial of the Major War Criminals〉, 29:606(29 July 1946)

376 "다른 모든 사람들은 우리 표현으로 이민을 갔다.": 위의 책.

376 "우리는 모두 그 자체로 공범자들이다.": Frank, Diary, 25 January 1943.

376 가사는 입수할 수 있었으나: Michael Kennedy, 《Richard Strauss: Man, Musician, Enigma》(Cambridge University Press, 1999), 346~347.

377 일부 작품들이 독일로 보내졌다.: 〈Trial of the Major War Criminals〉, 4:81(18 December 1945).

377 그 그림은 15세기에 레오나르도 다빈치가 그린 것으로: 담비를 안고 있는 여인. 약 1489~1490년경에 그려진 것으로, 루도비코 스포르차의 정부인 세실리아 갈레라니(1473~1536)의 초상화이다. 현재 차르토리스키 미술관에 소장되어 있다. 흰색 담비(족제비)는 순결의 상징으로, 레오나르도 다빈치는 사랑을 기념하고 행복을 가져올 수 있게 해달라는 요청을 받고 이 그림을 그렸다고 한다.

382 "그 민족은 반드시 박멸시켜야 한다.": Frank, Diary, 18 March 1944, Reichshof; 〈Trial of the Major War Criminals〉, 7:469(15 February 1946).

383 프랑크는…… 사형시키는 방식으로 복수하였다: Housden, 《Hans Frank》, 209; Frank, Diary, 11 July 1944.

383 7월 27일, 렘베르크가 소비에트에 의해 점령되었다.: Timothy Snyder, 《The

Reconstruction of Nations: Poland, Ukraine, Lithuania, Belarus, 1569–1999》(Yale University Press, 2003), 177.

383 8월 1일 바르샤바에서 봉기가 시작되었다.: Norman Davies, 《Rising '44: The Battle for Warsaw》(Macmillan, 2003)

383 그의 일기에는……대화 내용이 기록되어 있다: Frank, Diary, 15 September 1944. (뷜러 박사와의 대화).

384 그는…… 몇 편의 영화를 보았다.: 〈Die Stadt ohne Juden〉(1924, dir. Hans Karl Breslauer). 한스 모저(Hans Moser)가 랏 버나트(Rat Bernart) 역할을 연기했다.

385 짧은 여정이었다.: Housden, 《Hans Frank》, 218.

385 사무실을 열고: 위의 책, 218; Frank, Diary, 2 February 1945.

385 이틀 후인 5월 4일 금요일: Niklas Frank, 《Shadow of the Reich》, 317.

386 이 사람은 1935년 독일제국 형법 제175조 a항의 도입을 환영하며……: 1935년 6월 28일 채택된 제175조 a항은 중증 음란죄(Schwere Unzucht)를 추가하고, 그 범죄를 중죄로 규정하였다. 이에 대해서는, Burkhard Jellonnek, 《Homosexuelle unter dem Hakenkreuz: Die Verfolgung von Homosexuellen im Dritten Reich》(F. Schöningh, 1990)을 참고하길. 그리고 프랑크는 '전염병처럼 퍼지는 동성애'가 새로운 독일제국을 위협하고 있다고 경고했다. Richard Plant, 《The Pink Triangle: The Nazi War Against Homosexuals》(Henry Holt, 1988), 26.

386 문 밖에 미군 지프가 섰다: Housden, 《Hans Frank》, 218.

387 그해 6월, 프랑크의 이름이: 1945년 6월 21일, 영국과 미국 대표단의 첫 번째 회의에서 대중에게 이름이 알려진 정도를 기준으로 선별된 10명의 예비 피고인의 명단이 데이비드 막스웰 파이프에 의해 제출되었다. Taylor, 《Anatomy of the Nuremberg Trials》, 85~86.

387 '바르사뱌의 도살자'라고 알려진 프랑크: 위의 책, 89.

387 그는 그곳에서 신문을 받았다.: Ann Tusa and John Tusa, 《The Nuremberg Trial》(Macmillan, 1983), 43–48.

388 로버트 레이: John Kenneth Galbraith, 'The "Cure" at Mondorf Spa', 〈Life〉, 22 October 1945, 17~24.

388 "믿을 수 없을 만큼 어려웠다.": 한스 프랑크, 미 육군 장교와의 대화, 1945년 8월

4~5일. http://www.holocaustresearchproject.org/trials/HansFrankTestimony.html.

390 그달 말에 검사는: 1945년 8월 29일, 수석검사들이 국제군사재판소에서 재판을 받을 첫 번째 전쟁범죄자 명단을 발표했다. Taylor, 〈Anatomy of the Nuremberg Trials〉, 89(twentyfour defendants were on the fi rst list)

390 며칠이 지나고: 1945년 9월 1, 6, 7, 10, 13일과 10월 8일에 있었던 한스 프랑크의 신문 증언((by Colonel Thomas A. Hinkel). http://library2.lawschool.cornell.edu/donovan/show.asp?query=Hans+Frank.

VIII. 뉘른베르크

411 로버트 레이는 자살했고: Taylor, 《Anatomy of the Nuremberg Trials》, 132, 165.

411 "지금부터 재판을 시작하겠습니다.": 위의 책, 143; Tusa and Tusa, 《Nuremberg Trial》, 109~110.

411 이 법정의 재판장을 맡은: 〈Trial of the Major War Criminals〉, 1: 1 ('Members and alternate members of the Tribunal').

412 왼쪽 끝에: Francis Biddle, 《In Brief Authority》(Doubleday, 1962; Praeger, 1976), 381.

412 존 파커: 위의 책, 372~373.

412 프랑스 판사들이 오른쪽 끝에 앉았다: Tusa and Tusa, 《Nuremberg Trial》, 111; Guillaume Mouralis, introduction to 《Juge à Nuremberg》, by Robert Falco(Arbre Bleu, 2012), 13(at note 2), 126~127.

413 "본 재판은 세계 법률 역사상 유례가 없는 재판입니다.": 〈Trial of the Major War Criminals〉, 2:30.

413 1941년 9월 7일과…… 사이에: 위의 책, 64.

414 전 총독은 무슨 이야기를 할지 알고 있었을 것이다.: Taylor, 《Anatomy of the Nuremberg Trials》, 132.

414 "명령하고, 지휘하였으며, 참여했다.": 〈Trial of the Major War Criminals〉, 2:75.

414 그가 절대 잊지 못할: Elihu Lauterpacht, 《Life of Hersch Lauterpacht》, 277.

415 '아주 큰 만족': 위의 책.

416 남은 것은…… 사진뿐이었다: 〈Illustrated London News〉, 8 December 1945.

421 "이보게, 로젠베르크": Gustave Gilbert, 《Nuremberg Diary》(New York: Farrar, Straus, 1947), 42.

421 작고 천박한 얼굴: Martha Gellhorn, 'The Paths of Glory', in 《The Face of War》(Atlantic Monthly Press, 1994), 203.

422 "나는 무죄를 주장합니다": 〈Trial of the Major War Criminals〉, 2:97.

422 "역사상 최초의 재판을 시작하는 영광은": 위의 책, 98.

423 위대한 4개국이: 위의 책, 99.

424 '제거되어야 할 인종': 위의 책, 120.

425 "누군가의 허가 없이 살아가는 것이 허용": Rudyard Kipling, 'The Old Issue', in 《Collected Poems of Rudyard Kipling》(Wordsworth Poetry Library, 1994), 307~309.

425 '위대한 개인의 승리': Elihu Lauterpacht, 《Life of Hersch Lauterpacht》, 277.

426 이런 개인적인 고민이: 위의 책, 276.

427 나는…… 읽을 수 있었다: 보관 중인 서류.

427 "국제사회는": Hersch Lauterpacht, 'Draft Nuremberg Speeches', 〈Cambridge Journal of International and Comparative Law 1〉, no. 1(2012): 48~49.

429 그는 스스로를 위해: Elihu Lauterpacht, 《Life of Hersch Lauterpacht》, 276.

429 쇼크로스의 법리적 주장은: 위의 책.

431 "확신에 찬 강의를": 위의 책, 278.

431 히틀러라는 인물에게서 뿜어져 나오는 박력은: Gilbert, 《Nuremberg Diary》, 66; 그리고 John J. Michalczyk, 《Filming the End of the Holocaust: Allied Documentaries, Nuremberg, and the Liberation of the Concentration Camps》(Bloomsbury, 2014), 96. 참고.

432 '큰 소리로 낭독되는…… 일기': Janet Flanner, 'Letter from Nuremberg', 〈New Yorker〉, 5 January 1946, in Drutman, 《Janet Flanner's World》, 46~48.

432 긴장한 듯한 정중함: Janet Flanner, 'Letter from Nuremberg', 〈New Yorker〉, 17 December 1945, in Drutman, 《Janet Flanner's World》, 99.

433 방청객들은…… 큰 흥미를 느꼈다.: 위의 책, 98.

433 영국 전쟁영웅: 휴 던다스 경(Sir Hugh Dundas). 1920년 7월 22일 출생, 1995년 7월 10일 사망.

434 미국 판사: 비들. Biddle, 《In Brief Authority》

434 프랑스 판사: 팔코. 뉘른베르크 재판의 판사.

436 영국 신문들은 그 당시 프랑크의 다양한 사진들을 보도했는데: David Low, 'Low's Nuremberg Sketchbook No. 3', 〈Evening Standard〉, 14 December 1945. 다음의 사이트에서 찾을 수 있음. http://www.cartoons.ac.uk/record/LSE1319.

437 "우리가 120만 명의 유대인을 굶어죽게 한 것은": 〈Trial of the Major War Criminals〉, 3:551.

438 그러는 와중에……: Tusa and Tusa, 《Nuremberg Trial》, 294.

439 "나는 국제군사법정의 판사입니다.": 돈디유가 1945년 12월 28일 렘킨에게 쓴 편지. box 1, folder 18, Lemkin Collection, American Jewish Historical Society.

439 라파포트는 전쟁에서 살아남아: 〈Law Reports of Trials of War Criminals, Selected and Prepared by the UN War Crimes Commission〉, 7권과 14권. http://www.loc.gov/rr/frd/Military_Law/lawreportstrialswarcriminals.html.

443 그는…… 생생한 꿈 이야기까지 나눴다: Gilbert, 《Nuremberg Diary》, 22.

443 길버트는…… 거리낌이 없었다.: Taylor, 《Anatomy of the Nuremberg Trials》, 548.

443 "나는…… 바흐의 오라토리오를 듣는 중이었소.": Gilbert, 《Nuremberg Diary》, 81~82.(1945년 12월 22일)

445 "마치 내 안에": 위의 책, 116.(1946년 1월 10일).

446 '다른 세계에서 돌아온 사람': 〈Trial of the Major War Criminals〉, 8:322.

448 그는 쿠르트 프란츠 부소장이……: 위의 책, 328.

449 바로 레지크 교수이다.: Redzik, 《Stanislaw Starzynski》, 55.

451 "우리가 트레블링카의 흙을 밟아 뭉개자": Grossman, 《Road》, 174.

452 일기가 그를 '찌르는' 용도로 사용되었다고: Flanner, 'Letter from Nuremberg', 17 December 1945, 107.

453 그는…… 알프레드 로젠베르크의 주장을 따라서: 〈Trial of the Major War

Criminals〉, 11:553.

453 최소 250만 명의 희생자: 위의 책, 415.

453 "전혀 일어나지 않았다.": Gilbert, 《Nuremberg Diary》, 259.

453 변호인인 세이들 박사는…… 몇 가지 질문을 하였다.: 〈Trial of the Major War Criminals〉, 12:2~3.

454 "나는 깊은 죄책감에 사로잡혀 있습니다.": 위의 책, 7~8.

455 그것은 불리한 만큼 유리하기도 한 발언이었다.: 위의 책, 19, 13.

456 "천년이 지난다고 해도": 위의 책.

456 "……프랑크의 말을 들었습니까?": Gilbert, 《Nuremberg Diary》, 277.

456 "나는 그 말을 한 것에 만족하고": 위의 책.

457 다른 피고인들은 그런 그를 경멸했다: 위의 책, 277~283.

457 "나는 그림을 수집하지 않았고": 〈Trial of the Major War Criminals〉, 12:14, 40.

458 프랑크의 변소(항변)는…… 논란을 일으켰다.: Yves Beigbeder, 〈conversation with author〉, 29 June 2012.

459 '예상치 못한 죄책감의 인정': Yves Beigbeder, 'Le procès de Nurembourg: Frank plaide coupable', 〈Réforme〉, 25 May 1946.

459 연설문의 사본을 그에게 보냈다.: Hans Frank, 〈International Penal Policy〉.

460 "뉘른베르크 재판에 참여한 나치 판사": Falco, 《Juge à Nuremberg》, 42.

460 "그는 가톨릭으로 개종했어": Christopher Dodd, 《Letters from Nuremberg: My Father's Narrative of a Quest for Justice》(Broadway Books, 2008), 289.

461 "며칠 전에": Gilbert, 《Nuremberg Diary》, 280.

IX. 기억하지 않기로 선택한 소녀

471 그들은 그곳에 남아야 했다.: Gabrielle Anderl and Walter Manoschek, 《Gescheiterte Flucht: Der Jüdische 'Kladovo-Transport' auf dem Weg nach Palästina, 1939~1942》(Verlag für Gesellschaftskritik, 1993). 이 책의 영문판 제목은 《Failed flight: The Kladovo transport on the way to Palestine, 1939~1942)》이다. 또한 'The Darien Story', 《The Darien Dilemma》(University Press of America,

1996)와 http://www.dariendilemma.com/eng/story/darienstory/; Dalia Ofer and Hannah Weiner, Dead-End Journey를 참고하길.

X. 판결

481 "어떤 일이 있더라도": Elihu Lauterpacht, 《Life of Hersch Lauterpacht》, 293.

481 건전한 현실주의: 위의 책, 285~286; Hersch Lauterpacht, 'The Grotian Tradition in International Law', 〈British Year Book of International Law 23〉 (1946): 1~53.

482 자다가 매우 슬프게 울었다: Elihu Lauterpacht, 《Life of Hersch Lauterpacht》, 278.

482 "우리는 너에 대해 잘 알고 있다": 라우터파하트가 1946년 5월 27일 잉카 겔바드에게 쓴 편지. 엘리 라우터파하트의 개인 소장 문서.

483 "검찰논고의 주된 내용입니다.": Elihu Lauterpacht, 《Life of Hersch Lauterpacht》, 294.

484 '나쁜 헐리우드 극본': Steven Jacobs가 편집한, 《Raphael Lemkin's Thoughts on Nazi Genocide》(Bloch, 2010), 261.

484 그가 유명세를 타면서: G. Reynolds, 'Cosmopolites Clock the American Femme; Nice, but Too Honest to Be Alluring', 〈Washington Post〉, 10 March 1946, S4.

485 명확하게 여성을 대상으로 한 것은 한 편도 없었지만: 낸시 스타인슨(Nancy Steinson)이 자료 제공.

486 '혜택을 받지 못하는 집단이 필요로 하는 것': 렘킨이 1946년 5월 18일 엘리너 루즈벨트에게 쓴 편지. box 1, folder 13, 5~6, Raphael Lemkin Papers, American Jewish Archives.

487 비슷한 내용의 편지가: 렘킨이 1946년 5월 19일 맥코믹에게 쓴 편지. box 1, folder 13, 7~9, Lemkin Papers, American Jewish Archives.

487 '두 분 모두가 매우 그리웠다.': 렘킨이 1946년 5월 20일 펀쵸에게 쓴 편지. box 1, folder 13, 15~16, Lemkin Papers, American Jewish Archives.

487 '갑작스러운 부름': 렘킨이 1946년 5월 20일 더워드 V. 샌다이퍼(Durward V.

Sandifer)에게 쓴 편지. box 1, folder 13, 13~14, Lemkin Papers, American Jewish Archives.

487 그는 5월 말에 유럽으로 떠났다.: 1946년 5월 22일, 미국 육군성에서 신분증을 발행. box 1, folder 12, Lemkin Collection, American Jewish Historical Society; Peter Balakian, 'Raphael Lemkin, Cultural Destruction, and the Armenian Genocide', 〈Holocaust and Genocide Studies 27〉, no. 1(2013): 74.

488 그곳에서 그는…… 에곤 슈벨브를 만났다.: 슈벨브가 1946년 6월 24일 렘킨에게 쓴 편지. Rafael Lemkin Papers, Rare Book and Manuscript Library, Columbia University.

488 프랑크는…… 이미 80만 명의…… 보냈고: 〈Trial of the Major War Criminals〉, 15:164.

489 25,000명 이상의: Barrett, 'Raphael Lemkin and "Genocide" at Nuremberg', 48.

489 공식적인 일원은 아니지만: Raphael Lemkin, 《Totally Unofficial》, 235.

489 '유죄 판결을 받게 하기 위해': Power, 《Problem from Hell》, 50.

489 서류들의 보관장소로 사용하도록: Rafael Lemkin Papers, Rare Book and Manuscript Library, Columbia University.

490 불행한 운명을 맞은 유대인: 위의 자료.

491 "검찰이 이 사건을 증명하지 못했다는 인상을 남길 것이다.": 'The significance of the concept of genocide in the trial of war criminals', Thomas Dodd Papers, Box/Folder 387:8580, Thomas J. Dodd Research Center, University of Connecticut.

491 렘킨은 6월 말에 잭슨을 다시 만나: Barrett, 'Raphael Lemkin and "Genocide" at Nuremberg', 47~48.

492 6월 25일에 일어난 일로: 위의 자료, 48~49.

492 "당신이 하고자 했던 것은": 〈Trial of the Major War Criminals〉, 17:61.

493 '매우 크게 감사한다': John Cooper, 《Raphael Lemkin》, 70.

493 쿠퍼는…… 온전히 할애했다.: R. W. Cooper, 《Nuremberg Trial》, 109.

493 렘킨이 폴란드로 소환되었던: 위의 책, 110.

495 가장 가치 있는 전례: Lauterpacht, 'Draft Nuremberg Speeches', 68.

495 인간의 권리: 위의 자료, 87.

495 유대교를 믿는다는 이유 하나만으로: 위의 자료, 74.

496 '학살범죄의 직접적인 하수인': 위의 자료, 76.

496 "증인…… 아니 피고인 프랑크는": 위의 자료, 110.

498 "저는 그것이 타당하고 필요하다고 생각합니다.': Elihu Lauterpacht, 《Life of Hersch Lauterpacht》, 295.

498 7월 10일, 라우터파하트의 비서는: 위의 책.

499 알프레드 토마 박사는…… 재판장을 설득하려고 하였다.: 〈Trial of the Major War Criminals〉, 18:90, 92~94.

499 예상치 못한 논쟁: 위의 자료, 112~113.

499 로젠베르크는…… 반박하였다: 위의 자료, 114~128.

499 "모든 존경을 담아 드립니다.": Rafael Lemkin Papers, Rare Book and Manuscript Library, Columbia University.

500 그는…… 병실에서 며칠을 보냈다: Office of the Registrar 385th Station Hospital APO 124, US army, Abstract Record of Hospitalization of Raphael Lemkin, box 5, folder 7, 23, Lemkin Papers, American Jewish Archives.

500 도움이 되지 않았다: 〈Trial of the Major War Criminals〉, 17:550~555.

500 '한 가지 예외를 제외하고': 위의 자료, 18:140.

501 "5년 동안 모든 폭력적인 조치에 불응하여": 위의 자료, 160.

501 "점령군으로서 독일은": 위의 자료.

502 '완전히 무관한 주장을 하고 있다': 위의 자료, 152.

502 미국이 처음으로: 위의 자료, 19:397~432.

502 그 다음은 영국팀으로,: 위의 자료, 433~529.

502 다음은 프랑스와……: 위의 자료, 530~618; 위의 자료, 20:1~14.

503 로버트 잭슨이 검사측 논고를 시작하였다.: 위의 자료, 19:397.

503 "천년이 지나도": 위의 자료, 406.

504 그는 '평화에 반하는 범죄'와…… 설명했다.: 위의 자료, 433~529.

504 "우리는…… 크게 염려하고 있습니다.": Elihu Lauterpacht, 《Life of Hersch Lauterpacht》, 295.

505 "만약 내가 파이프의 조언에 따르지 않아": 위의 책, 296.

505 쇼크로스는…… 연대순으로 발언을 시작했다: 〈Trial of the Major War Criminals〉, 19:437~457.

506 소리를 지르거나 울지도 않고: 위의 자료, 507.

507 '생생한 슬픔'의 순간: Rebecca West, 'Greenhouse with Cyclamens I', in《A Train of Powder》(Ivan R. Dee, 1955), 20.

507 쇼크로스는 프랑크에게 눈길을 돌렸다.: 〈Trial of the Major War Criminals〉, 19:446.

507 "이 빌어먹을 영국놈,": Housden,《Hans Frank》, 231.

508 제노사이드가 집시와 폴란드 지식인들, 유대인에게 적용되었다.: 〈Trial of the Major War Criminals〉, 19:497.

509 국제법은 과거에도: 위의 자료, 471~472.

510 "개인은 반드시 국가를 초월해야 한다.": 위의 자료, 529.

510 '모든 법의 궁극적인 단위': 위의 자료, 472.

510 쇼크로스 다음에는: 위의 자료, 530~535.

512 제노사이드는…… 거의 완벽하게 달성됐다.: 위의 자료, 550.

512 피고인들 중 그 누구도: 위의 자료, 562.

512 그는…… 시간을 낭비하지 않았다.: 위의 자료, 570.

513 "얼마나 헛된 것인가": 위의 자료.

513 오랫동안 잊고 있었던 책이 들어 있었다.: Taffet,《Holocaust of the Jews of Zółkiew》.

514 한 겹씩 옷을 벗긴 후: 위의 책, 58.

515 헨리크 라우터파하트 박사: 위의 책, 8.

516 렘킨의 문서들 중에서: Rafael Lemkin Papers, Rare Book and Manuscript Library, Columbia University.

517 300명의 국제 법률가들이: International Law Association, 〈Report of the Forty-First Conference, Cambridge(1946)〉, xxxvii-xliv.

517 그는…… 비행기가 착륙하자마자 쓰러지고 말았다.: 라파엘 렘킨의 노트(날짜 미상, 렘킨의 의견이 반영되어 작성). box 5, folder 7, MS60, American Jewish Archives, Cleveland.

518 일종의 영국식 실용주의였다.: International Law Association, 〈Report of the Forty-First Conference〉, 8~13.

518 제노사이드 범죄의 토대가 된 사상: 위의 자료, 25~28.

519 우리는 쉬지 않고 끝없이 세계를 향해 이야기할 수는 없다.: Barrett, 'Raphael Lemkin and "Genocide" at Nuremberg', 51.

519 "나는…… 성공했다고 생각한다.": John Cooper, 《Raphael Lemkin》, 73.

519 '현저히 구별되는 범행 수법': 'Genocide', 〈New York Times〉, 26 August 1946, 17.

520 "피고인들은…… 상처받고 놀라워했다.": Gilbert, 《Nuremberg Diary》, 417.

520 '제노사이드라는 끔찍한 범죄': 〈Trial of the Major War Criminals〉, 22:229.

520 잭슨의 보도자료 배포에도 불구하고: 위의 자료, 271~297.

520 프랑스 검사는 반대로: 위의 자료, 300.

520 소비에트 검사 루덴코는: 위의 자료, 321.

520 괴링이 처음으로 진술하였는데,: 위의 자료, 366~368.

520 '내가 했던 식으로 행동할 것': 위의 자료, 373.

520 리벤트로프, 카이텔: 위의 자료, 382.

521 '점점 더 깊이': 위의 자료, 384.

522 "우리나라가 저질렀던 모든 죄는": 위의 자료, 385.

522 "독일 사람들이 당한 이러한 범죄는 누가 심판할 것입니까?": 위의 자료.

523 비자가 만료되자: 사울 렘킨과의 대화.

527 누군가 전체 민족을 죽이는 범죄를 지나치게 강조하면: 슈벨브가 1946년 6월 19일 험프리(Humphrey)에게 쓴 편지. PAG3/1.3, box 26, United Nations War Crimes Commission, 1943–1949, Predecessor Archives Group, United Nations Archives, New York; cited in Ana Filipa Vrdoljak, 'Human Rights and Genocide: The Work of Lauterpacht and Lemkin in Modern International Law', 〈European Journal of International Law 20〉, no. 4(2010): 1184n156.

528 '나는 가스통 울만 씨를 좋아해요': 발터 울만(Walter Ullmann). 1898년 1월 5일 출생, 1949년 5월 5일 사망. 방송인 겸 저널리스트. Maximilian Alexander, 《Das Chamäleon》(R. Glöss, 1978) 참고.

531 카키 로버츠도 포함되었다.: Taylor, 《Anatomy of the Nuremberg Trials》, 103.

531 렘킨은 파리에서 열린: John Cooper, 《Raphael Lemkin》, 73.

532 첫 번째 날: 〈Trial of the Major War Criminals〉, 22:411~523.

533 개별 국가에 대한 복종의무를 초월하는: 위의 자료, 466.

533 소비에트 판사는: 위의 자료, 497.

534 우리에게는 어떤 것도 할 수 있는 권한이 없다: 위의 자료, 498.

535 '2,000명의 불쌍한 야만인들': West, 《Greenhouse with Cyclamens I》, 53~54.

536 '사창가의 마담': 위의 책, 6, 58~59.

536 니키첸코 판사는 로젠베르크에게 유죄를 선고했다.: 〈Trial of the Major War Criminals〉, 22:541.

536 추문에 휘말렸던: Lorna Gibb, 《West's World》(Macmillan, 2013), 178.

536 비들은 세 번째 공소사실과…… 선고를 시작하였다: 〈Trial of the Major War Criminals〉, 22:542–44.

537 "사실일 수도 있다.": 위의 자료.

537 세 명이 무죄를 선고받았다.: 위의 자료, 574, 584.

538 처음 6명 중에 5명은: 위의 자료, 588~589.

540 레베카 웨스트는 그 순간 알아차렸다.: West, 《Greenhouse with Cyclamens I》, 59.

540 "교수형.": "Tod durch den Strang." John Cooper, 《Raphael Lemkin》, 272.

540 비들 판사는 그의 프랑스 동료가…… 프랑크에게 '이상하게 우호적인' 것에 놀랐다.: David Irving, 《Nuremberg: The Last Battle》(1996, Focal Point), 380(citing 'Notes on Judgement-Meetings of Tribunal', Final Vote on Individuals, 10 September 1946, University of Syracuse, George Arents Research Library, Francis Biddle Collection, box 14).

541 "난 교수형을 당할 만합니다.": Gilbert, 《Nuremberg Diary》, 432.

541 "항상 자부심을 느끼기를 바랍니다.": Elihu Lauterpacht, 《Life of Hersch Lauterpacht》, 297.

541 '뉘른베르크 악몽': 렘킨이 1946년 5월 19일 앤 오헤어 맥코믹에게 보낸 편지. box 1, folder 13, Lemkin Papers, American Jewish Archives.

542 가장 비극적인 날: William Schabas, 'Raphael Lemkin, Genocide, and

Crimes Against Humanity', in Agnieszka BienczykMissala and Slawomir Debski, 《Hero of Humankind》, 233.

542 교황은 프랑크에 대해 자비를 베풀어줄 것을 요청했지만: 'Pope Asks Mercy for Nazi, Intercedes for Hans Frank', 〈New York Times〉, 6 October 1946.

543 국제법과 국제 정의를 강고히 하기 위해: 트루먼 대통령이 1946년 10월 12일 로렌스에게 보낸 편지. 로렌스 가족이 앨범에 보관 중인 서류.

543 "괴링이 가장 먼저 사형에 처해졌다.": 로렌스 가족 앨범.

543 그는 몇 마디 유언을 남겼다.: Kingsbury Smith, 'The Execution of Nazi War Criminals', International News Service, 16 October 1946.

543 "아름다운 장면이야!": "Ça, c'est beau à voir." John Cooper, 《Raphael Lemkin》, 301.

에필로그: 숲으로

547 국제인권장전 제정을 위한 길을 다지기 위하여: 1946년 12월 11일, 제55차 본회의에서 채택된 유엔총회 결의안 95호(뉘른베르크 국제군사재판소 헌장에서 인정한 국제법 원칙 확인)

547 총회는 그 다음으로 결의안 96호를 채택하였다.: 1946년 12월 11일, 제55차 본회의에서 채택된 유엔총회 결의안 96호('제노사이드 범죄')

548 1948년 12월 9일, 유엔총회는: 제노사이드 방지 및 처벌 조약 채택. 1951년 1월 12일 발효됨.

548 이것은…… 〈유럽인권조약〉으로 이어졌다.: 인권과 기본적 자유 보호를 위한 조약, 1950년 11월 4일 조인. '213 United Nations Treaty Series 221'.

549 그해 여름 150개국 이상이 로마에서: 로마 국제형사재판소 규정, 1998년 7월 17일. '2187 United Nations Treaty Series 90'.

550 합의문이 국제형사재판소(ICC)에 도달한 후 2개월이 지난 1998년 9월에: Prosecutor v. Jean-Paul Akayesu, Case No. ICTR964T, Trial Chamber Judgment(2 September 1998).

550 몇 주 후인 1998년 11월,: R v. Bow Street Metropolitan Stipendiary

Magistrate, Ex Parte Pinochet Ugarte(No. 3) [1999] 2 All ER 97.

550 1999년 5월,: Prosecutor v. Slovodan Milosevic et al., Case No. IT9937, Indictment(ICTY, 22 May 1999).

550 2001년 11월,: Prosecutor v. Slobodan Milosevic, Case No. IT0151I, Indictment (ICTY, 22 November 2001).

550 2007년 3월,: United States v. John Kaymon, Opinion and Order, 29 March 2007.

550 2007년 9월,: Case Concerning Application of the Convention on the Prevention and Punishment of the Crime of Genocide (Bosnia Herzegovina v. Serbia and Montenegro) Judgment, ICJ Reports (2007), paras. 413–15, 471(5).

551 2010년 7월,: Prosecutor v. Omar Hassan Ahmad Al Bashir, ICC02/0501/09, Second Warrant of Arrest (Pretrial Chamber I, 12 July 2010).

551 2년 후인 2012년 5월,: Prosecutor v. Charles Ghankay Taylor, SCSL0301T, Trial Judgment (Trial Chamber II, 18 May 2012).

551 그는 50년형을 선고받았다.: Prosecutor v. Charles Ghankay Taylor, SCSL03-01T, Sentencing Judgment (Trial Chamber II, 30 May 2012), 40.

551 2015년, 유엔 국제법위원회는: Professor Sean Murphy, 'First Report of the Special Rapporteur on Crimes Against Humanity'(17 February 2015), UN International Law Commission, A/CN.4/680; also Crimes Against Humanity Initiative, Whitney R. Harris World Law Institute, Washington University in St Louis School of Law. http://law. wustl.edu/harris/crimesagainsthumanity.

551 '범죄 중의 범죄': David Luban, 'Arendt on the Crime of Crimes', 《Ratio Juris (2015)》(출간 예정). ssrn.com/abstract=2588537.

551 '민족이 부각되면': Elissa Helms, '"Bosnian Girl": Nationalism and Innocence Through Images of Women', in Retracing Images: 《Visual Culture After Yugoslavia》(Brill, 2012), 198.

552 결과와 무관하게: Timothy Snyder, 《Bloodlands: Europe Between Hitler and Stalin》(Basic Books, 2010), 405, 412~413.

552 '민족의 정체성을 구성하는 핵심적인 요소': Christian Axboe Nielsen,

'Surmounting the Myopic Focus on Genocide: The Case of the War in Bosnia and Herzegovina', 〈Journal of Genocide Research 15〉, no. 1(2013): 21~39.

552 국민적 분노를 자극시키는: 'Turks and Armenians in Shadow of Genocide', 〈Financial Times〉, 24 April 2015.

552 "개인은 세상에 나왔을 때부터": Louis Gumplowicz, 《La lutte des races》(Guillaumin, 1893), 360.

552 "우리의 빌어먹을 천성은": Edward O. Wilson, 《The Social Conquest of Earth》(Liveright, 2012), 62.

554 그는 그해 말 그곳에서 사망하였는데: 1946년 9월 28일, 비스바덴의 전쟁범죄재판소로부터 오토 폰 베히터에 대한 인도 요청이 청구되었다. '동인(同人)은 대량학살(총살과 처형)의 책임이 있다. 갈리치아 관구의 행정장관으로서 그의 명령하에 100,000명 이상의 폴란드 국민이 목숨을 잃었다.' 그리고 다음의 리스트들에서 베히터는 전쟁범죄자로 기록되어 있다. UN CROWCASS list, file no. 78416, 449, File Bd. 176, in the collection of the Institute of National Remembrance(Warsaw), available at USHMM, RG15.155M(Records of investigation and documentation of the main Commission to Investigate Nazi Crimes in Poland, Investigation against Dr OTTO WAECHTER Gustaw, Gauleiter of the Kraków district, then the district of Galizien, accused of giving orders of mass executions and actions directed against the Jewish people).

554 그의 아들 호르스트는 아내와 함께 하겐베르크 성에서 살고 있으며,: Diana Błońska, 'O Muzeum Narodowym w Krakowiew czasie drugiej wojny światowej, 28 Klio' 〈Czasopismo poświęcone dziejom Polski i powszechnym(2014), 85〉, 119 at note 82. [크라쿠프 박물관은 크라쿠프 관구 지사의 아내이자 약 서른다섯 살인 밤갈색 머리의 비엔나 여성, 베히터 부인에 의해 엄청나고 회복 불가능한 손실을 입었다. 그녀는 박물관 관장의 경고에도 불구하고 박물관 곳곳에서 물건을 약탈하였으며, 가장 아름다운 그림들과 고가구들, 군수품 등을 가져다가 관구의 중심인 포드 바라나미 궁전(Pod Baranami palace)을 장식하였다. 사라진 작품으로는 브뤼헐의 '사육제와 사순절의 싸움'(The Fight Between Lent and Carnival)과 율리안 파와트의 '사냥꾼의 구애'(The Hunter's Courtship) 등이 있으며,

다른 많은 작품들이 심각하게 훼손된 채 반환되었다.] Archive of the National Museum in Kraków, Office of [Feliks] Kopera, Letter to the personnel department at the Kraków City Administration dated 25 March 1946. [나는 '포드 바라나미'로 알려진 포톡키 궁전(Potocki Palace)에 거주하는 크라쿠프 총독의 아내 로라 베히터가 전범 명단에 포함되었는지 알지 못한다. 그녀는 율리안 파와트의 작품과 브뢰헬의 사육제와 사순절 사이의 싸움과 같은 값비싼 그림 등 주요 작품을 무단으로 가져다가 베히터 부부가 사는 공간을 꾸미는데 사용함으로써 우리에게 막대한 손해를 입혔다. 브뢰헬의 그림과 파와트의 작품이 분실되었다. 나는 그녀의 이름을 지방법원에 알렸고, 지방법원은 내게 박물관의 약탈에 대한 정보를 요청하였으나 베히터 부인의 이름이 명단에 포함되었는지 알지 못하므로 박물관을 대표하여 그녀의 해로운 행위에 대해 보고하는 바이다.] 바트 잘추플렌(Bad Salzuflen)에서 자행된 독일 전쟁범죄에 대한 조사를 위한 폴란드 군 파견단에게 보낸 편지, 1946년 12월 9일. 안토니아 로이드존스(Antonia LloydJones) 번역.

557 '발아래를 도전적으로 내려다보고 있는': Wittlin, 《City of Lions》, 11~12.

557 누군가는 내가…… 골든 로즈에서 파는 음식을 먹어보고 싶을 거라고 추천해주었다.: Jan Kot, 《Chestnut Roulette》(Mazo, 2008), 85.

ILLUSTRATION AND MAP CREDITS

모든 사진 이미지는 별도의 언급이 없으면 저자의 허락 하에 사용하였음을 밝힙니다.

5 Raphael Lemkin Papers, Rare Books & Manuscript Liabrary, Columbia University in the City of New York; Professor Sir Elihu Lauterpacht QC
66 Niklas Frank
93 Lyudmila Bybula
111 Professor Sir Elihu Lauterpacht QC
115 Professor Sir Elihu Lauterpacht QC
126 Stepan Haiduchock Collection, Krypiakevych Family Archive
140 Professor Sir Elihu Lauterpacht QC
148 Professor Sir Elihu Lauterpacht QC
165 Professor Sir Elihu Lauterpacht QC
206 Surrey Chapel(Norwich)
213 Shula Troman
221 Hans Knopf/ Collier's Magazine
226 Yaroslav Kryvoi
229 YIVO Institute for Jewish Research
240 Professor Adam Redzik
269 American Jewish Historical Society, New York, NY and Boston, MA
280 Raphael Lemkin Papers, Rare Book & Manuscript Library, Columbia University in the City of New York
315 Niklas Frank
322 Niklas Frank
334 Niklas Frank
339 Niklas Frank
348 Niklas Frank
353 Niklas Frank
356 Narodowe Archiwum Cyfrowe (NAC, Polish State Archive)
359 Narodowe Archiwum Cyfrowe (NAC, Polish State Archive)
363 Horst von Wächter
364 Horst von Wächter
371 Narodowe Archiwum Cyfrowe (NAC, Polish State Archive)
407 Patrick Lawrence QC
416 Professor Sir Elihu Lauterpacht QC
417 Getty Images
418 Getty Images
423 Niklas Frank
463 Herta Peleg
467 Herta Peleg
468 Herta Peleg
479 Patrick Lawrence QC
486 American Jewish Historical Society, New York, NY and Boston, MA
497 Professor Sir Elihu Lauterpacht QC
511 Horst von Wächter
529 Niklas Frank
539 Patrick Lawrence QC
545 Ullstein Bild Archive

초벌번역 **황문주**

몬트레이 통번역대학원(Middlebury Institute of International Studies at Monterey, CA, USA)에서 통역과 번역을 전공하고, 2002년부터 농림부와 교보생명 등에서 통·번역사로 근무하였다. 번역한 책으로는《비밀 블로그-익명의 변호사》,《브레이크노믹스》등이 있다.

인간의 정의는 어떻게 탄생했는가

'제노사이드'와 **'인도에 반하는 죄'**의 기원

제1판 1쇄 발행 2019년 4월 10일
제1판 3쇄 발행 2019년 11월 15일
제2판 1쇄 발행 2024년 8월 30일
제2판 2쇄 발행 2024년 9월 3일

지은이 필립 샌즈
책임번역 정철승
초벌번역 황문주
펴낸이 김덕문

기획 노만수
책임편집 손미정
디자인 블랙페퍼디자인
마케팅 이종률

펴낸곳 더봄
등록번호 등록일 2015년 4월 20일
주소 인천시 중구 흰바위로 59번길 8, 1013호(버터플라이시티)
대표전화 02-975-8007 **팩스** 02-975-8006
전자우편 thebom21@naver.com
블로그 blog.naver.com/thebom21

ISBN 979-11-88522-39-2 03900